제4판

호텔 경영학원론

HOTEL MANAGEMENT

차길수 윤세목

제 4 판

호텔 경영학원론

HOTELMANAGEMENT

제4판

머 | 리 | 말

기존 호텔경영의 기술적 접근에서 벗어나 과학적 접근을 기반으로 한 『호텔경영학원론』이 2006년에 처음 소개된 이후 오랜 시간이 지났음에도 불구하고 많은 독자의 응원 덕분에 제4판 개정판을 선보일 수 있게 되었다. 특히 여러 대학교에서 본서를 강의교재로 활용해주셨던 많은 교수님들의 날카로운 지적과 성원이 없었다면 제4판 발행은 불가능했을 것이다. 다시 한번 이 자리를 빌어 여러 교수님들과 독자분들에게 깊은 감사를 드린다.

이번에 발간되는 제4판은 이전 개정판들과 유사하게 큰 틀에서의 수정보다는 그동안 미진했던 내용을 중심으로 보완이 이루어졌다. 특히 제4판에서 저자들은 제3장 호텔산업의 역사를 중심으로 초판 발행 이후의 최근 흐름을 반영하기 위해 노력하였다. 저자들은 이번 제4판을 통하여 그간 내용이나 형식적인 면에서 부족했던 부분들이 어느 정도 개선되었다고 생각한다. 그러나 저자들의 능력 부족으로 아직도 미비한 점이 많다고 생각하며, 이는 추후 개정판을 통해서 보완할 것을 약속드린다.

제4판은 기존 개정판들과 마찬가지로 크게 네 부분으로 구성되어 있다. Part 1에서는 호텔경영학과 호텔경영교육의 일반적 체계에 대하여 주로 논의하였다. Part 2에서는 호텔산업에 대한 이해를 돕기 위하여 호텔기업의 일반적 소개, 호텔산업의 역사, 호텔기업의 소유 및 경영형태 등을 다루었다. Part 3에서는 호텔기업의 주요 사업 분야를 설명함으로써 호텔기업을 좀 더 구체적으로 이해할 수 있도록 하였다. 마지막으로 Part 4에서는 호텔경영자 및 경영기능에 대한 논의를 시작으로 하여 호텔기업의 주요 기능 분야들을 소개하였다.

본서를 한 학기 강의교재로 활용하기에는 다소 내용이 많은 관계로 호텔산업의 기술적 측면을 중시하는 교수님들께서는 Part 1, Part 2, Part 3를 중점적으로 다루시고 Par 4를 간략히 개괄하시면 될 것이다. 이와 반대로 호텔경영의 과학적 측면을 중시하는 교수님들께서는 Part 1, Part 2, Part 3를 간단히 개괄하시고 Part 4를 자세히 다루시면 될 것이다.

마지막으로 저자들은 본서가 제4판 개정판까지 발간되는 동안 많은 도움을 주셨던 분들에게 진심으로 머리 숙여 감사드린다. 특히 초판부터 제4판까지 전 과정에서 공저자 수준으로 많은 생각과 조언을 주신 경기대학교 이수광 교수님, 제2판부터 출판을 맡아 주신 '학림'의 이원일 사장님과 편집진 여러분 그리고 초판 발행에 결정적 도움을 주신 안준수 박사, 그리고 제3판 발간에 많은 도움을 주신 호남대학교 김영현 교수님에게 진심으로 감사드린다.

2023년 2월

차길수 · 윤세목

제 2 판 머리말

2006년 『호텔경영학원론』의 초판이 나온 이후 여러 독자들이 많은 격려와 질책을 주셨다. 또한 여러 대학의 교수님들이 본서를 강의 교재로 활용하시면서 날카로운 비판과 애정어린 충고를 보내주셨다. 이 기회를 빌어 무엇보다도 먼저 진심으로 감사드린다.

2000년대 들어 호텔경영학은 많은 사람들이 관심을 보이고 있는 학문 분야임에도 불구하고 호텔경영학을 체계적으로 설명하고 있는 개설서를 찾아보기 힘든 상황이었다. 이러한 문제를 조금이나마 해결하고자 저자들은 본서의 집필을 통해 과거 유럽의 여러 호텔학교들이 주도했던 호텔경영의 기술적 접근의 영향을 최대한 배제하고 호텔경영의 과학적 접근을 시도하였다. 그러나 당시 집필과정에서 저자들의 능력 부족과 시간의 제약 등으로 인하여 내용적으로 집필의도가 충분히 반영되지 못하였다.

이번 제2판으로 초판이 갖고 있었던 문제점들이 어느 정도 해소되리라 기대해 본다. 독자들에게 호텔경영학의 전체적 모습을 전달하기 위해 제2판은 초판과 동일한 주제를 다루고 있다. 하지만 제2판에서는 초판에서 미진했던 내용들이나 사진 및 표 자료들이 상당 수준 보완되었다.

제2판은 초판과 마찬가지로 호텔경영의 과학적 접근을 위주로 집필된 책이다. 본서는 크게 네 부분으로 구성되어 있다. Part 1에서는 호텔경영학의 전체적 모습을 기술하기 위하여 호텔경영학과 호텔경영교육의 일반적 체계에 대하여 주로 논의하였다. Part 2에서는 호텔경영학을 본격적으로 소개하기 앞서 호텔산업에 대한 이해를 돕기 위하여 호텔기업의 일반적 소개, 호텔산업의 역사적 발전과정, 호텔기업의 소유 및 경영형태 등을 다루었다. Part 3에서는 호텔기업이 펼치고 있는 주요 사업분야를 설명함으로써 호텔기업을 좀 더 구체적으로 이해할 수 있도록 하였다. 여기에는 호텔기업의 전통적 사업분야인 객실 및 식음료 사업 이외에도 최근 다수의 호텔들이 적극적으로 진출하고 있는 컨벤션 및 카지노 사업분야가 포함되었다. 마지막으로 Part 4에서는 호텔경영학의 본격적 이해를 목표로 하여 호텔경영자 및 경영기능에 대한 논의를 시작으로 하여 호텔기업의 주요 기능 분야인 호텔생산관리, 호텔마케팅관리, 호텔인적자원관리, 호텔회계, 호텔재무관리, 호텔정보시스템관리 등을 소개하였다.

본서를 한 학기 대학 강의교재로 활용하기에는 그 내용이 다소 많다고 할 수 있다. 호텔산업의 현실을 중시하는 교수님들께서는 Part 1, Part 2, Part 3를 중점적으로 다루시고 Part 4를 간략히 개괄하시면 될 것이다. 이와 반대로 호텔경영의 학문적 측면을 중시하는 교수님들께서는 Part 1, Part 2, Part 3를 간단히 개괄하시고 Part 4를 자세히 다루시면 될 것이다. 교수님들의 강의 편의를 돕기 위한 강의용 프리젠테이션 자료는 조만간 CD로 제작 · 배포될 예정이다.

본서의 내용은 전적으로 두 공저자의 책임이다. 이번 제2판에서도 저자 차길수는 제1장, 제2장, 제3장, 제4장, 제5장, 제6장, 제7장, 제9장, 제10장, 제15장의 주저자로 참여하였으며, 저자 윤세목은 제8장, 제11장, 제12장, 제13장, 제14장의 주저자로 참여하였다. 제2판이 초판에 비해 내용이나 형식적인 면에서 어느 정도 향상되었다고 믿지만 아직 미비한 점이 많다는 것을 잘 알고 있다. 독자 여러분들의 적극적이고 날카로운 비판이 본서의 향후 질적 향상에 상당한 기여를 할 것으로 기대한다. 본서에 대한 의문사항이나 보완사항이 있으면 저자들에게 적극적으로 의견을 개진해 주실 것을 부탁드린다.

마지막으로 본서의 발간은 호텔경영학에 관련된 여러 분야에서 축적된 수많은 연구성과가 있었기 때문에 가능하였다. 본서에서 저자들의 역할은 기존의 여러 성과들을 잘 정리한 것뿐이다. 저자들은 본서의 발간에 즈음하여 관련분야의 연구자들 및 관계자들께 깊은 감사의 말씀을 드린다. 특히 이 책의 집필에는 경기대학교 이수광 교수님의 실질적 도움이 컸음을 밝힌다. 이수광 교수님은 거의 공저자 수준으로 이 책의 집필에 물심양면으로 도움을 주셨다. 이 자리를 빌어 깊은 감사를 드린다. 이외에도 본서가 제대로 마무리 될 수 있게 묵묵히 도와준 안준수 박사, 그리고 본서 제2판의 출간을 새로 맡아 주신 학림사 이원일 사장님과 편집진 여러분께 진심으로 감사드린다.

2011년 1월

차길수 · 윤세목

| 차 례 |

INTRODUCTION TO HOTEL ADMINISTRATION

Part 01 호텔경영학의 일반적 이해

Chapter 01 호텔경영학 및 호텔경영교육의 이해

Part 02 호텔산업의 이해

Chapter 02 호텔기업의 일반적 이해

Chapter 03 호텔산업의 역사

Chapter 04 호텔기업의 소유 및 경영형태

Part 03 호텔기업의 주요 사업분야에 대한 이해

Chapter 08 호텔기업의 주요 사업분야 Ⅳ－컨벤션

INTRODUCTION TO HOTEL ADMINISTRATION

Part 04 경영기능 및 호텔기업의 주요 기능분야에 대한 이해

Chapter 09 호텔경영자 및 경영기능

Chapter 11 호텔마케팅관리

Chapter 13 호텔회계

Chapter 14 호텔재무관리

PART 01

호텔경영학의 일반적 이해

Chapter 01 호텔경영학 및 호텔경영교육의 이해

INTRODUCTION TO HOTEL ADMINISTRATION

Chapter 01

호텔경영학 및 호텔경영교육의 이해

INTRODUCTION TO HOTEL ADMINISTRATION

제 1 절 호텔경영학의 기초

1. 호텔경영학의 개념

최근 호텔경영학(hotel administration)은 여러 사람들에게 관심의 대상이 되고 있는 학문 분야라고 할 수 있다. 이러한 현상은 매스 미디어, 특히 TV에서 방영되는 호텔 관련 드라마 및 프로그램의 영향이 크다고 할 수 있다. TV의 다양한 프로그램들은 시청자들에게 호텔이 생산하고 있는 최고의 상품을 집중 조명하거나 특급 호텔의 화려한 시설을 드라마 배경으로 활용함으로써 직간접적으로 호텔에 대한 화려하고 환상적인 이미지를 심어주고 있다. 많은 시청자들은 호텔 관련 프로그램을 통해서 자연스럽게 호텔에 근무하는 사람, 이른바 호텔리어(hotelier)와 호텔경영학이라는 학문 분야에 대하여 이상적인 기대를 갖게 된다. 특히 향후 대학 교육을 통하여 성공적인 사회생활을 계획하는 젊은 세대에게는 더욱 그러한 경향을 많이 발견할 수 있다.

호텔리어란 직업은 TV에서 보듯이 매력적인가? 또한 정말 많은 사람들이 생각하는 것과 같이 호텔경영학이란 화려한 학문인가? 이 질문에 대한 답을 하기 위해서는 우선 호텔 서비스에 대하여 언급할 필요가 있다. 호텔기업이 생산하는 화려하고 환상적인 호텔 서비스는 티파니(Tiffany)와 같은 보석 상점에서 소비자의 선택을 기다리고 있는 자기만의 독특하고 화려한 자태를 뽐내는 다양한 보석과 비슷하다고 할 수 있다. 소비자들은 평소 가지고 싶어 하던 화려한 보석을 구매함으로써 자신의 욕구를 현실화한다. 호텔 서비스도 마찬가지라고 할 수 있다. 소비자들은 평소 구매하고 싶었던 화려한 호텔 서비스를 구매함으로써 자신의 욕구를 현실화하는 것이다.

여기서 많은 사람들이 간과하고 있는 사실은 소비자가 소비하는 화려하고 환상적인 호텔 서비스가 생산되는 현장에는 수많은 호텔리어들의 노력이 숨겨져 있다는 것이다. 실제 대부분의 호텔에는 다양한 직무를 수행하는 많은 호텔리어들이 최고의 호텔 서비스를 생산하기 위하여 끊임없이 노력하고 있다.

호텔리어라는 직업은 소비자들이 평소 바라는 것을 현실화해 준다는 점에서 매우 매력적인 직종이라고 할 수 있다. 그러나 일반적으로 사람들은 그 뒤에 숨어 있는 호텔리어의 노력을 제대로 보지 않는 경향이 많다. 이는 아름다운 보석의 최종 가공에 이르기까지 뒷면에 존재하는 수많은 보석 관련 종사자들의 숨은 노력이 있다는 사실을 간과하는 것과 마찬가지라 할 수 있다.

또한 호텔리어들의 노력 뒤에는 호텔 서비스를 생산하는 호텔기업의 과학적 관리를 위한 호텔경영학이라는 학문체계가 자리 잡고 있다. 이 역시 화려한 보석의 생산을 위해서 원석채취에서부터 최종 생산에 이르기까지 보석 생산의 과학적 관리를 위한 지식체계가 존재하는 것과 마찬가지인 것이다. 만약 호텔경영학이라는 지식체계가 존재하지 않는다면 최고의 호텔 서비스를 생산하려는 호텔리어의 노력도 물거품이 되기 쉬울 것이다.

결국 호텔경영학은 이와 같이 소비자들이 기대하는 화려하고 환상적인 모습을 가진 호텔 서비스를 생산하는 호텔기업의 합리적인 경영에 필요한 지식체계라고 할 수 있다. 일반적으로 호텔경영학의 환상적인 이미지는 바로 여기에서 연유되었다고 볼 수 있다. 호텔경영학이란 학문 자체는 일반 사람들이 생각하는 것과 같이 화려한 모습이 아닌 것이다. 다만 호텔경영학의 연구대상인 호텔기업이 환상적이고 화려한 서비스를 생산하고 있을 뿐이다.

호텔경영학을 좀 더 구체적으로 기술한다면 호텔경영 현상을 체계적으로 이해하고, 이를 기반으로 하여 호텔기업의 경영활동을 합리적으로 수행하기 위한 보편적인 행동원리를 과학적인 접근을 통하여 설명하는 지식체계라고 할 수 있다. 따라서 호텔경영학은 일반 경영학과 유사하게 호텔경영에 관련된 실천 응용과학(practical applied science)의 일부이다. 여기서 실천이라 함은 실제 호텔경영에 도움을 줄 수 있는 학문이라는 의미이다. 또한 호텔경영학은 현상의 본질과 인과관계를 밝히는 이론정립을 위주로 하는 순수과학(pure science)과는 달리 정립된 이론을 인간의 실제 생활에 적용하는 것, 다시 말해서 이론을 호텔기업현장에 적용시키는 것을 위주로 하는 응용과학(applied science)의 성격을 가지고 있다고 할 수 있다. 마지막으로 과학이라고 함은 연구대상이 되는 현상을 관찰 · 조사 · 실험하여 그 특징적인 본질과 보편적인 원리들을 규명하고 이를 체계화한 지식이라고 할 수 있다.

최근 호텔기업의 경영자로 승진한 사람이라면 호텔경영에 대해서 배울 것이 아직도 많이 있다고 느낄 것이다. 그 이유는 과거와는 다른 극심한 환경변화 속에서 호텔기업의 경영 문제가 단순한 상식으로 해결될 수 없기 때문이다. 실제 현대 호텔경영학은 여러 학자들의 노력 덕분으로 호텔의 과학적 관리를 위한 다양한 경영기법들을 가지고 있다.

호텔경영학의 성립은 호텔산업의 성장과 밀접한 관계를 지니고 있다. 불과 1세기 전만 해도 세계 호텔산업은 전체 경제에 있어서 그 비중이 매우 미미했을 뿐 아니라 개별 호텔기업들의 규모도 대부분 영세하였다. 또한 추후에 상세히 언급되지만 그 당시 호텔의 경영환경도 매우 단순하였다. 이 시기는 성공적으로 호텔을 경영하는 데 복잡하고 정교한 경영기법들이 필요치 않았던 상황이라고 말할 수 있을 것이다. 따라서 호텔경영 문제가 학자들의 관심에 대상이 되기에는 역부족이었던 시대였다고 할 수 있다.

그러나 세계 호텔산업은 1900년도 초 · 중반을 기점으로 많은 변화를 경험하기 시작하였다. 현재 여러 소비자들에게 잘 알려진 대규모 호텔기업들이 생겨나기 시작하고, 세계 호텔산업의 전체 규모도 본격적으로 성장하기 시작한 것이 바로 이 시기이다. 이러한 환경 변화 속에서 호텔산업계는 비로소 호텔경영에 대한 과학적 접근 없이는 성공적 호텔경영이 불가능하다는 것을 깨닫기 시작하였다. 호텔경영에 대한 이와 같은 인식 변화는 호텔경영학이라는 새로운 학문분야가 탄생하는 데 결정적 계기가 되었던 것이다. 이상과 같이 호텔경영학이 학문의 한 분야로 자리매김한 역사는 그리 길지 않다. 흔히들 호텔경영학이 신생 학문 분야라고 이야기하는 것이 바로 이러한 연유에서이다. 호텔경영학은 경제학, 수학, 정치학, 사회학, 심리학 등과 같이 오랜 역사를 지닌 기존의 다른 학문 분야와는 달리 호텔산업이 본격적으로 발전하기 시작한 1900년도 초 · 중반부터 그 모습을 갖추기 시작하여 오늘에 이르고 있다.

2. 호텔경영학의 학문적 위치

호텔경영학이란 학문이 어떤 성격을 갖고 있는가에 대하여 잘 이해하기 위해서는 호텔경영학이 전체 학문 분야에서 어느 정도의 위치에 있는가를 알 필요가 있다. 왜냐하면 어떤 사람에 대하여 잘 이해하기 위해서는 그 사람이 속해 있는 집안의 가계를 파악하는 것이 매우 도움이 되는 것과 마찬가지이기 때문이다. 호텔경영학의 학문적 위치는 다음과 같이 사회과학의 일부이며, 경제과학의 일부라고 할 수 있다.

1) 사회과학으로서의 호텔경영학

일반적으로 호텔경영학은 사회과학(social science) 분야의 하위 분야라고 이야기한다. 사회과학이란 자연의 여러 현상을 과학적 · 체계적으로 연구하는 자연과학(natural science)과 대치되는 개념으로 주로 인간 사회의 여러 현상을 과학적 · 체계적으로 연구하는 학문분야를 말한다. 인간의 사회현상을 사회과학을 통하여 연구하고자 하는 목적은 연구의 결과로서 얻어지는 새로운 이론과 지식을 통해서 가능한 모든 사회현상을 이해 · 설명 · 예측하기 위한 것이다. 또한 이를 기반으로 하여 사회현상을 통제하고 조정함으로써 바람직한 사회를 형성하고 유도하는 데 있다고 할 수 있다. 전통적으로 사회과학 분야에는 인류학, 경제학, 정치학, 심리학, 사회학 등이 포함된다.

먼저 인류학은 지구상에 존재하는 다양한 종족, 부족, 민족 집단의 독특한 생활 및 사고방식에 대하여 개인심리 차원이 아닌 사회문화적인 차원에서 설명하고자 하는 학문분야라고 할 수 있다. 경제학은 인간과 사회의 경제현상을 주 연구대상으로 하는 학문 분야이다. 경제학은 물질적인 필요를 충족시켜 줄 수 있는 재화와 용역의 배분 문제를 연구하며, 또한 사회의 물질적 욕구와 필요를 만족시키기 위한 특별한 기능과 그 기능의 수행 과정에 따르는 복잡한 경제현상에 대한 것을 분석한다. 또한 정치학이란 주로 사회 속의 권력 현상을 연구하는 학문이다. 다시 말해서 한 사회에서 누가, 무엇을, 언제, 어떻게 획득하느냐의 문제를 연구하는 것이다. 심리학이란 인간의 마음과 행동의 모든 현상을 과학적 방법을 사용하여 연구하는 학문분야라고 할 수 있다. 마지막으로 사회학이란 도시와 농촌, 사회의 계급과 계층 등과 같이 다양한 사회구조의 변동을 다루는 학문분야라고 할 수 있다.

이상과 같이 사회과학에 포함되는 학문들을 살펴보면 외견상으로 서로 성격이 다른 독립된 학문분야로 생각하기 쉽다. 그러나 이들 학문들은 서로 밀접한 관계를 가지고 있다. 왜냐하면 이들 학문들은 모두 인간의 사회생활이라는 공통분모를 연구대상으로 하고 있기 때문이다. 다만 차이

그림 1-1 사회과학으로서의 호텔경영학

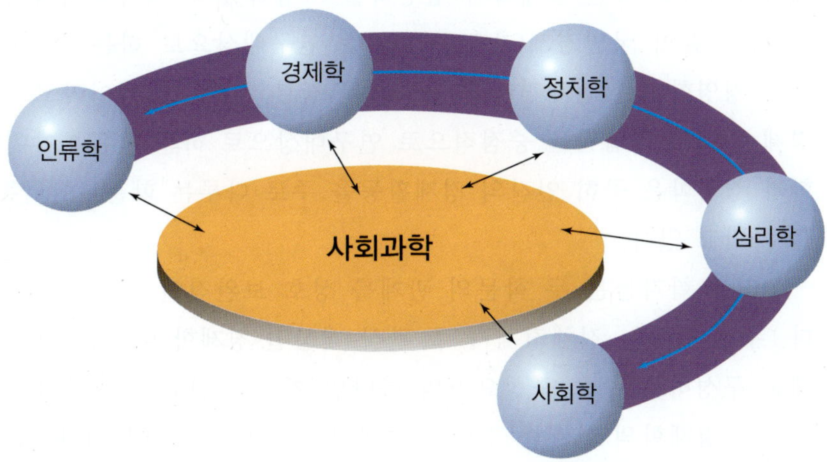

점은 개별 학문들이 각기 서로 다른 관점에서 사회현상을 바라보고 있는 관계로 그 내용상 서로 다르며, 문제의 접근방법 또한 다양하다고 할 수 있다.

최근 현대 사회과학에는 이상과 같은 전통적인 학문영역 이외에도 신문방송학, 사회복지학 등과 같은 새로운 학문영역이 생겨나고 있다. 그 주요 이유는 시대가 변화함에 따라 과거에는 존재하지 않았던 새로운 사회현상들이 생겨나고 있기 때문이다. 이러한 맥락에서 호텔경영학 또한 기존의 사회과학 학문분야에서 다루지 못하는 독특한 영역을 연구 발전시키기 위해 생성된 학문분야라고 할 수 있다. 따라서 호텔경영학이 사회과학의 하위 학문분야로서 독자적인 지위를 인정받기 위해서는 기존의 사회과학 학문분야들이 제공하는 제 이론과 연구방법들을 수용해야 함과 동시에 다른 학문분야에서 설명하지 못하는 호텔경영에 관한 제반 문제를 차별화된 관점과 방법으로 연구해야 한다는 학문적 과제를 가지고 있다.

2) 경제과학으로서의 호텔경영학

호텔경영학은 사회과학의 한 분야임과 동시에 인간의 경제활동을 연구하는 학문분야인 경제과학의 하위 분야라고 할 수 있다. 전통적으로 경제과학이라고 하면 경제학과 경영학을 지칭하였다. 경제학이란 앞서 언급된 바와 같이 국민경제(전체경제)를 주 연구대상으로 하는 학문분야이다. 한편 경영학이란 전체경제를 구성하는 정부, 가계, 기업이라고 하는 개별경제 중에서 기업만을 중점적으로 연구대상으로 하는 학문분야이다. 경제학과 경영학은 공히 인간의 경제활동을 주로 다루는 학문분야라는 공통점을 가지고 있다.

많은 학자들은 두 학문의 관계를 상호 보완적인 관계로 설명하고 있다. 주된 이유는 전체경제가 주 관심 대상인 경제학 이론만으로는 전체경제를 구성하는 주요 구성요소의 하나인 기업의 활동을 충분히 설명할 수 없다는 경제학의 한계를 경영학이 보완해주고 있기 때문이다. 결국 두 학문이 서로 상호 보완적이라는 의미는 경제학 연구만으로 인간의 경제활동에 대한 연구가 완성될 수 없듯이 경영학 연구만으로도 인간의 경제활동에 대한 연구가 완성될 수 없다는 의미를 내포하고 있는 것이다. 이러한 의미에서 본다면 경제학과 경영학은 서로 분리된 독립과학이 아니라 어디까지나 상호 보완적인 성격을 갖고 있는 것이다.

호텔경영학의 학문적 위치도 바로 이러한 맥락에서 이해하면 된다. 호텔경영학은 특히 경영학과 상호 보완적 관계로 볼 수 있다. 경영학이 전체 기업을 연구대상으로 하는 학문분야라고 하지만 실제 경영학만으로 모든 기업의 경제활동을 완벽히 설명하기에 한계가 있다. 호텔경영학이란 이와 같은 경영학의 한계를 충족시킬 수 있는 분야로서 서로 상호 배타적 입장에 있는 것이 아니라 상호 보완적인 입장에 있다고 볼 수 있다.

그러나 경영학을 연구하는 입장에서는 이러한 시각에 근본적인 의문을 제기한다. 왜냐하면 경영학은 보편성을 갖고 있기 때문이라는 것이다. 다시 말해서 경영학은 모든 기업의 경영활동을 설명할 수 있는 지식체계라는 것이다. 일부 경영학자들이 제기하는 '호텔경영학 무용론'이 바로 여기에 그 이론적 근거를 두고 있다.

여기서 일부 경영학자들의 주장이 과연 타당한가에 대하여 검토할 필요가 있다. 경영학계의 주장과 같이 정말 경영학이 현대 경제사회에서 모든 기업들의 경영활동에 공통적으로 필요한 기본적인 행동원리와 절차에 중심을 둔 지식체계인가? 외견상으론 이러한 주장이 설득력이 있을 수 있다. 예를 들어 자동차산업, 반도체산업, 의류산업, 가구산업 등의 경우 자동차기업 경영학, 반도체기업 경영학, 의류기업 경영학, 가구기업 경영학 등 개별 산업을 위한 독자적인 지식체계가 존재하지 않는 것만 보더라도 경영학의 보편성이 입증될 수 있다고 볼 수 있다. 국내의 경영학을 연구하는 학자들의 견해를 조사하면 대다수가 이와 같은 경영학의 보편성을 강조하고 있다.

경영학계의 시각은 나름대로 이론적 합리성을 가지고 있어서 적절한 견해로 인정될 수 있다. 하지만 경영학이 갖는 자체 한계로 인하여 이러한 주장은 더 이상 설득력이 없다. 왜냐하면 경영학은 주로 1차 산업 및 2차 산업 내에 포함되는 기업들의 경제활동을 위한 지식체계라는 자체적 한계를 지니고 있기 때문이다. 실제 대부분 경영학의 지식체계는 2차 산업, 즉 제조업 중심의 지식체계라는 것을 현재 간행중인 경영학 관련 여러 전공 서적을 보면 쉽게 알 수 있다.

호텔기업은 제품을 생산하는 제조업에 속하지 않고 서비스를 생산하는 대표적인 서비스기업의 하나이다. 그럼 왜 경영학은 호텔과 같은 서비스기업에 대한 이론을 도외시했는가? 연구자들에 의하면 그 주된 이유가 1) 전통적으로 서비스 생산활동을 경제활동으로 보지 않았던 19세기 경제학자들의 부정적 관점이 지속적으로 학계에 아직 영향을 미치고 있으며, 2) 과거 서비스기업들이 매우 영세했을 뿐 아니라 가족경영 형태를 면치 못하였기 때문에 학문적 관심과 연구 대상이 되기 부족했고, 그리고 3) 전통적으로 서비스산업계는 개별 서비스산업들이 각각 독특한 성격을 지니고 있다는 인식하에 개별 서비스산업에 적합한 연구 및 교육에 집착했던 점 등을 들고 있다. 결국 경영학이 대표적 서비스기업이라고 할 수 있는 호텔기업의 합리적 경영활동을 위한 지식체계로는 부적절하다는 사실이다. 경영학의 이러한 한계는 현재 많은 실증적 연구에서 나타나고 있다.

이상과 같은 관점에서 볼 때 경제학, 경영학, 호텔경영학은 공히 인

그림 1-2 경제과학으로서의 호텔경영학

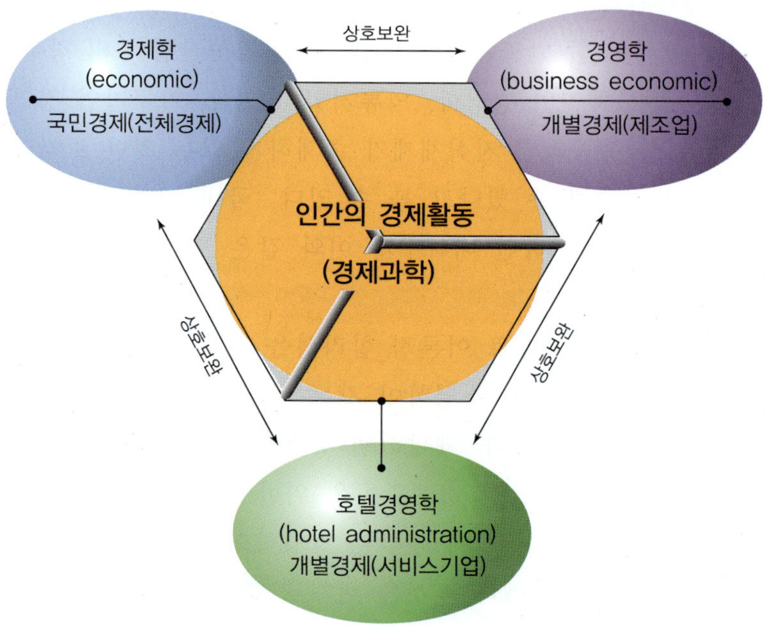

간의 경제활동을 주 연구대상으로 하는 경제과학의 일부분으로서 서로가 제각기 분리된 독립과학이 아닌 상호 보완적 관계에 있다. 따라서 호텔경영에 대한 제 문제를 합리적으로 접근하기 위해서는 미시적 관점에서 단순히 호텔기업 경영현상에만 몰두하는 것은 적절치 못하다. 경제학 및 경영학의 이해를 기초로 하여 호텔경영의 문제를 접근할 때 비로소 호텔경영에 대한 합리적 접근이 가능할 것이다.

3. 호텔경영학의 학문적 성격

1) 기술론으로서의 호텔경영학

호텔경영학을 공부하는 사람이라면 한번쯤 "호텔을 일반 공장과 같이 운영하는 것은 불가능하다. 왜냐하면 호텔에서 고객을 관리하고 음식을 제공하는 것은 특수한 기술(art)이 필요하기 때문이다"라는 이야기를 들었던 적이 있을 것이다. 이는 호텔경영 현상을 일종의 특수한 기술로 해결될 수 있다는 관점이라고 할 수 있다. 다시 말해서 호텔경영이란 과학적으로 연구되어야 할 학문의 대상이 아니라 오랜 숙련, 경험, 직관에 의존한 기술의 영역이라는 것이다.

초기 호텔산업계의 필요와 지원에 의해서 시작되었던 호텔경영학 연구 및 교육은 전통적으로 호텔경영이란 기술이라는 견해가 지배적이었다. 그 당시 호텔경영에 있어 중요한 것은 호텔 각 하위 분야의 운영에 필요한 주로 실질적 경험에 기반을 둔 기술이었다.

호텔경영의 기술론적 접근이 설득력을 갖게 된 것은 그 당시 호텔산업의 환경과 밀접한 관련이 있다. 1900년도 초반까지만 해도 대부분의 호텔들은 현대적 기준으로 볼 때 소규모에 해당되었기 때문에 호텔개관에 대규모의 자본 투자가 필요치 않았다. 따라서 대부분의 호텔들은 기업 소유가 아닌 투자자 개인 소유였다. 호텔의 경영체제도 개인 소유의 호텔인 관계로 대부분 가족경영 중심의 매우 단순한 경영체계를 갖추고 있었다. 이러한 경영체제하에서 노사문제는 거의 발생될 소지가 적었다고 볼 수 있다. 더군다나 그 시대에 정부 규제는 거의 들어보지 못한 문제였다. 또한 1900년대 초반의 여행자들은 대부분 소수의 부유 계층인 경우가 대부분이었다. 이들은 도심지 호텔이나 리조트에서 장기간 투숙하거나 때론 호텔을 집같이 활용을 하였다. 소비자들이 대부분 장기간 투숙했기 때문에 고객의 변동이 그리 빈번치 않았다. 이상과 같은 상황에서 호텔 경영자의 능력은 소수의 여행자들을 환영하고 편안케 할 수 있는 대인관계 능력, 호텔 운영에 필요한 경험 및 직관에 기반을 둔 기술과 같은 측면으로 결정되었다.

2) 과학론으로서의 호텔경영학

'호텔경영학은 과학이다'라는 관점은 이론적으로 기본적인 원리에 대한 이해에 기반을 두지 않고 주로 실질적 경험에 기반을 두는 기술적 지식은 호텔경영학의 중심적 위치를 차지하지 않는다고 보는 것이다. 앞서 언급된 조작적 기술은 물론 호텔경영에 있어서 중요하다. 그러나 호텔경영학의 핵심은 복잡한 작업수행에 필요한 주로 손재간을 요구하는 지식, 즉 실질적 경험이 기초가 되는 것이 아니라 기본적 원리와 절차에 중점을 둔 지식인 것이다. 따라서 호텔경영학이란 단기적이기보다는 장기적 안목에서, 단순한 방법론이 아닌 원인규명을 중심으로, 특정한 직무 중심적이 아닌 절차를 중심으로, 표출된 사실보다는 저변에 흐르는 사상을, 현실적용보다는 이론적인 측면을, 기술적이기보다는 개념적으로, 현실지향적보다는 미래지향적으로, 특정 문제에 대한 답을 제시하는 것이 아니라 문제해결능력을 배양할 수 있는 지식체계를 지향해야 한다는 것이다.

요약하면 과학으로서 호텔경영학은 상식이나 경험 또는 직관에 근거한 지식이 아니라 과학적 조사연구에 바탕을 둔 지식으로서 호텔 경영자들에게 합리적인 의사결정을 할 수 있는 분석 능력과 객관적 판단 능력을 배양해 줄 수 있는 기본적인 지식체계라는 것이다.

과학으로서의 호텔경영학이 탄생한 배경은 호텔경영 환경의 급격한 변화라고 볼 수 있다. 현대 호텔산업의 경영환경은 비교적 단순했던 과거와는 달리 다음에서 보는 바와 같이 여러 측면에서 급격한 변화를 보이고 있다.

호텔의 대형화

먼저 호텔기업들은 과거와는 달리 점차 대형화되어 가고 있다. 호텔 대형화의 주요 원인은 당연히 여행자 수의 폭발적 증가와 관계가 깊다. 세계 경제의 발전, 교통기관의 발달, 개인 소득의 증가는 선진국을 중심으로 해서 여행자 수의 폭발적 증가를 가져왔다. 이에 부응하기 위하여 호텔기업들은 점차 대형화되기 시작하였다. 과거 대부분의 호텔들은 일부 지역을 제외하곤 기껏해야 100~200실 규모가 고작이었다고 해도 과언이 아니었다. 그러나 여행자 수의 폭발적 성장은 3,000실~5,000실 규모의 초대형 호텔들의 탄생도 가능케 하였던 것이다. 국내의 경우도 마찬가지이다. 1900년대 초·중반만 해도 국내에는 수십 실 규모의 아주 작은 호텔들이 고작이었다. 그러나 현대에 이르러서 국내 호텔들은 영세한 수준에서 벗어나 500~1,000실 규모의 대형 호텔들이 생겨나기 시작하였다.

호텔기업들의 대형화는 소유와 경영을 분리하는 계기도 되었다. 경영자 계층의 출현은 호텔경영의 전문화를 이룩하는 데 도움을 주었다. 현재 사람들은 기업과 거래할 때 다수의 소유주보다는 경영자들과 거래를 한다. 심지어 경영층의 재직 기간은 소유주보다 더 길 때가 있다. 왜냐하면 소유주들은 손쉽게 자신의 주식을 사거나 팔거나 할 수 있기 때문이다. 전문경영자들은 전통적으로 소유주가 누렸던 여러 특혜를 누리고 있다. 그러나 노동자로서의 경영자들은 과거 소유경영자들에게 허용되었던 실수를 용납 받을 수 있는 여유가 없다.

대기업의 시장점유 확대

기업이 시장을 획득하고 이를 지배하기 위해서는 끊임없이 자신의 기업규모를 확대하여야 한다. 기업이 규모를 확대할 수 있는 방법으로서 가장 먼저 생각하기 쉬운 것이 자기자본을 투자하는 방법이 있다. 일반적으로 대부분의 기업들은 성공적 기업경영을 통해 이익을 창출하고, 그 이익을 축적하여 기업규모 확대에 나서고 있다. 또 다른 기업규모 확대 방법으로는 외부 금융기관 등과 같은 타인 자본에 의존하여 기업규모를 확대하는 방법이 있다. 이 방법 역시 여러 기업에서 활용하고 있는 방법이다. 이상과 같은 두 방법의 공통점은 기업이 자본을 직접 조달하여 기업 규모 확대에 나선다는 것이다. 이 경우 가장 큰 단점은 기업이 직접 내적으로 또는 외적으로 자본조달에 나서다 보니 성장속도가 느리다는 것이다. 이러한 이유로 해서 호텔산업에서는 이러한 확대 방식을 상당히 제한적으로 활용하고 있다.

많은 호텔기업들이 선호하는 방식은 직접 자본조달 방식이 아니라 타인의 개별 자본들과 상호 결합하는 방식이다. 특히 브랜드 파워가 강력한 하얏트, 릿츠칼튼, 힐튼 등과 같은 호텔기업들은 자신의 브랜드를 적극 활용하여 타인의 개별 자본들과 상호 결합함으로써 그 규모를 신속히 확대하고 있다. 개별 자본과의 상호 결합을 위해 사용되는 기법은 바로 프랜차이징(franchising) 또는 경영계약(management contract)을 통한 체인화이다. 이러한 방법을 적극 활용한 일부 호텔기업들은 빠른 시간 내에 거대

기업으로 성장할 수 있는 발판을 마련할 수 있었다.

현대 호텔산업의 발전은 소수의 주요 체인호텔들에 의해 주도되고 있다고 해도 과언이 아닐 정도로 대기업들의 시장점유율이 대단히 높아지고 있는 현실이다. 우리나라 호텔산업을 주도하고 있는 고급호텔들의 경우 국내 자본에 의해 건립되었으나 세계의 주요 체인호텔과 결합되어 운영중인 호텔이 대부분이라는 사실만 보더라도 대기업의 시장점유율이 얼마나 높은지 쉽게 알 수 있다.

소비자의 변화

앞서 언급된 바와 같이 과거 호텔의 주요 소비자 계층은 주로 부유층을 중심으로 한 장기 체류자들이었으므로 그 성격이 비교적 단순했다고 볼 수 있다. 이러한 소비자 계층의 욕구를 이해하고 충족시키는 것은 호텔 경영자 입장에서 그리 어려운 일이 아니었을 것이다.

현대에 와서 여행자 수가 폭발적으로 증가하였고, 이에 따라 호텔 소비자 계층도 매우 다양해졌다. 현대 호텔의 주요 소비자 계층은 기업 비용으로 여행하는 기업 임원, 개별 관광객, 단체 관광객, 컨벤션 참가자 등 매우 다양하다. 이러한 소비자들은 그 속성상 전세대, 즉 소수의 부유 계층이 추구했던 것과는 아주 다른 서비스 및 가치를 추구한다. 따라서 성공적인 호텔경영을 위해서 경영자들은 과거와는 달리 다양한 소비자 계층의 욕구를 정확히 이해하고 충족시키려는 노력이 요구된다.

노동력의 질적 변화

호텔 근무자들은 과거와는 달리 더 이상 가장적이거나 전제적인 경영층에 무조건 순종하는 노동자 또는 견습공이 아니다. 왜냐하면 현대 노동자들은 더 이상 배고픔을 해소하기 위해 직업을 선택하지 않기 때문이다.

오늘날 노동자들은 자신의 감정을 중시하는 입장에 있다. 경영자들이 자신의 지위와 명성을 추구하는 것과 마찬가지로 노동자들도 과거보다 훨씬 더 높은 교육을 받고 정치, 사회, 경제적인 자유를 가지고 있다. 현대 노동자들은 자신의 직업으로부터 금전 이외에 추가 보상을 기대한다. 노동자들과 성공적으로 일하기 위해서 경영자들은 노동자들이 자신의 직업으로부터 정말 무엇을 원하는가를 잘 이해해야 한다.

이상과 같이 호텔기업은 과거와는 달리 더 이상 다른 자원들처럼 노동자를 엄격히 통제하고 조작하는 것이 불가능해졌다. 따라서 현대 호텔경영자들은 자신의 인사정책 및 기법을 재검토해야만 한다. 인사 분야에 있어서 중요한 정책은 노동 계층과 경영 계층 사이를 엄격히 구분하려 했던 과거로부터 벗어나 이 경계를 완화시키는 것이라고 할 수 있다.

노사관계

과거 호텔산업에 있어서 노동조합이라는 것을 찾아보기 힘들었다. 따라서 노사관계란 거의 들어 볼 수 없는 생소한 문제였다. 현대 호텔산업의 특징 중 하나는 호텔의 대형화에 힘입어 점차 많은 호텔 근로자들이 노동조합을 결성하였고, 대다수 근로자들은 여기에 가입하기에 이르렀다는 사실이다. 노동조합에 가입한 대다수의 근로자들은 노조원으로서 노동생활의 제 조건, 즉 임금, 노동, 시간, 작업환경, 복리 후생 등의 유지 및 개선을 위한 다양한 노력을 펼치기 시작했다.

특히 우리나라의 경우 과거 경제 발전을 우선시하였던 시기에 국가는 노조 활동이 경제발전을 저해한다는 인식하에 노조 활동을 제한해왔다. 그러나 경제가 어느 정도 발전되고 노동자들도 노동자의 권리를 서서히 인식함에 따라 많은 노조들이 결성되었고 활발한 노조활동을 전개하고 있다. 호텔산업도 예외는 아니어서 특1급 호텔을 중심으로 노동조합이 결성되었고 활발한 활동을 전개하고 있다. 따라서 호텔경영에 있어 노사관계는 매우 중요한 이슈로 부각되고 있는 현실이다.

정부규제

정부는 기업의 경제활동 수행에 영향을 미치는 중요한 요소라 할 수 있다. 예를 들어 정부는 반도체와 같이 어떤 특정 산업이 국가 경제 및 사회발전에 지대한 역할을 담당할 경우 해당 산업에 대하여 각종 지원대책을 수립하여 해당 산업이 더욱 발전할 수 있는 환경을 조성한다. 반면에 어떤 특정 산업이 국가경제 및 사회발전에 부정적 영향을 미친다고 판단되면 다양한 규제정책을 통하여 가능한 해당 산업의 부정적 요소를 최대한 억제할 수 있는 환경을 조성하기도 한다.

정부규제란 일반적으로 기업의 경제활동으로 인하여 유발될 수 있는 사회적인 또는 경제적인 부정적 영향을 최대한 억제하려는 국가의 제재수단이라고 할 수 있다. 실제 기업의 경제활동이 의도적이지는 않지만 사회적으로나 경제적으로 부정적 영향을 미치는 경우가 많이 있다. 가장 대표적인 예가 공해 문제이다. 물론 기업의 생산활동이 고용을 창출하고 국민생산에 긍정적 기여를 하지만 공해를 유발하여 지역사회에 심각한 건강문제를 야기한다면 정부의 규제대상이 되는 것이다.

과거 전체 경제에 있어서 호텔산업이 차지하는 비중이 크지 않았던 시기에 정부의 규제란 매우 생소한 것이었다. 하지만 호텔산업의 비중이 급속도로 커져감에 따라 호텔산업이 국가경제 및 사회에 상당한 영향을 미치게 되었다. 이를 인식한 정부는 호텔기업의 경제활동으로부터 야기되는 부정적 영향을 최대한 억제하고자 다양한 형태의 규제를 가하기 시작하였다. 우리나라의 경우도 정부가 호텔산업에 대하여 다양한 형태의 행정적 규제, 세제 · 금융상의 규제 및 영업상의 규제를 가하고 있다. 이상과 같은 정부의 규제에 능동적으로 대처하기 위해서 호텔 경영자들은 더 이상 과거 경험과 직관에 의존해서는 안 될 상황에 부딪치고 있다.

이상과 같이 현대 호텔기업의 경영자들은 호텔의 대형화, 대기업의 시장점유율 확대, 소비자 변화, 노동력의 질적 변화, 노사관계, 정부규제 등 과거에는 경험할 수 없었던 다양하고 복잡한 문제들을 합리적으로 해결해 나가야 한다는 과제를 가지고 있다. 물론 호텔경영에 있어 과거 경험이나 직관이 때론 중요할 때가 있을 것이다. 그러나 과학적 접근에 의한 사실과 지식이 더 큰 이익이 될 것이다. 왜냐하면 현대의 호텔경영환경은 과학적 관리를 요구할 만큼 급격히 변화하고 있기 때문이다.

3) 호텔경영학: 과학인가 기술인가?

호텔경영에 있어서 양질의 서비스를 제공하는 것은 기술이지만 서비스를 가능한 많은 이익이 남게 제공하는 것은 과학이라고 할 수 있다. 이러한 기술과 과학과의 관계는 마케팅 분야의 예를 들면 쉽게 이해할 수 있을 것이다. 마케팅에서는 원가계산(costing)은 과학이고 가격결정(pricing)은 기술이라고 이야기하고 있다. 다시 말해서 어떤 특정 제품 또는 서비스의 원가는 과학적 방법에 의해서 계산될 수 있지만 과연 어느 수준에서 가격을 결정해야 소비자가 수용할 수 있고 시장에서도 경쟁력이 있는가에 대하여 아는 것은 기술이라는 것이다.

1925년 최초의 호텔경영관련 전문서적 중에 하나를 저술한 부머(Lucius Boomer)는 호텔경영학 발전에 있어서 초기 시절임에도 불구하고 과학과 기술의 문제에 대하여 논의하였다. 부머는 호텔경영의 과학적 접근의 필요성을 인정하면서 한편으로 호텔 경영자들이 기술 측면을 무시하지 말 것을 당부하고 있다.

부머 이후 20~30년이 흐른 시점에 쉐라톤(Sheraton)호텔 그룹의 창시자로 유명한 핸더슨(Ernest Henderson, Sr.)은 같은 문제에 대해서 다음과 같이 이야기하고 있다.

> "불과 20~30년 전, 즉 제1차 세계대전 후만 하더라도 호텔 경영자들의 능력은 흔히 개별 경영자가 얼마나 매력적이며 인기가 많은가 그리고 얼마나 많은 소비자들의 이름을 기억하여 호칭할 수 있는가 등과 같은 요인으로 결정되었다. 하지만 상황은 많이 변하고 있다. 현대에는 이와 같은 호텔산업의 아름다운 매력이 사라지고 과학적 관리기법이 대신하고 있다. 왜냐하면 월말 경영성과 및 연말 손익계산서에 직접적 영향을 미치는 것은 바로 과학적 관리기법이기 때문이다."

과학과 기술의 논쟁은 20세기 내내 문제가 되어 왔다. 1985년 Days Inns 호텔 체인의 회장인 레번(Michael A. Leven)도 이 문제에 대하여 다음과 같이 언급하고 있다.

> "극단적으로 호텔경영에 있어서 기술만을 중시하는 경영자들은 호텔을 수익성이라는 관점에서 생각하기보다는 주로 서비스 및 환대의 수준에 더 많은 관심을 기울인다. 만약 경영자가 이러한 자세를 견지하다보면 양질의 서비스를

> 유지할 수는 있지만 시간이 흐를수록 이익은 감소될 것이다.
>
> 한편 호텔경영에 있어서 너무 과학적 관리만을 생각하는 경영자들은 경영상의 모든 문제를 수익성 관점에서만 생각할 것이다. 따라서 서비스 질에 영향을 미칠 수 있는 장기적 투자보다는 단기적 수익 추구를 위하여 서비스 질은 도외시한 채 인건비, 교육훈련비, 광고 및 판촉 등의 비용을 최대한 억제함과 동시에 가격은 최대한 인상하려고 한다.
>
> 이상과 같은 양 극단의 중간 어느 지점이 바로 호텔산업이 지향해야 하는 바이다. 호텔산업이 지향해야 할 어느 지점이란 양질의 서비스를 제공함과 동시에 수익을 창출할 수 있는 균형점을 의미한다."

오늘날 호텔산업은 많은 경쟁자들의 시장진입으로 인하여 이른바 성숙단계에 들어섰다. 과거 빠른 성장단계를 경험한 이후 현대 호텔산업은 전체 경제성장률보다 낮은 성장을 보이고 있다. 이와 같은 성숙단계에서는 빠른 성장단계에서 용납될 수 있었던 경영자들의 실수가 용납되지 않는다. 성숙단계란 격심한 경쟁을 의미하기 때문이다. 따라서 비용의 철저한 관리 및 기업 자산의 효과적 활용, 다시 말해서 좀 더 과학적인 접근이 오늘날 현대 호텔경영의 시대적 요청이라고 할 수 있다. 이에 적극 대응하기 위하여 현대 호텔산업은 과거 기술적 접근에서 벗어나 이익을 극대화하고 자본을 보호해주는 과학적 관리법의 연구와 적용에 많은 관심을 기울이고 있다. 하지만 레번의 지적과 같이 양질의 서비스 제공도 격심한 경쟁에서 살아남을 수 있는 주요 생존수단이기 때문에 과거의 기법들도 아직 적절하다고 볼 수 있다. 결국 호텔경영에 있어서 과학과 기술이 적절히 결합될 수 있다면 호텔의 소유주, 경영자, 근로자, 소비자 모두에게 그 혜택이 돌아갈 것이다.

4. 호텔경영학의 주요 연구분야

1) 호텔 주요 상품의 생산분야

객실관리(room division management)

객실관리란 호텔이 생산하는 주요 서비스의 하나인 객실 서비스의 생산활동을 어떻게 과학적으로 관리할 것인가에 관련된 연구를 하는 분야이다. 하위 분야로서는 프런트 오피스관리(front office management), 하우스키핑관리(housekeeping management), 안전관리(security management) 등이 있다.

식음료관리(food & beverage management)

식음료란 호텔이 생산하는 주요 서비스 상품이다. 식음료관리란 객실관리와 유사하게 다양한 음식 및 음료의 생산활동을 어떻게 과학적으로 관리할 것인가에 관련된 연구를 하는 분야이다. 식음료관리의 하위 분야는 식당서비스관리(dining room management), 음식 생산(quantity food production), 음료관리(beverage management) 등으로 구성되어 있다.

2) 호텔기업의 주요 기능분야

호텔생산관리(hotel operations management)

호텔의 주요 서비스 상품인 객실, 식음료 등의 서비스가 소비자가 만족할 수준의 질을 유지하면서 가급적 경쟁력 있는 저렴한 가격에 생산되기 위해서는 생산활동의 모든 분야에 대한 세심한 관리가 요구된다. 호텔생산관리란 바로 호텔기업이 수행하는 생산활동을 계획하고, 조직하고, 통제하는 호텔기업의 생산부문의 과학적 관리에 관하여 연구하는 분야라고 할 수 있다.

호텔마케팅관리(hotel marketing management)

호텔마케팅관리를 간단히 표현하면 호텔기업이 수행하는 시장활동의 체계적 관리에 대하여 연구하는 분야이다. 호텔마케팅이란 생산된 호텔 서비스를 생산자로부터 소비자 또는 사용자에게까지 유통시키는 것과 관련된 기업의 경영활동인 것이다. 이러한 경영활동이 효과적이 되기 위해서는 소비자의 욕구를 충족시킬 수 있는 서비스를 개발하고, 유통시키며, 광고, 홍보 등과 같이 판매를 촉진시키며, 가격을 결정해야 하는 등 기업의 일련의 시장활동에 대한 세심한 관리가 요구된다.

호텔인적자원관리(hotel human resources management)

호텔인사관리란 호텔이 소유하고 있는 인적자원의 효과적 관리를 연구하는 분야라고 할 수 있다. 호텔의 인적자원은 호텔이 생산하는 서비스질에 직접적인 영향을 미치는 관계로 종사원의 잠재능력을 최대한으로 발휘하게 하여 최대한의 성과를 달성하도록 하며, 인간으로서의 만족을 얻게 하려는 일련의 호텔 인사관리 활동은 매우 중요하다 할 수 있다.

호텔회계(hotel accounting)

호텔회계란 호텔기업에 관련된 이해관계자들의 합리적 의사결정을 돕기 위하여 호텔의 경제활동에 관한 다양한 정보를 측정하고 제공하는 분야라고 할 수 있다. 특히 호텔회계는 기업의 내부 이해관계자인 경영자들의 기업경영에 대한 합리적 의사결정에 필요한 다양한 형태의 회계정보를 생산하여 제공할 뿐 아니라 주주, 금융기관, 세무서 등과 같은 외부이해관계자들에게 기업의 경영성과나 재무상태를 보고하기 위한 재무제표(financial statement)를 작성 · 전달한다.

호텔재무관리(hotel financial management)

호텔의 모든 활동은 돈과 관련된 활동, 즉 재무활동과 밀접한 관계가 있다. 호텔의 주요한 기능인 생산활동과 판매활동을 성공적으로 수행하기 위해서는 자본 조달 및 조달된 자본의 운영도 매우 중요하다. 따라서 호텔재무관리란 이러한 재무적 기능을 계획적으로 관리하는 활동을 연구하는 분야이다.

호텔경영정보시스템(hotel management information system)

호텔경영정보시스템이란 호텔경영에 필요한 정보를 획득하고, 처리하고, 저장하고 전달하는 정보시스템을 계획하고 관리하는 활동을 연구하는 분야이다. 최근 발전된 정보기술에 기초를 둔 현대 경영정보시스템은 비용이나 시간 절감 및 생산성 향상은 물론 호텔 서비스의 질적 향상에 중요한 역할을 하고 있다. 따라서 호텔 경영자들은 급변하는 경영환경 속에서 경쟁우위를 창출하는 데 중요한 역할을 하는 호텔경영정보시스템을 잘 계획하고 관리할 필요가 있다.

제 2 절 호텔경영교육이란 무엇인가?

1. 호텔경영교육의 목표

대학에서의 호텔경영교육이 지향하는 목표 중에서 가장 중요한 것은 바로 호텔산업이 필요로 하는 미래의 전문경영자를 양성하는 것이다. 글로벌 선진기업들은 일찍이 인재의 중요성을 인식하고 기업의 장래를 책임질 리더와 전문가를 확보하는 데 기업역량을 쏟고 있다. 호텔기업의 경우도 예외일 수 없다. 호텔기업의 성공적 경영을 위해서는 유능한 인재 확보가 매우 중요한 문제이다. 이러한 시대적 요구에 적극 부응하기 위하여 호텔경영교육은 학생들에게 체계적으로 연구된 지식을 제공하여 호텔경영 직무를 성공적으로 수행할 수 있도록 개인을 교육시키는 전문교육의 형태를 취하고 있다.

여기서 전문교육이라 함은 한 개인이 호텔에 취업해서 즉시 활용할 수 있는 생산 분야의 단순한 기술을 습득시키는 형태의 교육을 말하는 것이 아니다. 전문교육이란 단순한 기능 중심의 일상적인 기법을 전수시키는 단순한 방법론에 대한 교육이 아니라 미래의 전문경영인들에게 호텔경영의 제 문제에 대하여 합리적인 의사결정을 할 수 있도록 분석력과 객관적 판단력을 배양시키는 형태의 교육인 것이다.

호텔경영교육의 목표를 쉽게 이해하려면 군대에서 장교와 사병교육의 차이를 생각하면 될 것이다. 군대의 일반 사병교육에서는 실제 적과 조우하여 이길 수 있는 능력배양을 중시한다. 따라서 군에서는 일반 사병교육에서 사격술, 총검술, 수류탄 던지기, 구보, 행군 등 다양한 전투기술 교육을 강조한다. 하지만 장교교육에서는 단순한 전투기술보다는 전세를 판단할 수 있는 분석능력 및 효과적인 전투를 전개하기 위한 작전 능력 등이 우선시된다. 바로 대학의 호텔경영교육은 군대의 장교교육과 마찬가지로 특정 문제에 대한 답을 제시하는 것이 아니라 문제를 분석하고 해결할 수 있는 개인의 능력 배양을 중요시한다.

2. 호텔경영교육의 필요성

호텔산업의 급격한 환경 변화 속에서도 오직 변화하지 않는 것이 하나 있다면 능력 있는 전문경영인의 필요성일 것이다. 경영의 전문성은 성공적 호텔경영의 필수요소이다. 현대 호텔경영 환경은 과거보다 급격히 변화하고 복잡해짐에 따라 대학에서 교육받은 전문경영인이라는 새로운 계층을 요구하고 있다.

현대 호텔 경영자에 대하여 뉴욕의 유명한 에스터 호텔(Astor Hotel)의 전소유주였던 무센헤임(Frederick Muschenheim)은 다음과 같이 이야기하고 있다.

> "과거 대부분의 성공적 호텔 경영자들은 경험의 세계에서 오랜 기간 훈련받았다. 그러나 대학이 제공하는 전문교육은 이러한 도제(apprenticeship) 기간을 훨씬 단축시킬 뿐 아니라 충분하고 적절한 사전 훈련을 제공하기 때문에 학생들에게 새로운 기회를 열어줄 뿐 아니라 그들을 일찍 성장하게 한다."

대학에서의 호텔경영교육은 호텔경영에 필요한 기본적 지식을 제공할 뿐 아니라 다가오는 변화를 준비할 수 있게 한다. 호텔경영교육은 성공한 또는 실패한 경영자들을 구분해 줄 수 있는 주요 요소인 마케팅, 회계, 생산, 재무 및 다양한 관련 분야에 관련된 지식을 제공해준다. 또한 호텔경영교육은 이러한 지식들을 미래 호텔산업이 가지고 있는 기회와 도전에 응용할 수 있는 개인의 전문적 능력을 배양하는 데 도움을 준다. 결국 호텔경영교육은 학생들에게 과거의 단순한 호텔 관리인에서 벗어나 미래의 유능한 전문경영자로 성장하는 데 유효한 도구를 제공하고 있는 것이다.

3. 진출분야

호텔산업은 모든 계층의 사람들에게 다양한 취업 기회를 제공하고 있다. 다른 산업과 마찬가지로 호텔산업이 갖고 있는 특성 때문에 호텔산업이 제공하고 있는 취업 기회는 나름대로 장점과 단점을 지니고 있다. 따라서 호텔산업의 취업을 결정하거나 호텔경영 전공을 선택하기 전에 호텔산업의 특성을 먼저 잘 고려해야 한다.

흔히 호텔사업에 있어서 가장 핵심은 사람을 상대하는 것이라고 할 정도로 사람들과 빈번한 접촉이 발생하는 사업이 호텔사업인 것이다. 일반 제조기업들은 생산업무 전체를 기계화 및 자동화를 통하여 생산성을 획기적으로 높이려고 다양한 노력을 펼치고 있다. 즉 생산활동에 있어서 인적 요소를 가급적 배제하려는 것이다. 하지만 호텔기업들의 경우 이러한 노력에 한계가 있다. 왜냐하면 호텔 서비스의 주요 구성요소의 하나가 바로 사람에 의한 서비스(personal service)이며, 이는 도저히 기계화 또는 자동화로 대치할 수 없기 때문이다. 물론 호텔기업들도 주로 인적 서비스와 관련이 없는 일상적인 업무들을 중심으로 최대한 기계화 및 자동화하여 생산성 향상을 꾀하고 있으나 호텔 서비스가 갖는 인간적 요소 때문에 그 한계가 있을 수밖에 없다.

빈번한 인간의 상호작용이 존재한다는 호텔사업의 특성이 어떤 사람들에게는 장점이 될 수 있으며, 다른 사람들에게는 단점으로 작용할 수 있다. 인간의 상호작용에는 먼저 호텔 각 부서의 조직구성원들과의 접촉을 들 수 있다. 실제 호텔 내에 존재하는 각 부서들은 호텔의 공동 목표를 달성하기 위하여 구성원 간에 잦은 커뮤니케이션을 통하여 밀접한 상호관계를 유지하고 있다. 또 다른 형태의 접촉은 조직구성원과 서비스를 제공받는 소비자들과의 접촉이다. 물론 호텔의 모든 직종이 소비자와 접촉을 필요로 하는 것은 아니지만 특히 서비스 생산 부서에 근무하는 사람들은 정말로 다양한 계층의 소비자들을 만나게 된다. 호텔을 방문한 소비자들은 부자일 수도 있고 가난한 사람일 수도 있다. 유명 인사일 수도 있으며 매우 악명 높은 사람일 수도 있다. 또는 매력적이거나 매우 불쾌한 사람일 수도 있으며, 대단히 협조적인 사람일 수도 있거나 매우 까다로운 사람일 수도 있다. 호텔 근무자들은 조직구성원뿐 아니라 이러한 다양한 계층의 소비자들을 만남으로 해서 인간의 본성에 대해서 배울 수 있는 기회가 있으며, 다양한 개별 소비자들이 만족할 수 있는 서비스를 제공해야 하는 도전과제를 가지고 있다.

대학에서 호텔경영을 전공한 후 자신의 능력을 발휘할 수 있는 분야는 다음과 같이 다양하다.

1) 호텔산업

호텔경영을 전공한 학생으로서 당연히 가장 먼저 고려하는 취업분야는 당연히 호텔기업일 것이다. 호텔기업은 다음과 같은 분야에서 학생들에게 취업기회를 제공하고 있다.

주요 생산 부서

먼저 호텔의 주요 생산활동을 담당하는 부서들은 학생들에게 다양한 취업기회를 제공하고 있다. 호텔의 대표적 생산활동을 담당하는 부서는 객실 부문(room division)과 식음료 부문(food & beverage division)이다. 먼저 학생들은 객실 부문의 하위 부서라고 할 수 있는 프런트 오피스(front office), 하우스키핑(housekeeping) 또는 안전관리(security) 부서에 취업하여 자신의 능력을 발휘할 수 있다. 또한 호텔에서는 다양한 식음료 서비스를 생산하고 있는데, 학생들은 자신의 적성에 따라 식당 서비스(dining room), 주방(kitchen) 또는 음료(beverage) 부서에 취업하여 자신의 개성을 살릴 수 있다.

기타 기능부서

호텔기업이 학생들에게 취업기회를 제공하는 분야는 단지 생산분야에만 한정되지 않는다. 대부분의 대형 호텔의 경우 효과적인 호텔경영을 위하여 마케팅 활동을 비롯하여 재무 및 회계 활동, 인사 활동, 정보시스템의 운용 등의 전문적 직무 수행을 필요로 하기 때문에 각 기능 분야를 담당하는 부서를 운용하면서 분야별로 인력을 채용하고 있다. 따라서 학생들은 각 기능부서들의 특성을 잘 이해하고 자신의 적성에 맞는 부서에 취업하여 자신의 미래를 개척할 수 있다.

2) 호텔관련 산업

호텔경영학 및 호텔경영교육은 호텔기업의 경제활동에 주로 초점을 맞추고 있지만 호텔경영에 있어 밀접한 관련이 있는 산업분야에도 상당한 관심을 가져왔다. 따라서 호텔경영학을 전공한 학생들은 외식산업, 컨벤션산업, 카지노산업, 콘도미니엄산업 등과 같은 산업에 진출하여 충분히 자신의 능력을 발휘할 수 있는 준비가 되어 있다고 할 수 있다.

3) 서비스산업

호텔경영을 전공하는 학생들은 자신의 취업분야를 호텔 및 관련 산업 분야에만 국한시킬 필요가 없다. 실제 여러 호텔경영 졸업생들은 호텔 및 관련 산업 분야 이외의 다양한 분야에 성공적으로 진출하고 있는 현실이다. 이들의 취업 분야는 주로 항공사, 유통업, 금융업, 병원, 정부기관, 통신업 등 다양한 서비스산업의 하위 분야이다.

그들이 서비스산업에 진출하여 자신의 능력을 발휘할 수 있는 주요 이유는 호텔산업은 기본적으로 서비스산업의 하위 분야라고 할 수 있고, 호텔경영학이라고 하는 지식체계가 서비스산업의 다른 분야에 충분히 적용될 수 있기 때문이다. 특히 서비스산업의 경영현상을 주 대상으로 한 대학교육이 호텔경영분야를 제외하고는 발견하기 힘들다. 따라서 호텔경영교육을 이수한 학생들의 취업기회는 호텔산업 및 유관산업이라는 특정 분야만이 아니라 전제 서비스산업으로 확대될 수 있다. 이러한 사실을 감

그림 1-3 진출 분야

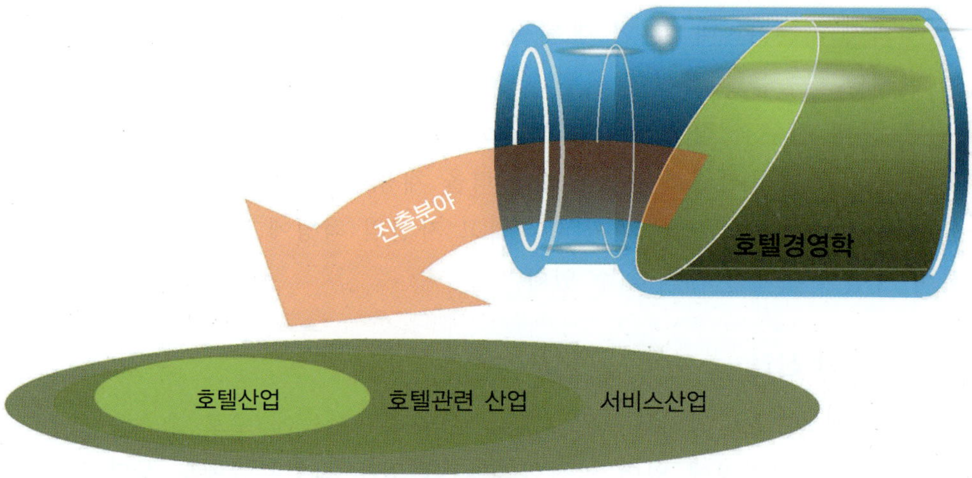

호텔산업	호텔관련 산업	서비스산업
· 주요 생산부서 – 객실부문 – 식음료부문 · 기타 기능부서 – 마케팅 – 재무 및 회계 – 인사 및 정보시스템	· 외식업 · 컨벤션(국제회의)산업 · 카지노 산업 · 콘도미니엄 산업	· 항공사 · 유통업 · 금융업 · 병원 · 정부기관 · 통신업

안할 때 호텔경영을 전공하는 학생들은 취업 문제에 있어서 상당한 유연성을 지니고 있다고 할 수 있다.

Bibliography

- 김민주(2000). 우리나라 관광경영학 연구의 추세와 방향모색. 한국관광학회 제47차(겨울) 학술대회 발표논문.
- 김사헌 외 8인(2000). 『관광학 연구의 현황과 과제』. 서울: 백산 출판사.
- ________(1999). 2000년대 관광학의 진로: 회고와 당면과제. 한국관광학회 제46차(여름) 학술대회 발표논문.
- 김용준 외(2005). 『스무살에 선택하는 학문의 길』. 서울: 아카넷.
- 김진철(2000). 『현대 사회과학의 패러다임 위기』. 세계정치경제연구소.
- 박운성(1993).『현대경영학원론』. 서울: 박영사.
- 반병길(1999). 『경영학원론』. 서울: 박영사.
- 연세대학교 사회과학대 편(2000). 사회과학의 이해: 전공선택의 길잡이. 연세대학교 출판부.
- 이준구 · 이창용(2010). 『경제학원론』. 서울: 법문사.
- 이필상 외 2인(2010). 『경영학원론』. 서울: 법문사.
- 이화인 외 2인(2001). 『호스피탈리티 산업의 이해』. 서울: 백산출판사.
- 조순 외 3인(2009).『경제학원론』. 서울: 율곡출판사.
- 차길수(1995). 호텔경영교육의 당면과제와 개선방향: 대학 교육과정을 중심으로. 『호텔경영학 연구』. 3호: 93-110.
- ________(1997). 관광호텔의 경영개선을 위한 규제완화 방향. 『호텔외식경영연구』, 6(1): 153-170.
- 한의영 · 김종진(1994). 『경영학원론』. 한국방송통신대학 출판부.

- Akehurst, Gray(1989). Service industries. in *Management in service industries*, Peter Jones ed., London: Pitman Publishing: 3-15.
- Barrows, Clayton W.(1999). Introduction to hospitality education. in *Hospitality management education*, Clayton W. Barrows & Robert H. Bosselman eds., New York: The Haworth Hospitality Press: 1-20.
- Fuller, J.(1983). Hotel management education. in *The management of hospitality*, E. Cassee & R. Reuland eds., Oxford: Pergamon Press: 95-122.
- Hadgis, N. J.(1985). Hospitality education in a changing environment. *Hospitality*

Research Journal, 9(2): 62–64.

- Lovelock, Christopher H.(1988). *Managing Services: marketing, operations, and human resources.* NJ: Prentice Hall.
- O'Fallon, M. J., & Rutherford, D. G.(2010). *Hotel management and operations.* New York: John Wiley & Sons. Inc.
- Powers, T., Powers, J. M., & Barrows, C. W.(2005). *Introduction to the hospitality industry.* New York: John Wiley & Sons. Inc.
- Stutts, A. T.(1999). Hospitality as an occupation. in *Hospitality management education,* Clayton W. Barrows & Robert H. Bosselman eds., New York: The Haworth Hospitality Press: 21–36.
- Stutts, A. T. & Wortman, J.(2005). *Hotel and lodging management: an introduction.* New York: Wiley & Sons, Inc.
- Walker, John R.(2008). *Introduction to hospitality.* NJ: Prentice Hall.
- Vallen, J. J. & Abbey, J. R.(1987). *The art and science of hospitality management.* MI: the Educational Institute of the American Hotel & Motel Association.

- http://www.ehl.edu/eng
- http://www.hotelschool.cornell.edu
- http://www.hotelschoolmaastricht.nl/flash_intro.aspx?id=181&taal=en

PART 02

호텔산업의 이해

Chapter 02

호텔기업의 일반적 이해

제 1 절 호텔의 기초

1. 호텔의 개념

서울 시내를 걷다보면 다양한 빌딩들의 숲을 만나게 된다. 빌딩숲 속에는 호텔 롯데, 인터컨티넨탈 호텔, 르네상스 호텔, 리츠칼튼 호텔, 호텔 신라, 코리아나 호텔, 하얏트 호텔 등과 같은 이름을 가진 멋진 모습의 대형 호텔들이 우리의 눈을 사로잡는다. 물론 사람들의 눈에 쉽게 띄는 대형 호텔 이외에 자그마한 중소 규모의 호텔들도 자주 발견할 수 있다. 해외여행을 하는 경우에도 마찬가지이다. 예를 들어 미국 뉴욕의 맨해튼 마천루 사이를 거닐게 되면 월돌프 아스토리아(Waldorf-Astoria) 호텔과 같은 영화에 자주 등장하는 크고 고풍스런 호텔을 위시하여 수백 아니 수천 개의 다양한 호텔들을 쉽게 마주치게 된다. 해외여행을 자주 하는 사람들은 도시의 규모가 크면 클수록 그 도시 내에는 많은 수의 호텔이 있음을 잘 알고 있다.

항상 도심지에서만 호텔들을 발견할 수 있는 것은 아니다. 예를 들어 부산 해운대에 놀러가게 되면 긴 백사장을 따라 들어서 있는 조선 호텔, 메리어트 호텔, 파라다이스 호텔 등과 같은 멋진 모습의 대형 호텔들이 사람들의 시선을 사로잡는다. 세계의 어떤 유명 휴양지를 방문하더라도 가장 먼저 발견할 수 있는 것이 많은 수의 크고 작은 호텔들이다.

이와 같이 우리 주변에서 쉽게 접할 수 있는 호텔들은 과연 무엇을 하는 곳일까? 일반적으로 호텔이라고 하면 가장 먼저 사람들의 머리에 떠오르는 생각이 '여행'과 '숙식'이라는 단어일 것이다. 왜냐하면 항상 우리가 '여행'을 떠나기 전 여행준비를 할 때 가장 먼저 고려해야 하는 것이 바로 여행 목적지에서의 '숙식'이 가능한 호텔을 선택하는 일이기 때문이다. 여행 목적이 무엇이던지 간에 여행 목적지에서의 자고 먹는 인간의 행위는 여행자의 아주 기본적인 욕구이다.

대부분의 사람들은 이러한 관점에서 호텔을 이해하고 있다. 사전을 보더라도 호텔이란 '보통 여행자들에게 숙박과 식사 등을 제공하기 위하여 운영되는 대형 건물 또는 시설(a usually large house run for the purpose of giving travelers food, lodging, etc)'이라고 정의되어 있다. 또한 우리나라 관광진흥법에서도 호텔이란 '관광객의 숙박에 적합한 시설을 갖추고 이를 이용하게 하고 음식을 제공하는 업'으로 정의하고 있다. 결국 호텔이란 여행자들에게 숙식을 제공하는 기업이라고 정의할 수 있을 것이다.

과연 이상과 같은 호텔의 정의는 현대 호텔의 의미를 정확히 반영하고 있는 것일까? 물론 대부분의 호텔은 주로 여행자들에게 절대적으로 필요한 숙식의 욕구를 충족시킬 수 있는 서비스를 제공한다. 그러나 현대 호텔은 단지 여행자들만이 아닌 다양한 소비자들을 대상으로 경영활동을 수행하고 있다. 또한 현대 호텔은 과거와는 달리 보다 다양한 서비스를 제공함으로써 그 사업 영역을 넓혀 가고 있는 현실이다. 따라서 현대 호

표 2-1 호텔의 정의 — 과거

사전적 정의	보통 여행자들에게 숙박과 식사 등을 제공하기 위하여 운영되는 대형 건물 또는 시설
관광진흥법	관광객의 숙박에 적합한 시설을 갖추고 이를 이용하게 하고 음식을 제공하는 업
정의 요약	여행자들에게 숙식을 제공하는 기업

텔을 제대로 정의하기 위해서는 과거 호텔에 대한 정의를 좀 더 확대할 필요가 있다.

많은 사람들은 현대 호텔을 결혼식, 환갑 및 회갑 잔치, 약혼식, 돌잔치 등 다양한 연회를 개최할 수 있는 적절한 장소로 인식하고 있다. 경제 발전에 따른 소득 증가로 과거 가정 내에서 수행되었던 다양한 연회들이 이젠 호텔 및 외식기업들이 대신 수행하고 있다. 최근 많은 지역사회의 소비자들은 호텔이 제공하는 다양한 연회 서비스를 구매하고 있고, 그 규모 또한 커지고 있다.

또한 현대 호텔에서는 다양한 세미나, 회의, 모임 등이 빈번히 개최되고 있다. 현대 사회는 사회 · 경제 · 문화의 형태가 복잡해지고 다양해짐으로써 이에 대한 국제간 또는 정부, 민간기업, 공공단체와 같은 집단 간의 이해와 갈등 역시 복잡하고 다양해지고 있다. 따라서 이를 해결하고 조정하려는 노력이 증가하게 되고, 이러한 노력의 수단으로서 국제 학술 세미나, 정치적 모임, 심포지움 등과 같은 다양한 성격의 모임이 빈번해지고 있다. 신문이나 TV를 보게 되면 대부분의 이런 모임들이 호텔에서 개최되고 있음을 쉽게 알 수 있다. 현대 호텔은 이와 같이 지역사회에서 발생하고 있는 다양한 집회 욕구를 충족시키는 서비스를 생산하고 있다. 이외에도 호텔은 사교, 오락, 사업, 건강 증진을 위한 다양한 서비스를 제공함으로써 소비자들의 욕구를 충족시켜 주고 있다.

표 2-2 호텔의 정의—현대

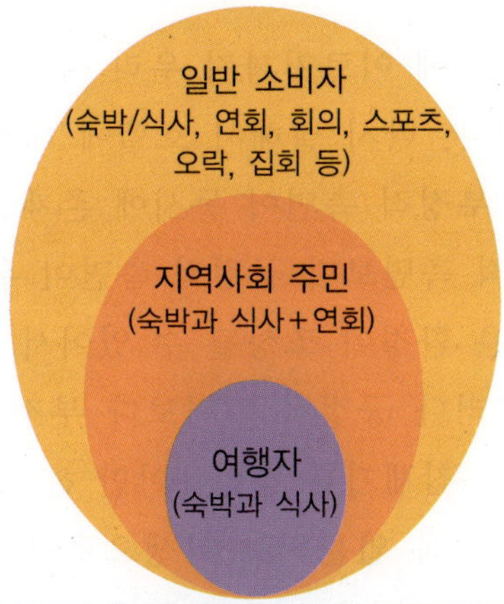

현대적 정의	소비자를 위하여 숙박 및 외식 서비스 이외에 소비자들의 경제 · 사회 · 문화적 욕구를 충족시킬 수 있는 다양한 서비스 상품의 생산 및 판매를 주목적으로 하는 기업

이상과 같은 현실을 감안한다면 현대 호텔을 단순히 여행자들을 위한 숙식관련 서비스만을 생산 및 판매하는 기업으로 정의한다는 것은 적절치 못하다. 먼저 현대 호텔은 여행자만을 대상으로 하지 않는다. 물론 주 소비자 계층은 집을 떠나온 여행자들이지만 해당 지역사회의 지역주민도 주요한 소비자 계층일 수 있다. 따라서 넓은 의미에서 본다면 일반 소비자를 대상으로 한다고 보는 것이 적절할 것이다. 또한 현대 호텔은 숙박 및 외식 이외에도 연화, 집회, 오락, 스포츠, 사업 등 인간 생활에 필요한 다양한 서비스를 제공하고 있다.

따라서 우리는 호텔에 대한 과거의 정의에 너무 국한될 필요가 없다. 현대적 의미의 호텔은 소비자를 위하여 숙박 및 외식 서비스 이외에 소비자들의 경제 · 사회 · 문화적 욕구를 충족시킬 수 있는 다양한 서비스 상품의 생산 및 판매를 주 목적으로 하는 기업이라고 정의 내리는 것이 더 적절할 것이다.

2. 호텔에 대한 일반적 시각 및 본 모습

과거부터 오늘날에 이르기까지 우리 사회는 호텔에 대해서 매우 상반된 시각을 갖고 있다. 다시 말해서 호텔에 대한 일반적 시각은 매우 긍정적인 측면과 매우 부정적 측면이 동시에 존재한다는 것이다. 호텔에 대한 사회 인식이 부정적 측면보다 긍정적 측면이 우세했던 시기에는 호텔기업 경영에 상당히 좋은 환경이 조성될 수 있어서 호텔산업이 발전할 수 있는 계기가 되었다. 그러나 긍정적 측면보다 부정적 측면이 우세했던 시절에는 전체 호텔산업이 침체기를 경험해야만 하였다.

호텔경영학에 처음 입문하는 학생으로서 호텔에 대한 정확한 이해를 하기 위해서는 무엇보다 먼저 호텔에 대한 일반 사회의 인식이 어떤가에 대하여 살펴볼 필요가 있다. 또한 사회의 인식이 올바른 사실에 근거한 정확한 것인가 또는 편견에 근거한 부정확한 것인가를 따져볼 필요가 있다. 만약 사회적 인식이 편견에 의한 것이라면 호텔경영학을 전공하는 학생부터 호텔에 대한 올바른 이해를 위해 기존 시각을 교정할 필요가 있다.

이를 위해서 우선 호텔에 대한 기존의 시각이 어떠했는지를 살펴보고, 실제 호텔이 우리 사회에 어떤 의미를 갖는가를 살펴보기로 한다.

1) 호텔에 대한 기존의 시각

먼저 우리 사회가 갖고 있는 호텔에 대한 시각을 살펴보면 매우 긍정적인 측면이 존재하는 것을 쉽게 알 수 있다. 긍정적 시각의 배경을 보면 바로 기업으로서의 호텔 자체가 국가경제에 기여하는 바가 상당하다는 것이다. 흥미로운 사실은 이러한 긍정적 시각은 주로 국가경제가 매우 어려웠던 시기에 특히 우세하였고 사회적으로도 폭넓게 수용되었다는 사실이다. 실제 국가경제가 어려운 시점에 정부는 이러한 관점을 적극 수용하여 호텔산업이 수출산업임과 동시에 타산업보다 외화 가득률이 높아 국가경제에 상당히 기여할 수 있는 산업이라고 인식하고 호텔산업의 발전을 위한 다양한 지원정책을 수립하고 집행하였다.

1960년대 국가경제가 매우 어려웠던 시절 및 1990년대 후반의 IMF 위기가 바로 대표적 예라고 할 수 있다. 경제발전을 국가의 최우선 과제로 삼았던 1960년대 정부는 호텔산업을 외화를 획득할 수 있는 국가의 전략산업으로 선정하였다. 호텔산업을 포함한 관광산업을 적극 육성하기 위하여 정부는 1961년 관광사업진흥법을 시작으로 하여 한국관광공사법, 관광기본법, 관광진흥개발기금법 등을 제정하여 오늘에 이르고 있다. 이러한 각종 법제정과 다양한 정부의 지원정책은 과거 그 존재가 미미했던 호텔산업이 도약의 기반을 마련할 수 있는 계기를 만들어 주었다.

또한 1998년 우리나라가 경험해야 했던 IMF 위기도 호텔에 대한 긍정적 인식이 확산될 수 있는 계기가 되었다. 물론 이 시기에 사회 일부에서는 호텔에 대한 부정적 측면을 부각한 바도 있다. 그러나 정부는 과거 호텔에 대한 부정적 인식에서 벗어나서 고부가가치 외화획득산업으로 국가경제 발전을 위해 그 중요성을 잘 인식해야 한다고 역설하였다. 이러한 인식을 기초로 하여 정부는 호텔산업이 다시 발전할 수 있는 다양한 지원대책을 수립하였다.

우리 사회에서 호텔에 대한 시각이 항상 긍정적인 것만은 아니었다. 아직도 우리 사회는 호텔에 대하여 부정적 인식을 가지고 있고, 이러한 인식이 전체 사회에 확산되었던 시기가 있었다. 부정적 시각의 대표적인 예를 보면 대체적으로 다음과 같다. 첫째, 호텔은 호화 사치성 서비스업이라는 것이다. 이를 구체적으로 설명하면 호텔기업의 경제활동은 국민들의 사치 및 향락을 조장하여 국민의 건전한 경제생활을 저해한다는 것이다. 둘째, 일반 소비자들이 호텔을 많이 이용하면 할수록 호화 사치성 서비스업의 성장을 가져와 경제의 올바른 성장에 악영향을 미친다는 것이다. 이 의미는 건전한 굴뚝 산업에 투자되어야 할 돈이 호화 사치성 서비스업에 몰림으로써 경제의 기형적 발전을 초래한다는 것이다. 마지막으로 소비자들의 호텔 이용은 국민 계층간 위화감을 조성하여 사회 불안요인으로 부각된다는 것이다. 다시 말해서 호텔 이용자는 부유 계층이고, 부유 계층의 호텔 소비행태가 저소득 계층에게 위화감을 조성하게 된다는 논리이다.

이상과 같은 부정적 인식은 호텔의 기업활동을 외부불경제(external diseconomies)를 가진 경제활동이라고 보는 데서 기인한다고 볼 수 있다. 외부불경제라는 용어는 경제학 용어로서 이 개념을 이해하기 위해서는 우선 외부효과(externalities)라는 개념에 대한 이해가 필요하다. 외부효과란 어떤 기업의 행동이 비의도적으로 그리고 그것에 대한 대가의 교환 없이 다른 사람에게 이득이나 손해를 가져다주는 것을 의미한다. 외부효과는 이와 같이 일반적인 시장거래와는 달리 의도하지 않은 결과로서 나타나며, 그것에 대한 대가가 지불되거나 수취되지 않는다는 특징을 가지고 있다.

외부효과는 외부경제(external economies)와 외부불경제(external diseconomies)라는 두 가지 유형으로 나타나게 된다. 먼저 외부경제란 기업의 행위가 의도하지는 않았지만 다른 사람에게 더 많은 이득을 주는 경우를 의미한다. 과수원 주인과 양봉업자의 관계가 대표적인 외부경제 효과를 보여주는 예라고 할 수 있다. 과수원 주인이 심은 과일나무들은 남의 꿀 생산을 돕기 위한 것이 아니기 때문에 주변의 양봉업자들을 도우려는 의도는 없었을 것이다. 그러나 과수원 주인은 자신 의도와는 달리 타인, 즉 양봉업자들에게 도움을 주게 된다. 이와 같이 외부경제란 어떤 개인 또는 기업이 얻는 사적 편익(private benefit)이 그 행동으로 인해 사회 전체가 얻게 되는 사회적 편익(social benefit)보다 적은 경우를 말한다. 각종의 사회간접자본시설이 바로 이러한 전형적 예이다.

한편 외부불경제란 기업의 행위가 의도하지 않았지만 다른 사람에게 더 많은 손해를 가져다주는 경우를 말한다. 흔히 들 수 있는 예가 바로 교통 혼잡이다. 어떤 개인이 운전하는 경우 그 사람에게서 발생하는 사적 비용은 휘발유 값과 자동차의 감가비용일 것이다. 그러나 그 사람이 의도하지 않았지만 그의 운전행위로 인해 다른 사람의 귀중한 시간과 휘발유를 소모하게 되는 것이다. 이와 같이 외부불경제란 어떤 생산활동으로 발생하는 사적 비용(private cost)이 사회적 비용(social cost)보다 작은 경우를 의미한다. 공해 문제도 외부불경제 효과의 전형적 예이다.

그림 2-1 외부효과

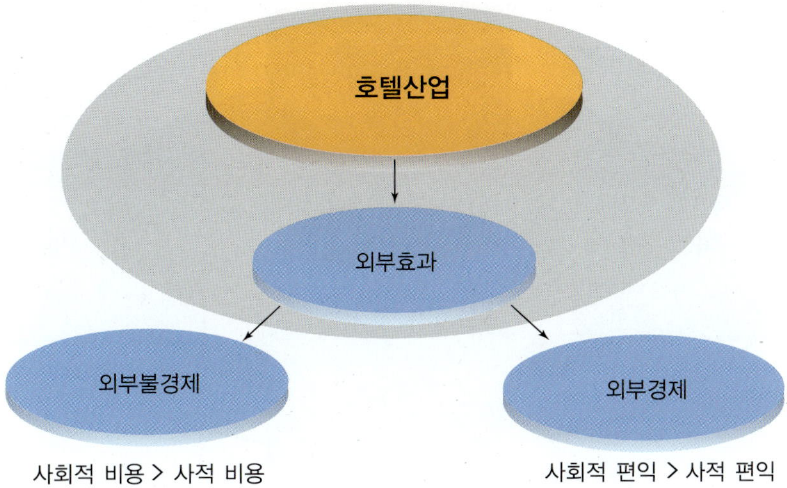

앞에서 살펴본 호텔에 대한 부정적인 사회적 인식들은 바로 호텔의 기업활동이 다양한 외부불경제를 가진 경제활동이라는 인식에 기초하고 있다. 정부는 앞서 언급된 부정적 인식을 기초로 하여 호텔의 기업활동에서 오는 사회적 비용을 억제하기 위하여 다양한 형태의 규제를 가하기도 했다. 그 결과 호텔산업은 국가에 경제 · 사회적으로 부정적 영향을 미치는 산업이라는 오명 아래 상당히 긴 침체시기를 경험한 바 있다.

2) 호텔의 본 모습

우리 사회가 호텔산업을 바라보는 시각은 앞서 살펴본 바와 같이 매우 상반적이어서 호텔을 생각하게 되면 이중적 이미지를 떠올리기 쉽다. 과연 호텔은 어떤 모습을 가지고 있을까? 이 질문에 답하기란 그리 쉬운 일이 아닐 것이다. 왜냐하면 호텔에 대한 상반된 시각들이 나름대로 합리적인 이유를 가지고 있기 때문이다. 과연 호텔이란 일반의 시각과 같이 수출기업으로서 국가경제에 기여함과 동시에 다양한 사회적 비용을 유발하는 이중적인 모습을 가지고 있는 것일까? 간단히 이야기하면 그렇지 않다고 할 수 있다. 실제 호텔산업은 일반 사회에서 인식하고 있는 것과는

그림 2-2 호텔의 본 모습

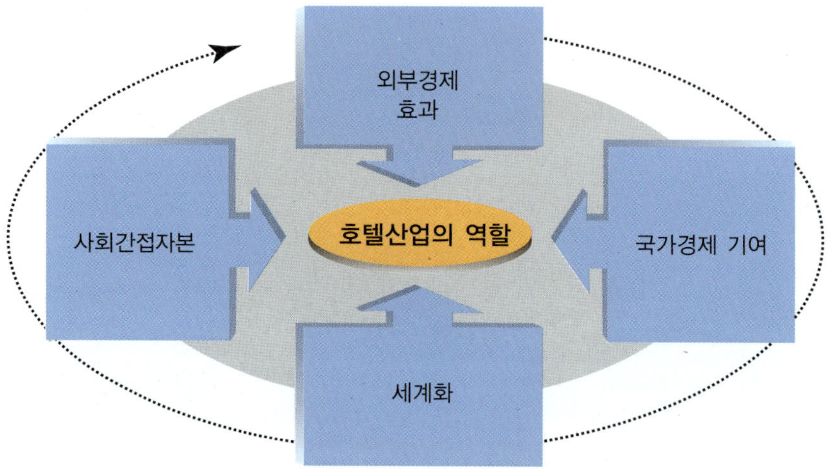

달리 다음과 같이 우리 사회에 긍정적 영향을 미치는 중요한 산업이라고 할 수 있다.

먼저 호텔산업은 사회간접자본(SOC; Social Overhead Capital)의 성격을 지니고 있다는 것이다. 사회간접자본이란 공장이나, 기계, 또는 기술이나 지식과 같이 직접적으로 생산에 사용될 수 없지만, 교량, 도로, 항만과 같이 간접적으로 생산에 도움이 되는 자본을 의미한다. 다시 말해서 직접적으로 생산을 담당하지 않는다 하더라도 생산에 없어서는 안 될 자본인 것이다. 만약 한 나라의 사회간접자본이 부실하다면 생산된 제품뿐 아니라 원재료의 유통 및 운반에 막대한 지장을 받게 되므로 시장의 크기를 제한한다. 바로 호텔이 이러한 성격을 지니고 있다는 점이다.

국가경제가 발전하기 위해서는 대상 시장을 국내로만 한정할 수 없다. 즉 경제의 세계화가 필수적이라 할 수 있다. 경제의 세계화 과정에서는 원재료 및 상품 등의 물적 유통만이 빈번히 발생하는 것이 아니다. 그 과정에서는 경제활동의 주체인 사람, 다시 말해서 경제인구의 빈번한 국제 이동도 수반되는 것이 당연하다. 경제인구의 국가간 교류가 원활히 이루어지기 위해서는 교통 및 숙박시설이 필수 불가결한 존재인 것이다. 바로 이러한 점에서 호텔은 사회간접자본의 역할도 수행한다는 것이다.

이는 선진국을 보면 쉽게 알 수 있다. 일반적으로 선진국에서는 도로, 공항, 철도, 항만 등과 같은 교통시설 및 통신시설들이 잘 발달되어 있을 뿐 아니라 호텔산업도 잘 발달되어 있다. 경제개발을 국가의 지상목표로 하는 대부분의 저개발 국가들에서도 이와 비슷한 현상을 볼 수 있다. 대부분의 저개발 국가들은 자국의 경제개발을 위하여 먼저 공업단지의 조성, 도로, 항만, 통신 등과 같은 일반적 사회간접자본 건설에 역점을 두고 있다. 하지만 이와 더불어 항상 수반되는 것이 호텔의 건설이다. 이는 물론 저개발 국가들에게 매우 중요한 외화획득을 위한 수단 확보 차원이라고 이해할 수도 있지만 국가의 경제개발에 필요한 인적교류를 원활히 하기 위한 기반조성이기도 하다. 이와 같이 호텔은 사회간접자본적인 성격을 띠고 있기 때문에 투자대비 수익성이 낮고 회수 기간이 길며 개인적 편익보다 사회적 편익이 더 큰 외부경제효과를 가지고 있다고 볼 수 있다.

인간을 사회적 동물이라고 지칭하는 것은 인간이 혼자서는 살아갈 수 없는 사회적 존재이므로 부단히 자신을 둘러싼 타인과의 교류를 통하여 살아간다는 의미로 받아들일 수 있다. 이 개념을 보다 확대하면 어떤 지역, 사회, 국가도 혼자 고립된 상태에서 발전될 수 없다는 의미로 해석할 수 있다. 특히 일개 국가가 선진 사회로 진입하기 위해서는 타국과의 경제적 교류 이외에 정치적, 사회적, 문화적 교류 등 상호간의 다양한 인적교류가 필수적이다. 특히 최근 국정목표를 세계화를 통한 선진사회 진입에 두고 있는 우리나라는 외국과의 정치, 사회, 문화적 측면의 빈번한 인적교류가 예상된다. 선진사회 진입을 위한 세계화에 있어서 호텔이 수행해야 할 역할은 실로 막중하다 할 수 있다.

그러나 우리 사회는 이와 같은 호텔의 중요한 역할을 간과해 오다가 86아시안 게임, 88올림픽, ASEM, 2002월드컵 등과 같은 중요한 국가적 행사를 유치함에 있어서 호텔 객실 수의 부족으로 어려움을 겪었던 적이 있다. 정부는 이 문제를 극복하기 위하여 앞장서서 호텔산업의 다양한 지원대책을 수립하여 호텔 신축을 장려하였던 기억을 가지고 있다.

더 이상 우리는 호텔산업을 사회적 비용을 유발하여 국가 발전에

CASE 01 이부진 호텔신라 사장에게 한옥호텔이 뭐길래…

이부진 호텔신라 사장이 숙원사업으로 추진 중인 한옥호텔 건립이 또다시 좌절됐다. 2011년 이후 한옥호텔 건립안이 서울시로부터 세 차례나 '퇴짜'를 맞은 데 이어 최근 수정 계획안 역시 '보류'된 것으로 확인됐다. 거듭된 도전에도 불구하고 서울시 문턱을 네 차례나 넘지 못했다. 이 사장으로서는 자존심이 상하는 일이다. 하지만 이 사장은 포기하지 않고 또다시 도전한다. 이 사장이 한옥호텔을 포기하지 못하는 이유가 뭘까.

이부진 사장의 한옥호텔 건립 사업은 2011년 8월부터 추진됐다. 서울 장충동 신라호텔 부지 내 4층짜리 한옥호텔과 3층짜리 면세점, 장충단 근린공원, 지하주차장을 짓는 대규모 사업이다.

이는 전통문화 계승에 앞장서고 있는 최근 행보와 괘를 같이하고 있다. 이 사장은 작년 10월 1500년대 경북 안동 종가음식의 상품화를 진행하고, 고택의 관광 활성화 지원에도 적극 나서고 있다. 특히 고택은 전통 한옥 형식의 주택으로 현재 호텔신라는 고택관광 활성화를 위해 총 40여 개의 고택을 일일이 방문하고 고택 숙박상품 개발 및 숙박시설 운영 컨설팅, 서비스 교육 등의 지원 방안을 구체화하고 있다.

이 사장이 한옥호텔을 추진하는 또 다른 배경은 신라호텔의 심각한 주차난과 면세점 노후화에 있다. 현재 신라호텔의 주차대수는 450대로 부족한 편이다. 하지만 한옥호텔이 추진되면 증·개축으로 주차대수가 1,000대 이상으로 늘어난다.

또한 이 사장은 장충단공원이나 장충체육관을 찾는 시민들을 위해 기부채납할 녹지공원 아래에 200대 규모의 지하주차장을 별도로 만들어 시민들에게 개방할 계획도 가지고 있다. 시민들에게 서울성곽 녹지공원과 주차장을 함께 돌려준다는 것이다.

아울러 이 사장은 한옥호텔이 건립되면 외국인 관광객이 증가하고, 이들 관광객을 지렛대로 삼아 면세점 사업을 활성화시켜 국가 관광사업 발전에 이바지할 것으로 내다보고 있다. 특히 사업이 예정대로 추진되면 이는 서울 최초의 한옥호텔이자 관광, 쇼핑, 문화 등을 함께 즐길 수 있는 공간이 되면서 호텔신라의 브랜드 가치 역시 그만큼 높아지게 된다.

재계 관계자는 "장충동 일대의 경우 건물이 대체로 노후화돼 있고 제대로 정비가 되지 않아 한양도성과 같은 서울의 전통유산이 빛을 보지 못하고 있는 실정"이라며 "만약 한옥호텔이 들어선다면 관광객들을 끌어 모을 수 있는 서울의 랜드마크가 될 것"이라고 말했다.

전문가들 역시 한옥호텔 건립 추진에 대해 긍정적으로 평가하고 있다. 국내 한옥호텔 전문가는 "서울에는 한옥호텔이 전무한 데다 한양도성과 잘 어우러져 관광 인프라로서도 긍정적"이라며 "또한 호텔 건립에 3,000억원이 투자되고

1,000명의 직접고용 효과가 발생하는 등 경제 활력에도 도움이 되는 사업"이라고 말했다.

또 다른 관계자는 "서울 시내에 한옥호텔이 건립되면 관광지 속 한옥이 아니라 실제 사람이 주거하는 공간이 되기 때문에 의미 있는 시도라고 본다"며 "서울 성곽 때문에 증·개축 인허가가 보류됐지만 관광서비스산업 강화라는 대승적 차원에서도 신라호텔 증·개축을 들여다볼 필요가 있다"고 말했다.

출처: 일간스포츠, 2016.1.

부정적인 영향을 미치는 산업으로 인식해서는 안 된다. 실제 호텔은 앞서 살펴본 바와 같이 일개 기업으로서 국가경제의 생산, 고용, 수출 측면에 기여하여 국가경제에 도움을 준다. 또한 호텔은 개인적 편익보다 사회적 편익이 더 큰 외부경제효과를 가지고 있는 사회간접자본적인 성격을 가지고 있는 기업임과 동시에 선진사회의 진입에 필수적인 기업인 것이다.

제 2 절 호텔의 분류

1. 등급제도

소비자들이 원하는 호텔을 선택하는 것은 일반 제품을 선택하는 경우보다 훨씬 더 어려움을 겪는다. 투숙 예정 지역에 규모, 시설, 서비스의 질적인 측면에서도 그 수준이 천차만별이며, 해당 지역의 호텔 수가 너무 많기 때문인 경우도 있다. 예를 들어 서울 방문을 계획하는 소비자들이 290여 개(2015년 12월 기준)에 달하는 호텔 중 자신에게 적합한 호텔을 선택하는 것은 결코 쉽지 않은 문제다.

또한 호텔 선택에 있어 어려움을 겪는 주된 이유는 무형적인 특성을 가지고 있는 서비스상품이라는 호텔 상품의 특성에 기인하기도 한다. 유형적 제품의 경우 디자인, 성능 등과 같은 여러 지표를 활용해 선택이 가능하지만 무형적 서비스의 경우 소비자들이 판단할 수 있는 기준이 별로 없기 때문이다.

이런 상황에서 소비자들은 주변 친구 또는 여행전문가들의 추천, 온라인에서의 정보 검색, 브랜드 인지도에 의존하기도 한다. 실제 서비스 상품으로서의 호텔선택이 타인의 추천이나 브랜드에 의존하는 비율이 일반 제품보다 훨씬 높은 이유가 여기에 있을 것이다. 하지만 이러한 경로를 통한 선택이 항상 신뢰할 수 있는 것은 아니다.

전 세계적으로 국가 또는 민간단체의 주도하에 실시되고 있는 호텔등급제도는 바로 이러한 소비자들의 호텔 선택에 매우 유용한 단서가 되고 있다. 호텔 등급제도란 호텔들의 질적 차이에 대한 공식적 등급화를 통해 호텔기업이 자사의 서비스 품질과 시설유지를 위한 노력을 유도함으로써 호텔산업의 질적 향상을 목적으로 하여 수많은 호텔들을 특정한 기준에 따라 등급화하는 시스템을 의미한다. 또한 소비자들에게 호텔 수준, 가격 측면 등에서의 정보 제공을 통해 소비자의 호텔 선택에 있어 유용한 지표로 활용될 수 있으며 실제 많은 소비자들이 호텔 선택에 이를 적극적으로 참고하고 있다.

호텔의 등급 표시 형식과 등급 결정은 각 나라마다 차이가 있는데, 대체적으로 전체 호텔 등급을 5개 등급으로 구분하고 있다는 공통점이 존재한다. 거의 모든 국가에서 최상위 등급에 별 5개 등급을 부여하고 있는데, 호텔에 따라 마케팅 차원에서 자사 호텔을 6성급, 7성급으로 칭하는 경우도 있다. 예를 들어 포시즌즈호텔, 파크하얏트, W호텔 등은 자사 호텔을 6성급으로 두바이의 버즈알아랍 호텔은 자사 호텔을 7성급으로 표현하여 차별화를 꾀하고 있으나 6성급 또는 7성급에 준하는 서비스 품질 수준을 갖추고 있다는 것을 홍보하기 위한 마케팅 전략의 일환이며, 공식적인 등급에 해당되지 않는다.

1) 외국의 호텔 등급

먼저 미국의 호텔 등급결정은 미국자동차협회(American Automobile Association) 및 과거 모빌 여행가이드(Mobile Travel Guide)로 더 잘 알려졌던 포브스 여행가이드(Forbes Travel Guide)라고 하는 민간단체에서 주도하고 있다.

미국자동차협회의 경우 다이아몬드 하나(◆)에서 다이아몬드 다섯 개(◆◆◆◆◆)로 등급 표시를 하여 호텔들을 분류하고 있다. 한편 포브스 여행가이드에서는 등급제도 참여 호텔들을 별 하나(★)에서 별 다섯 개(★★★★★)까지로 등급화하고 있다. 등급 평가의 주요 기준은 호텔의 시설 및 서비스 수준이다. [표 2-3]은 포브스 여행가이드 회사에서 시행하고 있는 호텔 등급결정 기준에 대하여 설명하고 있다.

호텔 등급 평가 방법은 평가기관 검열관(inspector)이 평가 대상 호텔에 아무도 모르게 익명으로 투숙해서 고객의 입장에서 전반적인 투숙경험을 평가한다. 그리고 나서 검열관은 호텔의 소유주 및 최고경영자를 면담하여 호텔에 대한 각종 기초 자료를 수집할 뿐 아니라 대지, 조경, 건물 및 기타 외양적 요소들을 평가하기 위하여 해당 호텔을 실제 점검한다. 추가로 객실을 무작위 선정하여 객실 내 가구 및 실내장식의 질과 현재 상태를 평가한다. 호텔의 등급이 올라가면 갈수록 검열관은 소비자들에게 제공되는 서비스에 주안점을 두고 평가에 임한다. 일단 검열관이 평가 대상 호텔을 인증하면 매년 최소 한번 이상 재평가를 하는 시스템이 구축되어 있다.

▎포브스 여행가이드(Forbes Travel Guide)
(자료: http://www.forbestravelguide.com)

유럽 국가들도 미국과 마찬가지로 등급제도를 활용하여 자국 호텔들의 질적 수준을 평가하고 있다. 미국과 다른 점은 유럽의 등급결정이 정부의 관광 관련 부서에 의해서 시행되고 있다는 것이다. 등급 평가

표 2-3 포브스 여행가이드 호텔 등급결정 기준

등급표시	명 칭	등급 설명
★	one-star hotel	깨끗하고 편안하지만 호화롭지 않은 호텔. 최소의 서비스(minimum service) 제공. 24시간 front desk 운영, 전화 또는 housekeeping 서비스가 제공되지 않을 수 있음. 식당이 없을 수 있음
★★	two-star hotel	one-star 숙박시설보다 약간 고급의 숙박시설로 객실의 크기가 조금 크고, 더 나은 가구, 각 객실 내 TV 및 전화, 룸서비스, 식당, 수영장과 같은 여가시설이 포함될 수 있음. 호화롭진 않지만 청결과 안락함은 필수
★★★	three-star hotel	별 하나 및 별 두 개 숙박시설이 제공하는 서비스를 모두 제공하며, 이 중 한 개 이상의 서비스가 아주 우수한 수준
★★★★	four-star hotel	보통보다 넓은 객실 및 고급 가구를 갖추고 있으며, 종사원은 잘 훈련되어 있고, 친절하여, 소비자가 원하는 것이면 모두 충족시켜 주려고 노력함. 고객 불만은 최소 수준을 유지하고 있음. 이 수준 호텔에서 소비자 투숙경험은 인상적이어야 함
★★★★★	five-star hotel	미국에서 최고의 수준을 유지하고 있는 호텔을 의미함. 최고급 식당은 필수. 일일 두번 housekeeping 서비스는 기본이며, 로비는 안락하며, 미적으로 아주 매력적이어야 함. 건물 외관도 매력적이고 잘 유지되어야 함. 가장 중요한 요인은 호텔 내에 모든 종사원들이 소비자들 자신이 매우 중요한 사람으로 느끼게끔 만들어야 한다는 것

기준은 각 나라마다 조금씩 상이하여 일반화하기는 힘들지만 대체적으로 미국 등급 평가기준과 비슷한 시설 및 서비스 수준이다. 유럽지역의 등급 표시는 대체적으로 별(★) 모양으로 표시한다. 등급기준은 대체적으로 별 하나(★)에서 별 다섯(★★★★★)까지 다섯 개의 등급으로 나누고 있다. 별이 많으면 많을수록 해당 호텔의 질적 수준이 높다는 것을 의미한다.

2) 국내의 호텔 등급

우리나라의 경우 1971년부터 관광호텔 등급심사제도를 시작하였는데, 초기에는 교통부에서 결정하다가 특1등급, 특2등급은 문화체육부(현 문화체육관광부)에서, 1 · 2 · 3등급은 지방자치단체에서 등급결정 업무를 수행하게 되었다. 이후 1999년 한국관광협회중앙회와 한국관광호텔업협회 2곳의 민간단체에 업무가 이양되었다가, 2015년 한국관광공사에서 업무를 맡게 되었다.

이 과정에서 30년 이상 유지되던 무궁화 등급 표시가 국제적으로 통용되고 있는 별 표시로 바뀌게 되었으며, 5개 등급 또한 그 내용이 변경되었으며, 등급평가 방식 및 기준 또한 강화되었다. 외래 관광객 1,200만

표 2-4 과거, 현행 등급 평가제도 주요 차이점 비교

<table>
<tr><th>구분</th><th colspan="2">과거</th><th colspan="2">현행</th><th>비고</th></tr>
<tr><td>평가 및
결정 기관</td><td colspan="2">한국관광협회중앙회
한국관광호텔업협회</td><td colspan="2">한국관광공사</td><td>등급결정업무 이관 및 일원화</td></tr>
<tr><td rowspan="5">등급표기</td><td>특1등급</td><td>금색바탕 무궁화 5개</td><td>5성급</td><td>별 5개</td><td rowspan="5"></td></tr>
<tr><td>특2등급</td><td>녹색바탕 무궁화 5개</td><td>4성급</td><td>별 4개</td></tr>
<tr><td>1등급</td><td>무궁화 4개</td><td>3성급</td><td>별 3개</td></tr>
<tr><td>2등급</td><td>무궁화 3개</td><td>2성급</td><td>별 2개</td></tr>
<tr><td>3등급</td><td>무궁화 2개</td><td>1성급</td><td>별 1개</td></tr>
<tr><td rowspan="2">평가 방법
및
평가 인원</td><td colspan="2" rowspan="2">현장평가 6인</td><td>5,4성급</td><td>현장평가 3인
암행평가 2인</td><td rowspan="2">· 현장평가, 암행평가는 다른 일자에 실시
· 암행평가 요원도 각기 다른 일자에 평가</td></tr>
<tr><td>3,2,1성급</td><td>현장평가 2인
불시평가 1인</td></tr>
<tr><td>평가기준</td><td colspan="2">등급에 관계 없이 동일 평가 기준 적용 후 점수별로 등급 부여</td><td colspan="2">등급별 평가 기준 상이
미충족시 등급불가 항목
등급별 필수요건 설정</td><td></td></tr>
</table>

시대를 맞아 국체적인 추세에 적합한 호텔 등급제 개선을 통해 외국인 관광객들의 혼선을 방지하고, 관광숙박 서비스 품질 및 관광수용 태세 제고를 도모하기 위함이라는 배경이 깔려 있다.

호텔 등급 신청 대상은 호텔업에 한하므로 관광호텔업, 수상관광호텔업, 한국전통호텔업, 가족호텔업, 호스텔업이 해당되나 가족호텔업이나 호스텔업의 경우 업종의 특성상 등급결정의 실질적 구별효과가 크지 않고, 호텔업자의 부담을 덜어주어 활성화를 유도하기 위해 등급 신청을 하지 않을 수 있다. 이외에 ① 호텔 신규 등록시 60일 이내, ② 등급결정을 받은 일자로부터 3년 경과시, ③ 시설의 증개축 등의 변경에 따라 등급조정 사유가 발생한 경우에 해당되는 호텔은 등급신청을 해야 하며, 신청일로부터 90일 이내 등급평가를 위한 현지 조사가 실시되어야 한다.

3) 관광호텔등급심사

표 2-5 등급결정 기준

자료: 한국관광공사

구분		5성급	4성급	3성급	2성급	1성급
등급 평가 기준	현장평가	700점	585점	500점	400점	400점
	암행평가 불시평가	300점	265점	200점	200점	200점
	총 배점	1,000점	850점	700점	600점	600점
결정 기준	공통 기준	1. 등급별로 제시된 등급평가기준상의 필수항목을 충족할 것 2. ① 시설물 안전점검 및 정밀 안전진단, ② 소방시설 설치 · 유지 및 안전관리, ③ 승강기시설 안전관리, ④ 도시가스, ⑤ 에너지이용합리화법, ⑥ 전기사업법에 따른 점검 또는 검사가 유효할 것				
	등급별 기준	평가점수가 총 배점의 90% 이상	평가점수가 총 배점의 80% 이상	평가점수가 총 배점의 70% 이상	평가점수가 총 배점의 60% 이상	평가점수가 총 배점의 50% 이상
비고	1,2성급은 통합 신청 및 접수 방식으로 진행하여 평가표를 공통적용하며 총 배점의 60% 이상 득점시 2성급 등급을 부여하고, 50% 이상 60% 미만 득점시 1성급 등급을 부여					

표 2-6 등급별 호텔 서비스 기준 정의

자료: 한국관광공사

구분	등급 이미지	내용
1성급	☆	고객이 수면과 청결유지에 문제가 없도록 깨끗한 객실과 욕실을 갖추고 있는 조식이 가능한 안전한 호텔
2성급	☆☆	고객이 수면과 청결유지에 문제가 없도록 깨끗한 객실과 욕실을 갖추며 식사를 해결할 수 있는 최소한 F&B 부대시설을 갖추어 운영되는 안전한 호텔
3성급	☆☆☆	청결한 시설과 서비스를 제공하는 호텔로서 고객이 수면과 청결유지에 문제가 없도록 깨끗한 객실과 욕실을 갖추고 다양하게 식사를 해결할 수 있는 1개의 이상(직영 · 임대포함)의 레스토랑을 운영하며, 로비, 라운지 및 고객이 안락한 휴식을 취할 수 있는 부대시설을 갖추어 고객이 편안하고 안전하게 이용할 수 있는 호텔
4성급	☆☆☆☆	고급수준의 시설과 서비스를 제공하는 호텔로서 고객에게 맞춤 서비스를 제공. 호텔로비는 품격있고, 객실에는 품위 있는 가구와 우수한 품질의 침구와 편의용품이 완비됨. 비즈니스 센터, 고급 메뉴와 서비스를 제공하는 2개 이상(직영 · 임대 포함)의 레스토랑. 연회장, 국제회의장을 갖추고, 12시간 이상 룸서비스가 가능하며, 피트니스센터 등 부대시설과 편의시설을 갖춤
5성급	☆☆☆☆☆	최상급 수준의 시설과 서비스를 제공하는 호텔로서 고객에게 최고의 맞춤 서비스를 제공. 호텔로비는 품격있고, 객실에는 품위 있는 가구와 뛰어난 품질의 침구와 편의용품이 완비됨. 비즈니스 센터, 고급 메뉴와 최상의 서비스를 제공하는 3개 이상(직영 · 임대 포함)의 레스토랑. 대형 연회장, 국제회의장을 갖추고, 24시간 룸서비스가 가능하며, 피트니스센터 등 부대시설과 편의시설을 갖춤

표 2-7 5성급 평가 기준(현장평가 700점, 암행평가 300점)

구분	평가내용			필수	배점
현장평가	1. 공용공간 서비스 부문	가. 호텔 안내 및 주차 시설	1) 호텔 안내정보		6
			2) 보안시설 설치 및 관리	○	6
			3) 주차의 편리성		6

구분	평가내용			필수	배점
현장 평가	1. 공용공간 서비스 부문		4) 옥외조경시설		12
		나. 현관 및 로비	1) 로비의 안락감	○	24
			2) 현관 및 로비종사원의 운영	○	12
			3) 고객 수화물 보관 서비스		6
			4) 문화행사 및 교통시설 예약서비스		12
		다. 프런트 데스크	1) 프런트 데스크 기능을 위한 적정 인력 확보		6
			2) 환전서비스 여부	○	6
			3) 고객에 대한 서비스 기록상태 관리		18
			4) 프런트 근무자의 능력	○	12
			5) 프런트 데스크의 서비스 수준		12
			6) 안전금고 설치 및 운영		6
		라. 복도 및 계단관리	1) 복도 및 계단의 관리 및 청결상태		12
			2) 복도 및 계단의 실내장식 및 분위기		6
	2. 객실 및 욕실 부문	가. 객실 수 및 면적	1) 객실수		20
			2) 객실의 다양성		12
			3) 객실의 면적		12
		나. 객실의 안 락 도 및 편의성	1) 객실의 관리상태	○	12
			2) 객실 내 가구의 구비 및 관리상태	○	24
			3) 객실의 편의용품 제공 및 품질상태	○	12
			4) 침대 및 침구류 관리상태	○	20
			5) 객실의 청결상태	○	12
			6) 객실의 냉 · 난방상태	○	12
			7) 객실의 방음상태		12
			8) 객실의 차양 및 방충망(필요시) 유무		12
			9) 객실의 보안관리 상태	○	12
			10) 객실 내 비상시 안내지침서 구비 여부 및 비상대피 안내도 부착 여부	○	6
			11) 객실 내 호텔 제반서비스에 대한 한국어, 외국어 안내물 제공	○	12

구분	평가내용			필수	배점
현장 평가	2. 객실 및 욕실 부문		12) 고객모니터링 시스템	○	6
		다. 객실의 전기 · 통신 시설	1) 객실 내 인터넷 이용(연결)의 편리성		12
			2) 컴퓨터 제공 여부(유 · 무료 대여 포함)		6
			3) 객실 내 화재감지기의 작동 및 관리상태		6
			4) 객실 내 간이완강기, 인명구조기구, 휴대용 비상조명등의 관리 및 제공 여부		6
		라. 욕실 부문	1) 욕실의 면적		12
			2) 욕실의 편의용품 비치	○	12
			3) 욕실가구(욕조, 샤워부스, 세면대 등)의 품질 및 훼손 정도	○	12
			4) 욕실의 청결 및 관리상태	○	12
			5) 욕실의 환기 및 배수상태	○	18
	3. 식음료 및 부대시설 부문	가. 식음료 업장 시설 및 관리	1) 식음료업장 유무	○	36
			2) 식음료업장의 분위기, 동선과 공간의 활용상태		12
			3) 테이블과 의자의 품질상태		12
			4) 종사원의 서비스 상태		12
			5) 식음료업장 내부 관리 및 청결상태		12
		나. 주방시설 및 관리	1) 주방의 업장에 대한 면적 점유율		6
			2) 조리한 음식이 고객에게 전달되는 체계		6
			3) 주방 청결 및 쓰레기 분리수거 상태	○	12
			4) 식재료 보관 및 저장 관리상태 등	○	12
		다. 부대시설의수준및 서비스	1) 피트니스 센터의 제공 및 수준	○	24
			2) 편의시설의 분위기, 이용시설의 수준 등		12
			3) 종사원의 외국어 구사능력		6
		라. 회의 및 연회시설	1) 회의(연회장 가능 시설의 유무)	○	24
			2) 조명, 음향 및 시청각 시설		12
			3) 회의 편의시설 및 서비스		6
			4) 회의실 확보 여부	○	6

구분	평가내용			필수	배점
현장평가	3. 식음료 및 부대시설 부문	마. 비즈니스 센터 설치·운영상태	1) 비즈니스센터 운영상태	○	6
			2) 비즈니스센터 내 지원시설의 비치 및 운영 · 관리상태		12
		바. 장애인 이용시설	1) 호텔 내 장애인 시설 이용 가능 여부		12
			2) 장애인이 로비에서 객실까지 이동 가능 여부		6
	4.1 부가점수 (가점항목)	가. 에너지 절감 경영			10
		나. 전문 한식당 운영 여부			10
		다. 종사원 교육 및 유자격자 고용상태			10
	4.2 부가점수 (감점항목)	가. 호텔 내 화재발생 여부			-10
		나. 호텔 내 범죄발생 여부			-10
		다. 영업상 행정조치 여부			-10
		라. 고객불편신고 처리 상태			-20
		마. 대테러 예방 대비 관련			-20
현장평가 총점(가점, 감점 항목 제외)					700
암행평가	1. 예약서비스	가. 전화응대			19
		나. 예약상담		○	14
	2. 현관 및 주차 서비스	가. 호텔도착			8
		나. 현관 및 주차서비스			15
	3. 로비 환경 및 프런트 데스크 서비스(체크인)	가. 로비환경 및 서비스		○	19
		나. 프런트데스크 서비스(체크인)		○	16
	4. 객실서비스	가. 입실서비스			9
		나. 객실서비스		○	78
		다. 야간근무서비스			8
		라. 미니바			12
		마. 세탁서비스			7
		바. 하우스키핑			4
		사. 객실부가서비스			7
		아. 객실 보안 및 안전		○	10

<table>
<tr><th>구분</th><th colspan="2">평가내용</th><th>필수</th><th>배점</th></tr>
<tr><td rowspan="7">암행 평가</td><td colspan="2">5. 룸서비스</td><td>○</td><td>25</td></tr>
<tr><td colspan="2">6. 비즈니스센터</td><td>○</td><td>9</td></tr>
<tr><td rowspan="3">7. 식당</td><td>가. 식당 환경 및 고객 환대</td><td></td><td>15</td></tr>
<tr><td>나. 식당메뉴</td><td></td><td>6</td></tr>
<tr><td>다. 음식 및 음료제공 서비스</td><td></td><td>7</td></tr>
<tr><td colspan="2">8. 체크아웃</td><td></td><td>10</td></tr>
<tr><td colspan="2">9. 배웅</td><td></td><td>2</td></tr>
<tr><td colspan="4">암행평가 총점</td><td>300</td></tr>
</table>

CASE 02 [틴틴경제] 호텔 등급 어떻게 매기나요

Q 인터넷을 보며 부모님과 해외여행을 같이 준비하는데 별이 몇 개인지에 따라 호텔 숙박료가 달라지더군요. 국내 호텔도 별 개수로 등급을 나누는 제도가 도입됐다는 뉴스도 접한 적이 있습니다. 호텔의 등급은 어떻게 매기는 건가요?

A 틴틴 친구도 최근 신라호텔과 그랜드인터콘티넨탈호텔이 5성 호텔 인증을 받았다는 소식을 들었군요. 요즘 호텔업계는 '5성급 호텔' 이야기로 분주합니다. 별점으로 호텔의 등급을 매기는 '호텔 별 등급결정제도'는 올해부터 도입되었습니다. 해외에서는 호텔의 등급을 매길 때 별의 개수(1~5개)에 따라 등급을 매기는데, 국내에서만 무궁화의 개수로 호텔의 등급을 매기는 것이 글로벌 스탠더드에 맞지 않는다는 지적은 그동안 계속돼왔습니다. 정부에서도 특급호텔의 서비스를 강화하고, 호텔 등급의 공정성·신뢰성을 확보한다는 취지로 지난해 9월 관광진흥법을 개정해 5성급 호텔 제도를 도입했지요.

다섯 개짜리 호텔의 정의는 '최상급 수준의 시설과 서비스가 있어야 하고, 고객에게 최고의 맞춤 서비스를 제공하는 호텔'이라고 합니다. 구체적으로는 ▶품격 있는 호텔 로비, ▶뛰어난 품질의 침구·편의용품이 있는 객실, ▶고급 메뉴가 있는 3곳 이상의 레스토랑, ▶대형 연회장·국제회의장·비즈니스센터·피트니스센터, ▶24시간 룸서비스가 되어야 한다고 하네요. 반면 1성 호텔은 '깨끗한 객실과 욕실, 조식이 가능한

호텔'로 단출하게 정의돼 있습니다.

기존에는 비슷한 제도로 '무궁화 표시' 제도가 있었습니다. 무궁화 1개(3급)에서 5개(특1급)까지 호텔의 등급을 표시했는데요. 기존의 호텔 등급은 한국호텔업협회와 한국관광협회중앙회가 심사했으며, 현장평가 700점 만점에 90% 이상 점수를 획득하면 특1급, 80%는 특2급, 70% 1급, 60% 2급, 50% 3급 순이었습니다.

새로운 별점 등급 제도가 도입되면서 평가는 더욱 엄격해졌습니다. 새로운 별점 등급 제도는 한국관광공사에서 직접 심사하며, 기존의 현장평가 점수에 암행 · 불시 평가가 병행됩니다. 5성 호텔의 경우 1,000점 만점(현장평가 700점, 암행 · 불시평가 300점)에 총 900점 이상을 획득해야 합니다.

포인트는 바로 이 암행 · 불시평가에 있는데요. 한 마디로 '심사위원이 평가하면 좋은 모습만 볼 수 있으니 고객인 척 방문해 평가해 보는 것'이라고 할 수 있겠죠. 4~5성 호텔은 심사위원이 등급신청일로부터 90일 이내에 예고 없이 찾아와 1박을 투숙(암행조사)하고, 1~3성 호텔로 신청한 경우에는 숙박은 하지 않고 불시방문조사를 진행합니다.

평가항목도 9가지나 됩니다. 예약서비스 33점, 현관 · 주차서비스 23점, 로비 환경 및 프런트 35점, 객실서비스 135점 등 9가지 항목에서 총 300점 만점으로 평가합니다. 심지어 배웅(2점)도 평가 항목에 있으니 말 그대로 '모든 것을 몰래 평가한다'고 볼 수 있습니다.

암행 · 불시 평가요원은 관광공사 외부에서 위촉한 소비자로 객관성을 더했습니다. 심사 결과가 좋지 않을 때에는 '등급 보류' 결정을 내릴 수도 있습니다. 특급호텔이 특급이 아닐 수도 있는 것이지요.

출처: 중앙일보, 2015.5.

표 2-8 호텔 별 등급 매기는 기준

등급	기준
1성급	객실, 욕실, 조식 가능
2성급	1성급 기준+식음료 부대시설
3성급	2성급 기준+1개 이상의 레스토랑, 로비, 라운지, 휴식공간
4성급	3성급 기준+고급 시설, 비즈니스 센터, 2개 이상의 레스토랑, 연회장, 국제회의장, 12시간 이상 룸서비스, 피트니스센터
5성급	4성급 기준+3개 이상의 레스토랑, 대형 연회장과 국제회의장, 24시간 룸서비스

2. 서비스 제공 범위

일반적으로 호텔이 소비자들에게 얼마나 다양한 서비스를 제공하는가, 즉 서비스 제공 범위도 흔히 사용되는 호텔 분류기준 중에 하나이다. 이 분류기준에 의하면 다음과 같이 크게 제한된 서비스(limited service) 호텔과 풀 서비스(full service) 호텔 두 가지로 구분할 수 있다.

1) 풀 서비스 호텔(full service hotel)

풀 서비스 호텔이란 가급적 많은 범위의 서비스를 제공하고 있는 호텔들을 의미한다. 이들을 가격대가 가장 높은 순서로 분류하게 되면 최고급(deluxe), 고급(luxury), 중상급(upscale), 식음료 서비스를 제공하는 중급(midscale with food and beverage service) 호텔로 세분할 수 있다.

전형적으로 이 범주에 속하는 호텔들은 앞서 언급된 제한된 서비스 호텔들보다 식음료 서비스 종류가 다양하고 호텔의 시설 및 서비스 질이 높으며, 다양한 부대시설을 가지고 있다. 또한 벨 서비스(bell service), 룸서비스(room service), 세탁 서비스(laundry service), 비즈니스 센터 등 소비자에 대한 다양한 서비스를 제공하고 있다.

최고급 호텔(deluxe hotel)

최고급 또는 디럭스 호텔은 풀 서비스 호텔군에서 가장 고급 호텔일 뿐 아니라 제공되는 서비스 범위가 제일 광범위하다. 등급제도에 따른 분류에 의하면 디럭스 호텔은 별 네 개 또는 별 다섯 개 수준의 호텔을 의미한다. 디럭스 호텔을 이용하는 소비자 계층은 가격대에 전혀 민감하지 않은 기업체 임원, 상용 및 관광 여행자들이라고 할 수 있다. 대표적 체인

최고급 호텔, Waldorf-Astoria

호텔로서는 Four Seasons, Fairmont 등이 바로 디럭스 호텔에 속한다고 할 수 있다. 개별경영 호텔에서는 미국의 뉴욕 맨해튼 소재 Waldorf-Astoria, 미국 댈러스 소재 Mansion on Turtle Creek, 태국 방콕 소재 Oriental Hotel 등이 대표적인 디럭스급 호텔이라고 할 수 있다.

고급 호텔(luxury hotel)

고급 호텔은 최고급 호텔보다 모든 면에서 약간 아래에 속하는 부류의 호텔로서 가격대도 역시 최고급 호텔보다 약간 아래 수준을 유지하고 있다. 대표적 체인호텔로는 우리들의 눈에 익숙한 Marriott, Ritz-Carlton, Hyatt, Hilton, Westin, Renaissance, Omni, Wyndham, Loews, Inter-Continental, Nikko, Helmsley Hotel, Hotel Sofitel, Meridien 등의 브랜드가 있다.

고급 호텔, Ritz-Carlton

중상급 호텔(upscale hotel)

중상급 호텔은 바로 위 등급인 고급 호텔보다 규모 면이나 시설, 서비스 수준, 서비스의 제공 범위, 가격대가 한 단계 아래인 호텔을 의미한다. 대표적 브랜드로는 Radisson, Hilton Inn, Embassy Suite, Crowne Plaza, Clarion 등이 있다.

중상급 호텔, Radisson

식음료 서비스를 제공하는 중급 호텔(midscale hotel with food & beverage service)

마지막으로 식음료 서비스를 제공하는 중급 호텔은 풀 서비스 호텔 중에서 그 규모 면이나, 호텔 시설, 서비스 수준, 부대시설, 가격대 등이 가장 낮은 호텔이며, 제공되는 서비스의 범위도 가장 제한적인 호텔이다. 대표적인 호텔 브랜드로서는 Holiday Inn, Best Western, Ramada, Courtyard, Quality Inn, Howard Johnson 등이 있다.

식음료 서비스를 제공하는 중급 호텔, Holiday Inn

2) 제한된 서비스 호텔(limited service hotel)

제한된 서비스 호텔이란 일반적으로 호텔이 제공할 수 있는 다양한 서비스 중에서 가급적 객실을 중심으로 한 최소 범위의 서비스를 제공하는 호텔을 의미한다. 과거 이러한 호텔들은 전통적으로 모텔 또는 모터 호텔을 의미하였다. 하지만 1990년대부터 이들 호텔들은 식음료 서비스를 제공하지 않는 중급 호텔(midscale hotel without food and beverage service), 중저가(economy), 저가(budget)로 세분되기 시작하였다. 식음료 서비스를 제공하지 않는 중급 호텔의 경우 제한된 서비스 호텔군에서 가장 고급이며 가격대가 높다. 이와 반대로 저가 호텔은 서비스 질에 있어서 가장 낮을 뿐 아니라 소비자에게 제공되는 가격대도 제일 낮다.

일반적으로 제한된 서비스 호텔의 주요 소비자 계층은 가격에 민감한 상용 및 관광 여행자들이라고 할 수 있다. 또한 제한된 서비스 호텔들에 체류하는 여행자들의 평균 체재일수는 하루 또는 이틀 정도로 극히 단기간을 체류하는 특징을 보이고 있다.

제한된 서비스 호텔이라는 용어가 의미하는 바와 같이 이러한 호텔은 소비자들에게 아주 한정된 서비스를 제공하고 있다. 이 부류의 호텔들은 아주 간단한 무료 아침식사 이외에는 거의 식음료 서비스를 제공하지 않는다. 회의 시설, 연회 시설, 벨 서비스(bell service), 주차 서비스(valet parking service) 등은 아예 없거나 아주 제한적으로 운용되고 있다.

제한된 서비스 호텔의 주 소비자 계층이 가격에 민감한 소비자들인 관계로 이 호텔들은 경제의 흐름에 가장 많은 영향을 받을 수 있다. 왜냐하면 특히 경제 불황 시 이러한 소비자 계층들은 여행에 대한 지출을 먼저 감축하려 하기 때문이다. 그러나 제한된 서비스 호텔들은 일반적으로 낮은 비용구조를 갖고 있는, 다시 말해서 수익성이 높기 때문에 여행자가 많지 않은 불황에서도 충분히 어려움을 극복할 수 있는 장점이 있다.

식음료 서비스를 제공하지 않는 중급 호텔 (midscale hotel without food & beverage service)

식음료 서비스를 제공하지 않는 중급 호텔, Comfort Inn

식음료 서비스를 제공하지 않는 중급 호텔은 제한된 서비스 호텔 중에서 가장 고급이며, 가격대도 제일 높은 호텔이다. 이러한 호텔에서 대표적인 브랜드는 Comfort Inn, Hampton Inn, Holiday Inn Express, La Quinta 등의 호텔을 들 수 있다.

중저가 호텔(economy hotel)

중저가 호텔, Travelodge

한편 중저가 호텔은 제한된 서비스 호텔군에서 중간 수준의 호텔로서, 가격대 역시 중간 수준을 유지하고 있다. 대표적 브랜드는 Days Inn, Travelodge, Fairfield Inn, Ramada Limited 등의 호텔을 들 수 있다.

저가 호텔(budget hotel)

마지막으로 저가 호텔은 제한된 서비스 호텔군에서 질이나 가격대에서 가장 낮은 수준의 호텔이라고 볼 수 있다. 따라서 가장 가격대에 민감한 소비자들이 즐겨 찾는 호텔이라고 해도 무방할 것이다. 대표적 브랜드로는 Motel 6, Super 8 Motel, Econo Lodge 등의 호텔이 있다.

저가 호텔, Super 8

CASE 03 한 지붕 아래 4개의 호텔 – 퍼시픽 플레이스 홍콩

홍콩에는 쇼핑몰이 참 많다. 요즘에는 한국에도 대형 복합 쇼핑몰이 많지만, 홍콩에는 이미 수십 년 전부터 구역별로 자리 잡은 곳들이 있다. 대표적인 곳이 퍼시픽 플레이스(Pacific Place)다. 구룡반도에서 홍콩 섬으로 넘어가기 위해 꼭 거쳐야 하는 Admiralty역과 연결돼 있다. 영국 식민지 시절 아편 전쟁으로 부를 축적한 부동산 시장의 큰 손 중 하나이자, 홍콩 최대 항공사인 Cathay Pacific의 소유주이기도 한 Swire Group이 투자해서 지은 퍼시픽 플레이스는 쇼핑몰, 서비스 아파트, 그리고 오피스 타워로 구성돼 있다. 가장 주목할 점은 4개의 호텔(아일랜드 샹그릴라, 콘래드, JW메리어트, 어퍼하우스)이 한 콤플렉스(단지)로 연결돼 있다는 것이다.

최근 한국에서도 화두가 되고 있는 듀얼 브랜드 콤플렉스(같은 호텔 체인에서 다양한 수요층을 흡수하기 위해 다른 등급의 두 브랜드를 동시에 도입)도 아니고, 네 개 호텔 그룹의 대표적인 최고급 브랜드들이 한 자리에 위치해 비슷한 타깃 마켓을 공략하며 경쟁하고 있다. 퍼시픽 플레이스의 1차 프로젝트가 진행될 당시인 1989년, JW 메리어트가 가장 먼저 문을 열었다. 아일랜드 샹그릴라와 콘래드호텔은 1991년 2차 프로젝트가 마무리될 때쯤 영업을 개시했다. 그리고 시간이 조금 지난 2009년에 Swire Group의 자체 호텔인 어퍼 하우스가 럭셔리 부티크 콘셉트로 추가됐다. 네 개 호텔 중 가장 먼저 문을 연 JW 메리어트 홍콩은 메리어트 그룹의 아시아 첫 호텔이자 플래그십 호텔로서 아주 상징적인 역할을 해왔다. 개인적으로 가장 인상 깊었던 것은 1989년 당시 홍콩 호텔들 중 처음으로 주 5일제를 도입한 사실이다. 많은 호텔들이 현재는 주 5일 근무를 하고 있지만 여전히 만다린 오리엔탈,

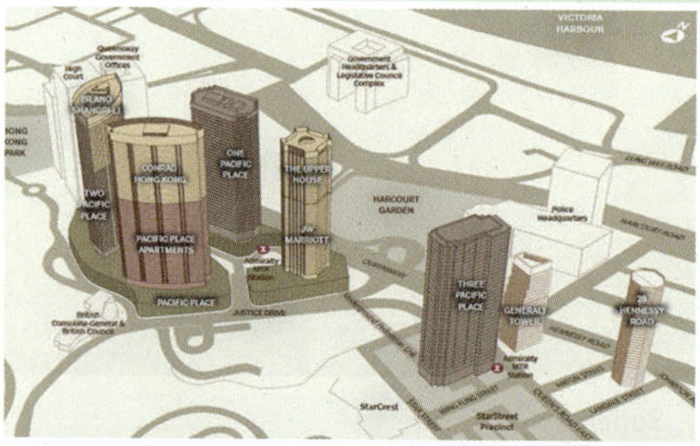

포시즌스 홍콩, 페닌슐라와 같은 럭셔리 호텔들은 주 5.5일 근무를 시행하고 있다. JW 메리어트 홍콩의 주 5일제는 당시 아주 파격적인 운영이었을 것이다.

샹그릴라호텔은 아시아 태생 브랜드다. 1971년부터 샹그릴라 싱가포르를 운영하기 시작했고, 북경을 비롯한 주요 중국 도시에 먼저 진출해 있었다. 곧이어 아시아 금융 허브로서 비즈니스 수요가 증대하고 있던 홍콩에 진출했고, 글로벌 본사와 가까이 있는 아일랜드 샹그릴라는 현재 호텔 그룹의 본보기로서 중요한 역할을 하고 있다. 아일랜드 샹그릴라 건물과 쌍둥이 빌딩처럼 5층에서 연결돼 있는 콘래드호텔 역시 아시아 퍼시픽의 플래그십 호텔로서 브랜드의 스탠더드를 잘 실천하는 중이다. 같은 5성 호텔들이지만, 어퍼 하우스의 포지셔닝은 조금 특별하다. 트립어드바이저에서 홍콩의 최고 호텔로 나타날 정도로 고객 만족도가 높고 많은 마니아층을 보유하고 있다. 빅뱅과 같이 유명한 K-Pop 한류스타도 예외가 아니다. 객실 수가 117개에 불과하고, 야경으로 유명한 Cafe Gray Deluxe 식당 겸 Bar를 제외하면 딱히 내세울만한 부대시설은 없다. 그러나 홍콩에서 가장 큰 68m²의 기본 객실은 고객들의 마음을 사로잡기에 충분한 듯하다(체인 5성 호텔 평균은 32~40m²). 또 다른 재미있는 점은 JW메리어트호텔과 어퍼 하우스가 같은 건물에 위치해 있다는 것이다. 입구는 따로 있지만 어퍼 하우스가 건물의 고층 부분을 쓰기 때문에 JW메리어트를 누르고 있는 형상이다.

4개의 호텔 객실 수를 모두 합치면 1,796개에 달한다. 한국의 롯데호텔과 서울 웨스틴조선호텔을 합친 것보다 조금 더 많은 수준이다. 퍼시픽 플레이스의 상황과는 조금 다르지만 최근 서울에 같은 구역 내 우후죽순 생긴 비즈니스 호텔들이 비슷한 형국이 아닐까 싶다. 서로 선의의 경쟁을 통해 윈윈할 수 있으면 좋겠다.

출처: 월간 호텔&레스토랑, 2016.11.

CASE 04

롯데호텔, 멀티 브랜드로 '호텔 왕국' 꿈꾼다

특급 · 비즈니스 이어 최고급 럭셔리 · 라이프 스타일 호텔까지

힐튼 등 세계적 호텔기업 벤치마킹
최고급~비즈니스 '풀 라인업' 구축
2018년 국내 · 외 40개 체인 목표

서울 반포동 JW메리어트호텔과 역삼동 리츠칼튼호텔, 르네상스호텔은 이름은 다르지만 같은 계열의 호텔이다. 미국 메리어트가 이들 호텔에 총지배인을 파견하고 운영을 맡고 있다. 여의도 콘래드호텔과 남대문로 밀레니엄힐튼도 같은 힐튼 계열이다. 세계적인 호텔 기업은 이처럼 '멀티 브랜드' 전략을 통해 다양한 고객층을 흡수하고 있다.

국내 최대 호텔인 롯데호텔이 글로벌 호텔기업과 같은 멀티 브랜드 전략을 본격화한다. 기존의 특급호텔 브랜드인 롯데호텔과 비즈니스호텔인 롯데시티호텔에 이어 라이프스타일 호텔 브랜드와 최고급 럭셔리 브랜드를 선보여 국내 호텔로는 가장 많은 4개 브랜드를 운영하게 된다.

최고급~비즈니스호텔 '풀 라인업' 구축

롯데호텔은 내년 12월 서울 명동에 문을 열 예정인 라이프스타일 호텔에 별도의 브랜드를 붙이기로 하고 새 브랜드명으로 'L7바이롯데'를 검토하고 있다고 9일 밝혔다. 라이프스타일호텔은 특급호텔보다 한 단계 아래 등급으로 객실 요금과 시설 수준이 롯데시티호텔과 비슷하다고 호텔 측은 설명했다. 롯데시티호텔의 평균 객실

표 2-9 롯데호텔 개관 계획

호텔명	개관 시기	객실 수
롯데시티호텔 울산	2015년 4월	354
롯데시티호텔 장교	2015년 12월	435
L7바이롯데 명동(가칭)	2015년 12월	255
롯데호텔 월드타워(가칭)	2016년	235
롯데호텔 해운대(가칭)	2017년	290
롯데호텔 미얀마	2017년	663
롯데호텔 선양	2017년	405

요금은 10만원대 후반이다.

기존 호텔과 차이점은 20대 후반~30대 초반의 젊은 층에 초점을 맞춘다는 것이다. 롯데호텔은 L7을 젊은 층이 많이 찾는 도심의 명소로 만들기 위해 옥상에 서울의 야경을 즐길 수 있는 '루프톱 바'와 야외 수영장을 짓는 방안을 검토 중이다. 쇼핑 중심지인 명동에 있어 중국인 관광객(유커)도 많이 찾을 것으로 롯데호텔은 기대하고 있다.

2016년 서울 잠실에 완공 예정인 롯데월드타워에는 최고급 럭셔리 호텔을 짓는다. 기존 특급 호텔(5성)을 뛰어넘는 6성급 시설과 서비스를 선보일 예정이다. 롯데호텔의 럭셔리 호텔은 롯데월드타워 76~101층에 들어선다. 이어 2017년 부산 해운대에도 최고급 호텔을 세울 계획이다.

롯데호텔의 멀티 브랜드 전략은 힐튼 등 글로벌 호텔 기업을 벤치마킹한 것이다. 힐튼은 최상위 브랜드인 콘래드와 월도프아스토리아를 비롯해 카노피, 큐리오컬렉션, 더블트리 등 11개 브랜드를 운영하고 있다. 하얏트는 10개 계열 브랜드를 보유하고 있다.

다양한 고객층의 수요를 충족시킬 수 있다는 것이 멀티 브랜드 전략의 장점이다. 시장 여건에 따라 6성급 호텔을 넣을 수도 있고 3성 이하 부티크 호텔을 지을 수도 있다. 한 도시에서 여러 개 호텔을 운영하기도 쉽다. 하얏트는 서울에 파크하얏트와 그랜드하얏트를 운영하고 있으며 메리어트도 리츠칼튼, 메리어트, 코트야드 등 여러 브랜드를 함께 진출시켰다.

출처: 한국경제, 2014.11.

3. 표적시장

전통적인 호텔 분류방법에서 가장 일반적인 것 중에 하나가 바로 표적시장(target market)에 따른 분류이다. 표적시장이란 마케팅 용어의 하나로서 기업 자원이 지니고 있는 자원은 한계가 있다는 가정하에서 생성된 개념이다. 대부분의 기업들은 한정된 능력을 가지고 있기 때문에 전체 시장을 대상으로 기업활동을 수행하기보다는 효율적 접근이 가능한 특정 소비자 계층에 대해서 집중적 노력을 기울인다.

대부분 호텔들은 이러한 마케팅 개념에 입각하여 전체 숙박시장을 대상으로 하지 않고 특정 소비자계층을 겨냥하여 그들의 욕구 충족을 위하여 많은 노력을 펼치고 있다. 이런 분류체계에 의하면 다음과 같이 호텔들은 상용 호텔, 리조트 호텔, 공항 호텔, 카지노 호텔, 컨벤션 호텔, 주거 호텔, 모텔 등으로 구분할 수 있다.

1) 상용 호텔

상용 호텔(commercial hotel)이란 용어 그 자체에서 알 수 있듯이 주로 상용 여행자(business traveler)들을 주 소비자 계층으로 한 호텔들이다. 전체 여행시장에서 상용 여행자들은 상당한 비중을 차지하고 있는 관계로 많은 호텔들이 이 시장을 겨냥하여 기업활동을 수행한다.

상용 여행자들의 대부분의 업무는 주로 현지의 주요 금융기관, 관공서, 기업체 등과 밀접한 관련이 있다. 따라서 이들은 업무 편의상 자신이 체류하는 호텔이 이러한 기관들과 인접한 곳에 있기를 원한다 이러한 상용 여행자의 욕구에 부응하기 위하여 대부분의 상용 호텔들은 주요 금융기관, 관공서, 기업체 등이 밀집해 있는 도시 중심지에 위치하고 있다. 예를 들어 서울 소재 주요 대규모 상용 호텔들은 중앙 상업지역이라 할 수 있는 중구와 강남구에 집중되어 있음을 쉽게 알 수 있다.

상용 여행자들의 편의를 최대한 제공하기 위하여 대부분 상용 호텔들은 객실 내에서 편리하게 업무를 볼 수 있는 업무 공간을 제공하고 있을 뿐 아니라 컴퓨터, 인터넷 접속 시설, 간이 책상 등 비즈니스에 필요한 다양한 설비를 제공하고 있다. 또한 팩스, 컴퓨터, 소형 회의실, 그리고 비서 서비스를 갖추고 있는 비즈니스 센터(business center)를 운영하고 있으며, 상용 여행자들을 24시간 내내 빠르고 효과적으로 서비스할 수 있는 식음료 시설을 갖추고 있다.

여기서 주의할 점은 상용 호텔이라고 해서 반드시 상용 여행자들만이 이용하는 호텔은 아니라는 것이다. 호텔의 위치에 따라서 단체 관광여행객, 개별 관광여행자, 소규모 회의 참석자들도 상용 호텔을 이용하기도 한다.

상용 호텔, Hyatt Regency

리조트 호텔(resort hotel)— JW Marriott

2) 리조트 호텔

다른 형태의 호텔과는 달리 리조트 호텔(resort hotel)은 일반적으로 관광 여행자들에게 있어서 하나의 목적지라고 할 수 있다. 왜냐하면 리조트란 특히 해변이나 산과 같은 경치가 좋은 지역에 위치하거나 온천이나 건강 유지 시설들을 동시에 제공하고 있기 때문이다. 따라서 리조트 호텔은 일반적으로 대도시의 복잡함에서 벗어난 곳에 위치하고 있으며 비행기, 열차, 자동차로 쉽게 도착할 수 있도록 외부로부터의 접근성이 좋은 장소에 입지하고 있다.

리조트 호텔에서는 흔히 관광 여행자들에게 댄스, 골프, 테니스, 승마, 하이킹, 수상 스포츠, 스키 등과 같은 다양한 휴양활동의 기회를 제공하고 있다. 따라서 리조트 호텔의 성공과 실패는 관광여행자들이 호텔이 제공하는 다양한 휴양 활동들로부터 얼마나 즐거움을 경험하느냐에 달려 있다고 해도 과언이 아닐 것이다.

세계적인 휴양지 중에 하나인 인도네시아 발리, 태국의 푸켓 등에는 세계적으로 유명한 리조트 호텔들이 밀집되어 있다. 전형적으로 리조트 호텔은 관광여행자들에게 즐겁고 유쾌한 휴양 경험을 제공하기 위하여 기본적으로 객실 및 식음료 서비스를 제공하는 것 이외에도 수영장, 테니스장, 골프장, 조깅시설 등과 같은 시설을 갖추어 광범위한 레크리에이션 서비스를 제공하고 있다. 또한 리조트 소비자들은 대부분 시간을 호텔 내에서 보내는 경우가 많기 때문에 일반적으로 리조트 호텔들은 호텔 내에 다양한 식음료 시설을 갖추고 있는 것이 그 특징이라고 할 수 있다.

3) 카지노 호텔(casino hotel)

카지노 호텔을 간단히 말한다면 호텔 내에 카지노사업을 운영하고 있는 호텔을 의미한다. 따라서 주요 소비자 계층은 카지노사업이 제공하는 다양한 도박을 원하는 소비자들이라고 할 수 있다. 호텔에 있어서 카지노는 매우 매력적인 사업 분야여서 대부분의 호텔들이 관심을 갖고 있는 현실이라고 해도 과언이 아니다. 그 이유는 간단하다. 호텔이 카지노사업을 영위하게 되면 호텔에 상당한 규모의 수익을 가져다주기 때문이다.

왜 카지노사업은 호텔에게 많은 수익을 제공하는가? 거기에는 다양한 원인이 있겠지만 다음과 같이 세 가지로 나눌 수 있다. 먼저 대부분 사람들은 다양한 형태의 게임 또는 도박을 좋아한다는 사실이다. 따라서 카지노사업에서 제공하는 다양한 도박은 항상 충분한 수요를 창출할 수 있다. 둘째, 카지노에 대한 충분한 수요가 있음에도 불구하고 과거 카지노사업의 공급은 상당히 제한적이었다. 비교적 최근까지 대부분의 국가 및 지역들은 카지노를 불법적인 사업으로 간주하여 법적으로 허용하지 않고 있다. 따라서 카지노사업을 영위하는 호텔 자체가 국내뿐 아니라 해외로부터 많은 소비자들이 몰리는 주요 여행 목적지가 되고 있다. 마지막으로 카지노사업은 다른 사업 분야보다 수익성이 상당히 높다는 사실이다. 이는 초기 카지노 호텔들이 카지노사업이 제공하는 높은 수익성으로 인하여 객실 및 식음료와 같은 전통적 호텔사업을 아예 부차적인 것으로 간주한 것만 보더라도 쉽게 알 수 있다. 비교적 최근까지도 카지노 호텔 경영자들은 전통적인 호텔사업 분야를 카지노 매출을 높여주는 지원 사업 분야로 인식하고 큰 신경을 쓰지 않았다. 이와 같은 이유로 해서 오랜 기간 동안 카지노 호텔들은 호황기를 구가할 수 있었다. 실제 호텔산업에서 카지노 호텔은 '황금알을 낳는 거위'로 인식될 정도였다.

카지노 호텔, Caesars Palace Hotel

그러나 1980년대 초반을 기점으로 카지노 호텔의 환경은 서서히 변화하기 시작하였다. 여기서 가장 중요한 환경변화는 카지노 호텔들의 공급증가라고 할 수 있다. 1980년대를 기점으로 빠른 속도는 아니지만 여러 국가 또는 지역에서 카지노사업의 경제적 효과를 중시하여 카지노사업을 합법화하여 허용하기 시작하였다. 이에 따라 카지노 호텔의 공급이 과거 보다 늘어나는 계기가 되었다. 그 결과 소비자 입장에서는 카지노 호텔에 대한 선택의 폭이 넓어지는 계기가 되었으나 기존 카지노 호텔 입장에서는 매출감소의 계기가 되었던 것이다.

이러한 문제를 극복하기 위하여 카지노 호텔들은 단순히 소비자들에게 도박의 기회를 제공하고, 게임에 지친 소비자들에게 숙식을 제공하였던 전통적 카지노 호텔의 모습을 벗어나기 시작하였다.

현재 선도적인 카지노 호텔들은 성인들만 즐길 수 있는 카지노 게임 이외에도 전체 가족이 즐길 수 있는 각종 쇼, 오락거리, 심지어 놀이공원 등을 조성하여 종합적인 리조트 호텔 개념을 지향하고 있다. 이는 사업 분야의 다변화를 통하여 카지노 호텔의 경쟁력을 높이려는 시도로 이해할 수 있다.

가장 대표적인 예가 바로 미국 라스베가스(Las Vegas)의 카지노 호텔들이다. 과거 라스베가스 카지노 호텔들은 카지노사업에 대한 독점적 지위로 인하여 오랜 기간 호황기를 구가할 수 있었다. 그러나 점차 미국의 여러 주에서 카지노사업을 합법화하자 위기감을 느낀 라스베가스 호텔들은 카지노 게임 이외에 다양한 볼거리와 즐길 거리를 제공하는 종합 대형 리조트(megaresort) 호텔로 변신을 시도하여 오늘에 이르고 있다. 라스베가스 방문객들의 인식이 카지노 목적지(48%)라기보다는 종합오락 휴양지(50%)로 인식하고 있다는 연구결과를 보더라도 라스베가스 카지노 호텔들의 변신 노력은 성공적이라고 평가할 수 있다.

4) 컨벤션 호텔(convention hotel)

컨벤션 호텔이란 대규모 단체 모임이나 컨벤션을 개최할 수 있도록 설계된 호텔을 말한다. 따라서 컨벤션 호텔의 주 소비자 계층은 대규모 회의를 참석하려는 상용 여행자들이라고 할 수 있다. 컨벤션 호텔이 하나의 호텔 형태로 발전하게 된 계기는 컨벤션을 기획하는 기획자 입장에서 보면 호텔이, 그리고 컨벤션을 유치하려는 호텔 입장에서 보면 컨벤션 참가자들이 서로 매력적인 대상이기 때문이다. 먼저 컨벤션 기획자의 입장에서 보면 만약 컨벤션 시설을 갖춘 호텔이 존재한다면 그 호텔은 최적의 컨벤션 개최장소가 된다. 왜냐하면 컨벤션 참가자들에게 있어서 컨벤션 호텔은 불편하게 이리 저리 이동하지 않고 한 장소에서 편히 컨벤션에 참가하고, 식사를 할 수 있으며, 컨벤션에 수반되는 다양한 연회에 참가하기도 하며, 잠까지 잘 수 있는 아주 이상적인 곳이기 때문이다. 이른바 컨벤션 호텔에서는 소비자들, 즉 컨벤션 참가자들의 원스톱 쇼핑이 가능하다. 또한 호텔 입장에서도 컨벤션시장은 매력적인 시장이다. 왜냐하면 컨벤션 참가자들은 다른 소비자들보다 호텔의 다양한 부대 서비스를 구매하는 관계로 일인당 평균 매출액이 높은 소비자 계층이기 때문이다. 이상과 같이 컨벤션 호텔은 컨벤션 기획자 및 호텔, 양자의 필요에 의해서 탄생된 것이라고 할 수 있다.

컨벤션 호텔은 일반적으로 완벽한 회의시설을 갖추고 있을 뿐 아니라 대형 전시장을 갖추고 있다. 대 · 중 · 소 회의를 개최할 수 있는 다양한 공간은 컨벤션 호텔에 있어서 필수이다. 대부분 개별 회의실들은 동시통역 장비를 비롯하여 효과적인 회의에 필요한 다양한 회의 장비들을 갖추고 있다.

최근 점차 많은 상용 호텔 및 리조트 호텔들은 다양한 형태의 회의시설 갖추고 컨벤션시장에 진입하고 있는 현실이다. 왜냐하면 국가간 교류의 증가로 인하여 과거보다 컨벤션시장의 규모가 훨씬 커지고 있기 때문이다. 따라서 전통적 컨벤션 호텔들은 심화되는 경쟁 속에서 살아남기 위하여 많은 노력을 경주하고 있다. 또한 상용 호텔 및 리조트 호텔들의 컨벤션시장 진출은 컨벤션 호텔이란 분류 시스템을 모호하게 하는 계기가 되

컨벤션 호텔, Westin

고 있다.

5) 공항 호텔

전 세계의 주요 국제공항들의 주변을 보게 되면 수많은 호텔들을 발견할 수 있다. 우리는 이러한 호텔들을 공항 호텔(airport hotel)이라고 부른다. 세계 주요 국제공항을 중심으로 많은 호텔들이 존재하는 이유는 간단하다. 국제공항 그 자체가 상당한 규모의 숙박수요를 창출하는 시설이기 때문이다. 소비자들, 특히 상용 여행자, 통과 여행객, 항공 승무원들은 공항 바로 옆에 있다는 위치의 편리함 때문에 공항 호텔을 주로 이용한다. 공항 호텔들이 제공하는 서비스 종류 및 수준은 다양하나 대부분의 공항 호텔은 소규모 회의시설 및 공항과 호텔을 연결하는 공항 리무진 서비스를 제공하고 있다.

공항 호텔, San Diego Airport Hotel

6) 모텔 또는 모터 호텔

모텔(motel) 또는 모터 호텔(motor hotel)의 주 소비자 계층은 자동차 여행자라고 할 수 있다. 모텔의 출현 시기는 1950년대 미국의 주요 교통수단이 철도에서 비행기 및 자동차로 변환되는 시점이라고 볼 수 있다. 1950년대 이래 미국 중산층들은 여행을 기존의 철도보다는 새로운 교통수단인 자동차에 더 많이 의존하기 시작했다. 이러한 변화된 소비자들의 여행 패턴에 적극 대응하기 위하여 호텔산업은 자동차 여행자들을 위한 새로운 형태의 숙박 시설인 모텔 또는 모

모텔 또는 모터 호텔, Motel 6

터 호텔이란 새 개념을 탄생시켰다.

새로운 개념의 모텔 또는 모터 호텔은 단기간에 대중적 숙박시설로 자리 잡을 정도로 당시 소비자들에게 많은 인기를 얻었다. 그 인기의 배경을 보면 바로 모텔이 갖고 있는 경제성 및 편의성 때문이다.

먼저 모텔 또는 모터 호텔은 기존의 시내 호텔들보다 가격경쟁력을 갖고 있다고 할 수 있다. 일반적으로 모텔은 토지 가격이 매우 비싼 도심지가 아닌 고속도로 주변의 교외에 건설되기 때문에 저렴한 비용으로 건축할 수 있다. 또한 모텔에서는 도심지 호텔과는 달리 아주 제한된 서비스를 제공하기 때문에 운영에 따른 인건비 부담이 매우 적다. 이러한 경제적 이점으로 인하여 모텔은 도심지 호텔보다 상당히 저렴한 가격으로 자동차 여행자들에게 서비스를 제공할 수 있다.

또한 모텔 또는 모터 호텔은 자동차 여행자들에게 매우 편리함을 제공하고 있다. 고속도로를 이용하는 자동차 여행자들이 단지 하룻밤 숙박을 위하여 복잡한 도심을 진입하여 호텔을 찾아 헤매는 것은 매우 번거로운 일이다. 이와 반대로 모텔은 주요 고속도로에 위치하여 자동차 여행자들이 여행 도중에 쉽게 숙박할 수 있는 편의성을 제공하고 있다. 이와 같은 지리적 편리함 이외에도 충분한 주차공간을 제공하며, 효율적인 건물배치로 인하여 차를 바로 객실 앞에 주차시킬 수 있으며, 전통적 호텔과 달리 격식을 요구하지 않으며, 모텔을 직접 들어가지 않고 외부에서 운전하면서도 객실 이용가능 여부를 쉽게 알 수 있는 등 새로운 개념의 모텔은 자동차 여행자들에게 상당한 편의성을 제공하고 있다.

7) 주거 호텔

흔히 주거 호텔(residential hotel)은 다른 용어로 올 스위트 호텔(all-suite hotel) 또는 최근에는 서비스를 제공하는 아파트(serviced apartment)로 불리기도 한다. 주거 호텔은 단기 체재자가 주류를 이루는 일반 호텔과는 달리 장기 체재자들을 주 대상으로 한 호텔을 말한다. 주거 호텔이 호텔산업의 일정한 비중을 차지하게 된 배경은 기존의 호텔들이 장기간 숙박을 필요로 하는 상용 여행자나 관광여행자들의 욕구를 적절히 충족시키지 못

주거 호텔, Summerfield Suites Hotel

하였기 때문이다. 현대의 주거 호텔들은 장기 체재자들에게 가급적 집과 같은 환경을 조성해서 일반 호텔과는 다른 편안함과 편의를 제공함으로써 경쟁력을 높여가고 있다.

주거 호텔의 특징을 살펴보면 먼저 모든 객실들이 주로 침실과 거실을 분리시켜 규모는 작지만 일반 호텔의 스위트 룸(suite room) 형태를 갖추고 있다. 이러한 형태의 설계는 자는 공간과 쉬는 공간을 분리함으로써 소비자들이 오래 체류하더라도 집과 같은 편안함을 느끼게 해주려는 주거 호텔의 의도인 것이다. 또한 주거 호텔의 객실 내에는 여행자들이 직접 간단한 요리를 할 수 있는 주방 시설을 구비하고 있다. 이는 장기간 외식으로 오는 소비자들의 피곤함 및 경제적 부담을 경감해 주려고 하는 주거 호텔의 전략인 것이다. 따라서 일반적으로 주거 호텔 내의 식음료 시설은 그 규모가 매우 작다. 그 주요 이유는 식음료 시설이 수익의 목적으로 운영되는 것이 아니라 소비자들의 편의만을 고려해서 운영되기 때문이다. 실제 주거 호텔의 주 수입원은 객실 판매에 있다고 볼 수 있다.

4. 경영 형태

호텔산업에서 흔히 호텔을 구분할 때 활용되는 기준의 하나는 경영 형태이다. 호텔기업의 경영 형태는 다음과 같이 개별경영과 체인경영 두 가지로 대별될 수 있다. 체인호텔들은 소유 직영 호텔, 프랜차이징 호텔, 경영계약 호텔로 세분된다.

1) 개별경영 호텔

개별경영 호텔(independent hotel)이란 다른 호텔들과 어떠한 관계도 유지하지 않고 소유주가 단독으로 소유 및 운영해 나가는 호텔을 의미한다. 이런 형태의 호텔은 호텔기업의 성장과정에 있어서 초기 단계에 흔히 볼 수 있는 것으로 대부분 중소기업 규모라고 할 수 있다.

2) 체인호텔

체인(chain)이란 용어에서 쉽게 알 수 있듯이 체인호텔이란 서로 금속제의 고리가 서로 연결된 체인과 같이 여러 호텔들이 서로 연결되어 하나의 호텔집단을 이루어 경영되고 있는 호텔을 의미한다. 다시 말해서 최소한 2개 이상의 호텔들이 하나의 그룹으로 형성되어 서로 직·간접적 관계를 유지하여 운영되는 호텔 집단을 의미한다. 일반적으로 체인호텔에는 다음과 같이 세 가지 종류가 있다.

소유 직영(chain operation) 호텔

소유 경영이라고도 하는 소유 직영은 체인 본사가 직접 체인 회원사를 소유 및 경영하는 형태를 의미한다. 소유 직영은 주로 개별 기업이 성공적 경영을 통하여 스스로 이윤을 축적하여 자력으로 호텔들을 하나씩 신축 또는 구매하고 경영진을 파견하여 직접 경영하는 체인호텔이다.

표 2-10 호텔의 소유 및 경영 형태

구 분		소유권	경영권
개별경영 호텔(independent hotel)		소유주	소유주
체인호텔(chain hotel)			
	체인 직영(chain operation)	체인 본사	체인 본사
	프랜차이징(franchising)	소유주	소유주
	경영계약(management contact)	소유주	체인 본사

프랜차이징(franchising) 호텔

호텔 프랜차이징은 기본적으로 호텔 체인 본사(franchisor)와 호텔 소유주(franchisee)와의 계약으로서, 체인 본사가 호텔 소유주에게 체인 브랜드 사용과 다양한 서비스를 제공하는 계약이다. 그 대가로 호텔 소유주는 체인 본사에 그에 상응하는 비용을 지불해야 한다. 소유주는 일반적으로 체인 본사로부터 호텔경영에 도움이 되는 다양한 지원을 받지만 경영권은 소유주에게 있다.

경영계약(management contract) 호텔

경영계약(management contract)이란 호텔경영회사(operator)가 호텔 소유주(owner)의 대리인으로서 호텔의 운영 및 경영에 대하여 모든 책임을 지는 계약을 의미한다. 여기서 호텔경영회사는 전반적인 호텔경영을 책임진다. 한편 개인, 기업, 금융기관, 보험회사, 정부 등 다양한 형태의 호텔 소유주는 경영관련 의사결정은 하지 않으나 운영자금, 영업비용, 금융비용 등 모든 재정적 부담을 진다. 호텔 소유주를 대신하여 호텔 운영을 책임지는 호텔경영회사는 그 운영의 대가로 호텔 소유주와 합의한 일정한 보상을 제공받는다.

Bibliography

- 유도재(2014), 호텔경영론, 백산출판사.
- 최병선(2006). 『정부규제론』. 서울: 법문사.
- 한국관광공사 https://www.visitkorea.or.kr
- 한국호텔업협회 www.hotelskorea.or.kr

- Angelo, R. M., & Vladimir, A. N.(1994). *An introduction to hospitality today.* MI: the Educational Institute of the American Hotel & Motel Association.
- Foster, Dennis L.(1992). *VIP: an introduction to hospitality.* OH: McGraw-Hill.
- Gray, W. S., & Liguori, S. C.(1994). *Hotel and motel management and operations.* NJ: Prentice Hall.
- Jones, P., & Lockwood, A.(1996). *The management of hotel operations.* London: Cassell.
- Lattin, G. W., Lattin, J. E., & Lattin, T. W.(1998). *The lodging and food service industry.* MI: the Educational Institute of the American Hotel & Motel Association.
- Nebel, Eddystone C. III(1991). *Managing hotels effectively: lessons from outstanding general managers.* New York: Van Nostrand Reinhold.
- PwC(2000), *PwC Lodging Industry Briefing—Annual Wrap-up and Forecasting,* 2000. 12.
- Powers, T., Powers, J. M., & Barrows, C. W.(2005). *Introduction to the hospitality industry.* New York: John Wiley & Sons. Inc.
- Rutherford, Denney G.(2001). *Hotel management and operations.* New York: Van Nostrand Reinhold.
- Stutts, A. T., & Wortman, J.(2005). *Hotel and lodging management: an introduction.* New York: Wiley & Sons, Inc.
- Walker, John R.(2008). *Introduction to hospitality.* NJ: Prentice Hall.

- http://www.forbestravelguide.com

Chapter 03

호텔산업의 역사

INTRODUCTION TO HOTEL ADMINISTRATION

제 1 절 여행과 숙박산업

1. 여행의 역사

역사 및 여행 전문가들에 의하면 호텔을 포함한 숙박산업의 발전은 인류의 여행 역사와 그 궤를 같이 한다고 한다. 이는 사람들이 자신의 주거 공간을 떠나 타지로 여행을 하는 데 있어서 가장 필요한 것이 숙식이라는 사실에서 연유하는 것이다. 세계 숙박산업의 발전과정을 살펴보더라도 이러한 사실을 쉽게 알 수 있다. 고대사회의 아주 원시적인 숙박시설에서부터 현대 대형호텔에 이르기까지 세계 숙박산업은 여행자들의 주요 이동경로를 중심으로 아주 다양한 형태로 발전되어 왔다. 따라서 호텔산업의 발전과정을 제대로 이해하기 위해서는 먼저 인간의 여행 역사에 대해서 이해하여야 한다.

인간의 여행 역사는 고대부터 시작되었을 정도로 매우 오래된 현상이다. 왜 인류는 여행을 하는가? 인류의 역사를 살펴보면 먼저 고대인들은 사냥거리가 풍부한 사냥터나 더 나은 생활환경을 찾아 넓은 지역을 여행하기 시작하였다. 하지만 인류가 정착생활을 시작하면서 생존은 여행의 중요한 동기로서 그 의미가 퇴색되기 시작하였다.

인류 역사상 현대에 이르기까지 가장 중요한 여행의 동기로서 변함이 없는 것은 아마도 상업일 것이다. 역사적으로 수많은 상인들은 소금이 풍부한 지역에서 싼 가격으로 소금을 구입하여 소금이 매우 희귀한 지역으로 가져가 상당한 이윤을 남기고 되파는 것과 같은 상업 활동을 수행하기 위하여 고대 사회부터 현대에 이르기까지 전 세계를 여행하고 있다.

종교적인 측면도 수많은 사람이 여행을 떠나는 주요 이유 중에 하나이다. 자신이 믿는 종교의 주요 성지들을 참배하기 위하여 과거 그리스 및 로마제국 시절부터 현대에 이르기까지 셀 수 없이 많은 사람들이 성지순례 여행을 떠나고 있다. 기독교, 불교, 이슬람교 등의 성지순례는 현대에도 여행 수요의 상당 부분을 차지할 정도로 큰 비중을 가지고 있다. 일례로 무슬림의 5대 의무 중에 하나인 하지(haji)는 무슬림들이 평생 한번은 해야 하는 성지순례로서 특정 시기에 전 세계의 약 250만 명의 인구가 사우디아라비아 메카로 몰리고 있는 현실이다.

역사적으로 볼 때 비록 최근에 대중화된 현상이긴 하지만 관광 또한 많은 사람들에게 있어서 주요한 여행 동기가 되어가고 있다. 관광을 위한 여행은 고대부터 존재하기는 했지만 일부 소수 계층의 전유물이었다 해도 과언이 아니었다. 하지만 현대에 와서 세계경제가 급격한 발전을 이룩함에 따라 중산층들의 소득이 점차 증가됨과 동시에 즐길 수 있는 여가시간이 늘어나게 되어 관광을 위해서 타지로 또는 타국으로 먼 여행을 떠나는 것이 선진국을 중심으로 대중화되고 있는 현상이다.

국가 통치를 위한 여행도 고대부터 중요한 여행의 동기의 하나이다. 여러 역사관련 서적을 살펴보면 고대부터 국가의 통치 또는 국가 간의 외

그림 3-1 여행의 동기

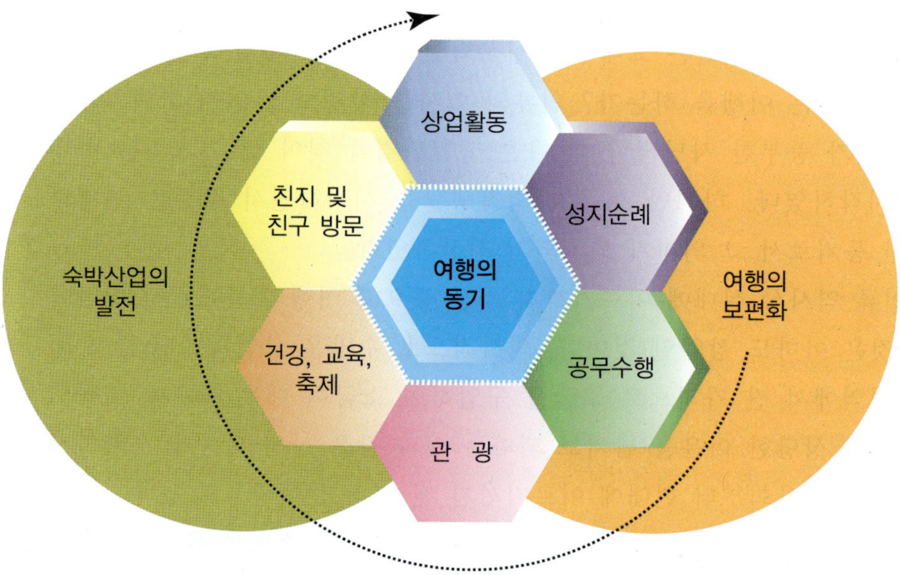

교 등의 이유로 다양한 정부 관리들이 국내 및 외국으로 여행했던 발자취를 쉽게 발견할 수 있다. 이외에도 사람들은 아주 오랜 옛날부터 오늘날에 이르기까지 건강, 교육, 친지 및 친구 방문, 축제 등과 같이 아주 다양한 목적을 위해 여행에 참여하고 있다.

이상에서 보는 바와 같이 여행이란 인류의 역사와 그 궤를 같이 해온 아주 오래된 현상이다. 고대부터 다양한 동기를 가지고 떠나는 인류의 여행은 현대에 이르러서 전 세계적으로 일 년에 수십억 명이 참여할 정도로 보편화되고 있다.

2. 여행수요의 주요 영향요인

현대 사람들은 시도 때도 없이 여행을 떠난다. 과거 사회에서의 여행은 인생에 있어 단 한 번뿐인 중요한 체험이었겠지만, 오늘날 여행은 일상적인 삶의 한 부분이 되고 있다. 여행이 인류에 있어서 보편적 현상으로

그림 3-2 여행수요의 주요 영향요인

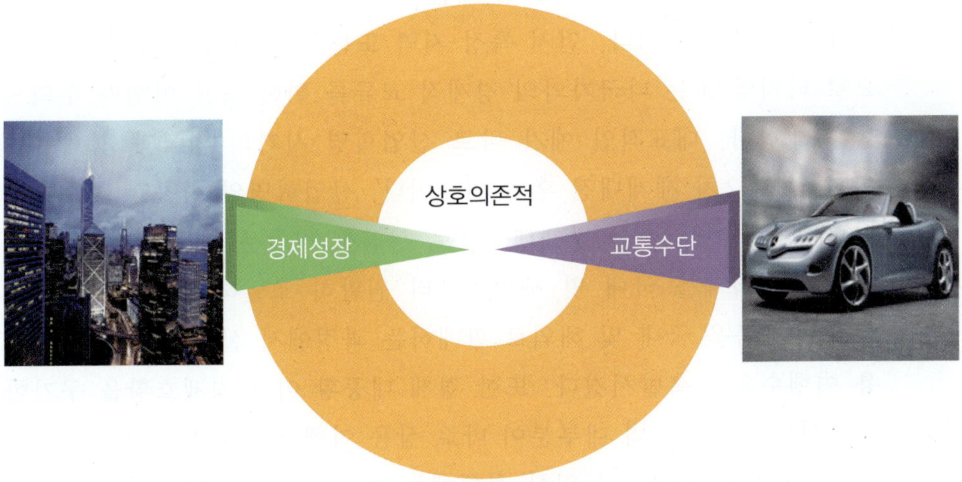

자리 잡기에는 어떤 요인들이 영향을 미쳤을까? 사실 여행수요 창출에 영향을 미치는 요인들은 대단히 많다고 할 수 있다. 그러나 현대와 같이 세계가 경제적으로 발전되지 않았고, 진보된 교통수단이 없었다면 오늘날과 같은 여행자 수의 폭발적 증가는 불가능했을 것이라는 여러 여행전문가들의 지적이 있듯이 경제성장 및 교통수단의 발전이라는 두 요인은 과거부터 현재에 이르기까지 여행수요에 막대한 영향을 미치고 있다.

일반적으로 경제성장과 교통수단의 발전은 상호 의존적이다. 역사적으로 보면 경제가 발전한 국가일수록 높은 수준의 교통 네트워크를 구비하고 있다. 경제적으로 발전되고 앞선 교통수단을 가진 나라의 예들은 많다. 고대 로마제국과 19세기의 영국이 아주 좋은 예라 할 수 있다. 반대로 현대 제3세계 국가들은 낙후된 경제뿐 아니라 형편없는 수준의 교통 네트워크 때문에 많은 고통을 겪고 있다.

1) 경제성장

여행수요와 가장 밀접한 관계를 가지고 있는 것은 지역 또는 국가의 경제적 성장 정도이다. 먼저 특정 지역 또는 국가의 경제적 발전은 1차적으로 타지역 또는 타국가와의 경제적 교류를 위한 상용 여행자 수의 증가를 유발한다. 대표적인 예가 바로 산업혁명 시기의 영국과 경제 대공황 이전 및 제 2 차 세계대전 후의 미국이다. 산업혁명의 성공적 완수를 통하여 세계에서 제일가는 경제대국으로 성장한 영국은 성장과정에서 생산에 필요한 원자재를 국내 및 해외로부터 원활히 조달하는 과정에서 그리고 생산된 제품을 국내 및 해외로 판매하는 과정에서 실로 엄청난 규모의 상용 여행수요를 촉발시켰다. 또한 경제 대공황 이전 경제호황을 구가한 미국에서도 여행자들의 대부분이 바로 상용 여행자였던 것이다.

세계경제 시대로 돌입한 현대에는 어느 국가도 경제가 크고 작던 간에 결코 독자적으로 살아갈 수 없다. 경제발전을 위해서는 어떤 방식으로든 타국가들과 상호 밀접한 관계를 유지해야 하는 것이 현대 경제의 핵심

그림 3-3 경제성장과 여행수요

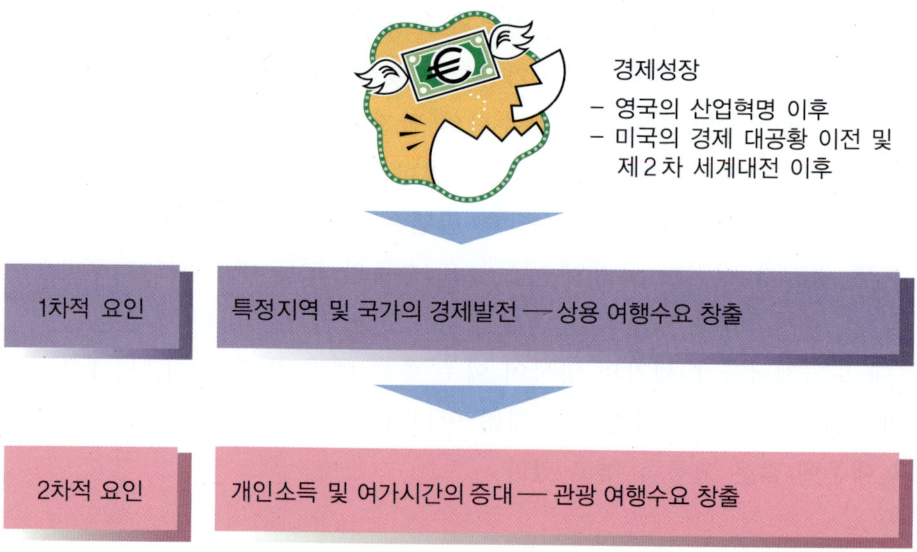

인 것이다. 이러한 세계경제 구조는 과거보다 훨씬 더 많은 상용 여행수요를 촉발시키고 있다.

특정 지역 및 국가의 경제발전은 1차적으로 상용 여행수요를 촉발시키지만 2차적으로 국민의 개인소득 및 여가시간을 증가시키기도 하기 때문에 관광 여행수요가 늘어나게 된다. 대표적인 예가 바로 제 2 차 세계대전 이후의 미국이다. 세계대전 후 미국은 세계 제일의 경제대국으로 부상하였다. 이러한 과정에서 일반 근로자들은 임금의 상승으로 개인의 가처분소득이 증가하였을 뿐 아니라 여가시간이 과거와 비교할 수 없을 정도로 증가되었다. 그 결과 과거 소수 부유 계층의 전유물이었던 관광 여행이 사회 전 계층으로 확대되었다. 전후 독일, 일본 등과 같은 경제 선진국 및 1990년대의 우리나라도 이와 비슷한 경험을 가지고 있다.

2) 교통수단의 발전

여행수요는 그 시대에 어떤 교통수단이 주로 활용되었는가와도 밀접한 상관관계가 있다. 왜냐하면 기술의 발전에 따라 탄생된 새로운 교통수단들은 인간의 이동을 편리하고 빠르게 함으로써 여행자 수를 증가시키기 때문이다. 만약 현대에도 인류가 과거 마차와 같은 교통수단에 의존한다면 오늘날과 같은 자유로운 여행은 불가능했을 것이다.

여행현상을 연구하는 학자들도 이를 감안하여 여행의 역사를 교통수단의 발전단계를 기준으로 구분하기도 한다. 여행 역사를 고대의 역마차 시대, 1800년대의 기차 및 증기선 시대 그리고 오늘날의 자동차 및 항공기 시대 등 세 가지의 주요 연대로 구분하는 것이 바로 그것이다. 이는 여행이 얼마나 교통수단과 밀접한 관계를 갖고 있는가를 알려주는 것이다.

이동을 위한 교통수단은 기술의 발전에 힘입어 매우 빠른 속도로 진화되어 왔다. 과거 마차와 돛단배에 의존하던 시절에는 서울에서 파리까지 약 900일이 소요되었다. 하지만 증기 기관차가 개발됨으로써 6일로 단축할 수 있었고, 프로펠러 비행기가 개발됨으로써 30시간, 그리고 제트 비행기가 개발됨으로써 12시간으로 단축할 수 있었다. 인류는 끊임없이 과학 문명을 발전시키고, 이를 교통수단에 적용함에 따라 인간의 이동을 매우 편리하게 만들었다.

고대부터 사람들은 오랫동안 도보 또는 말과 같은 가축, 바퀴와 달구지, 마차, 돛단배 등과 같은 초보적인 교통수단에 의존하여 여행을 하였다. 1500년대 이르러 인류는 역마차(stagecoach)를 활용하기 시작한다. 교통수단 발전과정에서 보면 역마차도 아직 초보적인 교통수단이라 할 수 있지만 4바퀴가 달린 마차로서 한동안 인류의 여행을 과거보다 빠르고 편안하게 해주었다. 하지만 향후 기계에 의존한 교통수단들보다 그 기능이 떨어지는 관계로 사람들의 여행은 매우 제한적일 수밖에 없었다.

역마차 시대 이후 인류는 기차, 자동차, 제트 비행기와 같은 교통수단 발전사에 있어서 한 획을 그을 수 있을 정도의 획기적인 교통수단들을 연이어 경험하게 된다. 기차는 1800년대에 처음 개발되어 전 세계에 빠르게 확산되었다. 또한 자동차는 1900년도 초반 대량생산을 통하여 대중에게 확산되기 시작하였다. 마지막으로 상용 제트수송기는 1900년도 중반 처음 도입되어 오늘에 이르고 있다. 이와 같은 교통수단들은 과거 동물의 힘에 의존했던 교통수단과는 비교할 수 없을 정도로 인간의 이동을 아주 빠르고 편안하게 만들었다. 특히 1950년대 후반 이후 현재까지 지속적으

그림 3-4 교통수단의 발전

로 계량되고 있는 민간 제트항공기는 전 세계의 지구촌화를 가능하게 하는 혁신적인 교통수단이라고 할 수 있다. 만약 이러한 획기적인 교통수단들이 존재하지 않았다면 오늘날과 같이 전 세계적으로 수십억 명이 참가하는 여행현상은 존재하기 힘들었을 것이다.

제 2 절 세계 숙박 및 호텔산업의 발전과정

1. 고대 및 중세

1) 일반 경제상황

인류가 원시시대의 채취경제(collectional economy)에서 벗어나 농업에 기반을 둔 정착 생활을 처음으로 하기 시작한 것은 문명의 발상지라고 할 수 있는 이집트, 바빌로니아 및 중국에서였다. 그 이후 인류의 정착 생활은 기원전 1000년 그리스, 기원전 750년경 로마 등을 거쳐 중세에 이르게 되었다. 인류의 문명 세계는 토지를 경작하는 그런 지역들을 중심으로 발전되었다. 이들 문명권은 나름대로 차이가 있지만 기본적으로 토지가 경제, 생활, 문화, 가족구조 및 정치적 기반을 이루고 있었다.

대부분 농업사회에서는 대다수 사람들이 거의 고립된 소규모 공동체를 이루고 사는 농민들이었다. 그들은 자기가 간신히 먹고 노예 소유주 또는 중세 시대의 봉건영주를 만족하게 해줄 정도의 농작물만 경작하면서 최저 수준의 생계를 유지하고 있었다. 이 시기에 상업이 존재하긴 했으나 극소수의 상인들만이 낙타나 수레 또는 배에 짐을 실어 먼 나라에 운반하는 정도였다. 그 규모는 소규모 공동체들의 자가 소비용 생산량에 비하면 아주 미미한 수준이었다. 또한 도시가 생겨남에 따라 이들 도시들은 농촌에 식량 공급을 의존하였다.

2) 주요 교통수단

인류는 처음에 주로 도보에 의존하여 이동하였다. 그러다가 가축이나 말을 타고 이동하기도 하였다. 사람들이 속도에 대한 열망이 높아짐에 따라 가축 또는 말에 의존한 마차를 만들어서 이동하기 시작했다. 특히 고대 로마는 마차를 적극적으로 활용하여 서양 세계를 정복하였다. 세계 정복 후 로마는 거대 제국의 체제를 유지하기 위하여 유럽 전역에 광범위한 포장도로를 건설하였다. 로마가 건설한 수천 킬로미터나 되는 도로망은 상인, 사상가, 병사들이 서구 문명에 새 바람을 불어넣었다

로마제국의 멸망 후 유럽에는 로마와 같은 강력한 중앙정부가 존재하지 않았기 때문에 도로 시스템에 대한 개·보수가 제대로 이루어지지 않아서 기존의 도로망이 거의 붕괴되었다. 따라서 중세 시대의 도로라고 하면 아주 작은 오솔길에 불과한 수준이었다. 그러나 시간이 흐르면서 도로의 이용 빈도가 증가함에 따라 도로들이 요즘 시골 지역에서 볼 수 있는 작은 길처럼 확장되기도 했으나 여전히 열악한 도로 조건으로 인하여 지역 간 이동은 매우 힘들었다.

그러나 1600년대 들어서 네 바퀴가 달린 마차가 도시 간 역마차로 활용되기 시작하고 그 이용 빈도 또한 증가함에 따라 도로 조건도 어느 정도 개선되었다. 또한 그 당시 해상 교통수단으로는 주로 돛단배가 이용되었다.

3) 여행의 형태

인간의 경제생활이 채취 생활에서 농경 생활로 바뀌면서 아주 소수의 상인, 관료, 군인, 학자 등을 제외한 대부분의 사람은 태어난 지역이라는 아주 한정된 범위 내에서 평생을 살게 되었다. 따라서 산업혁명 직전까지만 해도 여행이란 극히 예외적인 일이였다.

물론 예외도 있었다. 바로 로마 시대가 여기에 해당한다. 로마의 거대 제국이 건설되고 경제가 부강해짐에 따라 로마제국에는 중산층이 형성되기 시작했다. 기록에 의하면 로마 시대의 중산층들은 상류층과 마찬가지로 상용, 관용, 관광, 휴양, 종교 등 다양한 목적으로 로마제국이 건설한 도로망을 이용하여 활발하게 여행에 참여했다고 한다.

로마제국이 멸망한 후 약 90%의 인구가 농업으로 회귀하고 상거래가 거의 없어지고 중산층은 무너짐에 따라 중세는 인류의 여행 역사에 있어서 암흑시대를 맞게 된다. 성지순례와 같은 소수의 종교적 목적의 여행을 제

외하곤 여행이 아주 제한되었다. 인간의 여행이 어느 정도 활성화된 시점은 근대 전기에 들어와서이다.

4) 숙박 및 호텔산업

숙박산업의 기원

역사에 의하면 현재 중동지역의 메소포타미아 지역에 거주했던 수메르인(Sumerian)의 주거 지역에 최초의 숙박시설로 여겨지는 터번(tavern)이 존재했다고 한다. 원래 이 시설은 인근 주민들을 위한 술집 또는 지역주민의 모임을 위한 장소였다. 하지만 아주 드물게 여행자들의 숙박을 위한 장소로 활용되기도 하였다.

초기 인(inn)도 터번과 비슷한 성격의 시설이었다. 하지만 이것만이 전체 인(inn)을 대표했던 것은 아니다. 기원전 2000년 경 중동지역의 장거리 교역 루트를 따라 존재하였던 캐러벤서라이(caravanserai)라는 인(inn)도 있었다. 캐러벤서라이는 그 시절의 다른 인들과 달리 주로 교역을 하는 상용 여행자들에게 숙식을 제공하는 숙박시설의 성격이 강했다.

로마제국 시대의 숙박산업

로마제국의 광범위한 영토확장은 로마 시대의 인과 터번을 제국 전체로 확대시키는 계기가 되었다. 이 시기의 대표적인 숙박시설로는 광대한 도로망을 기반으로 한 로마의 역전 제도인 쿠르수스 프블리쿠스(cursus

그림 3-5 숙박산업의 기원 및 발전과정

- 터번(tavern)
- 인(inn)
- 캐러벤서라이(caravanserai)

- 만시오, 스타티오, 무타티오
- 호스피티움
- 카우포나

- 수도원
- 코칭인

publicus)에 소속된 일련의 인 네트워크가 있었다. 로마가 건설한 도로망에는 일정 거리마다 역이 있었고, 개별 역에는 숙박이 가능한 인이 배치되어 있었다. 초기에 인들은 황제 일행을 맞이하기 위한 숙박시설인 만시오(mansio)와 도로 경찰들을 위한 숙박시설인 스타티오(statio)로 구분되었으나 시간이 흐르면서 그 구별이 없어지게 되었다. 만시오와 스타티오 중간에 여행자들에게 필요한 최소한의 것들(가벼운 식사, 침대 그리고 바꿔 탈 말)을 제공하는 아주 소박한 인이라고 할 수 있는 무타티오(mutatio)도 있었다.

이상과 같은 인들은 역전 제도에 소속된 인들이기 때문에 공영 여행자들에게 우선권이 있었지만 일반 여행자들에게도 개방되었다. 이외에도 기록에 의하면 하스피티움(hospitium), 데베르소리움(deversorium), 카우포나(caupona) 등과 같은 다양한 형태의 인들이 로마 시대에 존재했던 것으로 밝혀지고 있다.

중세 시대의 숙박산업

여행의 역사에 있어서 암흑시대라고 불리는 중세 시대에 접어들면서 여행자의 수가 급격히 감소함에 따라 사기업으로서의 숙박시설들은 지역 내 일부 터번과 인을 제외하곤 거의 자취를 감추게 된다. 이 시기 동안 소수의 여행자를 위한 숙박은 주로 유럽 전역에 퍼져있는 로마 가톨릭 교회와 수도원이 제공하였다. 1350년대부터 도로가 안정화됨에 따라 교역을 포함한 다양한 목적을 가진 여행자들의 수가 어느 정도 증가했음에도 불구하고 여전히 교회와 수도원은 모든 여행자들에게 숙박을 제공하였다.

시간이 흐르면서 교회와 수도원이 감당할 수 없을 정도로 여행자 수가 증가함에 따라 교회와 수도원은 거액의 현금을 기대할 수 있는 상류계층 여행자들과 자선 정신을 구현할 수 있는 빈곤층 여행자들에게만 숙박을 제공하기 시작했다. 이러한 상황이 전개되자 그동안 자취를 감췄던 상업용 숙박시설이라고 할 수 있는 인과 터번이 다시 생겨나면서 중산층 여행자들의 숙식 욕구를 충족시켰다. 이 시절의 인과 터번은 규모 면에서 25~30객실만 하더라도 아주 대형으로 간주되었고, 질적인 면에서는 국가나 지역별로 아주 천차만별이었다.

이 시기 숙박산업의 또 다른 특징은 코칭 인(coaching inn)의 생성 및 발전이라고 할 수 있다. 1600년대 들어서 유럽의 도시들을 이어주는 4륜 마차에 의존한 역마차 제도가 구축됨에 따라 역마차 노선을 중심으로 코칭 인이라고 하는 새로운 형태의 숙박시설이 등장하기 시작했다. 그 당시 코칭 인에서는 역마차의 지친 말을 새말로 교환해 주었을 뿐 아니라 역마차 운행자와 승객들에게 숙식을 제공하였다.

2. 근대 I (산업혁명~1800년대)

1) 일반 경제상황

18세기에 들어서 유럽에 불어 닥친 산업화의 물결은 기계의 발명과 기술의 대대적인 혁신으로 당시 유럽 각국을 농업사회에서 탈피하여 산업사회로 변신하게 하는 계기를 마련하였다. 그 결과 유럽 각국은 생산력 증가와 더불어 지속적인 경제성장이 가능해졌다. 실제 18세기 중반에 영국에서 시작된 산업혁명은 대단히 놀라운 변화를 가져다주었다. 각종 재화와 사람, 사상이 몇천 마일이나 떨어진 곳으로 이동되었고, 특히 많은 사람이 일자리를 찾아 농촌에서 도시로 이동하였다. 생산이 농경지에 널리 분산되지 않고 도시지역에 집중됨에 따라 엄청난 인구가 소수의 인구 밀집 지역인 도시로 몰려들었다. 그 결과 옛 마을들은 사라져 버렸고 높은 굴뚝과 용광로의 불길로 둘러싸인 공업 중심지가 조성되고 급속히 발전하였다. 이와 같이 산업혁명은 단순한 기술혁신이 아니라 경제 및 사회에 중대한 영향을 끼침으로써 근대사회 형성에 큰 역할을 하였다.

그림 3-6 산업혁명 시대의 경제

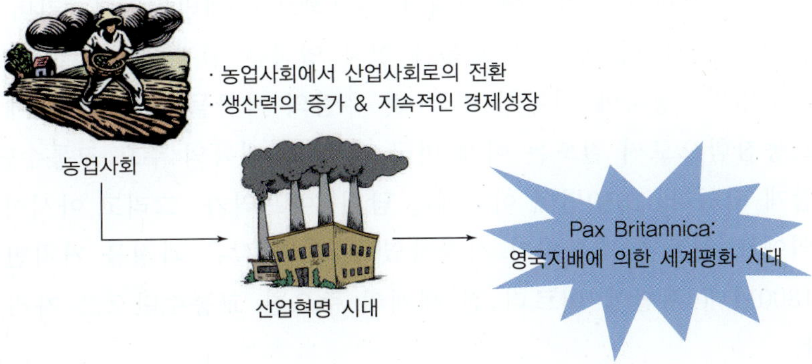

영국은 산업혁명을 계기로 자본주의 경제체제의 확립을 통하여 엄청난 부를 축적하게 되었으며 1900년까지 세계를 제패하게 되었다. 이 시기를 흔히 영국의 지배에 의한 세계평화 시대, 즉 팍스 브리태니커(Pax Britannica) 시대라고 한다. 산업혁명은 19세기 초에는 프랑스와 미국으로,19세기 중엽에는 독일로, 19세기 말에는 러시아와 일본으로 퍼져나갔다.

2) 주요 교통수단

산업혁명은 교통수단 발달에도 엄청난 영향을 미쳤다. 당시 교통수단의 발전은 두 가지 측면을 통해서 이루어졌다. 첫 번째는 도로의 개량이었다. 18세기 중엽 이후 영국에서는 새로운 도로 포장법이 개발되고 주식회사 조직의 유료도로회사(turnpike trust)에 의해서 도로의 개량 및 유지가 활발하게 이루어졌다. 도로의 개량으로 당시 여행자들이 의존하던 정규적인 역마차 노선은 속도와 규칙성, 그리고 쾌적함의 면에서 이전보다 크게 향상되었다. 이에 따라 철도라는 새로운 교통수단이 생기기 전까지 '역마차의 전성시대' 라고 할 만큼 대부분의 여행자들은 역마차에 의존하여 여행을 했다.

교통수단 발전에 있어서 두 번째는 철도의 건설이었다. 철도는 기술적으로 궤도와 견인력 혁신의 결과로 나타난 것이다. 궤도의 혁신은 1830년대에 철강재 궤도가 도입됨으로써 완성되었다. 한편 견인력의 혁신은 머독(William Murdoch)과 트레비딕(Richard Trevithick)의 증기기관차 제작에 이어서 최종적으로는 스티븐슨(George Stephenson)의 증기기관차 '로케트호' 의 제작으로 완성되었다. 이러한 기술혁신 과정을 거쳐서 철도 시대는 1830년 개통된 리버풀-맨체스터 철도에 의해서 본격적으로 개막되었다. 리버풀-맨체스터 철도가 사람들의 많은 호응을 얻자 영국은 열광적으로 철도건설에 나서게 되었다. 영국에 이어서 미국 및 유럽의 각국들도 철도건설에 적극적으로 동참함으로써 철도는 이제 미국 및 유럽 대륙의 주요 교통수단으로 자리 잡게 되었다. 1850년대 이후에는 남미, 아프리카, 그리고 아시아의 일부 지역에도 철도가 개통되기 시작하였다. 이와 같은 과정을 거치면서 철도는 1800년대 후반에 이르러 전 세계의 주요한 교통수단으로 자리 잡게 되었다.

철도라는 교통수단이 빠르게 확산된 이유는 철도가 기존의 역마차보다 여행자들을 훨씬 빠르고 비교적 안전하게 이동시켜 줄 수 있었기 때문이다. 기록에 의하면 당시 영국의 런던(London)에서 바스(Bath)까지 기존의 역마차로는 11시간이 소요되었으나 열차로는 2시간 30분밖에 소요되지 않았다고 한다. 철도의 신속성, 상대적인 안전성에 매료된 많은 여행자들은 기존의 역마차 대신 철도를 이용하기 시작했다.

3) 여행의 형태

산업혁명 과정에서 도로의 개선 및 철도의 건설로 사회 간접자본이 확대되고 공업의 발전으로 생산 규모가 확대됨에 따라 상업 활동이 아주 활발하게 이루어지게 되었다. 따라서 이 시기에는 상인들이 여행자의 주류를 이루었다고 해도 과언이 아닐 만큼 상용 여행이 본격적으로 자리 잡게 되었다. 이외에도 산업혁명으로 도시화가 진전됨에 따라 많은 사람이 농촌에서 도시로 일자리를 찾아 이동하는 이주 형태의 여행이 활발하기도 했다.

한편 이 시기에 여가시간을 즐기는 관광 형태의 여행은 극히 드물었다. 왜냐하면 아무리 산업혁명이 사람들의 생활 여건을 개선 시켰다 하더라도 도시 노동자들은 휴식 없이 매일 일을 해야만 했기 때문이다. 따라서 관광 형태의 여행은 주로 소수의 귀족 계층들에만 한정될 수밖에 없었다.

4) 숙박 및 호텔산업

코칭 인(Coaching Inn)의 발전과 쇠퇴

도로가 개선됨에 따라 역마차 전성시대라고 부를 만큼 한동안 역마차에 의한 여행은 더욱 활발해졌다. 이에 따라 숙박산업도 코칭 인을 중심으로 그 규모를 키워가며 발전할 수 있었다. 그러나 이러한 현상은 그리 오래 가지 못한다. 왜냐하면 열차 네트워크의 확산 때문이다. 열차가 도입된 후 여행자들이 역마차를 이용하지 않음에 따라 주요 역마차 노선들이 서서히 사라지고 역마차 역을 중심으로 발전했던 코칭 인 역시 비슷한 운명을 맞이하게 된다.

영국 인(English Inn)의 발전

새로운 교통수단인 철도는 영국에 영국 인(English Inn)이라는 새로운 숙박시설의 탄생과 발전에 결정적인 영향을 미쳤다. 영국 인은 철도 여행자들에게 음식과 숙박을 제공하기 위한 기존에 없었던 새로운 숙박시설이라고 할 수 있다. 철도가 제공하는 신속성과 안전성으로 많은 여행자들이 이용함에 따라 영국 인들이 열차 네트워크를 중심으로 영국뿐 아니라 유럽 전역에 확산되었다.

식민지 인(Colonial Inn)의 발전

당시 영국의 식민지였던 미국은 영국의 영향을 받아서 1634년에 인(inn)의 개념을 처음 도입하였다. 미국의 초기 인(inn)들은 영국과 달리 주로 주요 항구를 중심으로 발전하였으며 식민지 영토가 확장됨에 따라 그 수 역시 증가하기 시작하였다. 역사가들은 미국의 인(inn)을 식민지 인(Colonial Inn)이라고 부른다. 당시 식민지 인은 여행자들을 위한 욕구 충족 이외에도 해당 지역의 공공장소(public places) 기능도 수행했다는 점에서 영국 인과 좀 다른 성격을 가지고 있었다. 특히 서부 개척 시대의 식민지 인들은 여행자들에게 숙식을 제공하기도 했지만 지역주민들이 정치를 논하고, 사법 재판을 하고, 사교 활동을 할 수 있는 공공장소의 기능도 수행했다.

호텔산업의 기원

아직도 학자들 간에 견해가 일치하지 않지만 1760년대 초반 프랑스의 'hotel garni' 를 최초의 호텔이라고 보는 견해가 많다. 당시 프랑스에서 호텔이란 개념은 부유층 또는 유명 인사들에게 하루, 주 또는 월 단위로 빌려주는 고급 도심 주거형 아파트 형태의 공공건물을 의미하였다.

이러한 호텔의 개념은 처음 영국에 전파되었다가 1700년대 후반 및 1800년대 초반을 거치면서 유럽 전역에 확산되었다. 여기서 중요한 점은 프랑스의 호텔과 달리 영국에 전파된 호텔은 여행자들을 위한 숙박시설의 한 형태로 변형되어 발전되었다는 것이다. 이 시기에 영국을 비롯한 유럽에 전파된 호텔들은 당시 대중을 위한 숙박시설이었던 인 또는 터번과 뚜렷이 구별된다. 왜냐하면 호텔은 기존의 숙박시설보다 훨씬 호화로웠으며 높은 서비스 수준을 유지했기 때문이다. 기록에 의하면 현대 호텔과 같은 체제를 갖추고 본격적으로 양질의 서비스를 제공하는 호텔들은 1800년도 초반부터 생겨나기 시작했다고 한다.

프랑스에서 시작되었던 호텔 개념은 미국에도 전파되었다. 역사가들은 미국의 미국혁명(American Revolution) 당시 프랑스의 많은 지원 그리고 프랑스 혁명(French Revolution)을 거대한 민주적 승리로 간주하던 미국인들의 생각 등이 계기가 되어 프랑스의 모든 면이 미국인들에게 영향을 미치는 과정에서 호텔의 개념도 자연스럽게 함께 전파되었을 것으로 추측하고 있다. 호텔 개념이 처음 도입될 당시에는 미국의 기존의 인과 터번을 호텔로 명칭만 바꾼 정도였다. 유럽과 같은 고급 숙박시설로서의 호텔은 1794년 뉴욕 맨해튼에 개관된 시티호텔(City Hotel)이 최초라고 할 수 있다. 당시 맨해튼에서 상당히 큰 규모의 건축물로 알려진 시티호텔은 74실 규모의 호텔로 각 객실은 간단한 가구를 갖추고 있는 여유롭고 편안한 호텔이었다. 시티호텔 이후 1800년대 들어서 본격적으로 미국에 호텔들이 개관되기 시작한다. 이 시기의 대표적인 호텔로는 1829년 보스턴의 트레몬트 호텔(Tremont Hotel), 1836년 뉴욕의 애스터 하우스(Astor House), 1870년 시카고의 팔머 하우스(Palmer House), 1897년 뉴욕의 월돌프 아스토리아(Waldorf-Astoria) 등이 있다.

이 시기에 개관된 미국 호텔들을 '시민의 궁전(Palaces of the Public)'이라고도 한다. 궁전이라고 하는 이유는 당시 미국 호텔들이 공공적 성격을

그림 3-7 호텔 개념의 생성 및 확산

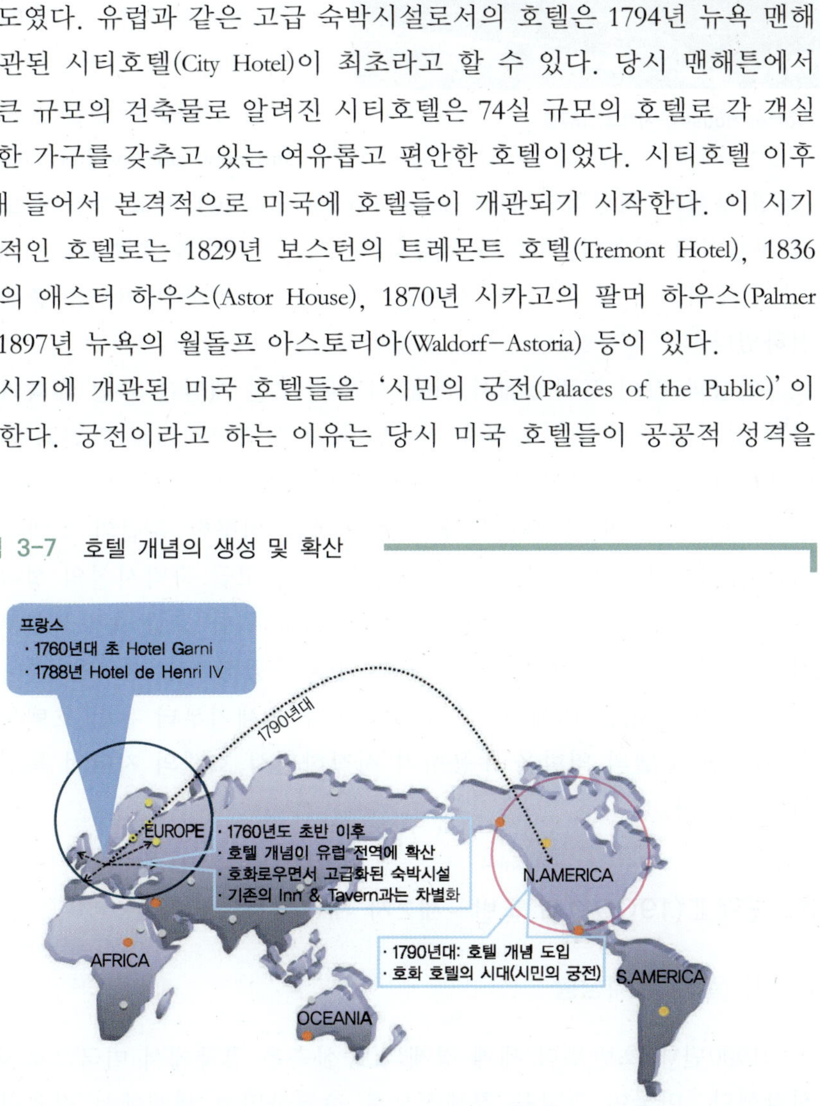

팔머 하우스(Plamer House)—시카고, 1870

지니기도 했지만 아주 웅장하고 화려했기 때문이기도 하다. 당시 소도시에 있던 지역 호텔들도 대부분 그 도시에서 가장 훌륭하고 화려한 건축물을 지향하였다. 물론 대도시의 호텔들은 현대식 시설 및 다양한 양질의 서비스를 제공하여 '도시 내 자급자족이 가능한 소도시(self-sufficient cities within cities)' 또는 '문명 생활의 핵심적인 센터(vital center for civic life)' 라고 부를 정도로 최고를 자랑하고 있었다. 이러한 이유로 이 시기를 '호화 호텔(grand hotel)의 시대' 라고 하기도 한다. 호화 호텔들은 19세기 후반까지 미국을 중심으로 발전하였다.

이상과 같이 프랑스에서 처음 시작된 호텔 개념은 유럽 대륙과 미국에 거의 동시에 전파되어 여행자들을 위한 고급 숙박시설로 발전되었다. 하지만 미국과 유럽 호텔의 지역적 차이는 있었다. 그 차이는 앞서 언급된 영국인과 식민지 인의 차이와 유사하다. 영국을 비롯한 유럽의 호텔들은 철도역을 중심으로 주로 여행자들을 대상으로 한 고급 숙박시설의 성격을 지니고 있던 반면에 미국의 호텔들은 여행자들을 위한 고급 숙박시설뿐 아니라 지역 사회의 사교, 상업, 정치 등을 위한 공공장소의 성격을 지니고 있었다. 이러한 차이는 19세기까지 존재했으나 20세기부터 유럽 호텔들이 미국의 독특한 호텔의 역할을 수용하기 시작하면서 호텔의 지역적 특성이 사라지게 되었다.

3. 근대Ⅱ(1900년대 초반~제2차 세계대전)

1) 일반 경제상황

1900년대 초반부터 세계 경제의 중심축은 영국에서 미국으로 이동하기 시작했다. 미국이 영국을 경제적으로 추월하면서 세계에서 경제적 강자로 등장하기 시작한 것이다. 특히 제1차 세계대전을 계기로 미국의 자본주의는 급속한 발전을 거듭하여 미국은 세계의 생산 및 금융의 중심지로 변모하게 된다. 그 결과 1920년대 들어서 미국은 경제적으로 최고의 번영기를 구가하게 된다.

이러한 미국의 경제적 번영은 그리 오래가지 못했다. 생산은 지속적으로 확대되는데 반하여 소비가 이를 뒤따르지 못했기 때문이다. 결국 1920년대 후반에 이르러 생산과잉 문제가 심각한 수준에 이르게 되자 대공황(The Great Depression)이 발생하고 미국 경제는 걷잡을 수 없는 불황으로 빠져들었다.

2) 주요 교통수단

이 시기 동안 교통수단 발전에 있어 가장 주목할 만한 변화는 자동차라는 새로운 교통수단의 등장이다. 자동차는 과거 마차, 기차 등과 같이 아주 혁신적인 교통수단의 하나로 평가되고 있다. 헨리 포드(Henry Ford)를 비롯한 일련의 개척자들 덕분에 일반 사람들도 자동차를 주요 교통수단으로 이용하기 시작하였다. 도시와 마을, 그리고 시골 지역의 도로들이 개선되었고 새롭게 포장됨으로써 사람들은 자동차를 마음껏 활용할 수 있게 되었다. 20세기 초부터는 대부분 지역에 개설된 직통 도로를 활용하여 도시 간 자동차 이동이 가능해지기 시작하였다. 하지만 초기 단계이기 때문

그림 3-8 근대의 주요 교통수단

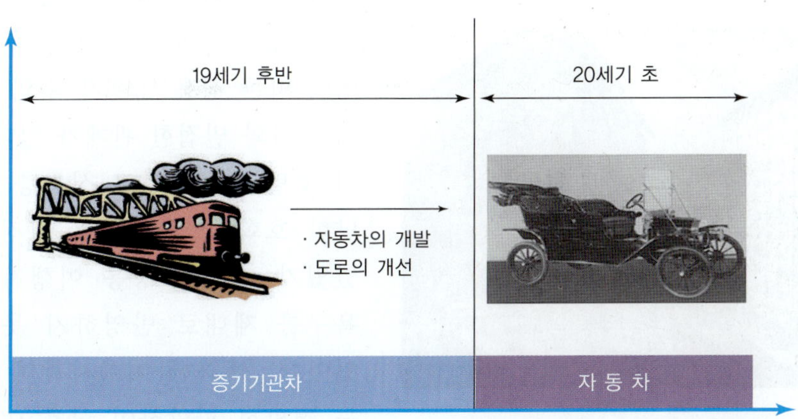

에 장거리 여행에는 자동차가 적합하지 못했다. 처음 장거리 자동차 여행으로 기록된 것은 1903년인데 미국 대륙횡단에 무려 69일이 소요되었다. 이런 관계로 이 시기에 장거리 여행은 대부분 기차에 의존했다.

3) 여행의 형태

20세기 초반 미국 경제의 급격한 성장은 여행, 특히 상용 여행의 급격한 확대를 가져왔다. 하지만 상용 여행을 제외한 여행은 그다지 일반화되지 못하였다. 왜냐하면 그 당시 미국이 세계에서 제일 경제적으로 부강한 나라였지만 일일 근로자의 평균 근무시간이 5와 1/2 또는 6일이었으며, 휴가도 무급 휴가였을 뿐 아니라 미국인들 대부분이 휴가를 위한 장거리 여행에 비용을 지출할 수 있을 만큼 경제적 여유가 충분치 않았기 때문이다. 따라서 여가를 위한 여행은 돈과 시간이 충분한 일부 부유층에게 한정된 것이었다. 대다수의 미국인에게 휴가 여행이란 인근 해안 또는 멀지 않은 호수로의 간헐적인 여행 또는 인근 지역의 친지 방문 같은 단기 여행이 대부분이었다.

4) 호텔산업

상용 호텔(commercial hotel)의 생성과 발전

20세기 초 미국 호텔산업에 있어서 가장 주목할 만한 점은 오늘날 호텔의 한 형태로 잘 알고 있는 상용 호텔이 처음 등장하여 자리를 잡기 시작했다는 것이다. 상용 호텔의 출현은 20세기 초반 미국의 경제적 번영에 따른 상용 여행자 수의 폭발적 증가와 밀접한 관계가 있다. 당시 호텔산업은 주로 상류층을 겨냥한 호화 호텔 위주로 발전되고 있었기 때문에 상용 여행자들의 욕구를 제대로 반영하지 못하고 있었다. 이러한 여행시장의 추세를 정확히 파악하여 상용 여행자

▎스타틀러 호텔 및 복원 모습—버팔로, 1908

들을 위한 호텔, 상용 호텔이라는 새로운 개념의 호텔을 처음 도입한 사람은 바로 스타틀러(Ellsworth M. Statler)이다. 스타틀러는 1908년 뉴욕 버팔로(Buffalo)에 최초의 상용 호텔이라고 할 수 있는 스타틀러 호텔(Statler Hotel)을 1908년 개관하여 상용 호텔 시대의 막을 열었다.

스타틀러 호텔은 현대 호텔산업에 있어서 매우 중요한 의미를 갖고 있다. 그 이유는 스타틀러 호텔이 헨리 포드의 T모델 자동차와 같이 상용 호텔이라는 당시 전혀 볼 수 없었던 혁신적인 호텔을 개발했기 때문이다. 오늘날 당연하다고 생각하는 호텔 서비스와 편리함 이외에도 현대 호텔건축의 모델이 될 정도로 새로운 구조 및 공학 설계를 채택한 스타틀러 호텔의 혁신성은 당시 호텔산업에 아주 커다란 반향을 일으켰다. 아주 적절한 가격으로 편안함, 합리적인 서비스, 청결을 제공하는 스타틀러 호텔에 수많은 상용 여행자들은 찬사를 보냈다. 이는 결국 스타틀러 호텔의 대성공으로 이어졌을 뿐 아니라 상용 호텔들이 발전하게 되는 결정적인 계기가 되었다.

이 시기 미국의 경제적 성장은 상용 호텔의 발전 이외에도 호텔산업이 양적으로도 팽창할 수 있는 기반을 마련해 주었다. 특히 1920년대는 "포효하는 20년대(Roaring Twenties)"라고 불릴 만큼 수많은 대형 호텔들이 개관되었다. 가장 대표적

[lobby]

[dining room]

[cafe]

[guest room]

▌스타틀러 호텔—내부, 1908

인 호텔이 1928년 시카고에 건설된 스티븐스 호텔(Stevens Hotel)이다. 이 호텔은 현대 관점에서도 초대형 호텔이라고 할 수 있는 무려 3,000개의 객실을 가진 호텔로 세계 최대 호텔이라는 명성을 오랫동안 유지하였다. 이러한 빠른 호텔 객실 공급의 증가에도 불구하고 미국의 경제적 호황에 따른 상용 여행자들의 급격한 증가로 미국 호텔산업은 객실점유율이 80%를 기록할 정도로 엄청난 호황을 구가하게 된다. 이러한 이유로 해서 1920년대를 '호텔의 황금시대' 라고 부르기도 한다.

경제 대공황 및 제2차 세계대전의 호텔산업

대부분의 기대와 다르게 1920년대 미국의 경제적 호황은 그리 오래가지 못하였다. 1929년 말에 시작되어 제2차 세계대전 전까지 지속된 경제 대공황은 미국 경제를 초토화하였다. 많은 은행들과 기업들이 망했으며 호텔산업도 예외가 될 수 없었다. 이 시기 동안 미국 호텔산업의 객실 점유율은 50% 미만으로 떨어지기 시작하였고 결국 수많은 호텔이 문을 닫아야만 했다.

하지만 제2차 세계대전은 경제 대공황을 종결짓는 계기가 되었고 호텔산업도 회생의 계기를 맞게 된다. 경제 대공황 기간 살아남은 호텔들은 전에는 경험하지 못했던 최고의 호황을 맞이하게 되었다. 왜냐하면 대공황으로 인해 호텔공급이 상당히 감소된 반면에 제2차 세계대전 동안 군인을 포함한 공무원과 민간인의 호텔수요가 급격히 증가했기 때문이다. 이 시기의 객실 점유율은 1920년대의 80%를 상회하는 90%대를 기록하여 미국 호텔산업은 역사상 전무후무한 호황을 맞이하게 된다.

4. 현대(1945년 ~ 현재)

1) 일반 경제상황

1945년 제2차 세계대전 종전 후에 유럽 경제는 크게 약화된다. 독일, 이탈리아 등과 같은 패전국은 말할 것도 없고 승전국인 영국이나 프랑스 등도 경제적 지위가 크게 추락하였다. 전쟁 기간 동안 유일하게 전쟁터가 되지 않은 미국만이 세계 경제에서 절대적 지위를 구축하게 되었다. 이러하여 세계는 미국의 압도적인 경제력을 바탕으로 명실공히 팍스 아메리카나(Pax Americana)의 시대로 들어서게 되었다.

한편 러시아는 1917년 혁명을 통하여 소련이라는 세계 최초의 공산국가로 변신하였다. 이는 세계가 민주주의 진영과 공산주의 진영으로 나뉘게 되는 직접적 계기가 되어 전후 세계는 한동안 냉전 시대로 돌입하게 된다. 냉전 시대 동안 미국은 막대한 비용을 지불한 끝에 결국 소련을 이겼다. 소련을 굴복시키는 과정에서 미국은 많은 희생을 치른 반면 미국의 보호 아래 있던 일본, 유럽은 경제성장에 전념할 수 있었다. 그 결과 일본 및 유럽은 미국과 대등한 위치에 올라설 정도로 상당한 경제적 성장을 이룩할 수 있었다.

1991년 소련의 붕괴가 계기가 되어 그간 공산주의 국가들과 민주주의 국가들로 분리되었던 세계는 하나로 통합되면서 본격적으로 세계화가 진행되기 시작했다. 냉전 시대에 경제적으로 공산주의 국가들은 국가 주도의 계획경제 체제로, 민주주의 국가들은 자본주의 경제체제로 양분되어 있었다. 그러나 소련의 붕괴로 냉전 시대가 종식되자 시장경제는 범세계적인 경제체제로 자리 잡게 되었다. 이에 따라 세계 경제는 미국의 주도 아래 하나의 거대한 단일시장으로 통합되면서 국제 거래에서 통용되는 공동 규범이 제정되고, 세계무역기구(WTO)가 출범하여 무역 자유화가 확산되고, 다국적 기업의 활동이 증대되고, 국가 간의 상호의존성이 심화되는 양상이 나타나고 있다. 이러한 세계화 과정에서 중국은 2001년 WTO 체제에 편입되어 급속한 경제성장을 이룩하면서 현재 미국의 강력한 경쟁상대로 부상하고 있다.

2) 주요 교통수단

제2차 세계대전 이전에 사람들은 대부분 열차에 의존하여 이동하였다. 하지만 세계대전 이후 교통수단에 큰 변화가 생기기 시작했다. 열차 이용이 감소되고 자동차 이용이 늘어나기 시작한 것이다. 그간 기술의 발전 덕분에 자동차는 단거리 운송 수단에서 벗어나 장거리 여행에 적합할 정도로 많이 개선되었다. 이와 더불어 도로도 상당히 개선되었다. 예를 들어 미국의 경우 제2차 세계대전 이전에는 지역 내 단거리를 연결하는 고속도로 외에 전

그림 3-9 현대의 주요 교통수단

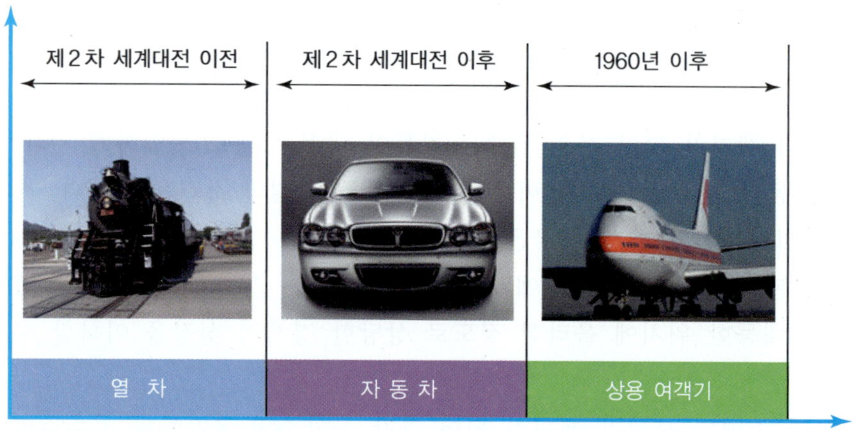

국을 연결하는 전국 고속도로망이 존재하지 않았다. 하지만 전후 미국은 독일의 영향을 받아 광범위한 전국 고속도로망을 구축하기 시작하였다. 이제 자동차로도 충분히 장거리 여행을 할 수 있는 여건이 갖추어진 것이다.

교통수단에 있어서 또 다른 획기적인 발전은 1958년의 상용 제트 여객기의 도입이다. 최초의 상용 제트 여객기가 개발된 이후 보다 새롭고 대형화된 최신 모델의 비행기들이 속속 개발됨에 따라 비행기에 의한 장거리 여행 비용이 상대적으로 낮아졌을 뿐 아니라 여행 소요 시간도 훨씬 단축되었다. 이른바 본격적인 비행기 여행 시대가 도래한 것이다. 1960년대부터 현대에 이르기까지 과학 문명의 눈부신 발전은 상용 제트 여객기의 지속적인 성능향상을 가져와서 이제는 단 하루면 세계 어느 곳에나 도달할 수 있는 실질적인 지구촌 시대를 가능케 하고 있다.

3) 여행의 형태

제2차 세계대전 후부터 사람들의 여행 형태에는 큰 변화를 보이기 시작했다. 가장 중요한 변화는 관광 여행수요의 급증이라고 할 수 있다. 과거 관광 여행은 상류층에게만 한정된 현상이어서 전체 여행에 차지하는 비중이 아주 미미한 수준이었다. 그러나 전후 미국의 경제적 호황 덕분에 이제는 중산층도 관광 여행을 나설 수 있을 정도로 소득이 급격히 향상되었을 뿐 아니라 충분한 여가시간도 갖게 되었다. 그 결과 관광 여행이 여행의 한 형태로 자리 잡을 정도로 보편적인 현상이 되기 시작했다.

관광 여행의 대중화는 경제 패권국가인 미국에만 해당하는 이야기가 아니다. 소련이 붕괴되기 전까지 냉전체제에서 급속한 경제성장을 이뤘던 유럽의 각국들과 일본, 그리고 2000년대 급속한 경제성장을 이룩한 중국과 한국 등의 국민들도 개인소득 및 여가시간의 증가에 따라 관광 여행에 많이 참여하기 시작했다. 현재 세계는 경제선진국들을 중심으로 한 이른바 관광 여행의 대중화 시대에 돌입했다고 할 수 있다.

4) 호텔산업

모텔의 생성 및 발전

전후 호텔산업에 있어서 가장 큰 변화 중 하나는 모텔(motel)이라는 새로운 형태의 숙박시설이 등장해서 오늘날 호텔의 한 형태가 될 정도로 급속도로 그 비중을 확대한 것이라고 할 수 있다. 모텔의 생성 및 발전은 미국의 중산층들이 자동차로 관광 여행을 떠나는 현상과 밀접한 관계가 있다. 전후 광범위한 전국 고속도로망이 구축되고 자동차의 성능이 개선되자 많은 미국 중산층들은 자동차로 관광 여행을 즐기기 시작했다. 하지만 당시 미국에는 자동차 여행자들에 적합한 숙박시설들이 별로 없었다. 기존의 철도역 또는 도심지를 중심으로 발전해왔던 대다수 상용 호텔들은 새로운 여행자들의 욕구를 충족시키기에는 적합하지 않았다. 왜냐하면 기존의 호텔들은 고속도로 주변이 아닌 도심지나 철도역 근처에 주로 위치하고 있어서 자동차 여행자들이 접근하기 어려웠을 뿐 아니라 자동차 여행자들을 위한 충분한 주차시설도 제공하지 않았기 때문이다. 더욱이 대부분 노동자이자 중산층인 자동차 여행자들에게 전통적인 호텔이 요구하는 상대적으로 높은 가격, 의례(formality), 팁(tip) 등은 경제적으로나 심리적으로 부담될 수 밖에 없었다.

이러한 배경에서 자동차 시대의 중산층 관광 여행자들을 겨냥한 새로운 형태의 숙박시설인 모텔이 새롭게 등장하게 된 것이다. 일반적으로 모텔은 전통적인 호텔과 달리 여행자들이 자동차로 쉽게 접근할 수 있도록 고속도로 주변에 입지하고 있으며, 굳이 의례를 갖추지 않아도 되고, 저렴한 가격으로 깨끗하고 안락한 객실을 제공했다. 모텔이 새롭게 호텔시장 출현하자 초기부터 대중으로부터 엄청난 사랑을 받기 시작했다. 이후 자동차가 갖는 편리함과 경제성 때문에 열차를 주로 이용했던 상용 여행자들조차 자동차 여행자로 변신함에 따라 모텔은 미국을 중심으로 급속도로 발전하게 되었다.

체인호텔의 발전

제2차 세계대전 이후 여행수요의 급격한 성장은 모텔 이외에도 체인호텔들의 본격적인 발전에 많은 영향을 미쳤다. 전후 Hilton, Sheraton, Holiday Inns 등과 같은 체인호텔들은 기존의 개별경영 호텔(independent hotel)에 의해서 주도되고 있었던 당시 호텔산업에 엄청난 지각변동을 일으켰다. 체인호텔의 발전에 대해서는 본서 제4장에서 자세하게 언급되므로 생략하기로 한다.

체인호텔의 세계화

미국 내 시장에서 어느 정도 기반을 구축한 주요 호텔 체인기업들은 국내 시장에 안주하지 않고 해외 진출을 통해서 비약적인 성장을 하게 되었다. 체인기업들이 해외로 성공적으로 진출할 수 있었던 것은 바로 항공교통수단에 의존한 자국민 해외 여행자 수의 급격한 증가 때문이라고 할 수 있다. 상용 제트기의 지속적인 성능향상과 더불어 개인소득 및 여가시간 증가로 점차 많은 미국인이 해외로 여행을 떠나기 시작하자 주요 호텔 체인기업들은 이들을 주요 고객 기반으로 해서 해외로 진출한다면 충분한 승산이 있다고 판단했다. 해외 진출 초기에 체인기업들은 이러한 판단 아래 자국민이 많이 이용하는 미국 항공사들이 취항한 항공노선을 중심으로 해외 시장에 진출했다. 해외여행 시 낮은 호텔 서비스 수준을 걱정했던 대부분의 미국 여행자들이 해외에 이미 진출한 자국의 체인호텔들을 선택하면서 위험부담이 높은 체인기업들의 초기 해외시장 진출은 성공할 수 있었다. 이러한 성공은 미국의 주요 호텔 체인기업들의 본격적인 세계화에 발판을 마련해 주었다.

해외 진출 당사국의 적극적인 협조도 미국 체인기업들의 세계화 노력이 성공하는데 일조했다. 호텔경영 노하우가 부족하고 자금 여력이 충분

그림 3-10 현대의 호텔산업 발전

치 못했던 당사국 입장에서 미국의 경쟁력 있는 호텔 체인기업들의 진출은 환영할 만한 일이기 때문에 해당국 정부는 미국 호텔 체인기업의 해외 진출에 적극적인 협조와 지원을 아끼지 않았다. 일부 경제 후진국들의 경우 정부가 직접 앞장서서 미국 호텔 체인기업들을 유치하기도 했다.

미국 체인기업들의 성공적인 세계화 이후 그간 경제를 급속히 발전시킨 유럽, 일본 등과 같은 경제선진국들의 호텔기업들도 미국 호텔 체인기업들과 유사한 성장전략을 구사하기 시작했다. 먼저 이들 호텔기업들은 경제발전 이전에 자국에 이미 진출했던 미국 체인기업들과 파트너가 되어 선진 호텔경영기법을 전수받아 성장의 발판을 마련하였다. 그 후 자국의 경제가 급속히 성장하면서 해외 여행객들이 점차 증가하기 시작하자 자국의 여행자들이 많이 방문하는 지역을 중심으로 세계화에 적극적으로 나서면서 상당한 성과를 낼 수 있었다. 미국 기업들의 세계화 수준에 미치지 못하지만, 현재 이들 기업의 세계화 노력은 세계 호텔산업의 발전 관점에서 볼 때 상당한 성과를 내고 있다고 할 수 있다.

부티크(boutique) 호텔의 생성 및 발전

제2차 세계대전 이후 모텔의 생성 및 발전, 그리고 체인호텔의 시장주도 및 세계화 이외에도 세계 호텔산업의 가장 큰 변화 중 하나는 1980년대부터 시작된 부티크 호텔의 출현과 발전이라고 할 수 있다. 부티크 호텔은 세계 호텔산업에서 일찍이 볼 수 없었던 독특한 개념의 호텔이다. 부티크 호텔을 한마디로 간단히 정의하기 힘들지만 유행하는(fashionable) 의류, 신발, 장신구를 파는 소규모 상점이라는 부티크의 의미에서 볼 수 있듯이 부티크 호텔은 높은 수준의 개인화되고 체험적인 서비스를 제공하는 작고 세련된 호텔이라고 할 수 있다. 일반 호텔들과 달리 부티크 호텔은 일반적으로 100실 미만의 소규모이며, 객실과 아주 제한된 식음료 시설을 갖추고 있다. 특히 개별 부티크 호텔들은 저마다 고유한 테마(theme)의 특색있는 디자인 개념과 인테리어를 적용하고, 이에 맞는 서비스를 제공함으로써 고객들에게 체류 과정에서 독특한 경험을 제공하는 것에 중점을 두고 있다.

기록에 의하면 최초의 부티크 호텔은 1981년에 각각 개관된 영국 런던 소재의 블레이크스 호텔(Blakes Hotel)과 미국 샌프란시스코 소재의 베드포드 호텔(Bedford Hotel)로 알려져 있다. 부티크 호텔이라는 개념이 시장에 처음 소개되었을 때 부티크 호텔들은 세계 호텔산업을 주도하고 있던 유명 브랜드의 체인호텔들과 경쟁으로 다소 어려움을 겪었다. 하지만 시간이 흐름에 따라 체인호텔들이 제공하는 표준화된 서비스에 지루함을 느낀 소비자들이 개성있고, 특색있는 독립 부티크 호텔들에 많은 호응을 보냄에 따라 부티크 호텔들이 점차 경쟁력을 갖추어 이제는 세계 호텔산업의 한 주류로 자리매김할 정도로 발전을 거듭하고 있다. 최근에는 메리오트(Marriott) 호텔의 에디션(EDITION) 브랜드에서 볼 수 있듯이 대형 유명 호텔 체인기업들 마저 부티크 호텔시장에 진입하여 수많은 독립 부티크 호텔들과 경쟁할 정도로 부티크 호텔시장의 규모는 급속도로 커지고 있는 현실이다.

호텔산업의 디지털 전환

2000년대부터 현재까지 세계 호텔산업에 있어서 가장 큰 변화는 호텔산업의 디지털 전환(DX: digital transformation)이라고 할 수 있다. 현재 진행형인 디지털 전환은 세계 호텔산업의 역사에 한 획을 그을 정도로 아주 의미있는 혁신이라고 할 수 있다. 왜냐하면 호텔산업의 디지털 전환은 1930년대 스타틀러의 상용 호텔과 같이 호텔을 디지털 전환 이전의 호텔과 이후의 호텔로 구분할 수 있을 정도로 기존의 호텔산업을 여러모로 변화시키고 있기 때문이다. 현재 세계 호텔산업에서 이루어지고 있는 디지털 전환은 과거 양질의 호텔 서비스는 사람이 아닌 기술로 대체될 수 없다는 믿음으로 한때 기술을 등한시했던 호텔산업의 거의 모든 면을 혁신하면서 세계 호텔산업을 한 단계 업그레이드시키고 있다.

호텔산업의 초기 디지털 전환은 호텔 상품의 유통 분야를 중심으로 이루어졌다. 이는 1990년대 후반부터 시작된 정보기술의 혁명에 힘입은 인터넷의 도입 및 대중화 그리고 개인 컴퓨터의 대중화에 따라 세계적으로 인터넷에 기반한 전자상거래가 본격적으로 확대되기 시작한 것이 계기가 되었다. 전자상거래의 세계적 확산에 힘입어 마이크로소프트(Microsoft)의 익스피디아(Expedia), 부킹닷컴(Booking.com), 씨트립(Ctrip) 등과 같은 초기 온라인 여행사(OTA: online travel agency)들이 호텔 상품뿐 아니라 항공, 렌터카 등과 같은 주요 관광상품에 대한 전자상거래 시장을 개척하고 발전시킴으로써 호텔 상품의 유통도 다른 관광상품들의 유통과 같이 디지털 전환되었다. 이를 시작으로 한동안 호텔산업의 디지털 전환은 온라인 전자상거래를 중심으로 한 호텔 상품 유통구조의 디지털 전환에 초점이 맞춰져 있었다.

2010년대 초반에 들어서 세계 호텔산업은 전자상거래를 넘어선 호텔 전 분야에 대한 디지털 전환이 이루어지는 본격적인 디지털화(digitalization) 단계에 접어들고 있다. 이는 2010년대 초반부터 빅데이터(big data), 인공지능(AI), 클라우드(cloud) 등과 같은 디지털 기술이 빠르게 발전함에 따라 디지털 전환이 제조와 서비스를 망라한 산업 전반에 급속히 확산된 것이 그 계기가 되었다. 현재 호텔 체인기업들은 물론 개별경영 호텔에 이르기까지 세계 호텔산업은 빠르게 발전하는 디지털 기술을 적극 수용하면서 호텔의 거의 모든 분야에 대한 디지털 전환을 시도하고 있다. 대표적인 디지털 전환 사례들을 보면 키오스크, 모바일 또는 안면인식을 통한 체크인/체크아웃서비스, 스마트 키, 객실 인공지능 컨시어지, 사물인터넷(IoT: Internet of Things) 기반 객실 제어, 챗봇, 안내 및 서비스 로봇 등이 있다.

제 3 절 한국 호텔산업의 발전과정

1. 근대(개항~식민지 시대)

1) 일반 경제상황

1876년 강화도 조약 이후 조선은 외국인들의 거주와 통상을 위하여 항구와 내륙시장을 개방하였다. 강화도 조약은 조선이 외국과 체결한 최초의 근대적 조약이며 타율적으로 맺어진 불평등조약이었다. 이 조약에 의해 조선은 일본에 부산, 인천, 원산 등 3개 항구를 개방하고, 치외법권을 인정했으며, 무관세 무역을 인정했다. 조약 체결 후 일본의 적극적인 조선 진출에 당황한 청나라는 이를 견제하기 위해 조선과 미국의 조약 체결을 주선하였다. 이후 조선은 영국 및 유럽 각국과 통상조약을 차례로 체결하면서 구미 자본주의 앞에 본격적으로 개방되었다. 이러한 개방 결과 19세기 후반기부터 20세기 초반에 걸쳐 한반도는 청나라, 러시아 등의 대륙 세력과 일본, 미국, 영국 등 해양 세력이 충돌하는 마당이 되었다.

쇄국에서 벗어나 외국에 문호를 개방하는 과정에서 조선은 근대사상이 형성되고 근대화 정책을 추진하였다. 그러나 당시 조선은 내부적으로 문호 개방에 대한 준비를 제대로 갖추지 못했을 뿐 아니라 집권 세력들조차 이해관계에 따라 외세에 영합하고, 정치 · 경제적으로 외세에 예속되어 자주적 근대화에 실패하였다. 그 결과 조선은 국가적인 독립을 유지하지 못하고 대륙 세력을 물리친 일본에 의해 40여 년간 식민 지배를 당하게 되었다.

2) 호텔산업

호텔의 생성

강화도 조약을 계기로 외국에 문호를 개방하는 과정에서 우리나라에도 호텔이라는 새로운 현대적 숙박시설이 도입되었다. 호텔 개념이 도입된 이유는 개항 이후 한국을 방문하는 외국인 여행자들의 수가 지속적으로 증가함에도 이들을 수용할 수 있는 현대식 숙박시설들이 전무했기 때문이다. 이러한 배경에서 현대적 숙박시설인 호텔의 필요성을 절실히 느낀 일본인이 1889년 인천 제물포에 한국의 최초 호텔인 대불호텔을 개관하였다. 기록에 의하면 일본인이 투자하고 경영하는 대불호텔은 주로 구미인과 일본인 여행자들에게 숙식을 제공했다고 한다.

대불 호텔

대불호텔과 더불어 대표적인 초기 호텔 중 하나는 손탁호텔(Sontag Hotel)이다. 손탁호텔은 1902년 서울에 개관되었는데, 이 호텔 역시 대불호텔과 유사하게 외국인이 개관한 호텔이다. 손탁호텔은 러시아인 손탁(Sontag)이 개관한 호텔로 손탁은 당시 러시아 공사 웨베르(Wager)의 처형으로 왕실과 인연을 맺는 과정에서 고종으로부터 하사받은 가옥을 개조하여 호텔로 개관한 것이다. 당시 기록에 의하면 손탁호텔은 귀빈용 객실, 일반 객실, 식당을 갖춘 현대식 건물로 한동안 경성(서울) 사교계의 중요 무대가 되었다고 한다.

이상과 같이 한국 호텔산업의 출발은 한국이 외국에 문호를 개방하는 과정에서 외국인들이 일련의 호텔들을 한국에 소개한 것으로부터 시작되었다고 볼 수 있다. 이 호텔들은 한국 사회에 호텔 개념을 처음 전파한 호텔이자 한국 호텔산업 발전에 초석 역할을 하는 호텔이라는 점에서 중요한 의미를 갖고 있다.

식민지 시대의 호텔산업

일본이 1910년 한일합방 이후에 가장 먼저 한 일은 침략을 목적으로 한반도 주요 지역들을 연결하는 철도를 부설한 것이다. 한국에 철도가 부설되고 사람들의 이동이 과거보다 훨씬 편리해지자 외국인들이 한국을 이전보다 더 빈번히 왕래하기 시작하였다. 이에

부산 철도호텔

서울 철도호텔(現 조선 호텔, 1914)

따라 철도국은 외국인들의 편의를 제공하기 위해서 주요 철도역들을 중심으로 철도호텔을 설립하기 시작하였다. 1912년 부산과 신의주의 철도호텔을 시작으로 하여 1914년 서울의 철도호텔(조선 호텔) 그리고 1925년 평양의 평양철도호텔이 순차적으로 개관되었다. 특히 오랫동안 우리나라 대표 호텔로 유명했던 서울의 철도호텔(조선 호텔)은 69개의 객실을 갖춘 호텔로 당시로서는 동양 일류의 호텔로 평가받았다. 이와 같이 식민지 시대 호텔들은 대부분 철도를 중심으로 발전되었기 때문에 이 시기를 '철도호텔의 시대'라고 하기도 한다.

식민지 시대에는 철도호텔 이외에도 사람이 많이 왕래하는 상업 중심지, 교통 요지, 또는 휴양지를 중심으로 한 호텔들이 건립되기도 했다. 대표적인 예로는 1915년에 건립된 금강산 호텔, 1918년에 건립된 금강산 장안사 호텔 등이 있다. 이외에도 서울에 반도 호텔, 경성 호텔, 광화문 호텔, 중앙 호텔, 본정 호텔, 임옥 호텔 등이 건립되었으며, 지방에는 부산에 동래 호텔, 목포에 목포 호텔, 신천 온천에 온천 호텔, 원산에 송도원 호텔, 인천에 조양 호텔, 월미도 호텔 등이 건립되었다.

2. 현대 I (해방～1950년대)

1) 일반 경제상황

해방 후 한국경제

제2차 세계대전 후 일본의 패망으로 우리나라는 비로소 일본의 식민지에서 벗어나 그토록 염원하던 해방을 맞이하게 되었다. 그러나 통일정부 수립을 통한 진정한 해방을 열망했던 모든 국민의 뜻과는 달리 한국은 강대국 미국과 소련에 의해 남북으로 분단된 상황에서 해방을 맞이하게 되었다.

8.15해방 후 남한은 통화량 급증, 인구의 증가, 생산의 급격한 감소 등

으로 극심한 인플레이션을 경험하였다. 이로 인하여 한국은 사회 · 경제적으로 아주 극심한 혼란을 겪었다. 그러나 1948년 대한민국 정부가 수립되면서 해방 후 경험하였던 사회적 혼란이 어느 정도 수습되었고 경제적으로도 생산이 재개되고 물가가 다소 진정되는 등 점차 안정되어 갔다.

한국전쟁과 50년대 한국경제

1950년에 발발한 한국전쟁은 한국을 세계에서 가장 가난한 나라로 전락시킬 정도로 그간 겨우 이룩했던 경제적 안정화 기반마저 근본적으로 흔들어 놓았다. 전쟁은 일본 식민지가 남겨 놓았던 산업시설 그리고 해방 후 미 군정기 및 정부수립 초기에 이루어 놓았던 생활 기반을 거의 모두 파괴하였다.

이러한 상황에서 휴전 후 한국은 미국의 원조를 바탕으로 이른바 원조경제에 돌입하게 되었다. 경제학자들은 전후 미국의 경제원조가 1950년대 한국의 산업화 과정에서 물질적 기초를 마련해 주었다고 평가하고 있다. 실제 미국의 경제원조 덕분에 한국경제는 1950년대 후반에 가서 겨우 회생할 수 있었고, 수입 대체를 위한 기초 소비재들의 국내 생산기반을 어느 정도 마련할 수 있었다.

그러나 1950년대의 한국을 일반적 관점에서 보면 빈곤의 악순환에서 벗어나지 못하는 전형적인 후진국이었다. 1인당 GNP는 100달러도 채 못 되었고, 저축도 매우 미미한 수준이었으며, 투자자금 50% 이상이 외국 원조로 조달되었다. 특히 전체 인구 40% 이상이 절대빈곤을 벗어나지 못하고 있었다. 또한 한국은 다른 개도국과 달리 자연 자원이 매우 빈약했기 때문에 수출도 아주 미미한 수준을 유지할 수밖에 없었다. 따라서 국제수지도 1945년 이후 계속 만성적인 적자에 허덕이고 있었다.

2) 호텔산업

정부 주도의 호텔산업 재정비

전쟁은 한국경제를 나락으로 빠지게 했을 뿐 아니라 식민지 시대를 거치면서 어느 정도 뿌리를 내리려고 했던 한국 호텔산업도 초토화시켰다. 전후 1950년대의 경제적 상황을 감안하면 호텔산업이 이전 수준으로 특히 민간투자에 의해서 자율적으로 회복된다는 것은 거의 불가능한 일로 여겨질 정도였다.

그러나 다행히 한국 호텔산업은 정부의 개입으로 회생의 기반을 마련할 수 있었다. 정부가 직접 나선 이유는 당시 어려웠던 한국경제를 활성화하는데 호텔산업이 재건되어야 할 필요성을 느꼈기 때문이다. 정부는 경제 활성화에 수반되는 국가 간 원활한 인적 교류를 위해서 그리고 경제 활성화에 필요한 외화를 획득하기 위해서 호텔산업의 재건이 반드시 필요하다고 보고 직접 나서서 초토화된 호텔산업을 재건하기 위해 노력했다. 정부 노력은 두 가지 방향으로 전개되었다.

먼저 정부는 호텔산업에 직접투자를 통하여 호텔산업 재건에 힘을 쏟았다. 정부는 기존 호텔들을 개 · 보수하여 직영체제를 갖추거나 직접 새로운 호텔을 건설하면서 호텔산업의 재건을 위해 앞장섰다. 기존 호텔들을 개보수하여 직영체제를 갖춘 대표적인 예가 서울의 반도 호텔이다. 1954년 정부는 반도 호텔을 교통부 산하에 귀속시키고 현대식 설비를 갖춘 국제수준의 일류호텔로 새 출발을 시켰다. 온양온천 관광호텔, 해운대 관광호텔, 불국사 관광호텔 등도 여기에 해당된다. 지방 관광산업 발전을 위해서 정부는 호텔을 직접 건설하기도 했다. 설악산 관광호텔, 화진포 호텔, 무등산 관광호텔, 서귀포 관광호텔 등이 대표적인 예이다.

직접적 노력과 더불어 정부는 민간투자 활성화를 위한 노력도 강구하였다. 대표적인 예가 1959년 정부가 관광호텔협회를 구성하고 민영호텔의 시설 개 · 보수 및 질적 향상을 위해서 민영호텔에 융자를 제공한 것이다. 당시 관광호텔협회에 속해 있는 호텔로는 서울에 국제호텔을 비롯한 8개의 호텔이 그리고 지방에는 소규모 호텔이 17개 있었다.

반도 호텔(1950년)

이와 같은 정부의 노력은 전쟁 때문에 회생이 힘들 정도로 피폐해진 한국 호텔산업이 다시 도약할 수 있는 최소한의 기반을 마련해 주었다는 점에서 한국 호텔산업의 역사에 있어서 중요한 의미를 지니고 있다. 이 시기의 한국 전체 호텔산업의 규모는 1960년 기준으로 총 객실수는 1,207실(국영: 475실/민영: 192실), 그리고 수용인원은 950명(국영: 950명/민영: 384명) 정도로 현재 기준에서 보면 그 규모가 아주 미미하다고 할 수 있다.

3. 현대 Ⅱ(1960년대 ~ 현재)

1) 일반 경제상황

경제개발계획하의 한국경제(1960년대~1970년대)

1960년대 초 집권한 새 정부는 1950년대의 어려운 국가 경제를 살려야 한다는 당면과제를 가지고 있었다. 이에 따라 당시 정부는 경제개발을 국정의 최우선 목표로 세우고 한국 경제개발의 청사진이라고 할 수 있는 경제개발계획을 수립하였다. 경제개발계획의 핵심은 수출 지향적 성장전략이었다. 이를 실천하기 위하여 정부는 1950년대에 축적되었던 국내 자본 그리고 미국 및 일본을 중심으로 한 해외 차관 및 해외 직접투자 등을 적극적으로 활용하여 수출 지향적 산업구조 확립에 앞장섰다. 그 결과 한국은 성공적으로 후진국에서 신흥공업국으로 변신할 수 있었다.

1960년대와 1970년대를 거치면서 한국경제가 이룩한 경제적 성과는 놀랄만한 것이었다. 이 기간 동안 한국경제의 연평균 성장률은 거의 10%를 기록했고, 수출은 연평균 약 40%씩 증가했다. 이에 따라 국민들의 생활 수준이 과거보다 크게 향상되었다.

경제개발이 어느 정도 이루어짐에 따라 한국경제는 과거보다 훨씬 복잡해졌고 국제적으로 개방 폭이 커지게 되었다. 따라서 과거 정부가 활용하였던 직접적 경제 개입은 그 효과를 반감시켰다. 특히 1970년대 들어 정부가 강력히 추진해 온 중화학공업 투자는 1970년대 후반에 이르러 경제에 심각한 불균형을 초래하였다. 게다가 세계를 강타한 제2차 석유파동과 한국의 10 · 26사태에 따른 정치적 불안으로 인하여 1980년에 한국경제는 1950년대 이후 처음으로 마이너스 성장을 기록하게 되었다.

경제 자유화의 확대(1980년대~1990년대)

중화학공업에 대한 과잉 투자, 석유파동, 정치적 혼란 등으로 마이너스 성장을 기록한 한국경제는 정부의 재정동결, 산업구조조정, 임금인상 억제 등에 힘입어 1980년대 중반 이후 안정을 찾기 시작하였고, 1886년 이후 저금리, 저유가, 저달러라는 3저 호재를 만나면서 다시 고도성장을 이룩할 수 있었다.

어느 정도 공업화를 달성한 이후 한국은 자유무역주의적인 방향으로 정책을 전환하면서 정부 개입은 줄이고 민간의 자율성을 높여서, 시장 메커니즘의 회복에 의한 자원배분의 효율성을 제고하기 시작했다. 특히 한국은 1990년대 이후 WTO, OECD 가입에 따라 국가의 경제적 위상을 제고하고 개방화 및 세계화를 적극적으로 추진하였다.

이 과정에서 한국은 1997년에 경제개발계획을 추진한 이래 가장 큰 경제위기라고 할 수 있는 외환위기를 맞게 되었다. 전문가들에 의하면, 한국의 외환위기는 거시적으로 그동안 선진국 경제가 엄격한 시장규율과 금융감독, 합리적 기업지배구조 등과 같은 글로벌스탠다드를 이행하는 동안 한국은 대마불사의 사고방식과 은행의 방만한 경영, 정경유착과 그에 따른 도덕적 해이 등의 문제를 방치했기 때문에, 그리고 미시적으로는 자본자유화가 세계적으로 확산되는 과정에서 정부가 경상수지 문제를 과소평가하고, 기업은 단기자금 위주의 차입에 의존하면서 국제 자본의 급격한 유출에 대비하지 못했기 때문에 발생한 경제위기로 보고 있다.

경제선진화(2000년대 ~ 현재)

1990년대 말 외환위기에 따른 국가부도 사태라는 엄청난 경제적 충격을 경험한 한국은 위기 극복을 위하여 다양한 노력을 펼치기 시작했다. 대표적인 자구 노력에는 부실 금융기관 정리, 기업의 지배구조 및 부채비율의 개선, 공공부문 민영화, 경직되었던 노동시장의 유연성 향상 등이 있다. 정부의 금융, 기업, 공공부문, 노동의 4대 부분에 대한 개혁 조치들은 한국경제의 체질을 획기적으로 개선하였다. 개혁 조치와 더불어 정부가 실시한 개방화 작업은 서서히 성과를 나타내면서 2000년대 이후 심화된 글로벌 경제시대에서 한국경제는 이전보다 한 단계 격상되었다.

그러나 2008년 미국 리먼사태로 촉발된 초대형 금융위기는 미국뿐 아니라 세계 전체에 엄청난 경제적 타격을 주었다. 한국도 예외는 아니어서 급격한 자본 유출, 주가 폭락, 환율급등으로 인하여 한국경제는 급속히 침체되었다. 다행히 정부는 미국, 일본, 중국과의 통화스와프 계약 등과 같은 긴밀한 국제 공조를 통하여 원화 및 외화 유동성을 대폭 확대 공급하는 등 적극적인 확장적 거시적 정책들을 시행하면서 위기 수습에 나섰다, 이러한 적극적인 대처 덕분에 한국은 OECD 국가 중 가장 빨리 위기를 극복한 나라가 될 수 있었다. 최근 코로나19 팬데믹에 따른 또 다른 세계 경제위기는 1930년대의 경제 대공황과 비견될 정도로 세계 경제뿐 아니라 한국경제에 엄청나게 큰 충격을 주고 있다. 그럼에도 한국은 2021년 기준 경제 규모 세계 10위, 일인당 국민소득 세계 27위, 무역규모 세계 8위의 국가로 세계 경제발전을 선도하는 선진국 지위를 유지하고 있다.

2) 호텔산업

정부 주도의 성장 기반 조성(1960년대)

1960년대는 한국 경제발전의 기반을 마련하는 중요한 시기이자 호텔산업의 발전에도 매우 의미 있는 시기이다. 왜냐하면 1960년대에 들어서 정부가 1950년대에 실시했던 호텔산업 발전을 위한 지원정책과 유사한 그러나 더 강력한 정책들을 적극적으로 실시하면서 한국 호텔산업이 본격적으로 발전할 수 있는 기반이 조성되었기 때문이다. 강력한 지원정책의 배경에는 1950년대와 유사하게 경제개발을 위한 외화 조달과 깊은 관련이 있다. 1960년대 경제개발이 국정 당면과제였던 한국 정부는 경제개발에 소중한 재원인 외화가 부족한 난관에 봉착했다. 이러한 상황에서 정부는 관광산업의 핵심축인 호텔산업이 외화획득의 주요 수단임을 인식하고 호텔산업 발전을 위한 적극적인 지원대책을 시행하게 된 것이다. 정부의 강력한 지원정책은 1950년대와 유사하게 두 가지 방향으로 실시되었다.

먼저 정부는 호텔산업에 대한 직접투자를 통해서 한국 호텔산업 발전을 선도하려는 노력을 펼쳤다. 일례로 정부는 1962년 국제관광공사법을 제정·공포하여 국제관광공사(현재 한국관광공사)를 설립하였다. 당시 설립된 국제관광공사는 반도 호텔, 조선 호텔 등을 직접 인수하여 국내 호텔산업 발전에 앞장섰다. 이외에도 국제관광공사는 1963년에 객실 254실 규모의 워커힐 호텔을 직접 투자하여 개관하였다. 이 호텔은 당시 동양 최대의 리조트

메트로 호텔

호텔이라고 할 정도로 규모나 질적인 면에서 앞서가는 호텔이었다.

직접투자 이외에도 정부는 호텔산업의 민간투자를 활성화하기 위해서 강력한 간접적인 지원정책을 시행하였다. 지원정책에는 이전에 볼 수 없었던 법적인 제도 정비, 강력한 행정적 지원 등 광범위한 내용들이 포함되어 있었다. 가장 대표적인 것이 1962년에 제정·공포된 관광사업진흥법이다. 이 법은 관광산업의 핵심 산업인 호텔산업의 진흥을 주목적으로 한 법으로서 당시 호텔산업 발전에 중요한 계기가 된 법으로 평가받고 있다. 정부는 이 법에 의거 우수한 민간 호텔들을 선정하여, 이들 호텔에 대한 적극적인 지원을 하였다. 그 결과 당시 해외 여행자들의 주 목적지였던 서울에는 다수의 민영호텔이 생겨나기 시작했다. 이 시기의 호텔들을 열거하면 1962년에 개관된 메트로 호텔, 아스토리아 호텔, 뉴코리아 호텔, 사보이 호텔, 1964에 개관된 뉴스카이 호텔, 1966년에 개관된 세종 호텔과 그린파크 호텔, 1967년에 개관된 YMCA 관광호텔과 타워 호텔, 1968년에 개관된 스타다스트 호텔과 이스턴 호텔, 1969년에 개관된 뉴서울 관광호텔, 프린스 호텔, 뉴용산 호텔, 센츄럴 호텔 등이 있다. 다수의 민영호텔이 한국 호텔시장에 진입하면서 정부의 민간투자 활성화 노력은 성공을 거두었다고 볼 수 있다.

민간 주도의 호텔산업 발전(1970년대~1980년대 초반)

우리나라 호텔산업이 초기 단계에서 벗어나 양적인 면에서나 질적인 면에서 어느 정도 발전을 이룩할 수 있었던 시기는 민간자본들이 호텔산업에 본격적으로 진출했던 1970년대라고 할 수 있다. 이 시기 동안 민간자본의 진출은 이전에 볼 수 없을 정도로 매우 활발했다. 이는 수치로도 잘 나타나고 있다. 1970년 서울을 기준으로 총 29개의 호텔이 3,073실의 객실을 보유하고 있었으나 민간자본의 적극적인 참여로 1979년 서울을 기준으로 총 55개의 호텔이 10,714실을 보유하게 되었다. 1970년대를 거치면서

▌워커힐 호텔 전경—1963년

우리나라 호텔산업은 서울을 기준으로 볼 때 호텔 수에서 약 2배, 객실 수에서 약 3배로 비약적인 성장하게 된 것이다. 특히 이 시기에 민간자본들은 해외 유명 체인호텔과 제휴를 통해서 양질의 호텔을 공급함으로써 한국 호텔산업은 질적으로도 한 단계 더 발전할 수 있는 계기가 되었다.

이 시기에 개관된 서울 호텔들을 살펴보면 1970년의 조선 호텔의 재건축 및 풍전 호텔, 1971년의 로얄 호텔, 도뀨 호텔, 뉴내자 호텔, 1972년의 코리아나 호텔, 1973년의 프레지던트 호텔, 뉴오리엔탈 호텔, 해밀톤 호텔, 서린 호텔, 워커힐 호텔의 민영화, 1974년의 서울 관광호텔, 1975년의 퍼시픽 호텔, 여의도 호텔, 엠파이어 호텔, 1976년의 렉스 호텔, 프라자 호텔, 한강 관광호텔, 1978년의 뉴국제 호텔, 신라 호텔, 하얏트 호텔, 서울반도 호텔, 1979년의 롯데 호텔, 영동 호텔, 가든 호텔, 맘모스 호텔 등이 있다.

민간자본의 활발한 참여에는 사실 정부의 역할이 매우 컸다고 할 수 있다. 1960년대보다 경제가 더욱 발전되고, 이에 따른 인적 교류가 훨씬 빈번해지면서 우리나라는 이전보다 더 많은 호텔이 필요한 상황이었다. 하지만 당시 한국 호텔시장에 충분한 공급이 이루어지지 않자 정부는 수급의 균형을 맞추기 위해서 호텔산업에 대한 지원정책을 또다시 시행하였다. 이 시기부터의 정부 지원은 주로 민간자본의 투자 촉진을 위한 세제 혜택, 금융지원 등과 같은 간접적 지원에 초점을 맞추고 있었다. 구체적으로 이 시기에 정부는 부족한 호텔공급을 확충하기 위하여 관광진흥개발기금을 조성하여 호텔 투자자금의 일부를 융자해주거나, 호텔 개보수를 돕기 위해 세제상의 지원을 하였을 뿐 아니라 호텔산업의 질적 향상을 위해서 호텔 등급제도를 시행하였다.

호텔산업의 도약(1980년대 중반 ~ 2000년대 중반)

민간자본의 진입이 본격화된 1970년대 이후 한국 호텔산업은 나름대로 자생력을 갖게 되었다. 하지만 1970년대 후반과 1980년대 초반 사이의 여러 정치·경제적 혼란은 한국경제뿐 아니라 호텔산업도 한동안 침체 국면에 접어들게 했다. 이후 한국 호텔산업은 1980년대 중반부터 2000년대 중반까지 약 20년 동안 두 번의 소중한 도약기를 경험하게 된다. 두 번의 도약기를 거치면서 한국의 호텔산업 규모는 1980년 호텔 객실 수 기준으로 18,547실에서 25년이 흐른 2005년에 61,722실로 늘어나면서 약 333% 성장이라는 놀라운 도약을 경험하게 된다.

첫 번째 도약은 1988년에 개최된 서울 올림픽이 계기가 되었다. 서울 올림픽은 한동안 침체된 한국 호텔산업을 한 단계 도약시키는데 기폭제 역할을 하였다. 1970년대를 거치면서 한국 호텔산업은 어느 정도 자생력을 갖출 정도는 되었으나 세계적 행사를 뒷받침할 정도로 양적으로나 질적으로 충분히 발전되지는 못했다. 이러한 문제를 인식한 정부는 호텔산업에 대한 민간투자의 활성화를 목적으로 1986년에 '올림픽 등에 대비한 관광숙박업 등의 지원에 관한 법률'을 제정하기 이르렀다. 이러한 정부의 지원 덕분에 많은 민간투자가 이루어져서 한국 호텔산업은 한층 더 도약할 수 있었다. 구체적으로 이 기간에 힐튼호텔, 라마다 르네상스호텔, 그랜드힐튼호텔, 인터컨티넨탈호텔 서울, 호텔 롯데월드 등과 같은 호텔이 개관되면서 한국은 현대적 시설을 갖춘 국제 수준의 특급 호텔들을 대폭 확충할 수 있었다.

두 번째 도약은 2002년 개최된 한일 월드컵과 그 전후로 한국에서 개최된 일련의 중요한 세계적 행사가 계기가 되었다. 서울 올림픽을 통하여 한국 호텔산업은 한 단계 도약할 수 있었으나 2002년 한일 월드컵, 2000년 ASEM 총회, 2002년 부산 아시안 게임 등 2000년대 초반에 개최된 일련의 중요한 세계적 행사를 감당하기에는 아직 역부족이었다. 이러한 문제를 인식한 정부는 1997년에 다시 한번 호텔산업에 대한 민간투자를 유도하기 위한 '관광숙박시설지원 등에 관한 특별법'을 제정하였다. 이 특별법이 계기가 되어 한국 호텔산업은 활발한 민간투자를 통하여 다시 한번 도약할 수 있었다.

호텔산업의 성장과 위기(2000년대 중반 ~ 현재)

먼저 2000년대 중반부터 2010년대 중반까지 약 10여 년 동안 한국 호텔산업은 가파른 호텔 수요 증가가 공급을 견인해서 양적으로나 질적으로 한 단계 더 발전할 수 있었다. 그간 한국에서 개최된 일련의 국제적 행사들과 지속적인 경제발전에 힘입어 한국을 방문하는 외국 관광객의 수가 꾸준히 증가하여 2005년에 처음 600만 명을 돌파하게 된다. 이후 세계 경제위기가 발생한 2008년까지 외국 관광객 수는 계속 600만 명대를 유지하면서 비교적 정체된 모습을 보이고 있었다. 그러나 세계 경제위기가 어느 정도 수습된 2009년부터 한국의 외국 관광객 유입이 빠른 속도로 증가하면서 2012년에 드디어 1,100만 명대를 돌파하게 된다. 단기간에 무려 약 500만 명이라는 엄청난 수의 외국 관광객이 증가한 것이다. 이는 한국 관광 역사상 일찍이 볼 수 없었던 현상으로 한국경제의 선진국 진입, 한류의 확산, 엔고 현상에 따른 일본 관광객의 증가, 중국 경제성장에 따른 중국 관광객의 증가 등 복합적 요인이 작용했다고 볼 수 있다.

이러한 빠른 수요의 증가에도 불구하고 한국 호텔시장의 공급은 이를 제대로 수용할 수 없는 상황이 전개되자 해외 관광객들이 주로 방문하는 서울을 중심으로 객실 수 포화상태를 넘어서 부족 현상이 나타나기 시작했다. 호텔 객실의 수요/공급 불균형이 심각한 수준에 이르자 정부는 다시 나서서 2012년에 '관광숙박시설 확충을 위한 특별법'을 제정하기 이르렀다. 이 법안은 호텔 부족 현상을 해결하고 외래 관광객 2,000만 명 시대를 대비한 관광숙박시설 확충기반을 조성하기 위해서 민간투자 활성화에 초점을 맞춘 것이다. 정부의 지원법안에 힘입어 한국 호텔의 객실 수는 2011년 기준 77,042실에서 2019년 158,141실로 약 배 이상 증가할 정도로 민간자본들이 다시 호텔산업에 활발히 투자하였다.

해외 관광객의 급격한 증가는 한국 호텔산업이 질적으로 성장하는 계기가 되기도 했다. 2010년 이전의 한국 호텔산업은 주로 특1, 2급 호텔, 즉 고급 수요를 중심으로 발전되고 있어서, 한쪽에 치우친 편중된 발전이라는 문제를 가지고 있었다. 그러나 이 시기에 민간자본들은 호텔산업에 진입하는 과정에서 급격히 팽창하는 호텔시장에 중저가 수요가 상당하다는 것을 파악하고, 이들의 욕구를 충족시켜줄 수 있는 중저가 비즈니스호텔에 많이 진출하면서 호텔산업은 비로소 균형된 발전을 이룩할 수 있었다.

하지만 2010년대 중반부터 한국 호텔산업은 중동의 메르스 사태, 중국의 사드 사태, 코로나19 팬데믹과 같은 전혀 예측할 수 없었던 사건들을 경험하면서 외국 관광객의 급격한 감소로 심각한 위기에 내몰리기도 했다. 대표적인 예가 코로나19 팬데믹이다. 2019년 말 전 세계를 강타한 코로나19 팬데믹은 국가 간 사람의 이동을 엄격히 제한하게 만들어서 한국을 포함한 전 세계 호텔산업이 생존까지 위협받을 정도로 아주 심각한 경영 위기에 내몰렸다. 특히 그간 가파른 수요 증가로 공급능력을 배 이상 확대했던 한국 호텔산업 입장에서는 코로나19 팬데믹의 충격이 더 심각할 수밖에 없었다.

CASE 05 호텔 옆에 또 호텔… '호텔공화국' 서울, 中區가 최다

23일 남대문에 개관한 특급호텔, 코트야드 메리어트 서울 남대문의 22층 이그제큐티브 라운지에 들어서자 가장 눈에 먼저 들어오는 곳들은 인근의 타호텔들이었다. 남대문 시장 왼편에는 576개 객실을 갖추고 지난 17일 개관한 티마크그랜드호텔이 위치했고, 신세계백화점 본점 주변에는 신세계조선호텔이 운영하는 비즈니스호텔이 2017년 완공을 앞두고 한창 공사 중이었다. 남산 자락에 위치한 밀레니엄 서울 힐튼호텔은 2019년 영업을 목표로 기존 호텔 옆에 20층 높이의 516실 규모 비즈니스호텔 2개 동을 지어 객실 수를 두 배 늘릴 예정이며 명동상권에는 지난 1월 문을 연 롯데시티호텔 명동과 L7명동이 영업 중이다.

서울시가 호텔 과잉 공급 위기에 빠졌다. 관광객 증가 속도에 비해 호텔 객실 증가 속도가 훨씬 빨라 '과잉공급' 우려 논란에도 불구, 호텔 수는 이에 아랑곳하지 않고 지속적으로 늘고 있는 추세다.

24일 한국문화관광연구원의 '2016년 서울시 관광호텔 현황'에 따르면 올 2월 29일 기준 서울 시내 관광호텔은 총 256개, 객실은 총 4만778실인 것으로 나타났다. 2014년과 비교했을 때 호텔 수는 49개(23.7%), 객실 수는 8,468실(26.2%)이 증가한 수치다.

특히 가장 호텔 수가 많이 늘어난 곳은 '중구'였다. 이 기간 동안 중구는 호텔이 38개에서 55개로 17개 늘었으며, 객실 수는 8,845실에서 1만

2,251개로 불과 2년 만에 3,406실이 더 생겨났다. 서울시 25개 자치구 중에서 호텔 객실이 1만 개를 넘는 곳은 중구가 유일하다.

이어 강남구가 같은 기간 동안 호텔 39개에서 49개로 10개 더 생겨 서울시 자치구 중 호텔 수 2위를 기록했다. 강남구에서의 객실 증가량도 중구에 이어 두 번째로 많아 2년 사이 1,038실이 생겼다. 이 밖에 종로구(3개소 · 894실), 서대문구(2개소 · 863실), 영등포구(4개소 · 408실) 순으로 객실 공급이 증가한 것으로 나타났다. 이들 자치구 외에도 호텔 수 및 객실 수가 2014년 대비 늘어난 곳은 동대문구(4개소 · 316실), 강서구(2개소 · 170실), 동작구(2개소 · 352실) 등이었으며 용산구, 중랑구, 성북구, 마포구, 관악구, 서초구, 송파구 등에서도 각각 호텔 1개씩 늘어났다. 25개 자치구 중 최근 2년간 호텔 수가 감소한 곳은 노원구와 강동구 등 2곳뿐이었다.

한국문화관광연구원은 "이 같은 관광호텔 증가현상은 2012~2015년까지 실시된 '관광 숙박시설 확충을 위한 특별법' 등의 효과가 반영된 것"이라며 "특별법이 올해까지 1년 연장된 만큼 향후 서울지역 관광호텔 공급에 대한 지속적인 모니터링과 이에 따른 정확한 수급분석이 필요할 것으로 보인다"고 분석했다.

출처: 아시아경제, 2016.5.

그림 3-12 서울시내 관광호텔 증가량

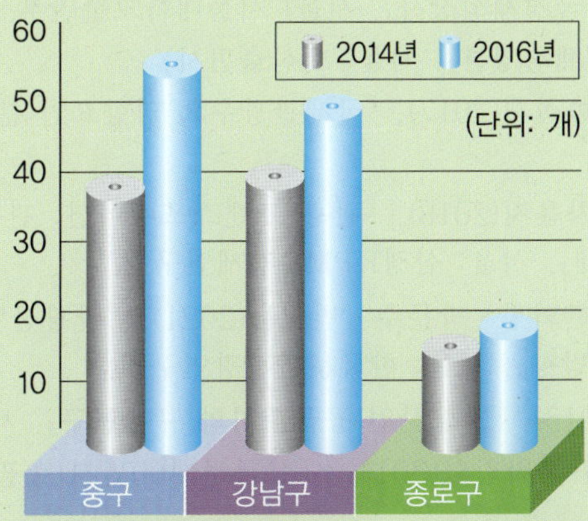

Bibliography

- 강만길(1994), 『한국근대사』. 서울: 창작과 비평사.
- 강문성 외 11인(2021), 『한국경제의 이해』. 서울: 박영사.
- 김동헌(2011), 『한국 경제성장모델의 수립 및 개발도상국 적용방안에 관한 연구』. 서울: 국회입법조사처.
- 김종현(1990), 『경제사』. 서울: 경문사.
- 김종현(1991), 『근대경제사』. 서울: 경문사.
- 김준호(2003), 『경제사』. 서울: 나남.
- 김현주 외 9인(2020), 『코로나19의 관광산업 영향과 대응방안』. 서울: 한국관광문화연구원.
- 박영철(2013), 경제세계화의 한계와 전망: 한국의 선택.『한국경제포럼』, 6(2): 27-43.
- 볼프강 쉬벨부시 저, 박진희 역(1999), 『철도여행의 역사』. 서울: 궁리출판.
- 빈크리트 뢰시부르크 저, 이민수 역(2003), 『여행의 역사』. 서울: 효형출판.
- 사공일(1993), 『세계속의 한국경제』. 서울: 김영사.
- 안병직(2001), 『한국경제성장사』. 서울: 서울대학교출판부.
- 유도재(2014), 『호텔경영론』. 서울: 백산출판사.
- 이강욱 · 오유라 · 송철재(2017), 『국제관광수요 영향요인 분석』. 서울: 한국문화관광연구원.
- 이효정 · 김수경 · 차윤지(2018), 『관광 트랜스포메이션: 관광 신소비 트렌드와 초융합 관광시대 도래』. 서울: 삼정KPMG경제연구원.
- 정광민 · 송수엽 · 한희정 · 박문수 · 변재문(2021), 『관광산업의 디지털 전환 수준 진단과 정책 대응 방향』. 서울: 한국문화관광연구원.
- 최현경 · 김진영(2013), 『호텔산업 공급주기와 규제연구』. 서울: 산업연구원.
- 한국경제60년사 편찬위원회(2011). 『한국경제60년사(총괄편)』. 서울: 한국개발연구원.
- 한국관광공사 https://www.visitkorea.or.kr
- 한국호텔업협회 https://www.hotelskorea.or.kr
- 황민수(2013). 『한국 현대경제사』. 서울: 도서출판 상원.

- Angelo, R.M., & Vladimir, A.N.(1994). *An Introduction to Hospitality today.* MI: the Educational Institute of the American Hotel & Motel Association.
- Burkart, A.J., & Medlik, S.(1981). *Tourism: past, present and future.* London: Heinemann.
- Cameron, R., & Neal, L.(2003). *A concise economic history of the world.* UK: Oxford Publishing.
- Casson, Lionel(1994). *Travel in the ancient world. Baltimore*, ML: The Johns Hopkins University Press.
- Chibili, M.N.(2016). The hospitality industry-past, present and future. in *Modern hotel operations management.* M.N. Chilili ed., Netherlands: Noordhoff Uitgevers bv Groningen/Houten, 17-44.
- Dittmer, P.R., & Griffin, G.(1993). *The dimensions of the hospitality industry: an introduction.* NY: Van Nostrand Reinhold.
- Gee, C.Y.(1994). *International hotels: development and management.* MI: the Educational Institute of American Hotel & Motel Association.
- Lattin, G.W., Lattin, J.E., & Lattin, T.W.(1998). *The lodging and food service industry.* MI: the Educational Institute of American Hotel & Motel Association.
- Lundberg, D.E.(1989). *The hotel and restaurant business.* NY: Van Nostrand Reinhold.
- Medlik, S.(1980). *The business of hotels.* London: Heinemann.
- Sandoval-Strausz, A.K.(2007). *Hotel: an American history.* CT: Yale University Press.
- Stutts, A.T.(2001). *Hotel and lodging management: an introduction.* NY: Wiley & Sons, Inc.
- Stutts, A.T., & Wortman, J.(2005). *Hotel and lodging management: an introduction.* NY: Wiley & Sons, Inc.
- Turkel, S.(2009). *Great American hoteliers: pioneers of the hotel industry.* IN: Author House.
- Walker, J.(2021). *Introduction to hospitality.* Stutts, UK: Pearson Education Ltd.

- http://seoul600.vistiseou.net
- http://news.khan.co.kr/kh_news/art_print.html?artid=200906120400075
- http://www.korail.go.kr/100th/photo/photo-3.html
- http://patsabin.com/illinois/palmer.htm
- http://www.forgottendetroit.com/statler
- http://kr.img.image.yahoo.com/ygi/gallery/img/62/a6/42d3a4a54346
- http://www.walkerhill.co.kr
- http://www2.cnr.edu/home/araia/cauponaofsalvius.html
- http://www.pub-explorer.com/cumgria/pub/royaloakappleby.htm

Chapter 04

호텔기업의 소유 및 경영형태

제 1 절 개별경영 호텔

1. 개별경영 호텔의 개념

일반적으로 개별경영 호텔(independent hotel)이란 다른 호텔들과 어떠한 관계도 유지하지 않고 소유주가 단독으로 소유 및 운영해 나가는 호텔을 의미한다. 이런 형태의 호텔은 호텔기업의 성장과정에 있어서 초기 단계에 흔히 볼 수 있는 것으로 그 규모가 소규모인 관계로 중소기업 형태가 일반적이다.

개별경영 호텔의 공통된 특징의 하나는 대부분 소유(ownership)와 경영(management)이 분리되지 않았다는 점이다. 일반적으로 개별경영 호텔들은 그 법률적 형태가 개인기업, 합명회사, 합자회사, 유한회사, 주식회사 등 어떤 형태를 취하던 간에 어떤 특정 개인이 독립적으로 소유하고 있다. 예를 들어 주식회사의 경우 어떤 특정인이 50% 이상의 지분을 소유하고 있으면 그 특정인의 소유로 인정될 수 있다. 한 개인에 의해 소유된 개별경영 호텔들은 대부분 소유주에 의해 직접 경영되고 있다. 앞으로 구체적으로 언급되겠지만 대규모 체인호텔일수록 소유권과 경영이 분리되어 있는 것과는 달리 개별경영 호텔의 상당수는 한 개인이 소유와 경영의 주체가 되는 개인기업(individual enterprise) 형태로 설립, 운영되고 있다.

개별경영 호텔의 소유주는 단순히 경영자(manager)라기보다는 기업가(entrepreneur)라고 볼 수 있다. 경영자란 일반적으로 기업의 경영관리에 대한 전문적 지식이 풍부할 뿐 아니라 경영능력을 지닌 사람으로서 소유주들로부터 경영권을 위탁받아 기업을 경영하는 전문가라고 할 수 있다. 한편 기업가란 소유경영자로서 자기 자신의 이익을 추구하기 위하여 기업에 직접 자본을 출자하여 그 소유권자가 되고, 직접 경영관리 기능을 수행한다. 실패할 경우 손실과 리스크를 직접 부담하며 경영성과로서 발생한 이익은 직접 차지하게 된다. 다시 말해서 기업가는 기업의 대리인으로서 경영에 참여하지 않고 독자적으로 사업을 일으키고 경영에 참여함으로써 경제적 부를 누리고 성취감을 충족하려는 사업가라고 볼 수 있다. 이와 같이 기업가에 의해서 경영되는 개별경영 호텔의 성공 여부는 바로 기업가의 능력에 좌우될 수 있다.

개별경영 호텔을 한 개인 기업가가 성공적으로 운영한다는 것은 그리 쉬운 일이 아니다. 왜냐하면 대부분의 개별경영 호텔들은 개인이 소유하고 있는 자본의 한계로 인하여 여러 가지로 취약점이 많은 중소기업 형태를 띠고 있기 때문이다. 특히 오늘날의 개별경영 호텔 기업가들은 자본·조직·인력 면에서 뛰어난 대형 체

개별경영 호텔, 팔래스 호텔—서울

인호텔과 경쟁 속에서 살아남아야 한다는 과제를 지니고 있다. 이를 위해서 기업가들은 시대에 앞서가는 상상력과 아이디어로 사업의 비전을 제시하고, 호텔경영에 대한 강한 자신감과 추진력 그리고 집념과 인내력이 절대적으로 필요한 시점이라고 할 수 있다.

2. 개별경영 호텔의 장단점

1) 개별경영 호텔의 장점

일반적으로 중소기업으로서의 개별경영 호텔은 대형 체인호텔과 비교해 볼 때 취약점이 많은 것도 사실이다. 하지만 개별경영 호텔 기업가들은 다음과 같은 고유한 장점을 최대한 활용한다면 해당 시장에서 나름대로 경쟁력을 갖출 수 있다.

첫째, 개별경영 호텔은 매우 빠른 의사결정 구조를 가지고 있다. 따라서 개별경영 호텔은 시장의 변화에 신축적으로 대응할 수 있다는 장점을 가지고 있다. 일반적으로 대형 체인호텔들은 조직계층이 매우 깊기 때문에 최종적인 의사결정을 내리기까지 많은 기간이 소요되는 것이 일반적이다. 하지만 개별경영 호텔은 조직계층이 상대적으로 얇기 때문에 경영상의 문제가 발생될 때 신속한 의사결정을 통하여 그 상황에 적절히 대응할 수 있다.

둘째, 개별경영 호텔은 끊임없이 변화하는 소비자의 욕구를 신축적으로 대응할 수 있다. 일반적으로 체인호텔들이 생산하는 서비스는 지역 소비자들의 차이를 무시하고 표준화되어 있다. 그러나 개별경영 호텔들은 경영상 상당한 유연성이 있기 때문에 신축적 경영을 통하여 변화하는 지역시장에 적절히 대응하여 시장의 욕구를 쉽게 만족시킬 수 있다.

셋째, 시장규모가 작은 지역에서 개별경영 호텔은 아주 적절한 대안일 수 있다. 시장규모가 작으면 일반적으로 수요가 충분하지 않기 때문에 대형 체인호텔들에게는 그리 매력적인 시장이 아니다. 체인호텔들의 대부분이 시장규모가 큰 대도시 지역에 주로 있다는 것이 바로 이러한 사실을 입증하고 있다. 그러나 개별경영 호텔은 수요가 크지 않은 소도시에서도 충분히 생존할 수 있다.

넷째, 시장규모가 큰 대도시 지역이라도 개별경영 호텔들의 장점인 빠른 의사결정과 창의성을 적절히 잘 활용하여 대형 체인호텔이 진입하기 힘든 틈새시장에 진출한다면 충분히 성공 가능성이 있다. 예를 들어 개별경영 호텔이 신혼부부라는 독특한 세분시장을 대상으로 창의성을 발휘하여 다양한 서비스를 개발한다면 대형 체인호텔보다 훨씬 이 시장에서 경쟁력을 갖출 수 있을 것이다. 왜냐하면 이러한 분야는 대규모 자본투자보다 창의성이 더욱 중요한 요소로 작용하기 때문이다.

2) 개별경영 호텔의 단점

현대 호텔산업의 구조는 개별경영 호텔이 주도하던 상황에서 대형 체인호텔이 주도하는 상황으로 빠르게 전환되고 있는 과정에 있다. 이러한 환경에서 중소기업으로서의 개별경영 호텔들은 대형 체인호텔과 비교해 볼 때 다음과 같은 취약점을 가지고 있다. 경쟁력이 있는 중소기업으로 남기 위해서는 앞서 언급한 개별경영 호텔의 장점을 최대한 활용하고 다음과 같은 개별경영 호텔의 단점을 정확히 파악하여 적절한 대응책을 강구해야 할 것이다.

첫째, 개별경영 호텔은 소유와 경영이 분리되지 못한 관계로 소유주이자 경영자의 잘못이 기업의 경영에 직접적인 영향을 미친다. 예를 들어 소유주의 잘못으로 인하여 개인적인 채무를 변제하지 못할 경우 최악의 상황에서는 그 채무로 인하여 기업이 도산하는 경우도 있다. 이와 비슷하게 소유주의 질병, 사고 등의 개인적 사정이 곧 기업에 영향을 미치게 되므로 기업의 영속성이 유지되지 않을 가능성이 항상 존재한다. 더욱이 소유주는 기업에 대해 무한책임을 져야 하므로 책임부담이 클 수밖에 없다.

둘째, 호텔기업이 생산활동을 포함한 다양한 기능을 수행하기 위해서는 상당한 자본을 필요로 한다. 일반적으로 개별경영 호텔들은 대형 체인호텔보다 신용도가 낮기 때문에 금융기관으로부터의 자본조달에 어려움을 겪는다. 대형 체인호텔들은 이미 그들의 경영능력을 체인망 구축을 통하여 간접적으로 증명하였기 때문에 금융기관으로부터 대출이 쉽다. 반면

표 4-1 개별경영 호텔의 장 · 단점

장 점	단 점
· 신속한 의사결정 · 변화하는 소비자 욕구의 신축적 대응 · 소규모 시장에서의 생존가능 · 틈새시장 공략	· 개인 실패가 기업에 직접적 영향 · 자본조달의 어려움 · 개인능력 한계로 인한 비합리적인 경영 · 우수한 인력확보의 어려움

에 개별경영 호텔의 경영자들은 자신의 능력을 입증하기가 그리 쉽지 않은 관계로 신용도가 비교적 낮다고 볼 수 있다. 오늘날과 같이 경쟁이 격심해지고 경영환경이 빨리 변화하는 가운데 개별경영 호텔들은 이러한 자본조달 능력의 한계로 경쟁력을 유지하고, 환경변화에 적응하고, 새로운 시장기회를 이익으로 전환하는 데 많은 어려움을 겪을 수밖에 없다.

셋째, 개인능력의 한계로 인하여 비합리적인 경영이 이루어질 가능성이 높다. 이 말은 모든 개별경영 호텔의 경영자이자 소유자인 개인이 비합리적으로 호텔을 경영한다는 의미는 아니다. 뛰어난 경영자도 존재할 것이다. 그러나 한 개인으로서의 경영자는 기업의 생산, 마케팅, 재무, 회계, 인사 등 모든 분야에 정통할 수 없으며, 변화하는 경영환경에 대한 정보획득 능력 및 의사결정 능력 등이 한계가 있을 수밖에 없다. 따라서 개인 능력의 한계는 바로 경영의 합리성을 저해하는 요소라고 할 수 있다.

넷째, 우수한 인력확보는 기업활동에 있어서 가장 먼저 전제되어야 할 사항 중에 하나이다. 아무리 기업의 자원이 풍부하다 하더라도 기업을 이끌어 나가는 주체는 바로 사람이기 때문이다. 하지만 개별경영 호텔들은 대형 체인호텔에 비해 인사 측면에서 볼 때 다음과 같이 취약점들로 인하여 우수한 인력을 확보하고 유지하는 데 그 구조적 어려움을 갖고 있다. 일반적으로 개별경영 호텔은 체인호텔보다 근무환경, 임금수준, 성장성, 안정성, 인력 개발, 사회적 지위 등 거의 모든 측면에서 뒤떨어진다. 성장성 측면의 예를 들면 체인호텔의 경우 개인의 능력이 뒷받침된다면 개인이 성장할 수 있는 기회가 개별경영 호텔보다 상당히 많은 것이 현실이다. 실제 체인호텔들은 해당 호텔 내에서뿐만 아니라 해당 호텔이 속해 있는 지역본부, 예를 들면 동아시아 지역본부를 비롯하여 체인본사에 이르기까지 개인이 성장할 수 있는 광범위한 기회를 제공하고 있다. 그러나 개별경영 호텔에서 한 개인의 성장은 해당 호텔 내로 제한되기 때문에 성장성 측면에서 상당히 낮다고 볼 수 있다. 더욱이 가족경영체제에 안주하려고 하는 경향이 많은 개별경영 호텔은 개인의 성장성을 더욱 낮게 하고 있다.

3. 개별경영 호텔의 발전과정

제 2차 세계대전 이전까지만 해도 세계경제는 발전수준이 대체적으로 낮았을 뿐 아니라 교통수단도 덜 발달되었기 때문에 사람들의 여행은 주로 상용 또는 일부 부유층의 관광에 한정되었다. 따라서 제 2차 세계대전 이전의 여행자 수는 오늘날과 비교해 볼 때 상당히 적었다. 여행현상과 밀접한 관련이 있는 호텔도 현대와 비교해 볼 때 그 수가 매우 적었을 뿐 아니라 규모도 영세했다. 그리고 이 시기 대부분의 호텔들은 거의 개인이 투자하여 경영하는 전형적인 개별경영 호텔의 형태를 취했다.

물론 개인이 투자하여 경영한다고 해서 경영 수준이나 서비스의 질이 낮았다는 이야기는 아니다. 예를 들어 19세기 후반 미국의 호화 호텔 시대의 미국 경제계의 거물인 에스터(John Jacob Astor) 소유의 뉴욕 소재 309실 규모의 에스터 하우스(Astor House), 시카고의 아주 성공한 거부 팔머(Potter Palmer)가 소유한 시카고 소재 227실 규모의 팔머 하우스(Palmer House)는 당시 세계 최고 수준의 규모와 서비스 질로 유명하였다.

제 2차 세계대전 이후 미국을 중심으로 한 경제성장, 그리고 자동차 및 제트 여행기로 대표되는 교통기관의 발전은 여행수요를 폭발적으로 증가시킴과 동시에 호텔산업이 획기적으로 성장할 수 있는 계기를 마련해 주었다. 이러한 과정에서 호텔산업은 체인호텔의 본격적인 등장이라는 대단히 의미 있는 변화를 경험하게 된다. Hilton, Sheraton, Holiday Inns 등과 같은 체인호텔들이 호텔시장에 본격적으로 진출함에 따라 기존의 개별경영 호텔들은 거대한 도전에 직면하게 되었다. 일반 소비자들에게 잘 알려진 브랜드 이름과 심벌(symbol)은 많은 여행자들을 유인하였다. 이외에도 대형 체인호텔들은 기존의 개별경영 호텔과 비교할 때 무수히 많은 경쟁 이점을 지니고 있었다. 물론 개별경영 호텔도 장점이 없는 것은 아니었다. 개별경영 호텔들은 체인호텔보다 투철한 기업가 정신, 의사결정의 신속성 등 나름대로의 장점을 가지고 있었지만 체인호텔이 갖고 있는 경영의 효율성을 상대하기란 너무 힘겨운 싸움일 수밖에 없었다. 체인호텔의 등장은 개별경영 호텔에 있어서 원자폭탄과 비유될 수 있을 정도였다.

이러한 엄청난 변화의 물결 속에서 개별경영 호텔이 생존을 위해 선택한 전략들은 다음과 같이 3가지로 요약될 수 있다. 첫째, 체인화 물결에 동참하는 전략이다. 많은 개별경영 호텔들이 체인화라는 거대한 물결을 거스르지 않고 특정 체인에 가입하여 체인호텔이 제공하는 경쟁 이점을 공유했다. 실제 체인호텔의 본격적 성장 이후 많은 수의 개별경영 호텔들은 체인호텔의 우산 속에서 새로운 변신을 시도하였다.

둘째, 체인화를 거부한 개별경영 호텔들은 생존을 위해 그들의 영업방식을 바꿨다. 특히 객실매출 감소를 경험한 소규모 개별경영 호텔들은 객실보다는 식음료 매출을 증가시키기 위한 새로운 경영전략을 추구하였다. 이 전략을 추구한 일부 소수 호텔들은 성공했지만 대부분의 경우 실패하여 결국 문을 닫아야 했다.

셋째, 개별경영 호텔들은 기존 경영방식에서 벗어나 새로운 경영방식의 모색을 통하여 체인호텔에 반격을 가했다. 이러한 시도는 주로 고급 대형 개별경영 호텔들을 중심으로 이루어졌다. 이들 고급 개별경영 호텔들은 최고급 서비스에 대한 명성과 호텔경영의 독립성 및 자율성 유지와 더불어 체인경영의 장점도 동시에 확보할 수 있는 새로운 경영방식을 모색하였다. 그 결과 탄생한 것이 바로 리퍼럴 조직(referral organization)이다.

최초의 리퍼럴 조직은 'Distinguished Hotel Group'으로 로버트 워너 에이전시(Robert Warner Agency)라는 회사가 주도하였다. 이 회사는 그 당시 유명한 개별경영 호텔들에게 광고, 촉진, 그리고 예약 서비스를 위한 자원들을 공동 관리하자고 설득하였다. 그 결과 최초의 리퍼럴 조직이 탄생된 것이다.

▎리퍼럴 조직, 베스트 웨스턴

일반적으로 리퍼럴 조직은 비영리로 운영되는 단체로서 회원사에 의해 소유되고 통제된다. 이 조직은 공동예약망을 구축함으로써 개별경영 호텔 경영자들은 자신의 호텔이 본부 통제에 의한 독립성 및 자율성이 훼손됨 없이 체인호텔이 향유하는 이점과 비슷한 판매촉진 효과를 얻을 수 있었다. 추가로 잘 알려진 리퍼럴 조직에 속함으로 해서 브랜드 인지도를 높일 수 있었다. 결국 개별경영 호텔들은 리퍼럴 조직을 통하여 하나의 집단으로 행동할 수도 있었고, 특히 마케팅 측면에서 체인호텔 경영의 효율성과 비슷한 수준을 실현할 수 있게 되었다. 현재 대표적인 리퍼럴 조직으로는 베스트 웨스턴(Best Western)을 들 수 있다. 베스트 웨스턴은 현재 프랜차이징 회사와 거의 구별할 수 없을 정도로 완벽한 서비스를 제공하는 단체로 성장하였다.

넷째, 개별경영 호텔들이 생존하기 위해 마지막으로 선택한 전략은 대형 호텔 마케팅회사와의 제휴였다. 현재 많은 개별경영 호텔들은 전문 호텔 마케팅회사와 제휴를 통하여 자신의 최대 약점 중에 하나인 브랜드 인지도 및 판촉 능력을 향상시키기 위하여 노력하고 있다. 대표적인 회사들로는 Utell International, Supranational Hotels, Leading Hotels of the World 등이 있다. 이들은 개별경영 호텔은 물론 체인호텔을 주 대상으로 하여 지역 및 세계에 회원사의 브랜드를 광고하고 예약 서비스도 제공하는 세계적 규모의 호텔 마케팅회사들이다.

과연 개별경영 호텔의 미래는 어떻게 될 것인가? 간단히 대답하기는 매우 어려운 질문이라고 할 수 있다. 물론 체인호텔이 제공하지 못하는 창의적이며 뛰어난 서비스를 합리적인 가격에 제공할 수 있는 개별경영 호텔들은 그 명성을 지속적으로 유지할 수 있을 것이다. 실제로 비록 소수이지만 높은 창의성, 뛰어난 서비스 등을 바탕으로 세계적으로 그 명성을 유지하고 있는 뛰어난 개별경영 호텔들이 존재하고 있다. 하지만 그렇지 못한 개별경영 호텔은 호텔산업에 있어서 거역할 수 없는 추세인 체인화에 동참하거나 경쟁력을 잃고 호텔시장에서 머지않아 그 존재가 사라지게 될 가능성이 높다.

제 2 절 체인호텔

1. 체인호텔의 개념

1) 체인호텔의 개념

현대 호텔산업의 가장 큰 추세 중에 하나를 고르라고 한다면 주저 없이 체인화 현상을 거론할 만큼 체인호텔(chain hotel)들은 호텔산업의 발전에 지대한 영향을 미쳤다. 체인(chain)이란 그 용어에서 쉽게 알 수 있듯이 체인호텔이란 서로 금속제의 고리가 서로 연결된 체인과 같이 여러 호텔들이 서로 연결되어 하나의 호텔집단을 이루고 있는 형태를 말한다. 다시 말하면 최소한 2개 이상의 호텔들이 하나의 그룹으로 형성되어 서로 직·간접적 관계를 유지하면서 운영되는 호텔집단을 의미한다.

이와 같은 체인 형태의 경영은 호텔을 포함한 대부분의 서비스기업들이 대량생산체제를 구축하기 위해서 자주 활용하고 있는 기법이다. 서비스기업은 그 특성상 제조업과 달리 집중적 대량생산이 불가능하다. 제조업의 경우 대형 생산공장을 신축하여 대량생산된 제품을 각 지역시장에 존재하는 소비자들에게 유통시킨다. 하지만 아픈 환자가 병을 고치기 위해서는 병원을 찾아가야 하는 것과 같이 서비스를 구매하려는 소비자들은 대부분 서비스기업을 찾아가야 하기 때문에 제조업과 달리 집중적 대량생산이 불가능하다. 예를 들어 한국 의료시장의 점유율을 높이기 위해서 서울에 10만 병실 규모의 초대형 병원을 건축한다 하여도 서울에서 멀리 떨어진 지방 소비자들은 일상적 의료 서비스 구매를 위하여 서울의 초대형 병원을 찾지 않을 것이다. 이러한 문제를 극복하기 위하여 서비스기업들은 ○○○ 지점, ××× 지점 등과 같은 분산적 소량생산, 즉 다입지(multi location) 지점들을 설치하여 대량생산을 추구한다. 이러한 관점에서 본다면 체인호텔이란 대량생산체제를 구축한 호텔집단이라고 할 수 있다.

2) 체인화의 일반적 기법

일반적으로 호텔기업이 체인화를 통하여 기업의 규모를 확대하는 방법에는 크게 2가지로 구분된다. 먼저 호텔기업 스스로 자본축적에 의해서 규모를 확대해 나가는 방법이 있다. 이는 개별 기업으로서의 호텔이 직접 이윤을 축적하여 자력으로 호텔을 하나씩 새로 건축하거나 기존 호텔을 구매하고 경영진을 파견하여 직접 경영하면서 그 규모를 확대하는 것이다. 결국 체인 본사가 직접 자기자본 축적을 통하여 체인 회원사를 소유하고 경영하는 형태로 소유 직영 또는 소유 경영방식(chain operation)이라고 한다. 이러한 형태의 소유 및 경영 환경 하에서 발생하는 모든 이익은 체인 본사로 귀속시킬 수 있기 때문에 어떤 체인 경영형태보다 수익성이 높다고 볼 수 있다. 또한 체인 본사가 직접 경영에 참여하기 때문에 앞으로 언급될 프랜차이징(franchising) 또는 경영계약(management contract)보다는 체인 본사의 경영 노하우(know-how)를 축적하는 데 도움이 된다. 그러나 가장 결정적인 단점은 기업규모의 확대 속도가 너무 느리다는 점이다. 대체적으로 이러한 형태의 소유 및 경영방식은 주로 개별 체인호텔들이 초기 단계에서 성장의 발판을 마련하기 위해서 흔히 활용하는 방식이다. 우리나라의 경우 현재 호텔 신라 및 호텔 롯데가 대표적

서울 신라

제주 신라

소유 직영, 호텔 신라

표 4-2 체인화 기법

체인화 방식	경영형태	소유권	경 영 권
자기자본 축적	소유 직영	체인 본사	체인 본사
타기업과의 상호협정	프랜차이징	호텔 소유주	호텔 소유주
	경영계약	호텔 소유주	체인 본사

으로 이러한 방식으로서 기업규모 확대에 노력하고 있다.

호텔기업이 체인화를 통하여 기업규모를 확대하는 두 번째 방법은 타인의 개별자본과 상호 결합함으로써 일거에 기업규모를 확대해 나가는 방법이 있다. 이는 자력에 의한 독자적 성장이 아니라 기업과 기업 상호간 협정에 의해 기업의 안정과 시장지배를 추구하는 방법이다.

호텔산업에서 활용되는 대표적 수단은 프랜차이징(franchising)과 경영계약(management contract) 두 가지이다. 이들 방법을 활용하면 체인기업들은 규모를 빠르게 확대시킬 수 있다. 하지만 수익성 측면에서 보면 소유직영방식(chain operation)보다 낮은 것이 일반적이며, 특히 프랜차이징의 경우 서비스 질에 대한 통제가 어렵다는 단점이 있다. 프랜차이징과 경영계약의 차이점은 프랜차이징의 경우 소유권과 경영권이 호텔 소유주에게 있는 반면에 경영계약의 경우 소유권은 호텔 소유주에게 있으나 경영권은 체인 본사에 있다는 것이다.

2. 체인호텔의 장단점

1) 체인호텔의 장점

체인호텔의 장점은 대부분 호텔의 규모, 다시 말해서 규모의 경제(economies of scale)로부터 파생되는 것이라고 볼 수 있다. 체인호텔은 앞서 언급한 바와 같이 대량생산체제를 구축하고 있기 때문에 개별경영 호텔과 비교해 볼 때 다음과 같이 다양한 장점을 지니고 있다.

첫째, 체인호텔은 마케팅 측면에서 다양한 이점을 가지고 있다. 체인

경영하에서는 개별경영 호텔로서는 도저히 불가능한 막대한 비용이 소요되는 광범위한 마케팅 활동이 가능하다. 왜냐하면 체인호텔이란 대량생산체제를 갖고 있기에 체인 산하의 개별호텔 관점에서 보면 재정적 부담이 그다지 크지 않기 때문이다.

체인호텔들이 펼치는 마케팅 활동을 살펴보면 먼저 체인호텔은 TV, 신문, 잡지 등과 같은 값비싼 대중매체를 통해 공동광고를 적극 활용하고 있다. 이는 소비자들의 브랜드 인지도 및 체인 전체의 이미지를 높이는데 결정적 역할을 한다. 또한 체인호텔은 각 주요 시장별로 판촉 사무소를 운용하여 해당 지역 산하호텔들의 판촉 활동을 적극 지원하고 있다.

일반적 마케팅 활동 이외에도 가장 중요한 마케팅 도구는 체인호텔들이 소유하고 있는 중앙예약시스템(central reservation system)이다. 중앙예약시스템은 체인호텔이 가지고 있는 가장 강력한 유통 도구로써 소비자들이 일일이 개별호텔에 예약할 필요 없이 중앙예약시스템에 한번 접근을 하게 되면 각 산하 호텔들의 정보제공은 물론 예약을 대행해 주는 매우 편리한 시스템이다.

최근 인터넷의 출현은 체인호텔에 커다란 마케팅 기회를 제공하고 있다. 체인호텔들은 아래 사진에서 보는 바와 같이 강력한 자사의 웹사이트(web site)를 구축하여 손쉽게 소비자들이 직접 산하 호텔들을 예약할 수 있는 환경을 조성하고 있을 뿐 아니라 소비자들에게 자사의 풍부한 정보를 제공하고 있다.

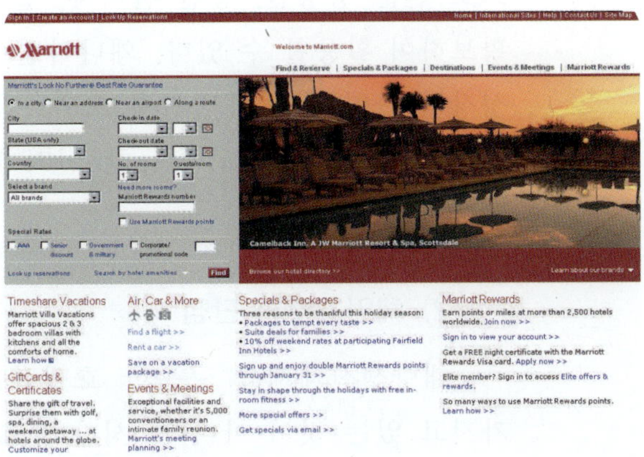

▎체인호텔의 예약 웹사이트

둘째, 호텔운영에 필요한 자원들의 경제적 확보가 가능하다. 체인호텔들은 체인 소속의 모든 호텔을 대표하여 대량으로 자원을 구매하는 것이 일반적이다. 체인호텔은 공급자들과 협상 시 체인호텔에 유리한 가격 및 조건으로 필요한 자원들을 구매할 수 있다. 만일 공급이 부족하더라도 우선적으로 공급받을 수 있는 장점도 있다. 특히 대형 체인호텔들은 전 세계에 구축되어 있는 체인망을 활용하여 글로벌 소싱(global sourcing)이 가능하기 때문에 상당한 규모의 원가절감이 가능하다.

셋째, 체인호텔은 관리적 측면의 효율성을 제고할 수 있다. 체인호텔은 각 분야의 뛰어난 전문가를 초빙하여 경영 효율성을 향상시킬 수 있다. 예를 들어 재무, 인사, 구매, 마케팅 등 각 분야의 전문가들을 체인 본사에 영입하여 각 산하 호텔들이 필요로 하는 서비스를 효과적으로 제공할 수 있다. 이는 개별경영 호텔에 있어서는 거의 불가능한 것이다.

넷째, 외부로부터의 타인 자본조달이 용이하다. 체인호텔은 일반적으로 그 규모가 클 뿐 아니라 성공적 경영이 입증되었기 때문에 신용도가 높은 것이 일반적이다. 높은 신용도는 금융기관의 대출결정에 있어서 매우 긍정적 영향을 미칠 뿐 아니라 유리한 조건으로 자본을 조달할 수 있게 함으로써 기업 경쟁력을 높여준다. 이러한 체인호텔의 이점은 후에 논의되지만 체인호텔의 성장에 많은 영향을 미친다. 왜냐하면 호텔개발에 있어서 대부분의 금융기관들은 대출자금의 안전한 회수를 위한 수단으로서 호텔 개발자들에게 체인호텔과의 제휴를 전제조건으로 요구하는 경우가 많기 때문이다.

마지막으로 체인호텔은 개별경영 호텔보다 우수한 인적자원들의 유치 · 확보 · 유지가 가능하다. 대부분 체인호텔들은 규모와 자금력을 바탕으로 전문 경영인, 중간 관리자, 일반 사원에 이르기까지 유능한 인력을 확보하여 활용할 수 있다. 왜냐하면 체인호텔에서는 급료수준, 후생복지, 성장의 기회 등이 개별경영 호텔보다 상대적으로 우월하기 때문이다. 따라서 체인호텔일수록 유능한 인적자원의 능력을 효과적으로 활용할 수 있다.

2) 체인호텔의 단점

대량생산체제를 구축한 호텔집단으로서의 체인호텔은 항상 장점만 가지고 있는 것이 아니다. 시간의 흐름에 따라 체인의 규모가 커져서 대형화됨으로써 다음과 같은 단점도 존재한다.

표 4-3 체인호텔의 장·단점

장 점	단 점
· 다양한 마케팅 활동 · 자원의 경제적 확보 · 경영관리 측면에서의 효율성 제고 · 외부로부터의 자본조달 용이 · 우수한 인력확보	· 지역시장의 욕구 충족 불가능 · 느린 의사결정

첫째, 대부분 체인호텔은 체인 산하의 모든 호텔들에게 표준화된 시설 및 서비스의 유지를 요구한다. 다시 말해서 어느 지역의 호텔을 가더라도 소비자들은 동일한 서비스를 제공받게 되는 것이다. 이는 체인호텔의 장점이자 단점일 수 있다. 소비자들은 어느 지역의 체인호텔을 가더라도 서비스 품질 및 서비스 종류의 일관성이 유지되기 때문에 안심하고 동일 체인에 소속된 호텔에 체류할 수 있다. 하지만 이와 같은 표준화는 지역시장의 독특한 욕구를 적절히 반영할 수 없다는 문제를 내포하고 있다.

둘째, 체인호텔은 그 규모가 큰 관계로 인하여 개별경영 호텔보다 그 계층구조가 훨씬 복잡하다. 따라서 개별경영 호텔들보다 의사결정 속도가 느릴 수밖에 없다. 신속한 의사결정이 요구되는 환경변화에 적절히 대응할 수 없는 단점이 있다. 또한 체인의 공동 목표가 제대로 구현되기 위해서는 원활한 커뮤니케이션이 필수적이라고 할 수 있다. 그러나 체인호텔의 계층구조가 복잡하기 때문에 본부와 소속 호텔들 간에 커뮤니케이션의 문제가 항상 제기될 수 있다. 조직 내의 원활치 못한 커뮤니케이션은 경영상의 비효율을 초래할 뿐 아니라 상당한 비용의 지출을 가져올 것이다.

3. 체인호텔의 발전과정

1) 체인호텔의 출현

과거 수세기 동안 호텔은 한 개인이 소유하고 경영하는 개별경영 호텔들이 가장 일반적인 형태였다. 이러한 추세 속에서 체인경영을 최초로 시도한 사람은 바로 19세기 말 스위스 태생의 리츠(Cesar Ritz)이다. 그 당시 리츠는 성공한 호텔 경영인으로 유럽 호텔산업계에서 매우 유명하였다. 리츠가 경영하는 호텔마다 대단한 성공을 이루자 그 당시 많은 주변 호텔들이 리츠에게 도움을 요청하였다. 리츠는 도움을 요청한 개별경영 호텔로부터 해당 호텔의 경영자를 선발하고 감독할 수 있는 권한을 갖는다는 조건 아래 유럽의 여러 호텔들의 경영에 참여하였다. 이는 바로 현대 호텔 경영계약의 효시라고 볼 수 있다. 그뿐만 아니라 그는 일정한 계약을 맺어 자신의 이름을 다른 호텔들이 사용하여 광고할 수 있도록 허용하기도 하였다. 이는 바로 호텔 프랜차이징의 효시라고 볼 수 있다.

리츠 이후 현대 체인호텔 발전에 많은 영향을 미친 경영자는 바로 스타틀러(E. M. Statler)이다. 그는 현대 호텔경영에 끼친 여러 뛰어난 공적 이외에도 1908년 개관한 최초의 상용 호텔이 성공한 것을 기반으로 하여 10개의 스타틀러 체인을 구축하여 현대 체인호텔의 발전에 상당한 영향을 미친 것으로도 유명하다. 스타틀러는 단일 경영층 휘하에 수개의 대형 호텔을 경영함으로써 경제적 및 재무적 효과를 실현한 최초의 호텔 경영자이다. 그는 체인경영에 있어서 구매, 원가관리, 마케팅을 공동으로 실시함으로써 영업 이익을 개선할 수 있었다. 또한 스타틀러는 소속 호텔들의 스타일과 규모를 비슷하게 하여 체인호텔 서비스 표준화에 상당히 기여하였다. 이와 같이 스타틀러는 호텔경영에 있어서 체인경영이 얼마나 효율적인가를 실제 보여줌으로써 현대 호텔산업의 발전방향을 제시해 주었다.

스타틀러의 성공에도 불구하고 체인 개념은 세계 1, 2차 대전 기간 동안 주위의 관심을 끌지 못하였다. 그 당시 매우 유명했던 개별경영 호텔의 소유주들은 체인호텔 경영자들을 무시하기조차 하였다.

2) 체인호텔의 기반조성

스타틀러 이후 체인경영 개념이 비로소 뿌리를 내리고 확대 · 발전할 수 있었던 것은 바로 힐튼(Conrad Hilton), 윌슨(Kemmons Wilson) 등과 같은 여러 호텔산업의 선구자들의 노력 덕분이라고 할 수 있다. 이들은 체인호텔 발전의 초기 개척자들이었을 뿐 아니라 체인호텔의 국제화에 앞장선 인물들이었다. 그 중에 힐튼은 체인호텔의 성장을 촉진했던 호텔 경영계약의 창시자로 그 공로를 인정받고 있다. 또한 Holiday Inns의 설립자였던 윌슨(Kemmons Wilson)은 Holiday Inns 브랜드 프랜차이징 및 전국 예약 네트워크 구축을 통하여 1950년 및 60년대에 프랜차이징을 통한 호텔산업의 체인화에 상당한 기여를 한 인물이다. 프랜차이징 기법은 1950년대 중반 이전 당시 체인호텔들의 일반적인 경영방식이었던 소유직영 방식보다 체인호텔의 빠른 성장을 가능케 하였다.

1970년 및 80년대 들어서 체인호텔들은 프랜차이징보다는 주로 경영계약이라는 수단을 활용하여 기존의 호텔 소유주 및 투자가들과 긴밀한 협조 아래 호텔시장에서 그 영역을 급속히 확장시켜 나갔다. 프랜차이징을 통한 기업규모 확대 속도가 저조했던 이유는 다음에 구체적으로 설명되지만 전체 체인호텔의 서비스 질 관리가 용이하지 않다는 문제 때문이었다.

3) 체인호텔의 세계화

미국의 주요 체인호텔들은 자신의 강력한 브랜드와 경영 효율성을 앞세워 비교적 단기간에 국내 시장을 석권할 수 있었다. 체인호텔들의 성장은 여기서 멈추지 않았다. 1970년대부터 체인호텔들은 본격적으로 해외시장에 관심을 갖기 시작했다. 그 당시 해외시장에서는 체인호텔의 개념이 매우 생소한 상황이었기 때문에 체인호텔 입장에서 본 해외시장은 대단히 매력적이었다. 자국의 낙후된 호텔산업의 발전을 원했던 당시 외국 여러 정부들도 경쟁력 있는 미국의 체인호텔의 진출은 매우 반가운 일이었다. 왜냐하면 자국 호텔산업의 질적 향상을 위한 매우 좋은 기회라고 인식했기 때문이다. 외국 정부들은 체인호텔의 적극적인 영입을 위해 지불 보증이나 지분 참여를 통하여 재무적 위험을 떠맡았을 뿐 아니라 매우 유리한 조건을 제시하였다. 이에 따라 Hilton International과 Inter-Continental 등과 같이 초기에 해외시장에 진출했던 미국 체인호텔들은 자신에게 매우 유리한 조건으로 경영계약을 체결할 수 있었다. 이에 체인호텔들은 호텔산업이 낙후된 국가에서 가장 절실히 원했던 인지도가 높은 브랜드뿐 아니라 선진 경영 및 마케팅 기법을 제공하였다. 미국 체인호텔들은 강력한 브랜드와 선진 호텔경영 기법을 무기로 한동안 세계 호텔산업을 지배하다시피 했다.

그러나 어느 정도 시간이 흐르면서 자국의 발전된 경제력을 바탕으로 그동안 꾸준히 경쟁력을 갖추어 온 유럽 및 아시아의 체인호텔들도 기업규모의 확대를 위하여 적극적으로 해외 시장진출에 노력하였다. 가장 대표적인 체인호텔이 프랑스의 Accor 그룹이라고 할 수 있다. 그 결과 한때 미국 체인호텔들의 독무대였던 세계 호텔산업은 현재 미국, 유럽, 아시아 여러 세계 체인호텔들의 각축장이 되고 있다.

4) 체인호텔의 시장세분화

점차 경쟁적으로 변하여 가는 마케팅 환경에 적극 대처해야 하면서 일정한 성장속도를 유지해야 하는 체인호텔들은 국제화에만 의존하지 않았다. 지속적인 성장전략의 일환으로 일부 체인호텔들은 1980년대부터 시장세분화(market segmentation)라는 마케팅 개념을 도입하기 시작했다.

그들은 기존의 호텔시장을 세분화하여 각 세분시장에 맞는 새로운 브랜드를 개발하여 호텔시장에 출시하기 시작했다. 시장세분화에 가장 적극적인 대표적인 체인호텔이 바로 Holiday Inns와 Marriott라고 할 수 있다. 예를 들어 Holiday Inns 체인의 호텔상품은 원래 중산층을 위한 것이었다. 그들은 거기서 만족하지 않고 시장세분화를 통하여 상류층을 대상으로 한 Crowne Plaza, 경제적 여력이 별로 없는 소비자들 대상으로 한 Hampton Inns, 경제적 여력이 있는 장기 체류자들을 대상으로 한 Embassy Suite, 경제적 여력이 별로 없는 장기 체류자를 대상으로 한 Homewood Suite 등 추가로 4개의 신규 브랜드를 출범시켰다. 이러한 시장세분화를 통한 신규 브랜드의 체인화 전략은 체인호텔들에게 엄청난 성장의 기회를 제공했다. 예를 들어 과거에는 어떤 특정 지역에 한 개의 Holiday Inns 호텔밖에 진출할 수 없었으나 시장세분화 이후 Holiday Inns 이외에도 추가로 Crowne Plaza, Hampton Inns, Embassy Suite, Homewood Suite 등이 진출할 수 있

그림 4-1 체인호텔의 발전과정

게 된 것이다.

이상에서 보는 바와 같이 호텔의 초기 개념은 유럽에서 확립되었다 하더라도 세계 호텔산업의 실질적인 발전은 미국에 의해서 주도가 되었다고 해도 과언이 아닐 정도로 미국 체인호텔들이 세계 호텔산업 발전에 미친 영향은 지대하다. 미국 체인호텔들은 호텔 경영과 소유의 분리, 호텔 시장의 세분화, 운영의 표준화, 호텔 건축의 표준화, 프랜차이징, 경영계약, 중앙컴퓨터예약시스템 등의 새로운 개념을 도입하여 호텔산업이 양적으로나 질적으로 발전하는 데 있어서 지대한 공헌을 하였다. 미국 기업에 주도되고 있는 세계 호텔산업의 발전은 아직 진행형이다. 세계 최고 50대 호텔체인 중에서 반수 이상이 아직 미국에 그 본부를 두고 있다는 사실만 보더라도 이러한 사실을 입증하고 있는 것이다. 하지만 그간 성장한 유럽 및 아시아 대형 호텔기업들이 기존 체인 브랜드를 인수 및 합병하거나 신규 브랜드를 출시하면서 빠른 속도로 성장하고 있어 점차 경쟁적 환경이 조성되고 있는 것도 분명한 사실이다.

CASE 06 쉐라톤 서울 팔래스 강남 호텔, 공식 개관

강남권 첫 쉐라톤호텔

더팔래스호텔 서울이 '쉐라톤' 브랜드로 리뉴얼하고 본격적인 사업에 나선다.

쉐라톤 서울 팔래스 강남 호텔(이하 쉐라톤 팔래스)은 오는 8일 공식 오픈한다고 4일 밝혔다.

더팔래스호텔 서울과 서주산업개발은 지난 4월 스타우드 호텔&리조트와 브랜드 계약을 체결하고 그동안 쉐라톤호텔로의 리브랜딩을 진행해 왔다.

새롭게 탄생한 쉐라톤 팔래스는 국내 4번째, 그리고 강남권에서는 첫 번째 쉐라톤호텔이다. 1982년에 개관한 특1급 호텔로서 갖춰온 노하우와 쉐라톤만의 글로벌 스탠더드를 결합한 호텔을 선보인다는 방침이다.

쉐라톤 팔래스는 스위트룸 22실, 발코니룸 5실을 포함해 총 341개의 객실을 갖추고 있으며, 쉐라톤호텔만의 어메니티와 서비스를 제공한다.

지난해에는 리노베이션을 통해 130평 규모, 4m 층고의 클럽 라운지와 2~5층에는 피트니스, 실내 수영장, 스파를 새롭게 완비했다.

레스토랑은 일식당 다봉, 중식당 서궁, 뷔페 에이치가든(h'_garden), 카페 투톤 등 4개가 있다. 또 지난해 미팅룸 4개를 신설하는 등 최소 15명부터 최대 600명까지 수용 가능한 총 11개의 연회장 및 미팅룸을 갖추고 있다.

쉐라톤 팔래스는 지하철 3,7,9호선 3개가 만나는 고속터미널역에 위치해 접근성이 뛰어나다. 강남의 금융 중심지와 법원, 검찰청, 대학병원 등의 공공기관, 코엑스, 예술의 전당 등의 문화시설과도 인접해 있고 도보 10분~15분 내에 신세계 백화점, 파미에스테이션, 서래마을, 한강공원 등이 있다.

출처: 뉴스웨이, 2016.7.

CASE 07 워커힐, 홀로서기 시작…대대적 리뉴얼 착수

SK네트웍스가 글로벌 호텔 체인 스타우드사와 결별하고 워커힐호텔을 독자 운영한다. 워커힐은 홀로서기를 위해 대대적인 호텔 리뉴얼에 나설 계획이다.

10일 SK네트웍스는 내년 1월 1일부터 스타우드의 브랜드인 '쉐라톤'과 'W' 사용을 종료하고 자체 브랜드 '워커힐'을 운영키로 했다고 밝혔다. SK네트웍스 측은 "다양한 접객 서비스와 국제행사를 통해 검증된 호텔 경영능력과 국내외 탄탄한 고객층을 지닌 '워커힐' 브랜드에 대한 자신감과 함께 쉐라톤과 W라는 브랜드로 호텔을 이원화해 운영하는 것보다 워커힐이라는 통합 브랜드로 운영하는 것이 더욱 효과적이라는 판단에 따른 것"이라고 독립 배경을 밝혔다.

새로운 시작을 위해 쉐라톤 그랜드 워커힐은 올 들어 '패밀리 프렌들리' 콘셉트로 '워커힐 키즈 클럽'과 실내수영장 내 '키즈풀'을 신설해 어린이 동반 가족을 위한 리모델링과 신축공사를 진행하는 등 독자적인 이미지 구축에 나섰다. 이와 함께 '헬스&힐링'을 키워드로 내년 상반기 3

개월 동안 본관 클럽층 스위트 객실을 새롭게 단장할 계획이다. W 서울 워커힐 역시 내년 1월부터 3개월간 영업을 중단하고, 워커힐 통합 브랜드 호텔로 4월 중 새롭게 문을 열 예정이다. 아울러 1,200억원을 투자해 조성할 계획인 연면적 1만 2,000평의 세계적인 '워커힐 리조트 스파'(사진)가 2018년 말 완공되면 워커힐호텔은 우리나라를 대표하는 명실상부한 '도심 속 휴양 명소'로 자리 잡을 전망이다. 워커힐 리조트 스파는 세계 최장의 인피니티 풀과 사계절 이용할 수 있는 스파 시설을 갖출 예정이다.

출처: 서울경제, 2016.10.

제 3 절 체인경영 기법—프랜차이징

1. 프랜차이징의 개념

호텔 프랜차이징(franchising)은 기본적으로 호텔체인 본사(franchisor)와 호텔 소유주(franchisee)와의 계약으로서, 체인 본사가 호텔 소유주에게 브랜드의 사용과 다양한 서비스를 제공하는 계약이다. 그 대가로 호텔 소유주는 체인 본사에 그에 상응하는 비용을 지불해야 한다.

소유주는 체인 본사로부터 호텔경영에 도움이 되는 다양한 지원을 제공받지만 경영권은 소유주에게 있다. 일반적으로 프랜차이즈 계약하에서 체인 본사는 산하 호텔들에 대한 소유권 및 재무적 이해관계가 없기 때문에 산하 호텔들의 성공 여부에 직접적 책임은 없다고 볼 수 있다.

프랜차이징 전략을 추구하는 대부분의 체인호텔들은 처음에 주로 체인 본사 소유직영 형태의 체인호텔로 시작한다. 이들 중 성공적인 경영을 통하여 경쟁력 있는 체인호텔로 호텔시장에서 인정받은 호텔들은 성장전략의 일환으로 호텔 소유주 또는 호텔 투자가들에게 프랜차이징 기회를 제공하게 된다. 호텔 소유주 또는 투자가 입장에서도 이러한 프랜차이징 기회는 투자자금 회수 가능성을 높여주는 좋은 기회이다. 이와 같이 기업 규모를 확대하려는 체인호텔과 안전한 투자자금 회수를 바라는 호텔 소유주와의 이해관계가 일치하면서 프랜차이징 현상이 일반화되었다고 할 수 있다.

2. 프랜차이징의 주요 내용

체인 본사에서 제공하는 서비스는 개별 체인호텔마다 다양할 수 있으나 일반적으로 다음과 같이 호텔운영을 위한 지원서비스, 기술적 측면의 지원서비스, 마케팅 지원서비스 등 3가지의 서비스로 분류된다. 체인 본사는 서비스 제공에 대한 대가로 호텔 소유주로부터 다양한 형태의 금전적 보상을 받는다.

1) 호텔운영 지원

유명한 체인 본사는 이미 잘 구축된 호텔 운영절차(operating procedure)를 가지고 있기 때문에 호텔 소유주가 이를 활용하면 성공적 호텔 운영에 큰 도움이 된다. 체인 본사는 호텔 소유주에게 체인 본사의 영업방식을 잘 이해하고, 이에 따라 호텔을 운영할 수 있도록 영업방식의 아주 구체적인 면까지 세밀하게 기술한 운영 편람 또는 교범(operating manual)을 제공한다. 이 교범들은 단 한번 제작에 그치는 것이 아니라 기업의 환경 변화에 따라 지속적으로 개정되어 호텔 소유주들에게 제공된다.

새롭게 호텔사업을 시작하는 데 있어서 가장 커다란 문제는 유능한 인적자원을 어떻게 확보하느냐 하는 것이다. 체인 본사는 이러한 문제를 돕기 위하여 호텔 소유주들에게 직원들을 교육시킬 수 있는 체계적인 교육프로그램을 제공하고 있다. 이 교육은 본사 산하 체인호텔들의 전 직원 또는 일부 직원을 대상으로 실시하는 것으로써 대부분의 체인 본사들이 의무화하고 있다.

또한 체인 본사는 정기적으로 본사 소속의 지역 관리자 또는 검열관을 산하 호텔에 파견한다. 그들의 기본적인 임무는 체인 본사가 요구하는 수준으로 호텔이 운영되는지 여부를 확인하는 것이다. 이외에도 그들의 중요 임무에는 호텔운영의 여러 측면에 대한 조언 및 지원을 하는 것도 포함된다. 예를 들어 특정 산하 호텔을 방문한 검열관은 조직구조를 검토하고 인건비 감축을 위한 귀중한 제안을 할 수 있다. 또는 식음료 구매, 영업용 소모품, 설비 등과 같은 분야에서 원가를 절감할 수 있는 귀중한 아이디어를 호텔 소유주에게 제공하기도 한다.

2) 마케팅 지원

호텔 소유주가 프랜차이징 계약을 원하는 가장 큰 이유 중에 하나가 바로 체인 본사가 지니고 있는 마케팅 능력이라고 할 수 있다. 유명 체인 본사들이 구사하고 있는 다양한 마케팅 기법들은 이미 호텔시장에서 우수성이 입증된 것이다. 체인 본사가 산하 호텔에게 지원하는 마케팅 서비스는 다음과 같다.

첫째, 본사는 자사 브랜드 사용을 호텔 소유주들에게 허가하고 있다. 호텔 소유주 입장에서 체인 본사의 브랜드는 자신의 성공과 실패를 가늠할 수 있는 매우 중요한 요인이다. 왜냐하면 소비자들의 호텔선택은 브랜드 인지도에 따라 좌우되는 경향이 많기 때문이다. 따라서 높은 인지도를 가진 본사의 브랜드는 호텔 소유주가 운영하는 호텔의 성공 가능성을 높여준다.

브랜드 사용 이외에도 본사가 제공하는 마케팅 프로그램에서 중요한 것은 앞서 언급된 바와 같이 본사에서 운영하는 중앙예약시스템이다. 많은 소비자들은 호텔예약을 할 때 그 편의성 때문에 유명 체인호텔의 중앙예약시스템을 자주 활용한다. 일단 중앙예약시스템에 접수된 소비자들의 예약은 해당 산하 호텔로 분배된다. 실제 산하 호텔의 전체 매출에서 중앙예약시스템을 경유한 예약이 차지하는 비중이 상당할 정도로 그 규모는 매우 크다.

광범위하고 통합된 광고프로그램 역시 효과적인 중앙예약시스템과 마찬가지로 중요한 요소이다. 본사 브랜드를 대중에게 알리는 광고캠페인을 흔히 공동광고(joint advertising)라고 한다. 그 이유는 이러한 광고 캠페인이 어떤 특정 호텔만을 광고하는 것이 아니라 체인 전체를 알리도록 고안된 것이기 때문이다. 체인 본사가 공동광고 캠페인을 위해 주로 선택하는 매체는 주로 신문, 잡지, 라디오, TV 등을 들 수 있다. 대부분의 광고캠페인들은 매체에 상관없이 자사의 브랜드를 가지고 있는 모든 호텔들의 일관된 서비스 품질에 대하여 강조한다.

이외에도 체인 본사가 활용하는 마케팅 전략에는 판매 네트워크를 이용하는 방법이 있다. 대부분 체인 본사들은 전략적 지역에 판매 사무소를 운영하여 그 지역 내 모든 산하 호텔들을 위한 다양한 판매활동을 펼치고 있다. 이런 형태의 판매는 주로 단체나 컨벤션 시장을 주로 겨냥하고 있으나 상용 시장을 대상으로 하는 경우도 있다.

3) 기술적 지원

체인 본사는 호텔 소유주에게 다양한 형태의 기술적 지원도 제공한다. 이것은 프랜차이징 계약에서 본사가 제공하는 기본 서비스는 아니다. 호텔 소유주는 자신의 선택에 따라 별도의 비용을 지불하고 체인 본사로부터 기술적 측면의 지원을 받을 수 있다. 기술적 지원 범위는 개별 체인 호텔마다 다양하다. 어떤 체인 본사의 경우 호텔 입지분석 및 입지선택에 대한 서비스를 제공한다. 또는 재무와 관련된 지원 및 조언을 제공하기도 한다. 여기에는 예산 및 타당성 분석을 지원하는 것으로부터 대출이 가능한 금융기관을 소개하거나 대출 관련 문제를 해결해 주는 것에 이르기까지 매우 다양하다. 경우에 따라서 본사는 건축 지원서비스도 제공한다. 체인 본사는 소속 건축사를 활용하여 산하 호텔의 완벽한 설계를 제공할 수 있다. 또한 실내 장식, 프로젝트 관리, 건축 감리 등의 서비스도 체인 본사가 제공하는 기술적 측면의 서비스라고 할 수 있다. 마지막으로 체인 본사는 신규로 체인에 가입한 호텔 소유주에게 있어 중요한 부분인 구매 서비스도 제공한다. 구매서비스가 자주 활용되는 분야는 린넨, 도기, 식기류, 고객용 소모품 등과 같이 호텔 영업에 필요한 소비재 분야이다.

3. 프랜차이징 비용

일반적으로 호텔 소유주가 체인호텔들의 프랜차이징 계약을 평가할 때 가장 중요하게 생각하는 것 중에 하나가 바로 프랜차이징에 따른 비용 구조 및 액수라고 할 수 있다. 호텔 프랜차이징 비용이란 호텔 소유주가 체인 본사의 브랜드, 로고, 이미지, 영업권, 운영방식, 마케팅, 중앙예약시스템 등의 다양한 지원 대가로 체인 본사에게 지불하는 보상이다. 호텔 소유주가 체인 본사에 지불해야 하는 프랜차이징 비용에는 기본적으로 1) 프랜차이즈 가입비(initial franchise fee), 2) 프랜차이즈 사용료(royalty), 3) 예약료(reservation fee), 4) 마케팅 비용(marketing fee) 등으로 구성되어 있다.

그림 4-2 프랜차이징의 개념

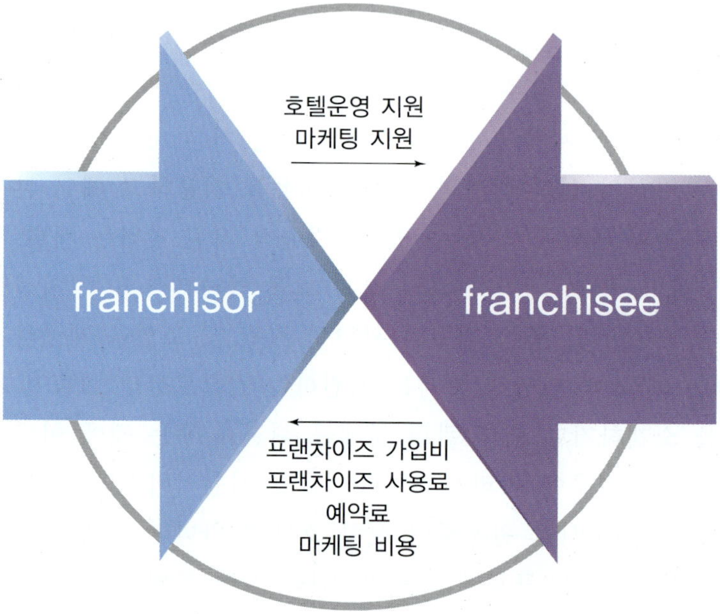

먼저 프랜차이즈 가입비는 말 그대로 최초 특정 프랜차이징 시스템에 가입할 때 지불하는 금액을 의미한다. 가입비는 일반적으로 객실당으로 산정되기도 하고 총액으로 산정되기도 한다. 가입비는 보통 최초 가입 시 소유주가 한번만 지불하면 된다.

프랜차이즈 사용료는 브랜드, 로고, 영업권 및 기타 서비스를 사용하는 데 따른 보상을 의미한다. 사용료는 정기적으로 체인 본사에 지불해야 한다. 사용료의 계산은 보통 총 객실매출의 일정 비율로 계산된다.

마케팅 비용은 체인에 가입된 호텔들이 전부 수록된 디렉토리(directory)의 제작 및 배포에 소요되는 비용 이외에도 다양한 미디어를 활용한 체인 공동광고 비용에 대한 소유주들의 보상을 의미한다. 이 비용도 프랜차이즈 사용료와 마찬가지로 객실매출의 일정 비율로 계산된다.

예약료란 체인 본사가 중앙예약시스템을 유지하는 데 소요되는 비용을 보상받기 위하여 호텔 소유주들에게 일정 금액을 부과하는 것을 의미한다. 예약료 계산은 일반적으로 총 객실 매출의 일정 비율 또는 예약 접수 건당 일정 금액으로 산정한다.

4. 프랜차이징의 장단점

1) 프랜차이징의 장점

먼저 프랜차이징에 있어서 체인 본사 측면에서의 장점을 살펴보면 다음과 같다.

첫째, 체인 본사가 프랜차이징 기법을 활용하게 되면 다른 어느 경영기법보다 저렴한 비용으로 가장 신속히 성장할 수 있다. 체인 본사가 소유직영 방식을 채택할 경우 이익을 축적하거나 외부 자본을 직접 조달해야 하는 관계로 다른 경영기업보다는 성장속도가 느릴 수밖에 없다. 또한 경영계약과 같이 호텔경영에 필요한 경영진이 필요하지도 않다. 따라서 프랜차이징 기법은 체인호텔이 활용하는 소유직영 및 경영계약보다 저렴하면서도 빠른 성장 수단으로 활용되고 있다.

둘째, 소비자 인지도 및 브랜드 충성도를 단기간에 신속히 높일 수 있다. 체인호텔에 있어서 소비자 인지도는 매우 중요한 속성의 하나이다. 인지도란 광고와 판촉을 통해서도 높일 수 있지만 소비자로 하여금 호텔을 직접 보고 사용할 수 있게 하여 높일 수도 있다. 체인호텔들은 주요 시장에 자사의 호텔을 위치하게 함으로써 잠재적 소비자로 하여금 호텔을 선택하기 전에 자사의 호텔을 직접 보고 판단할 수 있는 기회를 제공하고 있다. 대부분의 소비자들은 호텔선택에 있어 까다롭기 때문에 호텔상품 구매과정에 있어 상품에 대한 직접 정보를 중요시 한다. 체인의 빠른 성장은 체인에 대한 소비자들의 인지도를 높일 수 있는 좋은 기회를 제공하고 있다.

한편 프랜차이징 경영에 있어서 호텔 소유주 측면에서의 장점을 살펴보면 다음과 같다.

첫째, 체인 산하 호텔의 가장 큰 장점은 개관 후 신속히 소비자 인지도를 높일 수 있다는 점이다. 여행자들은 낯선 지역을 여행하면서 호텔에 투숙할 때 친숙한 이름과 이미지를 가진 체인호텔을 선택하는 경향이 높다. 왜냐하면 체인호텔의 경우 어디서나 동일한 수준의 서비스를 제공하고 있기 때문이다. 따라서 소비자들은 생소한 이름의 호텔을 선택하였을 때 감수해야 하는 위험을 최소화하기 위하여 믿을 수 있는 체인호텔을 선택하게 된다.

둘째, 성공적인 호텔운영을 위한 체인 본사의 다양한 지원을 받을 수 있다. 체인 본사는 앞서 언급된 바와 같이 체인의 공동광고, 본사의 광범위한 중앙예약시스템 활용, 대량구매, 정기적 감독 및 사업상 조언 등 다양한 지원을 제공한다. 특히 경험이 별로 없는 호텔 소유주에게 있어서 운영 교본은 호텔 운영에 있어서 커다란 도움이 된다. 이 교본은 수십 년 동안 체인운영으로부터 축적된 성과라고 할 수 있으며 호텔 소유주에게 매우 유익한 경영정보를 포함하고 있다. 또한 체인 본사에서도 인력자원에 대한 교육을 제공하지만 종사원 교육훈련 교본 및 비디오 제공을 통하여 간접적으로 호텔 내 교육훈련을 지원하기도 한다.

2) 프랜차이징의 단점

체인 본사가 프랜차이징 기법을 채택하는 데 있어서 가장 큰 단점은 산하 호텔들에 대한 통제수단이 부족하다는 점이다. 프랜차이징 계약하에서 호텔 경영권은 소유주에게 있다. 따라서 체인 본사는 산하 호텔들의 영업에 영향을 미칠 수 있는 권한이 별로 없다. 물론 프랜차이즈 계약하에서 체인 본사는 본사 감독관이 정기적으로 산하 호텔을 감독하는 과정에서 호텔의 이미지나 품질에 대한 관리를 시도한다. 하지만 때로 산하 호텔들이 체인 본사가 요구하는 수준의 이미지나 서비스 질을 제대로 유지하지 못하는 경우가 발생한다. 이럴 때는 소수 호텔의 부정적 이미지가 전체 체인으로 확대될 가능성이 높게 된다. 물론 체인 본사는 체인의 이미지나 명예를 훼손하는 산하 호텔에 대하여 계약해지라는 최종 통제수단을 소유하고 있긴 하지만 이것 역시 그리 쉬운 일은 아니다.

한편 호텔 소유주 관점에서 본 프랜차이징 계약의 단점은 다음과 같다.

표 4-4 프랜차이징의 장 · 단점

체인 본사	장점	- 신속한 성장 - 신속한 소비자 인지도 및 브랜드 충성도 획득
	단점	- 통제수단 미비에 따른 서비스 질 유지의 어려움
호텔 소유주	장점	- 신속한 소비자 인지도 확보 - 본사의 다양한 지원
	단점	- 과다한 비용발생 가능성 - 호텔의 성공을 보장하지 않음

첫째, 잘못된 체인 본사를 선정하게 되면 과다한 비용이 발생될 수 있다. 예를 들어 특정 지역시장의 성격이 중저가 호텔 개념이 적합함에도 불구하고 호텔 소유주가 고급 체인호텔과 프랜차이징 계약을 맺는다면 저조한 매출에 따른 영업 손실, 다른 체인호텔과 재계약해야 되는 추가 부담 등 과다한 비용지출이 예상된다.

둘째, 프랜차이징이 반드시 소유주 호텔의 성공을 보장하지 않는다는 점이다. 일반적으로 체인 본사가 호텔 소유주들에게 제공하는 다양한 서비스는 소유주 호텔의 성공 가능성을 높여주긴 하지만 프랜차이징 가입이 성공을 보장하는 열쇠는 아니라는 것이다. 프랜차이징 계약에 의하면 경영실패에 대한 책임은 호텔 소유주에게 있다. 체인 본사는 다양한 서비스 제공에 대한 보상 이외에는 어떤 재무적 이해관계가 없다. 때로 체인 본사는 지역 상황에 전혀 맞지 않음에도 불구하고 체인의 통일된 이미지 및 서비스 질을 유지하기 위하여 호텔 소유주에게 대규모 투자를 요구하기도 한다. 식당 및 라운지의 표준 영업시간의 준수, 24시간 도어 어탠던트(door attendant) 서비스 및 룸 서비스(room service)의 유지, 무료 주차 등이 바로 이러한 예에 해당된다. 본사의 이러한 요구는 소유주 호텔의 수익성을 악화시키는 요인이 되기도 한다.

제 4 절 체인경영 기법 — 경영계약

1. 경영계약의 개념

경영계약(management contract)이란 호텔경영회사(operator)가 호텔 소유주(owner)를 대신하여 책임지고 소유주의 호텔 운영 및 경영을 책임지는 계약을 의미한다. 일반적으로 경영계약 아래서 호텔경영회사는 호텔경영의 모든 면을 책임지는 반면에 개인투자가, 기업, 금융기관, 보험회사, 정부 등 다양한 호텔 소유주들은 경영관련 의사결정에 참여하지 않고 호텔경영에 필요한 운영자금, 영업비용, 금융비용 등 모든 재정적 부담을 진다. 호텔경영회사는 호텔 소유주 대신에 호텔경영을 책임지고 그 대가로 일정한 보상을 받는다. 결국 호텔 경영계약은 다른 경영방식과는 달리 경영권과 소유권이 분리되는 형태의 경영방식이라고 할 수 있다.

경영계약을 통해 소유주 호텔의 경영 전반을 책임지는 호텔경영회사에는 2가지 종류가 있다. 먼저 유명 체인호텔의 본사가 호텔경영회사의 역할을 수행하는 것이다. 이른바 체인 호텔경영회사라고 할 수 있다. 대부분의 호텔 소유주들은 이들 회사와 경영계약 관계를 유지하려 한다. 그 주요 이유는 호텔경영에 경험이 많지 않은 호텔 소유주들에게는 유명 체인호텔과의 경영계약이 매우 매력적이기 때문이다. 실제 체인호텔과 경영계약을 체결하는 경우 본사의 우수한 경영진들이 소유주 호텔에 파견되어 경영에 대한 전반적인 책임을 질 뿐 아니라 체인 본사로부터의 강력한 마케팅 지원이 제공되어 호텔투자의 성공가능성을 한층 높일 수 있다는 장점이 있다. 경영계약을 통해 성장을 추구하는 대표적인 체인호텔들은 Hilton, Four Seasons, Hyatt, Marriott 등이다.

호텔경영회사의 두 번째 범주는 단순히 전반적인 호텔경영만을 책임지는 회사이다. 이른바 독립 호텔경영회사라고 할 수 있다. 이들 회사와 체인 호텔경영회사와의 큰 차이점은 체인호텔이 제공하는 강력한 마케팅 지원이 없다는 점이다. 이 회사들은 주로 개별경영 호텔들 및 체인 특히 프랜차이징 시스템하에서 운영되는 호텔들의 경영을 책임지고 있다.

2. 경영계약의 일반적 내용

경영계약하에서 호텔경영회사는 먼저 소유주 호텔의 운영 및 관리에 대한 책임을 진다. 또한 경영회사는 호텔 내에 모든 근무자의 선발, 승진, 해고, 감독 권한을 가진다. 이외에도 회계부서의 관리 및 감독, 호텔 운영에 필요한 모든 기자재 구매, 호텔 시설관리 및 유지가 경영회사로서 해야 할 의무이다. 다시 말한다면 호텔의 운영 및 경영상 요구되는 모든 직무를 소유주 대신 수행하는 것이다.

대부분의 호텔 경영계약은 주로 호텔 운영에 관련된 사항들을 기술하고 있으나 새로 신축하는 호텔의 소유주는 호텔경영회사와의 추가 계약을 통하여 개관 전 서비스(pre-opening service)를 제공받을 수 있다. 일반적으로 개관 전 준비단계에서 호텔경영회사가 제공하는 서비스에는 개관 전 예산 작성, 초기 인적자원 선발, 광고 및 판촉, 호텔 운영에 필요한 각종 인허가 취득, 각종 비품 구매, 호텔 운영에 필요한 기계, 설비 등의 설치, 마케팅 계획 수립, 회계 시스템 구축 등이 있다.

호텔경영회사는 소유주들에게 기술적 서비스를 제공하기도 한다. 여기에는 주로 호텔 배치, 설계, 건축 등과 관련된 모든 기술적 측면의 서비스를 포함하고 있다. 대표적인 예로서는 호텔 설계, 프로젝트 감리, 호텔 타당성 조사, 건축에 필요한 자본조달 등을 들 수 있다.

한편 경영계약하에서 호텔 소유주들은 먼저 호텔 건축 및 경영에 소요되는 모든 자본을 부담하여야 한다. 만약 호텔 운영결과 손실이 발생하는 경우에도 소유주가 그 부족분을 채워야 한다. 또한 경영계약에 있어서 가장 핵심이 되는 사항의 하나는 어떠한 경우라도 소유주가 경영에 간섭을 해서는 안 된다는 것이다.

3. 경영계약 비용

호텔 소유주가 경영계약의 대가로 호텔경영회사에 지불하는 보상 금액을 흔히 경영계약 비용이라고 한다. 현재 경영계약하에서 보상금액을 결정하는 방식은 다음과 같이 3가지 방식이 있다. 어떤 방식에 의해 보상액수를 결정할 것인가는 호텔 소유주와 호텔경영회사와의 협상에 따라 달라질 수 있다.

첫째, 총매출액을 기준으로 계산하는 방법이다. 이 방법은 총매출액 대비 특정 비율(%)을 경영계약 비용으로 산정하는 것이다. 여기서 특정 비율이란 소유주와 경영회사 간의 타협의 결과를 의미한다. 이러한 산정방식은 호텔경영회사에 유리한 방법이라고 할 수 있다. 왜냐하면 매출액이 늘어나면 늘어날수록 경영계약 비용이 많아지는 구조이기 때문에 호텔경영회사는 수익성은 도외시하고 가능한 광고비와 같은 비용지출을 확대하여 매출증대만을 꾀할 가능성이 많기 때문이다. 손실이 발생하는 최악

그림 4-3 경영계약의 개념

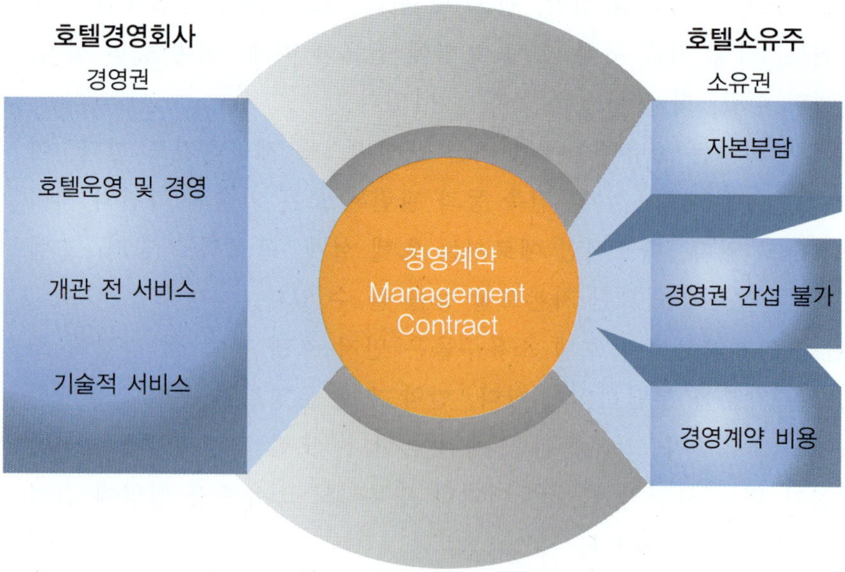

의 경우에도 경영회사는 상당한 액수의 보상을 받을 수 있다.

둘째, 영업이익을 기준으로 경영계약 비용을 계산하는 방법이다. 이 방법은 영업이익 대비 특정 비율(%)을 경영계약 비용으로 산정하는 것이다. 이러한 산정방식은 호텔 소유주에게 유리한 방법이라고 할 수 있다. 왜냐하면 수익을 가능한 많이 내도록 호텔경영회사에게 압력을 가하기 때문이다. 손실이 발생하는 경우 그 원인이 내적 요인이든 아니면 경영회사로서는 어찌할 수 없는 경제침체와 같은 외적 요인이든 간에 호텔경영회사는 어떤 보상도 받지 못한다.

셋째, 앞서 언급된 2가지 방식을 혼합하여 계산하는 방법이다. 다시 말해서 총 매출액과 영업이익을 혼용하여 계산하는 방법이다. 예를 들어 양자 간의 협상을 통하여 총 매출액의 2% 및 영업이익의 15%라는 비용 산정방식이 결정되었다고 하자. 이 의미는 호텔 소유주는 손실 발생과 상관없이 매출액의 2%를 경영계약 비용으로 보상해야 하며, 만약 영업이익이 발생한다면 그 영업이익의 15%를 추가해서 보상한다는 의미이다. 이 방식은 경영계약 수행에 있어서 호텔경영회사가 그간 투입한 노력에 대한 최소한의 보상을 보장해 주는 매출액 기준으로 한 산정방식이 적용됨과 동시에 호텔경영회사가 경영성과를 높이도록 동기 부여해주는 영업이익 기준으로 한 산정방식이 혼용되어 있다. 이러한 산정방식은 양자에게 이익이 되는 가장 공정한 방식으로 평가되고 있어 오늘날 대부분의 경영계약에 적용되고 있다.

4. 경영계약의 장단점

1) 경영계약의 장점

먼저 호텔경영회사 측면에서 본 경영계약의 장점을 살펴보면 다음과 같다.

첫째, 호텔경영회사, 특히 체인 호텔경영회사에게 있어서 경영계약은 프랜차이징과 유사하게 저렴하면서 신속한 성장수단이라는 점이다. 경영계약은 일반적으로 자본지출을 거의 필요로 하지 않기 때문에 경영회사에게 있어서는 적은 투자로 기업규모를 신속히 확대할 수 있는 훌륭한 수단이 된다.

둘째, 경영계약은 호텔경영회사에게 있어서 기업규모 확대에 있어서 위험도가 낮은 성장수단이다. 경영계약하에서 호텔 소유주는 모든 운영자금, 자본비용에 대한 책임을 지고 있다. 경영결과 손실이 발생한다 하더라도 그 부족분은 소유주 부담이다. 따라서 호텔경영회사는 아무런 재무적 위험성을 갖지 않을 뿐 아니라 소유주가 지불하는 경영계약 비용으로 수익을 창출할 수 있다.

셋째, 산하 호텔들의 엄격한 품질관리가 가능하다. 경영계약하에서 호텔경영회사는 경영의 모든 통제권을 가지고 있기 때문에 호텔 서비스의 질 및 호텔의 이미지에 대한 철저한 관리가 가능하다. 이는 특히 양질의 호텔 서비스와 고급 브랜드 이미지로 유명한 고급 체인호텔들에 있어서 매우 중요한 사항이다. 왜냐하면 만약 체인 산하의 한 호텔에 문제가 발생하는 경우 그로 인하여 그간 어렵게 획득한 전체 체인호텔의 명성이 순식간에 퇴색될 가능성이 높기 때문이다. Hyatt, Westin, Four Seasons 등과 같은 체인호텔들이 산하 호텔들에 대한 통제 수단이 별로 없는 프랜차이징 프로그램을 아예 실시하지 않고 경영계약만을 고집하는 이유도 바로 여기에 있다.

한편 호텔 소유주 측면에서 경영계약의 장점을 살펴보면 다음과 같다.

첫째, 호텔 소유주는 경영계약을 통하여 선진 경영기법을 획득할 수 있다. 특히 호텔산업에 대한 이해가 부족하거나 호텔경영에 별 경험이 없는 소유주들에게 있어서 호텔 경영계약은 투자에 대한 수익성을 확보하는데 절대적으로 필요한 선진 경영기법을 제공해주는 아주 매력적 대안이다.

둘째, 경영계약은 소유주 호텔의 브랜드 인지도를 신속히 향상시킬 수 있다. 일부 유명 체인호텔들은 앞서 언급된 품질관리의 문제로 인하여 호텔 소유주들에게 경영계약만을 허용하고 있다. 따라서 유명 체인호텔과의 경영계약은 소유주의 호텔을 국내 및 세계적으로 신속히 알릴 수 있다.

셋째, 호텔경영회사의 엄격한 품질관리는 자본조달뿐 아니라 소유주 호텔사업의 성공 가능성을 높일 수 있다. 특히 최근 호텔 투자가나 금융기관들은 호텔사업의 중요한 성공 요인 중에 하나가 품질관리에 있다는 것을 잘 알고 있다. 따라서 그들이 호텔사업에 투자하거나 대출을 결정할 때 당연히 전반적인 사업성도 검토하지만 프랜차이징보다는 호텔경영회사와의 경영계약을 요구하는 경우도 많다.

2) 경영계약의 단점

호텔 경영계약을 경영회사 측면에서 보면 다음과 단점이 있다.

첫째, 성공적인 호텔경영에 따른 보상이 불충분하다는 점이다. 일반적으로 호텔경영회사는 자신의 브랜드 이미지 유지 및 이익 창출을 위해서 최선을 다한다. 이러한 호텔경영회사의 노력 때문에 경영계약 호텔들의 자산가치는 대부분 경영계약 전보다 훨씬 향상되는 것이 일반적이다. 소유주가 만약 자신의 호텔을 매각하는 경우 그 향상된 가치는 당연히 매각가격에 반영되어 소유주는 상당한 규모의 이익을 얻을 수 있다. 하지만 호텔 가치 상승에 기여한 당사자인 호텔경영회사에게는 어떤 보상도 제공되지 않는다.

둘째, 경영계약에서는 재정적인 측면을 거의 호텔 소유주에게 의존해야 하므로 여기에 따른 문제가 발생할 수 있다. 만약 호텔 소유주에게 재정적인 문제가 발생하면 운영자금 부족, 시설투자 자금 부족 등 호텔경영상에 여러 문제를 야기할 수 있다. 심각한 경우 자금부족으로 인하여 호텔이 도산에 이르게 되어 자동적으로 경영계약이 파기될 수도 있다. 이 경우 호텔경영회사는 수익의 문제를 떠나서 그간 힘들여 구축한 명성에 심각한 상처를 받을 수 있다.

셋째, 경영계약상의 계약해지 조항은 호텔경영회사에게 부정적 영향을 미칠 수 있다. 경영계약에 의하면 호텔 소유주가 사전에 정한 비용을 지불하면 경영계약을 취소할 수 있다. 이 경우 호텔경영회사는 취소에 따른 보상을 충분히 받을 수 있지만 호텔경영회사의 공공 이미지는 실추될

표 4-5 경영계약의 장 · 단점

호텔 경영 회사	장점	- 저렴하면서 신속한 성장 수단 - 위험도가 낮은 기업규모 확대 수단 - 엄격한 품질관리 가능
	단점	- 성공적 경영에 따른 보상이 불충분 - 소유주의 재정문제 발생 시 계약파기에 따른 이미지 실추 - 소유주의 일방적인 계약 해지 시 이미지 실추
호텔 소유주	장점	- 선진 경영기법 획득 - 신속한 소유주 호텔의 인지도 향상 - 자본조달 및 사업의 성공 가능성 향상
	단점	- 경영회사에 대한 제재수단이 없음 - 경영회사의 잘못으로 인한 손실도 부담해야 함

가능성이 높다.

한편 호텔 경영계약의 단점을 호텔 소유주 관점에서 분석하면 다음과 같다.

첫째, 호텔 소유주에게는 경영계약하에서 경영권이 완전히 상실된다. 따라서 호텔경영회사가 호텔경영을 잘못한다 하더라도 호텔 소유주는 호텔경영회사를 제재할 수 없다. 호텔경영회사가 호텔을 책임지고 잘 운영한다면 별 문제가 없지만 그렇지 못한 경우 해당 경영자를 해고하기 매우 힘들다. 최근 이러한 문제를 해결하기 위해서 경영계약상에 특정 수준의 성과를 보이지 못하는 경우 해당 경영자를 해고할 수 있는 조항이 삽입되고 있다.

둘째, 어떤 경우라도 경영계약하에서의 소유주는 호텔경영회사가 손실을 기록하는 경우 그 손실을 부담해야 한다. 이것은 해당 경영자가 무능력 또는 태만에 의해서 손실이 발생한 경우라도 소유주가 그 손실을 부담해야 한다는 것을 의미한다. 따라서 소유주 입장에서는 이러한 문제에 적극 대응하기 위해서 경영자가 매출을 늘리고 비용을 줄이면 줄일수록 경영자에게 유리하도록 성과급 조항을 부가할 필요가 있다.

Bibliography

- 강한균(2010). 『다국적기업과 글로벌라이제이션』. 서울: 두남.
- 김민서(2008). 『다국적기업론』. 서울: 삼영사.
- 반병길(1999). 『경영학 원론』. 서울: 박영사.
- ______(1993). 『다국적기업관리』. 서울: 박영사.
- 이필상 외 2인(2010). 『경영학 원론』. 서울: 법문사.

- Barge, Peter(1993). International management contract. in *The international hospitality industry: organizational and operational issues.* Peter Jones & Abraham Pizam eds., London: Pitman Publishing, 117–125.
- Byrne, Andrew(1993). International hotel consortia. in *The international hospitality industry: organizational and operational issues.* Peter Jones & Abraham Pizam eds., London: Pitman Publishing, 126–132.
- Charke, Alan, & Chen, Wei(2007). *International hospitality management: concepts and cases.* Oxford, England: Butterworth–Heinemann.
- Eyster, James J.(1977). *The negotiation and administration of hotel management contracts.* New York: Cornell University Press.
- Felstead, Alan(1993). *The corporate paradox: power and control in the business franchise.* London: Routledge.
- Gee, Chuck Y.(1994). *International hotels: development and management.* MI: the Educational Institute of the American Hotel & Motel Association.
- Holcomb, Judy, & Pizam, Abraham(2008). *International dictionary of hospitality management.* Oxford, England: Butterworth–Heinemann.
- Housden, Janet(1984). *Franchising and other business relationships in hotel and catering service.* London: Heinemann.
- Khan, Mahmood A.(1999). *Restaurant Franchising.* New York: John Wiley & Sons. Inc.
- Knowles, T., Diamantis, D., & El–Mourhabi, J. B.(2004). *The globalization of tourism & hospitality.* London, England: Thomson Learning.
- Lashley, Conrad, & Morrison, Alison(2000). *Franchising hospitality services.*

London: Butterworth-Heinemann.

- Lattin, G. W., Lattin, J. E., & Lattin, T. W.(1998). *The lodging and food service industry.* MI: the Educational Institute of the American Hotel & Motel Association.
- Lundberg, Donald E.(1989). *The hotel and restaurant business.* New York: Van Nostrand Reinhold.
- Olsen, M. D. & Merna, M. M.(1993). The changing character of the multinational hospitality firm. in *The international hospitality industry: organizational and operational issues,* Peter Jones & Abraham Pizam eds., London: Pitman Publishing, 89-103.
- Powers, T., Powers, J. M., & Barrows, C. W.(2005). *Introduction to the hospitality industry.* New York: John Wiley & Sons. Inc.
- Rushmore, Stephen(1992). *Hotel investments: a guide for lenders and owners.* New York: Warren Gorham Lamont.
- Stutts, A. T., & Wortman, J.(2005). *Hotel and lodging management: an introduction.* New York: Wiley & Sons, Inc.

PART 03

호텔기업의 주요 사업분야에 대한 이해

Chapter 05

호텔기업의 주요 사업분야 Ⅰ-객실

제 1 절 호텔 객실부문의 기초

1. 객실부문의 개념 및 중요성

객실부문(room division)이란 호텔기업의 다양한 서비스 상품들을 직접 생산하고 판매하는 핵심 생산부서의 하나이다. 특히 객실부문은 객실 서비스를 생산하여 소비자들의 숙박 욕구를 충족시키는 것을 주 목적으로 하는 부서이다.

여기서 객실 서비스를 단순히 소비자들에게 잠을 잘 수 있는 공간, 즉 객실을 빌려주는 것으로 이해해서는 안 된다. 양질의 객실 서비스란 소비자가 호텔에 도착하여 출발할 때까지의 숙박 전 과정 동안 쾌적하고

▌호텔 객실

안전한 환경을 제공하는 것뿐 아니라 체류중 소비자들의 다양한 욕구를 충족시킬 수 있는 서비스를 소비자들에게 제공하는 것이다. 일반적으로 호텔의 객실부문은 호텔에 체재하는 기간 동안 소비자가 기대하는 다양한 서비스를 제공하는 하위 부서들과 거기에 소속된 여러 근무자들로 구성되어 있다.

이상과 같이 호텔의 객실부문은 호텔경영에 있어 없어서는 안 될 매우 주요한 분야이다. 그 주요 이유는 다음과 같다.

첫째, 호텔의 일차적 기능은 소비자들에게 숙박의 기능을 제공하는 것이다. 따라서 객실부문은 호텔과 타기업을 구분해 줄 수 있는 고유한 호텔 서비스를 생산하고 있다고 할 수 있다. 즉 호텔의 객실부문은 호텔기업의 대표적 서비스를 생산하는 부서로서 호텔기업의 존재이유를 찾을 수 있는 부서이다.

둘째, 객실부문은 호텔기업의 매출 및 수익성 측면에 크게 기여하고 있다. 호텔기업의 매출을 창출하는 주요 부서들로는 객실부문을 비롯하여 일반적으로 식음료(food & beverage), 연회(banquet), 국제회의(convention), 각종 레크리에이션(recreation), 헬스, 사우나 등과 같이 매우 다양하다. 다음의 [그림 5-1]은 세계 각 지역별로 호텔기업 전체 매출에 있어서 각 수익창출 부서들의 비중을 나타내고 있다.

그림에서 보는 바와 같이 서구지역 호텔들은 객실매출액 비중이 전체 매출의 50% 이상을 기록하여 호텔 매출에 있어서 가장 큰 비중을 점하고 있다. 한편 한국을 포함한 아시아 지역은 객실매출이 식음료부문보다 못한 수준이지만 그 비중이 40%를 점하고 있어 전체 매출에 상당한 비중을 차지하고 있다고 할 수 있다.

셋째, 호텔 객실부문은 다른 부문과 비교해 볼 때 이익 공헌도 측면

그림 5-1 지역별 호텔의 매출액 구성비

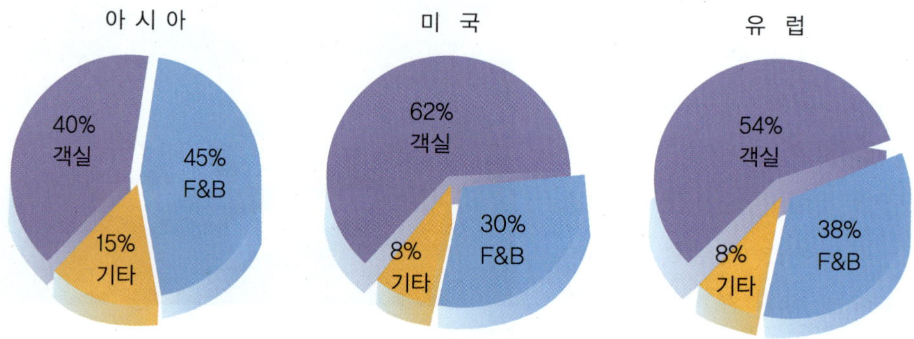

에서 최고를 차지함으로써 호텔기업의 재무구조 개선에 상당한 기여를 한다. 호텔 객실부문은 국제적 체인호텔인 Hyatt Corporation의 코웰(Cowell)이 "일반적으로 객실부문은 호텔 전체 매출액에서 50~65%를 차지하며, 호텔 영업이익의 70~80%를 차지하고 있다"라고 표현한 바와 같이 객실부문은 타부문보다 월등히 높은 수익구조를 가지고 있다. 기업의 목표가 이윤 극대화를 통한 기업가치 확대에 있다고 가정한다면 객실부문은 호텔의 수익성 향상에 큰 기여를 하는 제일 중요한 부서인 것이다.

2. 고객 순환과정

객실부문에서 생산하는 서비스를 제대로 이해하기 위해서는 우선 소비자 관점에서 소비자들의 객실 서비스 구매 및 소비과정을 이해할 필요가 있다. 다시 말해서 처음 소비자가 객실 서비스를 구매하는 단계에서부터 소비하는 단계에 이르는 전 과정에 대한 이해가 필요하다는 것이다. 왜냐하면 이 과정은 객실부문에서 이루어지는 모든 생산 활동들과 밀접하게 연결되어 있기 때문이다.

일반적으로 소비자들이 객실 서비스를 구매하고 소비하는 과정을 고객 순환과정(guest cycle)이라고 한다. 고객 순환과정은 소비자의 객실 서비스 구매 및 소비 과정을 하나의 주기로 파악한 개념으로서 소비자의 호텔

그림 5-2 객실 서비스 고객 순환과정

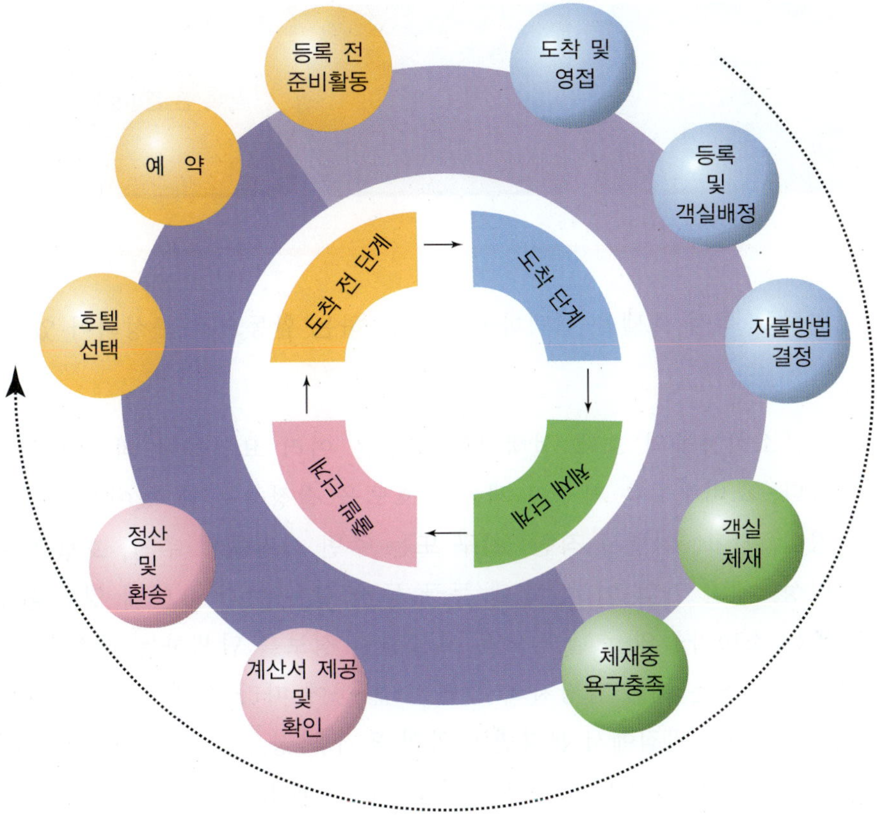

선택 및 예약 단계를 시작으로 하여 최종적으로 소비를 완료하는 단계까지의 일련의 과정으로 구성되어 있다. 전통적으로 고객 순환주기는 [그림 5-2]에서 보는 바와 같이 도착 전 단계, 도착 단계, 체재 단계, 출발 단계 등의 4단계로 구분한다. 객실부문은 고객 순환과정의 각 단계별로 필요한 서비스를 생산하여 소비자들에게 제공하게 된다.

1) 도착 전 단계

고객 순환과정의 첫 단계는 도착 전 단계(pre-arrival stage)이다. 이 단계에서의 주요 소비자 활동은 [그림 5-3]에서 보는 바와 같이 소비자들이

그림 5-3 도착 전 단계

원하는 특정 호텔을 선택하고 예약을 하는 활동으로 구성되어 있다.

호텔 선택

소비자들의 호텔 선택 의사결정은 여러 요인들에 의하여 좌우될 수 있다. 소비자들은 자신이 체류할 호텔을 결정하는 데 있어서 자신의 과거 경험, 광고, 여행사 직원, 친구 또는 주변 사람들의 추천, 호텔의 위치 및 명성, 체인 가입 여부, 호텔 등급 등과 같은 여러 요인에 영향을 받는다. 또는 소비자들의 호텔 선택은 호텔관련 정보를 탐색하는 과정에서 예약의 편의성 또는 예약 담당자의 설명 수준 등에 따라 좌우되기도 한다.

이러한 관점에서 본다면 예약의 초기 과정, 즉 소비자의 정보탐색 과정은 호텔에 있어서 단순히 주문을 접수하는 과정이 아니라 매출을 확대할 수 있는 기회이기도 하다. 따라서 예약 담당자들은 항상 판매 지향적이어야 한다. 또한 예약 담당자들은 소비자들과 최초로 접촉하는 근무자이기 때문에 긍정적 이미지 창출을 통하여 첫인상(first impression) 효과를 극대화시키기 위하여 노력해야 한다. 이상과 같이 예약 담당자의 근무태도, 지식수준, 판매 지향성 등은 소비자의 호텔 선택과정에 상당한 영향을 미칠 수 있다.

예 약

호텔 선택 의사결정이 종료되면 소비자들은 해당 호텔에 예약을 의뢰한다. 예약 의뢰(reservation request)란 소비자가 객실 서비스의 구매의사를 표시하는 단계를 의미한다. 소비자의 예약 의뢰가 접수되면 예약 담당자들은 기존의 예약 접수 현황을 확인하고 예약 가능 여부를 소비자들에게 통보한다. 여기서 중요한 것은 예약 담당자가 소비자들의 요구사항을 정확히 파악함과 동시에 호텔의 공급 현황이 소비자의 욕구를 충족시킬 수 있는지의 여부를 판단하고, 그 결과를 신속하고 정확하게 소비자에게 통보하는 것이다. 예약이 가능한 경우 공식적으로 예약 담당자는 의뢰된 예약을 접수하게 된다.

예약 단계는 단순히 예약 의뢰 및 접수로 종료되는 것이 아니다. 예약 후에 호텔은 소비자와 예약 확인(reservation confirmation) 과정을 거치게 된다. 이 단계는 예약의 정확성을 유지하기 위해 예약 담당자가 체재 기간, 객실의 종류, 특별 요구 사항 등과 같은 기존의 합의 사항 및 고객의 신상 정보를 재확인하는 과정이다.

등록 전 준비활동

도착 전 단계에서 소비자와의 접촉은 예약 확인으로 종료된다. 하지만 예약 과정에서 수집된 정보를 활용하여 호텔은 등록 전 준비활동(pre-registration activity)을 수행한다. 등록 전 준비활동이란 도착 단계에서 이루어지는 소비자 등록과정에 관련된 업무를 신속히 처리하기 위하여 사전에 호텔이 준비하는 활동을 의미한다. 여기에 포함되는 활동에는 객실 사전배정, 객실 요금 결정, 고객 계정(guest folio) 작성 등이 있다. 고객 계정이란 소비자 체류과정에서 발생하는 소비자 지출내역을 기록하는 일종의 계산서를 의미한다.

2) 도착 단계

도착 단계란 [그림 5-4]에서 보는 바와 같이 소비자들이 호텔에 도착하여 호텔 측과 투숙에 필요한 등록(registration) 및 객실 배정(rooming) 등의 절차를 밟는 과정, 이른바 호텔 투숙객으로서 제반 절차를 밟은 체크인(check-in) 과정을 말한다. 이 단계에서 소비자들과 호텔은 서로 공식적으로 상업적 거래관계(business relationship)가 형성된다. 호텔 객실부문의 주요 하위부서의 하나인 프런트 오피스(front office) 근무자들은 이 단계에서 소비자가 요구하는 서비스가 제대로 제공되고, 서비스 제공에 따른 재

그림 5-4 도착 단계

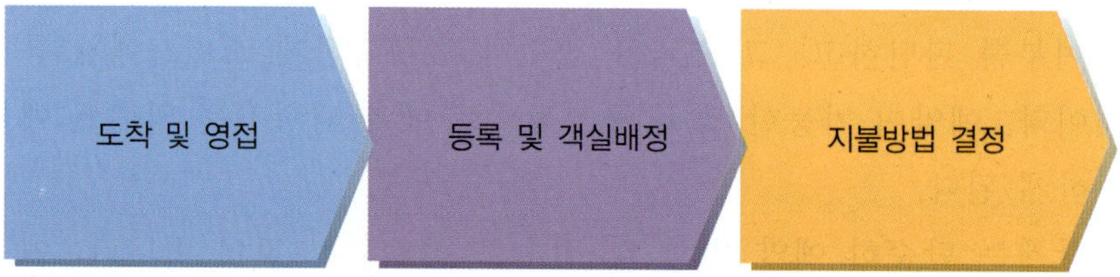

무적 거래가 원활히 이루어질 수 있도록 제반 준비를 한다.

도착 및 영접

호텔에 도착한 소비자들은 일반적으로 호텔 근무자의 따뜻한 영접을 받게 된다. 자동차로 도착한 경우 주차 서비스를 제공받고 호텔 근무자의 도움을 받아 등록 및 객실 배정을 받기 위하여 프런트 데스크(front desk)로 안내된다.

등록 및 객실배정

프런트 데스크 근무자들은 등록단계에 들어가기 전에 소비자들에게 예약 여부를 먼저 확인한다. 대부분의 소비자들은 사전에 예약을 하고 호텔에 도착하지만 소수의 사전예약이 없는 소비자들(walk-in guest)은 별도의 판매 단계를 거쳐야 한다. 예약을 한 소비자들은 곧바로 등록절차를 밟게 된다.

예약을 사전에 한 소비자들은 호텔에서 미리 작성한 등록카드(registration card)에 사인을 하게 된다. 등록카드란 앞서 언급된 바와 같이 등록 전 준비단계에서 사전 작성된 카드이다. 여기에는 지불 방법, 예정 체재 기간, 체재중 고객의 특별 요구 이외에도 고객의 주소, 전화번호 등과 같은 중요한 정보가 수록되어 있다. 소비자는 카드에 수록된 정보를 확인한 후 사인을 하게 된다. 이는 소비자와 호텔 양자 간에 정식으로 거래관계가 형성되었다는 것을 의미함과 동시에 등록 단계의 종료를 의미한다.

프런트 데스크 근무자들은 고객등록카드에 수록된 정보를 근거로 하여 소비자가 요구하는 객실을 배정한다. 정확한 객실 배정을 위해서 근무자들은 호텔이 소유하고 있는 다양한 객실의 형태에 대하여 잘 알고 있어야 한다. 호텔 객실은 일반 객실부터 시작하여 스위트 룸에 이르기까지 매우 다양할 뿐 아니라 동일한 객실 형태라도 위치 및 객실 내 가구에 따라서 서로 다르다.

지불방법 결정

객실 배정 후 프런트 데스크 근무자들은 고객과 지불방법을 확인한다. 여기서부터 바로 호텔의 회계 기능이 시작된다. 소비자의 지불방법은 다양할 수 있으나 현금 또는 신용카드에 의한 지불이 일반적이다. 소비자가 어떤 방식을 선택하건 간에 근무자는 거기에 따른 후속조치를 실행하게 된다. 예를 들어 소비자가 신용카드를 선택한 경우 근무자는 사전에 카드의 유효성에 대한 검사를 해야 한다.

일단 지불방법이 확인되면 소비자는 객실 키와 더불어 호텔에 관련된 정보를 제공받고 호텔 근무자의 도움 아래 객실로 안내된다. 소비자가 객실에 도착하면 비로소 소비자는 체재 단계에 진입하게 된다.

3) 체재 단계

체재 단계는 [그림 5-5]에서 보는 바와 같이 소비자가 객실 서비스를 소비하는 단계이며, 다음과 같이 객실 체재 단계 및 체재중 욕구충족 단계로 세분할 수 있다.

그림 5-5 체재 단계

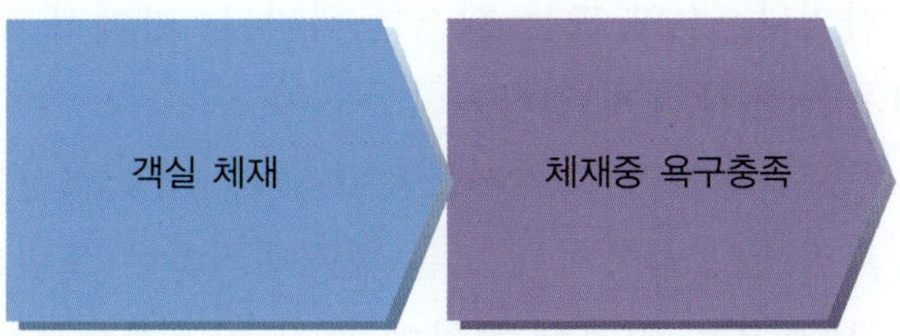

객실 체재

객실 체재란 소비자들이 호텔 객실 서비스에서 가장 핵심적인 부분을 소비하는 단계를 의미한다. 이 과정에서 객실부문 담당자들은 소비자가 불편 없이 체재할 수 있는 환경을 조성해야 한다. 소비자들의 체류 전 과정에 있어서 서비스 담당자들의 가장 중요한 목표는 소비자로 하여금 재구매에 이를 수 있도록 하는 것이다. 이러한 목표달성을 위해서 담당자는 원만한 소비자 관계를 유지해야 한다.

소비자 관계유지에 있어서 가장 필요한 부분은 소비자와의 효율적 커뮤니케이션이다. 예를 들어 체재중 발생할 수 있는 고객의 불만족을 해결하기 위해서는 우선 근무자들이 고객의 불만에 대하여 잘 알고 있어야 한다. 또한 항상 소비자의 관심사항을 잘 관찰하여 문제 발생 시 가능한 신속히 만족할 만한 해결책을 제시할 수 있어야 한다.

소비자 체재에 있어서 호텔의 중요한 관심 사항 중의 하나는 안전(security) 문제이다. 물론 안전 문제는 소비자의 체류과정 전 단계에서 중요한 사항일 것이다. 하지만 특히 객실 체재에 있어서 소비자들에게 안전한 환경을 제공해야 한다는 것은 객실 서비스의 가장 기본이라고 할 수 있다. 왜냐하면 어느 소비자도 객실에서 자신의 귀중품이 없어지거나 다치길 원치 않기 때문이다.

체재중 욕구충족

체재 단계에서의 소비자들은 단순히 객실에만 머무는 것이 아니라 호텔이 제공하는 다양한 부대 서비스를 구매하고 소비한다. 예를 들어 객실에서 짐 정리를 마친 소비자들은 객실에서 비디오를 시청하거나, 식당에서 식사를 하거나, 수영 또는 헬스를 하거나, 바에서 술을 마시는 등 다양한 소비 활동을 수행하게 된다.

이와 같은 과정에서 소비자들은 호텔과 다양한 상거래가 이루어진다. 객실 체재 과정에서 발생되는 모든 상거래기록은 프런트 데스크에 전달되고, 프런트 데스크는 일정한 절차에 따라 거래정보를 처리한다. 대부분의 호텔 소비자들은 신용카드로 지불하기 때문에 소비자 출발 단계에서 총

거래금액을 지불하는 이른바 후불제가 적용되는 신용거래 대상이다. 따라서 프런트 데스크는 각 객실별로 일종의 고객 외상장부를 작성하여 거래가 발생할 때마다 그 기록을 추가한다.

프런트 데스크는 소비자들에 대한 회계기록의 정확성 여부를 정기적으로 검토할 필요가 있다. 이러한 정기적 검토를 전문적 용어로 야간 감사(night audit)라고 한다. '야간'이란 용어가 사용되는 이유는 주로 회계기록 점검이 야간에 실시되기 때문이다. 물론 최근에는 모든 회계 처리과정이 컴퓨터화되어 있어서 언제든지 감사가 가능하지만 아직도 거래가 제일 한가한 야간에 이루어지고 있다. 야간 감사에서 주로 수행되는 직무에는 각 객실의 요금 부과, 외상 장부의 정확성 점검, 개별 장부의 신용한도 검토, 객실 현황 점검, 각종 영업결과 보고서 작성 등이 포함되어 있다.

4) 출발 단계

체재 단계를 끝낸 소비자는 최종적으로 출발 단계에 진입하게 된다. 출발 단계의 소비자들은 [그림 5-6]에서 보는 바와 같이 호텔 서비스 사용에 따른 비용을 정산하고, 객실 키(key)를 반납하고 호텔을 출발하는, 이른바 일련의 체크아웃(check-out) 과정을 밟게 된다.

계산서 제공 및 확인

체재 단계를 종료한 소비자들은 최종적으로 객실을 비우고 자신이 소비한 서비스에 대한 지불 단계에 진입하게 된다. 프런트 데스크에 키를 반납한 소비자들은 근무자들로부터 계산서를 제공받는다. 여기서 계산서

그림 5-6 출발 단계

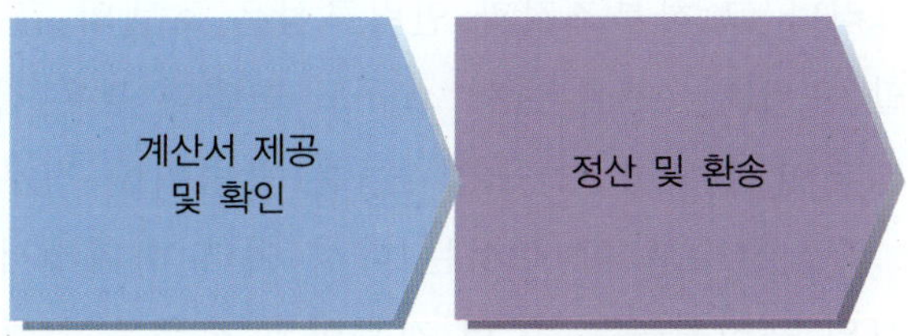

란 고객 외상장부라고 할 수 있는 고객 계정(guest folio)을 인쇄한 것으로 소비자들이 체재 과정에서 소비한 객실 서비스 이외에 식당, 룸서비스, 전화 및 레크리에이션 등과 같이 추가로 소비한 서비스에 대한 금액이 총괄된 일종의 대금 청구서라고 할 수 있다. 계산서를 받은 소비자들은 청구서 내용 및 금액에 대하여 이상 유무를 최종적으로 확인한다.

정산 및 환송

출발 단계에 있어서 정산의 의미는 소비자가 출발하기 전에 호텔이 소비자들로부터 청구액을 수금하는 단계이다. 예를 들어 신용카드에 의한 정산 시 매출전표가 작성되면 소비자는 구체적 사용내역을 검토한 후 매출 전표에 사인하게 된다.

정산 단계가 종료된 후 소비자들은 비로소 근무자들의 영접 아래 호텔을 출발하게 된다. 이 과정에서 근무자들은 소비자들의 만족 여부에 대한 확인과 함께 소비자들에게 정중한 태도로 환송의 인사를 하게 된다. 소비자가 호텔을 출발함으로써 모든 고객 순환과정은 종료된다.

3. 객실부문의 일반적 구성

객실 서비스를 생산 및 판매하는 객실부문의 업무는 [그림 5-7]에서 보는 바와 같이 프런트 오피스(front office), 하우스키핑(housekeeping) 그리고 안전관리(security) 등 3개의 하위 부서들에 의해 수행된다. 세 부서는 소비자들에게 객실 서비스를 생산 및 판매한다는 객실부문의 공동 목표를 달성하기 위하여 서로 긴밀한 협조체계를 구축하고 있다.

대부분의 호텔들은 3개의 하위 부서들을 서로 독립된 부서로 운영하고 있다. 그러나 그 하부조직과 인력구성은 호텔의 규모, 형태에 따라 다양하다고 할 수 있다. 예를 들어 소규모 호텔의 경우 각 부서는 소수의 인원으로 구성되어 있으며 각 구성원들은 광범위한 직무를 수행한다. 호텔의 규모가 크면 클수록 각 부서는 다시 여러 하위부서들로 세분되며, 개별 하위부서의 구성원들은 좀 더 전문화된 직무를 수행하게 된다.

그림 5-7 객실부문의 구성

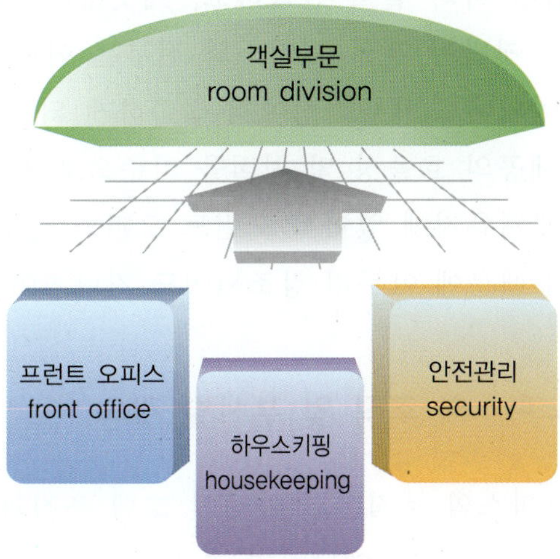

INTRODUCTION TO HOTEL ADMINISTRATION

제 2 절 프런트 오피스

1. 프런트 오피스의 기초

호텔에 있어서 프런트 오피스(front office)는 객실 서비스 생산에 있어서 가장 핵심 부서라고 할 수 있을 만큼 매우 중요한 부서이다. 프런트 오피스는 예약을 담당하며, 소비자들을 영접하고, 소비자의 짐을 운반하고, 등록과정을 도와주며, 객실 키 및 우편물을 제공하고, 호텔 내의 다양한 정보를 제공하며, 최종적으로 출발과정을 도와주는 등 다양한 업무를 수행한다. 고객 순환과정 관점에서 본 프런트 오피스의 업무는 소비자들의 호텔선택 단계에서 최종 출발 단계에 이르기까지 전 과정이 원활히 진행될 수 있도록 소비자와 직접 접촉하에 다양한 서비스를 제공하는 것이다.

앞서 언급된 바와 같이 안락하고, 깨끗하며, 훌륭한 시설을 갖춘 객실을 제공하는 것만이 객실 서비스의 전부는 아니다. 소비자들은 객실의 물리적 측면 이외에도 체류과정에서 접촉하게 되는 프런트 오피스 근무자들의 서비스 제공의 효율성 및 친절을 기준으로 서비스를 평가한다. 효과적인 소비자 관계유지에 있어서 프런트 오피스 근무자들의 중요성은 너무 자명한 일이기 때문에 아무리 강조되어도 지나침이 없을 것이다.

2. 프런트 오피스의 조직 및 부서별 개요

프런트 오피스의 조직은 일반적인 호텔 조직과 마찬가지로 전형적인 형태가 존재하지 않는다. 왜냐하면 호텔의 경영 및 소유형태, 규모, 등급, 성격 등에 따라 달라질 수 있기 때문이다. 다음 그림은 일반적으로 대도

그림 5-8 프런트 오피스 조직

시의 상용 호텔에서 볼 수 있는 형태이다.

프런트 오피스는 다음의 [그림 5-8]과 같이 프런트 데스크(front desk), 예약(reservation), 유니폼 서비스(uniformed service), 커뮤니케이션(communication), 컨시어지(concierge) 등 다양한 하위 부서들로 구성되어 있다.

1) 프런트 데스크

프런트 데스크

리셉션(reception)으로 호칭되기도 하는 프런트 데스크(front desk)는 주로 호텔의 현관(front door)과 가장 가까운 장소에 위치하고 있어 소비자들의 눈에 아주 쉽게 띄는 부서이다. 프런트 데스크 근무자들은 다른 어느 부서의 근무자들보다 소비자들과 밀접한 접촉을 한다. 호텔에 도착한 소비자들은 프런트 데스크에서 등록을 하고, 객실 배정을 받으며, 호텔 및 주변 지역에 관련된 정보를 제공받고, 출발 시 체크아웃 절차를 밟는다. 이상과 같이 프런트 데스크는 소비자의 도착에서 출발까지 소비자와 밀접한 접촉 아래 다양한 기능을 수행하고 있다. 다음은 프런트 데스크 부서의 주요 기능이다.

- 객실 판매, 고객 등록, 객실 배정
- 호텔 및 주변 지역의 다양한 정보 제공
- 객실 현황에 대한 정확한 정보유지 및 키 관리
- 고객 계정의 유지 및 고객 신용관리
- 대고객 청구서 작성 및 매출액 수납관리

이외에도 체재중 소비자들은 요구사항이나 불편사항이 생기면 프런트 데스크로 연락을 한다. 예를 들어 타월과 같은 객실용품이 더 필요한 경우 소비자들은 프런트 데스크로 연락을 하게 된다. 이러한 요구를 접수한 프런트 데스크는 관련 부서에 통보하여 신속한 후속 조치를 취한다. 이러한 관점에서 보면 프런트 데스크는 모든 객실부문 업무의 구심점(focal point) 역할을 수행한다고 볼 수 있다.

2) 예 약

가능하면 객실 서비스는 호텔 입장에서나 고객의 입장에서 사전에 예약되는 것이 바람직하다고 할 수 있다. 왜냐하면 예약은 호텔 입장에서 사전에 객실 점유율을 예측할 수 있게 할 뿐 아니라 객실 서비스 수요가 어느 특정시기에 몰리는 것을 어느 정도 통제할 수 있는 기능이 있기 때문이다. 또한 소비자의 입장에서도 예약은 미래 특정 시점의 객실 서비스 구매에 대한 불확실성을 완전히 제거할 수 있기 때문이다. 예약의 이와 같은 기능으로 인하여 호텔 소비자들의 대부분은 사전 예약을 통하여 객실 서비스를 구매한다.

예약(reservation) 부서는 바로 소비자들이 의뢰하는 예약을 처리하는 직무를 담당하는 부서이다. 예약 처리 방법은 호텔마다 다소 다르지만 가능한 호텔 객실 매출을 극대화하는 방향으로 소비자 요구를 처리한다는 예약 부서의 방침은 동일하다고 할 수 있다.

과거 예약 업무는 대부분 수작업으로 이루어졌기 때문에 예약 부서는 단순히 예약을 접수하는 업무만을 주로 수행하였다. 과거 소비자들은 전화나 편지를 통하여 예약을 의뢰하였고, 호텔 예약 부서는 객실 예약상황에 따라 그 의뢰를 수락하거나 거부하였다. 객실 판매는 프런트 데스크 담당이었기 때문에 예약 담당자가 예약과정에서 별도로 신경 쓰지 않았다. 대부분의 소비자들도 예약을 통해서 단순히 객실의 이용가능성 여부를 통보받는다는 사실에만 만족하였다. 구체적으로 자신이 원하는 객실의 형태, 객실의 위치, 요금 등과 같은 구

예약 부서

체적인 사항에는 별로 신경을 쓰지 않았다. 사실상 과거 대부분의 예약 부서는 소비자가 세부적인 사항을 질문한다 하여도 자세한 정보를 알고 있지 못하였다.

컴퓨터의 도입은 바로 이러한 문제점을 해결할 수 있었다. 예약 업무의 전산화는 예약 부서 근무자들에게 특정 일자의 이용가능한 객실의 종류 및 가격, 전망(view), 가구, 침대의 형태 등에 관한 구체적 정보를 손쉽게 알 수 있게 하였다. 이와 같이 정보기술의 발전에 힘입어 객실 판매 업무가 프런트 데스크에서 예약 부서로 이관된 것이다. 또한 컴퓨터는 예약 담당자들에게 호텔에 관한 구체적인 정보를 제공함으로써 예약 담당자들이 소비자들의 다양한 정보 요구에 적절히 대응할 수 있게 하였다.

3) 유니폼 서비스

흔히 벨 데스크(bell desk) 또는 서비스 부서(service department)로 불리기도 하는 유니폼 서비스(uniformed service) 부서는 호텔에서 고객들과 직접 접촉이 가장 많은 부서이다. 과거 이 부서는 엘리베이터 오퍼레이터(elevator operator), 포터(baggage porter) 등과 같은 직종이 있을 정도로 규모가 컸으나 현재 점차 축소되고 있는 추세이다. 그 원인으로는 여러 가지를 언급할 수 있으나 가장 중요한 요인은 인건비의 급격한 상승이라고 할 수 있다. 현대 유니폼 서비스 부서의 주요 근무자들은 다음과 같이 직무별로 벨 어탠던트(bell attendant), 도어 어탠던트(door attendant), 주차 서비스 요원(valet parking attendant), 운송요원(transportation personnel), 컨시어지(concierge) 등이 있다. 다음은 유니폼 서비스 부서 근무자들의 주요 직무 내용이다.

벨 어탠던트

유니폼 서비스 부서의 벨 어탠던트(bell attendant)는 일반적으로 호텔에 도착한 소비자들의 무거운 여행용 가방 운반을 도와주는 업무를 수행하는 종사원이라고 할 수 있다. 따라서 전통적으로 벨 어탠던트는 무거운 여행가방을 다룰 수 있는 신체적 능력을 가진 남성의 직종으로 많이 생각

벨 어탠던트

했었다. 그러나 많은 호텔들이 여행가방을 손쉽게 옮길 수 있는 카트(cart)를 활용하기 때문에 더 이상 남자들만이 수행할 수 있는 직종은 아니라고 할 수 있다.

벨 어탠던트의 일반적 직무는 소비자의 가방 운반 이외에도 객실 안내, 여행가방의 임시 보관, 호텔 정보제공, 우편, 소포, 메시지의 배달, 고객 세탁물 접수 및 배달 등 고객의 체재 과정에서 다양한 편의를 제공하는 것이다. 벨 어탠던트는 이와 같은 직무 수행과정에서 자연적으로 소비자와 많은 접촉을 하게 된다. 따라서 현재 유능한 벨 어텐던트를 구분하는 요소는 바로 소비자와의 커뮤니케이션 능력과 개별 소비자들에게 진정한 관심을 표명하는 자세라고 할 수 있다.

도어 어탠던트

도어 어탠던트(door attendant)는 일반적으로 고급 호텔의 현관 앞에서 볼 수 있는 근무자들이다. 이들은 주로 현관에서 근무하면서 도착한 소비자들을 환영하며, 도착이나 출발 시 소비자들의 가방 처리를 도와주며, 현관 앞의 교통 통제를 하며, 택시와 같은 교통수단의 편의 제공 등 다양한 업무를 수행하고 있다.

도어 어탠던트

소비자들은 자주 도어 어탠던트들에게 주변의 주요 관공서, 기업체, 교통정보, 식당, 주요 관광지 등에 관한 질문을 던지는 경우도 많다. 항상 이러한 질문에 만족할 만한 대답을 할 수 있도록 도어 어탠던트들은 벨 어탠던트와 마찬가지로 호텔 및 지역 사회에 관련된 정보를 잘 알고 있어야 한다. 또한 도어 어탠던트의 가장 중요한 직무 중에 하나는 앞서 언급한 현관 앞의 교통 통제이다. 특히 도심지 호텔의 경우 아침 및 저녁시간에 수많은 차량의 진출입으로 인하여 호텔 현관이 매우 혼잡한 경우가 많다. 효과적인 교통 통제를 통하여 소비자들이 쉽게 호텔에 접근할 수 있도록 하는 것도 도심지 호텔의 도어 어탠던트에게 있어서 매우 중요한 직무이다.

주차 서비스요원

주차 서비스요원(valet parking attendant)도 도어 어탠던트와 마찬가지로 고급 호텔의 현관에서 발견할 수 있는 호텔 근무자들이다. 이들은 호텔을 방문하는 소비자의 차량을 소비자 대신 주차해주는 업무를 수행한다. 이러한 주차 서비스는 소비자들에게 편의성을 제공해 줄 뿐 아니라 호텔 서비스의 고급스러운 이미지를 강화시켜 주고 있다.

주차 서비스 요원

운송요원

운송요원(transportation personnel)이란 주로 호텔의 운송 서비스를 담당하는 호텔 근무자이다. 운송 서비스란 대부분 공항호텔의 경우 일반화된 서비스이지만 점차 다른 형태의 호텔에도 확산되어가고 있는 추세이다. 거의 모든 공항호텔들은 정기적으로 공항버스(airport limousine) 또는 공항셔틀버스(airport shuttle)를 운영하여 소비자들에게 호텔과 공항을 무료로 운

공항 셔틀서비스

송하는 공항 셔틀서비스(airport shuttle service)를 제공하고 있다. 공항버스를 운전하는 운송요원은 소비자들에게 있어서 첫 번째 접촉하는 호텔근무자가 되기 때문에 소비자들에게 긍정적 첫인상을 줄 수 있도록 잘 훈련되어 있어야 한다.

점차 많은 호텔들은 단순히 공항과 호텔을 연결해주는 운송서비스 이외에도 주요 상업지역, 쇼핑지역, 관광지역 등을 무료로 운송해주는 서비스도 제공하고 있다. 특히 고급 호텔들은 VIP 소비자들을 위하여 고급 리무진 서비스도 제공하고 있다.

컨시어지

컨시어지(concierge)란 원래 유럽의 성 또는 대저택의 문지기(door keeper)를 의미한다. 과거 이들의 주요 임무는 모든 성의 거주자들이 야간에 방에서 안전하게 잘 지낼 수 있도록 하는 것이다. 또는 왕족들이 여행을 떠날 때 항상 컨시어지를 동반하였다. 이 경우 컨시어지의 역할은 여행 목적지에 먼저 도착하게 하여 왕족들이 여행에 불편함이 없도록 사전에 안전한 잠자리와 음식을 준비하는 것이었다.

이러한 컨시어지 개념은 유럽 호텔에 처음 도입되었다. 이들의 주요 임무는 원래의 개념과 달리 주로 호텔 소비자들에게 호텔 외부의 일과 관련된 개인적 서비스를 제공하는 것이다. 컨시어지는 소비자를 대신하여 식당 예약, 극장 및 스포츠 게임 표 구매, 교통편 예약 등을 대행해 주고 지역 사회의 문화 행사 및 주요 관광지에 대한 자세한 정보를 제공한다. 유능한 컨시어지는 호텔의 명성을 유지하는 데 상당한 도움을 줄 수 있기 때문에 특히 고급 호텔을 중심으로 유럽 전역에 그 개념이 확산되었다. 컨시어지의 개념은 1970년대 미국에 도입되기에 이르렀고 오늘날 대부분의 고급 호텔에서는 컨시어지라는 직종의

컨시어지

근무자들을 쉽게 발견할 수 있을 정도로 전 세계적으로 확산되고 있다.

4) 커뮤니케이션

일반적으로 PBX(Private Branch Exchange) 또는 전화 교환실(telephone switchboard)이라고 부르기도 하는 커뮤니케이션(communication) 부서는 호텔이 소유하고 있는 복잡하고 정교한 커뮤니케이션 네트워크를 유지하는 활동을 주로 수행한다. 일반적으로 호텔 커뮤니케이션 담당자(switchboard operator 또는 PBX operator)들의 업무는 일반기업의 단순한 전화응답 및 전화연결 등과 같은 단순 업무 이외에 훨씬 많은 부가적 업무를 담당하고 있다. 이들은 국제 및 장거리 전화의 경우 전화연결은 물론 사용요금 부과, 모닝콜(morning call 또는 wake-up call), 소비자 부재중 메시지 전달, 호텔 내의 다양한 정보제공, 비상사태 대처 등의 다양한 업무를 수행하고 있다.

최근 통신기술의 발전은 커뮤니케이션 부서의 업무를 다음과 같이 상당히 경감시키고 있다.

첫째, 최근 발전된 커뮤니케이션 시스템은 객실 소비자의 부재 시 외부 인사가 자동으로 음성 메시지를 남길 수 있게 해 준다. 이러한 전화 자동응답 시스템은 과거 커뮤니케이션 부서가 각 객실의 전화 메시지를 일일이 기록하고 통보해주는 번거로운 업무를 해방시켜 주었다.

둘째, 전화회계시스템(call accounting system)은 커뮤니케이션 담당자의 개입 없이 자동적으로 국제 및 장거리 전화를 걸 수 있는 환경을 조성하고 있다. 이 시스템은 과거 담당자가 사용시간에 따라 요금을 일일이 부과하고, 그 내역을 최종 개별 소비자들의 외상장부에 기입해야 하는 복잡한 업무에서 해방시키고 있다. 이제는 소비자가 전화를 종료하면 컴퓨터에 의해서 자동적으로 사용요금이 산정되고 개별 소비자들의 외상 장부에 기록된다.

셋째, 자동화된 모닝콜 시스템(automated morning call system)의 도입도 커뮤니케이션 부서의 업무를 상당히 경감시키고 있다. 과거 모닝콜을 소비자가 요청하면 담당자가 기록하고 요청 시간에 일일이 각 객실에 전화를 걸어 소비자를 깨워주는 것이 일반적이었다. 그러나 자동화된 시스템에서는 모닝콜 요청 시 담당자가 컴퓨터에 객실번호와 요청시간을 입력하기만 하면 된다. 그러면 컴퓨터는 자동적으로 입력된 시간에 객실로 모닝콜을 보내어 소비자를 깨우게 된다. 이 시스템은 특히 아침 시간에 많은 모닝콜 서비스가 집중되는 대형 상용 호텔에 매우 효과적이다.

CASE 08 全세계 '호텔 컨시어지' 5천 명 한국 온다…2018년 서울총회 확정

'호텔 서비스의 꽃'이라 불리는 최고 수준의 호텔 컨시어지(concierge)들이 2018년 한국을 찾는다.

한국관광공사(사장 정창수)와 (사)한국컨시어지협회, 서울관광마케팅(주)는, 2018년 제65회 세계컨시어지협회(Union of International Les Clefs d' Or) 총회를 서울에서 개최한다고 27일 밝혔다.

레끌레도어 코리아 로고 - 한국컨시어지협회

한국에서 처음으로 열리는 이 총회는 2018년 4월 5일부터 10일까지 6일간 JW메리어트 서울에서 개최될 예정이다.

세계컨시어지협회 총회는 전 세계 레끌레도어(Les Clefs d' Or) 회원들이 매년 교육, 정기회의, 네트워크 형성을 위해 각국을 순회하며 개최하는 회의다.

'레끌레도어'란 세계컨시어지협회의 심사를 거쳐 '골든키'를 부여받은 베테랑 호텔 컨시어지를 말한다. 호텔 경력 최소 5년 이상, 컨시어지 근무경력 최소 3년 이상을 근무해야 심사대상이 될 수 있으며, 자격을 인정받으면 유니폼 재킷 상단에 황금 열쇠키 배지를 달고 근무한다.

'레끌레도어'의 상징인 골든키는 전 세계 호텔에서 통용된다. 이들은 고객이 원하는 정보를 정확하게 제공하는 것은 물론이고, 고객이 주문하는 거의 모든 업무를 대신 처리한다.

'컨시어지'는 여행지 주변의 음식점, 쇼핑, 교통, 지리 등에 대한 기본적인 정보제공과 추천업무를 수행한다. 고객이 원하는 공연 정보, 추천

좌석, 해당 공연의 특징 등 구체적인 정보를 제공하고, 티켓 구매를 대행해 주기도 한다. 이 밖에도 고객을 대신해 선물이나 소포를 주고받는 일도 수행한다.

고객이 원하는 모든 업무를 처리해 준다는 뜻에서 '호텔 안 개인비서' 혹은 '만능해결사'로도 불리며, 객실 서비스를 총괄하는 '서비스의 꽃'이라 할 수 있다. 전 세계 5성급 이상 호텔은 대부분 컨시지어 서비스를 제공한다.

레끌레도어는 이들 컨시지어 가운데 최소수준의 품격과 노하우, 실력을 갖춘 베테랑 가운데 선발된다. 현재 전 세계 고급호텔에는 약 5천여 명의 레끌레도어가 있으며, 한국에는 19명이 있다.

각 나라는 이들 총회의 유치에 각별한 애정을 쏟는다.

세계컨시어지협회 총회 참가자들은 다른 회의에 비해 가족을 동반하는 경우가 많고, 회의 전후에 관광일정을 길게 잡으며, 외국인관광객을 맞는 최일선에서 서비스를 제공하는 전문가들이란 점에서, 이들의 '입소문'은 그 파급효과가 매우 크기 때문이다.

때문에 각국은 총회 유치는 물론이고, 회의에 참석하는 레끌레도어들이 호감을 얻기 위해 파격적인 예우를 마다하지 않는다.

올해 총회를 유치한 두바이는 총회 참가자들을 위한 전용 입국심사대를 설치하는 등, 레끌레도어들의 환심을 사기 위해 외교사절에 준하는 의전을 제공했다.

출처: 뉴데일리경제, 2016.4.

INTRODUCTION TO HOTEL ADMINISTRATION

제 3 절 하우스키핑

1. 하우스키핑의 개념 및 중요성

흔히 어머니를 지칭하는 말로서 가정주부란 용어를 많이 쓴다. 가정주부에 해당되는 영어 단어는 하우스키퍼(housekeeper)이다. 일반적으로 한 가정의 가정주부, 즉 하우스키퍼의 주요 역할은 가정의 모든 일들을 도맡아 관리하는 것이다. 따라서 하우스키핑(housekeeping)은 가정의 여러 일들을 꾸려나가는 일 또는 가정을 관리하는 일로 정의될 수 있다. 호텔에서의 하우스키핑이란 의미도 이와 매우 비슷하다. 물론 차이점은 있다. 일반 가

하우스키핑

정에서 하우스키핑에 포함되는 주요한 일 가운데 하나가 부엌, 이른바 주방을 잘 관리하는 것이지만, 호텔의 하우스키핑에는 주방과 관련된 직무가 제외된다는 점이다. 이러한 차이만 빼놓고는 한 가정을 관리하는 것이나 수백 실 규모의 호텔을 관리하는 것이나 기본적인 개념은 동일하다.

가정주부가 자신의 가정을 잘 관리하느라 바쁜 것과 마찬가지로 호텔의 하우스키핑 부서도 전체 호텔을 관리하느라 매우 바쁘다. 하우스키핑 부서의 가장 중요한 직무는 호텔의 모든 객실을 청소하고, 청결 상태를 항상 유지하는 것이다. 이외에도 호텔 내의 로비, 식당, 복도, 창문 등과 같은 공공 지역을 잘 관리하는 것도 포함되어 있다. 이러한 하우스키핑 부서의 업무는 소비자와 접촉이 없는 상황에서 주로 수행되는 일종의 후면 부서(back-of-the house)의 업무인 관계로 일반 소비자들은 이 부서의 중요성을 잘 인식하지 못한다.

하우스키핑 부서는 호텔에 있어서 다음과 같은 중요한 역할을 수행하고 있다.

첫째, 하우스키핑의 활동은 전체 호텔 서비스 질에 영향을 미칠 수 있다. 현대 소비자들은 점차 깨끗하고 편안한 숙박환경을 원하기 때문에 호텔의 전체적인 청결 상태에 많은 관심을 보이고 있다. 만약 미흡한 하우스키핑의 활동으로 불결한 호텔 환경이 조성된다면 소비자들의 호텔 서비스 평가는 매우 낮아질 수밖에 없다.

둘째, 하우스키핑의 활동은 호텔의 긍정적 이미지 창출에 도움을 준다. 일반적인 인간관계에 있어서도 외모는 대인 평가에 중요한 역할을 한다. 이와 마찬가지로 호텔 소비자들의 호텔 서비스 평가도 호텔의 가시적인 외적 모습에 좌우될 수 있다. 하우스키핑 부서가 조성한 호텔의 이미지는 소비자의 호텔 평가에 긍정적인 역할을 한다.

셋째, 호텔은 자본 중심적인 산업의 특성을 지니고 있기 때문에 건물, 기계, 시설 등에 막대한 투자를 하고 있다. 하우스키핑의 적절한 청결상태 유지 및 관리활동은 건물, 기계, 시설과 같은 자본재의 수명을 연장시켜 불필요한 비용의 낭비를 적극적으로 억제하며, 궁극적으로 호텔의 수익성 향상에 일익을 담당한다.

넷째, 하우스키핑의 업무는 기계화, 자동화가 가장 힘들기 때문에 대부분의 업무를 인적자원에 의존해야 한다. 따라서 하우스키핑 부서에는 업무 성격상 객실부문에서 가장 많은 근무자가 있으며 예산 규모도 최대인 경우가 대부분이다. 호텔 경영자가 철저한 인력관리를 통해서 효율적인 예산집행이 필요한 부서인 것이다.

2. 하우스키핑의 조직 및 부서별 개요

1) 객실 하우스키핑

객실 하우스키핑 부서는 기본적으로 소비자들이 사용한 객실을 청소하거나 정비하여 객실을 재판매할 수 있도록 하는 것을 주요 임무로 하고 있다. 이외에도 소비자가 체재중인 객실의 경우 간단한 청소 및 정리 정돈을 통하여 객실의 쾌적한 환경을 조성하고 있다.

객실 하우스키핑의 업무는 룸 어탠던트(room attendant)에 의해 주로 수행된다. 과거 룸 메이드(room maid)로 불리웠던 룸 어탠던트는 자신에게 할당된 객실을 청소한다. 보통 한 명의 룸 어탠던트가 하루에 청소해야 할 객실 수는 8~18실이다. 하루 할당 객실 수는 호텔의 서비스의 수준, 객실의 크기 등에 따라 달라진다. 일단 룸 어탠던트가 객실 청소를 완료하면, 점검관이라고 할 수 있는 룸 인스펙터(room inspector)가 최종적으로 객실을 점

룸 어탠던트

검한다. 룸 인스펙터는 룸 어탠던트의 상급자로서 호텔 객실의 각 층에 배정되어 룸 어탠던트의 직무수행을 관리 감독할 뿐 아니라 객실의 재판매 가능 여부를 최종적으로 결정한다.

2) 공공부문 하우스키핑

공공부문 하우스키핑 부서는 객실 이외에 소비자들이 자주 왕래하는 호텔 내의 공공부문에 대한 청소 및 관리를 담당한다. 호텔에서 공공부문에 포함되는 지역은 주로 호텔 입구, 로비, 복도, 엘리베이터, 화장실, 레크리에이션 시설 등이다. 이러한 공공부문 이외에도 식당, 연회장, 회의실 등의 유지관리도 담당한다.

3) 린넨룸 및 세탁실

린넨룸

린넨룸(linen room)의 주요 업무는 객실에 소요되는 침구류, 커튼, 수건 등과 식음료 부서에서 소요되는 테이블 커버(table cover), 냅킨(napkin) 등과 같은 린넨류를 관리하는 것이다. 특히 린넨룸에서는 전날 객실 매출을 기초로 하여 일일 린넨 소요량을 판단하여 객실에 필요한 린넨류를 객실 하우스키핑에 공급하는 일을 주로 담당하고 있다.

이외에도 린넨룸에서는 하우스키핑 근무자의 근무 일정 계획을 수립하고, 타부서와의 연락 및 업무 협조를 통하여 전체 하우스키핑 부서 업무가 원활히 수행될 수 있도록 도와주는 역할도 담당하고 있다. 따라서 린넨룸은 흔히 하우스키핑 부서의 중심부라고 이야기한다.

세탁실

대형 호텔의 경우 엄청난 규모의 세탁 수요가 존재하고 있다. 수건에서 침대보에 이르기까지 객실에서 나오는 각종 세탁물, 소비자들이 의뢰하는 세탁물, 테이블 커버, 냅킨 등과 같은 식당에서 나오는 세탁물, 호텔 종사원들이 착용하는 유니폼 등 하루에 처리해야 하는 세탁량은 실로 엄청난 규모라고 할 수 있다. 대형 호텔들은 이러한 수요에 대처하기 위하여 하우스키핑 부서 내에 고가의 세탁 장비를 갖춘 세탁실(laundry)을 운영하고 있다. 그러나 소형 호텔의 경우 경제적이지 못한 관계로 주로 외부 용역에 의존하고 있다.

제 4 절 안전관리 부서

1. 안전관리 부서의 개념

호텔은 하루 24시간 일반 대중에게 공개되어 있는 시설이기 때문에 항상 다양한 범죄에 노출되기 쉬운 특성을 가지고 있다. 물론 자주 발생하지는 않지만 호텔에서는 소비자를 가장한 범죄자 또는 간혹 내부의 비도덕한 호텔 근무자들에 의해 다양한 범죄가 발생되고 있다. 이들은 호텔 소비자 또는 호텔 자산을 주로 범죄대상으로 한다. 만약 호텔이 이와 같은 범죄들을 사전에 제대로 예방하지 못하거나 범죄 발생 시 적절히 대처하지 못하는 등의 안전관리 업무를 소홀히 한다면 호텔 이미지는 치명적인 손상을 입을 것이다.

호텔 안전관리 부서는 범죄에 노출되기 쉬운 호텔의 안전한 환경을 만드는 중요한 업무를 수행하는 부서이다. 이 부서가 수행하는 주요 활동은 다음과 같다.

첫째, 소비자 보호이다. 이것은 안전관리 업무에 있어서 가장 우선시되어야 하는 매우 중요한 활동이다. 호텔은 어떤 위해(危害) 요소로부터 소비자들을 보호해야 할 뿐 아니라 그들의 자산을 보호해야 할 도덕적 및 법적 의무를 가지고 있다. 따라서 안전관리의 첫 번째 목표는 소비자 및 소비자의 자산을 안전하게 보호할 수 있는 안전관리 시스템을 구축하는 것이다. 특히 객실 내의 안전은 소비자들에게 있어서 가장 기본적인 욕구이기 때문에 이것이 제대로 충족되지 않을 경우 호텔에 치명적 영향을 미칠 수 있다.

둘째, 호텔 근무자들에게 안전한 근무환경을 제공하는 것이다. 호텔기업은 호텔 내의 근무자에게 가능한 안전한 작업환경을 제공하여 근로자의 근무의욕 고취는 물론 불필요한 비용 발생을 사전에 예방할 수 있다.

셋째, 호텔 서비스의 일부라 할 수 있는 수많은 시설물 및 서비스 생산을 위한 재고품에 대한 보호이다. 극히 일부라고 할 수 있지만 소비자들 또는 내부 근무자들 그리고 외부 침입자들은 호텔의 가치 있는 자산들을 절도하거나 파괴하기도 한다. 예컨대 식당의 식기류, 재떨이, 객실의 타월, 베개, 각종 비품 등과 같은 사소한 품목에서부터 고가품인 TV에 이르기까지 절도 및 파괴에 의해서 자산이 손실될 가능성이 높다는 것이다. 대부분의 호텔은 여태까지 이러한 자산의 손실에 대한 적극적인 대처 노력이 미비했다.

2. 호텔 안전관리 주요 내용

호텔 경영자들은 모든 근무자들이 안전한 호텔 환경을 조성하기 위하여 반드시 준수해야 할 안전관리의 업무절차를 수립하고 이행할 필요가 있다. 또한 안전관리 담당자뿐 아니라 모든 근무자들은 호텔 내에서 발생하는 범죄행위 및 위험에 적극적으로 대처하는 데 반드시 필요한 안전관리 절차에 대하여 잘 숙지하고 있어야 한다.

호텔에 있어서 모든 손실은 범죄자에 의해서만 야기되는 것이 아니다. 따라서 효과적인 안전관리 절차는 소비자에 의한 절도, 내부 공모에 의한 내부자 절도 등도 통제할 수 있어야 한다. 또한 대형 호텔의 경우 매일 상당한 액수의 현금자산을 다루고 있다. 만약 이러한 현금자산이 제대로 관리되지 않는다면 호텔의 수익성은 상당히 악화될 수 있다. 따라서 금융자산의 안전관리에 대한 대책도 강구되어야 한다. 이외에도 화재, 태풍, 홍수, 지진, 테러, 정전, 테러 등과 같은 비상사태에 대한 안전관리 대책도 강구되어야 한다.

이상과 같이 호텔의 안전관리 절차는 매우 광범위한 내용을 포함하고 있다. 그러나 호텔에서는 우선적으로 소비자들의 신체 및 자산 보호가 최우선 과제이므로 여기서는 주로 소비자에 관련된 안전관리 절차만을 다루기로 한다. 소비자의 신체 및 소유물에 관련된 안전관리 업무에 있어서 가장 중요한 것은 다음과 같이 열쇠(key)관리, 감시 및 출입의 통제, 안전금고의 활용 등이 있다.

1) 열쇠관리

호텔객실에 설치된 열쇠시스템(key system)은 불필요한 사람들을 통제하는 데 매우 효율적인 도구이다. 따라서 열쇠시스템은 소비자의 신체 및 소유물의 안전관리에 있어 가장 필수적인 사항이라고 할 수 있으므로 호텔 내 모든 열쇠는 철저히 관리되어져야 한다. 호텔이 아무리 정교한 첨단 자물쇠를 설치한다고 하더라도 그 열쇠를 함부로 관리한다면 아무런 소용이 없는 것이다.

호텔에서 사용하는 열쇠는 비상 열쇠(emergency key), 마스터 열쇠(master key), 객실 열쇠(guestroom key) 등의 3가지 종류가 있다. 먼저 비상 열쇠는 비상사태 발생 시 주로 사용하는 열쇠이다. 이 열쇠는 전체 객실을 열 수 있으며, 설사 소비자가 안에서 이중잠금 장치를 하였다고 해도 열 수 있다. 이 열쇠의 분실은 심각한 안전문제를 야기할 수 있으므로 반드시 금고에 보관하고 허가된 사람 이외에는 절대 사용할 수 없도록 해야 한다. 또한 관리 장부를 만들어서 열쇠 이용 시 반드시 기록을 남기는 등 엄격한 관리가 필요하다. 마스터 열쇠도 모든 객실을 열 수 있으나 객실 내에 이중잠금 장치가 되어 있는 경우 사용이 불가능한 열쇠이다. 이 열쇠도 비상 열쇠와 마찬가지로 철저한 관리가 필요하다. 마지막으로 객실 열쇠

객실 카드키

는 어느 특정 객실 한 곳만을 열 수 있는 열쇠를 의미하며, 주로 프런트 데스크에서 관리한다. 프런트 데스크 근무자들은 소비자에게 열쇠를 제공하기 전에 반드시 신분확인을 확인해야 하며, 소비자가 호텔을 떠날 때 반드시 회수해야 한다.

2) 외부인 감시 및 출입 통제

호텔은 일반인들에게 24시간 개방되어 있다 하더라도 본질적으로 이익을 추구하는 기업의 사유재산이다. 따라서 호텔 안전관리 담당자는 호텔을 출입하는 사람들을 감시하거나 통제하여 문제의 소지를 사전에 예방하거나 사후에 신속한 대처를 할 수 있어야 한다.

안전관리 문제를 사전에 탐지하여 억제하기 위한 외부인 감시 및 출입의 통제 방법으로는 하고 폐쇄회로 TV에 의한 방법과 사람에 의한 순찰방법이 있다. 폐쇄회로 TV에 의한 방법은 24시간 지속적인 감시가 가능하다는 장점이 있다. 하지만 이 방법 역시 사람이 항상 모니터(monitor)해야 하며, 호텔의 모든 부분을 다 감시할 수 없다는 단점이 있다. 한편 사람에 의존하는 순찰방법은 많은 인력이 소요되며, 지속적인 감시가 불가능하다는 단점이 있다. 하지만 이 방법은 첫째, 순찰자의 존재 자체가 범죄의 억제효과를 가져올 수 있으며, 둘째, 직접 순찰을 통하여 잠재적인 안전관리상의 위해(危害)요소를 사전에 제거함으로써 범죄 예방효과를 가져올 수 있고, 셋째, 의심스러운 사람을 직접 탐지하여 조사함으로써 범죄를 억제할 수 있다. 이상과 같이 두 방법 모두 장단점들이 존재하므로 안전관리 담당자는 두 가지 방법의 장점이 극대화되는 방향으로 두 방법을 병행하여 활용할 필요가 있다.

폐쇄회로 TV 시스템

3) 안전금고관리

안전금고(safe deposit box)란 체재중인 소비자들의 귀중품 및 현금을 보호할 수 있는 장비이다. 세계적으로 거의 모든 나라들은 법에 의하여 호텔은 반드시 안전금고를 설치하도록 규정하고 있다. 법은 호텔 내의 안전금고를 소비자가 이용하지 않음으로 해서 분실된 소비자 자산에 대해서는 호텔이 책임지지 않는다는 내용을 반드시 소비자들에게 고지할 의무도 규정하고 있다.

안전금고는 이와 같이 소비자의 귀중품 및 현금을 보관하는 장소이므로 담당자는 안전금고를 철저히 관리해야 한다. 호텔의 안전금고는 은행의 안전금고와 마찬가지로 호텔 측이 가지고 있는 통제 열쇠(control key)와 소비자가 가지고 있는 열쇠(guest key)를 동시에 집어넣어야 금고 문이 열리도록 되어 있다. 안전금고의 열쇠관리 또한 안전금고관리에 있어서 중요한 요소이다. 열쇠관리 방법은 앞서 언급된 객실 열쇠관리 방법과 유사하다. 이외에도 안전한 금고관리를 위해서 안전금고가 설치된 지역에는 반드시 허가된 사람 이외에 타인의 출입이 통제되어야 한다. 이러한 목적을 달성하기 위하여 소비자의 신분을 확인하는 절차가 수반되어야 한다.

호텔의 안전금고는 주로 프런트 오피스 내에 위치하고 있다. 따라서 객실 소비자들은 자신의 귀중품 및 현금을 인출할 때마다 프런트 오피스를 방문해야 하는 불편함이 있다. 이러한 문제를 해결하기 위해 최근 대부분의 대형 호텔들은 객실 내에 전자식 안전금고(in-room safe)를 설치하고 있다.

객실 안전금고

Bibliography

- Abbott, P., & Lewry, S.(1999). *Front office.* London: Butterworth–Heinemann.
- Baker, S., Bradley, P., & Huyton, J.(1994). *Principles of hotel front office operations.* New York: Cassell.
- Bardi, James A.(2003). *Hotel front office management.* NJ: John Wiley Sons, Inc.
- Ellis, Raymond C. Jr. & the Security Committee of AH & MA (1995). *Security and loss prevention management.* MI: the Educational Institute of the American Hotel & Motel Association.
- Hayes, D. K., & Ninemeier, J. D.(2003). *Hotel operations management.* NJ: Prentice Hall.
- Nitschke, A., & Frye, W. D.(2008). *Managing housekeeping operations.* FL: the Educational Institute of the American Hotel & Lodging Association.
- Kasavana, M. L., & Brooks, R. M.(2009). *Managing front office operations.* FL: the Educational Institute of the American Hotel & Lodging Association.
- Ismail, Ahmed (2001). *Front office operations and management.* NY: Delmare.
- Jones, T. J. A.(2007). *Professional management of housekeeping operations.* NJ: John Wiley & Sons.
- Lattin, G. W., Lattin, J. E., & Lattin, T. W.(1998). *The lodging and foodservice industry.* MI: the Educational Institute of the American Hotel & Motel Association.
- Medlik, S.(1980). *The business of hotels.* London: Heinemann.
- Renner, Peter(1994). *Basic hotel front office procedures.* New York: Van Nostrand Reinhold.
- Rutherford, Denney G.(2001). *Hotel management and operations.* New York: Van Nostrand Reinhold.
- Stutts, A. T., & Wortman, J.(2005). *Hotel and lodging management: an introduction.* New York: Wiley & Sons, Inc.
- Vallen, G. K., & Vallen, J. J.(2008). *Check-in check-out: managing hotel operations.* Iowa: Wm. C. Brown Publishers.

Chapter 06

호텔기업의 주요 사업분야 Ⅱ-식음료

제 1 절 식음료부문의 기초

1. 식음료부문의 개념 및 중요성

호텔에 있어서 식음료부문(food & beverage division)이란 호텔기업의 상품을 직접 생산 및 판매를 담당하는 핵심부서의 하나로서, 주로 소비자들에게 식사 및 음료 서비스를 생산 및 판매함으로써 이윤을 창출하는 것을 주 목적으로 하는 부서이다. 따라서 식음료부문이란 소비자가 호텔 내에서 식음료를 소비하는 과정에서 기대하는 다양한 서비스를 제공하는 하위부서들과 요원들로 구성되어 있다.

앞 장에서 언급된 바와 같이 호텔기업의 핵심 서비스 상품은 객실 서

식음료 서비스

비스이다. 하지만 호텔은 소비자들의 다양한 욕구를 충족시키기 위하여 여러 식음료 서비스도 제공하고 있다. 초기 호텔산업 경영자들은 식음료 부문에 많은 관심을 보였다. 특히 1800년대 초기의 미국 호텔들이 호화스러움을 추구하던 시절 대부분 호텔 경영자들은 믿기지 않을 정도로 훌륭한 식당과 연회시설, 매력적인 바(bar) 및 화려한 나이트클럽 등 대규모 식음료부서를 유지하였다. 그들은 식음료 부문을 잘 운영하여 높은 질의 서비스를 제공한다면 상당한 수익을 창출할 수 있다는 믿음을 갖고 이 부문에 상당한 투자를 하였던 것이다. 그러나 그들의 믿음은 현실화되지 못하였다. 왜냐하면 기대한 바와 같이 그렇게 식음료부문의 수익성이 높지 않았기 때문이다.

실제 수익성 관점에서 본 호텔 식음료부문은 그리 긍정적이지 못하다. 왜냐하면 아무리 식음료부문을 성공적으로 경영한다 하여도 이로부터 창출되는 이익은 객실부문과 비교할 때 매우 낮기 때문이다. 객실부문은 앞서 언급된 바와 같이 호텔 전체 이익의 70%를 차지하고 있는 반면에 식음료부문은 상당한 매출비중에도 불구하고 이익공헌도가 잘 해야 20~30%에 지나지 않는다. 식음료부문의 수익성이 객실보다 상당히 낮은 이유는 식음료 서비스의 생산이 객실 서비스 생산보다 훨씬 더 노동집약적인 성격을 띠고 있기 때문이다. 이외에도 객실 서비스보다 식음료 서비스는 음식 원자재 등과 같은 원재료비가 훨씬 높다. 결국 식음료 서비스 생산에는 상당한 생산비 지출이 수반되는 관계로 이익공헌도가 낮을 수밖에 없다.

이러한 이유로 해서 많은 호텔들은 식음료부문을 필요악(necessary evil)이라고 인식하기 이르렀다. 쉽게 표현하면 호텔 식음료부문은 호텔 수익구조 개선에 도움을 주지 못하는 매력 없는 사업 분야지만 소비자의 욕구충족을 위해 어쩔 수 없이 운영해야 하는 사업이란 것이다. 많은 호텔기업들이 가능하면 식음료부문을 축소하려는 추세는 바로 이러한 현실을 반영한 것이다.

그러나 호텔의 식음료부문을 수익성 관점에서만 보면 식음료부문의 본 모습을 제대로 보지 못하는 것이다. 물론 식음료 서비스의 생산 및 판매는 직접적으로 호텔 수익창출에 그다지 기여를 못하지만 훌륭한 식음료 서비스가 존재함으로써 호텔이 얻을 수 있는 긍정적 효과는 다음과 같이 실로 크다고 할 수 있다.

첫째, 중저가 호텔을 제외한 호텔들이 식음료 서비스를 제공하지 않으면서 객실 서비스 매출을 확대하기가 매우 어렵다는 것이다. 호텔의 주요 소비자 계층인 여행자들이 필요로 하는 서비스에는 숙박 서비스 이외에도 식음료 서비스가 당연히 수반되어야 한다. 만약 어느 호텔이건 식음료 서비스를 제공하지 않는다면 객실 매출에 있어서 한계를 갖게 될 것이다. 어떤 투자가들은 훌륭한 식음료 서비스를 제공하는 것은 객실 서비스를 보다 높은 가격에 판매할 수 있게 한다고 생각하고 있다. 왜냐하면 호텔의 식음료 서비스는 호텔이 유지하고자 하는 고급 이미지에 중요한 요소가 되기 때문이다.

둘째, 현대 호텔에 있어서 매력적인 시장으로 부상되고 있는 컨벤션 시장에서 경쟁력을 갖추기 위해서는 식음료 서비스가 필수적이다. 나중에 구체적으로 언급되지만 많은 호텔들은 수익성이 높은 컨벤션 시장을 겨냥하여 다양한 규모의 컨벤션 시설을 경쟁적으로 갖추고 대형 컨벤션을 유치하는 데 적극적인 노력을 펼치고 있다. 컨벤션 서비스에 있어서 충분한 객실 및 회의 시설도 중요하지만 다양한 연회를 개최할 수 있는 능력 역시 주요한 요소이다.

셋째, 호텔 식음료 서비스는 지역 사회의 사회적 욕구를 충족시키는 데 중요한 역할을 수행하고 있다. 식음료 서비스는 객실 서비스와는 달리 지역 주민, 즉 일반 소비자들을 대상으로 한다. 호텔은 식음료 서비스 생산을 통하여 단순한 가족 모임에서 결혼식에 이르기까지 지역 사회의 다양한 사회적 욕구를 충족시키고 있다.

2. 고객 순환과정

식음료부문에서 생산하는 서비스를 제대로 이해하기 위해서는 우선 소비자 관점에서의 식음료 서비스 구매 및 소비과정을 잘 알고 있어야 한다. 왜냐하면 이 과정은 식음료부문에서 이루어지는 모든 생산활동과 밀접히 연결되어 있기 때문이다.

객실 서비스와 마찬가지로 소비자들의 식음료 서비스 구매 및 소비과정을 고객 순환과정(guest cycle)이라고 한다. 식음료 서비스의 고객 순환과정은 [그림 6-1]에서 보는 바와 같이 구매 전 단계, 구매단계, 소비단계, 출발단계 등의 4단계로 구분할 수 있다.

그림 6-1 식음료 서비스의 고객 순환과정

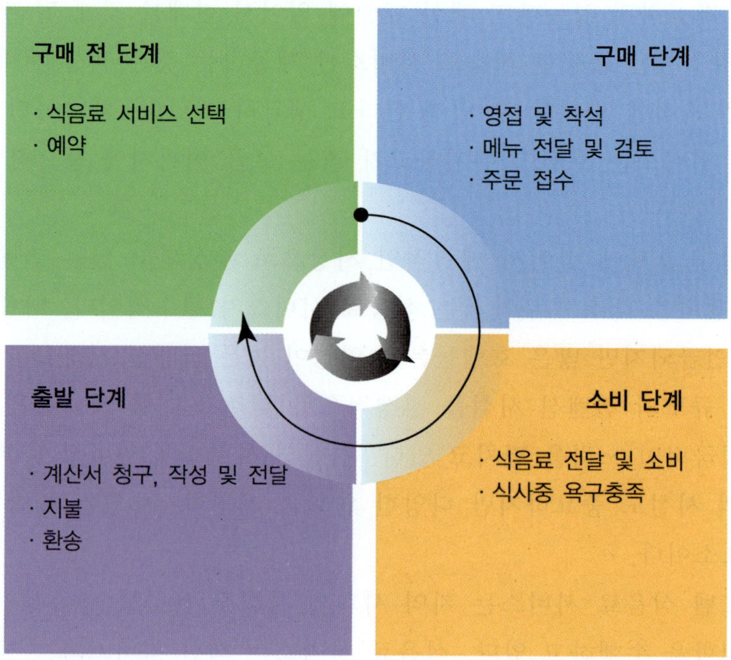

1) 구매 전 단계

식음료 서비스의 고객 순환과정에 있어서 첫 단계라고 할 수 있는 구매 전 단계는 [그림 6-2]에서 보는 바와 같이 소비자가 특정 식음료 서비스를 선택하고 예약하는 과정으로 대별될 수 있다.

그림 6-2 구매 전 단계

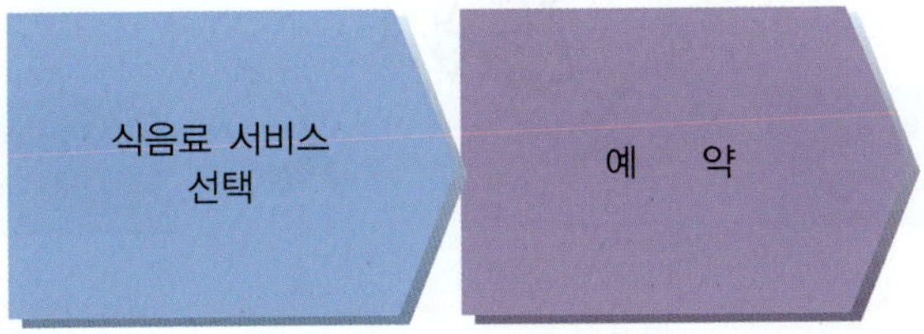

식음료 서비스 선택

구매 전 단계의 소비자 활동은 호텔이 제공하는 다양한 식음료 서비스들을 선택하는 것에서부터 시작된다. 대형 호텔의 경우 소비자들이 선택할 수 있는 호텔 식음료 서비스는 다양하다. 먼저 음식 서비스(food service)의 경우 호텔은 다양한 국적별 음식을 제공하는 식당을 운영하고 있다. 대표적인 예로서 프랑스 식당(French restaurant), 이탈리아 식당(Italian restaurant), 중식당(Chinese restaurant), 일식당(Japanese restaurant), 한식당(Korean restaurant) 등이 있다. 또한 호텔은 다양한 국적의 음식을 한 장소에 모아서 제공하는 뷔페식당(buffet restaurant), 그리고 간단한 식사와 커피 또는 다양한 음료를 제공하는 커피숍(coffee shop)도 운영하고 있다.

호텔은 반드시 어떤 특정 장소에서만 음식 서비스를 제공하는 것은 아니다. 가족 모임에서부터 대규모 컨벤션에 이르기까지 다양한 행사 참가자, 즉 사전에 계획된 소비자들을 위한 연회 서비스(banquet service), 호텔 외부에서 개최되는 각종 연회를 위한 출장 연회 서비스(catering service), 객실 체류자들의 편의를 위하여 객실로 주문한 음식을 배달해주는

그림 6-3 식음료 서비스 선택

룸 서비스(room service) 등 호텔이 제공하는 음식 서비스 범위는 실로 다양하다고 할 수 있다. 더 나아가 최근 일부 호텔들은 자신의 식음료부문 사업영역을 확장하기 위하여 직영 또는 경영계약을 통하여 적극적으로 호텔 외부의 외식산업 시장으로 진출하고 있다.

소비자들이 선택할 수 있는 음료 서비스(beverage service)도 음식 서비스와 같이 그 범위가 다양하다. 일반적으로 호텔에서 음료 서비스를 제공하는 장소를 바(bar)라고 한다. 호텔 내에는 다양한 바가 존재하는데 대표적인 것으로 로비 바(lobby bar) 및 칵테일 라운지(cocktail lounge), 각 식당에 위치하고 있는 식당 바(restaurant bar), 일반 연회 또는 출장 연회 시 개설되는 연회 바(banquet bar), 객실 내에 소규모로 설치되어 있는 미니 바(minibar) 등이 있다. 이러한 다양한 종류의 바 이외에도 나이트클럽이 여기에 포함될 수 있다.

프랑스 식당

이상과 같이 호텔이 제공하

는 다양한 식음료 서비스들에 대한 소비자들의 선택은 다양한 요인에 의해 좌우될 수 있다. 자신의 기호, 과거 경험, 주변의 추천, 식당의 명성, 영업시간, 광고 등이 대표적인 요인들이다. 예를 들어 새벽 3시에 허기를 느낀 소비자들이 선택할 수 있는 식음료 서비스는 룸 서비스밖에 없다. 혹은 아침 이른 시간에 선택할 수 있는 것은 룸 서비스와 커피숍 이외에는 존재하지 않는다. 또한 소비자 기호도 의사결정에 주요한 영향을 미칠 수 있다. 예를 들어 일본 음식을 선호하는 소비자의 선택은 당연히 일식당으로 귀결될 것이다. 이상과 같이 소비자들은 여러 요인들을 고려하여 자신이 소비할 식음료 서비스를 최종 선택한다.

예 약

식음료 서비스 선택 의사결정이 종료되면 소비자들은 주로 전화로 특정 식당 또는 바(bar)에 구두로 예약을 의뢰하게 된다. 소비자의 예약 의뢰가 접수되면 예약 담당자들은 기존의 예약 현황을 확인하고 예약 가능 여부를 소비자들에게 신속히 통보한다. 식당 예약이란 자신이 원하는 서비스의 거래내용을 구체적으로 합의하는 객실 서비스 예약과는 달리 소비자가 자신의 이름, 연락처, 일행의 수만 통보하는, 즉 구매의사를 호텔에 알리는 비교적 간단한 절차이다.

소비자가 의뢰한 예약이 접수되면 예약 담당자는 이 정보를 예약장부에 기록한다. 예약정보의 입력은 고객 순환과정의 본격적인 시작이라고 할 수 있다. 예약 관련 서류를 활용하여 식당은 개별 소비자들에 대한 영접 준비를 하게 된다. 예약 수락 이후 식당은 소비자의 구매의사를 다시 한번 확인하기 위하여 예약 확인과정을 거친다. 식음료 서비스의 구매 전 단계는 이러한 예약 확인단계로 종료가 된다.

예약 단계는 모든 식음료 서비스 구매에 적용되는 것은 아니다. 예를 들어 룸 서비스, 커피숍, 대부분의 바의 경우 이 단계가 생략되고 곧바로 다음 단계인 구매단계로 진입한다. 대부분의 식음료 서비스 구매에 있어서 예약 단계를 수행하는 소비자들의 비중은 객실 서비스와 비교할 때 상당히 낮은 편이라고 할 수 있다. 따라서 객실 서비스의 경우 사전에 비교적 정확한 판매 예측을 통하여 생산계획을 쉽게 수립할 수 있는 반면에 식음료 서비스는 그렇지 못하므로 식음료 경영자들은 변동하는 수요에 신축적으로 대응할 수 있어야 한다.

2) 구매 단계

고객 순환과정에 있어서 두 번째 단계는 구매 단계이다. 구매 단계는 소비자가 선택한 특정 식당에 도착해서 본격적으로 식음료 서비스를 구매하는 과정을 의미한다. 구매단계는 [그림 6-4]에서 보는 바와 같이 크게 영접 및 착석, 메뉴 전달 및 검토, 주문 접수로 나누어 볼 수 있다.

그림 6-4 구매 단계

영접 및 착석

식당 또는 바에 도착한 소비자들은 식당 근무자들의 영접을 받는다. 소비자의 영접을 담당한 식당 근무자는 예약 여부를 확인하고 사전예약이 있는 소비자에게는 미리 배정된 예약 좌석으로 안내한다. 사전예약이 없는 소비자들은 좌석의 여유가 있는 경우 곧바로 좌석으로 안내한다. 하지만 그렇지 못한 경우 대기자 명단(waiting list)에 소비자의 이름을 기입하고 대기 장소 또는 부속 바(bar)로 안내한다.

메뉴 전달 및 검토

일단 소비자가 착석하게 되면 식당 근무자는 간단한 영접과 함께 메뉴(menu)를 전달하여 메뉴를 검토할 기회를 제공한다. 이 단계에서 중요한 것은 근무자가 소비자들이 메뉴 의사결정을 잘 할 수 있도록 도와주는 것이다. 먼저 근무자는 소비자들이 메뉴에 수록된 정보를 읽고 의사결정을 잘 할 수 있도록 충분한 시간을 제공해야 한다. 여기서 중요한 것은 근무자의 인내라고 할 수 있다.

또한 이 단계에서 중요한 것은 근무자의 지식수준 및 소비자를 도우려는 태도라고 할 수 있다. 근무자는 소비자 의사결정에 도움이 되는 정보를 제공하거나, 소비자들의 질문에 충분한 설명을 제공해야 한다. 예를 들어 메뉴상의 어려운 용어를 쉽게 설명한다거나 와인 선택의 어려움을 겪는 소비자들에게 각 와인에 대한 비교설명을 제공하여 의사결정을 도와줄 수 있다. 이러한 과정에서 근무자들은 식당이 생산하는 다양한 식음료 서비스 상품의 적극적 추천을 통해서 매출을 극대화할 수 있는 기회를 갖기도 한다.

주문 접수

일단 메뉴 검토의 단계가 지나면 주문 접수 단계로 진입한다. 이 단계에서 소비자가 자신이 원하는 음식 및 음료를 정식으로 식당 근무자에게 주문한다. 이 단계에서는 소비자의 결정사항이 주문서에 기입되고, 이 정보는 음식의 생산부서인 주방과 계산서를 작성하는 회계담당자에게 동시에 전달된다. 만약 이 단계에서 잘못된 정보가 입력된다면 생산단계뿐 아니라 정산 단계에서 치명적인 문제가 발생할 수 있다. 따라서 이 단계에서 중요한 것은 근무자의 정보처리의 정확성이라고 할 수 있다.

이러한 문제를 사전에 예방하기 위하여 주문확인 단계를 거친다. 주문확인이란 말 그대로 소비자와 함께 근무자가 소비자들의 의사결정 사항을 다시 확인하는 단계를 의미한다. 이 단계에서 수정 사항이 없으면 도착 단계는 종료된다.

3) 소비 단계

식음료 서비스의 고객 순환과정에 있어서 세 번째 단계는 소비 단계이다. 이 단계는 실제 소비자들이 자신의 주 욕구라 할 수 있는 생산된 식

그림 6-5 소비 단계

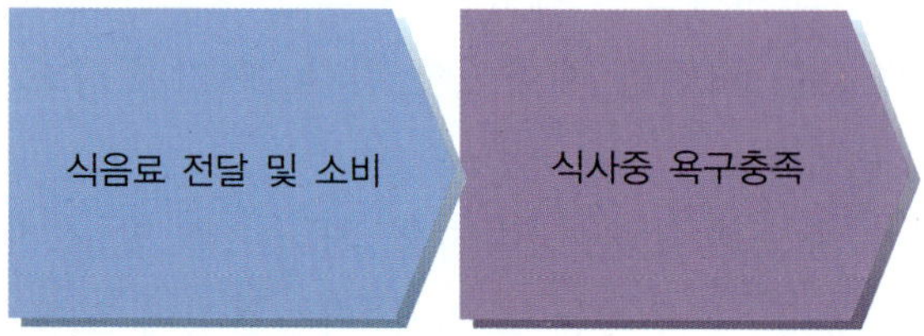

음료를 소비하는 단계이다. 다음과 같이 소비 단계는 생산된 식음료의 전달 및 소비 단계와 식사중 욕구충족 단계로 세분될 수 있다.

식음료 전달 및 소비

식음료 전달 및 소비 단계란 식음료 서비스에 있어서 핵심이라고 할 수 있는 주문한 음식이 생산 및 전달되어 소비자들이 본격으로 소비하는 단계를 의미한다. 만약 이 단계가 성공적으로 잘 진행된다면 소비자들은 쾌적한 환경에서 아주 정중히 제공된 훌륭한 음식을 경험하게 될 것이다. 그러나 이 과정에서 소비자 욕구가 제대로 충족되지 않는다면 심각한 문제가 발생될 수 있다. 이와 같은 소비 단계는 고객 순환과정에서 식음료 생산 및 서비스 담당자의 노력과 시간이 가장 많이 소요되는 과정이다. 예를 들어 프랑스 식당의 경우 매 코스별로 음식이 지속적으로 생산 · 전달 · 소비되는 것이 일반적이므로 이 단계를 성공적으로 진행시키기 위해서는 생산 및 서비스 담당자들의 상당한 노력과 시간을 필요로 한다.

식음료 전달 및 소비 단계에 있어서 가장 중요한 점은 양질의 음식 제공이다. 왜냐하면 어떤 식당 관리자들도 주위의 경쟁자들과 비교하여 낮은 질의 음식을 제공해서는 살아남을 수 없기 때문이다. 음식 생산과정은 바로 다음에서 구체적으로 언급하기로 한다.

이외에도 이 단계에서는 담당자의 신속성과 정확성이 요구된다. 어떤 소비자라도 자신이 주문한 음식을 오랜 시간 동안 기다리고 싶어 하지 않는다. 따라서 주문한 음식이 신속히 전달될 수 있도록 근무자들은 생산부서인 주방과 긴밀한 협조관계를 유지해야 한다. 또한 어떤 소비자도 자신이 주문한 음식과 다른 음식이 제공되는 것을 원하지 않을 것이다. 이러한 문제를 사전에 예방하기 위하여 근무자들은 음식을 전달하기 전에 항상 다시 한번 주문 정보와 실제 제공될 음식이 일치하는가에 대하여 확인하는 절차를 밟아야 할 것이다.

식사중 욕구충족

소비자들은 식음료를 소비하는 과정에서 물을 추가로 요청하거나 추가의 음식을 요구하기도 한다. 또는 식사 도중 나이프를 바닥에 떨어뜨리거나 물 잔을 엎지르는 것과 같은 예견치 못했던 실수를 할 수 있다. 근무자들은 소비자들의 이러한 욕구 및 문제를 예상하고 가능하면 테이블 근처에서 소비자들의 식사과정을 관찰할 필요가 있다. 근무자가 소비과정에 대한 세심한 관찰을 통하여 식사중 발생할 수 있는 추가 욕구나 문제를 정확히 파악하여 신속하게 대처한다면 소비자들의 만족에 긍정적 영향을 미칠 수 있는 계기가 된다.

4) 출발 단계

식음료 서비스의 고객 순환과정에 있어서 마지막 단계는 출발 단계이다. 이 단계는 소비자들이 식당에서 제공한 식음료를 소비한 이후의 단계로서 계산서 청구를 시작으로 하여 소비자가 식당을 최종적으로 떠나는 일련의 단계로 구성되어 있다. 출발단계는 [그림 6-6]에서 보는 바와 같이 계산서 청구, 작성 및 전달, 지불, 환송의 단계로 세분된다.

그림 6-6 출발 단계

계산서 청구, 작성 및 전달

일반적으로 소비자들은 식음료 소비가 종료된 시점에서 근무자들에게 계산서를 청구한다. 계산서는 소비자들이 소비한 식음료 서비스에 대한 가격이 기록된 일종의 요금 청구서라고 할 수 있다. 계산서 청구를 의뢰받은 담당자는 즉시 회계담당자에 의해 작성된 청구서를 신속히 그리고 친절하게 소비자에게 전달한다. 계산서를 받은 소비자들은 계산서에 수록된 주문 항목 및 가격에 대한 이상 유무를 최종적으로 다시 한번 확인한다.

이 단계에서 중요한 것은 정확성이다. 만약 회계담당자나 서비스 담당자의 실수로 인하여 계산서가 잘못 작성된다면 전체 서비스에 대한 신뢰성뿐 아니라 소비자 만족에 상당히 부정적 영향을 미칠 수 있다. 이러한 문제를 사전에 차단하기 위하여 서비스 담당자는 계산서를 소비자에게 전달하기 전에 주문 내역과 계산서 내역이 일치하는지 사전 점검의 기회를 갖는 것이 필요하다.

지 불

계산서 확인 결과 이상이 없는 경우 소비자들은 지불 방법을 결정하게 된다. 현금으로 지불하는 경우 그 과정은 매우 간단하다. 근무자는 소비자로부터 현금을 받아서 회계담당자에게 입금하고 잔돈이 생길 경우 소비자들에게 잔돈을 반환함으로써 지불 단계는 종료된다. 신용카드로 결제하는 경우 소비자로부터 신용카드를 받아서 매출전표를 작성함과 동시에 카드의 이상 유무를 검토한다. 별 이상이 없으면 카드를 소비자에게 반납함과 동시에 매출전표에 사인을 요구한다. 소비자가 매출전표에 사인을 하고 소비자용 사본을 받게 되면 지불 단계는 종료된다.

지불 단계에 있어서 가장 중요한 것은 업무처리의 정확성이다. 현금의 경우 정확한 계산이 중요하다. 또한 신용카드 결제의 경우 중요한 것은 정확한 매출전표 작성 및 카드의 이상 유무를 파악하는 것이다.

환 송

환송 단계란 고객 순환과정의 제일 마지막 단계로 지불을 완료한 소비자들이 근무자들의 영접 아래 식당을 떠나는 단계를 의미한다. 이는 일반 대인관계와 마찬가지로 식당과 소비자의 관계가 종료가 되는 시점이라고 볼 수 있다. 따라서 근무자들은 소비자의 만족 여부에 대한 확인과 더불어 소비자들에게 긍정적인 마지막 인상을 남기기 위하여 정중한 자세로 소비자들의 방문에 대한 고마움의 표시해야 한다. 소비자가 식당을 출발함으로써 모든 고객 순환과정은 종료된다

3. 식음료 생산과정

식음료 서비스의 생산 및 판매에 있어서 가장 중요한 것은 아마도 양질의 식음료 생산일 것이다. 앞서 언급된 바와 같이 저질의 식음료를 생산하면서 생존할 수 있는 식당은 그 어디에도 없을 것이다. 따라서 호텔 식음료 서비스를 제대로 이해하기 위해서는 다음과 같은 식음료 생산과정에 대한 이해가 전제되어야 한다.

대부분의 식음료 생산과정은 다음의 [그림 6-7]과 같이 메뉴계획에서 최종 생산에 이르기까지 총 6단계로 구성되어 있다.

각각의 개별 단계들은 식음료 생산에 반드시 필요한 단계라고 할 수 있다. 물론 소규모 생산의 경우 각 단계의 주요 기능들이 서로 합쳐져서 동시에 수행되거나 아예 일부 단계가 생략된 가운데 식음료가 생산되는 경우도 있다. 그러나 대형 호텔과 같이 여러 식당 및 바를 운영하면서 대량의 식음료를 생산하는 경우에는 일반적으로 각 단계가 완벽히 분리되어 있다. 또한 생산과정의 각 단계에서는 여러 근무자들이 각 단계별로 전문화된 업무를 수행한다.

앞으로 언급될 생산의 모든 단계들은 서로 밀접한 상호관계를 갖고 있기 때문에 어떤 한 단계가 제대로 관리되지 않으면 그 단계가 전체 생산에 심각한 영향을 미치게 된다. 예를 들어 아무리 구매 담당자가 양질의 원자재를 저렴한 가격에 구매를 하였다 하더라도 허술한 인수활동으로 저질의 원자재가 반입된다면 전체 생산활동에 심각한 영향을 미칠 수 있다. 따라서 식음료 생산관리자들은 양질의 식음료가 생산될 수 있도록

그림 6-7 식음료 생산과정

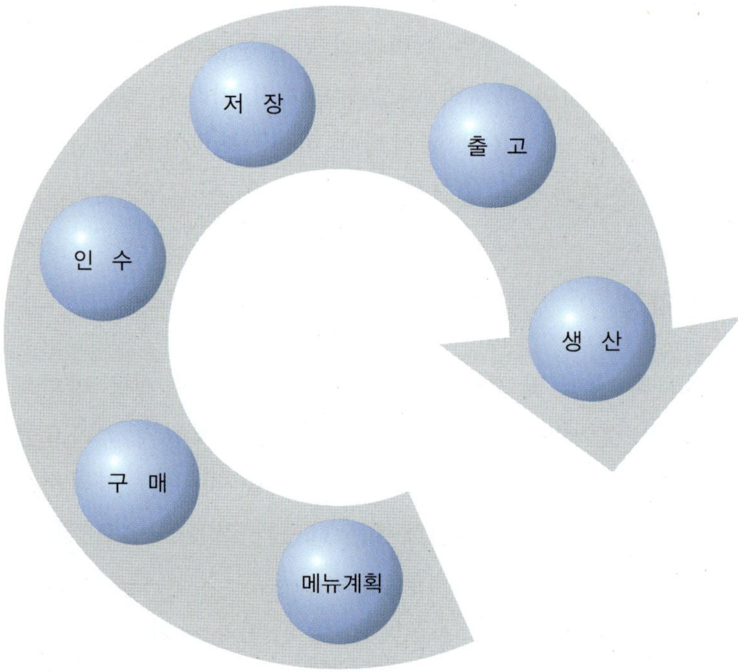

생산과정의 각 단계에서 수행되는 활동들이 제대로 이루어지는가를 잘 감시해야 할 뿐 아니라 각 단계별로 적절한 통제수단을 가지고 있어야 할 것이다.

1) 메뉴계획

일반적으로 메뉴(menu)를 판매 가능한 음식들을 적은 목록으로 생각하는 경향이 많다. 많은 경영자들도 이러한 인식 속에서 아무 생각 없이 자신이 제공하려고 하는 음식의 목록을 적으려는 경향이 많다. 이는 대단히 잘못된 생각이다. 메뉴는 식음료 생산과정에서 중요한 역할을 수행한다. 메뉴는 단순히 고객에게 식당이 판매하고 있는 상품을 알리기 위한 마케팅 도구 이상의 것으로 식당의 이미지를 전달하는 도구이기도 하다. 또한 메뉴는 조리사에게 어떤 음식이 어떻게 준비되어야 하는가를, 서비스부서 요원들에게는 음식을 어떤 방식으로 서빙해야 하는가를, 구매 관계자들에게 어떤 식자재를 구매하고, 경영자에게는 어떤 주방 관련 시설물들을 설치하며, 식당의 규모, 공간, 인력 등을 어떻게 구성해야 하는가를 알려주는 중요한 지침을 제공한다. 따라서 메뉴계획(menu planning)은 대단히 신중하게 접근할 필요가 있다.

메뉴계획자는 수익성 있는 메뉴를 계획하기 위하여 먼저 주요 소비자 계층을 결정해야 하며, 그 시장이 얼마나 큰가를 분석해야 한다. 다음 단계는 주요 소비자 계층이 원하는 식음료 및 서비스의 형태를 결정하는 일이다. 이와 같이 메뉴계획에 있어서 가장 중점을 두어야 할 부분은 시장에 관련된 정보이지만 인적자원의 기술, 원자재의 이용 가능성 등 메뉴의 매출 및 수익성에 영향을 미칠 수 있는 다양한 요인들도 함께 고려해야 한다.

2) 구 매

구매(purchasing)란 음식생산에 사용되는 모든 원자재를 구매하는 활동을 의미한다. 음식생산에 있어 구매는 매우 중요하다. 왜냐하면 효과적이지 못한 구매활동은 양질의 음식생산을 저해하기도 하며 식음료부문의 수익성을 악화시킬 수 있기 때문이다. 예를 들어 필요한 원자재를 제대로 확보하지 못하거나 제때 확보되지 않는 경우 음식생산은 원천적으로 불가능하다. 또한 필요한 원자재를 아주 비싼 가격에 구매하는 경우 원가 부담이 커진다. 낮은 질의 원자재 구매는 최종 생산된 음식의 질을 떨어뜨리는 요인이 된다.

3) 인 수

인수(receiving)란 구매한 모든 원자재들이 제대로 입고되는지 여부를 확인하는 활동을 의미한다. 이 단계에서 인수담당자들은 주문했던 것과 동일한 질의 원자재가 들어 왔는지, 그리고 주문한 것과 다른 대체재가 있는지, 또는 파손되었는지 등의 여부를 잘 확인해야 한다. 입고되는 원자재가 기준에 부합하는지의 여부를 확인하기 위하여 인수담당자는 반드시 중량이나 개수 그리고 품질상태 등을 검사해야 한다. 만약 부족분이나 손상된 식자재가 발견되면 인수할 것인가의 여부 및 부족분 또는 손상분에 대한 보상 문제에 대하여 결정해야 한다. 일단 인수된 원자재들은 창고 또는 주방부서로 운반된다.

4) 저장(storage)

인수된 모든 원자재들은 창고와 같은 특정 장소에 일정 기간 동안 보관된다. 이를 저장(storage)이라고 한다. 원자재들을 저장할 때 주의할 점은 첫째, 모든 원자재들을 일정한 체계에 따라 잘 보관해야 한다. 비체계적으로 원자재들을 보관하게 되면 필요한 특정 원자재를 제때 찾는 데 많은 어려움을 겪게 된다. 둘째, 인수한 원자재들을 가능한 짧은 시간 내에 최적의 조건에서 보관해야 한다. 어떤 원자재의 경우 보관시간이 불과 몇 시간인 경우도 있고, 어떤 경우에는 몇 달이 되는 경우도 있다. 보관기간 및 보관조건은 원자재 자체의 특성에 달려 있다. 그러나 분명한 것은 아무리 최적의 조건에서 단시간 동안 보관한다 하여도 원자재의 질이 떨어질 수 있으며, 부분적인 손상을 가져올 수 있다는 점이다. 셋째, 식음료 생산에 차질이 생기지 않도록 하기 위해서 항상 필요한 원자재들의 재고가 유지될 수 있게 재고현황을 정확히 파악하여 경영층에 보고해야 한다. 넷째, 대부분의 경우 원자재의 가치는 자연적 손실(natural shrinkage)로 인하여 감소되는 경우가 많다. 따라서 저장담당자들은 이를 최대한 방지하기 위하여 정기적으로 재고를 순환시켜야 하며, 손실분이 발생하면 재고에 반드시 반영해야 한다.

5) 출 고

출고(issuing)란 보관된 원자재를 재고부서에서 원자재를 필요로 하는 외부부서로 반출하는 활동을 의미한다. 대부분 원자재들은 주로 생산부서인 주방으로 반출되지만 필요에 따라서는 식음료 서비스 부문으로 반출되기도 한다. 이러한 출고활동이 발생되면 출고담당자는 반드시 자산의 이전에 대한 기록을 유지해야 한다.

일반적으로 재고부서에서 원자재가 반출되면 출고라는 용어를 사용한다. 출고는 보관부서와 원자재를 사용할 부서와의 협조에 의해서 이루어진다. 흔히 출고 단계에서는 원자재를 필요로 하는 부서로 원자재를 옮기는 것 이외에 별다른 활동이 없는 것으로 생각하지만 실제 출고기능은 매우 중요하다. 왜냐하면 특히 다양한 식당 및 바를 운용하는 대형 호텔에서는 바로 출고 단계에서 각 식당의 원가가 결정되기 때문이다. 적절한 출고관리 없이는 원가결정이 불가능하게 된다.

6) 생 산

출고과정을 거쳐서 원자재가 재고부서에서 주방으로 반입되면 주방의 생산담당 근무자들은 일정한 가공활동을 통하여 최종적으로 식음료를 생산하게 된다. 양질의 식음료 생산에 있어서 중요한 점은 다음과 같다.

첫째, 가장 중요한 것으로서 경영자의 의지라고 할 수 있다. 이는 호텔의 최고경영자 또는 식음료 생산책임자가 식음료 생산에 얼마나 관심을 보이느냐에 달려 있기 때문이다. 만약 경영자들이 식음료 생산에 지대한 관심을 보인다면 생산부서 근무자들이 이에 동기부여되어 양질의 식음료 생산에 노력할 것이다.

둘째, 최종생산된 식음료의 질은 얼마나 양질의 원자재를 사용하느냐에 달려 있다. 또한 확보된 양질의 원자재를 가지고 최대의 효과를 얻기 위해서는 주문한 음식들을 가능한 소비자들이 소비하기 직전에 조리해야 한다. 그러나 특히 대형 호텔에 있어서의 문제점은 주방부서가 다양한 식음료 업장들에서 의뢰하는 많은 양의 주문을 동시에 소화해야 한다는 것이다. 많은 양의 주문을 소비 직전에 동시에 생산한다는 것은 불가능하다. 따라서 사전에 조리가 가능한 품목들을 미리 조리하여 냉장고에 보관한다. 이러한 방법은 상당히 원가를 절감시킬 수 있는 방법이다. 하지만 가장 큰 단점은 음식의 질이 떨어진다는 점이다. 그럼에도 불구하고 수많은 주문을 일시에 소화할 수 없다는 한계 때문에 대형 호텔에서는 이 방법을 생산 단계에 부분적으로 적용하고 있다.

셋째, 생산 단계에서 조리방법이 준수되어야 한다. 만약 표준 조리표

(standard recipe)에서 비프스튜(beef stew)를 2~3시간 동안 약한 불로 끓여야 한다고 기술되어 있으면 그 방법을 그대로 준수해야 한다. 그렇지 않고 시간이 많이 소요된다는 이유로 1시간 동안 강한 불로 끓인다면 음식의 질은 상당히 떨어질 것이다.

넷째, 최종생산된 음식은 소비자에게 전달되기 전까지 잘 보관되어야 한다. 음식이 생산된 후 너무 오래 보관되어 있으면 질이 떨어질 뿐 아니라 위생 문제까지 발생될 소지가 있다. 음식이 제공되기 전에 뜨거운 음식은 뜨거운 곳에 그리고 차가운 음식은 차가운 장소에 가능한 단기간 보관해야 한다. 양질의 음식을 소비자들에게 제공하기 위해서는 가능한 한꺼번에 대량으로 생산하지 말고 필요할 때마다 소량 생산하는 것이 최선이다.

다섯째, 음식생산을 위한 적절한 장비가 필요하다. 예를 들어 더운 음식을 조리할 수 있는 가스레인지(gas range)를 주방에서 갖추지 못하거나 냉장고가 제대로 음식을 차갑게 보관할 수 없다면 음식생산에 심각한 영향을 미칠 수 있다.

CASE 09 특급호텔 레스토랑, 고객 라이프스타일 따라 진화

최근 특급호텔에서는 신규 고객 창출 및 호텔 브랜드 인지도 상승을 위해, 기존에 전통적인 방식 혹은 메뉴를 고수하던 레스토랑을 현재의 트렌드에 맞추어 변화를 주는 경우가 늘어나고 있다.

이는 고객의 라이프스타일 변화에 따른 것으로 호텔을 이용하는 고객층의 다양화가 계속되는 현실에서 매출을 증대하고 더 나아가 호텔의 이미지를 각인시키기 위한 것으로 풀이된다.

더 플라자 도원, 새로운 콘셉트 '약식동원' 선봬

18일 관련업계에 따르면 더 플라자의 전통 중식당 도원은 오픈 40주년을 맞이해 '약과 음식은 그 근원이 같다'는 의미의 '약식동원' 콘셉트로 새롭게 탈바꿈했다.

메뉴 품평회를 통해 개발된 도원의 신규 메뉴는 흔히 기름지고 몸에 좋지 않은 음식이라는 인식이 강한 기존 중식과 달리, 차별화된 메뉴를 선보인다.

계절성, 특수성, 고급성, 지역성, 브랜드 총 5가지를 고려해 기름으로 튀기고 볶는 조리법 대신 냉채, 구이, 찜 요리, 조림 등 건강한 오일-프리 조리법에 현대적인 터치가 가미된 어센틱 & 모던 차이니즈 퀴진 메뉴를 선보일 예정이다.

특히 수(壽), 복(福), 진(珍), 미(味), 황(皇)으로 구성된 약식동원 코스 메뉴 5종을 도원의 시그니처 코스 메뉴로 새롭게 선보인다. 모든 메뉴는 도원 셰프가 직접 임진강에서 공수한 민물 참게로 맛을 낸 해황 소스와 도원 중식 보양식의 기본이 되는 상탕육수를 활용해 도원만의 중식 노하우를 한 자리에 즐길 수 있도록 했다.

서울 웨스틴조선호텔 나인스 게이트 그릴 메뉴 리뉴얼

서울 웨스틴조선호텔 양식당 나인스 게이트 그릴은 지난 4일부터 프렌치 테크닉에 현대적 감각을 더한 컨템포러리 퀴진 메뉴로 리뉴얼한다.

이번 메뉴 개편의 특징은 ▶식재료의 고급화, ▶양의 소량화, ▶메뉴의 다양화다. 한 번에 조금씩 다양한 경험을 하고자 하는 고객 취향과 트렌드를 반영했다.

애피타이저로 나오는 '캐비어 소스의 제철 참돔 카르파치오'는 금가루가 뿌려진 참돔 카르파치오 위에 캐비어와 성게 알이 올려져 있고, 캐비어 크림 소스가 참돔 카르파치오를 감싸고 있다.

'푸아그라와 한우 안심'은 프렌치 요리의 대표 식재료인 푸아그라와 나인스 게이트 그릴의 화덕에서 시어링(처음에 강한 화력에서 검은색에 가까운 색이 될 때까지 바삭한 크러스트를 만들며 고기 표면을 구워내는 방법)한 최상급 안심 스테이크에 레드 와인을 곁들여 내 부드럽고 고소한 조화를 선보이는 대표 메뉴다.

수개월에 걸친 메뉴 개발 끝에 완성한 메뉴는 예상치 못한 반전으로 재미 또한 준다. '완두콩, 양파 듀얼 수프'는 하나의 수프에서 두 가지 수프의 맛이 난다. 완두콩의 고소한 첫 맛으로 시작해 양파의 시원한 단맛으로 끝난다. 한우 채끝 등심을 김으로 바삭하게 덮고, 속을 판 라임에 간장 소스가 제공되는 등 기존 스테이크 요리에 볼 수 없었던 재료와 소스를 이용한 메뉴도 선보인다.

출처: 트래블바이크, 2016.7.

제 2 절 주방부서

1. 주방부서의 개념

주방(kitchen)이란 원래 조리시설을 갖추어 놓은 장소 또는 음식을 생산하는 장소를 의미한다. 호텔의 주방부서란 식음료 부문의 하위부서의 하나로서 식음료 생산의 일반적 단계에서 마지막 단계인 최종음식 생산을 담당하는 부서를 의미한다. 양질의 음식은 소비자들의 재구매 의사결정에 결정적인 영향을 미치기 때문에 주방부서는 호텔의 식음료 서비스 생산에 있어서 가장 핵심적 부서라고 할 수 있다.

대형 호텔의 경우 주방부서는 일반 외식기업의 주방과 그 규모면에서 다르다. 왜냐하면 호텔의 주방부서에서 생산해야 할 하루 생산량은 일반 외식업체와 비교할 수 없을 정도로 대량이기 때문이다. 호텔의 주방부서는 하루에 최소한 4~5개의 식음료 서비스 영업장들로부터 접수되는 많은 양의 음식을 생산해야 한다. 이외에도 룸 서비스 및 연회부서로부터 접수되는 상당한 양의 주문을 동시에 소화해야 한다.

이와 같이 일일 생산량이 대규모인 관계로 호텔의 주방부서에서는 많은 인력들이 근무하고 있다. 또한 호텔 주방부서는 효율적인 대량생산 체제를 구축하기 위하여 음식 생산의 주요 기능별로 철저한 부문화가 되어 있다. 따라서 주방부문의 최고책임자라고 할 수 있는 총 주방장(executive chef)은 단순히 조리 분야에서 뛰어난 생산기술을 가진 사람이어서는 한계

총 주방장, Park Hyatt Paris-Vendome

가 많다. 수많은 인력을 통솔해야 하는 대형부서의 책임자로서 총 주방장은 소비자들이 요구하는 양질의 음식의 생산이라는 주방부서의 공동 목표 달성을 위하여 각 하위부서의 능력을 극대화시킴과 동시에 각 부서의 이해관계를 적절히 조절하고 통솔할 수 있어야 한다.

2. 주방부서의 구성 및 각 부서별 주요 직무

대형 호텔들은 효과적인 식음료의 대량생산을 위하여 주방 부서를 다음의 [그림 6-8]에서 보는 바와 같이 먼저 중앙주방(main production kitchen) 및 영업주방(section kitchen)으로 세분화하고 있다. 먼저 중앙주방은 주로 호텔 내의 다양한 식음료 부서에서 공통적으로 필요로 하는 음식들을 반가공 형태로 생산하는 부서이다. 중앙주방은 음식의 종류 또는 가공 방법에 따라 여러 하위부서들로 다시 세분화된다. 개별 하위부서는 자

그림 6-8 주방부서의 구성 및 각 부서별 상호관계

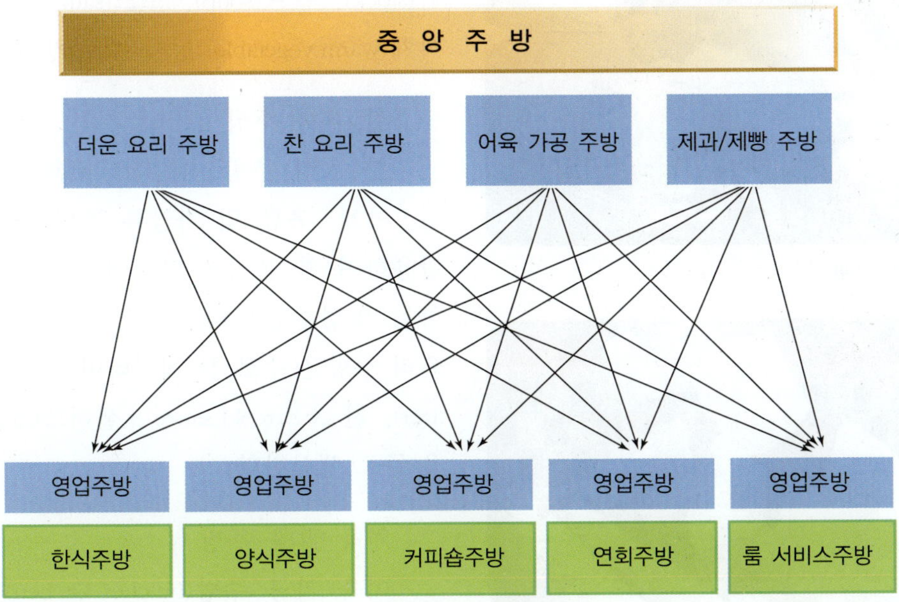

기가 맡은 분야의 반가공 음식을 전문적으로 생산한다. 중앙주방에서 생산된 반가공 형태의 음식은 각 식음료 부서에 속한 영업주방으로 보내져 최종 가공과정을 거쳐 소비자에게 제공된다.

1) 중앙주방

중앙주방(main production kitchen)이란 호텔 주방의 핵심주방으로서 보통 메인주방(main kitchen)으로 부른다. 메인주방의 주요 역할은 각 영업주방에서 고객에게 제공할 음식을 사전에 반가공 형태로 조리하여 개별 영업주방이 원하는 시간에 소비자들에게 음식을 제공할 수 있도록 지원하는 것이다. 중앙주방은 더운 요리 주방, 찬 요리 주방, 어육 가공 주방, 제과 및 제빵 주방 등으로 나뉜다.

더운 요리 주방

더운 요리 주방(hot kitchen)의 주요 역할은 저장창고에서 공급받은 각종 기초 식재료에 열을 가하여 더운 음식을 생산하여 개별 영업주방별로 공급하는 것이다. 더운 요리 주방은 주로 스탁(stock), 수프(soup), 소스(sauce), 따듯한 야채(warm vegetable) 등을 주로 생산한다.

더운 요리 주방

찬 요리 주방

찬 요리 주방

찬 요리 주방(cold kitchen)은 주로 과일, 야채, 육류 및 가금류 등의 식재료를 활용하여 찬 음식을 만들어, 이를 필요로 하는 영업주방에 공급하는 부서이다. 찬 요리 주방은 주로 찬 애피타이저(cold appetizer), 찬 소스(cold sauce), 샐러드(salad) 등을 주로 생산한다.

어육 가공 주방

어육 가공 주방(butcher kitchen)은 각 영업주방에서 필요로 하는 각종 어패류,

육류, 가금류 등을 주문에 따라 부위, 모양과 크기, 형태, 크기, 양 등을 조절하여 반 가공 형태로 생산한다. 또는 여러 종류의 어패류와 육류를 이용하여 햄이나 소시지와 같은 가공식품을 만들어 각 영업 주방을 지원하기도 한다.

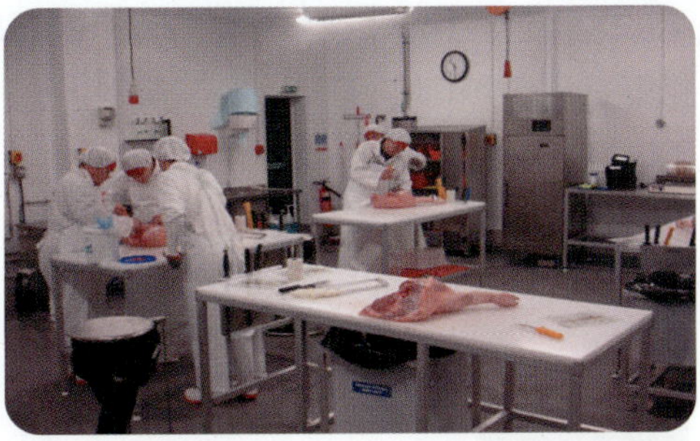
어육 가공 주방

제과 및 제빵 주방

제과 및 제빵 주방(pastry & bakery)은 각 영업주방에서 필요로 하는 과자 및 빵을 만들어 제공하는 업무를 담당한다. 이 주방은 각 식당에서 주문한 빵과 케이크, 초콜릿, 쿠키, 파이 등의 디저트를 만들어 배분하는 역할을 한다. 또한 각종의 제과 및 제빵류를 호텔 내의 제과 및 제빵 매장을 통하여 소비자들에게 직접 판매하기도 한다.

제과 및 제빵 주방

2) 영업주방

영업주방이란 중앙주방에서 만들어진 반가공 형태의 음식을 공급받아 소비자들이 요구하는 음식을 최종적으로 완성하여 제공하는 주방이다. 영업주방에는 다음과 같이 다양한 주방들이 있다.

커피숍주방(coffee shop kitchen)

커피숍에서는 주로 소비자들에게 커피나 차 또는 주스 등을 간단한 음식과 함께 제공한다. 따라서 커피숍주방은 커피나 차 또는 주스를 직접 생산하기도 하며, 간단한 식사를 제공하기 위한 기본적인 조리시설을 갖추고 있다.

각 업장별 주방(section kitchen)

업장별 주방은 한식주방을 비롯하여 일식주방, 양식주방, 뷔페주방,

연회주방 등 호텔 내에 각 업장에 소속된 주방으로, 각 업장의 특성에 맞추어 메인주방으로부터 반입된 반제품을 최종으로 가공하여 각 식당 고유의 음식을 생산한다.

제 3 절 식음료 서비스부서

1. 식음료 서비스부서의 기초

식음료 서비스부서는 고객 순환과정의 전 과정 동안 소비자와 직접 접촉하면서 주방부서에서 생산된 음식을 소비자가 편안히 소비할 수 있도록 다양한 서비스를 제공하는 역할을 수행한다. 앞서 언급한 바와 같이 전체 식음료 서비스에 있어서 가장 중요한 핵심은 주방부서에서 생산된 양질의 음식이라고 할 수 있다. 하지만 아무리 양질의 음식이 제공된다 하더라도 구매 및 소비 과정에서 절차가 매우 불편하고 문제가 발생한다거나 제공방식이 매우 서툴거나, 제공 태도가 매우 비우호적이거나, 주변 환경이 적절치 못하다면 어떤 소비자들도 만족하지 않을 것이다. 따라서 식음료 서비스부서도 소비자들에게 기억에 남는 외식 경험을 제공하는 데 있어 중요한 역할을 수행한다. 식음료 서비스부서의 개괄적인 직무는 고객 순환과정에서 자세히 언급한 바 있으므로 생략하기로 한다.

2. 식음료 서비스부서의 조직 및 주요 업무

1) 다이닝 룸 매니저

다이닝 룸 매니저(dining room manager)는 개별 식당의 서비스부서를 총괄하는 책임자이다. 예를 들어 어떤 호텔이 한식당, 중식당, 일식당, 이탈리아 식당, 프랑스 식당, 커피숍을 운영하고 있다면 6명의 매니저가 개별 식당의 운영을 책임지게 된다. 이들의 일반적인 직책명은 개별 식당 종류에 의거하며 호칭을 한다. 예를 들어 한식당의 경우 정확한 명칭은 한식당 다이닝 룸 매니저이지만 그냥 한식당 매니저로 부른다. 매니저들은 개별 식당의 서비스 과정을 담당하는 조직을 관리한다.

다이닝 룸 매니저

유능한 다이닝 룸 매니저를 찾는다는 것은 그리 쉬운 일이 아니다. 왜냐하면 다이닝 룸 매니저의 직무는 단순히 소비자들을 환대할 수 있는 능력 이외에도 식당 서비스부서 근무자들의 선발, 교육, 감독을 담당하며, 식당의 서비스 수준을 결정하고, 식당의 전반적 운영에 관한 정책을 수립하는 등의 관리 능력을 요구하기 때문이다.

2) 호스트 또는 호스티스

리셉션니스트(receptionist)로 호칭하기도 하는 호스트(host) 또는 호스티스(hostess)는 기본적으로 고객 순환과정의 도착단계에서 발생하는 다양한 직무를 수행한다. 이 근무자의 주요 업무는 먼저 예약업무의 수행이다. 다양한 소비자들의 문의에 정보를 제공하고, 예약접수 및 예약 장부관리 등을 다이닝 룸 매니저(dining room manager)와 긴밀하게 협조하여 수행한다. 또한 도착한 소비자들을 영접하고, 예약 여부를 확인하고, 고객을 좌석으로 안내하는 직무를 수행한다. 예약이 없는 소비자들을 대상으로 좌석을 배정하기도 한다.

호스티스

3) 캡 틴

캡틴(captain)의 주요 업무는 자신에게 할당된 구역의 하위 근무자들인 서버(server) 및 버스퍼슨(busperson)을 관리하는 일이다. 캡틴은 자신에게 할당된 구역에서 서비스가 제대로 제공되고 있는지 항상 점검해야 하며, 서버 및 버스퍼슨의 서비스 관련 교육 훈련을 직접 담당한다. 또한 서버의 부재 시 서버를 대신하여 소비자들의 주요 욕구를 충족시키는 직무도 담당하고 있다.

4) 서 버

▎서 버

서버(server)는 과거 웨이터(waiter) 또는 웨이트리스(waitress)라고 호칭하였다. 이 직책은 소비자의 메뉴검토에서부터 최종 정산의 단계에 이르기까지 자신에게 할당된 좌석의 소비자들에게 편안한 식사 경험이 될 수 있도록 소비자들을 도와주는 일을 담당한다. 서버의 주요 직무는 메뉴 설명, 주문 접수, 음식 전달, 식사중 고객욕구충족, 정산 등이라고 할 수 있다.

5) 버스퍼슨

▎버스퍼슨

버스퍼슨(busperson)은 서버의 보조 역할을 수행한다. 서버는 자신에게 할당된 테이블의 소비자들에게 서비스를 제공해야 한다. 그러나 서버 혼자 식음료 서비스의 전 과정을 담당하기에는 한계가 있다. 서버의 과다한 업무를 보조해주는 버스퍼슨이 필요한 것이다.

버스퍼슨은 소비자가 도착하기 전에 테이블을 세팅하고, 소비 단계에서 소비자들에게 물, 빵, 버터와 같은 간단한 항목을 제공하고, 식사 도중 및 출발 후 테이블을 정리하는 일 등 서버의 과중한 업무를 도와준다.

6) 소믈리에

▎소믈리에

소믈리에(sommelier)는 와인 스튜어드(wine steward)라고 불리기도 하는데 와인 제조 및 관리, 서비스에 관련된 지식이 풍부한 와인 전문가라고 할 수 있다. 주로 소믈리에는 와인 서비스를 제공하는 영업장에 소속되어 주로 소비자들의 와인 선택과정에 도움을 주며, 와인 서비스를 제공할 뿐 아니라 식당의 와인리스트(wine list)를 작성한다.

제 4 절 음료부서

1. 음료부서의 기초

음료부서는 호텔 내에 다양한 바(bar)의 운영을 통하여 소비자들에게 음료 서비스를 제공하고 있다. 바란 잘 알고 있는 바와 같이 소비자들에게 알코올성 음료 서비스를 제공하는 영업장을 의미한다. 실제 호텔의 음료부서는 다양한 바를 운영하고 있다. 예를 들어 대형 호텔의 경우 로비바(lobby bar), 칵테일 라운지(cocktail lounge), 멤버십 바(membership bar),

호텔 바

나이트클럽(night club), 식당 바(restaurant bar) 등과 같은 다양한 바에서 음료 서비스를 제공하고 있다. 추가로 룸 서비스 및 연회 서비스에서도 소비자들에게 음료 서비스를 제공하고 있다.

일반적으로 음료 특히 알콜성 음료 서비스는 음식의 경우보다 수익성이 높다. 대부분의 호텔에 있어 바 총 매출의 약 55~65%가 영업이익일 정도로 식음료부문의 이익창출에 상당한 공헌을 한다.

2. 음료부서의 조직 및 주요 업무

1) 바 매니저

호텔 내에서 운영되고 있는 다양한 바들은 바 매니저(bar manager)에 의해 관리된다. 바 매니저는 주로 개별 바 근무자들을 관리 및 감독하며, 근무자의 근무일정 계획수립, 주장에 필요한 원자재 청구, 서비스 질 유지 등과 같은 업무를 수행한다. 이외에도 바 매니저는 바를 대표하여 소비자들의 영접 및 좌석 배정을 하기도 하며, 고객의 불평을 해결하는 등 담당 바를 원활히 운영해야 하는 책임이 있다.

2) 바텐더

바 영업에 있어서 가장 핵심적인 업무를 수행하는 사람은 바텐더(bartender)라고 할 수 있다. 왜냐하면 바텐더는 소비자들이 요구하는 다양한 음료를 생산하는 직무를 수행하기 때문이다. 이외에도 바텐더는 음료매출을 기록하고, 바의 생산부문 전체를 관리한다.

바텐더 직무를 성공적으로 수행을 위해서는 특정한 기술과 능력이 요구된다. 바텐더는 바에서 제공하는 모든 음료에 대한 생산법을 잘 숙지하고 있어야 할 뿐 아니라 칵테일의 경우 다양한 음료를 혼합하는 기술도 지니고 있어야 한다. 또한 바쁜 상황에서도 신속히 그리고 정확하게 음료를 생산할 수 있는 능력과 더불어 카운터에 착석한 소비자들과 잘 어울릴 수 있는 대인관계 능력도 필요하다.

바텐더

대형 바에서는 여러 명의 바텐더가 근무한다. 그 중 가장 높은 직책의 바텐더를 헤드 바텐더(head bartender)라고 하며, 이 직책의 사람은 바텐더의 총 책임자로서 전체 바텐더를 관리 · 감독하고, 호텔 고유의 음료 생산법을 최종적으로 만들어 내기도 한다. 헤드 바텐더 휘하에는 여러 명의 바텐더가 근무를 하는데, 이들을 프런트 바텐더(front bartender)와 백 바텐더(back bartender)로 구분한다. 프런트 바텐더는 바에서 고객과 직접 접촉하면서 다양한 음료를 제공하는 사람을 의미하며, 백 바텐더는 고객과 접촉하지 않고 식당이나 룸 서비스에서 요구하는 음료 생산을 담당하는 사람이다.

3) 바 포터

바 포터(bar porter)의 직무는 기본적으로 바텐더를 도와주는 것이다. 일반적으로 바 포터는 바의 생산부문을 청소하고, 음료생산에 필요한 얼음을 공급하며, 바텐더가 청구한 와인, 맥주, 위스키 등과 같은 음료를 운반하고, 음료 생산에 필요한 다양한 기타 부자재를 공급하는 일들을 주로 담당한다.

4) 칵테일 서버

칵테일 서버(cocktail server)의 주요 임무는 테이블에 착석한 소비자들에게 음료 제공에 관련된 서비스를 담당하는 것이다. 이들의 임무는 식당 서비스부서에서 서버(server)의 임무와 유사하다고 할 수 있다. 칵테일 서버는 자신에게 할당된 좌석 소비자들의 메뉴 검토에서 최종 정산단계에 이르기까지 다양한 서비스를 제공한다. 칵테일 서버의 주요 직무는 음료메뉴 설명, 주문접수, 음료 전달, 소비중 고객욕구충족, 정산 등이다.

제 5 절 식음료 구매 및 저장부서

1. 식음료 구매 및 저장부서의 기초

일반적으로 호텔의 구매 및 저장부서는 식음료 원자재 이외에도 다양한 객실용품, 청소용품 등과 같은 호텔 운영에 필요한 모든 원자재의 구매와 저장을 담당하는 부서이다. 원자재 구매에 있어서 비식용 자재의 구매는 그리 어려운 직무가 아니다. 왜냐하면 필요한 원자재의 구체적인 정보가 담긴 구매 명세서가 작성되면 그 기준에 따라 공급자를 선정하고 필요한 원자재를 구매하면 되기 때문이다.

그러나 식음료 원자재의 구매는 전문적 지식과 훈련을 필요로 한다. 특히 식음료 원자재 중 버섯, 쇠고기, 야채 등과 같은 식용 원자재의 구매는 매우 어렵고 다년간에 걸쳐서 습득해야만 하는 조리 분야의 전문성을 필요로 한다. 앞서 언급된 바와 같이 양질의 음식생산은 바로 양질의 원자재 구매에 달려 있다고 할 만큼 식용 원자재 구매는 매우 중요하다. 가장 완벽하고 적절한 원자재를 선택하여 최적의 가격으로 구매할 수 있는 것은 일종의 기술이다. 또한 일반적 식음료 생산과정에서 생산단계 이전까지 확보된 원자재를 잘 보관하는 일도 매우 중요하다.

호텔 규모가 그리 크지 않았던 과거에는 주로 주방부서에서 구매 및 저장 업무를 수행하였다. 대부분의 경우 총 주방장(executive chef)이 직접 시장에서 가장 적절하다고 판단되는 원자재를 구매하였고, 주방에 소속된 보관장소에서 일정기간 보관하였다.

현대 호텔의 구매 및 저장 업무는 업무의 효율성 향상 및 통제를 위하여 여러 측면에서 변화되고 있다. 먼저 구매 및 저장 기능이 주방부서에서 회계부서로 이관되었다. 그 주요 이유는 원자재 구매가 기본적으로 자산의 이동과 관련된 문제이기 때문이며, 또한 구매 기능과 생산 기능이 한 부서에서 수행될 때 발생할 수 있는 여러 문제를 사전에 통제할 수 있기 때문이다. 따라서 생산부서가 원하는 양질의 원자재들을 확보하기 위해서는 구매부서와의 밀접한 협력관계 유지가 필요하다.

또한 구매 및 저장 업무의 효율성 제고를 위해 최근 이들 업무는 구매 명세서 작성-견적-입찰-구매-인수-저장-보관-출고 등으로 분리하고 있다. 효율적인 구매 및 저장 활동을 위해서 구매 담당자는 각 단계의 공식적 절차를 엄정히 준수하여야 한다.

2. 식음료 구매 및 저장부서의 조직 및 주요 업무

1) 구매담당관

대형 호텔들은 일반적으로 호텔 운영에 필요한 모든 원자재를 구매하는 구매 전담부서를 두고 있다. 식음료 구매담당관(purchasing agent)은 바로 구매부 소속으로서 식음료 생산에 소요되는 모든 원자재를 안정적으로 확보하는 역할을 주로 수행한다. 과거 구매담당관들은 다양한 원자재를 구매하는 데 별 어려움이 없었다. 왜냐하면 선택할 수 있는 대안이 그리 많지 않았기 때문이다. 예를 들어 프렌치 프라이(french fries)가 메뉴항목으로 올라와 있다면 구매담당자는 그냥 밭에서 출하된 감자를 구매하면 그만이었다.

현대 기술의 발전으로 과거와는 달리 원자재들의 품목들이 매우 다양해지고 그 품질 또한 향상되어 가고 있다. 예를 들어 구매담당관은 그냥 감자를 구매할 수도 있으나 껍질 벗긴 생감자, 프렌치 프라이용으로 썰어 놓은 냉동 또는 생감자, 부분적으로 조리된 감자, 단순히 재가열만 하면 되는 완전히 조리된 감자 등과 같이 다양한 대안을 선택할 수 있다. 구매

담당관은 최종 생산될 식음료의 질, 생산부서의 기능수준, 원자재의 원가 등과 같은 여러 요인들을 고려하여 여러 대안 중에서 하나를 선택해야 한다. 더욱이 식음료 생산에 필요한 원자재의 종류는 수천 종에 이른다. 구매담당관은 개별 원자재에 관련된 의사결정을 일일이 내려야 하는 어려움이 있다.

2) 창고매니저

창고매니저(storeroom manager)는 앞서 식음료의 생산과정에서 구체적으로 언급하였듯이 구매 단계 이후부터 생산 전 단계까지, 즉 인수-보관-출고와 관련된 다양한 직무를 수행한다. 이러한 직무 중에서 가장 중요한 것은 철저한 인수, 보관, 출고절차 준수를 통한 원자재의 손실 및 질저하 방지, 그리고 원자재의 인수, 재고, 보관, 출고에 관련된 정확한 정보 기록이라고 할 수 있다.

먼저 허술한 인수, 보관 및 출고활동은 반입된 원자재의 질을 저하시킬 뿐 아니라 원자재의 손실을 야기한다. 예를 들어 손실 가능성이 높은 원자재들이 적절치 못한 환경에서 보관된다면 원자재 손상으로 인한 원가 상승은 물론 최종생산품의 질에 치명적인 영향을 미친다.

또한 인수, 보관, 출고에 관련된 정확한 정보 유지는 구매담당관이 향후 원자재 구매 시기 및 양에 관한 의사결정을 하는 데 많은 도움을 준다. 이외에도 출고에 관련된 구체적 정보는 회계부서의 원가계산을 하는 데 기초 자료가 되어 경영자의 의사결정에 도움을 준다.

제 6 절 연회부

1. 연회부의 기초

많은 호텔들은 매출의 극대화를 위하여 다양한 규모의 연회장과 회의 시설을 갖추고 있다. 이러한 시설들은 주로 지역 내에서 개최되는 컨벤션(convention)을 적극 유치하기 위한 것으로서 최근 컨벤션산업의 성장과 밀접한 관련이 있다. 실제 대부분 호텔들은 대형 국제회의, 산업 박람회(trade show) 등 대형 컨벤션을 비롯하여 다양한 소형 세미나에 이르기까지 다양한 컨벤션을 유치하는데 많은 노력을 기울이고 있다. 이외에도 지역 내에서 벌어지는 결혼식과 같은 사회적 모임 유치에도 적극적이다.

호텔은 이러한 컨벤션 및 사회적 모임의 유치에 있어서 상당한 경쟁력을 가지고 있다. 왜냐하면 호텔은 컨벤션이나 사회적 모임의 참가자들이 원하는 대부분의 서비스를 제공할 수 있기 때문이다. 이러한 이유로 해서 많은 컨벤션 및 사회적 모임이 호텔에서 이루어지고 있는 현실이다.

연회부서는 바로 이러한 컨벤션 및 사회적 모임에 수반되는 연회 서비스(banquet service)를 제공하는 부서이다. 연회의 규모는 10명 정도의 소규모 가족모임에서 1,000명 이상의 대형 만찬에 이르기까지 매우 다양하다. 이러한 연회 매출이 전체 식음료 서비스 매출에서 차지하는 비중은 상당하다. 연회 매출이 높은 호텔의 경우 전체 식음료 서비스 매출의 50% 이상을 점하는 곳도 있다. 또한 연회부서가 존재하지 않는 호텔의 경우 식음료부문의 이익은 거의 존재하지 않는다

연 회

고 할 정도로 수익성 측면에서 공헌하는 바도 크다.

2. 연회부의 조직 및 주요 업무

1) 연회 판매부서

이 부서는 주로 연회 판매에 초점을 둔 부서이다. 판매부서는 일반적으로 매출의 극대화를 위하여 각 구성원들에게 고유 영역을 할당하여 판매 전문화 노력을 기울이고 있다. 예를 들어 강남 지역, 강북 지역 등과 같이 지역별로 할당한다든가 은행, 대사관, 제약회사 등과 같이 연회가 많은 산업체별로 영역을 할당한다. 또는 대형 컨벤션 담당, 결혼식 담당 등과 같이 모임의 성격별로 영역을 할당하기도 한다. 성공적인 판매 담당자가 되기 위해서는 자신이 맡은 분야에 대한 철저한 이해를 통하여 계층별 소비자들의 독특한 욕구를 잘 파악해야 한다.

연회 서비스 판매란 일반적으로 생각하는 단순한 상거래의 범위를 훨씬 뛰어넘는 매우 복잡한 과정이다. 연회 서비스 판매에는 소비자와 긴밀한 접촉 아래 메뉴선택을 비롯하여 좌석배치, 실내 장식, 조명, 음향 등 아주 세부적인 사항에 대한 의사결정이 필요하다. 대규모 연회의 경우 메뉴 및 연회에 관련된 세부 항목에 관한 합의사항들이 기술된 계약서가 수십 페이지에 달하는 경우도 있기 때문에 판매담당자는 모든 사항에 대하여 구체적이며 정확한 지식을 가지고 있어야 한다.

2) 연회 서비스부서

연회 서비스부서는 기본적으로 연회에 참석한 소비자들에게 유쾌한 경험이 될 수 있도록 연회의 시작에서 끝까지 다양한 서비스 제공하는 것을 주요 직무로 하고 있다. 연회 서비스부서의 구성원 및 그 주요 직무는 다음과 같다.

연회 서비스 매니저

연회 서비스 매니저(banquet service manager)는 연회 담당 근무자들을 총괄하는 부서장이다. 연회란 일시에 많은 근무자들을 필요로 하며, 하루에도 다양한 시간대별로 수차례 개최될 뿐 아니라 연회 스케줄이 소비자에 의해 자주 변동되는 특성을 지니고 있다. 따라서 연회 서비스 매니저들에게는 부서의 책임자로서 필요한 일반적 관리 능력 이외에도 여러 연회들이 동시에 성공적으로 개최될 수 있도록 하위 근무자들의 적절한 인력계획을 수립하고, 변동하는 수요에 대처할 수 있는 신축적인 대응 능력 등이 추가로 요구된다.

연회 캡틴

연회 캡틴(banquet captain)의 가장 중요한 직무는 연회가 진행되는 동안 적절한 서비스가 제공될 수 있도록 서버들을 관리하는 것이다. 특히 소규모 연회의 경우에는 연회 담당 책임자로서 연회 캡틴은 해당 연회가 성공적으로 운영될 수 있도록 연회 서버들의 감독, 연회 진행, 고객의 특별요구충족 등의 업무를 주로 수행한다. 대규모 연회의 경우에는 일반적으로 6~10개의 테이블을 배정받아 그 구역의 서비스 제공이 제대로 이루어질 수 있도록 연회 서버들을 관리하는 역할을 수행한다.

연회 서버

연회 서버(banquet server)의 기본적인 직무는 일반 식당 서버들의 직무와 유사하다. 하지만 차이점은 연회 서버의 경우 일하는 시간과 유휴 시간(idle time)의 구분이 너무 명확하다는 것이다. 연회가 없는 경우 아무 하는 일 없이 대기하게 되지만 일단 연회 준비에 돌입되게 되면 근무 강도가 매우 높을 뿐 아니라 몹시 바쁜 것이 일반적 연회 서버들의 직무 특성이라고 할 수 있다.

제 7 절 룸 서비스

1. 룸 서비스의 기초

룸 서비스(room service)란 소비자의 편의를 위하여 주문한 식음료를 객실로 제공하는 식음료 서비스의 한 종류이다. 이러한 서비스는 객실 소비자들에게 있어서 매우 편리한 서비스라고 할 수 있다. 하지만 실제 룸 서비스는 소비자들에게 불가능한 일을 약속하는 것이나 마찬가지이다. 예를 들어 대형 호텔에서는 모든 소비자들에게 완벽한 식사에서부터 커피 한 잔에 이르기까지 다양한 식음료 서비스를 24시간 언제든지 주문을 하면 적시에 객실로 배달할 수 있다고 이야기하고 있다. 하지만 어떤 호텔도 동시에 모든 소비자들에게 이런 서비스를 제공할 인력이나 운송 장비를 갖고 있지 못하다. 따라서 룸 서비스는 추측에 의한 도박이나 마찬가지이다. 룸 서비스부서에 있어서 가장 중요한 것은 얼마나 많은 소비자들이 룸 서비스를 이용할 것인가를 가능한 정확히 추측하는 것이다.

룸 서비스를 이용하는 소비자들은 다양한 동기를 가지고 있다. 어떤 소비자들은 식당까지 가는 번거로움을 싫어해서 룸 서비스를 이용하는 경우도 있을 것이며, 어떤 소비자들은 객실 내에서 중요한 업무를 수행해야 하기 때문에 어쩔 수 없이 이용하는 경우도 있을 것이다. 또는 외부의 나쁜 날씨 때문에 많은 소비자들이 룸 서비스를 이용하는 경우도 있다. 반대로 객실 점유율이 높은 경우라도 외부의 주요한 컨벤션 행사 때문에 많은 소

룸 서비스

비자들이 호텔에 떠나 있다면 룸 서비스의 매출은 매우 저조할 수 있다. 이상과 같이 룸 서비스 수요는 여러 요인들에 의하여 영향을 받는다. 따라서 성공적인 룸 서비스부서 운영을 위해서는 룸 서비스 수요에 대한 정확한 예측과 이에 기초한 생산계획을 수립해야 하는 것이다. 만약 예측이 빗나가더라도 적절히 대응하며 문제가 발생하지 않도록 유연성을 갖추는 것도 절대적으로 필요하다.

2. 룸 서비스 조직 및 주요 업무

1) 룸 서비스 매니저

룸 서비스 매니저(room service manager)는 룸 서비스부서를 총괄하는 관리자이다. 룸 서비스 매니저의 주요 직무는 일반 식음료부서 매니저와 유사하다고 볼 수 있다. 그러나 가장 큰 차이점 중에 하나는 일반 식음료 서비스부서와는 달리 룸 서비스 매니저는 하위 근무자들의 행동을 직접 감독할 수 없다는 어려움이 있다는 것이다. 왜냐하면 소비자들이 주문한 음식을 객실로 전달하기 위해 근무자들이 부서를 떠나면 근무자들의 행동을 통제할 수단이 없기 때문이다. 따라서 룸 서비스 매니저는 일반 식음료 서비스부서보다 강도 높은 교육훈련을 통하여 서비스 제공에 차질이 없도록 노력해야 한다.

룸 서비스 매니저의 주요 직무 중에 하나는 예약주문의 철저한 관리이다. 예약주문이란 보통 하루 전에 객실 소비자들이 특정 시간에 자신이 주문한 식음료가 객실에 배달될 수 있도록 사전에 주문하는 것을 의미한다. 룸 서비스 매니저는 이와 같은 예약주문 기록을 근거로 사전에 철저한 생산계획과 인력 수급계획을 세워 서비스 제공에 차질이 없도록 해야 한다.

2) 룸 서비스 캡틴

룸 서비스 캡틴(room service captain)의 주요 직무는 일선 근무자라고 할 수 있는 룸 서비스 서버들을 일차적으로 관리 감독을 하는 것이다. 이외에도 룸 서비스 캡틴은 음식전달이 효율적으로 될 수 있도록 서버들의 전달 순서를 조정하며, 전달될 음식에 이상이 없는지 사전에 검사하는 활동도 수행한다.

3) 룸 서비스 서버

룸 서비스 서버(room service server)의 주요 업무는 소비자들이 주문한 식음료를 직접 객실로 운반하여 객실 내에 세팅하는 것이다. 서버가 객실 내에 들어간다는 것은 소비자의 임시의 가정에 들어가는 것과 마찬가지이다. 따라서 이따금 예견치 못한 당황한 상황에 처하는 경우도 있다. 효과적으로 서버의 직무를 수행하기 위해서는 이러한 상황을 적절히 대처할 수 있는 분별력과 위기 대응능력이 필요하다.

4) 주문 접수자

주문 접수자(order taker)는 룸 서비스 부서에서 핵심 근무자라고 할 수 있다. 주문 접수자는 소비자와 직접적 접촉이 없는 후면 부서에서 근무하지만 소비자를 제일 처음 유선으로 접하는 근무자이기도 하다. 또한 주문 접수자는 단순히 소비자의 주문을 접수하여 생산부서에 통보하는 직무 이외에도 판매요원으로서의 역할도 담당하고 있다. 판매요원으로서 주문 접수자는 자신이 판매하는 식음료 상품에 대하여 잘 숙지하고 있어야 한다.

주문접수의 직무란 그리 쉬운 일이 아니다. 격리된 사무실에서 근무하면서 주문된 음식은 거의 볼 수 없다. 따라서 자신이 판매하는 식음료 상품에 대한 현장감을 잃기 쉽다. 또한 모든 주문에 관련된 정보는 전화로 전달되기 때문에 철저한 기록관리가 필요하다. 기록관리가 제대로 되지 못하여 주문항목 중에서 한두 가지가 빠진다면 이로 인한 소비자 불만족은 물론 그 상황을 바로 잡는 데 상당한 노력과 시간이 소요된다.

주문 접수자

Bibliography

- 김기영(2007). 『호텔외식산업 주방관리실무론』. 서울: 백산출판사.
- 나정기(2004). 『메뉴관리의 이해』. 서울: 백산출판사.
- ______(2006). 『외식산업의 이해』. 서울: 백산출판사.

- Chesser, Jerald W.(1992). *The art and science of culinary preparation.* MI: the Educational Institute of the American Hotel & Motel Association.
- Hays, D. K., & Ninemeier J. D.(2003). *Hotel operations management.* NJ: Prentice Hall.
- Knight, J. B., & Kotschevar, L. H.(2000). *Quantity Food Production, Planning, and Management.* New York: Van Nostrand Reinhold.
- Kotschevar, L. H., & Tanke, M. L.(1991). *Managing bar and beverage operations.* MI: the Educational Institute of the American Hotel & Motel Association.
- Levinson, Charles(1988). *Food and beverage operation: cost control and systems management.* NJ: Prentice-Hall, Inc.
- Lovelock, C., & Wright, L.(1999). *Principles of service marketing and management.* NJ: Prentice-Hall, Inc.
- Miller, Jack E.(2004). *Food and beverage cost control.* NY: Wiley.
- Ninemeier, Jack D.(2005). *Management of food and beverage operations.* FL: the Educational Institute of the American Hotel & Lodging Association.
- Ojugo, Clement(2009). *Practical food and beverage cost control.* NY: Delmar.
- Ramaswamy, Roit(1996). *Design and management of service processes: keeping customers for life.* MA: Addison Wesley.
- Rutherford, Denney G.(2001). *Hotel management and operations.* New York: Van Nostrand Reinhold.

- Sanders, E. E., Hill, T., & Faria, D. J.(2007). *Understanding foodservice cost control: an operational text for food, beverage, and labor costs.* NJ: Prentice−Hall.
- Schmidt, Arno(1987). *Food and beverage management in hotels.* New York: Van Nostrand Reinhold.
- Spuhler, C., Schmid, E., Holtmann, H., & Meyer, S.(1991). *Professional table service.* NJ: John Wiley & Sons.

Chapter 07

호텔기업의 주요 사업분야 Ⅲ - 카지노

제 1 절 카지노의 기초

1. 카지노의 개념

정도의 차이는 있지만 사람들은 대부분 돈을 걸고 어떤 일에 대해 내기하는 것을 즐겨한다. 물론 모든 사람이 그렇게 심각하지 않겠지만 일반적으로 사람들이 돈이나 또는 돈을 대신하는 가치 있는 것들을 걸고 내기하기, 즉 도박(gambling)을 좋아한다는 사실은 부인할 수 없다. 왜냐하면 이것은 인간이 지니고 있는 하나의 본성이기 때문이다.

그러면 왜 사람들은 게임을 좋아하며 특히 돈이 걸려 있는 게임, 즉 도박에 많은 흥미를 가지는 걸까? 그 이유는 다음과 같이 다양하다. 어떤 사람에게는 도박이 평소 맛볼 수 없는 불확실성에 대한 흥분과 긴장을 제공한다. 어떤 사람들에게 있어 도박은 모험을 감수하고 자신의 기술 또는 행운에 도전하는 것을 즐길 수 있는 기회를 제공해 주기도 한다. 또는 어떤 사람들에게는 도박이 다른 사람들과의 경쟁을 즐길 수 있는 기회를 제공한다.

카지노(casino)는 바로 도박을 좋아한다는 인간의 기본적 성향에 기반을 둔 사업이다. 카지노(casino)에서는 복권, 경마 등과 유사한 것으로서 다양한 도박 게임을 상품화하여 소비자들에게 제공하고 있다. 구체적으로 카지노에서는 주로 슬롯머신(slot machine), 비디오 포커(video poker), 블랙잭(black jack), 바카라(baccarat), 룰렛(roulette) 등 다양한 도박 게임을 오락의 한 형태로서 즐길 수 있는 기회를 소비자들에게 제공하고 있다. 결국 카지노란 다양한 도박 게임을 일반 대중들이 쉽게 접할 수 있는 기회를 제공하는 사업으로서 해당 국가 및 지역 사회로부터 합법적 지위를 부여받아 기업활동을 수행하는 사업이라고 할 수 있다.

2. 카지노사업의 발전 및 배경

1) 카지노사업의 발전

과거 일반 소비자들이 카지노가 제공하는 다양한 게임을 즐긴다는 것은 상상하기조차 어려운 일이었다. 왜냐하면 20세기 중반 이전만 하더라도 전 세계적으로 거의 모든 국가들이 카지노사업의 운영을 엄격히 법으로 금지하고 있었기 때문이다. 20세기 중반까지 합법적 형태로 운영되는 상업적 카지노사업체는 네바다, 모나코, 마카오 및 유럽의 일부 온천 및 휴양지에서나 겨우 발견할 수 있었다.

과거 카지노사업이 매우 제한적으로 허용된 것은 많은 사람들이 다음과 같이 카지노사업의 허용이 인류에 부정적인 영향을 미친다고 생각하고 있었기 때문이다.

첫째, 종교적인 관점에서 본다면 어떤 종교이건 간에 카지노를 포함한 모든 도박은 인간에게 있어 해로운 활동으로 보고 있다. 실제 불교, 기독교, 이슬람, 힌두교 등 거의 모든 종교에 있어서 카지노를 포함한 모든 도박은 금기시해야 하는 활동으로 간주하고 있다. 예를 들어 불교에서는 도박을 인간을 파멸에 이르게 하는 사악한 일 중에 하나로 간주하고 있다.

둘째, 카지노사업이 허용되면 도박 중독현상이 증가되어 사회에 심각한 영향을 미친다는 것이다. 도박 중독은 개인의 심리 및 신체적 상실, 경제적 파탄, 가족 해체 등 사회적인 존재로서의 개인을 파탄에 이르게 하여 심각한 사회 문제를 유발한다는 것이다.

셋째, 카지노사업은 국가 및 지역사회의 건전한 경제발전을 저해한다는 것이다. 카지노사업이 허용되면 국민들이 생산적인 활동에 투자를 하지 않고 비생산적인 활동인 도박에 투자하게 되므로 건전한 경제발전을 저해한다는 것이다.

넷째, 카지노는 사람들의 생활수준을 저하시킨다는 것이다. 사람들이 생활에 필요한 제품 및 서비스를 구매하는 대신 카지노에서 소비활동을 하게 되므로 특히 사회 빈곤층의 생활수준은 저하될 수밖에 없다. 결국 카지노사업의 허용은 빈곤의 악순환을 야기한다는 것이다.

마지막으로 카지노사업을 허용하면 범죄율이 증가된다는 것이다. 먼저 도박 중독증에 걸린 사람들은 절도, 신용카드 사기 등과 같은 범법행위의 유혹을 받기 쉽다. 따라서 지역사회의 범죄 증가를 유발한다. 또한 카지노산업은 현금 산업이며, 사람들을 속일 수 있기 때문에 조직범죄의 가능성이 높다. 그리고 카지노는 그 특성상 외부인들의 왕래를 많이 유발하기 때문에 교통사고가 증가된다. 이와 같은 직접적 범죄 유발 이외에도 매춘과 마약 사용의 증가를 야기시킬 수 있다. 이러한 관점은 도박을 하는 사람들은 다른 범죄를 저지를 가능성이 높다고 믿는 데서 오는 것이다. 결국 이상과 같은 범죄의 증가는 지역사회 내 치안 비용의 증가를 야기 시키며, 지역사회의 삶의 질을 떨어뜨리는 결과를 초래한다.

이상과 같은 논리는 아직도 카지노를 허용하지 않는 국가 및 지역사회들이 카지노사업 불법화의 논리적 근거로 주로 사용하고 있다.

이와 같은 부정적 인식에도 불구하고 세계 카지노산업은 1960년대 후반부터 많은 변화를 보이기 시작하였다. 과거 소수 지역에서 제한적으로 허용되었던 카지노는 영연방의 일부인 오스트레일리아에서의 법 개정 및 1970년도 후반 미국 뉴저지에서의 법 개정을 신호탄으로 하여 전 세계로 확산되는 현상을 보이고 있다. 미국의 예를 들면 1985년 카지노 게임은 미국 내에서 네바다와 뉴저지 주 2개 주만이 합법적으로 허용되었다. 그로부터 10년이 지난 후에는 유타 주와 하와이 주에서만 카지노 게임을 불법화하고 있는 현실이다. 27개 주는 어떤 형태이던지 간에 카지노 게임을 허용하고 있다. 미국 이외에도 캐나다, 오스트레일리아, 뉴질랜드 등과 같은 나라들은 카지노를 금지하던 입장에서 벗어났으며, 유럽은 위의 네 나라와 같이 빠르게 변화하고 있지는 않지만 확대 추세에 있다. 아시아 지역도 성장속도 면에서 빠르진 않지만 변화추이를 보이고 있다. 과거 아시아에서는 카지노가 마카오나 말레이시아 지역에서만 극히 제한적으로 운영되고 있었다. 대부분의 아시아 지역 사람들은 도박을 개인적으로 상당히 선호함에도 불구하고 문화적 이유로 해서 카지노사업 허용에 대하여 상당히 엄격한 태도를 보여 왔다. 하지만 최근에 한국, 캄보디아, 베트남, 필리핀. 미얀마, 싱가포르에서 카지노가 합법화되어 가고 있는 등 비교적 빠른 변화를 보이고 있다.

카지노사업이 역사상 어느 시대보다 공공 대중에 합법적인 지위를 가진 적이 없으며, 역사상 어느 시대보다도 일반 시민이 카지노사업이 제공하는 즐거움과 유혹에 노출된 적이 없다. 향후 세계 카지노산업의 성장속도는 다른 어떤 사업 분야보다 가장 빠를 것이라는 전문가의 예측에서도 볼 수 있듯이 미래 카지노산업의 성장잠재력은 대단히 크다고 볼 수 있다. 과연 이러한 거대한 변화는 무엇으로 설명할 수 있을까?

2) 카지노사업의 발전배경

부정적인 인식이 팽배했던 카지노사업을 세계의 많은 국가들이 허용하게 된 배경에는 여러 요인들이 작용했다. 주요 요인들을 살펴보면 다음과 같이 3가지 요인들로 요약할 수 있다.

기존 인식의 변화

시간의 흐름은 카지노사업에 대한 사람들의 부정적 인식을 많이 바꿔 놓았다. 실제 오늘날 많은 사람들은 카지노 게임을 오락의 한 형태로 인식하고 있는 현실이다. 이러한 인식 변화는 카지노사업을 복권과 같이 조세수입 확대를 목적으로 국가가 주도하여 활성화시킨 것이 계기가 되었다. 우리나라를 포함한 세계의 여러 국가들은 부족한 재정을 충원하기 위하여 복권, 카지노 등과 같은 도박을 국가 차원에서 관리하고 있다. 이는 많은 시민들이 도박에 대한 부정적 인식을 바꾸게 되는 중요한 계기가 되었다. 또한 과거에는 일반 시민들이 카지노 게임을 경험할 기회가 그리 많지 않았다. 그러나 카지노사업이 점차 확대됨에 따라 많은 사람들은 카지노 게임을 경험할 수 있는 기회가 많아지게 되었다. 이러한 현상은 사람들이 카지노 게임을 새로운 형태의 오락 또는 레저 상품이라고 인식하는, 즉 기존의 부정적 인식에서 탈피하는 데 일조하였다.

경제 활성화

최근 세계 경제는 제조업 분야의 생산성 향상, 저개발 국가들의 산업화 등의 여러 요인들로 인하여 빠른 구조개편이 이루어지고 있다. 그 결과 과거 경제적으로 번성했던 지역들이 낙후되기 시작하는 반면에 새로운 지역이 번성하는 등 국가 간 및 지역 간의 경제적 성장 및 낙후가 과거와는 다른 형태로 나타나고 있다. 예를 들어 선진국들의 임금수준이 지속적으로 상승하게 됨에 따라 많은 제조업들이 낮은 임금을 따라 저개발 국가로 이동하기 시작했다. 이에 따라 선진국들의 경우 심각한 제조업 공동화 현상이 나타나고 있다. 또한 제조업의 생산성 향상은 고용규모 자체를 상당히 감소시키고 있다. 이러한 형태의 경제구조 개편은 과거 경제적으로 호황을 누리던 국가 또는 지역사회를 심각히 낙후시키고 있다.

첫째, 카지노사업을 합법화하면 카지노로부터 상당한 조세 수입이 가능하게 된다. 증가된 조세 수입은 중앙정부 및 지역의 자치단체들로 하여금 지역사회의 낙후된 부분에 대한 투자를 가능케 함으로써 카지노 합법화가 지역사회 발전에 기여할 수 있는 계기가 되는 것이다. 특히 이러한 형태의 조세 수입은 지역사회 주민들로부터 직접 세율 인상을 통하여 확보하는 것이 아니기 때문에 정부 및 지방자치단체에게 있어서 카지노는 지역사회의 여러 낙후된 부분을 개선할 수 있는 매력적인 존재가 될 수 있다.

둘째, 카지노는 단순히 조세 수입의 확대를 통해 국가 또는 지역사회의 삶의 질을 개선하는 역할에 그치지 않는다. 카지노는 경제적으로 낙후된 국가 및 지역사회들의 전반적인 실물경제를 활성화시키고 있다. 카지노 자체가 해당 국가 및 지역사회에서 상당한 규모의 신규 고용을 창출하기도 하지만 카지노사업의 성장을 지원하는 건설, 교통, 통신, 공공부문, 서비스 등과 같은 여러 분야의 고용 확대를 가져온다. 이외에도 해당 지역의 부동산 가치 상승을 야기하는 등 카지노는 지역경제 활성화에 매우 긍정적인 역할을 하는 것으로 나타나고 있다.

도미노 효과(domino effect)

도미노 효과란 매우 간단하다. 인접 지역에서 카지노를 합법화한다면 이에 영향을 받아 쉽게 카지노사업을 허용하는 현상을 의미한다. 때로는 다른 요인보다 이러한 도미노 효과로 인하여 카지노사업이 합법화되는 경우가 많다. 미국의 예를 들면 루이지애나 주에서 도박을 합법화하였을 때 텍사스, 펜실베니아, 매사츄세츠 지역에서 잇달아 카지노사업을 합법화하

그림 7-1 카지노사업의 발전배경

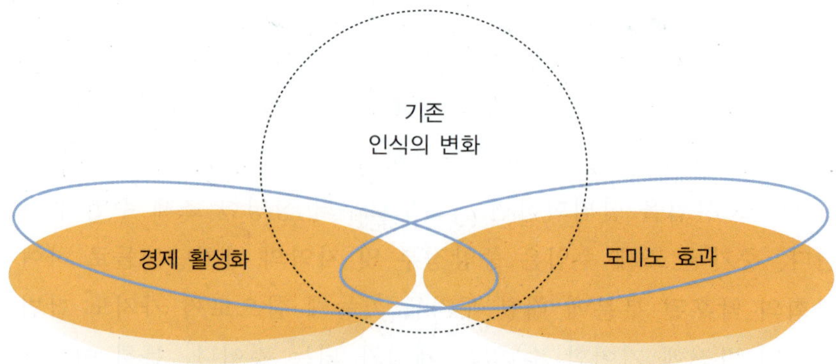

였다.

3. 호텔과 카지노

흔히 호텔과 카지노사업은 서로 분리할 수 없는 매우 밀접한 관계에 있다고 이야기한다. 이는 호텔과 카지노사업이 서로 자신의 기업활동을 성공적으로 수행하기 위해서는 상대방 분야가 절실히 필요하기 때문일 것이다. 먼저 카지노사업 관점에서 보면 카지노가 제대로 운영되기 위해서, 다시 말해서 소비자들을 카지노 게임에 전념하게 하기 위해서는 소비자들이 편히 쉬고, 잠자고, 먹을 수 있는 공간, 즉 전통적 개념의 호텔이 필수적이다. 또한 호텔기업 입장에서 보더라도 카지노사업은 호텔기업의 매출 및 수익성에 상당한 영향을 미치는 매력적인 사업이다. 실제 연구에 의하면 다음과 같이 카지노는 여행자들, 특히 관광여행자들이 선호하는 주요 시설의 하나이며, 관광 성수기를 연장하며, 평균 체재일수 및 지출액을 증가시키는 등 호텔기업의 경쟁력을 높이는 데 상당한 영향을 미치는 것으로 밝혀지고 있다.

첫째, 카지노 시설은 호텔뿐 아니라 해당 지역의 관광시설의 매우 중요한 구성요소라고 할 수 있다. 카지노사업은 사람들에게 도박의 즐거움을 제공하는 관계로 많은 여행자들을 끌어들이는 요소가 된다. 따라서 카지노 자체만으로도 해당 호텔뿐 아니라 지역 관광의 구조적 경쟁력을 높일 수 있다.

둘째, 카지노사업은 대부분의 호텔들이 경험하는 비수기를 극복할 수 있는 대안이 될 수 있다. 카지노의 경우 실외 날씨 변화에 영향을 받지 않기 때문에 성수기를 연장하고 비수기 기간의 호텔 매출을 높이는 데 상당한 기여를 한다.

셋째, 연구에 의하면 카지노를 방문하는 여행자들의 평균 체재일수가 그렇지 않은 여행자들의 체재일수보다 길다고 보고되고 있다. 뿐만 아니라 평균 지출액도 일반 여행자에 비해서 높은 것으로 나타나고 있다.

호텔에 있어 카지노사업의 중요성은 카지노 호텔의 경영관련 자료에

라스베가스 카지노 호텔들

서도 입증되고 있다. 성공적으로 운영되는 카지노 호텔의 경우 매출 및 수익의 대부분이 객실 및 식음료에서 발생되는 것이 아니라 바로 카지노 운영에서 발생된다. 정확한 통계는 아니지만 전문가에 의하면 카지노 호텔에 있어서 카지노 매출과 비카지노 매출의 비중이 60:40 정도로 카지노사업이 호텔경영에 차지하는 비중은 실로 대단하다고 할 수 있다. 전 세계 많은 호텔들을 운영하고 있는 체인호텔의 경우도 마찬가지이다. 카지노사업에 진출한 대표적 체인호텔인 힐튼의 경우 2002년도 카지노 사업운영에서 발생한 매출은 57억 달러이며, 순수한 호텔운영에 따른 매출이 39억 달러 정도를 기록하여 카지노 매출이 전체 매출의 60%를 점하였다. 힐튼체인이 소유하고 있는 카지노 호텔의 수가 다른 일반 호텔의 수와 비교할 때 아주 소수인 것을 감안한다면 카지노의 비중이 엄청난 것임을 쉽게 알 수 있다.

이상과 같이 호텔과 카지노사업은 서로 상호 이익이 되는 소중한 존재이다. 그 결과 양자의 필요에 의해서 카지노 호텔(casino hotel)이라는 새로운 종류의 호텔이 탄생된 것이다. 과거 많은 국가들이 카지노 게임을 불법으로 인정한 관계로 세계적으로 카지노 호텔을 발견하기란 쉽지 않은 일이었다. 그러나 현재 점진적으로 여러 국가에서 카지노 게임을 합법화하고 있는 추세에 있어 전체 호텔산업에서 카지노 호텔들의 비중이 점차 커지고 있다. 최근 세계 많은 나라에서 카지노 게임의 합법화에 대한 논쟁이 신문 지상에 자주 등장하는 것만 보더라도 카지노 호텔의 미래는 매우 밝다고 할 수 있다.

제 2 절 카지노사업의 기초

1. 카지노사업의 개요

1) 카지노 내부 시설배치

대부분의 카지노들은 서로 유사한 시설배치를 가지고 있다. 어느 카지노를 방문하건 간에 카지노에서는 전체 구역을 카지노 구역(casino floor)과 비카지노 구역(non casino floor)으로 구분하여 다양한 시설들을 배치하고 있다. 먼저 카지노 구역이란 소비자들이 카지노 게임을 즐길 수 있는 지역을 의미한다. 카지노 구역의 대부분 공간은 슬롯머신이 차지하고 있다. 카지노 구역의 중앙은 주로 테이블 게임이 벌어지는 장소로 활용되고 있다. 여기서 가장 큰 비중을 차지하는 것은 블랙잭 게임을 위한 테이블이다. 그리고 룰렛, 미니 바카라, 크랩 등의 게임을 위한 테이블이 배치되어 있다. 카지노의 한 구석에는 키노 게임을 할 수 있는 넓은 공간이 있으며, 눈에 잘 띄지는 않지만 포커 게임을 할 수 있는 공간도 배치되어 있다. 이외에도 카지노에는 일반 소비자들에게 공개하지 않는 특별한 별실이 있는데, 이 공간은 고액 플레이어(high roller)들을 위한 장소이다.

카지노 구역

카지노 구역을 벗어나면 이른바 비카지노 구역이 나오게 된다. 비카지노 구역은 카지노 게임 소비자들의 편의를 위하여 다양한 부대시설을 배치해 놓은 지역을 의미한다. 여기에는 주로 호텔 객실, 커피숍, 레스토랑, 뷔페식당, 쇼핑센터, 극장, 현금 자동인출기 등과 같은 다양한 부대시설들이 배치되어 있다. 카지노 경영자들은 이러한 소비자 편의를 위한 부대시설들을 '가능한 소비자들이 게임을 많이 할 수 있는 환경을 조성한다'라는 목표 아래 세심히 배치하고 있다.

2) 칩 스

칩 스

카지노 게임, 특히 테이블 게임의 원활한 운용을 위해서는 카지노에서 통용되는 현금의 대용물인 칩스(chips)가 필요하다. 칩스는 다양한 형태의 색상을 지닌 동그란 형태의 플라스틱 또는 점토로 만들어진다. 카지노에서 칩스는 기본적으로 게임을 빠르고 간결하게 진행시키기 위한 목적으로 활용되고 있다. 그러나 소비자들로 하여금 현금 대신에 한낱 플라스틱 조각에 불과한 칩스를 대신 사용케 함으로써 돈 가치에 대한 감각을 무디게 만들어 가능한 소비자들이 더 많은 돈을 게임에 투입하도록 유도하는 데 더 큰 목적이 있다고 볼 수 있다.

칩스의 색상은 나라마다 다양하다. 미국의 경우 대부분 그 색상이 통일되어 있는데 빨간 색은 5달러, 초록색은 25달러, 검정색은 100달러를 의미한다. 일반적으로 보기 힘든 경우이지만 고액 게임 플레이어들을 위한 500달러, 1,000달러 5,000달러 상당의 칩스도 카지노에서 활용되고 있다.

3) 케이지

케이지

케이지(cage)란 카지노의 재정담당 부서로 카지노 운영의 중요한 구성요소이다. 카지노 케이지는 카지노 운영에 필요한 모든 현금, 칩스, 코인 등을 관리한다. 예를 들어 테이블 게임에서 칩스가 필요하거나, 슬롯머신에서 코인이 필요한 경우 케이지에서 이를 공급하며, 소비자에게 칩스 또는 코인을 현금으로 교환해주는 환전소 역할도 수행한다. 이외에도 케이지는 소비자 신용대출, 매출관리 등 카지노의 재정과 관련된 모든 업무를 수행한다.

2. 카지노사업의 기본 운영원칙

확률의 법칙에 의하면 카지노에서 제공되는 게임들은 거의 모두가 카지노 운영자에게 대단히 유리하게 되어 있다. 만약 소비자들이 블랙잭을 하거나 슬롯머신을 오랜 기간 동안 한다면 돈을 잃을 확률이 대단히 높은 것은 분명하다. 때로 도박하는 사람들이 놀랄 만한 행운을 갖기도 하지만 오랜 시간동안 도박에 몰두하게 되면 그 확률이 변하지 않는다. 따라서 카지노 운영자에게 있어서 수익성의 핵심은 첫째, 가능한 많은 소비자들이 카지노를 방문하도록 유인하는 것, 둘째, 가능한 오래 머무르도록 해야 하는 것이다.

카지노 호텔 쇼—O Show, Bellagio Hotel, Las Vegas

1) 소비자 유치 극대화

어느 카지노도 소비자 없이 생존할 수 없다. 따라서 카지노 운영에 있어서 가장 중요한 원칙은 가능한 많은 소비자를 유치해야 하는 것이다. 실제 모든 카지노들은 가능한 많은 소비자들을 유치하기 위하여 매우 다양한 마케팅 전략을 수립하고 시행하고 있다. 대표적인 예로는 유명 연예인이나 마술사 등이 펼치는 다양한 쇼, 할인 또는 무료 항공권 또는 숙박권, 품질에 비해 아주 저렴한 식사, 무료 쇼 입장권, 할인된 패키지 여행, 무료 전세버스 등이 있다.

2) 게임 몰입을 위한 환경조성

대부분의 카지노는 소비자들이 카지노 내에서 게임 이외에 다른 불필요한 행동을 함으로써 낭비되는 시간을 최소화하려고 노력하고 있다. 대표적인 예가 바로 슬롯머신의 경우이다. 소비자들이 게임하는 도중 동전을 교환하기 위해 환전소를 가야 한다면 소비자에게 번거로운 일일 뿐 아니라 카지노 입장에서도 소비자의 소중한 시간이 낭비되어 매출손실이라는 결과를 야기한다. 이를 방지하기 위하여 카지노에서는 게임현장에서 즉석으로 지폐를 동전으로 교환해주는 체제를 구축하고 있다.

테이블 게임인 블랙잭 경우도 시간 낭비를 최소화하기 위하여 많은 양의 카드를 신속히 섞도록 딜러들을 교육시키고 있다. 미국의 어떤 카지노의 계산에 의하면 만약 카지노 게임에서 딜러가 카드를 섞지 않아도 된다면 추가로 1년에 120만 달러를 벌어들일 수 있다고 한다. 최근 시간 낭비의 문제를 해결하기 위해서 많은 카지노들은 딜러가 아닌 기계가 카드를 섞어주는 이른바 자동셔플기(automatic shuffling machine)를 도입하고 있는 현실이다. 물론 자동셔플기 도입의 목적은 딜러의 부적절한 카드 셔플에 따른 부정행위 방지 또는 단순반복 직무로부터의 해방 등도 있지만 셔플 시간의 절약도 아주 중요한 도입의 목적의 하나인 것이다. 이외에도 소비자들이 게임을 하지 않고 돌아다니는 것을 가급적 억제하기 위하여 카지노 내부에는 슬롯머신 및 테이블 게임 전용의자들을 제외하고는 소비자들이 앉을 수 있는 의자가 거의 없다.

이외에도 카지노 경영자들은 카지노 내의 실내 디자인, 환기, 조명, 등과 같은 환경조작을 통하여 가능한 소비자들의 게임시간을 연장하려는 다양한 노력을 강구하고 있다. 카지노 실내 디자인은 항상 환한 조명을 갖추고 있으며, 시계와 창이 없어 소비자들은 밤과 낮을 구분할 수 없도록 설계되어 있다. 이는 카지노 게임을 하면서 소비자들이 시간의 흐름을 거의 느낄 수 없도록 하여 가능한 한 소비자들의 게임시간을 연장하고자 하는 카지노 경영자들의 의도인 것이다.

또한 소비자의 피로도와 게임시간은 반비례 관계에 있다. 따라서 소비자들의 피곤 역시 카지노 경영자들에게 있어서 관심의 대상이다. 가급적 소비자들이 덜 피곤함을 느끼게 하기 위해 카지노 경영자들은 카지노 내부에 순수한 산소가 첨가된 신선한 공기를 항상 순환시키고 있다. 카지노 조명도 소비자 피로도와 관계가 있다. 소비자에게 비치는 직접 조명은 소비자들의 에너지를 고갈시키기 때문에 카지노에서는 게임에 참여하는 소비자들의 에너지 낭비를 최소화하기 위하여 특수 조명기술을 활용하고 있다. 예를 들어 테이블 게임에 참여하는 소비자들의 이마에 직접 조명이 노출되지 않도록 카지노에선 특수 조명을 적극 활용한다.

3. 카지노 운영조직

1) 카지노 매니저

일반적으로 카지노 매니저(casino manager)는 카지노사업에 있어서 최고 경영자라고 할 수 있다. 최고 경영관리자로서 카지노 매니저는 카지노 사업을 성공적으로 경영할 의무가 있다. 이를 위해서 현대 카지노 매니저가 우선적으로 해야 할 일은 카지노 종사자들이 만족하는 직장환경을 조성하는 일이다. 자신의 직무에 만족하는 종사자들만이 소비자들에게 최선을 다하여 서비스를 제공한다. 만약 카지노 경영자가 종사원들이 자부심을 갖고 일을 할 수 있는 근무환경을 제대로 조성하지 못한다면 최근 점차 격심해지고 있는 경쟁 환경 속에서 도태될 가능성이 높다.

이외에도 미래의 성공적인 카지노 매니저가 되기 위해서는 과거 전제적인 경영 스타일에서 벗어나 종사원 동기부여, 인간관계 및 커뮤니케이션 기법, 팀 빌딩(team-building), 참여적 경영 등에 대해서도 잘 이해하고 있어야 한다.

2) 쉬프트 매니저

세계 카지노사업은 대부분 24시간 운영된다. 카지노 매니저가 24시간 내내 전체 카지노 운영을 관리 및 감독을 할 수 없으므로 3명의 쉬프트 매니저(shift manager)에 의존한다. 결국 쉬프트 매니저는 최고 경영자인 카지노 매니저의 부재 시 최종 의사결정권자가 되기도 하며, 평상시에는 카지노 매니저를 보좌한다.

카지노 매니저는 카지노에서 발생하는 일일 활동에 직접 관여하지 않고 대신 쉬프트 매니저가 관장을 한다. 따라서 쉬프트 매니저는 일종의 야전 사령관 역할을 담당한다고 볼 수 있다. 유능한 쉬프트 매니저가 되기 위해서는 카지노 게임의 모든 면들에 대하여 구체적으로 알아야 할 뿐 아니라 카지노사업에 대한 전문적인 지식을 소유하고 있어야 한다.

3) 핏 보스

핏(pit)이란 일련의 테이블 그룹을 의미하는 카지노 전문 용어이다. 일반적으로 1개의 핏은 타원형으로 배치된 한 집단의 테이블을 의미하며, 주로 게임의 종류로 구분된다. 예를 들면 8개의 블랙잭 테이블이 하나의 핏이 될 수 있으며, 4개의 크랩 테이블이 하나의 핏이 될 수 있다. 규모가 큰 카지노의 경우 블랙잭 게임이라 하더라도 여러 개의 핏이 존재할 수 있다.

핏 보스(pit boss)는 자신에게 할당된 핏에서 벌어지는 모든 활동을 관리하는 중간 관리자이다. 핏 보스는 주로 소속 종사원들의 근무일정을 계획하거나 일선 관리자라고 할 수 있는 플로어 퍼슨(floor person)을 관리 · 감독한다. 또한 핏 보스의 중요한 직무 중에 하나가 자신에게 할당된 구역 내에서 벌어지고 있는 모든 활동들이 내부 통제 규정에 따라 잘 수행되고 있는지를 감독하는 일이다. 이외에도 핏 보스는 소비자, 즉 플레이어(player)들의 신용 여부의 결정, 소비자와의 분쟁 해결, 게임장비 관리 등과 같은 부가적 업무를 담당한다.

핏 보스

4) 플로어 퍼슨

플로어 퍼슨(floor person)은 테이블 게임을 직접 운영하는 딜러들을 감독하는 1차 감독자 또는 일선 관리자라고 할 수 있다. 일반적으로 1명의 플로어 퍼슨은 소수의 테이블을 관리 감독한다. 개별 플로어 퍼슨은 자신에 할당된 테이블의 딜러들과 긴밀한 관계를 유지한다. 딜러들의 관리 외에도 이들은 자신에게 할당된 테이블에서 딜러 또는 소비자들의 부정행위를 감시한다.

플로어 퍼슨에게 부여된 또 다른 중요 직무는 고액 게임을 하는 소비자들과 원활한 유대관계를 유지하는 것이다. 이를 위하여 플로어 퍼슨은 일정 액수 이상의 게임을 한 소비자들을 추려내고, 등급을 정해서 이들에게 무료 식음권 및 숙박권을 제공한다.

5) 딜 러

▍딜 러

딜러(dealer)란 블랙잭, 룰렛, 크랩, 바카라 등과 같은 테이블 게임을 직접 운영하는 종사자를 지칭한다. 딜러는 테이블 뒤에 서거나 앉아서 카드를 소비자들에게 나눠주거나, 게임 장비를 작동하거나, 주사위를 건네주는 역할을 한다. 또한 딜러들은 소비자들의 카지노 게임 규칙 위반행위를 감시하기도 한다.

딜러는 카지노의 최일선에서 소비자와 직접 접촉하기 때문에 우선 고객과 원만한 관계를 유지할 수 있는 대인관계 능력을 지니고 있어야 한다. 또한 카지노 테이블 게임의 1차적 담당자이기 때문에 게임을 효과적으로 운영할 수 있는 숙련된 기술도 갖추고 있어야 한다.

6) 슬롯 팀장

슬롯 어텐던트(slot attendants) 또는 슬롯 테크니션(slot technician)이라고 불리기도 하는 슬롯 팀장(slot key person)은 슬롯부서와 소속 종사원들을 관리 · 감독을 하는 사람을 지칭한다. 슬롯 팀장은 슬롯머신 게임의 보상액수를 확인하고 처리하며, 보상금 지급 이후에 슬롯머신을 다시 재조정하고, 돈이나 코인을 슬롯머신에 보충하는 등 슬롯머신과 관련된 다양한 활동을 수행한다. 따라서 슬롯 팀장은 다양한 종류의 슬롯머신에 대하여 잘 이해하고 있어야 하며, 필요에 따라서는 사소한 고장에 대해서 처리할 수 있어야 한다.

7) 케이지 근무자

케이지 근무자(cage worker)들은 일상적으로 소비자들을 위하여 돈과 관련된 거래를 수행하는 카지노 종사원들이다. 그들은 칩스나 코인 또는 티켓을 소비자들에게 직접 판매하거나 딜러와 같은 카지노 종사자들에게 소비자에게 팔 수 있도록 전달해주는 역할을 한다. 또한 그들은 소비자의 요구에 따라 게임 칩스나 코인 또는 티켓을 현금화하는 역할을 수행하기도 한다. 마지막으로 소비자들을 위한 신용거래에 관련된 업무를 수행하기도 한다.

8) 게임 감독요원 및 수사관

카지노 게임은 현금을 주로 다루는 사업이라는 특성 때문에 소비자 및 카지노 종사원들의 불법적 행위로 인하여 소비자 및 카지노의 자산이 위험에 노출될 수 있는 가능성이 대단히 높다. 실제 카지노 내에서는 범죄자가 현금을 지참한 소비자들 대상으로 소매치기를 시도하기도 하며, 소비자가 고도로 지능적인 사기 수법을 동원하여 카지노의 돈을 불법적으로 탈취한다던가, 소비자와 딜러가 결탁하여 다양한 부정행위를 저지르는 등 매우 다양한 범죄가 발생하고 있다. 특히 현대의 첨단 장비를 동원한 불법행위들은 나날이 고도화하고 있는 추세이다 이러한 불법행위들로 인하여 발생되는 카지노 및 소비자 자산의 피해를 억제하기 위하여 게임 감독 요원 및 게임 수사관(gaming surveillance officer and gaming investigator)들은 다양한 첨단 감시 장비들을 동원하여 카지노 내에서 벌어지고 있는 불법 행위들을 적극적으로 감시하고 있다.

Bibliography

- 문찬호, 이경구, 이인평, 신형섭(2000). 『카지노게임과 경영론』. 서울: 한올출판사.
- Brisman, Andrew(1999). *American mensa guide to casino gambling: Winning ways.* New York: Sterling Publishing Co., Inc.
- Browne, N. M., & Kubasek, N. K.(1997). Should we encourage expansion of the casino gaming industry? *Review of Business*, 18(3), 9–13.
- Eadington, William R.(1997). Understanding Gambling, in *Gambling: public policies and the social sciences*, William R. Edaington, & Judy A. Cornelius eds., Nevada: Institute for the Study of Gambling and Commercial Gaming.
- Hing, N, W., McCabe, P., & Leiper, N.(1998). Hospitality trends in the Asia–Pacific: A discussion of five key sectors, *International Journal of Contemporary Hospitality Management*, 10(7), 264–271.
- Hashitomi, Kathryn(2008). *Casino management.: a strategic approach.* NJ: Prentice Hall.
- Hjelmeland, Andy(1998). *Legalized gambling: solution or illusion?* Minneapolis: Lerner Publications Company.
- International Gaming Institute(1996). *The gaming industry: introduction and perspectives.* New York: John Wiley & Sons, Inc.
- Kilby, Jim, & Fox, Jin(2004). *Casino operations managemen*t. New York: John Wiley & Sons, Inc.
- Martinez, Ruben(1995). *Managing casino.* New York: Barricade Books.
- Rohs, John J.(1994). Gaming industry: Why the continuing explosion? *Institutional Investor*, 28(2), SSS6.
- Smeral, Egon(1998). Economic aspects of casino faming in Austria, *Journal of Travel Research*, 36(4), 33–39.
- Tate, Patricia(2001). Casino gaming occupations: A jackpot for jobseekers, *Occupation Outlook Quarterly*, 45(2), 24–29.
- Zender, Bill(2008). *Casino-ology: the art of managing casino games.* CA: Huntington Press.

Chapter 08

호텔기업의 주요 사업분야 Ⅳ- 컨벤션

제 1 절 컨벤션의 기초

1. 컨벤션의 개념

불과 20년 전만 하더라도 컨벤션(convention)이란 용어는 전문가들을 제외하고 많은 사람들에게 있어서 매우 생소한 개념이었다. 그러나 최근 국가가 제정한 컨벤션 관련 법규와 개최된 일련의 대형 컨벤션들은 많은 사람들에게 컨벤션에 대해서 눈을 뜨게 하는 계기가 되었다. 1996년 정부는 컨벤션을 국가의 미래성장 동력산업으로 인식하고 컨벤션에 대한 다양한 지원 정책을 담은 국제회의산업육성에 관한 법률을 공포하였다.

그럼 컨벤션이란 무엇인가? 많은 사람들은 컨벤션을 대규모의 국제회의로 이해하고 있다. 실제 유사한 회의를 두고 어느 회의는 컨벤션이라는 용어를 사용하고 또 다른 회의는 국제회의라는 용어를 사용한다. 법률에는 국제회의산업육성에 관한 법률로 정하여 국제회의라는 용어를 사용하고, 국가에서 발급하는 기획관련 자격증은 컨벤션기획사로 정하여 발급된다. 이렇듯 컨벤션과 국제회의가 실무적으로 혼용되고 있는 이유는 아마도 이는 컨벤션이 회의의 대표적인 형태이기 때문에 컨벤션을 마치 회의와 같은 개념으로 이해하는 데서 오는 것으로 판단된다. 더욱이 컨벤션을 회의가 참가자 및 개최지의 지역이 확대된 형태인 국제회의라고 보는 입장은 대부분의 대형 컨벤션이 여러 국가에서 개최되고 그 참가자 역시 다국적이기 때문인 것으로 판단된다. 그러나 컨벤션과 국제회의는 실무적으로 혼용되고 있지만 분명 그 의미나 정의가 다르다. 따라서 이 두 개념을 분명히 하고 이를 통해 컨벤션의 개념을 정리하기로 하자.

먼저 컨벤션과 동일한 의미로 쓰이고 있는 국제회의의 개념에 대해서 살펴보기로 한다. 국제회의라는 개념을 이해하기 위해서는 국제회의의 개념보다 상위의 개념인 회의(meeting)의 개념을 이해하여야 한다. 일반적으로 회의란 "교육, 정보교류, 친목 등과 같은 다양한 참가 목적을 가지고 개인 · 단체 · 국가를 대표하는 참가자들이 자신이 대표하는 개인 · 단체 · 국가의 이익을 도모하기 위한 만남의 기회를 제공하는 행사의 총체"로 정의되고 있다. 국제회의란 앞서 이러한 회의의 지역적 구분이라고 할 수 있다. 여기서 지역적인 구분이란 참가자 및 개최지의 지역적 구분을 의미한다. 다시 말해서 국내회의는 참가자 및 개최지가 국내에 한정되는 반면에 국제회의는 다국적 참가자가 참여할 뿐 아니라 회의 개최지도 여러 국가에서 개최됨을 의미한다.

컨벤션

한편 컨벤션은 회의의 특정 형태를 지칭하는 용어이다. 다음에 구체적으로 언급되지만 회의는 그 규모 및 특성에 따라 컨벤션, 컨퍼런스, 세미나, 워크숍 등 다양한 종류로 구분된다. 어떤 특정 회의가 컨벤션이라는 성격에 해당될 때 비로소 그 회의를 컨벤션이라 지칭하는 것이다.

이상과 같이 국제회의와 컨벤션은 회의라는 개념의 한 우산 속에 있다는 공통점을 가지고 있다. 하지만 컨벤션은 다양한 형태의 회의에서 특정 형태를 지칭하는 용어이고 국제회의란 회의의 지역적 구분을 의미하는 용어이므로 서로 차이점을 가지고 있다. 그러나 본서에서는 이상과 같이 국제회의와 컨벤션 간의 분명한 개념차이가 있다는 것은 인정하지만 컨벤션을 회의와 동일한 개념으로 보고 논의를 시작하기로 한다. 왜냐하면 국제회의나 컨벤션이 이러한 개념의 차이가 있다고 하더라도 전체적으로 회의라는 산업의 틀에서 같이 논의될 수 있기 때문이다.

2. 컨벤션사업의 발전 및 배경

1) 컨벤션사업의 발전

컨벤션은 앞서 언급한 바와 같이 사람들의 모임에 산업적 기반을 두고 있다. 따라서 현대적 의미의 산업으로 발전하기 이전부터 모임은 존재하였고, 따라서 현대적 의미의 컨벤션은 아니지만 인류가 존재하기 시작하면서 모임이라는 형태는 늘 존재하고 있었다. 특히, 인류의 문명을 연구하는 고고학자들에 의해 고대 인류들이 사냥장소의 선정, 사냥에 대한 계획, 다른 부족과의 전쟁을 위한 작전의 수립, 평화협상, 부족의 축하행사와 같은 회합장소로 활용되었던 고대 유적지가 발견되면서 고대에서부터 공동의 이해를 토론하기 위한 모임은 활발히 진행되었던 것으로 추측할 수 있다.

이러한 원시적인 형태의 모임은 이후에 산업의 발전과 이로 인한 교역의 발전으로 현대적 의미의 회의의 모습을 갖추어가기 시작했다. 산업의 발전은 물류의 이동과 함께 인간의 이동도 촉진하는 계기가 되었다. 이를 통해 교통과 이동이 편리한 도시를 중심으로 역동적인 도시가 출범하기 시작했다. 이러한 도시들은 사람들이 모여서 물건을 교역(trade)하거나 공동의 문제를 토론하기 위한 장소로 부상하게 된다. 이는 향후 현대적 의미의 회의의 모습으로 성장하는 계기를 마련해 주었다.

그러나 본격적인 컨벤션산업의 발전은 협회와 같은 조직이 결성되면서 본격적으로 이루어졌다고 볼 수 있다. 협회는 컨벤션의 주요 개최자로서 중요한 역할을 수행하는 것처럼 오늘날 컨벤션의 발전에 지대한 공헌을 하고 있기 때문이다. 앞서 언급한 바와 같이 도시가 교역과 토론의 모임 장소로 급부상하고 이에 따라 자본, 기술, 지식과 같은 주요 생산요소가 풍부해지기 시작했다. 즉, 도시를 중심으로 풍부한 자본이 모이게 되고, 다양한 기술과 전문적인 지식을 지닌 사람들이 모여들기 시작했다. 이에 따라 도시는 지역활동의 중심(hub)으로 발전하게 된다. 동시에 자동차의 개발과 도로의 확충과 같은 교통의 발달로 인해 공동의 이해의 토론을 위한 회의는 보다 활성화되기 시작하였다. 보다 활성화된 모임은 자연스럽게 공동의 이해를 대변하는 협회나 조직의 결성으로 이어졌다. 협회는 대체로 산업혁명과 교역이 활발했던 유럽을 중심으로 진행되었다. 주요 협회의 유형은 산업협회(trade association)와 전문협회(professional association)가 있다. 이러한 협회의 결성은 현대에 들어서 보다 복잡하고 다양한 산업과 관심의 증대로 인하여 더욱 가속화되기 시작하였다.

이상과 같은 협회의 결성 및 협회 수의 극적인 확대는 컨벤션산업의 성장에 있어서 중요한 전환점을 제공하였다. 왜냐하면 협회가 컨벤션 수요를 엄청나게 창출하는 주요 수요원이기 때문이다. 현재 컨벤션시장은 2004년 기준으로 세계적으로 총 223여 개국에서 총 9,160건의 컨벤션이 개최되는 수준으로 성장하고 있다. 참고로 우리나라의 경우는 2004년에 164건의 국제회의를 개최해 세계 17위를 차지하였으며 서울의 경우 109개의 국제회의를 개최하여 세계 10위권의 국제 컨벤션 개최도시로 부상하고 있는 현실이다.

2) 컨벤션사업의 발전배경

컨벤션사업이 오늘날에 이르는 데 결정적인 배경이 되는 것은 다음과 같이 컨벤션사업이 해당 지역 또는 국가에 미치는 경제적 효과 및 정치외교적 효과가 상당하다는 인식 아래 지역사회 및 국가에서 앞장서서 컨벤션산업의 발전을 주도했기 때문이라 해도 과언이 아닐 것이다.

지역 및 국가경제 활성화

컨벤션의 지역 및 국가경제활성화의 방향은 먼저 컨벤션 참가자들로부터 나오는 지출의 증대, 컨벤션 개최를 통한 지역주민의 고용의 증대, 지방정부나 중앙정부의 세수의 증대, 국제적인 컨벤션인 경우 외화의 유입으로 인한 국제수지의 개선 등을 들 수 있다.

A. 지출의 증대

컨벤션 개최는 이를 참가하기 위한 외래방문객이 증가를 유발할 수 있다. 즉, 컨벤션에 참가하려는 사람들과 컨벤션과 관련된 사람들이 컨벤션이 개최됨에 따라 개최지역으로 유입되게 된다. 이들은 컨벤션과 관련된 다양한 활동에 참여함으로써 지역 내에서 소비와 이를 통한 지출의 증가를 유발한다.

컨벤션의 경우 지출의 규모가 다른 일반관광사업과 비교해서 크다고 알려져 왔다. 이는 컨벤션 참가자의 체류기간이 다른 관광에 참가하는 방문객과 비교해서 보다 길고 컨벤션 참가뿐 아니라 다양한 관광관련 활동에 참여한다는 것에 기인한다고 볼 수 있다.

B. 세수의 증가

지출의 증가를 통한 경제적인 효과와 더불어 지방정부 혹은 중앙정부의 세수를 증가시키는 효과를 가지고 올 수 있다. 개최지역의 정부는 컨벤션 개최와 관련된 다양한 인프라와 서비스를 컨벤션 참가자, 지역주민, 컨벤션 산업체에게 제공하고 반대급부로 이들로부터 세금을 징수한다. 이는 개최지역의 정부의 세수 증대로 이어져 해당 정부의 재정에 긍정적인 영향을 준다.

C. 연관산업의 활성화

지역 또는 국가의 컨벤션 유치는 이와 연관된 산업의 활성화로 이어진다. 컨벤션은 일반적으로 무에서 유를 창출하는 유기체적 사업이라고 한다. 이는 컨벤션을 개최하기 위해서 재화와 용역이 다양하게 필요하다는 의미로 해석할 수 있을 것이다. 실제로 컨벤션을 개최하기 위해서는 컨벤션센터를 비롯한 컨벤션 개최시설, 컨벤션 내부를 장치하기 위한 다양한 장치사업, 컨벤션 참가자를 위한 식음료 사업과 관광사업, 이동을 위한 교통사업 등 다양한 사업이 컨벤션 개최에 따라 필요하게 된다. 따라서 컨벤션의 유치와 개최는 이러한 연관사업을 활성화시키는 역할을 수행한다.

D. 국제수지의 개선

일반적으로 대규모 컨벤션의 경우 국내참가자뿐만 아니라 다양한 외국에서 참가를 하게 되는데 이러한 경우 이들의 국내 유입으로 인한 외화의 유입의 효과가 있을 수 있다. 컨벤션의 경우 외국으로부터 참가자의 유입이 일반재화의 경우 수출과 같은 효과를 미치게 되므로 이는 외화의 유입이라는 효과로 이어지고 결과적으로 개최국가의 국제수지의 개선효과로 이어질 수 있다.

이러한 컨벤션사업의 경제적 중요성을 일찍이 깨닫고 컨벤션사업을 국가 및 지역사회의 경제 활성화 수단으로 적극 활용하기 시작하였다. 이러한 대표적인 국가는 바로 미국이라고 할 수 있다. 미국은 1960년대와 70년대부터 컨벤션센터가 지역 및 국가 경제 활성화에 많은 도움을 줄 수 있다고 판단하였다. 왜냐하면 컨벤션센터 건립을 통해 지역 및 국가에 가능한 많은 컨벤션 및 전시회를 유치하게 되면 많은 외부 방문객이 유입되고, 이는 앞서 언급된 바와 같이 지역 및 국가 경제 활성화로 직결되기 때문이다. 그 결과 1960년대 말 미국의 주요 도시 어디에 가나 최소한 하나 이상의 대형 컨벤션센터를 발견할 수 있을 정도로 컨벤션센터는 각 도시마다 반드시 있어야 할 필수적인 시설로 자리 잡게 되었다. 한국도 그 출발은 늦었지만 서울의 COEX를 시작으로 하여 부산, 고양, 대구, 광주, 제주, 창원, 대전 등에 컨벤션센터를 건립하여 대형 컨벤션 및 전시회 유치를 통하여 지역 및 국가 경제 활성화에 노력하고 있는 중이다.

국가 및 지역사회의 정치 및 외교 역량의 강화

컨벤션은 앞서 언급한 바와 같이 해당 지역 및 국가에 경제적으로 상당히 긍정적인 영향을 미칠 뿐 아니라 해당 지역 및 국가의 정치 및 외교 부분의 역량을 강화시키는 계기가 되기도 한다. 대부분의 국가 및 지역사회는 컨벤션의 이러한 효과를 중시하여 대형 컨벤션 유치를 위하여 총체적 노력을 기울이고 있다.

가장 대표적인 예가 바로 2005년 부산에서 개최되었던 APEC(Asia-Pacific Economic Cooperation)과 2010년 서울에서 개최된 G20 정상회의이다. 아시아 · 태평양 경제협력체인 APEC은 지속적인 경제성장과 공동의 번영을 위해 1989년 호투 캔버라에서 12개국 간의 각료회의로 출범하였으며, 1993년부터 매년 정상회의를 개최하고 있다. 또한 2003년 기준 전 세계 GDP의 약 57%, 교역량 46%를 점유하는 세계 최대의 지역협력체로, 현재 우리나라를 포함하여 미국, 중국, 일본, 러시아 등 총 21개국이 가입해 있다. G20은 1999년 9월 IMF 연차총회 당시 개최된 G7 재무장관회의에서 기존의 선진국 중심의 G7 국가와 신흥국 12개국, EU가 참여하는 G20 창설에 합의하고 1999년 12월 독일 베를린에서 처음으로 주요 선진국 및 신흥국의 재무장관 및 중앙은행 총재가 함께 모여 국제사회의 주요 경제 · 금융 이슈를 폭넓게 논의하는 G20 재무장관회의가 개최되었다. 이후 G20는 매년 정기적으로 회원국 재무장관과 중앙은행 총재들이 회의를 주도해 오다가 2008년 11월 세계금융위기 발생 이후 위기 극복을 위해 선진국과 신흥국가 공조 필요성이 대두되면서 정상급 회의로 격상되어 처음으로 미국 워싱턴 D.C.에서 G20 정상회의가 개최되었다. 2차 런던회의에 이어 3차 피츠버그 회의에서는 G20 체제로 전환되는 과도기인 2010년에 캐나다가 6월에 G8과 G20를 연계 개최하고, 우리나라가 11월에 개최하기로 결정했으며 G20 정상회의를 정례화하기로 했다. 이러한 중요한 컨벤션의 유치에 성공한 우리나라 정부는 이를 통해 국내외적으로 정치 및 외교적 입지를 확보하는 중요한 계기가 될 수 있다. 또한 일본의 경우 2005년 3월에 개막된 아이치(愛知) 만국박람회(Expo)를 맞아 엑스포 외교에 총력을 기울였다. 이 행사에 일본은 60여 개국의 정상급 정부 인사들을 초청하였

그림 8-1 컨벤션사업의 발전배경

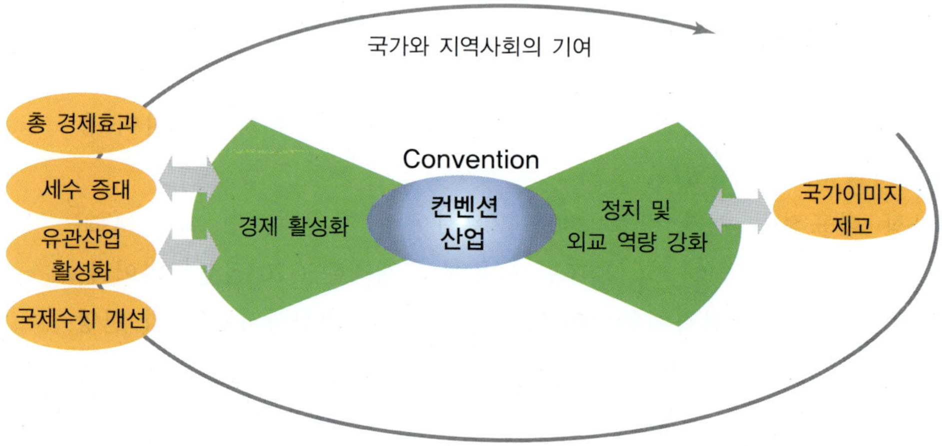

다. 일본 정부는 초청 인사 일부의 체재비를 자국에서 부담할 정도로 적극적이었다. 이는 일본 정부가 유엔 안보리 상임이사국 진출을 노리고 있는 시점에서 엑스포를 이용한 외교라고 볼 수 있다.

3. 호텔과 컨벤션의 관계

흔히 컨벤션사업은 카지노사업과 마찬가지로 호텔과 서로 분리할 수 없는 매우 밀접한 관계를 가지고 있다고 이야기한다. 이는 호텔과 컨벤션사업의 경우 다른 사업에 비해 서로에게 제공하는 혜택과 역할이 중요함을 의미하기 때문이다.

먼저 컨벤션사업 관점에서 보면 컨벤션을 유치하기 위해서는 컨벤션 참가자들이 컨벤션 기간 동안 숙식할 수 있는 호텔의 존재가 필수적이다. 호텔은 컨벤션 참가자에게 숙박의 기능을 제공함은 물론 경우에 따라서 훌륭한 회의시설로 이용될 수 있기 때문이다.

또한 호텔의 입장에서도 컨벤션이란 매우 매력적인 사업 분야이다. 처음 호텔산업이 컨벤션사업에 관심을 갖게 된 계기는 당시 저조했던 객실 매출을 증대시키기 위한 방안을 모색하는 과정에서 컨벤션사업의 매력을 발견하게 된 것이었다. 부언하여 설명하자면 초기의 호텔은 컨벤션 참가자와 같이 단체 소비자들을 유치하기 위하여 설계되어진 시설이 아니기 때문에 호텔이 처음부터 컨벤션사업에 사업적 관심을 두고 있지는 않았다. 그러나 호텔이 컨벤션시장에 적극적인 관심을 갖게 된 계기가 된 시점은 바로 미국의 1960년대라고 할 수 있다. 이 시기는 미국에서 부동산신탁회사(REITs; Real Estate Investment Trusts)의 설립이 허용된 시점이다. 미국의 호텔산업은 부동산신탁회사의 설립을 계기로 1970년대와 80년대로 이어지는 기간 동안 너무 많은 호텔이 건립됨에 따라 과잉 공급 상태에 이르게 되었다. 그 결과 호텔 경영자들은 낮은 객실점유율에 따른 매출 감소라는 재정적 어려움을 겪을 수밖에 없었다. 이를 극복하기 위한 방안을 모색하던 개별 호텔들은 컨벤션시장이 당시의 어려움을 극복해줄 훌륭한 대안임을 깨달았다. 즉, 컨벤션의 규모에 따라 대규모의 단체고객을 호텔에 유치할 수 있고 이는 결과적으로 호텔의 낮은 객실점유율을 높일 수 있는 훌륭한 대안으로 평가되었다. 실제로 컨벤션의 유치를 통한 단체고객의 유치로 호텔산업은 공급과잉으로 인한 그간의 어려움을 어느 정도 극복할 수 있었다.

이외에도 컨벤션은 호텔의 성수기를 연장하고, 평균 체재일수 및 지출액을 증가시킬 뿐 아니라 호텔 계절성을 극복하는 수단을 제공하는 등 호텔기업의 매출 및 수익성에 상당한 기여를 하고 있다. 먼저 컨벤션 참가자의 경우 일반 소비자들보다 체재일수가 길고, 더 많은 식음료 소비 및 다양한 호텔 서비스 구매로 다른 일반관광객에 비해 더 많은 평균 지출액수를 보이고 있다.

컨벤션 호텔 - 하이원리조트

또한 컨벤션은 호텔의 계절성 문제를 해결하는 하나의 수단으로 인식되고 있다. 일반적으로 성수기와 비수기의 뚜렷한 구분이 있는 호텔의 경우 성수기에는 매출의 극대화가 어렵고 비수기에는 시설과 인력의 유휴화의 문제가 심각하다. 특히 비수기의 경우 시설과 인력이 제대로 활용되기 어려워 많은 문제점을 내포하고 있다. 이러한 측면에서 계절적 영향요인이 낮은 컨벤션의 경우 비수기에 이를 적극적으로 유치한다면 호텔의 비수기의 문제점을 해결할 수 있는 좋은 수단일 수 있다. 실제로 컨벤션의 경우 일반 관광객과 반대의 계절성을 가지고 있는 것으로 알려져 있다.

결과적으로 호텔과 컨벤션사업은 서로에게 다양한 혜택과 이점을 제공함으로써 서로에게 필요한 상호 보완적인 관계로 해석될 수 있다. 컨벤션호텔(convention hotel)은 이러한 상호보완적 관계로 인해 탄생한 결과라 할 수 있을 것이다.

제 2 절 컨벤션 관련 회의유형

1. 컨벤션(convention)

우리가 일반적으로 회의산업의 대표로서 인식하고 있는 컨벤션은 회의의 일종으로 사전적 의미로는 특정한 사안에 대한 실행을 위한 대표의 모임으로 볼 수 있다. 사안에는 정치, 무역, 산업, 과학, 기술 등이 포함된다. 일반적으로 컨벤션은 총회와 부수적인 소규모의 회의를 포함한다.

컨벤션 홀(convention hall)

총회의 경우 전체 참가자를 위한 대규모의 강당이나 장소가 필요하고 부수적인 소규모의 회의는 일반적으로 구체적인 사안에 대하여 소규모의 집단이 모여서 논의하는 것이 일반적이므로 여러 개의 소규모 회의실을 필요로 하고 있다. 컨벤션에는 전시(exhibit)가 동반되지 않는 경우도 있으나 일반적으로 전시가 동반되는 경우가 많다. 대부분의 컨벤션은 주기적으로(보통 1년의 단위) 개최되는 것이 보통이다.

2. 컨퍼런스(conference)

컨퍼런스란 컨벤션과 아주 유사한 개념으로 일반적으로 토론의 개념에 수반된 회의의 형태라고 할 수 있다. 컨퍼런스는 컨벤션보다 좀 더 기술 및 과학 분야의 모임 성격이 강하다는 특징도 있다. 컨퍼런스에서는 구체적인 문제에 관련된 소규모 회의도 개최될 수 있다. 이러한 이유로 해서 일부에서는 컨퍼런스를 20~50명 정도의 중소규모의 회의라고 규정하기도 한다. 이는 회의 참여자들 간의 토론이 가능한 컨퍼런스에서 긴밀한 상호 의견교환이 이루어지기 위해서는 참여 인원이 적어야 한다고 의미를 담고 있는 정의라고 할 수 있다. 그러나 일반적으로 컨퍼런스의 규모는 정의상으로 한정되지 않고 수십 명에서 수만 명으로 그 규모가 다양하다.

컨퍼런스 룸(conference room)

3. 콘그레스(congress)

콘그레스란 용어는 컨벤션과 동일한 용어이다. 이 용어는 주로 유럽지역에서 컨벤션을 지칭할 때 쓰이기도 하며, 세계국제회의에서도 컨벤션 대신 콘그레스의 용어를 사용하기도 한다. 결국 동일한 회의의 개념을 미국에서는 컨벤션, 유럽 및 세계국제회의에서는 콘그레스라는 서로 다른 용어를 사용하는 것이라고 할 수 있다.

4. 포럼(forum)

포럼이란 패널(panel)이나 발표자에 의해 진행되는 상호토론 형태의 회의이다. 포럼에서는 대부분의 참가자들이 질문 혹은 토론의 형태로 참여하게 된다. 서로 상반된 의견을 가지고 있는 2명 혹은 그 이상의 연사들이 자신의 의견을 청중에게 발표하고, 참가자들은 이에 대한 질문과 토론을 개진하는 형태의 회의라고 할 수 있다.

▎포럼(forum)

5. 심포지엄(symposium)

심포지엄이란 포럼과 유사한 개념이나 그 운영이 포럼보다 공식적인 회의의 형태라고 할 수 있다. 심포지엄은 패널에 의한 발표 형식으로 운영된다. 여기서 청중들은 질문이나 토론 등의 형식을 통해 참여할 수 있지만 포럼보다는 덜 긴밀하다고 할 수 있다.

6. 렉처(lecture)

렉처란 용어에서 알 수 있듯이 렉처는 강의 형태를 띠고 있는 회의 형태로서 한 명의 전문가가 발표하고 청중의 질문이 있을 수도 있다. 이러한 형태의 회의는 다른 회의보다 좀 더 형식적이고 사전에 계획된 형태를 띠고 있다. 렉처의 규모는 일반적으로 제한이 없다.

7. 세미나(seminar)

세미나(seminar)

세미나란 1명 혹은 다수의 발표자들이 강단에서 자신의 생각이나 아이디어를 개진하는 형식을 취한다. 일반적으로 세미나에서는 청중의 질문과 발표자의 답변을 통해 서로 지식과 경험을 공유하기 때문에 참가자들끼리 긴밀한 관계를 유지할 수 있는 형태의 회의이다. 일반적으로 세미나는 토론의 장(leader)이나 감독자의 통제하에 회의가 진행된다. 이 형태의 모임은 상대적으로 적은 규모의 청중을 대상으로 진행된다. 이러한 모임의 규모가 커지게 되면 포럼이나 심포지엄의 형태가 되는 것이다.

8. 워크숍(workshop)

워크숍이란 구체적인 문제나 과제를 다루기 위한 다양한 형태의 회의를 의미한다. 워크숍은 주로 교육 담당관이 기술 교육이나 훈련을 하는데 많이 활용한다. 참가자들은 워크숍에서 주로 새로운 지식, 기술, 아이디어 등을 서로 공유하게 된다.

9. 패널(panel)

패널(panel)

패널이란 2명 혹은 그 이상의 연사들이 각자의 전문분야나 관점을 토론하는 형태를 의미한다. 패널 간의 토론과 패널과 청중 간의 토론이 있을 수 있다. 패널은 항상 좌장(moderator)에 의해 주도되어지고 대규모 회의의 형태를 띨 수 있다.

10. 클리닉(clinic)

클리닉은 주로 훈련활동의 일환으로 특정주제에 대한 훈련과 강습이 제공된다. 일반적으로 클리닉은 작은 규모의 집단으로 한정한다.

11. 리트리트(retreat)

리트리트는 주로 작은 규모의 회의를 지칭한다. 리트리트의 주 목적은 상호결속, 집중적인 기획 혹은 단순한 휴식 등이라고 할 수 있다.

12. 인스티튜트(institute)

인스티튜트는 교육 · 훈련의 기회를 제공하기 위해서 전문 직업 종사자들이 정기적으로 갖는 모임의 형태를 의미한다. 인스티튜트에서는 컨퍼런스, 세미나, 워크숍 등이 개최될 수 있다.

전시회(exhibition)

13. 전시회(exhibition)

전시회는 일반적으로 컨벤션과 더불어 개최된다. 전시회는 주로 상품이나 서비스의 제공자에 의한 전시의 형태를 지니고 있으며, 일반적으로 컨벤션에 참석한 참가자들이 참여하게 된다.

14. 산업박람회(trade show)

산업박람회는 전시회(exhibition)와는 달리 자체적으로 개최된다. 따라서 산업박람회는 공동의 이해와 관련된 상품과 재료 등을 검토하기 위한 목적으로 공통의 사업이나 활동을 지니고 있는 개인을 모으는 행사라고 정의할 수 있다. 유럽에서는 산업 페어(trade fair)라고 부르기도 한다.

산업박람회는 다음과 같이 전문산업박람회(professional trade show)와 대중산업박람회(public trade shows)의 2가지 종류로 구분될 수 있다. 먼저 전문산업박람회는 의학 또는 과학 분야의 전문적인 협회나 단체에 의해 개최된다. 이 박람회의 주요 목적은 소속회원과 산업 전체를 지원하는 데 있다. 의사나 간호사와 같은 전문인들을 위한 수술 장비전시와 같은 산업박람회가 대표적인 예라고 할 수 있다. 이러한 전문박람회에서는 수술 장비의 전시와 같은 전시적인 측면뿐만 아니라 의사나 간호사와 같은 참가자를 위한 의료교육을 포함한다. 전문산업박람회는 대중의 관심과는 거리가 먼 전문적인 산업박람회이므로 일반적으로 대중에게 행사의 개최를 홍보하지 않고 협회의 회원과 같이 관련된 대상에게만 홍보를 하는 것이 일반적이다.

전문산업박람회와는 다르게 대규모 전시회가 일반에게 공개되는 경우 이를 소비자박람회(consumer shows) 혹은 엑스포(exposition 또는 expo)라고 한다. 이러한 형태의 박람회에는 참가자들에게 입장료가 부과된다. 즉 대중산업박람회는 소비재의 생산자나 판매자에 의해 개최되는 형태의 산업박람회로 일반 대중의 관심을 끌 수 있는 제품 전시를 의미한다. 산업박람회의 목적은 제품의 홍보와 마케팅 그리고 판매와 계약이라고 할 수 있다. 대표적인 예로는 꽃 박람회, 자동차 박람회, 보트 박람회, 컴퓨터장비

산업박람회(trade show)

쇼, 카메라 쇼 등이 있다. 이러한 종류의 산업박람회의 성공적 개최는 대중의 참여 여부에 달려 있는 관계로 신문, TV, 라디오 광고 등의 대중매체를 통한 적극적인 홍보활동을 필요로 한다.

제 3 절 컨벤션사업의 주요 구성요소

1. 컨벤션사업의 개념

컨벤션은 무(nothing)에서 유(everything)를 만들어가는 창조적 유기체이다. 수요자의 요구와 필요에 맞춰 컨벤션이라는 형태로 다양한 서비스와 시설의 총합을 제공하는 것이다. 다양한 서비스와 시설의 제공은 어느 특정 역할자(player)의 단독의 노력과 제공으로 가능한 것이 아니고 수많은 연관 산업들이 컨벤션을 개최하고 실행하는 데 각자의 역할을 수행하는 과정을 통해서 가능한 것이다. 따라서, 컨벤션사업은 컨벤션을 유치 · 기획 · 실행함에 있어 컨벤션과 연관된 시설과 서비스를 제공하는 기업 혹은 산업들의 상호작용의 총체적인 활동이라고 정의할 수 있다.

컨벤션사업은 다양한 역할체로 구성되어 있다고 정의하였다. 컨벤션사업의 역할체는 대략 그 역학에 따라 4가지로 구분할 수 있다. 먼저 벤션 개최자, 컨벤션 서비스 제공자, 컨벤션참가자, 중간자로 나누어 볼 수 있다. 컨벤션 개최자는 컨벤션을 주관하고 주최하는 조직을 의미하고, 컨벤션 서비스 제공자는 컨벤션 개최에 필요한 시설과 서비스를 제공하는 사업을 의미하고 참가자는 컨벤션 개최자가 조직한 컨벤션에 참가하는 대상을 의미한다. 이외에도 컨벤션의 지역개최를 위해 목적지마케팅 조직으로서 컨벤션 뷰로(CVB: Convention & Visitors Bureau)와 참가자들이 컨벤션에 참가하는 데 필요한 서비스를 제공하는 여행사로 구성되어 있는 중간자로 구분하여 살펴볼 수 있다. 이들의 역할을 표로 나타내면 [그림 8-2]

그림 8-2 컨벤션사업의 역할구조

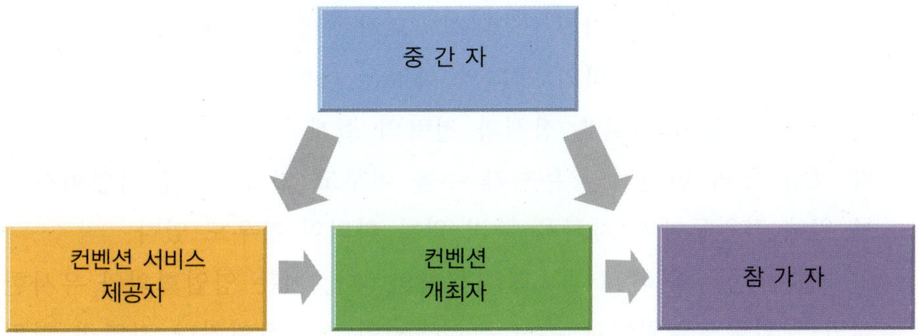

와 같다. 이들에 대한 자세한 설명은 다음과 같다.

2. 컨벤션 개최자

컨벤션 개최자란 컨벤션을 실질적으로 개최하려고 하는 단체나 기관을 의미한다. 때로는 컨벤션 개최를 후원한다는 의미에서 후원자(the sponsor)라고도 한다. 대표적인 컨벤션 개최자로는 다음과 같이 기업, 협회, 비영리단체 등을 들 수 있다.

1) 기 업

오늘날 기업의 경영자들은 경영활동을 수행하는 데 원활한 커뮤니케이션을 매우 중요한 요소로 인식하고 있다. 왜냐하면 상급자의 명령이나 지시, 하급자의 보고 등은 물론이고 기업 외부의 정보가 기업으로 들어오거나 기업의 정보를 외부에 내보내는 데 있어서는 물론 기업의 중요한 의사결정에 있어 커뮤니케이션은 필수불가결한 요소가 되기 때문이다. 기업의 구성원 및 이해 관계자들과의 커뮤니케이션이 원활히 이루어지기 위해서는 컨벤션 또는 회의라는 수단을 적극적으로 활용할 필요가 있다. 실제 경영자들은 이러한 점을 잘 인식하고 다양한 회의를 통하여 적극적인 커뮤니케이션 활동에 임하고 있다.

컨벤션사업에 상당한 영향을 미치는 외부 회의를 중심으로 기업회의를 개괄하면 다음과 같다. 첫째, 전국·지역 영업회의를 들 수 있다. 이 형태는 가장 많이 알려진 기업 회의로서 기업회의시장에 가장 큰 비중을 차지하고 있다. 영업회의 개최의 목적은 다양하지만 대부분 새로운 상품의 소개, 기업의 새로운 정책과 전략의 소개, 문제의 해결을 위한 영업전략 제안 등의 현실적인 문제가 주를 이루고 있다. 가끔 기업의식의 제고를 위해 직원들에게 자극을 주기 위한 회의일 경우도 있다.

둘째, 신상품의 소개·판매책회의이다. 이는 영업회의와 유사한 회의지만 영업담당임원이나 본사 관리직원이 전국적이거나 지역적 회의를 개최하여 판매책이나 유통업자와 만나 본사의 신상품이나 새로운 서비스를 알리는 회의라는 점에 보다 중점을 둔 회의이다. 따라서 이 유형의 기업회의는 신상품이나 새로운 서비스의 소개가 아주 중요한 의미를 지닌다. 그 규모는 아주 소규모의 회의에서 수천 명이 모이는 대규모의 형태까지 다양하다. 기간도 저녁시간을 이용한 짧은 회의에서 3일에서 5일까지 연속해서 개최되는 등 매우 다양하다.

셋째, 전문/기술회의이다. 오늘날 컴퓨터와 인터넷의 발달은 기술 및 지식의 변화의 주기를 더욱 짧게 하고 있다. 이에 대응하기 위하여 기업은 내부 및 외부 전문가를 초빙하여 세미나 또는 워크숍 형태의 기술관련 회의를 개최하고 있다. 이러한 회의의 주 목적은 자사 기술관련 직원들에게 최신 기술을 전수하기 위함이다.

넷째, 훈련회의이다. 훈련회의란 일반적으로 신규 채용, 승진 또는 직무 변동된 직원 및 임원을 대상으로 개최되는 회의이다. 예를 들어 컴퓨터의 사용, 특정 컴퓨터 소프트웨어의 실습, 사무집기 이용, 전화 받는 예절 등과 같이 일반 사무직에 대한 훈련에서부터 용접, 기계수리 등 특수한 분야의 직무훈련까지 그 범위는 다양하다.

마지막으로 주주회의 및 대중회의이다. 이러한 형태의 회의는 주주나 일반대중처럼 회사에 고용되지 않은 사람들을 대상으로 다른 회의에 비하여 아주 단기간에 진행되는 특성을 가지고 있다. 주주회의는 기업의 투자가인 주주들에게 회사의 지난해 결산과 앞으로의 정책과 비전을 제시하여 주주가 회사를 믿고 계속적인 투자를 할 수 있도록 주주와의 관계를 향상시키기 위한 회의이다. 대중회의는 일반대중에게 회사의 이미지나 상품을 소개하여 일반대중과의 관계증진을 위한 회의를 의미한다. 기업설명회와 같이 증권회사 분석가 또는 대형 펀드매니저와 같은 투자가들을 대상으로 투자를 유치하기 위한 회의도 여기에 포함될 수 있다.

컨벤션 개최자—기업(Microsoft)

2) 협 회

협회는 자발적인 회장단(leadership)과 직원(staff)의 구조를 가지고 있는 다양한 형태의 조직체로서 공동의 이해 및 활동 그리고 목적을 가진 개인들의 집단을 의미한다. 협회는 전국적 또는 세계적으로 분포되어 있으며, 이들 형태 또한 다양하다.

이들 협회는 컨벤션시장에 있어 가장 큰 비중을 차지하는 관계로 컨벤션산업의 발전을 주도하는 개최자라고 할 수 있다. 실례로 협회관련 컨벤션의 경우 2000년도 기준으로 전 세계적으로 약 125억 달러 규모의 대형 시장으로 성장하고 있다. 또한 컨벤션으로 인해 창출되는 호텔 숙박수요도 매년 약 2천 6백만 객실이 될 정도로 컨벤션이 호텔산업에 미치는 영향도 대단하다고 할 수 있다.

협회가 컨벤션 또는 회의를 개최하는 이유는 다양하다. 먼저 협회회원의 공동의 목적과 이해를 충족시켜 주기 위해서 개최할 수도 있고, 정보의 통합과 통합된 정보를 회원에게 배분하거나, 교육과 훈련의 목적으로 회의를 개최할 수도 있고, 회원 간의 개인적 혹은 전문적 성장의 기회를 제공하기 위하여 회의를 개최하는 경우도 있고, 단순히 회원 간의 교류(networking)의 기회를 제공하기 위하여 회의를 개최하기도 한다.

협회의 종류는 다음과 같이 크게 산업협회(trade associations)와 전문 및 과학협회(professional and scientific associations) 그리고 기타 협회로 구분될 수 있다. 먼저 산업협회란 비영리단체로서 영리의 목적을 지닌 개별 사업체들의 공동이익을 구현하기 위해서 만들어졌다. 산업협회의 회원은 공동의 관심사를 공유하고 있는 산업 내의 기업 대표로 구성되어 있다. 이들은 협회 사업의 일환으로 대형 컨벤션을 개최하는 데 그 규모가 상당히 큰 것이 특징이다. 이들 컨벤션은 보통 전시회(exhibits)가 수반되는 것이 보통이다. 예를 들어 미국의 전국레스토랑협회(National Restaurant Association)는 매년 시카고에서 대형 컨벤션을 개최한다. 여기 참석자들의 규모는 110,000명 정도가 될 정도로 대규모이다. 여기서는 다양한 회의뿐 아니라 대형 주방용품 및 식당용품 기업들이 참여하여 대형 전시회도 개최되고 있다.

한편 전문 · 과학협회는 산업협회처럼 사업이나 기업의 목적을 추구하는 단체와는 달리 회원 개인들의 공동의 목적과 이해를 추구하는 단체라고 할 수 있다. 전문 · 과학협회는 미국의사협회(American Medical Association)와 같이 과학이나 의학과 관련된 협회로서 협회 회원 간의 정보나 새로운 지식의 공유의 목적을 지니고 있는 협회, 미국심장협회(American Heart Association)와 같이 공공서비스나 자선활동을 하기 위한 협회 등으로 구분될 수 있다. 이들 협회 역시 상당한 컨벤션 수요를 창출하고 있다. 마지막으로 재향군인회, 월남참전용사 모임 등과 같은 군사관련 협회, 다양한 교육관련 협회, 사진가모임 등과 같이 전문적 기술을 지니고 있는 사람들의 기술관련 협회 등 다양한 협회가 있다. 상기의 두 협회처럼 규모나 경제적 영향이나 컨벤션산업에 미치는 영향이 지대하지는 않지만 컨벤션의 개최자 역할을 수행한다.

컨벤션 개최자—협회(National Restaurant Association)

3) 비영리단체

컨벤션 개최자—정부기관(공청회)

정부기관, 노동조합, 종교단체로 대표되는 비영리단체는 협회와 같이 컨벤션시장에 큰 비중을 차지하지 않지만 다양한 컨벤션을 개최한다. 가장 대표적인 예라고 할 수 있는 정부기관의 예를 들어보기로 한다.

정부 내의 다양한 부서들은 공무원이나 지역주민 혹은 전체 국민들을 대상으로 빈번한 모임을 갖는다. 부분적으로 이들 모임은 주로 정부 내에서 이루어지는 경우도 많지만 특히 지역주민 또는 국민들 대상으로 하는 경우 외부에서 회의가 개최되는 경우도 많다. 다양한 형태의 공청회, 정책설명회, 토론회 등이 여기에 해당된다고 할 수 있다.

3. 컨벤션 기획자

컨벤션 기획자는 컨벤션의 계획단계에서부터 최종 평가단계에 이르기까지 실제 컨벤션을 총괄하는 역할을 수행한다. 여기서 총괄이라 함은 특정 컨벤션의 전반적인 계획, 컨벤션 개최, 컨벤션 종료 후 보고서 작성 및 평가 등 컨벤션의 전반적인 업무를 담당한다는 의미이다. 컨벤션 기획자의 주요 업무를 구체적으로 살펴보면

1) 다양한 컨벤션 서비스 제공자들과의 협상 및 협상을 통한 계약을 컨벤션 개최자에게 추천하고,
2) 계약이 체결된 후의 계약된 사항을 수행하며,
3) 컨벤션 및 전시회에 필요한 제반 시설과 서비스의 제공자로부터 입찰을 진행하고, 이들을 고용하고 감독하며,

그림 8-3 컨벤션 개최자 — 기업 · 협회 · 비영리단체

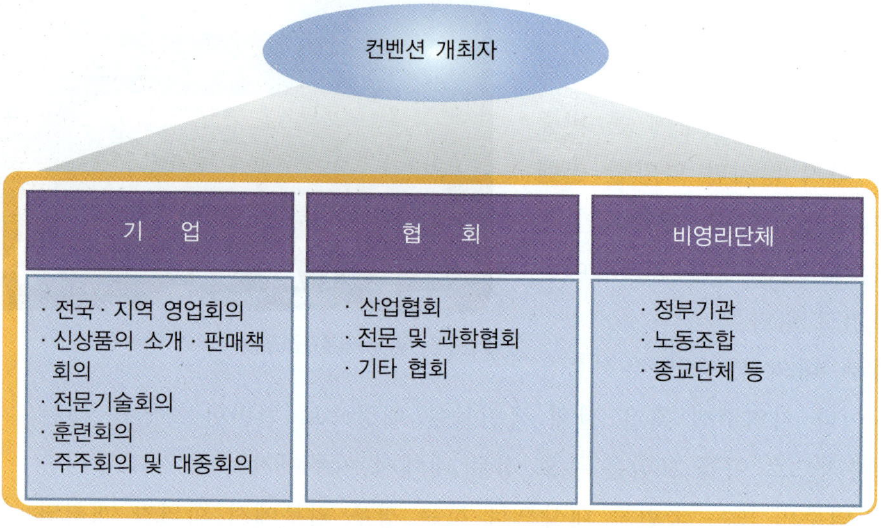

4) 예산을 수립하고, 개최자의 승인 후 예산 집행을 감독하며,
5) 총체적인 컨벤션계획 스케줄을 수립하고,
6) 계획 실행을 감독하며,
7) 컨벤션 기간 동안 인력의 배치 스케줄을 계획 및 관리하며,
8) 컨벤션의 전반적 진행을 감독하고,
9) 컨벤션 종료 후 개최자에게 결과보고서를 제출하는 등

그 범위가 매우 넓다.

컨벤션 기획자는 다음과 같이 회의를 개최하는 조직이나 단체에 소속된 기획자와 이들에 속하지 않고 컨벤션 기획만을 전문적으로 수행하는 전문컨벤션 기획자로 구분될 수 있다.

1) 소속기획자

먼저 소속기획자(in-house meeting planner)는 컨벤션 기획자가 특정 단체나 조직에 속해 있는 경우를 말한다. 따라서 컨벤션 개최자와 기획자가

그림 8-4 소속기획자와 전문기획자의 역할

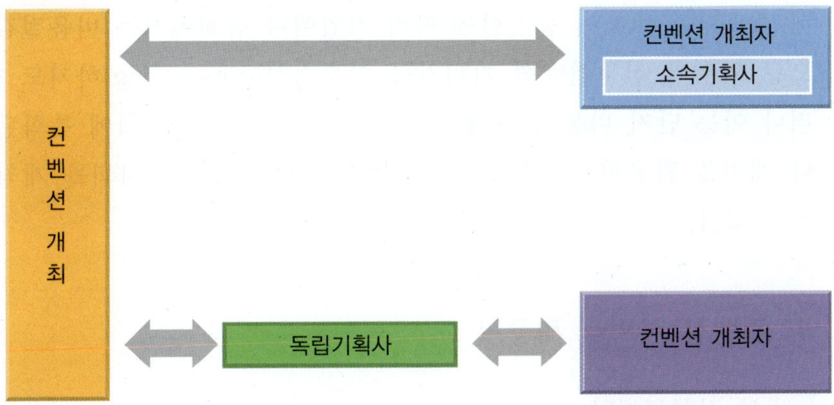

동일 단체나 조직에 속해 있다. 이들의 소속에 따라 협회소속기획자(association meeting planner)와 기업소속기획자(corporate meeting planners)로 구분될 수 있다. 협회소속기획자는 말 그대로 협회에 소속되어 있는 컨벤션 기획자를 의미하고 기업소속기획자는 기업에 속해있는 컨벤션 기획자를 의미한다. 조사에 의하면 협회소속기획자가 기업소속기획자에 비하여 보다 업무의 비중이 컨벤션 기획업무에 집중하는 것으로 나타났다. 각각의 컨벤션 기획자들은 협회 또는 기업에서 발생되는 모든 컨벤션 업무를 전문적으로 수행한다.

2) 전문기획자

전문기획자는 협회나 기업과 같은 단체나 조직에 소속되어 있지 않고 컨벤션만을 전문적으로 기획하는 업무를 수행하는 기업이나 개인을 의미한다. 따라서 전문기획자를 독립컨벤션 기획자(independent meeting planner)라고 부르기도 한다. 이 경우 협회나 기업에 소속된 회의기획자의 경우와는 다르게 컨벤션 개최자와 컨벤션 서비스 제공자 사이에서 중간자 역할을 수행한다.

전문컨벤션 기획자는 일반적으로 규모가 작거나 혹은 규모에 관계없이 컨벤션 수요가 그리 많지 않은 협회나 기업을 지원하기 위해 탄생된 기획자라고 할 수 있다. 최근 전문컨벤션 기획자를 정규직으로 고용하는 데 소요되는 비용이 증가함에 따라 기업이나 협회에서는 비용절감의 대안으로 외부의 전문컨벤션 기획자를 아웃소싱(outsourcing)하기도 한다. 그러나 이는 단지 비용의 문제뿐 아니라 컨벤션 및 전시회에 특화된 기업이나 개인을 활용함으로써 보다 질 높은 컨벤션이나 전시회를 개최하기 위함도 있다.

4. 컨벤션 서비스 제공자

1) 컨벤션센터

컨벤션센터란 여러 집단이나 대규모 집단이 동시에 회의 또는 전시를 개최할 수 있는 시설을 의미한다. 대부분의 컨벤션센터는 시, 지방자치단체 또는 국가에서 소유권을 가지고 운영되고 있으나 일부 사기업이 소유 및 운영을 담당하는 경우도 있다. 예를 들어 우리나라의 코엑스(COEX)가 대표적인 경우이다. 코엑스는 한국무역협회가 100% 출자한 공공기관으로 1979년 한국종합전시장(KOEX)로 출발하였다. 1998년 현재의 코엑스로 개칭하고, 2000년 코엑스와 무역센터를 완공해 국내 최대의 전시와 컨벤션 전문시설을 갖추고 있다. 12개의 전문 전시실을 갖춘 동시에 7,000명 수용이 가능한 대형 컨벤션홀, 61개의 다양한 회의실 등 총 1만 4,000여 평에 이르는 방대한 규모의 컨벤션 시설이다. 컨벤션센터의 주요 수입원천은 회의실과 전시관의 대여가 대부분 차지하고 있다. 이외에도 식음료 서비스 제공 및 센터 내 물품 판매에 대한 이권 수익, 전기 · 전화 · 무대장치와 조명 · 음향 등 전문 서비스 제공 수익 등을 들 수 있다.

컨벤션센터 – KINTEX

2) 호 텔

일반적으로 전체 컨벤션시장에서 호텔의 역할은 컨벤션 참가자에게 필수적인 상품인 객실 및 식음료 서비스를 제공하는 것이라고 볼 수 있다. 그러나 컨벤션시장 규모 증가, 컨벤션 참가자 욕구의 다양화 등과 같은 환경의 변화에 적극 대응하기 위하여 호텔기업들은 자신의 고유 사업영역에서 벗어나 컨벤션 호텔이라는 새로운 개념가지고 컨벤션시장에 적극적으로 진입하였다. 현재 상당수의 컨벤션 및 전시가 호텔에서 개최되고 있는 것을 감안하면 호텔기업들의 컨벤션시장 진입은 성공적이라 할 수 있다. 우리나라의 경우 국내에서 개최된 전체 국제 컨벤션 중 40% 이상이 호텔에서 개최되었을 정도로 전체 컨벤션시장에서 호텔이 차지하는 비중은 상당히 높다.

전 세계적으로 많은 호텔들은 수익성 높은 컨벤션시장에 적극적으로 진입하기 위해 다음과 같이 다양한 노력을 펼치고 있다. 첫째, 많은 호텔들이 다양한 첨단회의시설을 설치하여 과거보다 향상된 다양한 컨벤션 서비스를 제공하고 있다. 실제 현대 호텔들은 호텔 설계단계에서부터 컨벤션 기획자 및 개최자의 자문을 통하여 회의 기획자 및 개최자의 욕구에 적극적으로 대응하고 있다.

둘째, 호텔은 컨벤션 개최를 위한 시설 측면 이외에도 컨벤션 유치 및 지원을 위해 컨벤션 전담부서를 설치하여 실제 컨벤션이 성공적으로 개최될 수 있도록 노력하고 있다. 호텔의 컨벤션 담당 부서는 컨벤션 유치를 위한 영업부서와 유치된 컨벤션의 모든 부분을 지원하는 컨벤션 서비스 부서로 대별된다. 이들 부서는 컨벤션 프로그램 설계 및 마케팅에 대한 도움을 제공하거나 컨벤션에 수반되는 다양한 환대 프로그램, 연회, 스포츠 이벤트 등의 기획을 지원한다.

컨벤션 호텔, Grand Hilton Hotel in Seoul

셋째, 호텔은 컨벤션 전문 기획자의 교육에도 적극 참여함으로써 컨벤션 개최에 보다 실질적인 도움을 주기도 한다. 물론 이는 더 많은 컨벤션을 개최하려는 호텔의 노력으로 이해되지만 더 큰 목적은 호텔과 컨벤션 기획자 간의 의사소통을 향상시키는 데 있다. 예를 들어 힐튼 호텔의 HOST(Hilton on-site training), 쉐라톤 호텔의 Showcase 같은 프로그램들은 컨벤션 기획자들에게 컨벤션 실무 전 과정을 교육시키는 프로그램으로 컨벤션 기획자와 호텔과의 의사소통 향상은 물론 컨벤션 기획자 업무의 효율성을 높이고 있다. 이러한 호텔의 컨벤션 관련 프로그램은 컨벤션 산업의 새로운 전문교육기관으로 인정받을 만큼 그 질이 우수한 것으로 평가되고 있다.

3) 컨벤션 인력 및 장비 제공업체

컨벤션 기획자의 주요 임무는 컨벤션이나 전시회의 기획, 개최 및 운영 그리고 컨벤션이 종료된 후에도 지속되기 때문에 실제 매우 다양하고 복잡하다고 할 수 있다. 예를 들어 컨벤션 기획업무는 컨벤션 프로그램의 기획에서부터 예산, 장소, 시설, 식음료, 교통 부분의 기획에 이르기까지 매우 다양하다. 이외에도 컨벤션 기획자는 이러한 기획의 집행 그리고 마케팅 및 홍보 업무를 수행하여야 한다. 컨벤션이 종료된 후에도 컨벤션 기획자는 컨벤션의 마무리, 평가, 보고서 작성 등의 업무를 수행하여야 한다.

컨벤션 인력 및 장비 지원—인적자원 및 장비

이상과 같이 컨벤션 기획자가 수행해야 하는 업무는 너무 다양하고 복잡하기 때문에 차질 없이 혼자 모든 업무를 진행한다는 것은 거의 불가능에 가깝다. 따라서 기획자들은 부분적으로 아웃소싱을 통하여 외부의 다양한 컨벤션 서비스 공급업체에 의존하는 경향이 많다. 일반적으로 컨벤션 기획자가 외부로부터 아웃소싱하는 범위는 인적 서비스 부분과 장비 임대 부분으로 나눌 수 있다. 인적 서비스는 컨벤션 기획자 입장에서 컨벤션 기획업무를 지원할 수 있는 개인이나 회사와 계약을 맺어 필요한 인적자원을 제공받는 것을 의미한다. 여기에는 컨벤션 프로그램에 관련된 업무, 연사의 섭외, 마케팅업무, 홍보물의 그래픽, 회계, 미디어업무, 데이터 관리업무, 법률, 교육, 인사, 총무와 같은 기획관련 업무에서부터 타이핑, 우편물처리, 전화응대, 기타 사무보조의 역할을 수행하는 보조업무에 이르기까지 다양하다. 이외에도 현장 안내업무나 경호 혹은 통역과 같은 전문업무도 포함된다. 한편 시설 및 장비 임대는 컨벤션 기획이나 컨벤션 개최에 필요한 다양한 시설, 예를 들면 시청각 장비나 전기, 냉난방기기, 전시부스, 이외 컨벤션 관련 시설 및 장비를 외부로부터 임대하는 것을 의미한다.

4) 기타 — 식음료 서비스, 오락, 관광

일반적으로 컨벤션은 본래 목적의 주제 이외에도 다양한 행사로 구성되어 있다. 물론 컨벤션 개최의 가장 중요한 것은 컨벤션 개최에 따른 고유한 개최목적을 달성하는 것이다. 하지만 최근의 컨벤션의 프로그램은 단순히 이러한 공식행사에 국한되지 않고 사교활동이라든지 비공개적 정보교류 등을 포함하고 있다. 최근 이러한 추세는 더욱 심화되고 있다. 전문적이거나 산업관련 컨벤션의 경우 컨벤션 기획자는 주요 공식회의 이외에도 다양한 활동을 제공하여 참가자의 만족을 높이고, 이를 통한 참가자의 참여를 유도하고 있다. 이런 측면에서 참가자에게 다양한 활동을 제공할 수 있는 식음료, 오락, 관광 분야는 컨벤션 프로그램의 주요 구성요소로 포함될 수 있다.

기타—동경박람회 중 케이터링 서비스

먼저 식음료 서비스는 컨벤션에 필요한 다양한 식사와 음료를 제공하는 서비스를 의미한다. 예를 들어 컨벤션 기획자는 컨벤션 기간 동안 참가자들에게 식사를 제공하는 것 이외에도 회의 휴식시간에 음료와 다과를 제공해야 한다. 또한 칵테일 리셉션, 만찬 등과 같은 연회 행사를 개최하기도 한다. 이러한 식음료 서비스는 외부 외식기업 또는 호텔의 케이터링(catering) 부서와의 계약을 통하여 제공되는 경우가 일반적이다.

컨벤션에 있어서 오락부문의 역할은 컨벤션 참가자들에게 다양한 여흥과 즐거움을 제공하는 것이다. 오락부문은 참가자들에게 다양한 즐거움을 제공함으로써 참가자들의 신체적 · 심리적 · 사회적 욕구를 충족시키는 역할을 한다. 예를 들어 환영 리셉션을 통해 컨벤션 기획자는 참가자들이 컨벤션이나 전시회의 분위기에 보다 빨리 적응할 수 있도록 해주고 있다. 이외에도 참가자 가족 및 배우자에 대한 오락제공을 통하여 참가자들이 보다 적극적으로 컨벤션에 참여할 수 있도록 유도하고 있다. 이와 같은 오락은 일반적으로 연예 또는 레크리에이션 전문 업체를 통하여 제공받고 있다.

마지막으로 컨벤션에서 제공하는 다양한 관광 프로그램은 참가자의 만족도를 높이는 역할을 하고 있다. 관광도 오락과 마찬가지로 참가자들에게 즐거움을 추구하는 활동과 체험을 제공함으로써 이들에게 신체적 · 심리적 · 사회적 만족을 제공하고 있다. 실제 컨벤션 기획자는 컨벤션 개최 도시의 자연자원, 역사유적지, 문화, 공원, 축제, 쇼핑 등과 관련된 다양한 관광 프로그램을 제공하여 참가자의 만족도 향상에 노력하고 있다. 컨벤션 참가자들은 컨벤션 기간 동안에만 관광 프로그램에 참여하는 것이 아니라 컨벤션 개최 전 또는 종료 후에도 적극적으로 참여하는 경향이 많다. 따라서 이들을 위해서 개최 전 관광(pre-tour) 또는 종료 후 관광(post-tour) 프로그램을 제공하기도 한다. 이와 같은 관광 프로그램은 보통 여행사와 긴밀한 협조 아래 컨벤션 참가자들에게 제공하고 있다.

5. 최종구매자(meeting end user)

컨벤션의 최종구매자는 일반적으로 참가자를 의미한다. 다양한 협회,

기업, 혹은 기타 단체 등의 후원자가 후원하고 전문적인 회의나 전시회의 기획자가 기획한 회의나 전시회 산업박람회에 직접 참가하는 자로서 이들은 경우에 따라 참가비를 지불하거나 지불하지 않기도 한다.

컨벤션에 따라 참석자의 분류가 달라질 수 있다. 예를 들어, 기업회의의 경우에는 참가자가 주로 기업의 종업원이나 기업의 제품이나 서비스를 판매하는 중간유통업자가 될 것이다. 협회의 경우도 마찬가지로 협회의 회원이 참석자의 대부분을 차지할 것이다. 그러나 전시회나 산업박람회의 경우에는 참석자가 일반 대중인 경우가 대부분이다. 물론 전시회나 산업박람회의 경우에도 일반대중에게 공개된 행사가 있고 그렇지 않은 경우도 있겠지만 일반대중이 아닌 회의 참석자나 산업관계자에게 국한된 일부 전시회나 산업박람회의 경우를 제외하고는 참석자가 주로 일반대중이다. 컨벤션의 경우에도 일부 토론이나 학술발표의 경우 일반대중이 참석하는 경우도 있다.

이들은 컨벤션이나 전시회의 최종구매자로서 컨벤션이나 전시회 혹은 산업박람회를 구성하는 중요한 하나의 축을 형성하고 있다. 회의성패의 궁극적인 기준이 컨벤션의 목적달성에 있지만 다른 기준은 참석자의 욕구나 필요의 만족과 참석자의 수와 질에 달려 있다고 볼 수 있다. 또한 참석자가 없는 컨벤션은 존재의 가치가 없다. 특히 전시회나 산업박람회의 경우에는 참가자의 중요성이 더욱 강조된다. 전시회나 산업박람회 개최의 궁극적인 목적은 자사의 제품이나 서비스를 홍보하고 마케팅하는 데 있다. 이럴 경우 참가자는 자신들의 상품이나 서비스의 훌륭한 목표시장(target market)으로 인식될 수 있다. 목표시장이 참여하지 않은 전시회나 산업박람회의 경우에는 대상 없는 홍보와 마케팅과 마찬가지로 의미가 없어진다.

6. 중간자(Intermediary)

지금까지 컨벤션을 구성하고 있는 역할체와 역할산업을 크게 컨벤션 개최자, 컨벤션 서비스 제공자, 참가자로 구분하여 살펴보았다. 컨벤션의 개최나 운영은 이러한 세 구성단위로 충분하게 이루어질 수 있다. 그러나 이들을 보다 효과적으로 연결시켜 줄 수 있는 역할체나 산업이 존재한다. 일반적으로 컨벤션산업에서 서비스 제공자와 개최자를 연결시켜 주는 자에는 CVB(Convention & Visitors Bureaus)와 여행사가 있다.

CVB는 궁극적으로 자신의 컨벤션 서비스 제공자와 컨벤션 개최자나 기획자들에게 연결시켜 주는 역할을 한다. 여기서 연결이 의미하는 바는 정보의 제공으로 해석될 수 있을 것이다. 즉, CVB는 자신이 대표하는 지역에 분포하고 있는 다양한 회의공급자와 산업의 현황을 파악하여 이를 필요로 하는 회의개최자나 기획자에게 이들의 정보를 제공하는 역할을 한다. 이를 통해 자신의 도시에 보다 많은 회의나 전시회가 개최될 수 있도록 노력하는 목적지마케팅 조직(DMO: Destination Marketing Organizations)으로서 존재하는 것이다. 물론 이들의 역할이 컨벤션이나 전시회와 같은 컨벤션산업의 지역 내로의 유치로부터 시작했지만 이들의 역할은 차츰 일반 여행객의 유인 부분으로 확대되어 가고 있다.

여행사는 일반적으로 관광산업에서 공급자(관광유인물, 관광시설 등)와 수요자(관광객)를 연결시켜 주는 역할자로 인식되어 있지만 컨벤션산업에서도 비슷한 역할을 한다. 즉, 컨벤션 기획자나 개최자가 기획한 컨벤션에 잠재 대상자에게 참가할 수 있도록 연결시켜 주는 역할을 수행한다. 동시에 여행사는 컨벤션 프로그램 가운데서 pre-tour와 post-tour 프로그램을 담당하는 역할을 하여 참가자에게 관광상품과 유인물을 체험할 수 있는 기회를 제공한다. 이를 통해 컨벤션 프로그램의 일부로 관광 프로그램을 수행하는 컨벤션 서비스 제공자로 인식될 수 있다.

Bibliography

- 윤세목(2004), 『국제회의산업론』. 서울: 현학사.

- Astroff, M. T.(2006). *Convention management and services.* FL: the Education Institute of the American Hotel & Lodging Association.
- Astroff, M. T., & Abbey, J. R..(1988). *Convention sales and services.* NJ: Waterbury Press.
- Butler, Charles(1991). The party's over, *Successful Meetings,* (November), 32-36.
- Chapman, E. A.(1987). *Exhibit marketing.* New York: McGraw-Hill, Inc.
- Chapman, E. A.(1989). *Expositions work.* MA: Trade Show Bureau.
- Coltman, M.(1989). *Tourism marketing.* NY: Van Nostrand Reinhold.
- Dotson, P. C.(1988). *Introduction to meeting management.* Birmingham, Ala.: Professional Convention Management Association.
- Garterell, Richard B.(1988). *Destination marketing for convention and visitor bureaus.* Dubuque, Iowa: Kendall-Hunt.
- Golden-Romero, P.(2007). *Hotel convention sales, services, and operations.* London, England: Butterworth-Heinemann
- Haigh, S., & Hudson, R. W.(1989). *Understanding conference centers.* Fenton, Mo: IACC.
- Hildreth, R. A.(1990). *The essentials of meeting management.* Englewood Cliffs, NJ: Prentice-Hall.
- Jedrziewski, D. R.(1991). *The complete guide for the meeting planner.* Cincinnati, Ohio: South-Western Publishing Co.
- Kirchgeorg, M., Dornscheidt, G. W., & Stoeck, N.(2005). *Fair and convention management: planning and controlling of fairs. conventions, congresses and events.* Germany: GWV-Vieweg.
- Morrison, A.(1989). *Hospitality and travel marketing.* Albany, NY: Delmar Publishers, Inc.
- Professional Convention Management(2008). *Professional meeting management: comprehensive strategies for meetings, conventions and event.* Dubuque, IA: Kendall

Hunt Publishing.

- Pearson, J. A.(1990). How to service convention. In *Convention sales*, ed. M, Shaw, 159–163. East Lansing, MI.: the Education Institute of the American Hotel & Motel Association.
- Price, C.(1989). *The AMA guide for meeting and event planners*. New York: Amacom/American Management Association.
- Rogers, T.(2003). *Conference and conventions: a global industry*. London, England: Butterworth–Heinemann.
- Rutherford, D. G.(1990). *Introduction to the conventions, expositions, and meeting industry*. NY: Van Nostrand Reinhold.
- Shaw, M.(1990). *Convention sales*. East Lansing, MI.: the Education Institute of the American Hotel & Motel Association.

PART 04

경영기능 및 호텔기업의 주요 기능분야에 대한 이해

INTRODUCTION TO HOTEL ADMINISTRATION

Chapter 09

호텔경영자 및 경영기능

제 1 절 호텔경영자

1. 호텔경영자의 개념

호텔에는 다양한 직함(job title)을 가진 수많은 종업원들이 기업의 목표달성을 위해 성실히 자신의 직무를 수행하고 있다. 예를 들어 객실부서에는 서비스 생산을 위해 도어 어탠던트, 벨 어탠던트, 컨시어지, 예약요원, 프런트 데스크 클럭(clerk), 룸 어탠던트 등과 같은 다양한 직함을 가진 종업원들이 자신의 직무를 수행하고 있다. 이외에도 식음료 서비스, 주방, 마케팅, 인사, 재무 등 호텔 내의 여러 부서에서도 다양한 직함을 가진 종사원들이 자신에게 부여된 직무를 열심히 수행하고 있다. 이들은 모두 호텔기업 활동에 있어서 반드시 필요한 중요한 업무를 수행하는 사람들이지만 호텔경영자(hotel manager)는 아니다.

총지배인 회의, 인터컨티넨탈 호텔그룹

호텔에서 호텔경영자(hotel manager)라는 직함을 가진 사람은 일선 종업원들에 비해 극히 소수라고 할 수 있다. 그리고 호텔기업 조직 내에서 호텔경영자들의 위치는 앞서 언급한 일선 종업원들보다 위인 것은 분명하다. 그럼 호텔경영자와 일선 종업원의 차이는 무엇일까? 그 차이를 쉽게 표현하면 일선 종업원은 자신에게 부여된 직무에서 어떤 성과를 보이느냐에 따라 평가가 좌우된다. 예를 들어 예약부서에서 근무하는 종업원들은 얼마나 성실히 예약업무를 수행했는가에 따라 평가를 받는다. 하지만 호텔경영자들은 다른 사람들이 어떠한 성과를 보였는가에 따라 그 평가가 좌우된다. 다시 말해서 호텔경영자는 부하 종업원들이 어떤 성과를 보였는가에 따라 평가를 받는 것이다. 결국 유능한 경영자가 되기 위해서는 부하 종업원들이 높은 성과를 창출해야 하는 것이다.

이와 같은 관점에서 볼 때 호텔경영자란 호텔의 어떤 특정 부서 또는 전체 조직을 관할하는 사람으로서 해당 부서 또는 전체 조직이 높은 성과를 달성할 수 있도록 적절한 계획을 수립하고 이를 실행하는 사람이라고 할 수 있다.

2. 호텔경영자의 계층

호텔기업의 전체 조직이 종업원 계층과 이를 관리하는 경영자 계층으로 구분되듯이 호텔경영자들도 그 계층이 존재한다. 이를 일반적으로 경영자 계층이라고 한다. 호텔기업에 있어서 경영자 계층은 [그림 9-1]에서 보는 바와 같이 다른 기업들과 마찬가지로 하위경영자 계층, 중간경영자

그림 9-1 경영자 계층도

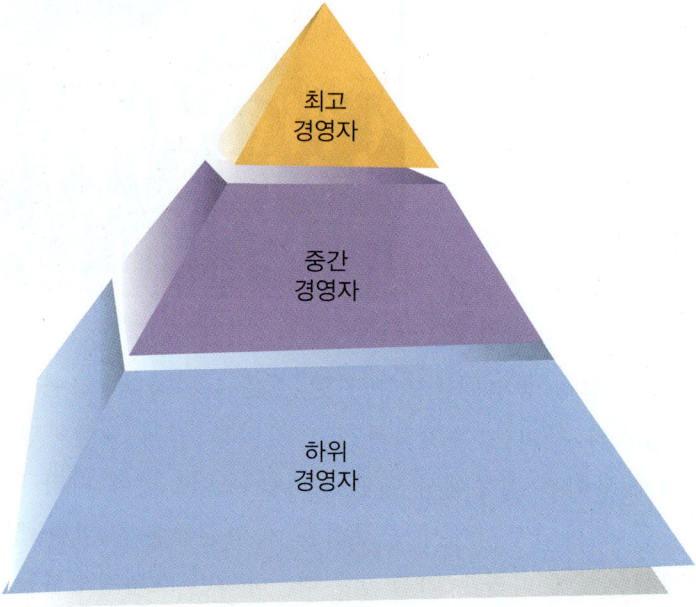

계층, 최고경영자 계층으로 구분된다.

1) 하위경영자

하위경영자란 기업의 전체 경영자 계층에 있어서 제일 낮은 위치인 하위경영자 계층에 속하는 경영자들을 말한다. 기업에서는 하위경영자라는 용어 대신에 현장 관리자, 일선 경영자, 감독자라는 용어를 더 많이 사용한다. 호텔기업에서 하위경영자를 지칭하는 용어는 매우 다양하다. 캡틴(captain), 커피숍 매니저, 프런트 데스크 매니저(front desk manager), 슈퍼바이저(supervisor) 등이 대표적인 예라고 할 수 있다. 이들의 주요 업무는 일선 종업원들의 업무들이 원활히 수행되도록 일일이 감독하는 것이다. 따라서 하위경영자들은 조직 내의 수많은 일선 종업원들을 직접 지휘하고 감독하는 계층이라고 할 수 있다.

일반적으로 하위경영자들은 바로 위 계층인 중간경영자가 제시한 부서별 목표를 직접 달성해야 하는 책임을 지고 있다. 제시된 목표달성을 위해서 하위경영자들은 종업원들을 직접 감독하며 종업원들의 직무수행 능력 향상을 위해 노력한다.

2) 중간경영자

중간경영자의 전형적인 업무는 기업의 최고경영자가 제시한 광범위하고 일반적인 기업전략을 하위경영자들에게 달성해야 할 구체적인 목표와 계획으로 바꿔주는 역할을 수행하는 것이다. 따라서 중간경영자는 중간경영층에 속하는 경영자로서 최고경영자와 하위경영자의 중간 위치에서 이들을 서로 연결시켜 주는 이른바 연결 핀(linking pin)의 역할을 수행한다고 볼 수 있다. 호텔에서 중간경영자라 함은 일반적으로 부서장을 의미하며 대표적인 예로 객실부장, 식음료부장, 마케팅부장, 인사부장 등이 있다.

중간경영자들은 최고경영자가 제시한 목표를 달성해야 한다. 이들은 자신이 담당하는 부서의 구체적 목표를 설정하고, 각 하위 분야의 종사원들이 이 목표달성을 위해 해야 할 일들을 결정한다. 예를 들어 최고경영층이 내년도 매출을 15% 향상시킨다는 목표를 세웠다고 하자. 이 목표를 달성하기 위하여 중간경영자인 마케팅부장은 생산부서인 객실 및 식음료부서와 협조하여 새로운 광고캠페인 전략을 수립할 수 있다. 이외에도 중간경영자는 하위경영자를 지휘 · 감독하는 것은 물론 때로는 일선 종업원들에게 직접 명령 · 지시를 하기도 한다.

3) 최고경영자

기업 조직의 최고경영계층에 속하는 사람들을 최고경영자라고 부른다. 실제 기업에서는 이들을 최고경영자라고도 하지만 CEO(chief executive officer), 회장, 사장, 총지배인(GM; general manager) 등과 같은 용어를 사용하기도 한다. 호텔기업에서는 최고경영자를 총지배인 또는 원어로 GM이란 용어를 많이 사용한다. 물론 호텔기업의 최고경영층에는 총지배인 이외에 사장, 경우에 따라서 회장이 존재하는 경우도 많다.

기업의 최고경영자가 해야 하는 일은 기본적으로 조직의 전반적인 감

최고경영자—메리어트 2세(사진 중앙)

독 및 운영이라고 할 수 있다. 이를 위하여 최고경영자는 개별 사업분야의 목표를 설정하고, 이들 목표를 달성하기 위해 필요한 행동들을 결정하며, 기업의 전체 자원을 배분하는 일들을 주로 수행한다. 따라서 최고경영자들은 기업의 일일 업무보다는 기업의 전반적인 관리에 집중한다.

기업의 최고경영자는 하위경영자 및 중간경영자들과는 달리 기업 내 모든 부서의 성과를 책임을 지고 있다. 따라서 최고경영자들은 설정된 기업목표를 달성하기 위해 개별 부서의 중간경영자들이 얼마나 잘 노력하는가를 항상 모니터한다. 최고경영자의 성과는 궁극적으로 기업의 종업원 및 주주라는 기업의 내 · 외부 사람들에 의해 평가받는다.

CASE 10 김화영 대표 "1등 조건은 특급호텔 아닌 특급서비스죠"

신신호텔에는 '스토리'가 있다. 객실이 75개에 불과한 이 작은 호텔은 올해 초 글로벌 여행 커뮤니티 트립어드바이저에서 '대한민국 베스트 호텔'로 선정됐다. 내로라하는 특급호텔을 제치고 차지한 1위였다. 신신호텔에는 '히스토리'가 있다. 1964년부터 이어져 내려온 호텔의 역사는 3대를 잇는 가족사(史)다.

지난달 22일 서울 북창동 신신호텔 라운지에서 김화영 대표(60)를 만났다. 보일러사업 등을 했던 부친 김의수 회장(90)은 1964년 신신호텔을 세웠다. 국내 최초로 핀란드식 사우나를 도입한 신신사우나는 많은 정·재계 인사들이 애용했을 정도로 인기를 끌었다. 김 대표는 "그때 기억이 선명하지만, 사우나가 남성 전용이라 들어가 보지는 못했다"고 기억을 더듬었다.

신신호텔은 1990년대 한 번 문을 닫았다. 미술을 전공한 김 대표가 가업을 잇기로 결심한 건 20년이 지난 2010년이다. 아버지는 딸이 신신호텔의 명맥을 잇길 바랐지만 김 대표는 쉽게 뛰어들지 못했다. 김 대표는 "그러면서도 마음 한편으로는 언젠가 해야 할 일이라고 생각하고 있었던 것 같다. 해외 호텔에 묵을 때 느꼈던 것을 신신호텔에 투영하게 되더라"고 했다.

"아직도 '크면 호텔, 작으면 모텔'이라는 이분법이 있는 것 같아요. 그 경계에서 작아도 매력 있는 호텔이 있다는 걸 보여주고 싶었죠."

김 대표는 신신호텔 신축을 결심하자마자 일사천리로 일을 진행했다. 신축 · 재개장이 워낙 빨리 진행된 탓에 2012년 정부가 내놓은 대형 호텔 건립 기준 완화 혜택을 보지 못했다. 2013년 오픈한 신신호텔이 75개 객실의 작은 호텔이 된 이유다. 하지만 그는 "작기 때문에 시도할 수 있는 일이 있다. 비용과 시행착오 부담 없이 변화를 꾀하고 바로바로 수정할 수 있다"고 말했다.

김 대표 말대로 체급의 가벼움은 호텔 강점이 됐다. 어메니티(수건, 가운 등 비품)는 기성품 대신 디자이너가 만든 제품을 택했다. 회색과 노란색의 브랜드 컬러를 도입해 통일성을 꾀했다. 그는 "우리 호텔만의 색깔을 보여주고 싶었다"며 "한 중국인 미술 작가는 우리 호텔 휴지통에서 영감을 얻었다고 몇십 개씩 사가기도 했다"고 전했다.

그는 올해 초 베스트 호텔 선정 소식을 듣자마자 "왜?"라고 반문했을 정도로 얼떨떨했다고 회상했다. 비결을 묻는 질문에 돌아온 대답은 고지식한 모범 답안이었다. "기본을 지키고, 소통하려 노력했다"는 것이다. 그는 "트렌드만 좇다 보면 오히려 방향성과 색깔이 흔들릴 수 있다. 호텔 규모에 상관없이 편안하고 친절하고 깨끗한 호텔, 기본기에 충실한 호텔이 결국 정답인 것 같다"고 말했다.

트립어드바이저 웹사이트에 달린 400여 개 후기에는 호텔 측의 피드백이 하나하나 달려 있다. 칭찬이든 불만이든 고객의 목소리를 수용하고 개선했다는 내용이다. 김 대표는 "한 번은 객실의 화장대 조명이 좀 어둡다는 내용의 리뷰가 올라왔다. 이후 전체 객실의 조명을 바꿨다"고 했다.

소통은 고객만을 위한 것이 아니다. 매월 40여 직원들에게서 개선점에 대한 의견을 모아 좋은 아이디어는 즉시 반영하고, 직원에게는 포상한다. 외국인 관광객을 위해 호텔로 오는 길을 동영상으로 찍어 유튜브에 올리거나 세면대 아래쪽에 있는 콘센트 위치를 알아보기 쉽게 픽토그램으로 표시한 것 모두 직원들 제안으로 이뤄진 일이다. 김 대표는 "고객 목소리만큼이나 중요한 게 직원 목소리다. 직원들은 때로는 손님보다 세심하게 현장의 개선점을 찾아낸다"고 말했다.

김 대표는 "호텔산업에서 가장 중요한 자산은 결국 사람"이라며 "황수정 총지배인을 비롯한 젊은 직원들이 열정적으로 일할 수 있게 자리를 깔아주는 게 내 역할"이라고 말했다. 그는 "신신호텔 근무 경력이 이들의 이력서에 자랑스럽게 남았으면 좋겠다. 이번에 베스트 호텔 선정으로 조금이나마 직원들의 노력이 보상을 받은 것 같다"고 했다.

직원 중에는 김 대표 아들인 장재원 본부장도 있다. 그는 외할아버지가 세우고 어머니가 다시 세운 호텔에 힘을 보태기 위해 다니던 대기업을 퇴사했다. 말 그대로 3대의 흔적이 담긴 호텔인

셈이다.

"호텔, 그것도 작은 호텔 운영은 쉽지 않아요. 그래도 한국을 찾은 외국인에게는 호텔이 한국의 첫인상이잖아요. 주변에서 요즘 사업은 어떠냐고 물으면 전 항상 '응 애국하고 있어' 라고 대답해요. 하하."

출처: MK증권, 2016.5.

제 2 절 호텔경영자의 직무

1. 경영기능

오래전부터 여러 학자들은 과연 기업의 경영자가 하는 일은 무엇인가에 대하여 꾸준히 논의하여 왔다. 학자들이 이러한 논의에 있어서 가장 애용해왔던 접근법은 바로 기능적 관점(functional view)이었다. 기능적 접근법은 약 100년의 역사를 지닌 것으로 프랑스의 파욜(Henri Fayol)에 의하여 최초로 제시된 것이다.

파욜은 자신의 저서 『일반 및 산업경영론(General and Industrial Management)』에서 기업이 높은 성과를 달성하기 위해서 경영자들이 해야만 하는 활동, 즉 경영기능(management function)의 본질에 대하여 언급하였다. 파욜은 어떤 기업이든지 모든 계층의 경영자들은 반드시 계획(planning), 조직화(organizing), 명령(commanding), 조정(coordinating), 통제(controlling)의 다섯 가지 경영기능을 수행해야 한다는 것이다. 또한 그는 경영자가 이러한 경영기능을 잘 수행하느냐의 여부에 따라 기업의 성과가 좌우된다고 하였다.

경영기능에 대한 파욜의 5가지 기능이 처음 발표된 이후 시간의 흐름에 따라 여러 학자들은 파욜의 개념을 가다듬어 경영기능을 계획, 조직

그림 9-2 경영기능

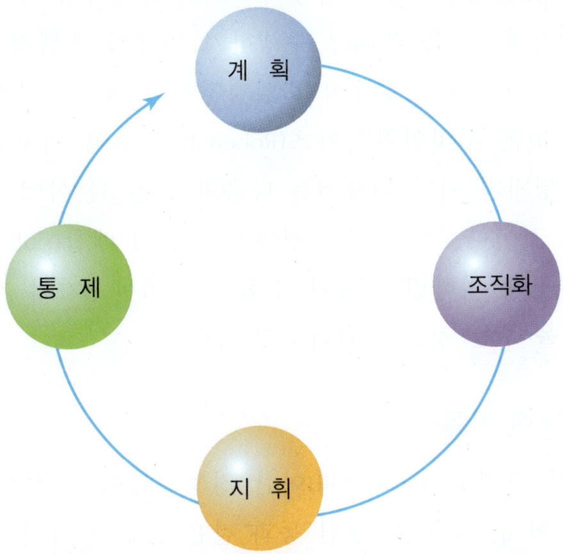

화, 지휘, 통제라는 4가지의 기본적이고 매우 중요한 기능으로 압축하였다. [그림 9-2]에서 보는 바와 같이 각 기능을 연결하는 화살표는 경영자들이 전형적으로 경영기능들을 수행하는 순서를 나타내고 있다. 그러나 대부분의 경영자들은 기업의 목표를 달성하기 위하여 이 기능들을 엄격한 순서에 입각해서 진행시키는 것이 아니라 어느 정도 동시에 진행시킨다.

경영기능의 4가지 기능인 계획, 조직화, 지휘, 통제의 구체적인 내용은 본 장 제 3 절(계획), 제 4 절(조직화), 제 5 절(지휘), 제 6 절(통제)에서 각각 다루기로 한다.

2. 호텔경영자의 직무수행에 필요한 자질

복잡하고 급변하고 있는 오늘날의 호텔경영 환경은 호텔경영에 전문성을 가진 전문경영자를 필요로 하고 있다. 전문경영자로서 호텔경영자는 성공적 직무수행을 위해서 앞서 언급된 경영자의 일반적 직무, 즉 경영자가 조직의 목표 달성을 위하여 반드시 수행해야 하는 계획, 조직화, 지휘, 통제로 구성된 경영기능을 성공적으로 수행해야 한다.

그럼 경영기능을 제대로 수행하기 위해서 호텔경영자들은 어떠한 자질이 필요한가? 다시 말해서 호텔경영자의 직무수행에 필요한 자질(management skill)은 무엇인가? 카츠(Robert L. Katz)에 의하면 어떠한 경영자든 성공적 경영자가 되기 위해서는 다음과 같은 3분야에 관한 자질을 갖추어야 한다는 것이다. 이를 일명 경영자 자질의 배합(skill mix)이라고도 한다. 기존의 연구에 의하면 교육과 경험이 이러한 3가지 자질을 획득하는 데 많은 도움을 주는 것으로 나타나고 있다.

1) 전문적 자질

전문적 자질(technical skill)이란 경영자들이 기업의 주요 기능, 즉 인사, 재무, 회계, 마케팅, 생산 등과 같은 특정 분야의 직무를 수행하는 데 있어서 필요한 직무관련 지식 및 기술을 의미한다. 성공적인 경영자가 되기 위해서는 당연히 자신들이 책임지고 있는 부서의 직무에 대한 전문적 지식 및 기술을 충분히 갖추고 있어야 한다.

일반적으로 호텔경영자들은 학교교육을 통하여 또는 자신이 소속되어 있는 분야에서 실제 근무하면서 해당 분야의 전문적 지식과 기술, 즉 전문적 자질을 습득하게 된다. 예를 들어 식음료부문 경영자들은 식음료분야에 근무하면서 메뉴에 대한 전문적 지식, 음식 서빙에 대한 지식과 기술, 즉 전문적 자질을 습득할 수 있다.

호텔경영자들에게 필요한 일련의 전문적 자질은 [그림 9-3]에서 보는 바와 같이 특정 경영자가 어느 위치에 있느냐에 따라 다르다. 전문적 자질은 특히 하위경영자 계층에게 중요하다. 왜냐하면 하위경영자들은 소속부서의 일선 종업원들이 수행하는 직무를 직접 통제하는 위치에 있기 때문이다. 만약 하위경영자들에게 전문적 자질이 부족하다면 일선 종사원들의 직무수행을 제대로 관리 감독할 수 없게 되고, 결국은 해당 부서 전체의 직무수행에 많은 문제가 야기될 수 있다.

전문적 자질은 전체 경영자 계층의 관점에서 보면 경영자의 성공적

그림 9-3 경영계층과 각 자질의 상대적 중요도

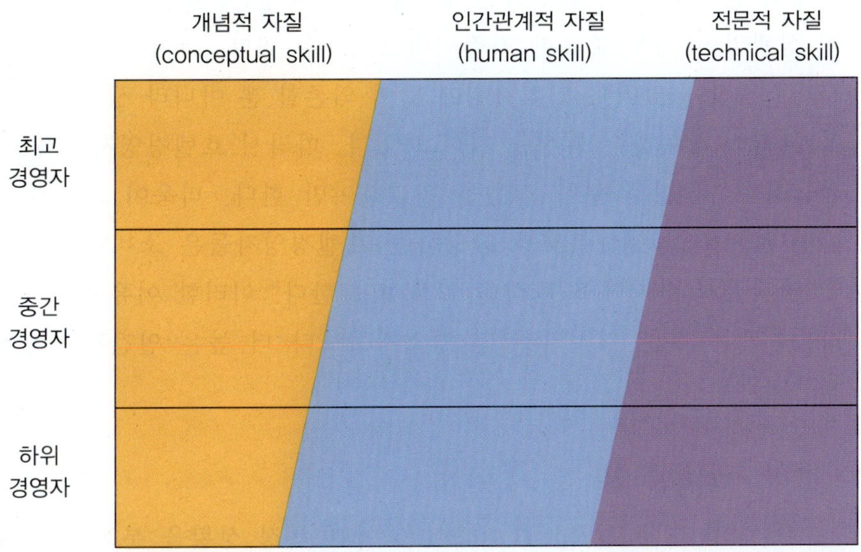

직무 수행에 중요하지만 핵심 요소는 아니다. 왜냐하면 전문적 자질은 상위 경영계층으로 올라가면 갈수록 그 중요도가 낮아지기 때문이다.

2) 인간관계적 자질

인간관계적 자질(human skill)이란 경영자가 타인, 즉 부하, 동료, 상사 및 소비자 등과 효과적으로 인간관계를 유지할 수 있는 능력을 의미한다. 훌륭한 인간관계적 자질을 가진 경영자들은 타인을 존경하며, 타인도 그 사람을 좋아하게 된다. 이러한 원만한 인간관계를 기초로 하여 경영자들은 부하와의 관계에서 효과적으로 부하들을 의도한 대로 영향을 미칠 수 있고, 지휘하고, 통제할 수 있게 된다. 그러나 인간관계적 자질이 결여된 경영자들은 흔히 오만하고, 무뚝뚝하고, 동정심이 없는 경향이 많아서 다른 사람들은 그와 함께 있는 것을 불편해하고 경원하기도 한다. 만약 경영자에게 인간관계적 자질이 결여되어 있다면 경영자의 직무수행에 있어서 많은 어려움을 겪을 가능성이 높다.

어느 기업에 있어서나 기업의 핵심은 인적자원에 있기 때문에 이들을 제대로 관리하는 데 필수적인 인간관계적 자질은 경영계층 및 소속 부서에 상관없이 매우 중요한 자질이라고 할 수 있다. 특히 호텔기업은 호텔서비스생산에 있어서 인적자원에 많이 의존할 뿐 아니라 생산과정에 소비자가 직접 참여하는 특성을 지니고 있다. 따라서 호텔경영자들은 다른 기업들보다 더 많은 부하 직원을 관리해야만 한다. 더욱이 소비자 접촉이 빈번한 서비스 생산부서를 담당하는 호텔경영자들은 소비자들과의 원만한 인간관계 유지에도 관심을 기울여야 한다. 이러한 이유에서 호텔경영자들에게는 다른 기업의 어떤 경영자들보다 더 높은 인간관계적 자질을 요구한다.

3) 개념적 자질

개념적 자질(conceptual skill)이란 어떤 특정 상황을 분석하고, 원인을 규명할 수 있는 능력 그리고 원인과 결과를 구분할 수 있는 경영자의 능력을 의미한다. 이러한 자질이 경영자에게 요구되는 주요 이유는 앞서 언급한 경영기능, 즉 경영자가 해야 하는 활동인 계획, 조직화, 지휘, 통제의 4가지 활동들이 대부분 바로 이 개념적 자질과 밀접한 관련이 있기 때문이다. 예를 들어 외부환경 변화를 분석하고, 목표와 전략을 수립하는 계획활동의 성공과 실패는 바로 경영자의 개념적 자질에 좌우된다.

호텔경영자들에게 필요한 일련의 개념적 자질은 [그림 9-3]에서 보는 바와 같이 해당 경영자가 어느 위치에 있느냐에 따라 다르다. 개념적 자질은 특히 최고경영자 계층에게 중요하다. 왜냐하면 최고경영자들의 주요 직무가 기업의 일일 활동과 관계없는 개념적 자질을 필요로 하는 계획, 조직화, 통제 등의 활동에 집중되기 때문이다.

제 3 절 호텔경영기능 Ⅰ — 계획

1. 계획의 개념

계획(planning)이란 경영자가 조직의 목표를 설정하고, 목표달성을 위한 방법과 과정을 개발하는 일련의 활동을 의미한다. 다시 말해서 계획이란 기업이 무엇을 할 것인가와 그 목표를 어떻게 달성할 것인가, 즉 목표와 실행방안과 깊은 관련이 있다. 왜 경영자들에게 계획이 필요한 것인가? 그 이유는 다음과 같다.

첫째, 계획은 기업의 목표와 목표체계를 제시함으로써 기업의 다양한 활동을 조정해주는 역할을 한다. 계획은 경영자뿐 아니라 종업원들에게 방향을 제시해준다. 종업원이 조직 또는 자신이 속해 있는 집단이 지향하는 바를 알았을 때 그리고 목표달성을 위하여 무엇을 해야 하는지 알았을 때 종업원은 자신의 활동을 조정하여, 타인과 협동하며, 목표달성을 위하여 도움이 되는 일들을 수행한다.

둘째, 계획은 경영자로 하여금 앞으로 다가올 미래를 생각하게 하고, 미래의 변화를 예상하고, 그 변화가 미칠 영향을 생각해서 적절한 대응책을 수립하게 한다. 물론 계획이 미래의 변화를 통제할 수 없지만 경영자는 변화를 예측하고 그 변화에 따른 대응책을 마련하기 위하여 계획을 수립한다.

셋째, 계획은 조직활동의 중복 및 낭비를 제거한다. 수립된 계획에 의거해서 기업 활동이 조정될 때 시간 및 자원의 낭비 그리고 중복이 최소화될 수 있다.

넷째, 계획이 존재하지 않는다면 경영자가 조직을 통제할 방법이 없다. 계획단계에서 경영자는 달성해야 할 목표와 계획에 대하여 의사결정을 한다. 그리고 통제단계에서 경영자는 실제 성과와 목표를 비교해서,

심각한 차이를 발견하고, 필요한 조치를 취하게 된다.

2. 목표의 설정

1) 기업의 목표

목표(goal)란 개인, 집단, 기업 전체가 기대하는 성과라고 할 수 있다. 목표는 모든 의사결정에 있어 방향을 제시해 주며, 실제 기업의 성과측정의 기준점이 되기도 한다. 이러한 이유로 해서 목표는 계획에 있어서 기초가 된다고 볼 수 있다. 만약 경영자가 기대하는 목표 또는 성과를 알고 있지 못한다면 계획 자체가 무의미한 것이 된다. 계획이란 목표를 어떻게 도달할 것인가에 대하여 간략히 서술한 서류이다. 계획에는 일반적으로 목표를 달성하기 위한 자원 할당, 일정, 그리고 기타 필요한 활동 등의 내용이 포함되어 있다. 따라서 경영자가 계획을 수립한다는 것은 목표와 계획을 동시에 수립하는 것을 의미한다.

2) 목표의 종류

기업의 목표는 기업의 본질을 어떻게 인식하느냐에 따라 달라질 수 있다. 기업을 경제 · 기술적 생산시스템으로 인식하면 기업의 목표는 사회가 필요로 하는 재화 · 서비스를 효율적으로 공급함으로써 경제적 이윤을 추구하는 일이 된다. 흔히 이를 경제적 목표라고 한다. 이러한 관점에서 본다면 기업은 최대한의 이윤을 남기는 것을 목표로 경제적 효율성(economic efficiency)을 강조하게 되고, 매출액, 시장점유율, 노동생산성 등에 의해 목표달성 정도, 즉 경영성과(business performance)를 판단한다.

한편 기업을 사회 · 심리적 협동시스템으로 간주하면 기업은 경제적 목표 이외에 사회가 기대하는 역할을 자발적으로 수행하는 것을 목표로 하게 된다. 이를 흔히 사회적 목표라고 한다. 따라서 기업은 전체 사회, 종업원 등에 대한 사회적 책임(social responsibility)을 강조하고, 사회적 효율성(sociological efficiency)에 입각한 경영활동을 수행하게 되며, 사회적 책임의 수행 정도, 종업원 만족(employee satisfaction) 등을 경영성과의 중요한 지표로 삼는다.

기업이 이윤을 확보하지 못하거나 사회적으로 바람직한 경영활동을 추구하지 못한다면 살아남기 힘들다. 따라서 기업은 경제적 목표와 사회적 목표를 동시에 추구하는 조직이라고 할 수 있다.

3. 목표달성 방안으로서의 계획

일단 목표가 정해지고 나면 계획의 다음 단계는 목표의 달성방안을 수립하는 일이다. 목표달성 방안으로서의 계획은 다양한 기준에 따라 구분할 수 있다. 계획은 목표를 달성하기 위한 기간의 장단에 따라 장기 계획, 중기 계획 및 단기 계획으로 구분되기도 하고, 앞서 논의된 목표의 계층과 관련하여 계획을 담당하는 조직 계층을 기준으로 전사적 계획, 사업단위 계획, 기능별 계획으로 구분되기도 한다.

오늘날과 같이 급변하는 환경하에서 환경의 적응을 강조하는 의미에서 계획을 전략적 계획이라는 이름으로 부르기도 한다. 본서에서는 오늘날의 급변하는 환경을 보다 적극적으로 고려하여 전략을 중심으로 계획에 관해 논의하고자 한다.

1) 전략의 개념

전략은 챈들러(A. D. Chandler)가 처음으로 경영전략(management strategy)이라는 용어를 사용한 이래 학자에 따라 다양하게 정의되어 왔다. 그러나 일반적으로 전략계획, 경영전략 혹은 전략적 경영(strategic management)은 동태적이고 경쟁적인 경영환경하에서 목표의 달성, 즉 경영성과를 제고하기 위한 기업의 합리적이고 계획적인 노력이라는 데 대체적인 의견의 일치를 보이고 있다. 구체적으로 표현한다면 전략이란 변화하는 환경을 인식하고, 환경변화가 기업의 경영활동에 미치는 영향을 예측하고, 그 토대 위에서 정해진 경영목표를 달성하기 위해 경영활동을 계획하는 체계적이고 합리적인 과정이라고 할 수 있다.

2) 전략의 형태

경영자가 수립하는 전략은 [그림 9-4]에서 보는 바와 같이 기업전략, 사업전략, 기능전략으로 구분할 수 있다. 최고경영자는 주로 기업전략 수립에 깊이 관여하며, 사업전략 수립은 주로 중간경영자가 그리고 기능전략 수립은 주로 하위경영자들이 담당한다.

기업전략

기업전략(corporate strategy)은 기업의 최상위 전략이라고 할 수 있다. 기업전략은 주로 기업 전체가 참여할 사업 영역을 결정한다. 최고경영자 수준에서 이루어지는 기업전략의 초점은 어떠한 사업에 참여해야 하고, 어떠한 사업에 참여하지 않을 것인가, 그리고 어떤 사업에서 탈퇴할 것인가 하는 사업영역의 포트폴리오(portfolio) 구성, 이른바 전략적 사업단위(SUBs; strategic business units)의 포트폴리오를 구성하는 것이다. 여기서 전략적 사업단위란 기업이 수행하고 있는 여러 사업 중에서 전략적으로 경영할 사업을 선택하여 집중하는 사업단위를 의미한다. 예를 들어 호텔기업이 가장 많이 진출하고 있는 사업영역은 객실 사업부, 식음료 사업부,

그림 9-4 전략의 계층도

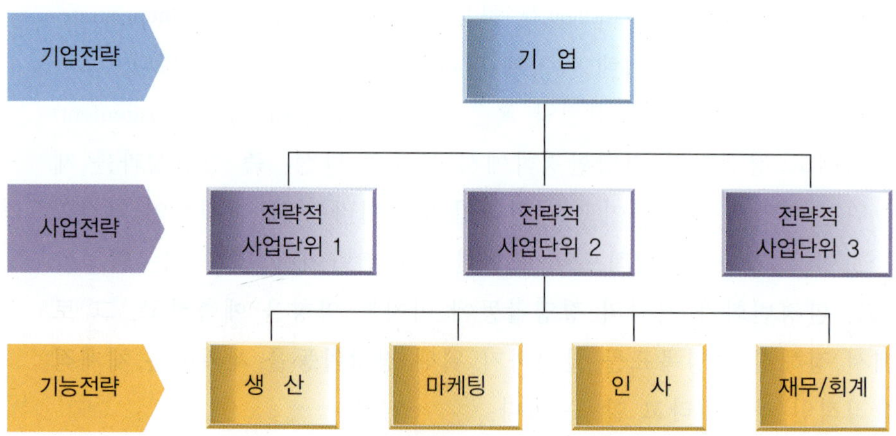

카지노 사업부, 외식 사업부, 컨벤션 사업부, 면세점 사업부 등을 들 수 있다. 호텔의 최고경영자는 기업전략 수립에 있어서 이러한 사업영역들에 대한 포트폴리오 구성을 명시해야 한다. 이와 동시에 기업은 선택한 전략적 사업단위들이 효과적으로 사업을 수행할 수 있도록 어떻게 자원을 획득하고 배분할 것인가를 결정해야 한다.

사업전략

사업전략(business strategy)이란 주로 기업의 자회사이거나 사업부 또는 기업 내의 제품 또는 서비스 라인과 같은 전략적 사업단위에서 이루어지는 것이다. 앞의 예와 같이 호텔기업이 기업전략 외에도 자신이 운영하는 개별 객실 사업부, 식음료 사업부, 카지노 사업부, 외식 사업부, 컨벤션 사업부, 면세점 사업부에 대한 전략을 수립하는 것이 사업전략인 것이다. 사업전략에는 주로 사업의 범위가 명시되어 있을 뿐 아니라 각 사업의 경쟁적 우위를 증진하는 데 필요한 모든 활동에 대하여 기술되어 있다.

기능전략

기능전략(functional strategy)이란 기업의 중요한 기능분야, 즉 생산, 마케팅, 재무 및 회계, 인사 부서의 전략을 의미한다. 기능전략은 어떻게 기업의 개별 기능분야가 사업전략을 잘 지원할 것인가에 대한 내용을 포함하고 있다. 예를 들어 대표적인 기능분야의 하나인 생산분야의 전략, 즉 생산전략에는 기업의 목표와 전략의 테두리 속에서 전체적으로 조화되는 생산능력을 개발하고 전개하는 것을 포함하고 있다. 개별 기능전략이 기업전략 및 사업전략과 일관된 내용으로 잘 수립되고 구현될 때에 비로소 기업은 시장에서 경쟁우위를 창출할 수 있는 기반이 형성되는 것이다.

제 4 절 호텔경영기능 Ⅱ — 조직화

1. 조직화의 개념

일반적인 의미에서 조직(organization)이란 특정한 목적을 달성하기 위해 구성된 사회적 단위 혹은 개인의 집합을 의미한다. 조직의 한 형태라 할 수 있는 경영조직은 둘 이상의 개인이 모여 경영의 공통된 목적을 달성하기 위해 협동적으로 일을 수행하는 조직이다. 따라서 조직화(organizing)란 둘 이상의 개인이 모여 경영의 목적을 성공적으로 수행하기 위해 조직을 구조화하고, 하위 조직들 간의 상호작용을 과정화하는 것을 의미한다. 즉 조직화는 조직구조와 조직과정으로 구성된다.

조직구조(organizational structure)란 성공적인 경영을 위해 조직의 하위단위, 즉 일, 부서, 직위, 권한 등에 관한 설계를 의미하며, 계획과정에서 수립된 조직목표를 달성하기 위해 필요한 업무들을 할당하는 방법(과업의 분화), 업무를 어느 정도 담당자의 재량에 맡길 것인가를 정하는 방법(권한의 배분) 및 업무수행을 위해 필요한 규정이나 절차를 명시하는 방법(공식화)을 포함한다.

한편 조직은 이러한 구조적 요소에 의해서만 구성되는 것이 아니라 구조적 틀 속에서 의사소통하고 조정하는 등의 상호작용적 과정을 통해 운영된다. 이를 조직과정이라고 하며 조직과정은 조직의 하위 단위들의 일련의 상호작용적 활동과 관계를 의미하며, 커뮤니케이션(communication), 조정(coordination), 의사결정(decision-making)을 포함한다.

2. 조직구조의 구성요소

1) 과업의 분화

노동의 분화(division of labor)로도 불리는 과업의 분화는 보다 효율적·효과적인 경영목표 달성을 위해 경영활동을 세분화하고, 세분화된 업무를 유사성(similarity) 기준으로 통합하는 일련의 활동을 의미한다. 이러한 과업의 분화는 본질적으로 2가지 방향에서 일어나는데 수평적 분화와 수직적 분화가 그것이다.

수평적 분화(horizontal differentiation)는 조직의 목표를 달성하기 위해 필요한 업무를 파악하고, 이를 각각의 담당자에게 할당하는 과정으로, 직무 전문화와 부문화의 형태로 나타난다. 한편 수평적 분화를 바탕으로 분화된 과업과 담당자가 상하관계를 갖도록 함으로써 조직목표의 달성이 보다 용이해지는데, 이러한 계층 혹은 위계의 설계를 수직적 분화(vertical differentiation)라고 한다. 수직적 분화는 명령체계와 감독범위를 토대로 이루어진다.

수평적 분화

A. 직무 전문화

직무 전문화는 조직이 수행해야 할 직무를 어느 정도 분할할 것인가를 의미한다. 일반적으로 기업은 수행해야 할 전체 직무를 여러 단계로 분할한다. 기업의 개별 종업원들은 전체 직무를 수행하는 것이 아니라 분할된 직무를 맡아서 그 분야에 전문화가 되는 것이다.

일찍이 아담 스미스(Adam Smith)가 제시했던 분업(division of labor)의 원칙은 산업화 초기 기업의 종업원 생산성 향상에 상당한 기여를 했다. 대표적인 예가 분업을 통한 직무 세분화로 자동차 조립라인의 저숙련 종업원들의 생산성을 획기적으로 높인 포드(Henry Ford)이다. 하지만 20세기 전반 이후 직무 전문화가 종사원의 생산성을 향상시킨다는 공식은 서서히 무너지기 시작하였다. 왜냐하면 분업의 원칙은 테일러(Fredrick W. Taylor)의 과학적 관리법과 함께 종업원들을 생산을 위한 기계화 도구로 보기 때문에 많은 문제점을 야기시켰던 것이다.

그러나 오늘날의 대부분 경영자들은 직무 전문화를 중요한 조직화 수단으로 간주한다. 그런데 경영자들은 직무 전문화가 일부 직종에는 생산성 향상에 기여를 하지만 만약 직무 전문화를 극단적으로 기업 전체로 확산시킨다면 큰 문제가 발생할 수 있다는 것을 잘 알고 있다.

B. 부문화

일단 기업이 수행해야 할 모든 직무를 직무 전문화 원칙을 통하여 분할시키면 이들 분할된 직무들은 다시 그룹으로 합쳐서 성격이 비슷한 직무들이 서로 조정될 수 있도록 다시 그룹화되어야 한다. 이와 같이 직무들이 다시 그룹화되는 것을 부문화라고 한다. 경영자들이 자신의 조직을 설계하는 데 있어서 선택할 수 있는 부문화의 분류기준으로는 다음과 같이 기능, 제품, 지역, 공정, 소비자 등이 있다.

기능적 부문화(functional departmentalization)는 직무를 수행하는 기능에 따라 집단화하는 것이다. 현재 많은 조직들이 이러한 기준에 의해 생산, 마케팅, 재무, 인사 등의 기능별 부서로 부문화되어 있다.

제품 부문화(product departmentalization)는 제품계열(product line)에 따라 직무를 부문화하는 것이다. 이 접근법은 해당 제품 또는 서비스 계열과 관련이 있는 모든 직무를 그 분야의 전문가인 특정 경영자의 책임 아래 집단화하는 것을 의미한다. 제품 부문화는 다양한 제품 또는 서비스를 생산하는 대기업들이 많이 사용하고 있다.

지역적 부문화(regional departmentalization)는 직무를 특정 공간 또는 지역을 기초로 하여 집단화하는 것을 의미한다. 예를 들어 국내를 수도권, 충청권 등의 특정 구역으로 구분하듯이 세계를 구미, 유럽, 아시아 등과 같이 지역적으로 조직을 부문화하는 것이다.

공정 부문화(process departmentalization)는 제품 또는 서비스 생산공정의 흐름에 따라 부문화하는 것이다. 이는 주로 생산부서에서 많이 활용하고 있다. 예를 들어 호텔기업은 객실 서비스 생산의 공정에 따라 예약, 프런트 데스크, 하우스키핑 등으로 부문화하고 있다.

마지막으로 소비자 부문화(customer departmentalization)는 공통적인 욕구 또는 문제를 가진 소비자를 기초로 하여 직무를 집단화하는 것이다. 예를 들어 호텔 연회 마케팅 부서의 경우 기업, 결혼, 학교 등과 같이 특정 소비자를 중심으로 직무를 부문화하고 있다.

흔히 호텔을 포함한 대기업들은 이상과 같은 다양한 형태의 부문화를 혼용하고 있다. 대형 호텔의 경우 일단 생산, 마케팅, 인사 등과 같이 기능별로 집단화하고 있다. 또한 생산부문은 공정별로, 마케팅부문은 지역 또는 소비자 계층별로 부문화하고 있다.

수직적 분화

A. 명령체계

명령체계란 조직의 상층부로부터 하층부로 연결되는 권한의 연속적인 흐름이며, 누가 누구에게 보고해야 하는지를 명확하게 해 주고 있다. 종업원들이 만약 문제가 생기면 누구에게 보고해야 하는가 또는 내 상관은 누구인가에 대한 질문에 답을 줄 수 있는 개념이다. 만약 조직에 분명한 명령체계가 존재하지 않는다면 혼란이 발생할 뿐 아니라 여러 문제가 발생할 수 있다. 예를 들어 분명한 명령체계가 존재하지 않아 종업원들이 다수의 상사로부터 다양한 지시를 받는다면 자신의 직무를 제대로 수행할 수 없게 된다.

B. 감독범위

한 사람의 경영자가 효과적으로 종사원을 관리할 수 있는 범위를 어느 정도로 결정할 것인가에 관련된 의사결정을 의미한다. 감독범위에 관련된 의사결정은 조직설계에 있어서 매우 중요하다. 왜냐하면 이러한 의사결정은 바로 조직의 경영자 수와 조직계층 수준을 결정해 주기 때문이다. 만약 다른 조건이 동일하다면 감독범위가 넓을수록 그 조직은 효율적이 될 수 있다. 왜냐하면 조직계층 수준이 낮아질 수 있고, 요구되는 경영자 수도 적어지기 때문에 임금 측면에서만 보더라도 상당한 절감을 할 수 있다.

그러나 무조건 넓은 감독범위를 가진 기업이 더 좋은 성과를 낼 수 있는 것은 아니다. 왜냐하면 감독범위는 경영자 및 종업원의 기술과 능력 그리고 수행직무의 성격 등과 같은 여러 요인에 의해서 영향을 받기 때문이다. 예를 들어 충분한 교육훈련을 제공받고 경험이 많은 종사원들의 경우 직접감독이 그다지 요구되지 않을 것이다. 그 반대의 경우에는 좁은 감독범위가 더 타당할 수 있다. 따라서 감독범위와 관련된 의사결정에 있어서 이러한 요인들을 잘 고려해야 한다.

2) 권한의 배분: 집권화와 분권화

권한의 배분은 권한이 조직의 계층을 따라 어떻게 분포되어 있는가의 정도와 형태를 의미한다. 이러한 권한의 배분문제는 일반적으로 공식적인 의사결정권과 명령지시권이 특정한 단일점(at a single point)에 얼마나 집중되어 있느냐에 따라 집권화 또는 분권화의 형태로 나타난다.

집권화는 의사결정과 명령지시의 정도가 조직의 한 곳에 집중되어 있는 것을 의미한다. 만약 최고경영자가 하위경영자 또는 종업원의 의사를 거의 또는 전혀 고려하지 않고 혼자 의사결정하고 이를 명령 · 지시하는 경우에 그 조직은 집권화되어 있다고 볼 수 있다. 반면에 하위계층 종업원들의 의견을 반영하거나 실제 이들이 의사결정을 하는 경우 조직은 분권화되어 있다고 볼 수 있다.

최근 점차 많은 기업들이 외부 환경변화에 신축적이고 빠른 반응을 보일 수 있도록 하기 위해 의사결정의 분권화를 실천하고 있다. 특히 대기업의 경우 하위계층 경영자들은 현장과 밀착되어 있어 최고경영자들보다 문제점과 해결방안에 대한 구체적인 지식을 가지고 있기 때문에 분권화가 더 효과적일 수 있다.

3) 공식화

공식화란 조직 내의 직무가 표준화되어 있는 정도 그리고 종사원들의 행동이 조직 내부규칙 및 절차에 따라 수행되는 정도를 의미한다. 일반적으로 매우 공식화되어 있는 조직에서는 명시적인 직무 기술서가 존재하며, 잘 정의된 수많은 사내 규칙 및 직무 절차 등을 가지고 있다. 반대로 공식화가 낮은 조직에서는 직무 행동이 비교적 덜 구조화되어 있으며, 종업원들은 자신의 직무를 수행하는 데 있어서 많은 재량권을 가지고 있다. 결국 직무에 대한 개인의 자유재량권은 직무의 공식화와 반비례한다. 다시 말해서 직무가 공식화되면 될수록 재량권이 적어지고 반면에 공식화가 낮으면 재량권은 많아진다.

4) 조직구조의 일반적 형태

경영자들은 앞서 언급한 조직구조의 구성요소들을 잘 고려하여 조직구조 설계에 임하게 된다. 많은 기업에서 활용하고 있는 조직구조에는 단순 구조, 기능식 구조, 사업부 구조, 팀 구조, 매트릭스 구조, 프로젝트 구조 등이 있다. 그러나 여기서는 다음과 같이 호텔산업에서 제일 많이 사용되고 있는 단순 구조, 기능식 구조, 사업부 구조를 중심으로 설명하기로 한다.

단순 구조

초창기의 대부분 기업들은 단순히 소유주(owner)와 종사원으로 구성된 작은 소기업 형태를 취하고 있었다. 이들 소기업들의 조직 형태는 단순 구조 형태를 취하고 있는 것이 보통이었다. 단순 구조란 부서화가 낮고, 감독범위가 넓으며, 권한이 한 사람에게 집중되어 있고, 공식화가 거의 되지 않는 조직 구조를 가리킨다. 이 구조는 한 사람이 소유 및 경영자 역할을 담당하는 소기업에서 일반적으로 활용되는 형태라고 할 수 있다.

기능식 구조

기능식 구조(functional structure)란 유사한 또는 서로 관련이 있는 직무를 수행하는 사람들을 함께 집단화시키는 조직설계이다. 이는 전 조직을 부서화하는 데 있어 기능적 접근을 하는 것이다. 대부분 기업들은 조직설계에 있어 기본적으로 이와 같은 기능식 접근을 채택하고 있다. 많은 기업에서 볼 수 있는 생산, 마케팅, 인사, 회계부서의 명칭이 바로 기능식 접근인 것이다.

사업부 구조

사업부 구조란 분리된 단위 또는 사업부로 구성된 조직구조라고 할 수 있다. 사업부 경영자는 사업부의 성과에 책임을 지며, 자신이 관할하는 사업부의 전략수립 권한 및 운영 권한을 가지고 있다. 일반적으로 기업은 시간의 흐름에 따라 기업의 성장 및 다각화에 관련된 문제에 부딪치게 된다. 경영자들은 기업의 성장 및 다각화에 있어서 기능적 구조가 갖는 문제를 극복하기 위한 방법의 일환으로 조직구조를 재설계할 수 있다. 특히 세계 유명 체인호텔들은 기업규모가 확대되고 사업분야가 다각화됨에 따라 사업부식 구조를 채택하는 경우가 많다.

사업부식 구조에는 크게 상품별 구조, 지리적 구조, 시장별 구조로 구분할 수 있다. 여기서는 대부분의 대형 호텔기업들이 활용하고 있는 상품별 구조와 지리적 구조에 대하여 설명하기로 한다.

A. 상품별 구조(product structure)

상품별 구조하에서는 일반적으로 경영자들이 개별 상품 또는 사업을 독자적으로 운영되는 사업부에 할당한다. 개별 사업부 경영자들은 독자적인 마케팅, R&D, 생산, 재무 등과 같은 모든 기능을 갖추고 자신의 제품 또는 서비스를 생산한다. 이러한 상품별 구조는 주로 경영자들이 새로운 산업분야에 진입하거나 제품 또는 서비스의 종류를 확대할 때 흔히 활용하는 조직구조이다. 세계 유명 체인호텔의 경우 조직구조 설계에 있어서 이러한 구조를 선택하고 있다. 예를 들어 스타우드 호텔 & 리조트(Starwood Hotels & Resorts)는 Meridien, Westin, Sherton, W Hotels, The Luxury Collection, St. Regis, Four Point by Sherton, Element, Aloft 등의 매우 다양한 하위 사업부를 가지고 있다.

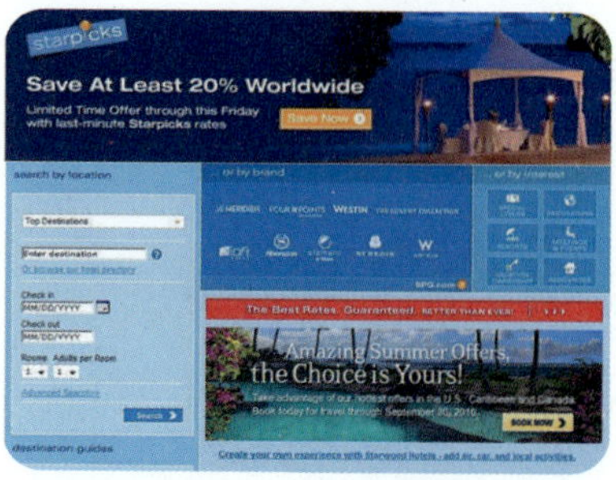

▎스타우드 호텔 & 리조트

B. 지리적 구조(geographic structure)

기업이 국내 · 외로 빠르게 성장할 때 본부에 위치한 기능별 경영자들은 국내 타지역 또는 세계의 다른 나라에서 발생하는 문제에 대해 더욱 어려움을 겪고 있다. 이러한 경우 기업은 조직설계에 있어서 사업부를 지리적 위치에 따라 구분하는 지리적 구조를 선택할 수 있다. 특히 소비자들의 욕구는 연령층에 따라 다양하기도 하지만 국가 또는 지역에 따라서도 달라지기도 한다. 지리적 사업부 구조는 지역 소비자들의 욕구를 최대로 충족시킬 수 있는 상품생산이 가능하도록 신축성을 갖고 있기 때문에 이러한 소비자들의 다양한 욕구를 적절히 충족시킬 수 있다. 앞에서 예를 든 스타우드 호텔 & 리조트는 상품별 구조를 갖고 있는 동시에 아시아-퍼시픽, 유럽-아프리카-중동, 라틴 아메리카의 3개의 지리적 사업부 구조를 유지하고 있다.

3. 조직과정의 구성요소

조직구조가 조직의 뼈대 혹은 틀에 관한 설계라고 한다면 조직과정은 보다 높은 수준의 성과를 달성하기 위해 뼈대들을 어떻게 연계하게 할 것인가에 관한 것이다. 예를 들어 조직구조를 집권화하기로 설계했다면 이에 맞는 의사결정 방법과 의사소통 및 조정 방법을 강구해야 한다. 극단적이긴 하지만 최고경영자에게 모든 권한을 집중시키는 집권화된 조직구조를 설계한 경우라면 최고경영자의 개인 의사결정, 하향식 의사소통, 중앙집권적 조정방식으로 설계되어야 한다. 이렇듯 조직화는 조직구조는 물론 조직과정의 설계를 통해 완성되며, 이들이 일관성(congruence)을 지닐 때 비로소 조직의 목표가 달성된다.

조직과정의 주요 구성요소로는 다음과 같이 의사결정, 커뮤니케이션, 조정이 있다.

1) 의사결정

의사결정은 문제를 인식하고 해당 문제를 해결할 수 있는 다양한 대안(alternatives)을 개발하고 이 중 최적의 대안을 선택함으로써 가장 바람직한 결과를 이끌어 내는 일련의 과정이라고 할 수 있다.

경영자의 주요 직무는 끊임없는 의사결정의 연속이다. 어떤 사업에 진출할 것인가? 내년의 매출목표를 달성하기 위해 몇 명의 종업원을 더 고용해야 하는가? 등 조직목표를 달성하기 위해 경영자는 끊임없이 의사결정을 해야 하며 의사결정의 성패가 기업경영의 성패, 기업목표의 달성 정도를 결정한다. 따라서 바람직한 의사결정은 기업의 매우 중요한 관심사라 할 수 있다.

의사결정은 여러 가지 기준에 따라 다양한 방법으로 구분할 수 있다. 조직과정 설계에 중요하다고 할 수 있는 의사결정을 살펴보면 1) 의사결정 주체를 기준으로 한 개인 의사결정과 집단 의사결정, 2) 의사결정에 부하를 참여시키는 정도를 기준으로 한 독재적 의사결정, 협의적 의사결정, 공동 의사결정 및 의사결정의 위양 등이 있다. 오늘날 바람직한 의사결정의 형태로 의사결정의 위양이 거론된다. 그러나 언제나 의사결정 위양이 가장 바람직한 의사결정의 방법이 될 수 없다. 예를 들어 업무 및 부하의 특성, 조직문화 등에 따라 다른 형태의 의사결정이 더 적절한 경우도 있다.

2) 커뮤니케이션

기업 조직관점에서 커뮤니케이션(communication)이란 조직에서 상급자와 하급자, 동료 사이에서 일어나는 의사, 의미 및 정보의 전달활동과 이를 통한 의미의 공유(share of meaning)로 정의할 수 있다. 커뮤니케이션은 사람들의 일상생활은 말할 것도 없고 기업의 경영활동을 수행하는 데 필수적인 활동이다. 상급자의 명령이나 지시, 하급자의 보고 등은 물론이고 기업 외부의 정보가 기업으로 들어오거나 기업의 정보를 외부에 내보내는 데 있어서 그리고 회의 등을 통한 의사결정에 있어서 커뮤니케이션은 필수불가결한 요소이다.

기업 내에서 커뮤니케이션은 1) 공식적 커뮤니케이션과 비공식적 커뮤니케이션, 2) 수직적 커뮤니케이션과 수평적 커뮤니케이션, 3) 일방적 커뮤니케이션과 쌍방적 커뮤니케이션 등으로 구분할 수 있다. 그러나 이는 개념적 구분에 불과할 뿐 실제 조직에서는 다양한 커뮤니케이션이 복합적으로 나타나는 것이 일반적이다. 따라서 경영자들은 개별 커뮤니케이션 방법의 장·단점을 잘 고려하여 다양한 커뮤니케이션 방법을 복합적으로 운용하는 것이 보다 바람직한 결과를 낳을 것이다.

3) 조 정

조직구조의 설계, 특히 과업의 분화를 기반으로 분화된 업무, 부문, 조직구성원의 활동이 조직 전체적인 관점에서 서로 통합되고 연결될 때 비로소 조직의 목표달성이 가능하게 된다. 이러한 통합과 연결을 위한 조직과정을 조정(coordination)이라고 한다. 객실부문의 예를 들어 프런트 데스크 담당자(front desk clerk)는 조직이 부여한 업무, 즉 객실판매를 위하여 빠른 객실청소를 필요로 한다. 하지만 하우스키핑의 룸 어탠던트(room attendant)는 조직이 부여한 업무인 청결한 객실 유지를 위하여 충분한 정비 시간을 필요로 한다. 이렇듯 분화된 업무, 부문, 조직구성원의 활동은 항상 갈등의 소지를 지니고 있다. 이를 효과적으로 해결하기 위해서는 조정이라는 조직과정이 요구된다.

조정은 조정을 수행하는 주체가 사람인가 아닌가를 기준으로 다음과 같이 인적 조정과 비인적 조정으로 구분된다.

인적 조정

인적 조정(personal coordination)은 분화된 업무, 부문, 조직구성원의 활동들 간에 발생하는 갈등을 사람이 조정하는 방식을 의미한다. 일반적으로 인적 조정방식은 커뮤니케이션 채널을 통해 이루어진다. 인적 조정은 커뮤니케이션의 방향을 기준으로 다시 수직적 조정(vertical coordination), 수평적 조정(horizontal coordination)으로 구분할 수 있다.

수직적 조정은 조직의 상하위계를 통해 이루어지는 조정으로 상위자가 하위자 혹은 하위 업무 간에 발생하는 갈등을 직위에 의거한 권한으로 조정하는 방식이다. 한편 수평적 조정은 갈등의 당사자인 동일한 계층의 종업원 혹은 부서들 간에서 이루어지는 조정으로 직접적인 조정을 통해서, 인적 교류를 통해 혹은 조정이나 통합의 역할을 담당하는 제3자를 통해 갈등을 해결하는 방식이며, 회의가 대표적인 형태이다.

일반적으로 기업은 인적 조정방식 중 어느 하나를 택하여 조정기능을 수행하는 것이 아니라 복수의 방식을 택하여 조정기능을 수행한다. 예를 들어 팀장회의는 전형적인 부서 간의 조정기능을 수행하는 수평적 조정방법이다. 그러나 기업은 팀장회의에만 의존하는 것이 아니라 본부장 등을 통한 수직적 조정을 수행하기도 한다.

비인적 조정

비인적 조정(impersonal coordination)은 조정의 주체가 사람이 아닌 공식화된 규정이나 표준화된 절차, 관리 시스템, 계획에 의한 조정, 여유자원 등을 통해 갈등을 관리하는 조정방식을 의미한다. 표준화된 절차에 따른 조정은 갈등의 개연성이 있는 업무나 종업원과 관련한 규칙, 규범, 업무절차를 사전적으로 표준화함으로써 갈등 수준을 미연에 조정하는 방식을 말한다. 따라서 갈등이 예측 가능하고 반복적인 경우는 표준화에 의한 조정이 효과적이라 할 수 있다.

제 5 절 호텔경영기능 Ⅲ— 지휘

1. 지휘의 개념

경영자가 조직화를 통해 기업의 조직구조와 조직과정을 설계하였다고 하더라도 이러한 조직설계가 기업의 경영목표 달성을 보장하지는 못한다. 이를 흔히 조직설계의 불완전성(IOD; incompleteness of organizational design)이라고 하며 완벽한 조직설계는 불가능하다는 의미인 것이다. 만일 하나의 조직구조와 조직과정이 완벽하게 설계되었더라도 그것은 설계 당시의 바람직한 설계일 뿐이다. 오늘날과 같이 급변하는 환경 속에서 과거 바람직했던 조직설계가 현재 및 미래까지도 유효하다고는 할 수 없다.

또한 현재와 미래에 적합한 조직설계라 하더라도 이를 구체적으로 작동시키는 종업원, 즉 사람이 조직설계가 의도한 대로 행동하기를 기대하는 것은 그리 쉬운 일이 아니다. 왜냐하면 종업원들이 개인의 목표 또는 상황에 따라 조직설계가 기대한 것과는 다르게 행동할 가능성이 높기 때문이다.

따라서 호텔기업은 변화하는 환경에 보다 적합한 조직을 설계하기 위해 지속적으로 노력해야 함과 동시에 조직설계가 의도한 방향으로 움직일 수 있도록 종업원을 독려해야 한다. 이와 같이 경영자가 기업의 목표를 달성하기 위해 설계된 조직구조와 조직과정에 의거하여 종업원을 이끌고 의도하는 방향으로 움직이게 하는 일련의 경영활동을 지휘(leading)라고 한다. 지휘의 구체적인 방법은 다음과 같이 동기부여(motivation)와 리더십(leadership)으로 구분된다.

2. 동기부여

인간으로서의 종업원은 언제나 결핍과 필요를 느끼는 존재라고 할 수 있다. 그리고 결핍과 필요를 충족시키기 위해 다양한 행동을 추구하는 존재이다. 따라서 경영자는 종업원의 결핍과 필요를 이해하고 이를 충족시키고자 하는 행동을 이해한다면 종업원을 조직목표 달성에 기여하는 방향으로 움직이게 할 수 있을 것이다. 이러한 맥락에서 동기부여란 종업원의 결핍과 필요를 이해하고 조직목표 달성에 기여하는 방향으로 종업원 스스로 움직이게끔 하는 일련의 과정을 의미한다. 예를 들어 경제적 필요를 느끼는 종업원에게 임금을, 사회적 필요를 느끼는 종업원에게 승진을 제공함으로써 종업원으로 하여금 필요를 충족시키고자 움직이게 할 수 있으며, 이는 결과적으로 기업의 목표달성에 긍정적인 기여를 하게 되는 것이다.

과거부터 여러 학자들은 종업원들의 동기부여에 많은 관심을 갖고 이를 설명하기 위한 다양한 이론들을 제시하였다. 지금까지의 동기부여에 관한 이론을 종합하면 대체적으로 내용이론(contents theory)과 과정이론(process theory)으로 구분된다.

1) 내용이론

내용이론은 사람을 스스로 움직이게 하는 것, 즉 그 내용이 무엇인가를 알고자 한다는 의미에서 내용이론이라는 이름이 붙여졌다. 이 이론은 사람을 움직이게 하는 것이 바로 인간의 결핍된 욕구라고 보고 있다. 따라서 이 이론의 대부분은 과연 인간의 동기부여에 영향을 미치는 욕구들이 어떤 것인가를 탐구하고 있다. 이러한 관점에서 이 이론을 욕구이론(needs theory)이라고도 한다.

대표적인 동기부여의 내용이론에는 매슬로우(Maslow)의 욕구계층이론, 허츠버그(Hertzberg)의 2요인 이론, 알더퍼(Alderfer)의 ERG이론, 맥클랜드(McCleland)의 성취욕구이론 등이 있다. 이 이론들은 동기부여이론의 발전에 기초를 제시했을 뿐 아니라 아직도 현장에서 종업원의 동기부여를 설명하는 데 활용되고 있다.

2) 과정이론

"인간을 동기부여시키는 요인들이 무엇(what)인가?"에 관한 연구인 내용이론과 달리 동기부여의 과정이론은 "인간은 어떻게(how) 동기부여되는가?" 즉 동기부여의 과정에 관한 연구이다. 두 이론의 차이를 간단히 언급하자면 내용이론은 종업원이 지니고 있는 욕구가 무엇인지를 찾아내고 이해하려는 데 초점을 두고 있는 데 반해 과정이론은 사람이 지니고 있는 욕구를 충족시키기 위해 어떤 행동을 선택하는가를 이해하려는 데 초점을 두고 있다. 대표적인 과정이론으로는 기대이론(expectancy theory), 공정성이론(equity theory), 목표설정이론(goal setting theory) 등을 들 수 있다.

3. 리더십

리더십의 개념을 정의하려고 시도한 논자의 수만큼이나 많은 정의가 존재한다는 어떤 리더십 연구자들의 말처럼 리더십(leadership)에 관한 정의는 매우 다양하다. 하지만 리더십이란 기업의 목표에 기여하는 방향으로 다른 사람, 즉 종업원을 스스로 움직이게 만드는 과정으로 정의할 수 있다. 일반적으로 리더십의 주요 목적은 1) 기업목적달성에 공헌하는 방향으로 종업원을 움직이게 하고, 2) 적절한 리더십의 구현으로 직무만족 및 종업원만족을 도모하며, 3) 생산성 등 성과를 자극함으로써 기업 목표 달성에 공헌하는 데 있다.

과거로부터 많은 학자들은 리더십에 관한 여러 이론들을 제시하여 왔다. 리더십연구에 관심이 있는 학자들은 공통적으로 과연 리더십 유효성(leadership efficiency)을 결정하는 요인이 무엇인가에 상당한 관심을 갖고 있었다. 이러한 관점에서 학자들은 다양한 리더십이론을 제시하고 있는데, 이를 종합하면 특성이론, 행동이론, 환경적응이론, 새로운 이론 등으로 분류할 수 있다.

1) 특성이론

특성이론(traits theory)은 사회적으로 이미 훌륭한 리더로 평가되고 있는 사람들로부터 리더로서 그들이 지니고 있는 탁월한 개인적 특성을 찾아내려는 이론이라고 할 수 있다. 다시 말해서 이 이론의 핵심은 훌륭한 리더는 그렇지 못한 리더 또는 리더가 아닌 사람(nonleader)과 구분되는 고유한 특성과 자질을 지니고 있을 것이라는 가정하에 과연 이러한 특성 및 자질에는 어떤 것들이 있는가를 규명하려고 하는 이론이다.

대표적인 특성이론의 연구자라고 할 수 있는 스톡딜(Stogdill)과 바스(Bass)는 훌륭한 리더의 고유한 특성을 연구한 결과로 창의력, 인기, 사교성과 대인관계 능력, 판단력, 적극성, 성취욕구, 유머, 협조성 등을 제시하였다. 이외에도 여러 연구자들이 효과적인 리더의 고유 특성과 자질에 관하여 일련의 연구를 수행하였다.

이와 같이 리더십 유효성이 리더의 개인적 특성에 달려 있다고 보는 특성이론은 리더십연구에 있어서 초기 이론이라고 할 수 있다. 특성이론의 한계로 지적받고 있는 부분은 리더가 아닌 사람들도 리더의 고유한 특성들을 지니고 있다는 점이며, 제시된 많은 특성들이 과학적 측정이 불가능하다는 점이다.

2) 행동이론

앞서 언급된 특성이론의 한계를 깨달은 학자들은 점차적으로 리더십의 연구흐름을 "높은 성과를 창출하는 리더는 과연 어떻게 행동을 하는가?" 하는 훌륭한 리더의 실제 행동상의 특성에 초점을 두는 방향으로 바꾸었다. 이러한 연구흐름을 종합한 것이 바로 리더십의 행동이론(behavioral theories of leadership)이다. 특성이론이 "훌륭한 리더는 어떤 속성을 지닌 사람인가?"라는 물음에 답을 구하고자 했다면 행동이론은 "훌륭한 리더는 어떤 행동을 보이는가?"라는 물음에 답을 구하는 이론이라고 할 수 있다. 즉 행동이론은 리더십 유효성을 결정하는 중요한 요인으로 리더의 행동, 특히 부하직원에 대한 리더의 행동에 초점을 두는 것이다. 따라서 행동이론은 효과적인 리더의 행동패턴과 비효과적인 행동패턴에 많은 관심을 둔다. 이와 같은 행동이론은 행동패턴의 종류에 따라 2원 이론, 3원 이론으로 구분된다. 다음은 행동이론의 초기 이론인 2원 이론에 대하여 설명하기로 한다.

2원 이론은 리더십 행동패턴을 크게 전제적 리더십과 민주적 리더십으로 구분하고 있다. 전제적 리더십(autocratic leadership)은 권위주의적 · 독재적 · 리더 중심적 · 지시적 · 생산 중심적 · 과업 지향적인 리더의 행동패턴을 의미한다. 반면에 민주적 리더십(democratic leadership)은 평등주의적 · 협조적 · 집단 중심적 · 참가적 · 종업원 중심적 · 관계 지향적인 리더의 행동패턴을 의미한다. 이 이론에서는 조직을 지휘하는 데 있어서 민주적 리더십이 언제나 바람직하다고 보고 있다.

이러한 2원 이론은 많은 학자들에 의해 절대적인 민주적 리더십과 절대적인 전제적 리더십은 현실적으로 존재하지 않을 뿐 아니라 민주적 리더십은 종업원 만족을 향상시키고 생산성은 하락시키는 반면에 전제적 리더십은 그 반대의 결과를 가져오는 등 항상 민주적 리더십이 좋은 것만은 아니라는 등의 여러 비판이 제기되고 있다.

3) 환경적응이론

앞에서 논의한 특성이론과 행동이론의 공통점은 두 이론 모두 유일하고 최선의 보편타당한 리더십을 찾으려는 시도라는 것이다 그러나 리더십에 대한 많은 후속 연구에 따르면 이러한 리더십은 존재하지 않는다고 밝혀지고 있다. 이에 따라 리더십 연구는 '리더십의 유효성은 상황의 산물(the product of situation)'이라는 관점에서 진행되기 시작하였다. 이러한 연구들이 축적되어 환경적응이론이 구축되었다.

환경적응이론의 대표적 연구로는 피들러(Fiedler)의 연구, 하우스(House) 모형, 허쉬-블랜차드(Hersey-Blanchard) 모형 등이 있다. 예를 들어 허쉬-블랜차드 모형에서는 따르는 사람(follower)이 존재하지 않으면 리더십도 없다고 하는 관점에서 현장 종업원을 강조한다. 즉 현실적으로 부하들은 하나의 집단으로서 리더가 어떤 개인적인 권력을 지닐 수 있는지를 결정하기 때문에 부하가 리더십 유효성에 결정적으로 중요한 요소가 된다고 보았다.

이들은 부하의 성숙도에 따라 바람직한 리더십이 달라진다고 보았다. 여기서 성숙도란 종업원의 개인적 특성 또는 소질을 의미하는 것이 아니라 특정한 과업을 달성하기 위해 부하가 지니고 있는 능력(ability)과 의욕(willingness)을 의미하는 것으로 능력에 관련된 직무상의 성숙도(job maturity)와 의욕과 관련된 심리적 성숙도(psychological maturity)로 구분하고 있다. 이 모형에 의하면 성숙 정도의 조합(combination)에 따라 부하의 성숙도가 가장 낮을 때는 리더는 과업지향적 행동을 취하고 관계지향적 행동은 배제하는 지시적인(telling) 리더십 유형이, 부하의 성숙 수준이 중간 정도인 상황에서 리더는 관계지향적 리더십이, 그리고 부하의 성숙 수준이 가장 높은 상황에서는 의사결정 권한을 부하에게 대폭적으로 위양하는 위양적(delegating) 리더십 유형이 효과적이라는 것이다.

이상과 같은 환경적응이론은 상황 변화에 따라 다른 리더십 유형을 활용해야 한다는 융통성 있는 리더십이론을 제시했다는 점에서 리더십이론을 한층 발전시켰다고 볼 수 있다. 하지만 이들의 이론을 증명하는 연구가 극히 적고, 너무 개괄적인 리더십 유형과 단순화된 상황을 전제함으로써 개념적 한계를 안고 있다는 비판에 노출되어 있다.

4) 새로운 리더십이론 — 변혁적 리더십

기존의 특성이론, 행동이론, 환경적응이론은 리더십이란 현상을 이해하는 데 상당한 기여를 했음에도 불구하고 앞서 언급된 개별 이론들이 갖는 문제점으로 인하여 새로운 리더십이론의 필요성이 제기되었다. 이러한 배경에서 현재 다수의 새로운 리더십이론들이 제시되고 있다. 새로운 리더십이론은 변화하는 환경에 대한 적절한 반응으로서의 리더십, 종업원의 정서적 측면을 고려한 리더십, 최고경영자의 리더십 등을 중심으로 전개되고 있다. 대표적인 새로운 리더십이론으로는 카리스마적 리더십, 변혁적 리더십, 비전적 리더십, 문화적 리더십 등이 있다. 여기서는 최근 많이 연구되고 있는 리더십이론인 변혁적 리더십에 대해서 언급하기로 한다.

변혁적 리더십의 대표적 연구자라고 할 수 있는 바스(Bass)는 전통적 리더십은 거래관계에 기반하고 있다고 보았다. 거래관계에 기초를 둔 리더십이란 리더는 하위자에게 임금인상, 승진 등과 같이 무언가 가치 있는 것을 주고 이에 대한 반대급부로 하위자의 성과를 유도하는 리더십이라고 할 수 있다. 전통적 리더십은 리더와 종업원의 관계가 거래에 기반하고 있다는 측면에서 거래적 리더십(transactional leadership)이라고 한다. 바스는 이와 같은 거래적 리더십으로는 리더가 줄 수 있는 것 또는 하위자가 받고자 하는 것, 즉 기대하는 성과 이상의 성과를 낼 수 없다는 것이다.

바스의 바람직한 리더십이란 하위자로부터 기대되는 평범한 성과 이상의 성과를 끌어내는 리더십이며, 이는 변혁적 리더십(transformational leadership)으로 가능하다고 보았다. 따라서 변혁적 리더십이란 기대되는 성과(expected performance)를 창출하는 전통적 리더십과는 달리 기대 이상의 성과(performance beyond expectation)를 창출하는 리더십인 것이다. 변혁적 리더십은 리더가 1) 부하들에게 특정한 목표와 수단의 중요성에 대한 의식 수준을 제고하고, 2) 부하로 하여금 집단이나 조직 전체의 이익을 위하여 개인적인 이해관계를 초월하도록 유도하며, 3) 부하의 상위수준의 욕구, 즉 지적 욕구를 자극하고 충족시킴으로써 실현될 수 있다고 보았다. 현재 이 개념의 유효성에 대해서는 후속 연구가 진행되고 있는 상태이다.

제 6 절 호텔경영기능 Ⅳ— 통제

1. 통제의 개념

통제란 경영자들이 사전에 수립된 계획과 비교해서 성과가 제대로 나타나고 있는지 확인하고 감시하는 활동이라고 할 수 있다. 이러한 감시활동에는 경영자의 결과확인 과정에서 계획과 성과가 상당한 차이를 보일 경우 이를 시정하는 과정을 포함하고 있다. 모든 경영자들은 아무리 계획대로 성과가 좋게 나타난다고 생각해도 통제기능을 반드시 수행해야 한다. 왜냐하면 어떤 경영자도 성과를 평가받기 전까지는 정말 자신의 부서가 제대로 성과를 보이고 있는지 알 수 없기 때문이다. 따라서 경영자들은 효과적인 통제활동을 통하여 기업의 목표대로 부서의 모든 직무가 제대로 수행되고 있는지 항상 확인해야 할 필요가 있다.

효과적인 경영자라면 조직구성원들이 자신에게 부여된 일들을 제대로 하고 있는지 그리고 그 목표가 달성되고 있는지에 대하여 끝까지 추적할 필요가 있다. 실제로 경영이란 지속적인 과정이며 통제활동은 계획 바로 뒤에 있는 중요한 연결고리이다. 만약 경영자가 통제하지 않는다면 조직의 목표와 계획이 제대로 이행되고 있는지 그리고 향후 어떤 행동을 취해야 되는지 알 방법이 없는 것이다.

2. 통제의 일반적 과정

통제 과정은 [그림 9-5]에서 보는 바와 같이 실제성과를 측정하고 성

그림 9-5 통제과정

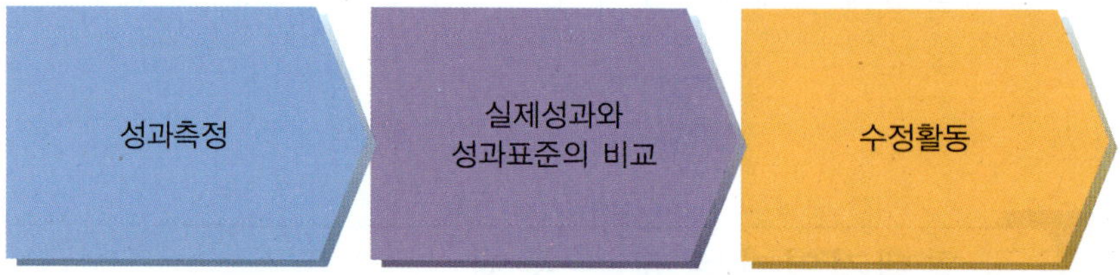

과표준과 실제성과를 비교하고, 차이에 대한 수정활동을 수행하는 3단계로 구성되어 있다.

1) 성과측정

성과를 측정하기 위해서 경영자가 가장 먼저 해야 할 일은 성과에 관련된 정보수집이다. 정보수집에서 중요시해야 할 부분은 다음과 같이 정보수집을 위한 측정방법 및 측정기준의 결정이라고 할 수 있다.

측정방법

경영자들은 성과측정에 필요한 정보를 획득하기 위해서 다양한 방법들을 활용할 수 있다. 일상적으로 활용하는 정보의 측정방법에는 개인적 관찰, 통계보고서, 구두보고, 서면보고 등이 있다. 각각의 측정방법들은 나름대로 장점과 단점이 있다. 예를 들어 경영자들은 개인적 관찰을 통하여 여과되지 않는 현장의 생생하고 광범위한 정보를 얻을 수 있다. 하지만 다른 양적 정보와는 달리 객관성이 결여되어 있다는 단점도 존재한다. 따라서 경영자들은 각 측정방법들의 장점과 단점을 이해하면서 4가지 방법을 적절히 활용하여 신뢰성 높은 정보 확보에 노력해야 한다.

측정대상

성과측정에 있어서 중요한 것은 측정방법의 결정보다는 측정대상을 확정하는 것이다. 왜냐하면 일단 성과에 대한 측정대상이 선정되면 조직의 대부분 사람들이 다른 직무보다 그 측정대상을 중심으로 많은 노력을 기울이는 경향이 많기 때문이다. 따라서 경영자가 잘못된 측정대상을 선정하면 심각한 부작용을 초래할 수 있으므로 측정대상에 관한 의사결정은 매우 신중할 필요가 있다.

실제 기업의 성과를 측정할 수 있는 측정대상은 매우 다양하다. 예를 들어 종업원들의 직무와 관련된 분야에서는 종업원 만족도, 이직률, 결근율 등이 측정대상이 될 수 있고, 마케팅 활동에서는 시장점유율, 건당 평균 매출액, 판매원 1인당 소비자 방문 횟수, 광고매체당 소비자 인식도 등이 측정대상이 될 수 있으며, 서비스 생산에 있어서는 시간당 소비자 처리 건수, 주간 소비자 불평 건수 등이 측정대상이 될 수 있다.

이상과 같이 성과측정에 있어서 측정대상이 되는 대부분의 직무 또는 활동은 가시적이고 측정 가능한 수단으로 측정될 수 있다. 그러나 성과측정에 있어서 일부 활동들은 계량적으로 측정하기 힘든 경우도 있다. 호텔 종업원들의 친절도가 가장 대표적인 예일 것이다. 이와 같이 측정지표가 계량적으로 표현될 수 없는 경우에는 주관적인 측정수단을 탐색해서 활용해야 한다. 물론 주관적인 측정수단도 상당한 한계가 있다. 그러나 측정을 하지 않는 것보다는 훨씬 낫다.

2) 실제성과와 성과표준의 비교

실제성과와 성과표준의 비교란 실제성과와 성과표준과의 차이 정도를 파악하는 활동을 의미한다. 실제성과와 표준과의 차이는 항상 발생할 수밖에 없다. 왜냐하면 아무리 노력을 해도 성과는 여러 가지 원인에 의해서 변동될 수밖에 없기 때문이다. 표준도 마찬가지이다. 아무리 모든 요인을 고려하여 표준을 설정했다 해도 그 표준이 정확한 현실을 대변한 완벽한 표준이 되기 힘들다. 따라서 이 단계에서 중요한 것은 차이의 방향(direction)과 규모(size)를 고려해야 한다는 것이다.

먼저 경영자들이 관심을 갖고 봐야 할 것이 차이의 방향이다. 차이의 방향은 기업에 긍정적 영향을 미치는 유리한 차이(favorable variance), 그리고 기업에 부정적인 영향을 미치는 불리한 차이(unfavorable variance)로 구분할 수 있다. 먼저 유리한 차이란 매출의 예를 들면 표준보다 실제성과가 높은 경우 발생하며, 불리한 차이는 표준보다 실제성과가 낮을 때 발생한다. 하지만 비용과 관련된 활동들은 표준보다 실제성과가 낮을 때 유리한 차이가 발생한다. 반대로 표준보다 실제성과가 높을 때 불리한 차이가 발생하게 된다.

이상과 같은 차이의 방향 이외에도 차이의 규모 역시 경영자들이 관심을 갖고 봐야 할 부분이다. 일반적으로 성과와 표준의 비교에 있어서 경영자들이 정말 관심을 갖고 봐야 하는 것은 성과가 표준보다 상당한 차이를 보이는 경우이다. 여기서 상당한 차이란 경영자가 사전에 정한 차이의 허용수준을 벗어난 경우를 의미한다. 결국 경영자가 차이의 규모를 판단하는 데 있어서 중요한 것은 과연 차이의 규모가 허용수준을 벗어나고 있는가의 여부로 귀결될 수 있다. 상당한 차이의 여부를 결정하는 데 활용되는 허용수준은 바로 경영자가 내려야 할 판단 부분이다.

3) 수정활동

통제과정에서 세 번째이자 마지막 단계는 경영자가 통제의 두 번째 단계에서 규명된 차이의 원인을 기초로 하여 실제로 수정활동을 취하는 일이다. 경영자들은 아무 행동도 취하지 않을 수 있으며, 다음과 같이 실제성과를 교정하거나 표준을 수정할 수 있다.

실제성과의 수정

만약 차이의 원인이 종업원들의 직무수행에서 비롯되는 문제 때문이라고 판단되는 경우 경영자들이 선택할 수 있는 수정활동의 범위는 매우 넓다고 할 수 있다. 예를 들어 보상체계 개편, 교육훈련 강화, 직무 재설계 등과 같이 근본적인 부분에 대한 수정활동에서부터 문제 종업원의 해고와 같은 임시방편적인 수정활동까지 다양하다. 그러나 합리적인 경영자라면 차이를 분석하고 충분한 가치가 있다면 시간을 갖고 그 차이의 원인을 찾아내서 교정하는 활동을 수행해야 한다.

표준의 수정

표준과 실제성과와의 차이는 비현실적으로 설정된 표준 때문에 기인할 수도 있다. 다시 말해서 현실을 제대로 감안하지 않고 목표를 너무 높거나 낮게 설정했기 때문일 수도 있다. 이 경우 수정해야 할 대상은 바로 표준인 것이다.

경영자들은 표준의 상향 조정 및 하향 조정에 있어서 종업원들의 저항에 부딪칠 수 있다. 왜냐하면 인간으로서의 종업원들은 목표를 초과달성한 경우에는 그 원인을 자신의 능력으로 돌리는 반면에 반대의 경우에는 그 원인이 목표가 비현실적이기 때문이라고 주장하는 경향이 많기 때문이다. 만약 경영자 입장에서 설정된 표준이 현실적이고 공정하며 달성가능한 것으로 믿는다면 그 표준을 수정하지 말고 고수해야 한다.

Bibliography

- 김석회(2003). 『21세기 원론경영학』. 서울: 무역경영사.
- 김원수(1996). 『현대경영학』. 서울: 다산출판사.
- 김영규(2005). 『경영학원론』. 서울: 박영사.
- 신유근(1996). 『현대경영학』. 서울: 다산출판사.
- 이수광(2003). 『서비스산업의 인적자원관리』. 서울: 대왕사.
- 이필상 외 2인(2010). 『경영학 원론』. 서울: 법문사.
- 이한검(1998). 『경영학원론』. 서울: 형설출판사.
- 황규대(2008). 『에센스 인적자원관리』. 서울: 박영사.

- Armistead, C.(1994). *The future of service management.* London; Kogqn Page.
- Boella, M. J., & Goss-Turner, S.(2005). *Human resource management in the hospitality: an introductory guide.* London: Butterworth-Heinemann.
- Cherrington, D. J.(1994). *Organizational behavior.* MA: Allyn and Bacon.
- Drucker, R. F.(1998). The coming of the new organization, *Harvard Business Review,* Jan.-Feb., 45-53.
- Hellriegel, D., & Slocum, J. W. Jr.(1996). *Management.* OH: South-Western College Publishing.
- Hayes, D. K., & Ninemeier, J. D.(2008). *Human resources management in the hospitality industry.* NJ: John Wiley & sons.
- Harvey, D. E., & Brown, D. R.(1996). *An experimental approach to organizational development.* NJ: Prentice-Hall.
- Jones, G. R., & George, J. M.(2003). *Essentials of contemporary management.* NY: McGraw-Hill.
- Kim, Hogue(2007). *Human resources management in the hotel industry.* London: Routhledge.
- Koontz, H.(1961). The management theory jungle, *Journal of Academy of Management,* Dec., 174-188.
- Kreitner, Robert(2005). *Foundations of management: basics and best practices.* MA: Houghton Mifflin Company.

- Luthans, F.(1992). *Organizational behavior.* New York: McGraw-Hill.
- Robbins, S. P., & Coulter, M.(2003). *Management.* NJ: Prentice Hall.
- Vallen, J. J., & Abbey, J. R.(1987). *The art and science of hospitality management.* MI: the Educational Institute of the American Hotel & Motel Association.
- Walker, J. R.(2002). *Hospitality management.* NJ: Prentice-Hall.

Chapter 10

호텔생산관리

제 1 절 호텔생산관리의 기초

1. 호텔생산관리의 개념

호텔생산관리의 개념을 제대로 이해하기 위해서는 먼저 생산(production 또는 operation)의 개념에 대해서 이해할 필요가 있다. 일반적으로 생산이란 자동차, 의류, TV 등과 같이 인간 생활에 필요한 것들을 만들어내는 기업의 활동이라고 할 수 있다. 이를 경제적 관점에서 표현하면 이른바 경제재들(economic goods)을 산출하는 기업의 활동이라고 할 수 있다. 모든 기업들은 인적자원, 원자재, 기계설비, 에너지, 정보 등과 같은 소유자원들을 적절히 활용하여 특정 경제재, 즉 제품 또는 서비스를 생산한

그림 10-1 호텔생산관리의 개념

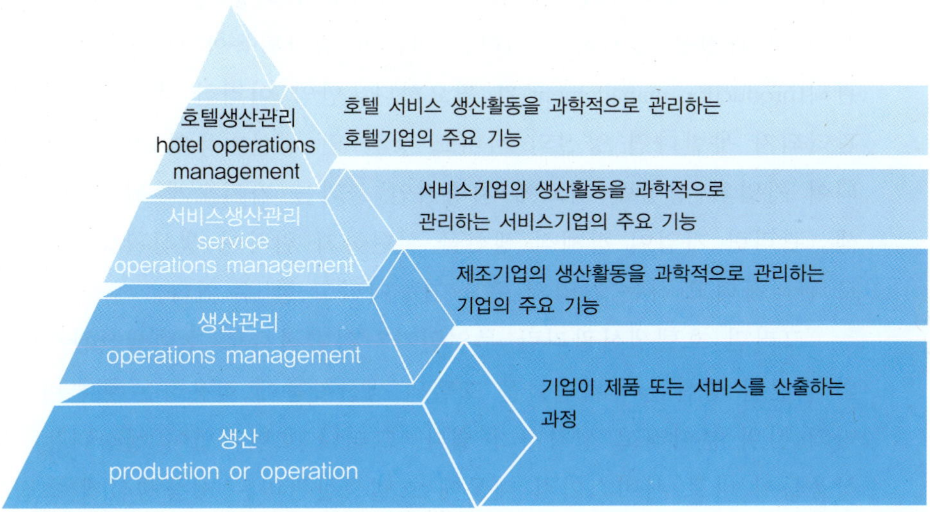

다. 생산을 더 간단히 표현하면 기업이 제품 또는 서비스를 산출하는 과정이라고 할 수 있다. 따라서 호텔기업의 생산이란 앞장에서 언급한 바와 같이 객실 및 식음료를 위시하여 카지노, 컨벤션 등과 같은 다양한 서비스를 만들어내는 과정인 것이다.

기업은 생산활동을 통하여 경제재인 제품 또는 서비스를 만들어 낸다. 기업 생산활동의 결과물인 경제재들을 소비자들이 구매하면 기업은 매출수익(revenue)을 얻게 된다. 호텔도 소비자들을 대상으로 객실과 식음료 서비스를 위시하여 카지노, 컨벤션 등과 같은 다양한 서비스 생산을 통하여 매출수익을 얻고 있다. 한편 기업은 생산에 필요한 자원들을 투입하여 제품 또는 서비스를 만들어내는 과정에서 비용을 지출한다. 흔히 이를 생산비용이라고 한다. 기업의 주요 목표 중에 하나가 이익의 극대화(profit maximization)에 있다고 한다면 기업은 일정한 수준의 제품 또는 서비스의 질(quality)을 유지함과 동시에 가능한 한 생산비용을 최소화하는 이른바 경제적 생산이 필요한 것이다. 경제적 생산에 실패하는 기업들은 해당 시장에서 경쟁력을 잃고 퇴출될 수밖에 없다.

기업은 경제적 생산을 실현하기 위해서 어떻게 해야 하는가? 답은 극히 간단하다. 제품 또는 서비스 설계에서부터 최종 생산에 이르기까지 생산의 전 과정을 철저히 관리하는 이른바 생산활동에 대한 관리, 즉 생산관리(production management)가 필요하다. 만약 이러한 생산활동이 제대로 관리되지 못한다면 양질의 서비스 생산 및 생산비용의 최소화가 어렵게 되어 기업의 경쟁력 제고에 치명적인 결과를 가져오게 될 것이다. 결국 생산관리란 기업이 경제적 생산을 실현하기 위하여 생산활동을 과학적으로 관리하려고 하는 기업의 주요 기능이라고 할 수 있다.

그러면 호텔생산관리란 무엇인가? 일반적으로 호텔생산관리란 현대의 발전된 생산관리 기법들을 호텔의 생산활동에 적용하는 이른바 생산관리의 하위 분야라고 생각하기 쉽다. 그러나 호텔기업이 생산하는 다양한 상품들이 바로 서비스이기 때문에 호텔생산관리는 제품생산에 초점을 맞춘 일반 생산관리와는 달리 서비스생산관리(service operations management)의 하위 분야라고 할 수 있다. 서비스 생산관리란 구체적으로 서비스기업의 생산활동을 과학적으로 관리하는 활동, 즉 서비스의 설계 및 서비스 생산에 필요한 생산시스템의 설계 및 운영 과정을 과학적으로 관리하는 서비스기업의 주요 기능을 의미한다. 따라서 호텔생산관리란 경제적 생산을 위해 객실 서비스, 식음료 서비스, 카지노 서비스, 컨벤션 서비스 등의 호텔 서비스 생산활동을 과학적으로 관리하는 호텔기업의 주요 기능이라고 할 수 있다.

2. 호텔생산관리의 중요성

앞서 언급한 바와 같이 호텔생산관리란 호텔기업이 수행해야 하는 여러 기능 중에 한 분야로서 주로 호텔이 생산하는 다양한 서비스의 생산활동을 과학적으로 관리하는 것과 관련이 깊다. 이러한 생산관리 활동은 다음과 같은 이유 때문에 기업 내에서 핵심적 기능으로 간주되고 있다.

첫째, 기업의 생산활동이란 바로 기업의 존재이유라고 할 수 있다. 기업은 경제의 3대 주체 중에 하나로서 주로 생산활동을 영위하는 경제주체이다. 따라서 생산활동이 없는 기업이란 상상할 수 없다. 예를 들어 소비자들이 호텔에서 객실, 식음료 서비스를 구매할 수 없다면 누구도 그 기업을 호텔이라고 부르지 않을 것이다. 호텔이 소비자들에게 호텔로 불리는 이유는 바로 객실을 위시한 다양한 서비스 상품을 생산하기 때문인 것이다.

기업 내의 다른 기능 분야들, 즉 마케팅, 재무, 회계, 인사 분야에 소속된 사람들 또는 관련 학자들은 각기 자신의 고유 분야의 중요성을 열심히 강조한다. 그들의 이야기를 들어보면 마치 그들이 속한 분야가 가장 중요한 것으로 오해하기 쉽다. 물론 시장활동을 담당하는 마케팅, 기업의 돈의 흐름과 경영의사결정을 도와주는 재무 및 회계, 인적자원 관리를 담당하는 인사 등과 같은 다른 기능분야도 원활한 기업활동을 위해서 매우 중요하다. 그러나 이러한 기능들은 기업의 생산활동을 뒷받침해주는 보조 기능이지 주 기능은 아니다. 다시 말해서 생산 분야 이외의 다른 분야도 중요한 것은 사실이지만 기업의 핵심은 생산에 있다고 할 수 있다.

둘째, 생산분야는 기업의 대부분의 자원들이 집중되어 있는 곳이다. 연구에 의하면 대체로 생산부서에 기업의 인적자원의 약 70%가 근무하고 있으며, 생산부서가 기업 전체 자산의 약 80%를 관할하고 있다고 한다. 호텔기업이 소유하고 있는 물적 및 인적자원 역시 대부분 호텔이 생산하는 다양한 서비스를 위해 존재하는 것이다. 또한 생산부서의 지출은 기업 전체 지출의 대부분을 차지하고 있다. 이상과 같은 현실만 보더라도 만약 생산관리에 관련된 의사결정이 잘못 이루어진다면 기업경영에 매우 심각한 영향을 미칠 수 있다.

셋째, 생산부문은 기업의 경쟁력을 직접 창출하거나 적극적으로 도와주는 역할을 수행하고 있다. 격심한 경쟁 환경 속에서 살아남을 수 있게 해주는 기업의 주요 경쟁력은 대부분 생산관리로부터 나오고 있다. 서비스기업의 경쟁력을 판단하는 지표는 여러 가지 있으나 원가, 서비스 질, 혁신 등이 대표적이라 할 수 있다. 만약 생산부문의 역량이 충분치 않다면 기업이 높은 원가경쟁력을 갖추거나, 높은 서비스 질을 유지한다거나 또는 혁신을 추구한다는 것은 사실상 불가능하다.

3. 호텔생산관리의 주요 내용

1) 신규 서비스 개발

호텔생산관리에 있어서 가장 먼저 관리되어져야 할 부분은 바로 신규 서비스 개발이다. 이는 기업이 생산하려는 새로운 서비스, 즉 새로운 생산대상을 결정하고 이를 구체화하는 기업의 활동을 의미한다. 일반적으로 신규 서비스 개발 범위는 시장에 전혀 존재하지 않았던 새로운 대상을 만들어 내는 활동인 주요 혁신에서부터 아주 사소한 변화를 필요로 하는 스타일 변화에 이르기까지 매우 다양하다.

2) 서비스 생산시스템 설계

생산시스템 설계란 기업이 생산공장을 설계하는 활동으로 이해하면 쉬울 것이다. 어느 기업도 생산공장 없이 자사의 제품 또는 서비스를 생산할 수 없다. 예를 들어 자동차 회사에서 자동차 생산을 위해서 생산공장을 설계하고 신축하는 것과 마찬가지로 호텔에서도 객실 서비스 생산을 위해서 객실 서비스 생산시스템을 설계하고 구축해야 한다. 따라서 서비스 생산시스템 설계란 서비스기업이 의도하는 특정 서비스의 생산활동을 수행할 수 있는 서비스 생산공장을 설계하는 활동을 의미한다. 생산시스템 설계의 주요 내용으로서는 서비스 공정설계, 서비스 시설배치, 서비스 시설디자인, 서비스 시설입지 등이 있다.

3) 서비스 생산시스템 운용 및 관리

서비스 생산시스템의 운용 및 관리란 과학적 설계를 통하여 구축된 서비스 생산시스템을 운영하고 관리하는 기업의 활동을 의미한다. 아무리 과학적으로 잘 구축된 생산시스템이라고 해도 제대로 운영 및 관리되지 않는다면 역시 경제적 생산에 매우 부정적 영향을 미친다. 예를 들어 객실 서비스 생산시스템을 운영하는 데 있어서 프런트 데스크에 근무하는 서비스 생산자의 실수로 객실배정이 잘못되어 소비자와 언쟁을 벌어진다면 양질의 서비스 생산에 문제가 발생될 수 있다. 이와 같이 제대로 구축

그림 10-2 호텔생산관리의 주요 내용

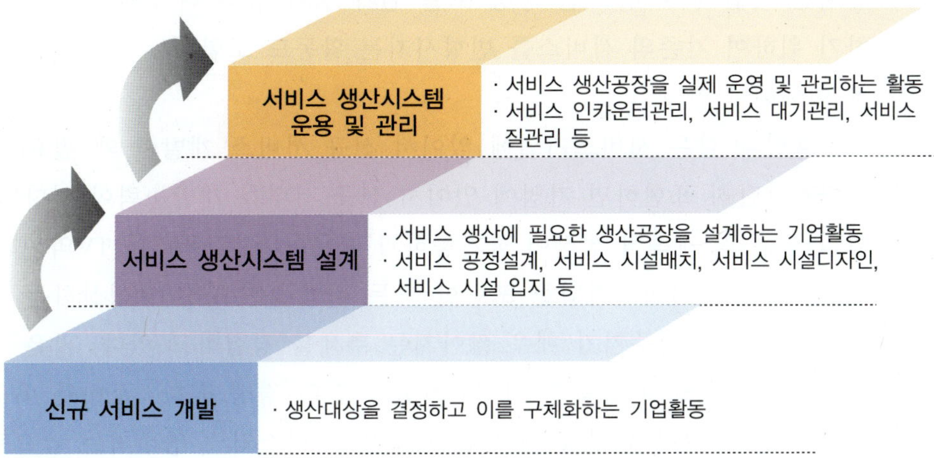

된 서비스 생산시스템이 존재한다 해도 기업이 이 시스템을 제대로 운용 및 관리할 수 있는 능력이 없다면 서비스 생산에 치명적인 문제들이 생산 현장 여기저기서 발생할 것이다. 서비스 생산시스템의 운용 및 관리는 서비스 생산시스템을 실제 운영하고 관리하는 기업의 활동으로 서비스 인카운터관리, 서비스 대기관리, 서비스 질관리 등을 그 주요 내용으로 하고 있다.

INTRODUCTION TO HOTEL ADMINISTRATION

제 2 절 신규 서비스 개발

1. 신규 서비스 개발의 개념 및 중요성

일반적으로 신규 서비스 개발(NSD; New Service Development)이란 현재 시장에 존재하지 않아서 소비자들이 전혀 경험해 보지 못한 새로운 서비스를 만들어내는 기업의 활동으로 생각하기 쉽다. 그러나 신규 서비스 개발이란 기업이 서비스 질 향상 또는 원가 절감 등의 다양한 목적을 달성하기 위하여 기존의 서비스를 변형시키는 활동도 포함되는 광의의 개념으로 이해해야 한다.

호텔과 같은 서비스기업에 있어서 신규 서비스 개발이 왜 필요한 것인가? 간단히 표현하면 기업에 있어서 신규 서비스 개발능력이 없다면 기업의 생존 및 지속적 성장이 불가능하기 때문이다. 컴퓨터나 TV의 예에서 볼 수 있듯이 서비스기업을 포함한 모든 기업들은 자신이 생산하는 제품 및 서비스의 수명주기가 매우 짧아지는 추세를 경험하고 있다. 많은 전문가들은 정보기술의 급속한 발전, 기업들 간의 경쟁 심화, 소비자 욕구의 다양화 등의 여러 요인들 때문에 제품 및 서비스의 수명주기는 앞으로도 계속 짧아질 것으로 예측하고 있다.

이러한 추세에 적극 대응하기 위하여 제조기업들이 신제품 개발에 기울이는 노력은 실로 대단하다. 이는 제조기업들이 연구개발(R&D; Research & Development) 분야에 기울이는 노력만 봐도 쉽게 알 수 있다. 앞서가는 대기업의 경우 경쟁력 있는 신제품 개발을 위해 많게는 총 매출액의 수십 퍼센트를 연구개발부문의 연구비로 투자할 뿐 아니라 우수 연구개발 인력 유치에 있어서도 막대한 투자를 하고 있는 현실이다.

호텔과 같은 서비스기업들의 신규 서비스 개발은 제조기업의 경우 보다 더 중요하다 할 수 있다. 왜냐하면 서비스기업의 경우 앞서 언급된 제품 및 서비스 수명주기의 단축이라는 추세뿐 아니라 신규 서비스 개발에 따른 결과물이 신제품과는 달리 특허 등과 같이 법적 보호대상이 아니기 때문이다. 예를 들어 A호텔에서 경쟁 호텔이 시도하지 않았던 신기술을 적용한 새로운 객실 서비스를 개발하여 생산한 결과 소비자들에게 호평을 받았다고 가정하자. 이러한 경우 경쟁 호텔들은 얼마 지나지 않아 A호텔과 동일한 서비스를 생산하여 소비자들에게 제공할 수 있다. 왜냐하면 서비스의 대부분은 법적 보호대상이 아니기 때문이다. 결국 호텔과 같은 서비스기업은 끊임없는 신규 서비스 개발만이 치열한 경쟁 속에서 살아남을 수 있는 유일한 수단인 것이다. 이러한 현실임에도 불구하고 호텔을 포함한 다수의 서비스기업들은 신규 서비스 개발 노력에 매우 소홀히 하고 있는 현실이다. 이는 대부분의 서비스기업들이 경쟁력 강화를 위한 연구개발 부서를 갖고 있지 않거나 연구개발에 거의 투자를 하지 않는다는 사실만으로도 쉽게 입증된다.

2. 신규 서비스 개발의 종류

신규 서비스 개발에 있어서 주의해야 할 점은 앞서 잠깐 언급한 바와 같이 모든 새로운 서비스가 같은 수준으로 새로울 필요가 없다는 것이다. 예를 들어 항공사나 호텔이 상용 여행자시장에서 경쟁력 확보를 위해 어떻게 신규 서비스 개발을 추진했는가를 보면 이를 쉽게 이해할 수 있다. 어떤 호텔은 상용 여행자들을 위해 객실 내에 팩스, 책상, 컴퓨터와 같은 부수적인 서비스를 새로 추가하기도 한다. 또한 어떤 항공사는 단골 탑승객을 확보하기 위하여 1등석 좌석을 새로 넓히는 것과 같은 핵심 서비스의 개선을 모색하기도 한다. 이 모두가 신규 서비스 개발에 포함이 되는 것이다. 따라서 신규 서비스 개발은 다음과 같이 서비스의 근본적인 변화를 필요로 하는 대혁신(major innovation)에서부터 아주 사소한 변화를 필요로 하는 스타일 변화(style change)에 이르기까지 그 범위가 매우 다양하다

그림 10-3 신규 서비스 개발의 종류

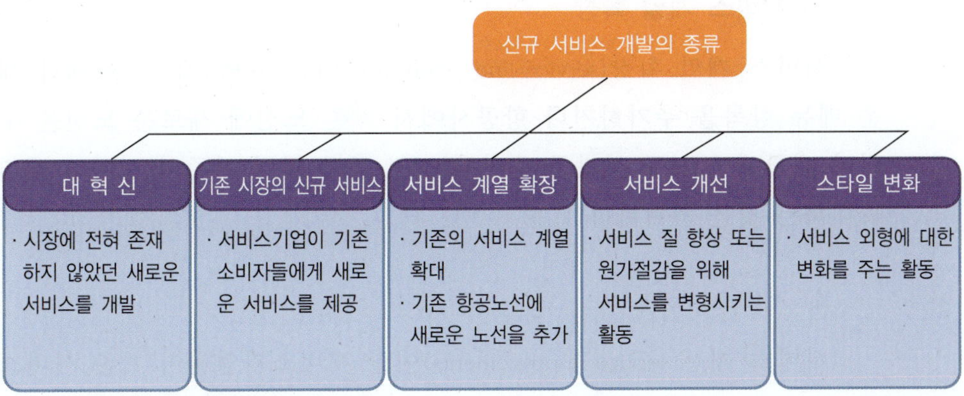

고 할 수 있다.

1) 대혁신

신규 서비스 개발에 있어서 대혁신(major innovations)이란 서비스기업이 시장에 전혀 존재하지 않았던 새로운 서비스를 개발하는 것을 의미한다. 최근 이러한 혁신은 보통 정보 및 컴퓨터에 기반을 둔 기술에 의해 주도된다. 최초의 TV 방송 서비스, 페덱스(FedEx)의 전국 24시간 수화물 배달 서비스, 웰스파고(Wells Fargo) 은행의 최초 인터넷 뱅킹이 바로 이러한 대혁신에 포함된다.

2) 기존 시장의 신규 서비스

기존 시장의 신규 서비스(new services for the currently served market)란 기업이 기존 소비자들에게 새로운 서비스를 제공하는 것을 의미한다. 물론 이런 서비스들은 다른 서비스기업에서 구매가 가능하지만 자사에서는 제공한 적이 없는 서비스를 의미한다. 대형 슈퍼마켓 또는 소매점에 은행 지점을 입점시키거나 은행 입출금기를 설치하는 것, 스타벅스 커피점에 은행 입출금기를 설치하는 것, 서점에서 커피를 제공하는 것, 헬스클럽에서 영양에 대한 교육을 하거나, 항공사가 운항중에 팩스와 전화 서비스를 제공하는 것 등이 바로 이러한 예들이다.

3) 서비스 계열 확장

서비스 계열 확장(service line extensions)이란 호텔 레스토랑에서 새로운 메뉴 항목을 추가하거나 항공사에서 기존 노선에 새로운 노선을 추가거나 대학에서 신규 학과를 증설하는 것 등과 같이 기존의 서비스 계열을 확대하는 것을 의미한다.

4) 서비스 개선

서비스 개선(service improvements)이란 서비스기업들이 기존 서비스의 품질 향상 또는 원가 절감 등의 목적 달성을 위해서 현재 제공되는 서비스의 특성을 변형시키는 것을 의미한다. 서비스 개선이야말로 서비스기업에서 가장 빈번히 수행하는 신규 서비스 개발활동이다. 예를 들어 기존의 서비스를 좀 더 빨리 제공하거나, 서비스 시간을 늘리거나, 호텔 객실을 더 안락하게 꾸미는 것들이 대표적인 서비스 개선의 예라고 할 수 있다.

5) 스타일 변화

스타일 변화(style changes)란 서비스 자체를 근본적으로 바꾸는 것이 아니라 소비자의 인식, 감정, 태도에 영향을 주는 서비스의 외형에 대한 변화를 주는 것이다. 호텔 직원 유니폼 변경, 레스토랑의 인테리어 색상 변경, 기업의 로고 변경, 항공사 비행기 외형의 색상 변경 등이 바로 이러한 예들이다. 이는 서비스를 근본적으로 변화시키는 것이 아니라 단지 외형만 바꾸는 것으로 제품의 포장 변경과 유사한 개념이다.

제 3 절 서비스 공정설계

1. 서비스 공정설계의 개념

기본적으로 서비스 공정설계(process design)란 서비스 생산방법을 결정하는 것을 의미한다. 서비스를 생산할 때 선택할 수 있는 방법은 매우 다양하다고 할 수 있다. 간단한 예를 들어 객실 서비스 생산에 필요한 다양한 원재료, 부품, 또는 서비스를 어느 정도 수준까지 자체적으로 생산할 것인가 아니면 외부에 의존할 것인가를 결정해야 한다. 또는 서비스 생산을 인적자원에 주로 의존할 것인가 아니면 기계화를 선택할 것인가를 결정해야 한다. 또는 서비스 생산에 있어 소비자 참여도를 높일 것인가 아니면 최소화할 것인가를 결정해야 한다.

서비스 생산관리자들은 생산관리의 궁극적 목표인 경제적 생산이 실현될 수 있는 최적의 생산방법을 선택해야 한다. 일반적으로 서비스 생산관리자들이 서비스 생산방법을 결정하는 데 있어서 반드시 고려해야 할 요소들은 다음과 같다.

2. 서비스 공정설계에 있어서 주요 고려요인

1) 수직적 통합

수직적 통합(vertical integration)이란 생산에 필요한 원재료, 부품, 또는 서비스를 어느 정도 수준까지 자체적으로 생산할 것인가를 결정하는 것이다. 자체적으로 생산하는 범위가 높으면 높을수록 수직적 통합도의 수준은 높아지는 것이다.

어느 기업이든지 생산활동에 필요한 모든 투입요소를 자체적으로 생산하는 일은 없다. 예를 들어 삼계탕 전문점에서 삼계탕을 생산하기 위해 필요한 원재료, 즉 영계, 인삼, 찹쌀, 대추 등을 모두 생산하기 위하여 자

그림 10-4 서비스 공정설계에 있어 주요 고려요인

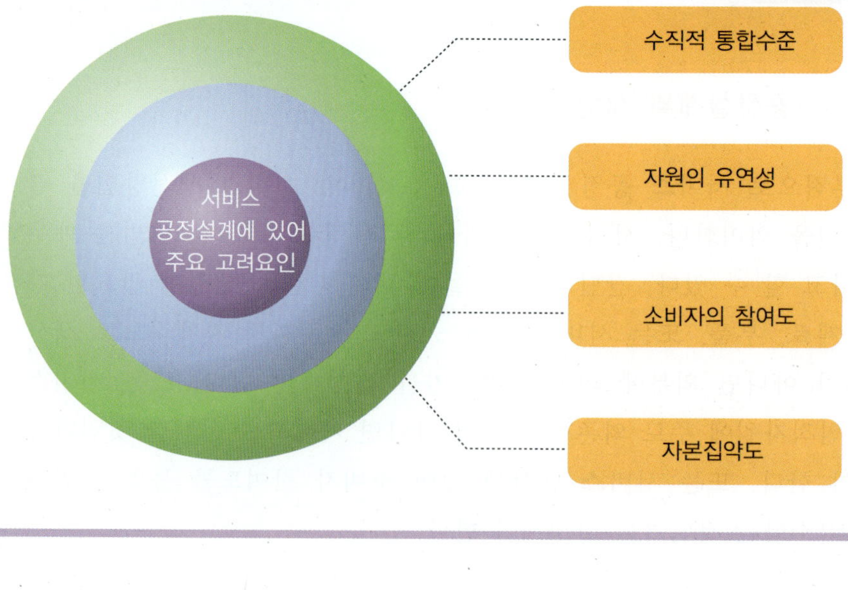

체적으로 농장을 운영하지는 않는다. 이와 같이 대부분의 기업들은 생산에 필요한 투입요소의 일정 부분을 외부 기업으로부터 공급받는다.

기업이 특정 생산공정을 직접 수행하지 않고 외부 기업에 비용을 지불하고 위탁하는 경우, 이를 아웃소싱(outsourcing)이라고 한다. 최근 많은 기업들은 비용절감, 품질 향상 등과 같은 목적을 달성하기 위하여 아웃소싱의 수준을 높이고 있다. 호텔의 하우스키핑부문이 대표적인 예라고 할 수 있다. 기업이 외부 기업에 의존하는 아웃소싱의 수준을 높이게 되면 수직적 통합도는 낮아지게 된다. 결국 수직적 통합도와 아웃소싱은 음(−)의 관계에 있다고 할 수 있다.

2) 자원의 유연성

자원의 유연성(resource flexibility)이란 기업이 소유한 인적 및 물적자원이 얼마나 다양한 서비스 생산과업을 수행할 수 있는가를 의미한다. 소유자원이 다양한 서비스 생산과업을 수행할 능력이 있으면 자원의 유연성 수준은 높아지게 된다. 반대로 소유 자원이 제한된 서비스 생산과업만을 수행할 능력이 있다면 자원의 유연성 수준은 낮아지게 된다.

서비스기업이 어떤 자원을 소유하는 것이 경제적 생산을 달성하는 데 도움이 될 것인가? 자원의 유연성과 관련된 의사결정은 서비스기업이 생산하는 서비스의 고객화 수준에 따라 달라진다. 고객화란 서비스가 고객들의 개별 욕구에 부응하는 정도를 의미한다.

고객화 수준이 높은 서비스는 고객들의 다양한 개별 욕구를 가급적 충족시키는 서비스를 의미한다. 기업이 고객화 수준이 높은 서비스를 생산하려면 당연히 다품종의 서비스를 소량 생산할 수밖에 없다. 이런 상황에서는 기업이 다양한 서비스 생산과업을 수행할 수 있는 자원, 즉 유연성이 높은 자원을 소유해야 경제적 생산에 도움이 된다. 생산량이 소량인 관계로 자원을 효율적으로 활용하기 위해서는 다양한 서비스 생산과업을 수행할 수 있는 유연성이 높은 자원이 필요한 것이다.

반대로 고객화 수준이 낮은 서비스는 고객들의 개별적 욕구를 상대적으로 덜 충족시켜 주는 이른바 표준화된 서비스를 의미한다. 기업이 표준화된 서비스를 생산하게 되면 고객화 수준이 높은 서비스와 달리 소품종을 대량생산하는 형태로 나타나게 된다. 이런 상황에서는 기업이 제한된 서비스 생산과업을 수행할 수 있는 자원, 즉 유연성이 낮은 자원을 소유해야 경제적 생산에 도움이 된다. 생산량이 대량인 관계로 자원을 효율적으로 활용하기 위해서는 제한된 서비스 생산과업을 수행할 수 있는 유연성이 낮은 자원이 필요한 것이다.

3) 소비자의 참여도

소비자의 참여도(customer involvement)란 생산공정에서 소비자와 서비스 생산자 사이에 상호작용 수준이 얼마나 되는가를 의미한다. 참여도를 단순히 소비자와 생산자의 접촉 시간만으로 판단해서는 안된다. 소비자가 얼마나 능동적으로 서비스 생산공정에 개입하여 자신의 욕구에 맞도록 서비스를 추가로 요구하거나 서비스 일부분을 삭제할 수 있는가의 의미도 내포되어 있다. 예를 들어 대학교육의 서비스 생산공정에서는 소비자인 학생들과 서비스 생산자인 교수가 오랜 시간 동안 강의실에서 서로 상호작용한다. 하지만 소비자인 학생들이 능동적으로 생산공정에 개입하는 일이 별로 없다. 따라서 대학교육 서비스의 소비자 참여도는 비교적 낮은 수준을 갖게 되는 것이다.

일반적으로 서비스의 고객화 여부가 서비스 생산공정의 소비자 참여 수준을 결정한다. 호텔 객실 서비스와 같은 소품종 대량생산의 경우 고객화의 수준이 낮은 관계로 서비스 생산공정에서의 소비자 참여도는 낮다고 볼 수 있다. 반면에 의료 서비스와 같은 고객화된 서비스의 경우 다품종 소량생산이기 때문에 소비자 참여도가 높아진다. 소비자 참여도가 높으면 서비스 생산공정이 복잡해지므로 서비스 질관리에 많은 어려움이 있다.

4) 자본집약도

마지막으로 서비스 생산관리자들은 새로운 공정을 설계하거나 기존의 공정을 재설계할 때 생산공정의 자본집약도 수준을 결정하여야 한다. 여기서 자본집약도란 서비스 생산을 기계, 설비, 건물 등과 같은 자본에 의존하는 정도를 의미한다. 서비스 생산에 있어서 자본에 많이 의존하면 할수록 자본집약도 수준은 높아지게 된다. 대표적 예가 바로 호텔, 항공사, 리조트, 운송, 극장 등이다. 호텔의 객실 서비스 생산은 주로 객실부문의 종사원에 의존한다기보다는 객실이라는 설비에 더 많이 의존을 하는 자본집약적인 생산공정을 갖고 있다고 할 수 있다. 자본집약도가 높은 생산공정을 갖고 있는 서비스 생산관리자들은 자본 투자에 관련된 의사결정, 자본의 기술적 발전, 성수기 및 비수기 관리 등의 문제에 항상 관심을 갖고 있어야 한다. 예를 들어 생산관리자들이 상당한 비용이 소요되는 호텔 건물과 같은 자본 투자에 있어서 의사결정을 잘못 내리게 되면 서비스 기업의 생산에 치명적인 영향을 미칠 수 있다.

제 4 절 서비스 시설배치

1. 서비스 시설배치의 개념

서비스 생산에 있어서 시설배치(facility layout)란 서비스 생산공정의 공간적 배열, 즉 서비스 생산의 흐름에 맞춰 생산에 필요한 건물, 시설, 기계설비, 통로, 창고, 사무실 등의 위치를 공간적으로 적절히 배열하는 것을 의미한다. 일반적으로 제조기업들은 시설배치에 있어서 생산의 효율성을 중요시하였다. 다시 말해서 제조기업들은 생산성을 향상시킬 목적으로 생산자의 생산활동을 편리하게 할 뿐 아니라 원자재의 이동도 원활히 할 수 있는 시설배치에 관심을 두었다.

하지만 서비스 시설배치는 생산의 효율성만을 고려하는 제조기업 상황과는 다르다. 서비스 생산공정에서는 소비자들이 참여하기 때문에 생산의 효율성보다 소비자 편의를 더 중시해야 한다. 예를 들어 병원의 시설배치가 비효율적으로 된 병원을 찾은 환자는 진료를 받기 위해 먼저 12층에 있는 등록창구에 가서 등록을 하고, 2층 내과로 가서 의사의 진단을 받고, 정밀검사를 위해 다시 4층으로 가서 엑스레이(X-ray)검사를 받고, 다시 9층에 올라가 초음파검진을 받아야 하는 등 큰 불편을 느낄 것이다.

소비자들은 서비스 구매 및 소비 시 전체 서비스의 일부로서 시설배치를 평가한다. 따라서 서비스 시설배치는 서비스 생산자뿐 아니라 소비자들도 편리하도록 서비스 생산시스템을 잘 배열될 필요가 있다. 서비스 시설배치는 다음과 같이 2가지 유형으로 구분된다.

2. 서비스 시설배치의 유형

1) 상품별 배치

상품별 배치(product layout)는 주로 소품종 대량생산의 형태, 다시 말해서 표준화가 높은 서비스를 생산하는 생산공정에 적합한 시설배치라고 할 수 있다. 대표적인 예가 호텔 및 항공사라고 할 수 있다. 항공사 같은 경우는 어떤 소비자라도 공항에 도착하면 탑승수속-보안검사-출국신고-

그림 10-5 상품별 배치 — 호텔

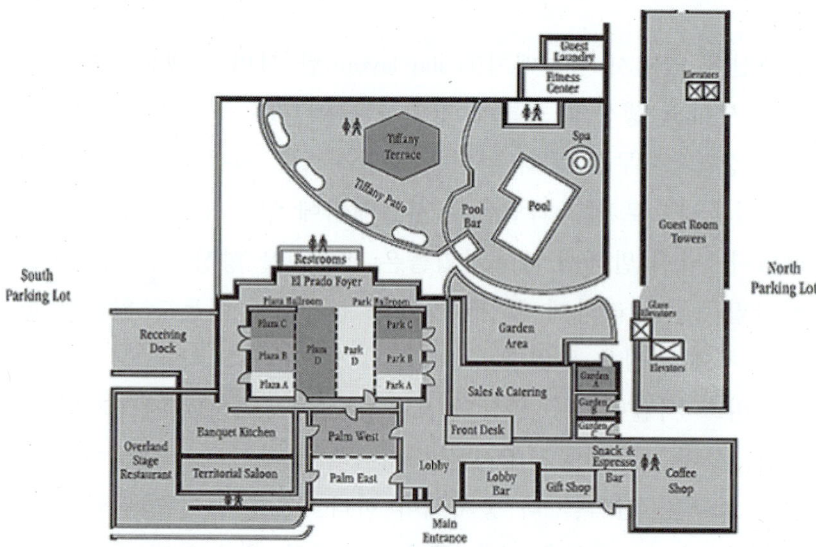

면세점-탑승 전 대기-탑승 등과 같은 고정된 순서에 의해서 절차를 밟게 되어 있다. 이는 제조업의 자동차 생산라인과 같은 시설배치라고 할 수 있다. 이러한 배치 형태에서는 각 서비스 스테이션별로 서비스 생산자들이 배치된다. 소비자들은 순서에 입각하여 서비스를 제공받기 위해 각 서비스 스테이션으로 이동하게 된다.

상품별 배치에 있어서 가장 고려해야 할 점은 라인균형의 문제(line balancing problem)이다. 라인균형의 문제란 공항 출국에서 볼 수 있듯이 서비스를 제공하는 각 스테이션에 부과된 업무량이 서로 균형을 이루지 않는 경우를 의미한다. 서비스 스테이션별로 부과된 업무량이 비슷하지 않은 경우, 특히 업무량이 많은 스테이션에서는 어쩔 수 없이 소비자들의 지체현상이 발생된다. 반면에 업무량이 적은 스테이션에서는 서비스 생산자들이 할 일 없이 노는 유휴시간(idle time)이 생기게 된다. 결국 업무량이 많은 서비스 스테이션에서는 휴식시간 없이 열심히 일을 처리함에도 불구하고 병목현상(bottle neck) 때문에 소비자들이 기다리는 현상이 발생한다. 따라서 서비스 생산관리자들은 각 서비스 스테이션별로 부과된 업무가 균형을 이룰 수 있도록, 즉 라인균형이 이루어지도록 시설배치에 신경을 써서 생산의 효율성은 물론 소비자의 편의성을 높여야 한다.

2) 공정별 배치

공정별 배치(process layout)란 주로 다품종 소량생산의 형태, 다시 말해서 고객화 수준이 높은 서비스를 생산하는 생산공정에 적합한 시설배치라고 할 수 있다. 예를 들어 병원의 소비자들은 공통적으로 치료를 목적으로 병원을 찾는다. 하지만 모든 사람들이 다 동일한 병을 갖고 있는 환자는 아니다. 따라서 병원은 개별 환자들에게 서로 다른 의료 서비스를 제공해야 한다. 다시 말해서 고객화가 매우 높은 서비스를 제공해야 되는 것이다.

이러한 생산 형태를 갖고 있는 경우 환자들의 치료를 위해 상품별 배치와 같이 병의 종류에 따라 각각의 의료 서비스 스테이션들을 개설하는 것은 불가능하다. 왜냐하면 병원이 감당할 수 없을 만큼의 엄청난 투자를

그림 10-6 공정별 배치 — 병원

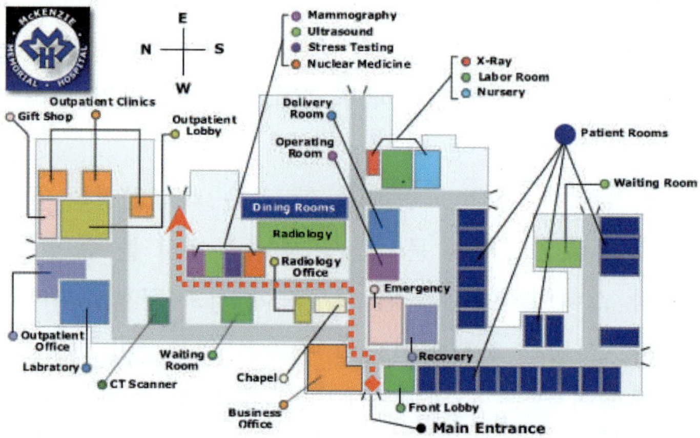

요구하기 때문이다. 설사 가능하다고 해도 병원을 찾는 환자의 병은 수백 가지가 될 것이고, 같은 병에 걸린 소비자 수는 극히 소수인데 병의 종류에 따라 설비를 배치한다는 것은 자원의 엄청난 낭비이다.

이러한 경우 공정별 배치, 즉 서로 비슷한 기능을 수행하는 부서별로 서비스 생산자와 시설을 배치하는 것이 적절하다. 예를 들어 병원은 부서를 내과, 소아과, 외과, 신경정신과, 산부인과, 방사선과, 검사실, 물리치료실, 약국 등으로 나누어 각 기능별로 다양한 의료 서비스를 소비자들에게 제공한다. 한편 소비자들은 자신에게 필요한 서비스를 제공받기 위해 예를 들어 내과-방사선과-내과-약국 순으로 이동하게 된다.

이상과 같은 배치에서는 어떻게 하면 소비자들의 이동거리를 최소화하여 편의성을 높이는가에 초점을 맞춰야 한다. 예를 들어 환자들이 제일 많이 찾는 약국, 검사실 등은 건물의 중앙에 배치하고, 서로 왕래가 없는 부서, 예를 들어 신경정신과와 물리치료실, 산부인과와 외과 등은 서로 거리를 어느 정도 유지해서 외곽에 배치한다면 이동거리가 최소화되어 환자들의 편의성을 높일 수 있다.

제 5 절 서비스 시설디자인

1. 서비스 시설디자인의 개념

앞서 언급한 바와 같이 서비스기업은 서비스 생산을 인적자원에 많이 의존하기도 하지만 건물, 기계, 설비 등과 같은 시설에 많이 의존하기도 한다. 이러한 요소들을 이른바 서비스 생산의 물적 요소라고도 한다. 서비스 생산에 활용되는 모든 물적 요소는 기능적 요소와 환경적 요소로 세분될 수 있다. 먼저 기능적 요소란 서비스 생산에 활용되는 물적 요소 중에서 기능적 측면이 주로 강조되는 부분을 말한다. 예를 들어 호텔 서비스 생산에 활용되는 상하수도 시설, 냉난방 시설, 엘리베이터 등은 주로 시설의 기능적 작동이 중요시되는 부분들이다. 따라서 기능적 요소란 물적 요소의 원활한 기능적 작동 및 그 성능이 중시되는 시설들을 의미한다.

한편 환경적 요소는 물적 요소의 기능적 측면보다는 외형적 모양이 중요시되는 부분으로 서비스 생산시스템에 참여한 소비자들의 시각적 만족과 밀접한 관계가 있다. 다시 말해서 환경적 요소란 서비스가 생산 및 소비되는 생산현장에서 특정 분위기를 창출하여 소비자들에게 시각적 만족을 제공하는 역할을 수행한다. 환경적 요소의 특성이 가장 두드러지게 나타나는 시설로는 실내장식을 들 수 있다. 실내장식이란 물적 요소에 있어서 기능적 측면의 가치는 거의 없다고 해도 과언이 아니다. 실내장식의 주 목적은 바로 서비스 생산현장의 특정한 분위기 연출에 있다. 서비스기업들은 실내장식을 활용하여 자신의 서비스 생산현장에 어울리는 아늑함, 편안함, 고급스러움 등 나름대로의 분위기를 연출하여 소비자들에게 시각적 만족을 제공하고 있다.

서비스 시설디자인이란 서비스 생산공정에서 활용되는 물적 요소 중

서비스 시설디자인—룩소 호텔(Luxor Hotel) 로비

에서 바로 환경적인 요소에 대한 설계를 의미한다. 생산관리자에게 있어서 이러한 환경적 요소의 설계는 다른 의사결정과 마찬가지로 매우 중요하다. 왜냐하면 지금까지의 많은 연구들에 의하면 환경적 요소들이 소비자들의 서비스 구매, 서비스 질 평가, 소비자 만족에 상당한 영향을 미치는 것으로 나타나고 있기 때문이다.

굳이 어려운 이론적 근거를 제시하지 않더라도 사람들이 자주 이용하는 은행, 병원, 커피숍, 바 등 다양한 서비스기업에서 일어나고 있는 최근의 변화를 살펴보면 이를 쉽게 알 수 있다. 예를 들어 병원의 경우 그간 적극적인 노력 덕분에 과거 매우 차가웠던 분위기에서 환자들의 심리적 안정감을 줄 수 있는 분위기로 바뀌고 있다. 이에 대한 환자들의 반응은 매우 긍정적인 것으로 나타나고 있다. 물론 호텔과 같은 서비스기업은 과거부터 환경적 요소의 중요성을 인식하여 이 분야에서 선도적인 역할을 하고 있지만 대부분의 서비스기업들은 이 분야에 대한 중요성을 간과하였다고 해도 틀린 말은 아닐 것이다. 최근 대부분의 서비스 시장환경이 급변함에 따라 많은 서비스기업들은 환경적인 측면의 중요성을 인식하고 이 분야에 많은 투자를 하고 있는 현실이다.

2. 서비스 시설디자인의 실제

서비스 시설디자인 분야는 서비스 생산관리자의 전문영역 밖의 고도의 건축 지식 및 예술적 감각을 필요로 하는 전문 분야라고 할 수 있다. 따라서 서비스 생산관리자는 이런 분야의 의사결정을 인테리어 디자이너에게 전적으로 일임하는 경우가 많다. 그러나 이러한 사례는 매우 위험한 일이다. 왜냐하면 최종디자인의 결과물은 디자이너의 디자인 능력에 의해서 좌우되기도 하지만 서비스 생산관리자의 디자인에 대한 감각 또는 지식수준에 의해서도 좌우되기 때문이다. 결국 환경적 측면의 디자인은 디자이너와 서비스 생산관리자의 긴밀한 협력의 결과인 것이다. 따라서 서비스 생산관리자도 환경적 요소의 디자인에 대한 최소한의 지식 보유가 절대적으로 필요하다고 할 수 있다.

CASE 11 '특급' 제친 작은 호텔, 무슨 비밀 있을까

신신호텔, 트립어드바이저 국내1위
비즈니스호텔 난립 속 평일 객실 점유율 90%
호텔은 '임대업' 인가 '서비스업' 인가…
初心으로 돌아가자
중저가호텔이지만
'인정머리 없는' 셀프서비스는 지양
고객이 오히려 팁 주고싶어 난리

황수정 신신호텔 총지배인

미식가들에게 맛의 지표가 되는 것이 '미슐랭 가이드' 라면, 여행객들에게는 '트립어드바이저' 가 있다. 트립어드바이저는 세계 최대 여행정보 업체로, 매년 각국의 베스트호텔을 선정하고 있다. 이곳에서 1위를 차지했다는 것은 최고의 호텔로 국내외에서 인정받았다는 것을 의미한다.

올초 국내 내로라하는 특급호텔들을 제치고 이름조차 생소한 서울 시내 작은 독립호텔, 신신호텔이 '2016 트래블러즈초이스' 대한민국 1위를 수상했다. 이곳은 평일 객실 점유율 90%를 웃돌고 주말에는 성수기가 아니어도 항상 75개 객실이 100% 만실을 이룬다. 서울 시내 호텔들의 평균 객실 점유율이 50~60%대인 점을 감안하면 대흥행이다. 비결이 뭘까. 황수정 신신호텔 총지배인과 2시간여 동안 인터뷰를 하면서 이곳이 1등을 할 수밖에 없었던 이유가 눈에 보이기 시작했다.

"호텔을 '임대업' 으로 보는가, '서비스업' 으로 보는가의 시각 차이에서 경쟁력이 달라집니다."

황 총지배인은 호텔을 단순히 부동산으로만

보면 성장에 한계가 있다며 이같이 설명했다. 신신호텔은 혜성처럼 등장한 신규호텔이 아니다. 1964년 설립돼 국내 사우나의 시초인 '신신사우나'가 있었던 곳이 바로 이곳이다.

1990년 폐업한 이후 창고로 쓰이다가 2013년 김화영 신신호텔 대표가 아버지의 뜻을 이어 이 부지를 호텔로 신축하면서 다시 활기를 불어넣었다. 건물 2동짜리 호텔에는 순수미술을 전공한 김 대표의 손때가 곳곳에 묻어났다. 건축물과 조형물의 합작호텔을 그려내고 싶었다는 게 김 대표의 꿈이었다. 기본적으로 호텔에 대한 애착이 있기 때문에 그릴 수 있는 꿈이었다. 호텔 서비스를 위해서는 끊임없는 투자가 요구되는 건 당연지사. 그러나 모든 호텔들이 이를 곧바로 현장에 반영하진 못한다. 특히 오너가 호텔을 임대업으로만 본다면 더욱 그렇다.

황 총지배인은 "한 달에 한 번은 직원들에게 호텔의 개선·보완 아이디어를 받고 곧장 현장에서 실천한다"며 "때론 비용이 들어가는 계획도 있지만 투자에 인색하지 않고, 의사결정도 빠른 편"이라고 말했다. 최근에는 고객들이 버리고 간 쇼핑팩에 신신호텔 로고를 붙여 재사용하자는 아이디어가 채택됐다. 소소한 아이디어지만 현장에 바로 적용됐다. 이를 통해 직원들의 소속감이 더욱 공고해진다는 설명이다. 애사심도 덩달아 커지면서 서비스 질도 향상됐다.

신신호텔 외관

비즈니스호텔이 저렴한 이유는 풀서비스가 아닌 '셀프서비스'이기 때문이라는 말이 있다. 그만큼 최소한의 하드웨어만 제공해 가격을 낮췄기 때문이다. 그러나 이곳에서는 '인정머리' 없는 셀프서비스는 지양한다. 일례로 길이 복잡한 호텔 앞동 고객에게는 100% 에스코트를 해주며 짐이 많은 이들에게는 버스정거장까지 호텔 직원들이 직접 짐을 들어주기도 한다. '돈 낸 만큼만 머물다 가라'는 건 호텔의 본질이 아니라는 게 신신호텔의 철칙이다. 정책상 봉사료 10%가 따로 붙지 않지만 오히려 투숙객들이 팁을 주고 싶어 들이미는 경우도 많다.

이런 후기들이 올라오는 곳이 바로 트립어드바이저다. 신신호텔이 트립어드바이저에서 1위를 할 수 있었던 가장 큰 이유 중 하나는 트립어드바이저를 기반으로 한 고객 소통 방식에 있었다. 신신호텔은 대형호텔들처럼 고객관리 전산화가 갖춰진 게 아니기 때문에 트립어드바이저 관리인 모드에서 조언을 받곤 했다. 황 총지배인이 눈을 뜨자마자 하는 일도 트립어드바이저에서 고객 후기를 읽는 것이다. 일일이 댓글을 올리는 것도 잊지 않는다. 대형호텔에서는 좀체 찾아보기 드문 일이다.

트립어드바이저에서 고객들이 주는 별점과 내부에서의 객관적 평가, 실시간 랭킹 등을 토대로 그 해 한 국가에서 총 25개 호텔이 뽑히며 이 중에서 호텔 순위가 정해진다. 신신호텔은 지난해 18위에서 올해 1위에 올랐다.

출처: 아시아경제, 2016.4.

INTRODUCTION TO HOTEL ADMINISTRATION

제 6 절 서비스 시설 입지

1. 서비스 시설 입지의 개념

일반적으로 서비스기업의 시설 입지 의사결정이란 서비스기업의 공간적 패턴(spatial pattern)을 결정하는 것이다. 쉽게 이야기하면 서비스기업의 입지 결정은 서비스기업이 자신의 서비스를 생산할 장소를 결정하는 것이라고 할 수 있다.

호텔, 식당, 병원, 은행 등과 같은 서비스 생산시스템의 입지 의사결정은 생산시스템의 공간적 패턴을 결정한다는 개념적 측면에서 보면 제품 생산공장의 입지 의사결정과 같다. 하지만 입지 의사결정이 기업 경영성과에 미치는 영향은 서로 다르게 나타난다. 제조기업들에게 있어서 입지 선정은 생산비용에 영향을 미치는 요소이다. 제조기업들의 경영자들이 입지 선정에 있어서 가장 관심을 갖고 검토하는 요인들은 노동력, 시장과의 근접성, 원자재의 근접성, 수송의 효율성, 공업용수의 양과 질, 토지 가격 등과 같은 요인들이다. 이러한 요인들의 대부분은 생산원가 또는 품질과 밀접한 관련이 있다.

반면에 서비스기업들에게 있어서 입지선정은 매출 증대 및 수익 창출과 밀접한 관련이 있기 때문에 서비스 기업경영에 매우 중대한 영향을 미치는 요소라 할 수 있다. 대부분 서비스 소비자들은 서비스를 구매 및 소비하기 위해서는 서비스 생산현장으로 가야 한다. 따라서 소비자들은 방문하기 편리한 위치에 입지하고 있는 서비스기업을 선호한다. 예를 들어 한 끼의 저녁식사를 위해 수십 킬로미터를 이동하고자 하는 소비자들은 미식가들을 제외하고 거의 없을 것이다. 서비스기업이 어떤 서비스를 생산하여 소비자들에게 판매하건 간에 잠재 소비자들의 서비스 구매는 입지를 통해 가능한 것이다. 결국 좋은 입지란 소비자들이 쉽게 접근할 수 있어 서비스기업의 매출을 향상시킬 수 있는 곳을 의미한다. 현대 호텔산업의 선구자인 스타틀러(E. M. Statler)도 일찍이 호텔산업에 있어서 중요한 세 가지 요소는 첫째도 입지, 둘째도 입지, 셋째도 입지라고 할 정도로 입지 의사결정의 중요성을 강조한 것은 바로 이러한 점을 염두에 두고 이야기한 것이다.

특히 대단위 시설투자를 필요로 하는 호텔, 대형 병원, 대형 식당, 주제공원 등과 같은 자본집약적인(capital intensive) 서비스기업들에게 있어서 입지 의사결정은 더욱 조심스럽게 접근해야 한다. 왜냐하면 일단 입지 의사결정이 내려지고 나게 되면 쉽게 입지를 변경할 수 없다는, 즉 장기고정투자(long-term fixed investment) 성격을 띠고 있기 때문이다. 따라서 잘못된 입지 의사결정으로 오는 재무상의 불이익을 극복하기란 매우 어렵다. 또한 격심한 경쟁상황하에서의 기업들은 생존 및 경쟁력 강화를 위해 가격, 서비스 질, 서비스 제공 범위, 촉진활동 등 다각적 노력을 펼치고 있다. 이러한 노력과정에서 실수가 발생하는 경우 비교적 쉽게 수정하여 신축적으로 경쟁기업들에 대응할 수 있다. 그러나 경쟁기업의 입지적 이점을 공격하거나 무력화하기는 매우 어렵다고 할 수 있다. 이상과 같이 일단 입지 의사결정이 잘못되면 서비스기업이 아무리 노력을 한다고 하여도 해당 시장에서 퇴출될 가능성이 높아진다. 따라서 입지 의사결정은 당면한 서비스 생산관리적 측면의 여러 의사결정에 있어서 가장 중요한 것 중에 하나라고 할 수 있다.

2. 서비스 시설 입지계획의 일반적 단계

1) 시장선택

시장선택(market selection)의 단계란 서비스기업이 입지하려고 하는 대도시, 도시 등과 같이 광범위한 지역시장을 선택하는 것을 의미한다. 이 단계는 특정 시장의 잠재력을 판단하려는 것으로 궁극적으로 서비스기업의 수익성과 밀접한 관계를 가지고 있다. 선택하려고 하는 시장은 신생기업이 성장할 수 있는 경제적 기반과 잠재력을 제공할 수 있는 충분한 인구와 소득이 있어야 한다. 추가로 지역 주민의 인구통계학적 특성과 사회경제적 성격이 기업이 추구하는 표적시장과 일치해야 한다. 마지막으로 시장의 현존하는 경쟁 수준은 시장의 포화 정도를 알려주는 지표가 된다.

2) 지역분석

앞서 언급한 바와 같이 시장선택의 단계는 서비스기업의 신설 또는 확대에 대한 해당 시장의 잠재력을 평가하는 것이다. 하지만 이러한 광범위한 지역시장의 분석만으로 충분치 않다. 왜냐하면 광범위한 지역시장 내에서도 공간적 차이가 존재하여 매력도 측면에서 서로 다르기 때문이다. 실제 어느 지역시장이나 토지의 이용 상황, 거주 패턴에 있어서 상당한 차이가 존재한다. 또한 인구의 성격이나 성장잠재력에 있어서도 지역별로 상당한 차이를 보인다. 서울의 예를 들면 각 구별로 경제수준에 있어서 상당한 차이가 존재한다.

지역분석(areal analysis)이란 바로 이런 지역시장 내의 차이를 분석하여 지역시장에서 제일 매력적인 세부 지역을 찾아내는 활동을 의미한다. 지역분석 단계에서는 주로 토지의 활용패턴, 주간 및 야간 인구 수 등과 같은 요인을 평가하여 지역의 차이를 판별한다.

3) 입지평가

입지평가(site evaluation)의 단계는 서비스 시설 입지계획의 제일 마지

그림 10-7 서비스 시설 입지계획

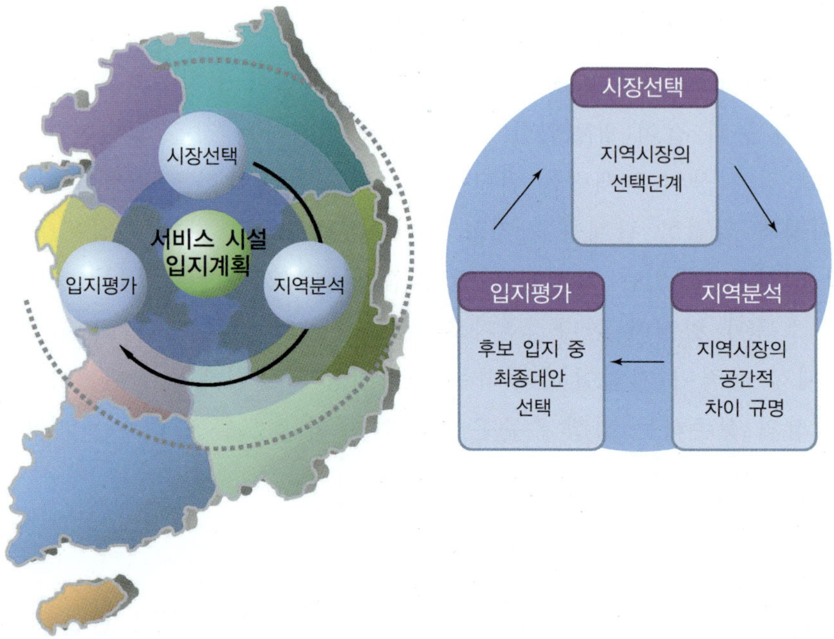

막 단계이다. 여기서는 특정 세부 지역 내에서 서비스기업이 선택 가능한 다수의 대안 입지들을 개별적으로 평가하여 최종적으로 특정 입지를 선정하게 된다. 서비스기업에 적합한 입지의 타당성을 결정하기 위해서는 심도있는 조사가 필요하다.

현재 개발되어 서비스기업들이 활용하고 있는 입지평가 기법들에는 요인평정법, 유사기업 유추법, 회귀분석법, 지리정보시스템, 공간 상호작용모델, 2단계 요인평정법 등이 있다. 예를 들어 요인평정법(factor rating method)은 호텔분야를 비롯하여 여러 서비스분야에서 많이 활용되고 있는 기법이다. 이 기법은 입지 선정시 반드시 고려해야 할 주요 요인들을 먼저 판별하고, 각각의 요인에 대하여 입지평가자가 평가하는 방법이다. 입지의사결정자들은 잠재후보입지들을 평가하기 앞서 접근성, 수요 배출지와의 근접성, 가시성, 지역의 용도, 주변환경, 제한사항, 입지의 물리적 특성 등과 같이 호텔입지 의사결정에 중요한 영향을 미칠 수 있는 요인들을 도출하고, 이 요인들을 중심으로 잠재 후보입지들을 평가한다.

제 7 절 서비스 인카운터관리

1. 서비스 인카운터의 개념

서비스 인카운터(service encounter)란 최근 서비스연구에서 그 중요성을 인정받고 있는 개념으로 흔히 '진실의 순간' 또는 '결정적 순간(moments of truth)'으로 일반에게 더 잘 알려져 있다. 서비스 인카운터란 용어를 우리말로 직역하면 '소비자와 서비스의 만남' 또는 '서비스와의 접촉'으로 해석될 수 있다. 서비스 인카운터를 연구하는 학자들에 의하면 서비스 인카운터는 '소비자가 직접적으로 특정 서비스와 상호 작용하는 시간' 또는 '소비자와 서비스 제공자 사이에 2분적(dyadic) 상호작용'으로 정의되고 있다. 결국 서비스 인카운터란 서비스 생산공정에서 필연적으로 발생하는 소비자와 서비스기업과의 접촉 순간을 의미하는 것이다.

실제 특정 서비스의 생산공정을 운용하는 데 있어 다수의 서비스 인카운터 현상들이 존재한다. 특히 호텔, 항공, 의료 등과 같이 소비자들을 대상으로 한 서비스기업들 경우 서비스 인카운터의 빈도는 높아진다. [그림 10-8]은 호텔 객실 서비스의 생산공정에서 발생하는 주요 서비스 인카운터들을 단계별로 기술한 것이다. 소비자들은 객실 서비스를 소비하면서 일련의 서비스 인카운터들을 경험하게 된다.

개별 서비스 인카운터들의 성공적 관리는 서비스 생산공정 운영에 있어서 매우 중요하다. 왜냐하면 생산공정에 참여하는 소비자들이 서비스 인카운터에서의 경험을 기준으로 전체 서비스를 평가하는 경향이 많기 때문이다. 서비스 인카운터 연구의 선구자로 잘 알려진 당시 스칸디나비아

그림 10-8 호텔 서비스 인카운터

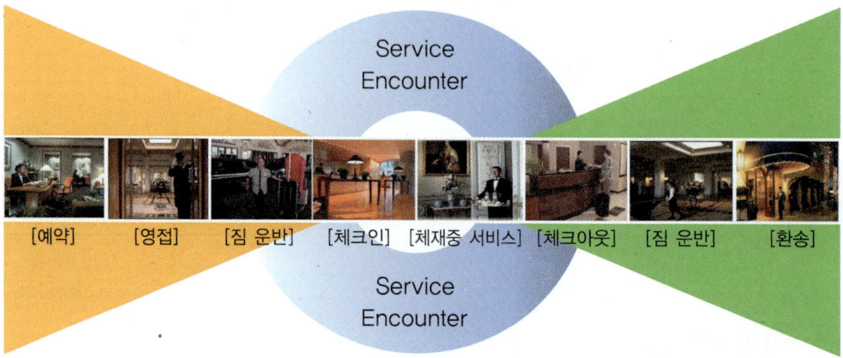

항공사(SAS)의 사장이었던 얀 칼슨(Jan Carlzon)은 서비스 인카운터의 중요성에 대하여 다음과 같이 이야기하고 있다. "SAS에 근무하는 사람들에게 SAS에 대해서 물어본다면 비행기, 직원 수, 매출액 등에 관련된 이야기를 할 것이다. 그러나 소비자들에게 SAS가 어떤 회사인지 물어본다면 소비자들은 서비스 인카운터에서 SAS의 직원들과 만났던 경험을 이야기할 것이다." 이는 소비자들이 호텔 프런트 데스크 직원들과의 접촉 경험의 좋고 나쁨이 전체 서비스 평가에 상당한 영향을 미칠 수 있다는 것을 현장에서 이야기하고 있는 것이다. 양질의 서비스 생산을 위해서는 생산공정에서 하루에도 수천 번 또는 수만 번 발생하는 서비스 인카운터들의 철저한 관리가 절대적으로 필요한 것이다.

2. 서비스 인카운터의 종류

1) 대인 서비스 인카운터

대인 서비스 인카운터(person-to-person service encounter)란 서비스 생산자와 소비자, 즉 사람과 사람이 직접 접촉하는 서비스 인카운터를 의미한다. 한동안 서비스 인카운터 연구는 소비자와 생산자가 접촉하는, 즉 대인 서비스 인카운터에 많은 관심을 갖고 있었다. 왜냐하면 과거 대부분의 서비스기업들의 생산공정은 대인 서비스 인카운터가 많이 발생하는 구조로 설계되었기 때문이다. 다시 말해서 서비스 생산을 사람에 많이 의존하도록 생산공정을 설계하였다는 것이다. 이는 앞서 언급된 호텔 서비스의 예를 보면 쉽게 알 수 있다. 호텔 서비스의 경우 소비자들은 서비스 생산공정 속에서 도어 어탠던트의 영접에서 환송에 이르기까지 다수의 서비스 생산자와의 서비스 인카운터를 경험하게 된다. 생산관리자들은 서비스 생산시스템 운용에 있어서 이러한 대인 서비스 인카운터들을 어떻게 효과적으로 관리할 것인가에 많은 노력을 기울여야 한다.

대인 서비스 인카운터

2) 음성 서비스 인카운터

음성 서비스 인카운터(voice-to-voice service encounter)란 말 그대로 소비자와 서비스 생산자가 직접 접촉 없이 전화를 통해 음성을 매개로 하여 접촉하는 순간을 의미한다. 과거 기업들이 서비스 생산에 있어서 음성 서비스 인카운터에 많이 의존했던 분야는 예약업무 분야를 제외하고는 별로 없었다. 대부분의 음성 서비스 인카운터는 호텔 객실예약, 레스토랑 좌석예약, 항공 좌석예약 등에 한정되었다. 그러나 이러한 추세는 서비스기업을 중심으로 많이 변화되고 있다. 그 대표적인 예가 기업들의 콜센터(call center) 활용이라고 할 수 있다. 현재 콜센터는 예약 이외에도 거래 처리, 판매, 상담, 정보제공 등 과거 대인 서비스 인카운터하에서 이루어졌던

음성 서비스 인카운터

다양한 업무들을 대신 수행하고 있다.

아직 전체 서비스 인카운터에 있어서 음성 서비스 인카운터의 비중은 그리 높지 않다. 하지만 최근 정보통신 기술의 발전에 힘입어 많은 서비스기업들은 음성 서비스 인카운터를 통한 소비자 접촉을 활성화시키려고 노력하고 있기 때문에 그 비중은 점차 증가될 것으로 예상된다. 이에 적극 대응하기 위해서 서비스 생산관리자들은 대인 서비스 인카운터 이외에도 음성 서비스 인카운터의 효과적 관리에 많은 노력을 기울여야 할 것이다.

3) 기술 근간 서비스 인카운터

기술 근간 서비스 인카운터(technology based service encounter)란 서비스기업과 소비자의 상호작용에 있어서 인적 요소를 완전히 배제한 형태의 서비스 인카운터를 의미한다. 대표적인 예로는 서비스기업의 인터넷 홈페이지, 은행은 자동입출금기(ATM), 호텔의 객실 내 비디오 체크아웃 시스템 등을 들 수 있다. 최근 정보기술의 발전은 과거 기업들이 서비스 생산에 있어서 사람에 의존하지 않으면 불가능하다고 생각했던 부분들을 이상의 예에서 보듯이 인적 요소가 없어도 가능하게 만들고 있다.

기술 근간 서비스 인카운터를 적극적으로 활용하려는 서비스기업의 노력은 향후 지속될 것으로 예상된다. 왜냐하면 서비스기업이 서비스 생산공정에서 인적 요소를 배제하게 되면 비용 절감뿐 아니라 서비스 질의 일관성 유지가 가능하기 때문이다. 소비자 입장에서도 편의성 및 기타 여러 요인들로 인하여 기술 근간 서비스 인카운터에 대해 긍정적인 태도를 보이고 있다. 이상과 같이 기술 근간 서비스 인카운터는 기업과 소비자 양자에게 도움을 주는 것이기 때문

▍기술 근간 서비스 인카운터

에 향후 많은 서비스기업들은 가능한 기술 근간 서비스 인카운터가 많이 발생하는 서비스 생산시스템을 구축하는 방향으로 나갈 것으로 예상된다.

제 8 절 서비스 대기관리

1. 서비스 대기의 개념

서비스 대기(service waits)란 서비스 생산자들로부터 서비스를 제공받기 위하여 고객들이 기다리는 현상을 의미한다. 대부분의 고객들은 대기하면서 줄을 서서 기다리는 것이 일반적이다. 이를 지칭하여 기다리는 줄(waiting line) 또는 서비스 대기행렬(service queue)이라고 한다. 하지만 햄버거를 구매하기 위하여 또는 호텔에 도착해서 투숙절차를 밟기 위하여 프런트 데스크 앞에서 소비자들이 실제 줄을 서서 기다리는 것 같이 대기행렬이 물리적으로만 존재하는 것은 아니다. 예를 들어 신용카드 회사에 전화를 걸어 자기 차례를 기다리는 소비자들도 서비스 대기행렬에 포함된다.

서비스 대기는 서비스기업의 생산시스템 운영에 있어서 피할 수 없는 부분이다. 왜냐하면 서비스 대기는 서비스 과다 수요, 일정치 않은 서비스 수요의 도착률(arrival rate), 서비스 생산공정에서의 병목현상 등 매우 다양한 원인이 복합적으로 작용하여 생긴 현상이기 때문이다.

서비스 대기행렬

서비스 대기가 서비스생산관리의 중요 이슈가 되는 것은 서비스 대기에 대한 소비자들의 반응이 매우 부정적이기 때문이다. 소비자들은 대기시간이 길면 길수록 해당 서비스의 질이 낮다고 평가할 뿐 아니라 불만족을 느낀다. 따라서 서비스 생산공정에서 발생하는 서비스 대기는 서비스 생산관리자들이 항상 관심 있게 관찰하고 관리해야 할 매우 주요한 현상인 것이다.

2. 서비스 대기관리

서비스 대기의 문제를 해결하기 위해 현재 서비스생산관리에서는 서비스 대기를 크게 두 방향으로 접근하고 있다. 먼저 전통적인 접근 방법으로서 서비스 대기를 수학적인 관점에서 분석하는 것이다. 이 접근방법은 실제 서비스 대시시간을 단축하는 것을 목표로 두고 있다. 전통적 접근을 중시하는 학자들은 수학의 확률이론에 기초한 대기행렬 모델(queuing model)을 수립하고, 이에 근거하여 서비스 생산자들을 추가 배치하거나 시간을 절약하는 기술을 적용하여 실제 대기시간을 최대한 단축하고자 노력하고 있다.

서비스 대기의 또 다른 접근방법은 심리학적 접근이다. 서비스 대기의 심리학적 접근은 수학적 접근보다는 그 출발이 훨씬 뒤라고 할 수 있는 1980년도 중반부터라고 할 수 있다. 호닉과 마이스터(Hornik & Maister)에 의해 처음 시작된 이 접근은 서비스 대기관리에 있어 수학적 접근이 강조하는 실제 대기시간도 중요하지만, 고객들이 이러한 대기시간을 어떻게 지각하는가도 매우 중요하다고 보고 있다. 왜냐하면 실제 대기시간에 대한 소비자들의 인식(지각된 대기시간), 대기 환경, 대기중에 발생하는 침입 또는 새치기, 소비자들이 장기간 대기할 때 그 대기 이유에 대한 소비자들의 해석 등 여러 요인들을 고려하면 수학적 접근에 의해 구축된 대기행렬 이론과는 다른 결론이 도출될 수 있기 때문이다. 예를 들어 동일하게 30분을 기다린다고 가정할 경우 다른 일에 몰두하고 있는 사람에게는 실제 시간보다 훨씬 짧게 느껴지지만 시간의 흐름에 민감한 사람에게는 실제 시간보다 훨씬 더 길게 느껴진다. 실제 여러 연구에 의하면 실제 대기시간 이외에도 앞서 언급된 다양한 요인들이 대기에 관련된 소비자 만족에 영향을 주는 것으로 밝혀지고 있다. 이에 따라 서비스 대기관리에 관한 최근 연구들은 서비스 대기의 수학적 접근보다는 대기의 심리적 그리고 행위적 접근을 중요시하고 있다.

제 9 절 서비스 질관리

1. 서비스 질의 개념

서비스 질(service quality)은 서비스 제공 결과에 대한 소비자 평가라고 할 수 있다. 경쟁이 점차 심화되는 오늘날의 기업환경에서 서비스 질은 다음과 같은 이유로 해서 매우 중요하다고 할 수 있다. 먼저 과거에는 가격이 기업의 시장점유율을 높여주는 주된 요인이라고 생각하였으나, 오늘날에는 이러한 생각은 더 이상 불변의 법칙이 아니다. 소비자들이 훨씬 더 품질 지향적(quality oriented)이 되고 있고 대부분의 경우 고품질 서비스에는 기꺼이 비싼 가격을 지불하려고 한다. 또한 서비스 질은 기업의 시장점유율에 영향을 미칠 수 있다. 기업이 안정적이면서 높은 수준의 서비스 질을 유지할 수 있다면 낮은 질의 서비스를 유지하는 것보다 훨씬 시장점유율을 높이는 데 유리한 위치를 점할 수 있다. 마지막으로 높은 질의 서비스는 이익을 향상시킬 수 있다. 높은 질의 서비스에 대해서는 낮은 질에 비해 높은 가격을 책정할 수 있으므로 매출액이 동일할 경우 보다 높은 이익을 얻을 수 있는 것이다.

2. 서비스 질 모델

서비스의 질은 [그림 10-9]에서 보는 바와 같이 소비자의 사전 기대와 서비스 성과에 대한 인식의 차이인 GAP 5를 의미한다. 기대보다 인식이 높거나 같다면 소비자는 만족하게 되며, 사전 기대가 더 큰 경우에는 불만족을 경험하게 된다. GAP 5는 서비스 생산과정에서 발생하는 4가지 차이의 크기와 방향에 영향을 받는다. 따라서 서비스 생산관리자들은 양질의 서비스 생산을 위해서 다음과 같은 4종류의 차이를 가능한 축소 또는 일치시킬 수 있도록 다각적인 대책을 수립해야 한다.

첫 번째 차이, 즉 GAP 1은 소비자 기대와 소비자 기대에 대한 경영자 인식수준 간의 차이를 의미한다. 소비자 기대에 대하여 경영자들이 잘 모르는 경우에 이러한 차이가 발생된다.두 번째 차이, 즉 GAP 2는 경영자가 소비자 기대를 잘 이해한다고 하여도 이를 서비스 기준에 정확히 반영하

그림 10-9 서비스 질의 개념모형

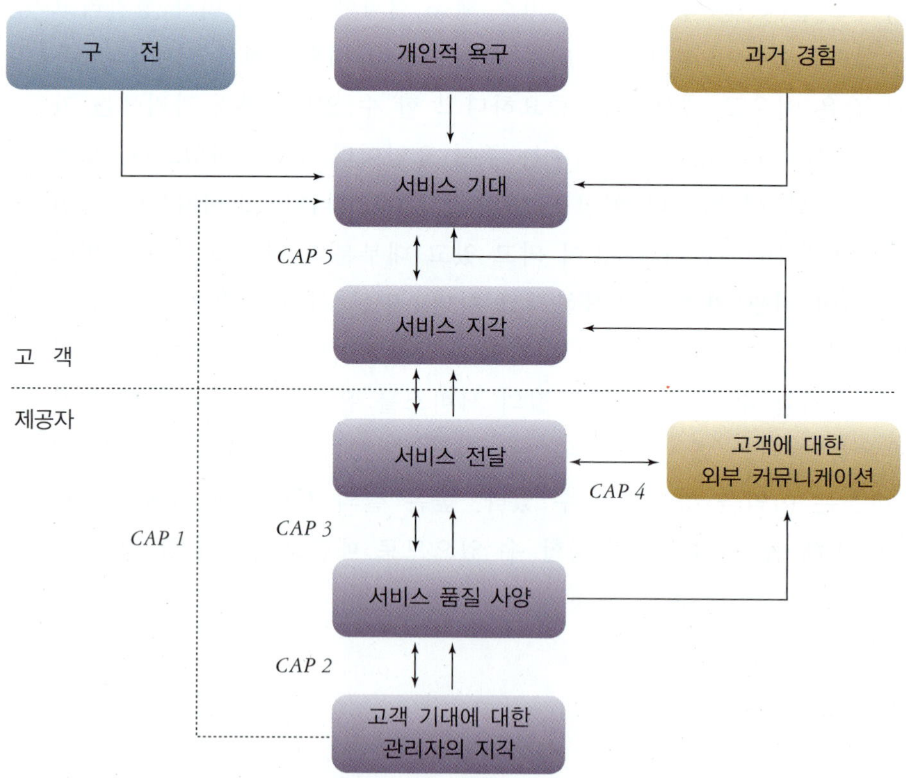

지 않는 경우를 말한다. 이에 대한 원인은 경영자의 의지 부족 또는 능력 부족으로부터 야기된다. 세 번째 차이, 즉 GAP 3은 아무리 경영자가 소비자 기대에 맞추어 서비스 기준을 설정했음에도 불구하고 실제 서비스 생산이 기준에 못 미치는, 즉 기준대로 생산되지 않는 경우를 의미한다. 마지막으로 네 번째 차이, 즉 GAP 4는 서비스에 대한 소비자의 기대는 기업의 광고 및 기타 커뮤니케이션에 의해 영향을 받는데 GAP 4는 기업의 지나친 광고 및 기타 커뮤니케이션으로 소비자들에게 실행 불가능한 과잉약속을 하게 된 경우를 의미한다.

Bibliography

- 곽수일(2003). 『현대생산관리』. 서울: 박영사.
- 노부호(1996). 『현대생산관리』. 서울: 무역경영사.
- 이상문(2010). 『글로벌시대의 초일류 기업을 위한 생산관리』. 서울: 형설출판사.
- 이순룡(2001). 『제품 · 서비스 생산관리론』. 서울: 법문사.
- 차길수(2000). 대인 서비스 인카운터의 구조에 관한 연구. 『관광학 연구』, 24(1): 183-203.

- Durrande-Moreau, A.(1999). Waiting for service: ten years of empirical research. *International Journal of Service Industry Management*, 10(2): 171-189.
- Fitzsimmons, J. A., & Fitzsimmons, M. A.(2007). *Service management: operations, strategy, and information technology*. Boston, MA: Irwin/Mcgraw-Hill.
- Ghosh, A., & McLafferty, S. L.(1987). *Location strategies for retail and service firms*. Lexington, MA: Lexington Books.
- Gustafsson, A., Dkdahl, F., & Edvardsson, B.(1999). Customer focused service development in practice: a case study at Scandinavian Airlines System(SAS). *International Journal of Service Management*, 10(4), 344-358.
- Heizer, J. H., & Render, B.(2010). *Operations management*. NJ: Prentice Hall.
- Hayes, D. K., & Ninemeier, J. D.(2006). *Hotel operations management*. NJ: Prentice Hall.
- Johnston, Robert(1999). Service operations management: return to roots. *International Journal of Operations & Production Management*, 19(2): 104-124.
- ________________(1994). Operations: from factory to service management. *International Journal of Service Management*, 5(1): 49-63.
- Johnston, R., & Clark, G.(2008). *Service operations management*. England: Pearson Education Limited.
- Krajewski, L. J., Ritzman, L. P., & Malhotra, M. K.(2009). *Operations management: process & supply chains*. NJ: Prentice Hall.
- Maister, David H.(1985). The psychology of waiting lines. in *The service encounter: managing employee/customer interaction in service businesses*, John A. Czepiel,

Michael R. Solomon, Carol F. Surprenant eds., MA: Lexington Books: 113–123.

- Metters, R., King–Metters, K. H., & Pullman, M.(2002). *Successful service operations management.* Ohio: South West College Publishing.
- McCollough, M, A., Berry, L. L., & Yadav, M. S.(2000). An empirical investigation of customer satisfaction after service failure and recovery. *Journal of Service Research*, 3(2): 121–131.
- Morris, B., & Johnston. R.(1987). Dealing with inherent variability: the difference between manufacturing and service? *International Journal of Production Management*, 7(4): 13–22.
- Ramaswamy, Roit(1996). *Design and management of service processes: keeping customers for life.* MA: Addison Wesley.
- Schmenner, R. W.(1986). How can service Businesses survive and prosper? *Sloan Management Review*, 27(3): 21–32.
- Tax, S. S. & Brown, S.(1998). Recovery and learning from service failure. *Sloan Management Review*, 40(Fall), 75–88.
- Zeithaml, V. A., Parasuraman, A., & Berry, L. L.(1988). SERVQUAL: multi–item scale for measuring customer perceptions of service quality. *Journal of Retailing*, 64(spring): 12–40.
- Wright, N., & Race, P.(2004). *Management of service operations.* London: Cengage Learning Business Press.

Chapter 11

호텔마케팅관리

제 1 절 호텔마케팅의 기초

1. 마케팅의 개념

마케팅의 개념을 이해하기 위해서는 먼저 마케팅 개념이 생겨난 배경에 대하여 이해하는 것이 필요하다. 산업혁명 이후 대부분의 기업들은 기업경영에 있어서 생산 개념(production concept)을 중시하였다. 생산개념이란 기업의 생산능력을 중요시하는 개념이다. 이 개념이 우세했던 이유는 그 당시 기업의 생산능력이 소비자 수요를 미처 따라가지 못했기 때문이라고 할 수 있다. 이러한 상황에서 기업들은 대량생산을 실현할 수 있는 생산방법을 모색하는 데 많은 노력을 기울였다.

시간이 지나면서 기업들은 발전된 기술을 적극 활용하여 대량생산체제 구축에 성공하였다. 기업의 생산능력이 획기적으로 향상됨에 따라 이제 기업들은 과거와는 달리 수요보다 공급이 훨씬 많은 초과공급을 걱정해야 하는 시대로 돌입하게 된 것이다. 이 당시 많은 기업들은 과잉 생산량을 해결하기 위해 이른바 판매 개념(selling concept)을 중시하기 시작했다. 경영의 초점이 생산에서 벗어나 강력한 판촉활동을 통하여 소비자의 구매를 자극시키는 이른바 판매에 맞춰지기 시작한 것이다.

판매 개념이 경영의 중심점이 된 이후에 기업들의 상황은 그리 개선되지 않았다. 왜냐하면 시간이 흐를수록 기업들 간의 경쟁이 심화되는 환경이 조성되었기 때문이다. 이러한 환경변화는 당시 기업들에게 기존의 판매개념을 재검토하도록 만드는 계기가 되었다. 기존의 판매 개념은 판매를 통하여 이익을 실현하는 것에 관심을 기울였을 뿐 소비자 만족은 기업의 관심대상이 아니었기 때문에 기업이 소비자와 장기적인 관계를 유지한다는 것은 사실 불가능했다. 따라서 판매 개념은 기업의 판촉노력이 실패할 경우 기업에 치명적인 손실을 야기할 수 있는 문제점을 지니고 있었던 것이다.

이러한 판매 개념의 문제점을 깨달은 기업들은 서서히 판매개념이 장기적인 관점에서 기업의 지속적인 성장수단이 될 수 없음을 인식하고 새로운 대안인 이른바 마케팅 개념(marketing concept)에 관심을 갖기 시작했다. 마케팅 개념이란 기업활동의 출발점이 다수의 잠재소비자들이 모인 시장이 되어야 한다는 개념이다. 다시 말해서 마케팅 개념은 기업들이 기존의 생산자 지향적인 관점에서 벗어나 소비자 지향적인 태도를 가져야 한다는 개념인 것이다. 즉, 소비자들의 필요와 욕구를 우선으로 생각하고 이를 충족시켜 줄 수 있는 제품이나 서비스를 제공하여 소비자 만족을 창출하고 이를 통해 기업의 장기적 이윤을 창출한다는 개념이라고 볼 수 있다. 이러한 마케팅 개념에 충실한 기업들의 성공 사례들은 많은 기업들에게 마케팅 개념이 환경변화에 적극적으로 대응할 수 있는 좋은 수단이라는 교훈을 주었을 뿐 아니라 많은 기업들이 마케팅을 경영의 우선순위에 두기 시작하는, 이른바 마케팅 시대에 돌입하게 하는 계기가 되었다.

그림 11-1 마케팅 개념의 변화

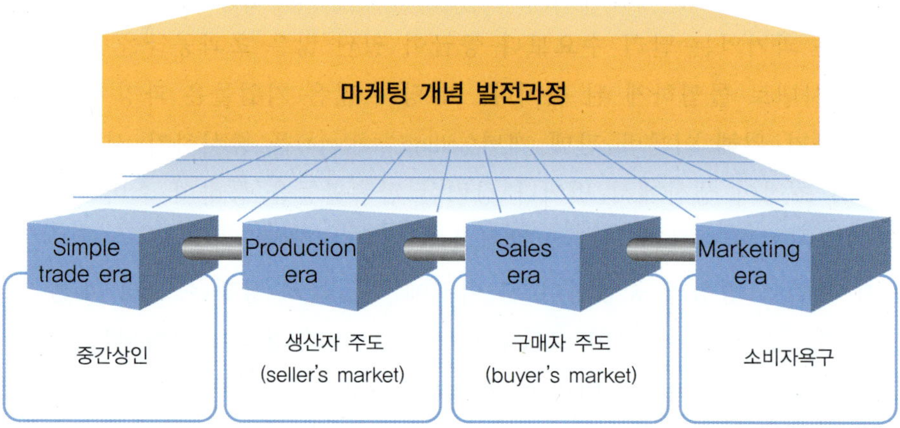

현재 어느 기업도 소비자 만족을 우선시 하지 않고는 해당 시장에서 살아남을 수 없다. 이는 현대 대부분의 시장은 다수의 소비자들만 존재하는 것이 아니라 다수의 공급자들이 서로 치열하게 경쟁하고 있기 때문이다. 시장환경이 이른바 소비자중심 시장으로 변했다는 것이다. 소비자에게 선택권이 있는 소비자중심 시장에서 기업들이 경쟁우위를 갖고 지속적으로 성장하기 위해서는 마케팅 개념의 철저한 실천이 요구된다고 할 수 있다.

2. 일반제품과 호텔서비스의 차이점

서비스는 일반제품과 여러 측면에서 구별되는 특성을 지니고 있다. 서비스산업의 하위 산업군인 호텔이 생산하는 서비스 역시 일반제품과 다른 특성들을 가지고 있다. 첫째 호텔서비스의 무형성이다. 무형성은 우리가 보거나 만질 수 없는 특성을 의미한다. 호텔서비스는 일반적으로 우리가 보거나 만질 수 없는 무형의 특성이 있다는 것이다. 두 번째, 일반제품과 서비스는 생산방법에서도 차이를 보이고 있다. 냉장고의 경우 공장에서 제조되어 판매점으로 운송되고 이를 구매한 소비자는 자신의 집이나 사무실에서 냉장고를 사용(소비)하게 된다. 그러나 호텔서비스를 구매하기 위해서는 소비자들이 호텔을 방문해야 하는 것과 같이 대부분의 서비스는 생산과 소비가 동시에 발생한다. 이를 생산과 소비의 동시성(simultaneousness)이라고 한다. 세 번째, 제조과정에 있어서도 일반제품의 경우에는 공정과 품질이 표준화되기 쉽지만 호텔서비스의 경우에는 이러한 공정과 품질의 표준화가 어렵다. 왜냐하면 서비스 생산이 인간적인 요소에 많이 의존하기 때문이다. 또한 호텔서비스의 경우 대부분 소비자들도 생산과정에 참여한다. 소비자들이 서비스 생산공정에 참여하고 있다는 사실은 한 소비자의 행동이 다른 소비자들의 행동에 영향을 미칠 수 있다는 것을 의미한다. 호텔서비스는 호텔종사원에 의해 완성되는 것이 아니라 소비자가 참여해야만 완성되는 특성을 지니고 있다. 결국 호텔서비스는 이와 같은 인적 요소들의 결합으로 생산되는 완결체이므로 이들의 생산공정과 품질의 표준화가 어렵다. 네 번째, 일반재화는 미래의 판매를 위해 재고 형태로 저장할 수 있지만 호텔서비스는 재고의 형태로 저장할 수 없다. 이러한 특성을 호텔서비스의 부패성(perishability)이라고 한다. 오늘 생산된 객실을 내일 판매할 수 없는 것이다.

이상과 같은 일반제품과 호텔서비스의 차이점은 마케팅 분야에 있어서도 서로 다른 접근을 필요로 한다. 그 결과 제품 중심의 기존 마케팅과는 다른 호텔서비스마케팅이라는 새로운 접근을 필요로 하게 되었다.

3. 호텔마케팅관리

호텔마케팅관리는 호텔기업의 목표를 달성하기 위해 호텔기업의 마케팅활동을 분석(analysis), 계획(planning), 실행(implementation), 통제(control)하는 일련의 과정이다. 다음 [그림 11-2]에서 볼 수 있는 바와 같이 마케팅관리과정은 크게 전략적 계획, 마케팅계획, 실행, 통제의 4단계로 구분할 수 있다.

먼저 전략적 계획이란 호텔기업이 목표를 설정하고 이에 따른 전략을 수립하는 단계를 의미한다. 이러한 전략적 계획을 바탕으로 호텔기업은

그림 11-2 호텔마케팅관리에서 분석 · 계획수립 · 실행과 통제 간의 관계

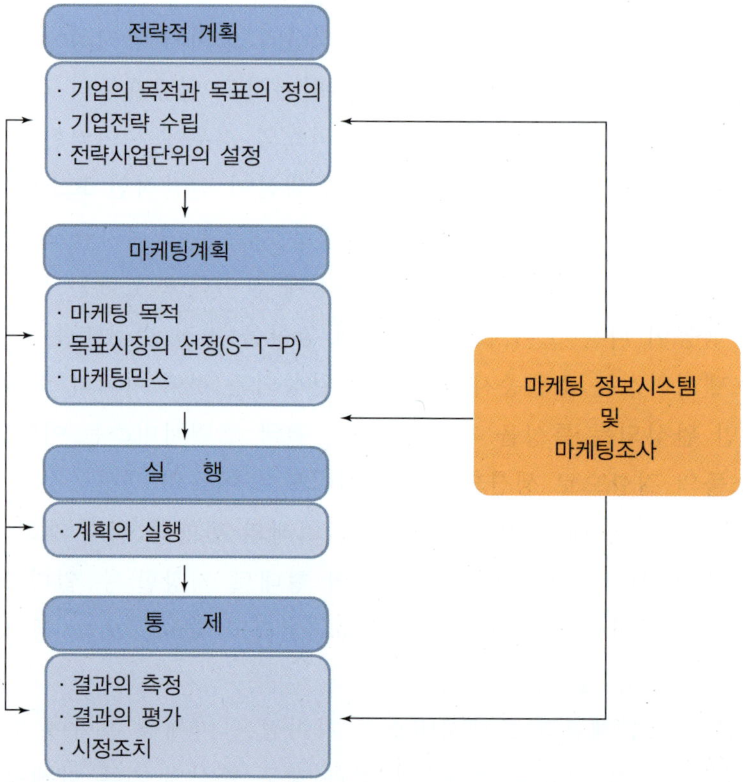

마케팅 목표를 설정함과 동시에 목표시장을 선정하고 이를 공략하기 위한 마케팅믹스전략을 수립하는 이른바 마케팅계획 단계를 밟게 된다. 이후 실제 마케팅계획의 실행을 통해 본격적인 마케팅활동에 돌입하게 된다. 마지막으로 호텔기업은 마케팅활동의 통제를 통해 전체적인 전략적 계획과 마케팅계획을 수정하고 보완하게 된다. 이러한 마케팅관리과정에서 시장조사와 분석은 모든 단계를 수행하는 데 필요한 유용한 정보를 제공하는 역할을 수행한다. 전략적 계획은 앞서 제10장에서 언급한 바 있으므로 여기서는 생략하기로 한다.

제 2 절 호텔마케팅계획 및 환경분석

1. 호텔마케팅계획의 개념

일반적으로 호텔마케팅계획이란 호텔의 전략적 계획을 근간으로 마케팅활동에 관한 구체적 전략을 수립하는 것이다. 호텔의 마케팅 부서는 사전에 수립된 전략적 계획을 기초로 하여 일련의 마케팅계획을 수립하는데, 여기에는 마케팅 환경분석, 목표시장의 선정과 이를 공략하기 위한 마케팅믹스전략 수립 등을 포함하고 있다.

앞서 언급한 바와 같이 전략적 계획과 마케팅계획은 불가분의 관계를

그림 11-3 전략적 계획과 마케팅계획과의 관계

가지고 있다. 이들의 관계는 [그림 11-3]에 잘 나타나 있다. 그림에서 볼 수 있는 것과 같이 전략적 계획에서 정립된 기업의 목표와 기업전략은 전체 마케팅계획의 기본이 된다.

예를 들어 H호텔의 목표가 투자수익률(ROI; return on investment)을 작년 대비 15% 증가시키는 것이라고 가정하자. 이를 달성하기 위하여 H호텔은 이에 맞는 전략을 수립할 수 있다. 즉, H호텔은 소비자들에게 현재의 상품이나 서비스를 제공하는 시장침투전략(market penetration strategy) 또는 새로운 소비자층의 개발과 같은 시장개발전략(market development strategy) 등의 기업전략을 선택할 수 있다. 마케팅 부서는 이러한 호텔기업전략을 토대로 개별 전략에 적합한 마케팅 목표 및 세부 마케팅전략을 수립하게 된다. 예를 들어 H호텔이 시장침투전략을 선택한 경우 마케팅 부서는 '기존 소비자의 구매율 10% 향상' 등과 같은 마케팅 목표를 설정할 수 있다. 또는 시장개발전략을 선택한 경우 마케팅 부서는 '기존상품의 새로운 세분시장을 표적화하여 시장점유율을 5% 향상시킨다' 등과 같은 마케팅 목표를 설정할 수 있다. 이러한 마케팅 목표는 향후 구체적으로 언급될 마케팅 환경분석, 목표시장 선정, 마케팅믹스전략, 즉 마케팅 계획을 수립하는 데 기초가 된다.

2. 호텔마케팅 환경분석

호텔마케팅 활동에 있어 우선적으로 해야 할 일 중에 하나는 바로 마케팅 환경분석이다. 오늘날 호텔은 다양한 주변 환경으로 둘러싸여 있다. 환경은 호텔기업에 호텔기업은 환경에 서로 영향을 주고받는다. 따라서 호텔마케팅 활동에 영향을 미칠 수 있는 마케팅 환경을 조사하고 분석하는 것은 호텔마케팅의 가장 기본적인 활동이다.

마케팅 환경과 호텔마케팅과의 관계는 [그림 11-4]에 잘 나타나 있다. 그림에서 보는 바와 같이 호텔마케팅 시스템은 주변의 미시적 환경요인과 거시적 환경요인이 둘러싸고 있다. 호텔마케팅 시스템은 호텔마케팅 계획의 핵심으로 호텔의 마케팅 목표를 달성하기 위한 시장의 세분화, 목표

그림 11-4 호텔마케팅 환경

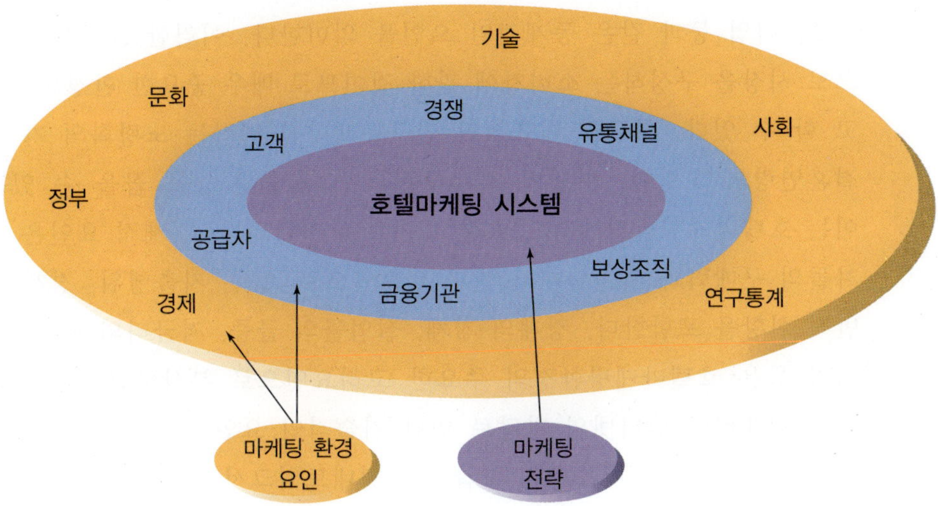

화, 정위화를 비롯한 마케팅믹스전략을 의미한다.

1) 미시적 환경

호텔의 미시적 환경은 호텔에 직접적인 영향을 미치는 환경요소들로서 소비자, 공급자, 마케팅 중간자, 경쟁자, 은행과 같은 금융기관이 여기에 포함된다. 공급자는 호텔서비스를 생산하는 데 필요한 식자재나 필요한 시설과 원자재를 제공하는 기업이나 개인을 의미한다. 마케팅 중간자 혹은 마케팅 유통업자는 여행사나 여행사총판 혹은 마케팅조사업체나 광고업체 등과 같이 마케팅 서비스업체들을 포함한다. 경쟁자는 경쟁호텔을 의미하고, 금융기관은 은행이나 증권사, 투자기관과 같이 호텔운영에 있어서 자금을 조달하는 기관이나 단체를 의미한다.

2) 거시적 환경

거시적 환경(macro-environment)은 호텔의 미시적인 환경요인들에 직접적 영향을 미치는 광범위한 환경을 의미한다. 거시적 환경요인은 크게 인구통계학적, 경제적, 기술적, 정치적, 사회문화적인 요인들로 구분할 수 있다. 먼저 인구통계학적 요인은 인구의 규모와 밀도, 지역, 연령, 성별, 인종, 직업 등과 같은 통계적인 요인을 의미한다. 이러한 요인은 결과적으로 시장을 구성하는 소비자에 관한 것이므로 매우 중요한 환경요인이라고 할 수 있다. 최근의 대표적인 인구통계학적 변화는 노령화의 가속화, 결혼연령의 고령화, 여성의 경제활동참여, 저출산 등을 꼽을 수 있는데 이는 호텔마케팅환경에서 중요한 요인으로 판단된다. 경제적 요인은 소비자들의 구매력과 지출행태와 연관된 요인으로 소득, 지출행위, 경제의 일반적 현황을 포함한다. 경제의 침체, 실업률의 급증, 저금리의 지속, 금융위기 등은 호텔마케팅환경의 주요한 고려요인으로 부상하고 있다. 최근 들어 컴퓨터와 인터넷의 발달로 인한 기술적인 요인의 중요성은 점점 커지고 있다. 특히 스마트폰의 보급과 소셜네트워크서비스(social network service)의 중요성에 대한 부각은 주목할 만하다. 또한 정치적인 환경은 정부의 조직, 법률, 압력단체 등과 같이 마케팅 활동을 제한하거나 영향을 미칠 수 있는 요인이다. 마지막으로 사회문화적인 환경은 사회의 가치, 인식, 선호, 행위 등의 변화를 의미한다.

3) SWOT분석

마케팅계획 수립에 있어서 이상과 같은 호텔기업의 환경요인들을 세심히 고려해야 한다. 왜냐하면 호텔기업을 둘러싼 다양한 환경요인들은 기업에게 새로운 성장의 기회를 제공하기도 하고 기업 경영에 위협을 가하기도 하기 때문이다. 따라서 경영자들은 이러한 미시적인 환경과 거시적인 환경의 분석을 통하여 호텔사업의 기회요인과 위협요인을 도출해야 한다. 여기서 기회요인이란 호텔기업의 매출이나 이익에 긍정적인 영향을 미칠 수 있는 새로운 기회를 제공하는 요인을 의미한다. 한편 위협요인이란 호텔의 매출, 이익 또는 기업의 목표달성을 어렵게 만드는 비호의적인 요인을 의미한다.

기업이 환경분석을 통하여 매력적인 기회요인을 식별할 수 있는 능력과 이러한 기회를 적절히 활용할 수 있는 능력은 별개의 문제이다. 아무리 기업이 기회요인과 위협요인을 잘 분석한다 해도 이를 적극 활용할 기업의 내부능력이 없으면 소용이 없기 때문이다. 따라서 기업은 외부환경 분석도 중요하지만 자신의 능력, 즉 약점 및 강점을 잘 알고 있어야 한다.

이와 같이 기업의 외부환경 그리고 기업 내부의 강점 및 약점에 대한 분석이 동시에 이루어질 때 비로소 기업은 외부환경이 제공하는 위협요인을 최소화하고 기회요인을 적극 활용하는 효과적인 마케팅계획을 수립할 수 있는 것이다.

SWOT(strength-weakness-opportunity-threat)분석이란 이와 같은 기업의 내부적 강점 및 약점 그리고 외부적 기회요인 및 위협요인을 체계적으로 분석하는 기법으로서, 기업이 경쟁우위를 갖출 수 있는 마케팅계획수립의 방향설정에 있어서 매우 유용한 정보를 제공한다.

제 3 절 목표마케팅과 시장세분화 · 목표화 · 정위화

1. 목표마케팅의 개념

일반적으로 마케팅의 종류에는 대중마케팅(mass marketing), 다양한 제품마케팅(product-variety marketing), 목표마케팅(target marketing) 등이 있다. 여기서 대중마케팅은 기업이 단일 제품이나 서비스를 대량생산하여 시장에 존재하는 모든 소비자들을 대상으로 마케팅활동을 수행하는 것이다. 대중마케팅은 단일 품종을 대량생산하기 때문에 원가절감이 가능하므로 주로 저가격을 무기로 소비자들의 개별적 차이를 무시하고 마케팅 활동을 수행하는 것이 일반적이다.

한편 다양한 제품마케팅은 판매자가 두 개 이상의 제품 또는 서비스를 생산하여 소비자들에게 마케팅 활동을 수행하는 것을 의미한다. 이때 기업은 소비자의 욕구나 필요를 정확히 이해하고, 소비자들의 차이를 고려한 다양한 제품 또는 서비스를 생산하여 판매하는 것이 아니다. 기업은 단지 소비자는 다양성과 변화를 좋아할 것이라는 가정하에 다양한 제품 또는 서비스를 생산하여 판매할 뿐이다.

마지막으로 목표마케팅이란 과학적 접근을 통하여 소비자들의 차이를 분석하고, 이를 기준으로 전체 시장을 여러 세분시장으로 분류한 다음 개별 시장에 적합한 제품과 서비스를 생산하여 마케팅 활동을 수행하는 것이다.

오늘날 대부분의 기업들은 대중마케팅이나 다양한 제품마케팅보다는 목표마케팅에 많은 관심을 보이고 있다. 주요 이유는 기업이 다양한 성향의 소비자들이 모여 있는 시장에서 장기적 이윤을 추구하기 위해서는 소비자들의 서로 다른 욕구 및 필요를 충족시켜 주려고 하는 목표마케팅이 제일 적합하기 때문이다. 기업이 목표마케팅을 선호하는 또 다른 배경에는 기업이 소유하고 있는 자원은 그 한계가 있기 때문에 전체 시장을 대상으로 마케팅활동을 수행하기에는 무리가 따르게 된다는 현실적 이유도

그림 11-5 목표마케팅과 market segmentation · targeting · positioning

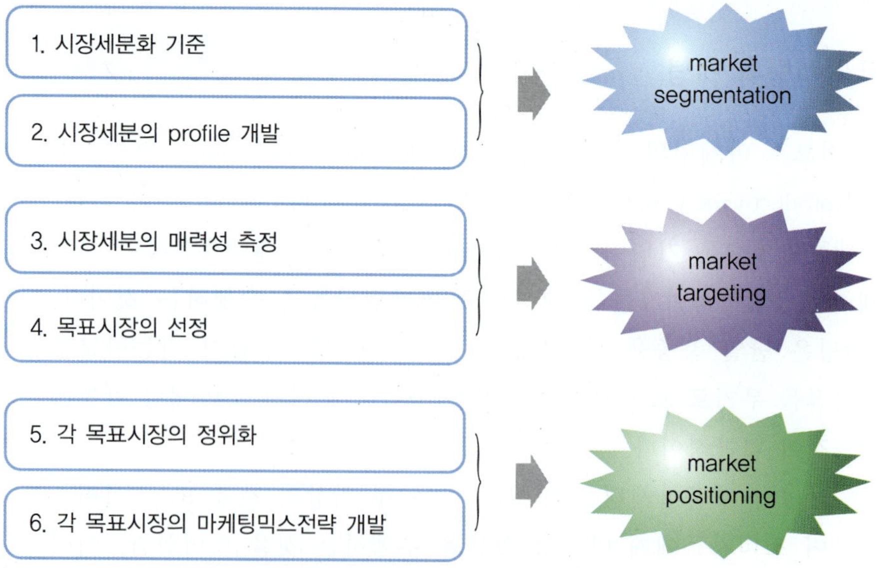

있다. 소유자원 활용을 극대화한다는 측면에서도 특정 소비자 집단을 대상으로 집중적인 마케팅 활동을 수행하는 목표마케팅이 기업에게 있어서 매력적인 것이다.

기업이 목표마케팅을 통해 최대한의 성과를 얻기 위해서는 [그림 11-5]에서 보는 바와 같이 일련의 목표마케팅 단계를 거쳐야 한다. 목표마케팅은 다음과 같이 시장세분화, 시장목표화, 시장정위화의 세 가지 단계로 구성된다.

2. 시장세분화

시장은 서로 다른 개성과 욕구를 가지고 있는 소비자의 집단이라고 할 수 있다. 앞서 언급한 바와 같이 기업이 단일 제품 또는 서비스로는 시장의 다양한 욕구를 모두 충족시켜 줄 수 없다. 따라서 시장의 다양한 욕구를 충족시키기 위해서 기업은 일반적으로 전체 시장을 서로 동질적인 소비자들로 구성된 여러 개의 작은 집단으로 분류하여 각 집단에 적합한 마케팅 활동을 수행하고 있다. 시장세분화(market segmentation)란 일정한 기준에 따라서 전체 시장을 여러 개의 소비자집단으로 나누는 활동을 의미한다.

1) 시장세분화의 기준

마케팅 담당자가 시장을 세분화할 때 활용할 수 있는 기준은 다양하다. 많은 기업들이 시장을 세분화할 때 사용하는 기준은 다음과 같다.

먼저, 지역적 세분화(geographic segmentation)가 있는데 이는 시장을 각각 다른 지역적 단위, 즉 국가, 도, 지역, 군, 읍, 도시 등의 단위로 나누는 것이다. 지역적 세분화는 지역적인 차이에 따라 소비자들의 욕구나 필요가 다른 차이를 보일 것이라는 가정에서 출발한 것이다.

또한 인구통계학적 세분화(demographic segmentation)가 있는데, 이는 시장을 인구통계학적 변수로 세분화하는 것이다. 이런 인구통계학적 변수에는 나이, 성별, 가족구성, 소득, 직업, 교육, 종교, 인종, 국적 등이 포함된다. 이러한 인구통계학적 변수는 현재 기업이 가장 많이 사용하고 있는 시장의 세분화 변수이다. 왜냐하면 소비자들은 인구통계학적 차이에 따라 특정 제품 또는 서비스에 대한 필요와 욕구, 선호, 구매행위와 방식에 있어서 분명한 차이를 보여주기 때문이다. 이 변수는 다른 변수에 비해 측정하기가 용이하다는 이유로 기업이 선호하기도 한다.

이외에도 심리적 세분화와 행위적 세분화가 있다. 심리적 세분화는 소비자를 사회적 계층이나 라이프스타일, 개인의 성격 등을 기준으로 세분화하는 것이다. 한편 행위적 세분화는 소비자 또는 시장을 지식, 태도, 이용의 형태, 제품이나 서비스에 대한 반응 등으로 세분화하는 것이다.

2) 효율적인 시장세분화의 기준

지금까지 목표마케팅의 필요성과 목표마케팅을 위한 세 단계의 과정 그리고 이 중 시장의 세분화를 위한 변수들을 알아보았는데, 과연 어떤 시장의 세분화가 가장 효율적인가?

먼저 시장세분화의 기준이 측정 가능해야(measurability)한다는 것이다. 세분시장의 크기와 구매력의 정도가 측정 가능해야 한다는 것이다. 다음으로는 시장세분화 기준이 접근 가능해야(accessibility)한다. 특정 세분화기준으로 세분화된 세분시장이 측정이 가능하다고 하더라도 이러한 세분시장에 접근할 수 있어야 한다. 또한 시장세분이 일정의 규모 이상(substantiality)이어야 한다. 세분시장이 측정가능하고 접근 가능하다 하더라도 세분시장은 어느 일정규모 이상이 되어야 한다. 즉 그 세분시장을 위한 맞춤 마케팅 프로그램을 실행할 수 있을 정도로 세분시장의 규모가 경제적으로 커야 한다. 마지막으로 실행 가능해야(actionability) 한다. 해당 세분시장은 기업의 여력으로 마케팅활동을 실행할 수 있어야 한다.

3. 시장목표화

시장세분화 작업을 마치게 되면 기업은 각각의 세분시장을 평가하고 이들 중 어떤 세분시장을 마케팅의 목표로 할 것인가에 대하여 결정해야 한다. 이 과정을 시장목표화(market targeting)라고 한다.

시장목표화에서 제일 중요한 과정은 어느 세분시장이 제일 매력적인가를 판단하기 위해 반드시 개별 세분시장들을 평가해야 한다. 호텔기업이 분리된 개별 세분시장을 평가할 때에 반드시 고려해야 할 요소는 다음과 같이 세분시장의 규모와 성장률, 구조적 매력성, 기업의 목표와 자원의 세 가지 요소이다.

먼저 세분시장의 규모와 성장률이란 개별 세분시장에 대한 판매량(sales), 성장률(growth rate), 기대이익(expected profitability) 등을 분석하는 것이다. 만약 적절한 규모와 성장률을 보이는 세분시장이 있다면 기업에게 있어 아주 매력적인 세분시장이 될 것이다.

둘째, 세분시장의 구조적 매력성이란 세분시장이 지니고 있는 구조적인 상황을 의미한다. 구조적 상황에는 세분시장의 경쟁상황, 경쟁상대의 규모, 대체상품의 유무 등이 포함된다. 예를 들어 경쟁이 심하고, 경쟁상대의 규모가 클 때는 기업에게 매력적인 세분시장이 될 수 없다. 또한 자사의 서비스와 대체할 수 있는 대체서비스가 이미 해당 세분시장에 존재한다면 세분시장의 구조적 매력성은 떨어진다고 할 수 있다.

셋째, 세분시장의 규모와 성장률이 적정하고 또한 구조적인 매력성이 뛰어나다 하더라도 기업의 입장에서는 기업의 목표나 가용자원을 반드시 고려해야 한다. 따라서 아무리 매력적인 세분시장을 발견하였다 하더라도 기업은 이 세분시장이 자신의 목표와 부합하는지를 검토해야 한다. 또한 기업목표에 부합되는 세분시장을 발견했다 하더라도 과연 이러한 세분시장을 공략할 수 있는 기술과 자본을 소유하고 있는지를 자세히 검토해야 한다.

4. 시장정위화

소비자들은 일상생활에서 제품 또는 서비스 광고에 빈번히 노출되기 때문에 사실 엄청난 양의 정보에 시달리고 있다 해도 과언은 아닐 것이다. 소비자들은 제품이나 서비스를 구매할 때마다 항상 이러한 과다한 정보를 일일이 평가하는 일을 반복하지 않는다. 대신 소비자들은 효과적인 구매 의사결정을 위하여 시장에서 제공하는 상품을 자신의 마음속에 분류한다. 즉 소비자들은 해당 상품 또는 기업을 자신의 마음속에 정위화(positioning)한다는 것이다. 예를 들어 A라는 상품은 싸구려 저질이라는 이미지를 자신의 마음속에 정위화할 수 있다. 반면에 소비자들은 B라는 상품에 고품질의 서비스라는 이미지를 자신의 마음속에 정위화할 수 있다. 소비자들은 이와 같이 자신의 마음속에 정위화된 제품 또는 서비스의 이미지를 기초로 하여 손쉽게 구매의사결정을 내린다.

시장정위화란 이러한 소비자들의 심리를 이용하여 기업이 목표 세분시장을 선택한 후에 기업이 소비자들의 마음에 자사의 제품 또는 서비스의 전략적 위치를 계획하고 정립하는 활동이라고 할 수 있다.

CASE 12 특급호텔의 이색 변신, 젊은 고객을 잡아라

특급호텔이 고객들의 라이프 스타일에 맞춰 변신을 꾀하고 있다. 복합 라이프 스타일 공간으로 고객들의 사랑을 받아온 호텔은 최근 신규 고객을 창출하기 위해 젊은층 사이에서 유행하는 트렌드를 적극 반영하며 변화를 꾀하고 있다.

특히 그 변화가 가장 두드러지게 나타는 곳은 호텔 외식업계이다. 호텔의 얼굴로도 불리우는 레스토랑은 골목길 열풍을 반영해 호텔 안에 골목길 콘셉트의 미식 골목을 선보이거나 스피크이지 바(무허가 술집 콘셉트의 바)를 재현, 근거리 배달 서비스를 제공하는 등 그간 없었던 차별화된 서비스와 콘셉트를 선보이고 있다. 호기심을 끄는 이색적인 콘셉트와 신개념 서비스로 주목 받고 있는 특급호텔들을 소개한다.

호텔 속 새로운 미식의 길(路), 그랜드 하얏트 서울의 322 소월로(素月路) 편안한 분위기와 친

근함이 묻어나는 골목길이 호텔에 등장했다.

그랜드 하얏트 서울은 지난 10월 1일 호텔 최초로 미식 골목 콘셉트의 '322 소월로(素月路)'를 론칭했다. '322 소월로(素月路)'는 골목길이라는 콘셉트로 기존의 엄숙하고 조용한 호텔 레스토랑의 분위기에서 벗어나 고객들이 부담 없이 즐길 수 있는 4개의 레스토랑을 선보인다.

각각의 레스토랑은 서로 다른 콘셉트에 맞는 트렌드한 디자인을 선보이며 보는 재미도 자아낸다. 전체적인 골목길 인테리어와 그 안에 자리한 레스토랑들은 사진이 잘 나오는 '인생샷' 명소로도 SNS에서 입 소문을 타고 있다.

바뀐 공간만큼 서비스 역시 기존과는 다르다. 그동안 호텔 레스토랑이 추구해오던 격식과 형식을 벗어나, 혁신적인 운영방법과 편안한 서비스를 제공한다.

이를 위해 4개의 레스토랑은 30명 내외의 소규모 좌석과 오픈 키친을 갖췄다. 방문객들은 오픈 키친을 통해 눈앞에서 요리의 전 과정을 감상할 수 있으며, 젊고 유능한 셰프와의 소통을 통해 자신의 취향을 적극적으로 반영한 음식을 맛볼 수 있다.

특히, 인터내셔널 철판 요리를 즐길 수 있는 '테판(Teppan)'에서는 철판 위에서 화려한 볼거리도 제공해 20~30대 여성 사이에서 큰 인기를 끌고 있다.

포시즌스호텔 서울은 최근 젊은층 사이에서 유행하고 있는 스피크이지 콘셉트의 찰스H바를 선보였다. 스피크이지 콘셉트란 1920년대 미국 금주령 시대에 있던 바처럼 뒷골목이나 창고 등에 세우고 위치를 공개하지 않는 것을 말한다.

호텔의 어느 곳에도 찰스H바의 위치를 정확히 표시하지 않고 고객이 찾아서 발견할 수 있도록 만들어 고객이 바를 찾아볼 수 있는 재미를 주었다는 점에서 많은 주목을 받고있다.

또 입구도 아무런 간판을 달지 않고 마치 창고와 같은 문을 열면 바의 정문이 보이도록 디자인해 색다른 경험을 제공한다. 스피크이지 바는 숨어 있는 공간으로 아는 사람만 올 수 있어, 색다른 매력을 느낀 젊은 소비자들이 많이 찾고 있다.

최근 프리미엄 버거가 핫한 미식 트렌드로 자리잡고 있다. 이에 JW메리어트 동대문 스퀘어 서울의 BLT 스테이크에서도 10월 중순부터 프리미엄 버거를 선보일 예정이다. 특히 JW메리어트 동대문 스퀘어 서울은 호텔업계에서 처음으로 배달 서비스를 도입하는 점이 눈길을 끌고 있다. 집에서도 뉴욕 스타일의 프리미엄 버거를 즐겨볼 수 있도록 호텔 업계 최초로 배달 서비스를 도입한 것이다. 한 세트만 시켜도 동대문역을 기준으로 반경 5㎞까지 배달해준다. 호텔에서 선보이는 프리미엄 버거로서 최초로 딜리버리가 가능하여 버거 마니아들의 기대를 한 몸에 받고 있다.

홍대, 이태원 등 요즘 젊은이들 사이에서 인기를 끌고 있는 거리에서만 볼 수 있던 푸드트럭이 호텔 한복판에 등장했다. JW메리어트 동대문 스퀘어는 최근 '왓 더 트럭'이라는 이름의 푸드트럭을 더 라운지 야외가든에 설치했다. 왓 더 트럭은 호텔 내부에 위치한 라운지에서보다 훨씬 자유로운 공간에서 음료를 즐길수 있다.

출처: 노동일보, 2016.10.

제 4 절 호텔마케팅믹스전략

1. 호텔마케팅믹스의 개념

호텔기업이 표적시장 선정단계를 통하여 특정 세분시장을 선정하고 시장정위화 단계를 마치면 이제 본격적인 마케팅활동에 돌입하게 된다. 이 때 기업은 마케팅활동을 수행할 수 있는 마케팅 도구들이 필요하다. 현재 대부분의 제조기업들은 일반적으로 4Ps, 즉 제품(product), 유통경로(place), 가격(price), 촉진(promotion)을 주요 마케팅 도구로 활용하고 있다. 이와 같이 기업이 표적시장에서 마케팅 목표를 추구하는 데 활용하는 마케팅 도구들의 집합을 마케팅믹스(marketing mix)라고 한다. 여러 학자들이나 마케팅 담당자들은 이러한 마케팅믹스가 적절히 활용될 때 비로소 긍정적인 마케팅 성과가 나타난다는 사실을 잘 알고 있다.

호텔기업도 선정한 세분시장을 대상으로 효과적인 마케팅활동을 펼치기 위해서는 당연히 마케팅믹스를 필요로 한다. 그러나 앞서 언급된 4Ps는 제품을 위한 도구인 관계로 서비스를 생산하는 호텔기업의 마케팅활동을 위해서는 적절치 못하다. 이러한 문제점을 인식한 마케팅 학자들은 현재 호텔을 포함한 서비스 기업을 위한 다양한 마케팅믹스 이론을 제시하고 있다. 그러나 제품마케팅의 4Ps와 같이 모든 사람들이 동의하는 이론은 아직 존재하지 않는다. 따라서 여기서는 서비스마케팅믹스 이론을 제시한 학자들 중 한 사람인 모리슨(Morrison)의 마케팅믹스 이론을 소개하기로 한다. 모리슨은 호텔마케팅활동에 적합한 마케팅믹스로 다음과 같이 기존의 4Ps인 상품, 유통경로, 촉진, 가격 이외에 사람(people), 패키지(packaging), 프로그래밍(programming), 협력(partnership)을 추가하여 제시하고 있다.

2. 상품전략

1) 상품과 상품의 유형

상품은 기본적인 욕구 또는 2차원적인 욕구를 충족시켜 줄 수 있는 것으로 시장에서 출시되어 소비의 대상이 될 수 있는 것이다. 호텔의 경우 객실 서비스나 식음료 서비스가 바로 이러한 상품인 것이다. 일반적으로 상품은 다음과 같이 핵심상품, 촉진상품, 부가상품, 확대상품의 네 가지 차원으로 분류할 수 있다.

먼저 핵심상품은 소비자가 근본적으로 필요하고 원하는 것을 만족시켜 줄 수 있는 제품이나 서비스를 의미한다. 호텔의 경우 소비자가 쉴 수 있는 객실이 바로 핵심상품이 될 수 있다.

촉진상품은 핵심상품을 사용함에 있어서 제공되지 않으면 안 될 서비스와 상품을 의미한다. 호텔의 경우 객실이라는 핵심상품을 이용하기 위해서는 체크인, 체크아웃, 전화 등과 같은 서비스가 필요한데 이러한 서비스들을 촉진상품이라고 한다. 이러한 촉진상품은 호텔의 등급에 따라 바뀔 수 있다. 예를 들면 제한적인 서비스를 제공하는 중저가의 호텔의 경우 앞서 언급한 체크인과 체크아웃, 전화 등과 같은 것이 촉진상품의 전부이다. 하지만 특급호텔의 경우에는 레스토랑이나 직원의 서비스와 같은 것이 촉진상품이 될 수 있다.

부가상품은 핵심상품에 반드시 필요하지는 않지만, 핵심상품에 가치를 부가하여 경쟁에서 차별화하기 위하여 제공되는 추가적인 상품군을 의미한다. 예를 들면 호텔의 비즈니스센터와 같은 것이 있을 수 있다. 촉진상품과 부가상품의 구분은 명확하지 않다. 어느 세분시장에서는 촉진상품이라 할 수 있는 것이 다른 세분시장에서는 부가상품의 역할을 수행할 수 있다 예를 들면, 하얏트 호텔은 욕실에 샴푸, 스킨로션, 비누 등을 구비한 최초의 체인호텔이다. 이 상황에서 이러한 비품은 핵심상품을 뒷받침하는 부가적 상품이었다. 그러나 현재는 이러한 편의품들이 촉진상품으로 구분된다.

확대상품은 교통편의, 분위기, 서비스 조직과 소비자와의 상호작용,

소비자참여 및 소비자 간의 교류 등을 포함하고 있다. 일반적으로 핵심상품, 촉진상품, 부가상품이 결합되어 하나의 확대상품을 만들어 낸다.

지금까지의 설명을 요약하면 먼저 핵심상품은 사업의 핵심이고 기업이 존재하는 이유를 제공한다. 또한 촉진상품은 핵심상품을 표적시장에 공급함에 있어서 없어서는 안 될 필수불가결의 상품이다. 부가상품은 상품의 정위화에 기여하는 상품이다. 이러한 핵심, 촉진, 부가적 상품은 소비자가 기업으로부터 받는 것인 반면 확대상품은 기업으로부터 소비자가 받는 방법을 의미한다. 즉 기업이 서비스를 어떻게 전달하는가에 따라 소비자들의 서비스에 대한 평가에 영향을 미친다.

CASE 13 인력거 · 헤어 · 스파 등 … 협업서비스로 틈새시장 공략하는 호텔들

국내 호텔들이 협업을 통해 다양한 서비스로 틈새시장을 공략하고 있다. 일반적으로 호텔에서 제공하는 서비스 외에 최근 트렌드를 반영한 바버숍 · 인력거 등의 서비스를 도입함으로써 새로운 고객층 확보와 경쟁력 강화에 기대를 걸고 있다.

7일 롯데호텔의 라이프스타일 호텔 'L7 명동'은 인력거를 운영하던 '아띠'와 협업, 인력거 서비스를 도입해 효과를 톡톡히 보고 있다.

L7 측은 "내국인과 외국인 비율이 6:4 정도이며 하루 평균 4~5건 정도로 이용하고 있지만 날씨가 풀리면서 점점 증가 추세"라고 설명했다.

내국인은 주로 30~40대 여성이나 가족 단위, 부부 고객들이 이용하며, 외국인은 홍콩 · 대만 등 젊은 관광객들이 즐겨찾고 있다.

L7의 인력거 서비스는 시청과 청계천, 명동 예술극장을 도는 60분 체험코스와 덕수궁과 정동길 등이 추가된 120분의 정동코스, 시청과 청계천을 돌아 북촌한옥마을과 인사동을 도는 180분의 북촌코스 등 총 세 가지의 관광코스로 구성돼 있다. 단순히 인근 주요 관광지를 둘러보는 것에

서 그치지 않고 인력거꾼이 중국어와 영어 등으로 관광지 설명도 더해 인기가 높다.

배현민 L7 명동 총지배인은 "명동을 찾는 고객들이 체험형 관광에 대한 수요가 높아 기존에 인력거를 운영하던 '아띠'와 협업하게 됐다"면서 "빠르게만 느껴지는 도심에서 느리게 아름다운 서울을 둘러볼 수 있어 고객 반응도 좋다"고 말했다.

광화문 포시즌스 호텔 서울은 지난 3월 9층에 영국식 정통 면도 서비스에 맞춤형 헤어스타일을 제안하는 남성전용 이발소 '헤아(HERR)'를 입점시켰다. 호텔 주변 은행 등 금융권 종사자와 전문 직장 남성들이 많은 점을 겨냥했다.

단순히 면도와 이발을 하는 것에서 벗어나 싱글몰트 위스키 음료서비스에 슈케어(구두손질)까지 받을 수 있는 호텔식 서비스를 장착해 좋은 반응을 얻고 있다.

포시즌스 관계자는 "9층은 회원전용 공간으로 사우나와 휴게공간으로 꾸며져 있는데, 입점 전부터 문의와 요청이 쏟아지더니 최근에는 예약도 어려울 정도로 이용률이 높다"고 말했다.

최고급 제품을 사용하고 세계 최고라 불리는 '테일러 오브 올드 본드 스트리트'와 '테즈 글루밍룸', '머독 런던'과 같은 영국의 유명 이발소에서 직접 교육을 이수한 전문가들이 직접 손질하는데, 90~120분 정도 소요돼 하루 6~7명밖에 예약을 받을 수 없어 경쟁이 치열하다.

서울 소공동에 위치한 웨스틴조선호텔은 '헤븐리 베드 세트'를 구매하면 호텔 직원이 직접 집을 방문해 호텔 침대처럼 세팅해주는 컨시어지 서비스를 실시하고 있다. 비슷한 서비스로 올해 설날에 국내 최초로 '홈큐레이팅 서비스'를 명절 선물로 내놓은 적이 있다.

웨스틴조선호텔은 독일 루마스 갤러리와 협업, 루마스 갤러리의 큐레이터가 직접 고객의 집이나 사무실을 방문해 구입한 판화 및 예술작품을 실내 인테리어에 맞게 제안 및 설치까지 해줘 큰 호응을 얻었다.

이와 연장선상으로 조선호텔은 거위털 이불 · 이불 커버 · 베드시트 · 헤드보드 · 매트리스 등을 구입하면 호텔 침실의 품격을 그대로 느낄 수 있는 컨시어지 서비스를 받아볼 수 있다.

출처: 아시아투데이, 2016.5.

2) 신상품 개발

모든 상품에는 수명이 있다. 상품수명주기(product life cycle)에 의하면 제품은 도입기, 성장기, 성숙기를 거쳐 쇠퇴기를 갖는다고 한다. 이는 모든 제품과 서비스는 생성하고 소멸한다는 것을 의미하고 이러한 측면에서 신제품의 개발은 필수적이라고 볼 수 있다.

새로운 상품개발은 [그림 11-6]에 나타난 바와 같이 8개의 단계로 구성되어 있다. 먼저 제품개발에 필요한 아이디어를 창출해야 하는데 아이디어는 기업과 관련된 다양한 대상으로부터 얻을 수 있다. 가장 많은 비중을 차지하고 있는 것은 직접 서비스나 제품을 생산하고 공급하는 내부의 관리자나 직원 혹은 영업사원으로부터 나오는 내부의 원천이다. 또는 소비자와 경쟁기업으로부터도 아이디어를 얻을 수 있을 뿐 아니라 유통업자나 공급업자로부터 아이디어를 얻을 수도 있다. 이외에도 소식지, 전시회, 세미나, 광고회사, 대학 등과 같은 대상으로부터 아이디어를 얻을 수 있다.

수집된 아이디어는 개발담당자에 의해 중요도와 타당도를 기준으로 평가되고 스크린된다. 개발담당자는 이러한 스크린을 통해 요약된 아이디어를 가지고 새로운 개념을 개발하고 이를 시험한다. 이러한 도출된 새로운 개념을 가지고 개발담당자는 마케팅전략을 수립한다. 또한 마케팅전략을 중심으로 매출액, 이익, 비용과 같은 예측치를 검토하고 목표와의 일치성을 확인하는 사업분석을 수행함으로써 신규상품 개발은 비로소 종료된다. 개발담당자는 개발된 상품을 가지고 시험적으로 시장에 출시하고 최종적으로 출시 시기와 유통구조, 목표시장, 마케팅실행계획과 예산을 결정한 후 상용화시킨다.

그림 11-6 신제품 개발의 단계

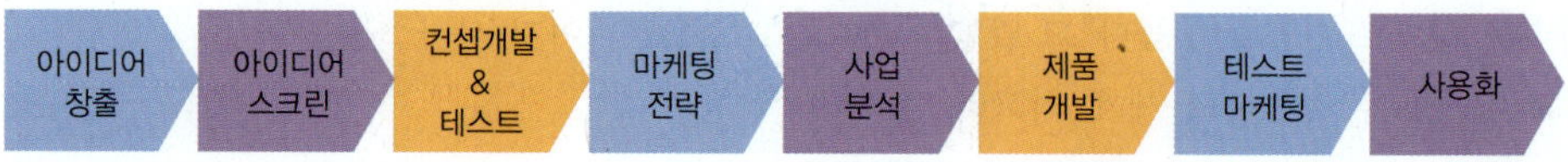

3. 사람전략

사람이 호텔마케팅에서 모든 것을 차지한다고 해도 과언은 아닐 만큼 사람전략은 매우 중요하다. 왜냐하면 서비스를 제공하는 자와 받는 자 모두 사람이기 때문이다. 사람으로서 서비스 생산자는 서비스를 제공하는 최전선에서 중요한 역할을 수행한다. 생산자는 소비자에게 좋은 경험을 만들어 줄 수도 있지만 동시에 나쁜 경험을 줄 수도 있다. 또한 서비스기업들은 소비자들을 만족시키기 위해 객실이나 부대시설과 같은 좋은 시설을 제공하는 것도 중요하지만 동시에 좋은 인적 서비스를 제공해야 한다. 객실의 크기나 객실내부와 부대시설에 있는 가구와 시설들은 소비자의 만족에 직접적인 영향을 미치지만 이러한 시설적인 측면만으로 소비자 만족을 최대한 높일 수 없다. 질 높은 인적 서비스야말로 소비자의 만족을 극대화시킬 수 있는 필요조건이라고 볼 수 있다. 리츠칼튼 호텔의 회장인 Horst Schulze는 "서비스는 단지 사람들에 의해 성취될 수 있다"라고 말하고 있다. 이 말이 의미하는 바는 호텔의 물리적인 시설보다는 서비스를 제공하는 종업원의 역할이 중요하다는 것이다. 호텔의 시설이 아무리 멋지고, 호텔이 제공하는 음식이 아무리 좋아도 이에 합당하는 인적 서비스가 제공되지 않고서는 소비자 만족을 기대할 수 없다.

이상과 같이 사람으로서의 서비스 생산자는 서비스 질 유지에 결정적 역할을 수행한다. 따라서 호텔기업은 호텔마케팅관리에 있어서 서비스 생산자의 마케팅적 중요성을 극대화하기 위한 전략이 절대적으로 필요하다고 할 수 있다. 이를 위해 현재 많은 호텔들은 다음과 같은 내부마케팅 및 관계마케팅 전략을 활용하고 있다.

1) 내부마케팅

내부마케팅(internal marketing)이란 서비스 생산자인 종업원들이 소비자들에게 서비스를 효과적으로 생산 및 판매할 수 있도록 하기 위해서는 기업이 먼저 종업원들을 외부 소비자와 같은 개념으로 대우해야 한다는 개념이라고 할 수 있다. 다시 말해서 내부마케팅이란 소비자 만족에 앞서 서비스를 생산하는 일선 종업원, 즉 내부 소비자의 욕구를 우선 충족시켜야 한다는 전략이다. 내부마케팅의 궁극적 목표는 먼저 종업원을 만족시켜 종업원들이 자발적으로 양질의 서비스 생산에 노력하도록 유도하는 것이다.

이러한 내부마케팅이 효과적으로 이루어지기 위해서는 다음과 같이 서비스 생산자인 종업원 관리가 필요하다. 첫째, 종사원의 갈등과 스트레스를 관리하는 것이 중요하며, 둘째, 직무수행에 있어서 동기를 부여하고 직무만족을 향상시킬 수 있는 방안을 강구해야 한다. 셋째, 성과에 대한 충분한 보상을 제공하고, 넷째, 교육훈련을 실시한다. 다섯째, 경영지원 및 내부 커뮤니케이션을 강화하며, 여섯째, 다양한 문제 상황에서 신축적으로 대처할 수 있도록 충분한 종사원 권한부여(empowerment)가 이루어져야 한다. 이상과 같이 내부마케팅이 효과적으로 실천되기 위해서는 적극적인 인적자원관리가 뒷받침되어야 한다.

2) 관계마케팅

과거 대부분의 기업들은 새로운 소비자를 유인하는 것에 많은 관심을 두었다. 그러나 최근 기업들은 새로운 소비자 유치하는 것보다는 현재 그리고 과거 소비자들과 지속적으로 관계를 유지하는 것에 더 많은 관심을 쏟고 있다. 그 주요 이유는 새로운 소비자를 유치하는 것보다 재구매 소비자를 유치하는 것이 비용 측면에서나 수익성 측면에서 훨씬 낫다는 것을 기업들이 깨달았기 때문이다.

관계마케팅(relationship marketing)을 간단히 표현하면 바로 기존의 소비자들과 좋은 관계를 유지하려는 기업의 마케팅활동이라고 할 수 있다. 관계마케팅의 궁극적 목표는 개별 소비자들의 충성도를 높여서 소비자들의 재구매를 유도할 뿐 아니라 긍정적인 구전(word of mouth) 효과를 높이는 데 있다.

관계마케팅 실행에 있어서 가장 중요한 점은 개별 소비자들에게 자신은 특별하게 대접받고 있다는 것을 인식시켜 주는 것이다. 이른바 고객화(customization)된 서비스를 소비자들에게 제공해야 한다는 것이다. 이를 달성하기 위해서 경영자들은 다음과 같은 일련의 과정을 수행해야 한다. 먼저 소비자들의 선호와 관심 등을 이해하고 소비자의 이름을 기억하는 등 서비스 인카운터상에서 소비자들이 개별적으로 대접받고 있다는 인식을 갖게 해야 한다. 이를 서비스 인카운터 관리라고 한다. 다음으로는 재구매를 장려하기 위하여 소비자들에게 마일리지와 같은 인센티브를 제공하거나 업그레이드와 같은 특별 서비스 옵션을 제공하거나 재구매 소비자들을 위한 특별 가격전략 등을 구사할 필요가 있다. 마지막으로 소비자들의 구매습관이나 선호에 대한 정보가 담긴 소비자 데이터베이스를 구축하고 개개인의 소비자들과 직접 의사소통하는 과정이 필요하다. 잘 구축된 데이터베이스를 적극 활용하여 호텔은 소비자들에게 보다 개인적인 서비스를 제공할 수 있다.

4. 패키지와 프로그래밍전략

패키지(package)란 소비자들을 유인하기 위하여 상호 보완적인 서비스들을 결합시켜 단일가격에 판매하는 상품을 의미한다. 예를 들어 호텔은 비수기에 대처하기 위해 객실과 식사, 수영장 등의 상품을 결합시킨 패키지 상품을 만들어 저렴한 가격으로 소비자들을 유인한다. 한편 프로그래밍은 패키지와 밀접하게 연관된 기술로서 소비자들의 소비를 유인하기 위해 특별한 활동, 이벤트, 프로그램을 전개하는 것을 의미한다. 예를 들면 주말에 공연행사를 계획한다든지 아니면 특별한 날에 이벤트를 계획하는 경우이다. 이와 같은 프로그래밍과 패키지는 기본적으로 특별한 기간에 수요를 증가시키는 역할을 수행하는데, 경우에 따라서는 이러한 패키

호텔 패키지—프라자 호텔(설날 패키지)

지와 프로그래밍의 혼합된 형태로 제공될 수 있다.

패키지와 프로그래밍은 최근 마케팅 담당자에게 가장 선호되는 마케팅믹스전략이라고 할 수 있다. 주요 이유는 비수기의 수요관리에 많은 도움을 주며, 특정 목표시장을 공략하는 데 유용하기 때문이다. 또한 효율적인 서비스 제공이 가능하고, 소비자의 소비와 체류기간이 증가될 뿐 아니라 소비자의 반복구매를 유도할 수 있다.

5. 유통경로전략

어떤 산업이건 간에 생산된 제품 또는 서비스가 소비에 이르기까지는 생산자 또는 공급자로부터 최종소비자에게 이르는, 즉 일정한 유통구조를 필요로 한다. 일반적으로 유통구조를 크게 분류하면 직접 채널(direct channel)과 간접 채널(indirect channel)이 있다. 직접 채널이란 생산된 제품이나 서비스가 생산자에서 직접 최종소비자에게 유통되는, 즉 중간자들(intermediaries)이 필요 없는 구조를 의미한다. 한편 간접 채널이란 생산된 제품이나 서비스가 도매상 또는 소매상과 같은 중간자들을 경유하여 최종적으로 소비자에게 전달되는 유통구조를 말한다.

대부분 산업의 경우 직접 채널의 유통구조보다는 중간자들이 필요한 간접 채널의 형태를 띠고 있다. 왜냐하면 중간자들은 시장에서 매우 중요한 역할을 담당하기 때문이다. 예를 들어 소비자가 필요한 제품 또는 서비스를 구매하기 위하여 일일이 생산 공장을 찾아다닌다는 것은 많은 비용과 노력이 수반될 것이다. 그러나 이러한 중간자들은 소비자들에게 많은 시간과 비용을 절약시켜 준다. 또한 생산자의 입장에서도 생산자가 직접 소비자에게 자신의 제품 또는 서비스를 전달할 수 있는 유통 체계를 구축하기 위해서는 많은 투자와 노력을 필요로 한다. 따라서 중간자들은 유통경로의 주요 구성원으로서 유통 과정의 비효율성을 줄이고, 소비자 및 생산자에게 공히 절대적으로 필요한 서비스, 즉 유통 과정의 효율성을 높이는 중요한 역할을 수행한다. 호텔서비스의 유통경로에 대해서는 제13장에 구체적으로 언급한 관계로 생략하기로 한다.

6. 촉진전략

기업이 아무리 소비자들이 원하는 서비스를 계획하고 적절한 가격을 책정하고, 효과적인 유통경로를 계획했다 하더라도 효과적인 촉진전략을 갖고 있지 못하면 소비자들은 구매하지 않는다. 왜냐하면 해당 서비스에 대한 정보를 갖고 있지 못하기 때문이다.

기업의 촉진활동이란 소비자들에게 자사의 서비스에 대한 정보를 전달하고, 그 서비스에 대한 가치를 인식하게 하여 구매를 촉진시키려는 일종의 설득활동이라고 할 수 있다. 기업의 촉진활동은 다음과 같이 광고(advertising), 판매촉진(sales promotion), 홍보(public relations), 인적판매(personal sales)로 구성되어 있다.

먼저 광고는 기업이 비용을 지불하고 TV, 라디오, 신문 등과 같은 다양한 매스미디어 매체를 활용하여 소비자들에게 자사 서비스에 대한 정보를 제공하는 활동을 의미한다. 광고는 짧은 시간 내에 수많은 사람들에게 노출되어 브랜드 인지도를 높일 수 있는 장점이 있는 반면 소비자들로부터의 피드백을 즉각 받을 수 없고, 많은 비용지출이 필요하다는 단점도 있다.

인적판매는 판매 담당자가 소비자들에게 상품 정보를 직접 제공하여 구매에 이르도록 설득하는 활동을 의미한다. 이 방법은 설득력이 높고 신속한 조정이 가능하다는 장점이 있는 반면 인력을 유지하기 위한 비용이 많이 든다는 단점이 있다.

판매촉진은 광고, 인적판매, PR을 제외한 기업의 모든 구매촉진 활동을 의미한다. 판매촉진은 다양한 형태로 나타날 수 있다. 예를 들면 쿠폰, 컨테스트, 할인판매, 경품과 같은 것이 예시될 수 있다. 판매촉진은 일반적으로

레오팰리스 호텔(LeoPalace Hotel) DM

소비자의 주의를 집중하게 하고 상품구매로 연결되는 정보를 제공한다. 따라서 소비자들에게 즉각적인 반응을 얻을 수 있다는 장점이 있으나 그 효과는 보통 단기적이며 장기적인 브랜드 선호구축에는 유효하지 못하다.

홍보는 뉴스나 특집기사의 형태로 제공되는 촉진의 한 형태이다. 따라서 광고에 비하여 보다 현실적이고 신뢰성이 높은 촉진수단으로 평가받고 있다. 광고와 홍보의 내용적인 차이점은 광고가 제품의 판매에 대한 메시지를 전달한다면 PR은 기업의 이미지 향상이나 신뢰의 구축과 같은 간접적인 홍보에 비중을 두고 있다는 점이다.

7. 파트너십전략

최근 많은 기업들은 관계마케팅, 즉 소비자, 관련기업, 중간 유통업자 등과 장기적으로 관계를 유지하는 것이 중요하다고 인식하면서 파트너십에 대하여 많은 관심을 보이고 있다. 파트너의 관계는 서비스기업의 단기간 파트너십에서부터 장기간 전략적인 연합에 이르기까지 범위가 다양하다. 또한 구성범위도 두 업체 간의 협력에서 그 이상 다자간의 협력에 이르기까지 다양하다.

먼저 서비스기업에게 가장 중요한 파트너는 소비자이다. 재구매 소비자들에 대한 보상프로그램은 소비자와 기업의 파트너 관계프로그램의 좋은 예이다. 이들은 원래 기업에 대한 소비자의 충성도 향상을 위해 도입되었지만 현재는 그 이상의 의미를 가지고 있다.

둘째, 동일 분야의 기업 간에 제휴하는 형태이다. 동일 분야의 기업 간의 제휴는 공동브랜드화의 개념으로 발전하기 시작했다. 대표적인 예가 항공사의 제휴인데 대표적인 제휴로는 Sky Team alliance나 Star alliance 등이 있다.

스카이 팀 얼라이언스(Sky Team alliance)

셋째, 사업분야가 동일하진

않지만 서로 관련이 있는 기업 간의 협력이다. 대표적으로 항공사와 호텔 체인 그리고 렌터카회사 간의 협력체계를 구축하는 것이다.

다양한 형태의 파트너십은 참여자들에게 많은 혜택을 제공한다. 먼저 파트너관계는 참여 기업들에게 새로운 지리적인 시장 또는 목표시장을 제공할 수 있다. 예를 들면 미국에 있는 호텔이 영국에 있는 호텔과 파트너십을 맺는 경우라면 미국호텔은 영국 호텔시장을 보다 수월하게 접근할 수 있을 것이다. 또한 적은 비용으로 미국 소비자들이 영국호텔을 이용할 수 있는 서비스를 제공하여 보다 폭넓은 서비스를 제공할 수 있다. 호텔시장에서 동종 호텔들 간의 파트너십은 보다 광범위한 마케팅 활동을 가능케 한다. 예를 든다면 국내 호텔 간의 파트너십을 통하여 호텔들은 외국 관광객을 대상으로 공동 마케팅활동을 수행함으로써 동일한 비용 혹은 저렴한 비용으로 더 큰 효과를 유발할 수 있다. 이외에도 동종 기업 간의 파트너십은 이미지를 개선하거나 조직의 입지를 고양시킬 수 있다. 개별경영 호텔은 외국의 체인과 협력관계를 맺어 자신의 이미지를 국제화시킬 수 있다.

동종 기업은 아니지만 서로 관련이 있는 기업들과 제휴하는 것은 각각의 파트너의 서비스를 공유할 수 있기 때문에 소비자들에게 보다 폭넓은 서비스를 제공할 수 있다. 예를 들면 소비자들에게 객실 서비스만을 제공하는 호텔은 레스토랑과의 제휴를 통하여 소비자들에게 과거보다 폭넓은 서비스를 제공할 수 있다. 또한 상대 기업의 소비자 데이터베이스의 공유가 가능하다면 이는 서로에게 매우 좋은 마케팅 수단이 될 수 있다. 예를 들어 항공사, 신용카드 회사, 장거리 전화 회사와 체인호텔이 제휴할 수 있다면 각 파트너에게 수백만 개인 소비자들의 정보를 수록하고 있는 방대한 규모의 데이터베이스를 활용할 수 있다. 이는 최근 중요성이 강조되는 데이터베이스 마케팅의 기회를 확대시킨다.

8. 가격전략

가격전략은 마케팅믹스전략의 마지막 부분으로 기업의 수익의 가장 직접적인 결정요소이자 강력한 마케팅 도구이다. 모든 기업에서 그러하듯이 호텔기업에서도 가격은 기업의 경영활동에 중요한 영향을 미친다. 높은 가격은 수요의 감소를 초래하고 너무 낮은 가격은 기업의 수익성을 저하시킨다. 또한 가격은 기업의 경쟁우위를 결정하는 중요한 요인이 될 뿐 아니라 소비자가 서비스 또는 제품을 선택하는 데 중요한 결정요인이 되기도 한다. 이와 같이 가격은 기업의 경영활동에 중요한 영향을 미치는 관계로 기업의 경영자들은 자신이 생산하는 서비스 또는 제품의 가격결정에 있어 세심한 노력을 해야 한다.

가격을 결정하는 방법에는 원가기준 가격결정방법, 손익분기점, 구매자기준 가격결정방법, 경쟁자기준 가격결정방법 등이 있다. 원가기준 및 손익분기점을 기준으로 한 가격결정방법은 제11장 호텔회계에 구체적으로 언급되어 있으므로 여기서는 생략하기로 한다.

구매자기준 가격결정방법은 소비자의 지각을 기초로 가격을 결정하는 방법이다. 이는 소비자의 지불의사를 기준으로 결정하는 방법이다. 호텔의 경우 비즈니스 여행자와 기업단체 여행자, 협회소비자, FIT와 같은 소비자들의 지불의사를 기준으로 가격결정을 할 수 있다. 협회소비자의 경우 보다 낮은 지불의사액을 나타낼 것이고 FIT의 경우 보다 높은 지불의사액을 표시할 것이다. 또한, 국가별로 각기 다른 지불의사액을 나타낼 것이다. 이런 경우 손익분기점이나 이윤을 고려하는 방법이 아니라 이러한 소비자의 지불의사를 기준으로 가격을 결정하는 것이 보다 많은 소비자를 수용할 수 있는 방법이다. 이는 호텔 객실서비스의 재고관리가 불가능한 관계로 팔리지 않는 것보다는 낮은 가격에서라도 판매하는 것이 호텔의 입장에서 보다 이익이라는 측면에서 기인한다고 볼 수 있다.

경쟁기준가격은 비용과 수요를 무시하고 경쟁상대의 가격을 기초로 가격을 설정하는 방법이다. 이는 경쟁에서 우위를 차지하거나 혹은 시장점유율을 높이려고 하는 호텔의 경영전략에 기인하는 가격전략이다. 이런 경우라면 수요나 비용의 측면을 고려하는 것보다는 경쟁상대의 가격을 기준으로 가격을 결정하는 것이 타당한 방법이다.

CASE 14 4대문 안 호텔 세일즈는 우리가 최고

서울 4대문 내에 3개의 호텔, 총 1,114실을 보유하고 있는 곳, 바로 하나투어가 100% 투자한 자회사, 마크호텔이다. 센터마크 호텔, 티마크 호텔 명동, 티마크 그랜드 호텔 명동이 그것으로 전국에서 가장 호텔 밀집도가 높고 경쟁이 치열한 곳에서 남부럽지 않은 실적을 내며 선전하고 있다. 바로 이 지역에서 오랫동안 호텔리어로, 특히 세일즈 부서에서 잔뼈가 굵은 ㈜마크호텔 김인수 전략 마케팅 총괄과 실력있는 세일즈팀 직원들의 팀워크 때문이다.

Q 현재 서울 4대문 안에는, 특히 명동은 60m마다 호텔이 있을 정도로 다양한 호텔들이 경쟁을 펼치고 있습니다. 이러한 현상의 원인은 무엇입니까?

A 4대문 안은 지난 2013년부터 많은 호텔들이 들어서기 시작했습니다. 2013년부터 2015년 말까지 중구에 새롭게 공급된 호텔 객실만 해도 대략 6,000실에 달하며, 이는 연간 22만 나이트가 증가했다고 볼 수 있습니다. 비즈니스급 호텔의 주요 고객층인 중국인들의 여행 패턴이 단체 패키지 형태에서 20~30대 젊은 층을 시작으로 FIT가 늘어나면서 합리적인 가격대와 세련된 시설을 강조한 비즈니스 호텔이 잇따라 개관하고 있습니다.

특히 명동은 면세점과 백화점, 쇼핑몰이 밀집한 쇼핑 메카인 동시에 인사동, 종로, 광화문, 북촌 한옥마을 등 여러 관광지와 인접한 장소이며, FIT는 단체 관광객과 달리 개별 교통편을 이용해야 하기 때문에 쇼핑과 관광명소가 밀집한 명동에 숙소를 선호, 많은 호텔들이 들어서고 있습니다.

Q 그중 마크호텔이 선전하고 있는 것으로 알고 있습니다. 마크호텔만의 차별화 전략은 무엇입니까?

A 마크호텔의 모기업인 하나투어는 비즈니스급의 호텔을 늘려 중국뿐만 아니라, 일본, 동남아 등의 외국인 관광객을 포섭하겠다는 계획이 있습니다. 인바운드 수익 창출을 통해 아웃바운드 수익과 더불어 수익 구조를 다변화함으로써 궁극적으로는 호텔 체인화로 국내 확장과 더불어 해외 진출을 계획하고 있습니다.

하나투어 전 세계 약 33개사 지사를 통해 인바운드 모객 네트워킹을 가지고 있으며, MAIDAS

라는 OTA 채널을 통한 글로벌 인바운드 비즈니스를 지향하고 있습니다.

더불어 OTA(Online Travel Agency) 시장 성장세에 맞춰 마크호텔은 이러한 FIT 고객 수요를 증대하고 있습니다. 특히 티마크 그랜드 호텔이 신규 오픈하면서 해외뿐만 아니라 국내 OTA 시장에서도 시장 우위를 선점할 수 있도록 내국인 레저 고객 대상 마크호텔 브랜드 기획전 등 오픈 프로모션을 진행하고 그 수요는 꾸준히 증가 추세에 있습니다.

Q 자회사 하나투어의 지원이 있다 하더라도 현재의 상황에서 영업환경은 그리 좋지 않을 것으로 보입니다. 그럼에도 현재 센터마크와 티마크 호텔 명동의 클러스터 총지배인이자 ㈜마크호텔의 영업 총괄로서 그동안 많은 성과를 내셨습니다.

A 센터마크, 티마크 호텔은 지난 2월부터 5월까지 매출관점에서 OTA를 통해 FIT 증대 프로젝트를 시행한 결과 지난 2/4분기 특히, 센터마크 호텔의 FIT 구성비는 50% 초과 달성했습니다. 이와 더불어 FIT 확대를 통해 더 키친(F&B업장) 활성화 프로젝트를 시행해, 2달 여 만에 F&B 매출 흑자로 전환했습니다.

운영 관점에서 트립어드바이저 순위 관리를 통해 고객 후기 프로젝트를 진행, 그 결과 지난 2월 기준으로 9월 센터마크 호텔은 82위에서 59위로(23계단), 티마크 호텔은 93위에서 45위로(49계단) 랭킹이 상승했습니다.

마지막으로 티마크 그랜드 호텔 오픈 3개월 만에 객실 매출이 사업 목표 대비 99.6%를, 객실 점유율 70% 수준으로 사업 목표 대비 초과 달성했습니다.

앞으로의 환경은 더욱 어려울 것으로 보입니다. 한반도 관련 이슈인 사드 배치로 인해 중국과의 관계, 북한 5차 핵실험 강행, 그리고 일본과의 위안부 화해 치유재단 설치와 소녀상 철거 논란 등 지속적으로 예의주시해야 할 거시환경 불안요소가 매출 증대에 다소 영향을 미칠 것으로 보입니다. 따라서 우선적으로 내부 Cost Center 인원들의 하향 방식의 비용 절감 프로젝트를 진행할 예정입니다.

Q 앞으로의 계획은 무엇입니까?

A 앞으로 마크호텔은 하나투어의 여행, 면세점, 문화공연 등 신사업과 시너지를 극대화하고, 33개 해외지사를 통해 해외영업 비중을 강화함으로써 경쟁력을 확대해 나갈 것입니다.

출처: 월간 호텔&레스토랑, 2016.10.

Bibliography

- 이두희(1997). 『한국의 마케팅사례』. 서울: 박영사.
- 이우용, 정구현, 이문규(2001). 『마케팅원론』. 서울: 형설출판사.
- 이화인(2005). 『호텔 · 컨벤션 마케팅』. 서울: 비 · 앤 · 엠 · 북스.

- Ansoff, I.(1965). *Corporate strategy.* Boston, MA: McGraw-Hill.
- Berger, J.(1997). Applying performance tests in hotel management agreements, *Cornell Hotel and Restaurant Administration Quarterly,* 38(2), 25-31.
- Berry, L. L., & Parasuraman, A.(1991). *Marketing services: competing through quality.* NY: Free Press.
- Gojanic, D. C.(2009). *Hospitality marketing management.* NJ: John Wiley & Sons.
- Bowie, D., & Buttle, F.(2004). *Hospitality marketing: principles and practice.* London: Butterworth-Heinemann.
- Cabanas, B.(1992). A marketing strategy for resort conference centers, *Cornell Hotel and Restaurant Administration Quarterly,* 33(3), 45-49.
- Camach, F., & Knain, M.(1989). Listening to customers: the market research function at Marriott Corporation, *Marketing Research,* 1(1), 5-14.
- Gary, L. L., Kotler, P., & Sridhar, M.(1992). *Marketing models.* NJ: Prentice-Hall.
- Glanzberg, A., & Whitlam, G.(1991). Culture at the crossroads: Boca Raton and Rockresort, *Cornell Hotel and Restaurant Administration Quarterly,* 32(1), 36-39.
- Lewis, R., & Chambers, R.(1989). *Marketing leadership in hospitality: foundations and practices.* NY: Van Nostrand Reinhold.
- Lovelock, C.(2000). *Services marketing: people, technology, strategy.* NJ: Prentice-Hall.
- Kotler, P.(2001). *Kellog on marketing.* New York, NY: Wiley & Sons.
- Kotler, P., Bowen, J. T., & Makens, J. C.(2009). *Marketing for hospitality & Tourism.* NJ: Prentice-Hall.
- McJenna, R.(1991). *Relationship marketing: successful strategies for age of customer, reading.* MA: Addison Wesley Publishing.
- Morrison, A.(2002). *Hospitality and travel marketing.* NY: Delmar.

- Nykiel, R.(1997). *Marketing in the hospitality industry.* New York, NY: the Educational Institute of the AHMA.
- Perreault, W., & McCarthy, E.(2000). *Essential of marketing: a global managerial approach.* MA: Irwin McGraw-Hill.
- Reid, R., & Bojanic, D.(2009). *Hospitality marketing management.* NY: John Wiely & Sons.
- Woods, R.(1994). Strategic planning: a look at Ruby Tuesday, *Cornell Hotel and Restaurant Administration Quarterly*, 35(3), 41-49.
- Weng, K., & Ghosh, B.(1990). Strategies for hotels in Singapore, *Cornell Hotel and Restaurant Administration Quarterly*, 31(1), 74-79.
- Zeithaml, V. A., Bitner, M.J., & Gremler, D.(2008). *Services marketing.* NY: McGraw-Hill/Irwin.

Chapter 12

호텔인적자원관리

제 1 절 호텔인적자원관리의 기초

1. 호텔인적자원관리의 개념

호텔기업의 경영활동은 '종업원(사람)'이 수행하는 '일'들의 집합체이며, 이 일들을 맡은 종업원이 자신의 일을 얼마나 성공적으로 수행하느냐에 따라 호텔의 경영성과가 달라진다. 호텔에 도착한 소비자들의 짐을 들어주는 '일', 소비자들에게 객실을 배정하는 '일', 객실을 청소하는 '일' 등이 모여 호텔의 경영활동을 이루며 이 '일'을 수행하는 사람인 벨 어탠던트, 프런트 데스크 담당자, 룸 어탠던트 등이 자신의 '일'들을 얼마나 잘 수행하느냐에 따라 호텔의 경영성과가 달라지는 것이다.

그림 12-1 인적자원관리의 대상

호텔인적자원관리란 [그림 12-1]에서 보는 바와 같이 자연인으로서의 사람이 아니라 '일을 수행하는 사람', 즉 호텔기업의 조직구성원을 관리 대상으로 삼고 일과 사람에 대한 과학적이고 체계적인 연구를 통해 일과 사람이 유기적으로 결합·조화를 이루도록 하는 경영활동이다.

구체적으로 이야기하면 호텔인적자원관리란 직장환경 속에서 구성원들이 각기 지닌 능력과 잠재력을 최대한 활용케 하여 호텔기업의 목적달성에 최대한 기여하도록 하는 동시에 조직구성원들이 직무에 만족하도록 하고 개인적으로도 만족을 얻을 수 있도록 지도하고 지원하는 호텔기업의 한 기능분야라고 정의할 수 있다.

2. 호텔인적자원관리의 목적

호텔경영 시스템으로서 인적자원관리는 본질적으로 호텔의 목적과 동일한 목적을 지닌다. 왜냐하면 성공적인 호텔경영을 위해 분화된 하위의 시스템이 인적자원관리이기 때문에 인적자원관리가 기업경영의 목적을 달성하는 방향으로 작동하여야 함은 당연한 일이다. 따라서 [그림 12-2]에서 보는 바와 같이 인적자원관리의 목적은 기업의 목적과 마찬가지로 크게 경제적 목적과 사회적 목적으로 구분된다.

경제·기술적 생산시스템으로서의 기업의 본질에서 유래된 인적자원관리의 경제적 목적은 경제적 효율성(economic efficiency)을 추구한다. 즉

그림 12-2 인적자원관리의 목적

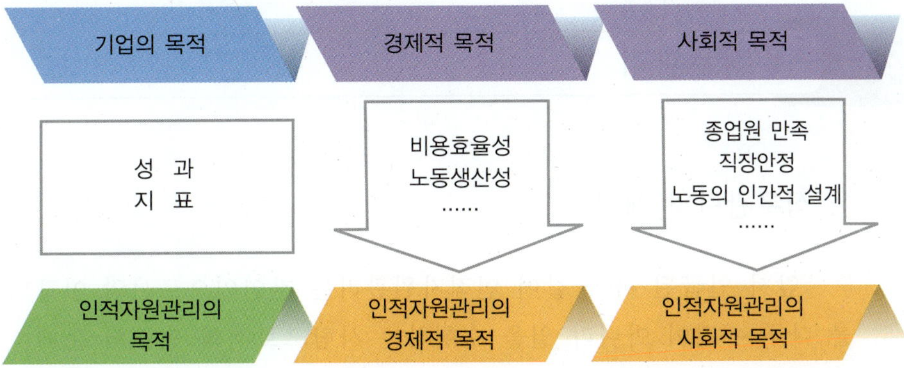

호텔의 경영활동에 필요한 직무의 요구에 맞추어 최소의 노동을 투입하고 노동력을 효율적·효과적으로 활용하여 최대의 성과를 얻고자 하는 것이 호텔인적자원관리의 경제적 목적이다.

한편 인적자원관리의 사회적 목적은 사회·심리적 협동시스템으로서의 기업의 본질에 그 근거를 둔다. 따라서 인적자원관리의 사회적 목적은 건전한 사회구성원으로서 다른 사회구성원과의 바람직한 관계의 유지·발전을 추구한다. 구체적으로 사회적 시스템 관점에서의 인적자원관리는 잠재적 종업원인 국민과의 관계, 국민을 대변하는 국가·정부와의 관계, 일반 사회구성원과의 관계에 초점을 맞춘다. 한편 심리적 협동시스템의 관점에서 종업원의 욕구충족을 통한 종업원 만족의 극대화를 추구한다. 따라서 종업원을 기계와 같은 생산의 수단으로 인식하는 대신 개인적 욕구를 지닌 존재로 인식하고 이들의 욕구를 충족시킴으로써 종업원 만족(employee satisfaction)을 궁극적인 목적으로 한다.

제 2 절 직무관리

1. 직무관리의 개념

앞서 언급된 바와 같이 인적자원관리는 자연인으로서의 인간의 문제를 다루는 것이 아니라 일을 수행하는 사람으로서의 인간의 문제를 다룬다. 여기서 '일'은 바로 직무(job)이다. 따라서 직무관리란 직무를 어떻게 규정하고 설계할 것인가의 문제를 다루는, 즉 직무의 체계적이고 합리적인 관리를 의미한다.

직무에 관한 체계적이고 합리적인 관리가 호텔인적자원관리에 있어서 중요한 이유는 직무관리가 앞으로 언급될 호텔인적자원관리의 중요한 축인 사람관리의 기본적 토대가 되기 때문이다. 구체적으로 적절한 직무관리 활동이 수행되지 않는다면 인적자원 확보, 인적자원 개발 · 유지, 인적자원 보상 및 인적자원 방출로 구성된 사람관리에 관련된 활동을 수행할 수 없다. 예를 들어 객실예약의 직무가 무엇인지, 직무수행자의 자격요건은 무엇인지, 어떻게 객실예약의 직무를 설계하는 것이 호텔기업의 목적 달성에 보다 바람직한지 등을 이해하지 못하면 어떤 사람을 뽑아야 하는지(인적자원 확보), 직무수행자에게 얼마만큼의 보상이 적절한지(인적자원 보상) 등 사람의 관리가 불가능하고, 이는 결과적으로 경영성과에 부정적인 영향을 미친다.

이상과 같이 인적자원관리의 양대 축이라고 할 수 있는 직무관리와 사람관리의 관계를 보다 구체적으로 살펴보면 다음과 같다.

첫째, 인적자원 확보는 직무수행에 필요한 인적자원을 계획하고 모집, 선발하는 과정이다. 따라서 호텔기업의 인적자원 확보를 위해서 어떤 직무가 필요하고 직무수행자의 자격요건이 무엇인지에 관한 연구로서 직무분석이 절대적으로 요구된다.

둘째, 인적자원 개발 · 유지는 교육 · 훈련, 전환배치, 승진 등을 통해 확보된 인적자원의 능력과 성과창출의지 등을 최대한으로 개발하고 이를 지속적으로 유지하는 인적자원관리 활동이다. 따라서 바람직한 인적자원 개발을 위해서는 직무를 담당하는 개별 종업원에게 직무를 수행하기 위해서 어떤 능력이 요구되는지(직무분석), 어떻게 직무내용을 설계하는 것(직무설계)이 종업원이 지닌 능력과 직무수행의지 등을 최대한으로 끌어내는 방법인지에 관한 이해, 즉 직무관리가 요구된다.

셋째, 인적자원 보상은 종업원이 노동력을 제공한 대가로 기업이 종업원에게 경제적 · 비경제적 보상을 제공하는 활동이다. 각 종업원에게 지급되는 보상의 크기를 결정하기 위한 종업원의 공헌 정도를 파악하기 위해서는 개별 종업원이 수행한 직무의 가치에 대한 평가(직무평가)가 선행되어야 한다.

마지막으로 인적자원 방출은 종업원과 기업의 관계가 종료되어 종업원이 기업을 떠나는 과정이다. 어떤 종업원은 자신의 욕구를 충족시킬 수 없는 직무로 인해 기업을 떠나고, 어떤 종업원은 직무환경이 너무 열악하여 기업을 떠나기도 한다. 이러한 부정적인 방출을 억제하고 호텔기업의 경영성과를 제고하기 위해서는 합리적이고 체계적인 직무분석과 직무설

그림 12-3 직무관리와 사람관리의 관계

계가 요구된다.

이상과 같이 직무관리와 사람관리의 각 하위활동의 관계를 단편적인 예로 설명하였으나 [그림 12-3]은 모든 직무관리 활동이 인적자원관리의 또 다른 축인 사람관리의 활동과 밀접하게 관련되어 있음을 잘 보여주고 있다.

2. 직무관리 내용

1) 직무분석

직무분석(job analysis)은 직무의 내용과 직무를 수행하는 데 필요한 직무수행자의 행동, 특성 등 직무수행을 위한 종사원의 자격요건을 밝히는 체계적인 과정을 의미한다. 직무분석 결과 밝혀진 직무내용에 관한 정보는 직무기술서(job description)로 정리되며, 직무수행자에 관한 정보는 직무명세서(job specification)로 정리된다. 직무기술서와 직무명세서는 다음의 직무평가 및 직무설계에 있어서 중요한 기초자료가 된다.

2) 직무평가

직무평가(job evaluation)는 직무분석 결과 밝혀진 직무의 구체적인 내용과 이를 수행하는 데 요구되는 직무수행자의 자격요건을 토대로 호텔기업 내에서 각 직무의 가치를 밝히는 과정이다. 여기서 가치란 평균적인 직무수행자가 직무를 수행했을 때 그 직무에서의 성과, 즉 직무성과(job performance)가 호텔기업의 목적달성에 기여하는 정도를 의미한다.

3) 직무설계

직무설계(job design)란 어떻게 직무의 내용과 수행방법을 설계하는 것이 호텔기업의 목표달성에 보다 효과적일 것인가의 문제, 즉 호텔기업에서 수행되는 다양한 직무내용과 직무수행방법에 대한 설계를 의미한다. 앞서 언급된 직무분석은 주로 기존의 직무를 있는 그대로 분석함으로써 인적자원의 모집 · 선발, 교육 · 훈련, 인사고과 등 인적자원관리 기능을 위한 정보수집을 목적으로 한다. 반면에 직무설계는 호텔기업의 목적과 조직구성원의 욕구를 동시에 달성할 수 있도록 목적 지향적이면서 동시에 동기부여적 관점에서 직무의 내용과 수행방법을 개선하고 직무효율성(job efficiency)을 향상하기 위한 목적으로 실시되기 때문에 직무재설계(job redesign)의 의미를 지닌다. 그러나 현실적으로 직무분석 결과 기존 직무의 내용과 직무수행자의 자격요건 등 현재의 직무관리가 비효율적으로 이루어지는 경우 직무설계를 통해 이를 수정하고 개선하여야 하는 것이 일반적이므로 직무분석과 직무설계는 상호보완적인 활동이라고 할 수 있다.

제 3 절 인적자원 확보

1. 인적자원 확보의 개념

호텔기업이 지속적으로 경영활동을 수행하기 위해서는 당연히 일하는 사람을 필요로 한다. 퇴직한 종업원의 자리를 메워야 하기도 하고, 전망이 밝은 신사업에 진출하기 위해 더 많은 사람을 필요로 하기도 하고, 새로운 지식 또는 기술을 지닌 사람을 필요로 하기도 한다. 이와 같이 인적자원에 대한 수요 및 공급의 예측 결과 인적자원 수요가 인적자원 공급보다 더 많은 경우 호텔기업은 부족한 인적자원을 공급받아야 한다. 호텔기업의 경영활동 수행에 있어서 필요한 사람, 즉 인적자원을 모집하고 선발하는 일을 인적자원 확보라고 한다. 인적자원 확보는 사람관리의 중요한 기능 중 하나로서 일반적으로 기업은 필요한 인적자원을 기업의 내·외부로부터 충당한다.

기업의 인적자원 확보 활동은 [그림 12-4]에서 볼 수 있듯이 인적자원 계획, 모집, 선발, 평가의 과정을 거쳐 실시되며 평가의 결과는 수정·보완되어 상위 단계로 피드백(feedback)된다. 각 단계의 구체적 내용은 다음

그림 12-4 인적자원 확보 과정

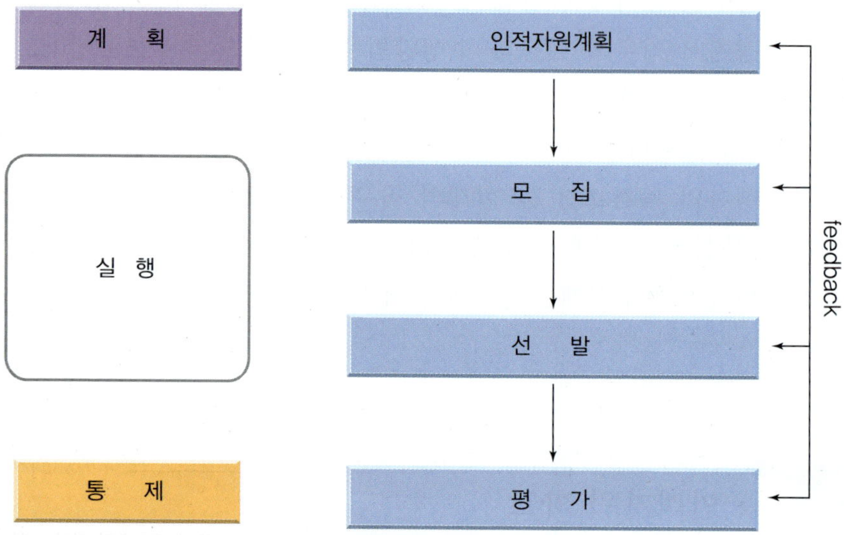

과 같다.

2. 인적자원계획

인적자원 확보의 첫 단계는 필요한 인적자원에 관한 계획활동이다. 인적자원계획은 [그림 12-5]에서 보는 바와 같이 인적자원의 수요와 기업이 보유하고 있는 인적자원의 공급을 파악하고 수요와 공급의 차이를 메우는 방법에 관한 계획이라고 할 수 있다.

그림에서 보는 바와 같이 인적자원계획은 얼마만큼의 인적자원이 더 혹은 덜 필요한가에 관한 예측, 즉 인적자원의 수요와 공급에 대한 예측으로 시작되어 이에 대한 대응방법을 마련하는 일련의 과정이다. 이 단계에 대한 구체적 설명은 다음과 같다.

1) 외부환경예측

인적자원의 수요 · 공급에 영향을 미치는 첫 번째 요소는 외부환경이

그림 12-5 인적자원계획 과정

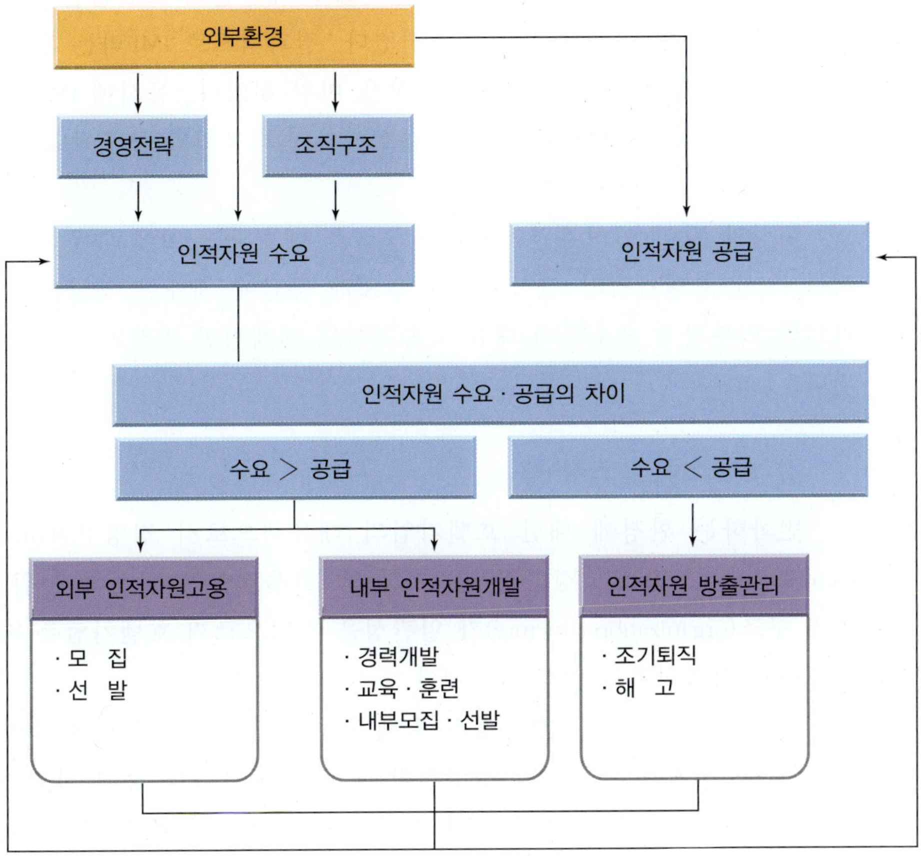

다. 외부환경은 일반적으로 경제적 환경, 사회문화적 환경, 인구통계학적 환경, 기술적 환경, 노동시장 환경 등으로 구성된다.

앞서 [그림 12-5]에서 본 것처럼 기업의 외부환경은 인적자원의 수요와 공급에 직접적인 영향을 미치기도 하지만 경영전략(management strategy) 혹은 조직구조(organization structure)를 거쳐 간접적으로 영향을 미치기도 한다.

1990년대 말 IMF라는 경제적 사건은 인적자원 수요와 공급에 영향을 미친 대표적인 예라고 할 수 있다. IMF로 인해 대부분의 호텔들은 매출의 현격한 감소를 경험해야 했다. 이에 적극 대응하기 위하여 호텔들은 축소 전략을 선택하였다. 이러한 전략의 일환으로 대부분의 호텔들은 대대적인 구조조정을 통해 호텔 조직을 축소시켰다. 결과적으로 IMF라는 경제적 사건은 호텔의 인적자원 수요에 큰 영향을 미친 것이다. 동시에 IMF는 기존의 종업원들의 이직의사를 현저히 감소시켜 인적자원의 공급에도 큰 영향을 미쳤다.

이상과 같이 인적자원의 수요 · 공급을 예측하고 이에 대응하기 위해서는 우선 호텔기업의 인적자원의 수요와 공급에 지대한 영향을 미치는 기업의 외부환경 요소들에 대한 지속적이고 체계적인 관심과 분석이 요구된다.

2) 경영전략과 조직구조

변화하는 환경에 대한 호텔기업의 대응책으로서 경영전략(management strategy), 그리고 경영전략을 효과적 · 효율적으로 달성하기 위한 기업의 구조(organization structure)가 일관성을 지님으로써 호텔기업은 비로소 목표하는 경영성과를 달성하게 된다.

이러한 맥락에서 외부환경은 호텔기업의 인적자원 수요에 직접적으로 영향을 미치기도 하지만 경영전략 또는 조직구조를 통해 간접적으로 영향을 미치기도 한다. 예를 들어 어떤 호텔이 서비스 우위의 차별화전략을 채택하였다고 가정하자. 이러한 전략의 실현을 위해서 호텔은 기계화, 간소화 등과 같이 원가절감을 위한 노력보다는 서비스 우위를 확보하기 위해 대소비자 접촉을 강화함으로써 인적자원 수요를 증대시킬 개연성이 높다. 이처럼 기업의 경영전략은 인적자원의 수요에 영향을 미친다. 또한 어떤 호텔이 일선 종업원에게 높은 수준의 권한과 책임을 부여하는 조직구조를 택한다고 가정하자. 이 경우 대부분의 조직구조는 역 피라미드의 형태로 나타나며 일선 종업원에게는 보다 높은 수준의 대소비자 응대력이 요구된다. 따라서 이는 결과적으로 인적자원의 수요, 특히 질적 수요에 영향을 미친다.

3) 수요예측

수요예측이란 미래의 특정한 시점에서 얼마만큼의 종업원이 필요할 것인가에 관한 예측을 의미한다. 수요예측은 다음과 같이 양적 수요예측과 질적 수요예측으로 구분할 수 있다.

먼저 양적 수요예측은 미래의 특정시점에서 요구되는 인적자원의 양(quantity)에 관한 예측이다. 즉 몇 명의 종업원이 필요한가에 관한 예측인 것이다. 인적자원의 양적 수요는 앞서 언급된 환경, 경영전략, 조직구조 등에 의해 영향을 받지만 기업의 매출목표, 기술수준, 종업원의 동기부여 정도, 직무의 특성, 종업원의 직무수행 능력 및 의지 등과 같은 다양한 요인에 의해 영향을 받기도 한다. 예를 들어 매출일보(daily report), 경쟁사 분석자료(competitor analysis) 등과 같은 호텔 영업관련 자료는 과거 수작업에 의존하였으나 이제는 정보기술의 발전으로 컴퓨터가 대체하고 있다. 이는 기술수준의 향상으로 인적자원 감축요인이 발생한 것이다. 따라서 정확한 양적 수요예측을 위해서는 이상과 같은 요인들을 종합적으로 고려해야 한다.

한편 질적 수요예측이란 미래의 특정한 시점에서 요구되는 인적자원의 능력, 태도 등 인적자원의 자격요건에 관한 예측이다. 질적 수요예측은 다음과 같이 세 단계를 걸쳐 실시된다. 첫 단계는 미래 시점에서 요구되는 직무성과를 판별하는 일이다. 이는 기업이 설정한 경영목적을 달성하기 위해 경영활동을 구성하고 있는 개별 직무에서 완수해야 하는 성과를 의미한다. 두 번째 단계는 필요한 직무내용을 판별하는 일이다. 필요한 직무내용이란 기존의 직무내용을 포함하여 미래시점에서 요구되는 직무성과를 달성하기 위해 요구되는 직무를 의미한다. 마지막 단계는 직무수행자의 자격요건 판별이다. 직무수행자의 자격요건이란 필요한 직무 내용을 성공적으로 수행하기 위해 직무수행자에게 요구되는 직무수행 능력 및 태도를 의미한다.

4) 공급예측

인적자원 공급예측은 미래의 특정 시점에서 기업이 보유하게 될 인적자원의 양과 질에 관한 예측으로 정의할 수 있다. 앞서 언급한 바와 같이 인적자원계획은 인적자원의 수요와 공급을 비교하고 그 차이를 메우는 과정이다. 따라서 인적자원의 공급에 관한 체계적인 예측은 인적자원의 수요예측과 함께 바람직한 인적자원관리에 있어서 중요한 토대가 된다고 볼 수 있다.

미래의 특정한 시점에서 보유하게 될 인적자원의 양(quantity)과 질(quality), 즉 인적자원의 공급은 여러 요인들의 영향을 받아 변화한다. 내부적으로는 이직, 신규채용 등이 인적자원의 양적 공급에 영향을 미치고, 전환배치, 교육 · 훈련 등 기업의 인적자원개발 · 유지활동이 인적자원의 질적 공급에 영향을 미친다. 뿐만 아니라 거시적인 관점에서 호텔기업 외부의 환경요인도 인적자원의 공급에 영향을 미친다. 경제활동인구의 변화, 실업률, 특정 직무 혹은 특정 호텔기업에 대한 호감 · 비호감 등이 그것이다. 따라서 정확한 공급예측을 위해서는 이상과 같은 요인들을 종합적으로 고려해야 한다.

인적자원의 공급예측은 양적 공급예측과 질적 공급예측으로 나눌 수 있다. 양적 공급예측이란 미래의 특정한 시점에 호텔기업이 보유하게 될 인적자원의 양에 대한 예측으로, 예측 수준에 따라 직군별, 직종별, 직급별, 부문별 예측이 있다. 일반적으로 하위 수준의 인적자원에 대한 공급예측이 합산되어 직종, 직군 그리고 호텔기업 전체의 인적자원 공급예측에 이른다.

인적자원의 질적 공급예측은 본질적으로 매우 어려운 문제이다. 이는 호텔기업이 택하게 될 미래의 경쟁전략, 해당 호텔기업이 미래에 도입하게 될 기술의 종류와 다양성, 종업원의 자기계발(self-development) 등에 따라 인적자원의 질적 공급이 달라지기 때문이다. 또한 사람(종업원)과 사람이 지닌 능력이나 태도 등을 구분하여 계량화하는 일이 현실적으로 매우 어렵기 때문이다. 그럼에도 불구하고 질적 공급예측은 미래 호텔기업의 인적자원 수요와 공급의 균형을 확보하기 위해 반드시 실행되어야 한다.

3. 모 집

인적자원계획 과정을 통해 인적자원 수요가 인적자원 공급보다 많다고 예측되면 초과수요만큼의 인적자원 확보가 요구된다. 모집활동이란 이와 같은 요구를 충족시키기 위한 활동을 의미하며, 실질적으로 인적자원 확보의 첫 단계라고 할 수 있다. 구체적으로 모집(recruitment)은 인적자원의 선발(selection)을 전제로 지원자를 모으는 과정이라 할 수 있다. 이러한 모집활동은 어디서 지원자를 모으느냐의 문제인 모집원천(recruitment source)을 기준으로 다음과 같이 외부모집과 내부모집으로 구분할 수 있다. 효과적인 모집을 위해서 인적자원관리 담당자는 내부모집과 외부모집의 장단점을 잘 파악하여 적절한 모집원천과 모집방법에 대하여 적절한 의사결정을 할 필요가 있다.

1) 내부모집

초과수요로 인적자원 수요가 발생할 경우 기존의 종업원을 대상으로 지원자를 모으는 모집방법을 내부모집이라고 한다. 내부모집에는 다음과 같이 사내공모제도, 전환배치(transfer), 승진(promotion) 등이 있다.

먼저 내부모집의 대표적인 방법인 사내공모제도(job posting and bidding system)는 사내 게시판 등을 통해 모집공고를 내고 기존 종업원 중에서 지원자를 구하는 방법이다. 사내공모제도는 특히 매력적인 직무 혹은 상위 직급의 충원을 위한 내부모집의 경우 기존 종업원에게 승진의 기회를 제공함으로써 욕구충족의 기회가 되고, 사기를 진작시킬 수 있으며, 지원자에 대해 상대적으로 정확한 평가가 가능하고, 외부 노동시장에 긍정적인 기업 이미지를 심어 줌으로써 우수한 인적자원을 유인하는 자극이 되며, 모집비용이 저렴하다는 등의 다양한 장점이 있다. 한편 사내공모제도는 지속적인 인적자원의 확보를 필요로 하는 성장기의 기업에는 적용이 제한적일 수밖에 없으며, 외부 인적자원의 유입이 차단되므로 기업의 활력에 부정적인 영향을 미칠 개연성이 있고, 선발되지 못한 지원자의 인간관계 훼손, 사기 저하 등의 문제점이 있으며, 인간관계 등의 이유로 내부 지원자에 대한 평가가 왜곡될 가능성이 존재한다는 등의 단점이 있다.

2) 외부모집

외부모집이란 기업 외부에서 지원자를 모으는 방법이다. 대표적인 방법으로는 공개적으로 지원자를 모으는 모집 광고를 통한 모집, 기업을 대신하여 기업을 소개하고 지원자를 모으는 모집활동을 수행하는 리크루터(recruiter)를 통한 모집, 취업의사가 있는 잠재적 지원자를 대상으로 일정기간 호텔에 근무하게 하는 인턴십(internship)에 의한 모집, 기존 종업원의 추천, 대학 등 교육기관의 추천, 자발적인 지원에 의한 모집 등이 있다.

외부모집—인턴십

외부모집은 단기적인 평가로 인하여 부적격한 지원자를 채용할 개연성이 있으며, 채용 후 부여된 직무와 호텔기업의 문화 등에 적응하는 데 상대적으로 오랜 시간이 소요되고, 내부 종업원의 사기(morale)를 위축시키는 등의 문제점을 지니고 있다. 그러나 호텔조직에 새로운 활력소가 되며, 요구되는 자격요건을 지닌 지원자를 채용함으로써 내부모집에 따른 인적자원 개발비용을 절감할 수 있다는 장점을 지닌다.

3) 모집활동의 평가

인적자원의 수요와 공급을 예측하고 부족한 인적자원을 모집한 후 호텔기업이 해야 할 일은 모집활동에 대한 평가이다. 평가의 목적은 기업이 평가를 통해 모집활동의 문제점을 발견하여 이를 수정 · 보완하고, 다음 모집활동으로 피드백(feedback)시킴으로써 장기적인 관점에서 보다 바람직한 모집활동을 수행하기 위함에 있다.

4. 선 발

모집이 지원자를 구하는 적극적이고 공격적인 활동인 반면 선발(selection)은 지원자 중 성공적으로 직무를 수행할 종업원을 선별하는 방어적인 활동이라고 할 수 있다. 실제적인 선발 과정은 [그림 12-6]에서 보는 바와 같이 일반적으로 6단계를 거쳐 이루어진다. 그러나 모든 기업이 항상 6개의 단계를 거치는 것은 아니다. 기업의 상황이나 모집직무의 특성에 따라 몇 단계가 생략될 수 있다.

1) 서류전형

서류전형은 지원자가 제출한 지원서(application blank)를 검토함으로써 지원자의 학력, 경력, 가족사항 등 기본적인 인적사항을 중심으로 지원자의 객관적인 질(quality)을 평가하는 과정이다.

그림 12-6 선발 과정

현실적으로는 각 직무별로 요구되는 학력, 경력 등 최소자격조건을 확인하는 작업이 이루어지지만 보다 중요한 문제는 지원서상에 나타난 정보의 신뢰성(reliability)과 타당성(validity)이라 할 수 있다. 즉 지원자가 제공한 정보가 사실인가 하는 신뢰성의 문제와 지원자의 학력, 경력 등 지원서에 나타난 지원자 관련 내용이 직무성과(job performance)를 대변할 수 있는가 하는 타당성의 문제이다.

2) 선발시험

선발시험(selection test)은 서류전형으로 파악할 수 없는 지원자의 자질이나 직무수행능력을 평가하는 과정이다. 기업은 평가대상이 되는 자질이나 직무수행능력에 따라 지적능력검사, 성격검사, 취미검사, 성취도검사 등 다양한 선발시험을 지원자에게 제시할 수 있다. 이외에도 선발시험에는 심리동작검사(psychomotor test), 정직성검사(honest test), 훈련가능성검사(trainability test), 필체검사(graphology test) 등이 있다.

3) 선발면접

선발면접(selection interview) 역시 지원자에 관한 정보를 수집할 목적으로 실시된다. 더욱이 선발면접은 성격, 외모, 지원동기 등 지원서나 선발시험을 통해서는 잘 드러나지 않는 지원자에 관한 정보를 제공하여 불명확한 지원자의 특성을 구체화하는 것은 물론 지원자에게 호텔기업에 관한 정보를 제공하는 양방향 커뮤니케이션(two-way communication)을 통해 우수한 지원자를 유인하는 방법이 되기도 한다.

선 발

4) 신원조회

신원조회(reference check)는 지원서, 면접 등을 통해 드러난 지원자에 관한 자료를 중심으로 자료를 재확인하고 필요에 따라 추가적인 자료를 수집하는 과정이다. 예를 들어 지원서상에 대인관계가 원만하다고 기록한 지원자의 경우 전 직장의 동료에게 지원자의 대인관계를 질문함으로써 지원자의 대인관계 정보를 확인할 수 있다. 또는 관련 공공기관에 전과기록을 조회함으로써 추가적인 정보를 수집할 수 있다.

5) 신체검사

일반적으로 선발의 마지막 과정은 신체검사(physical examination)이다. 신체검사는 직무를 수행할 직무수행자의 육체적 능력 및 건강상태를 판단하는 것은 물론이고, 건강보험 등 호텔기업의 인적자원관리를 위한 실제적인 목적을 위해 실시된다. 신체검사에 있어서 중요한 점은 도어 어탠던트나 조리사와 같이 육체적인 능력이나 건강상태가 직무성과에 중요한 영향을 미치는 직무와 그렇지 않은 직무를 구분하여 신체검사의 목적이나 구체적인 측정항목을 달리해야 한다는 점이다.

제 4 절 인적자원개발 · 유지

1. 인적자원개발 · 유지의 개념

인적자원 확보는 보통 인적자원계획을 시작으로 해서 지원자를 모집 · 선발하여 배치로 종료된다. 이러한 과정을 통해 확보한 종업원들에게 기업은 지속적으로 직무수행 능력 및 태도 변화를 요구하게 된다. 왜냐하면 만약 종업원들의 직무수행 능력이나 태도가 입사 당시의 수준으로 고정되어 있다면 경영환경의 변화, 담당 직무의 변화 같은 요인들이 발생할 때 종업원들은 적절한 직무수행을 할 수 없기 때문이다. 따라서 기업은 이러한 환경변화에서도 성공적인 직무수행을 할 수 있는 종업원을 만들기 위하여 지속적으로 종업원의 직무수행 능력이나 태도 그리고 성과창출 의지를 개발하고 유지하는 활동을 수행한다. 이러한 기업의 활동을 인적자원개발 · 유지라고 한다. 결국 인적자원개발 · 유지는 인적자원 확보활동을 통해 확보한 종업원을 대상으로 성과창출 의지 및 정신적 · 육체적 능력을 개발하고 이를 지속적으로 유지하게 하는 기업의 인적자원관리 활동이라고 할 수 있다.

인적자원관리의 한 기능으로서 인적자원 개발 · 유지 활동의 기본 목적은 먼저 경제적 효율성의 관점에서 보면 종업원들의 직무관련 지식, 기능 등의 능력을 축적하고, 경쟁력을 제고하며, 직무수행자의 성과창출 의지를 증대하고, 생산성을 향상시키고, 인적자원배치의 유연성(flexibility)을 확보하고, 직무수행을 위한 정신적 · 육체적 능력을 유지하게 하는 데 있다. 한편 사회적 효율성 관점에서는 종업원 개개인의 다양한 욕구를 충족시키고, 정신적 · 육체적 안정을 유지하며, 노동시장에서의 경쟁력을 제고하고, 보상을 증대시키는 데 그 목적이 있다.

이상과 같은 목적을 달성하기 위하여 인적자원개발 · 유지는 교육 · 훈련, 경력개발, 안전 · 보건관리, 경영참여, 노사관계관리 등의 구체적인 활동을 수행한다. 하지만 여기서는 인적자원개발 · 유지의 대표적 활동이라고 할 수 있는 교육 · 훈련에 대하여 논하기로 한다.

2. 교육 · 훈련

교육 · 훈련

오늘날 기술의 변화, 노동시장의 변화, 종업원의 욕구 변화 등 인적자원관리를 둘러싼 환경 변화는 현재 종업원이 보유하고 있는 기능, 지식, 태도 등에 대한 변화를 요구하고 있다. 예를 들어 빠른 기술의 변화는 입사 당시 종업원이 보유하고 있던 직무수행

그림 12-7 교육 · 훈련 시스템의 구조

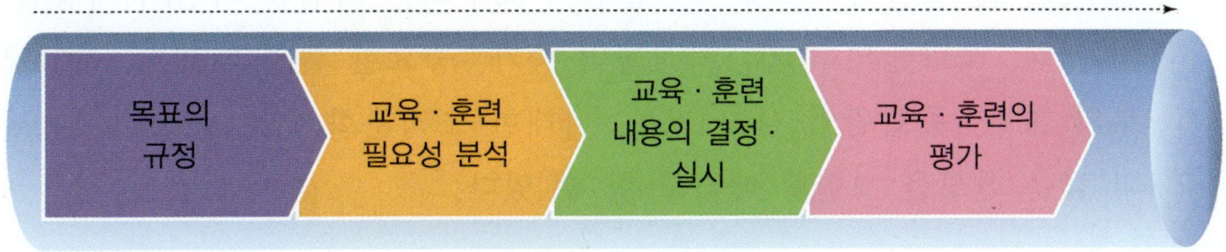

능력만으로 조직구성원으로서의 성과를 달성할 수 없게 만들고 있다. 또한 IMF가 기업의 종신고용 시스템을 붕괴시킴에 따라 종업원들은 지속적으로 스스로를 개발하지 않으면 안 되게 되었다.

교육 · 훈련은 종업원의 정신적 · 육체적 능력과 성과창출 의지 및 태도에 직접적인 자극을 가함으로써 정신적 · 육체적 능력과 성과창출 의지 및 태도를 향상시키는 모든 활동을 의미한다. 따라서 교육 · 훈련은 전환배치(transfer), 승진(promotion), 강등(demotion) 등 새로운 직무를 부여하고 이를 수행하는 과정을 통해 간접적으로 필요한 능력이나 태도를 습득하는 간접적인 인적자원 개발 · 유지활동인 경력개발(career development)과 구분된다.

교육 · 훈련은 다음의 [그림 12-7]에서 보는 바와 같이 일련의 과정을 통해 실시된다. 각각의 단계는 다음과 같다.

1) 목표의 규정

교육 · 훈련 시스템 계획의 첫 단계는 교육 · 훈련의 구체적인 목적을 명확히 규정하는 것이다. 왜냐하면 교육 · 훈련의 목적에 따라 바람직한 교육 · 훈련 프로그램이 달라질 수 있기 때문이다.

2) 교육 · 훈련 필요성 분석

다음 단계인 교육 · 훈련 필요성 분석(needs analysis)은 호텔기업의 목표를 달성하기 위해 요구되는 직무수행 능력과 태도, 그리고 이를 달성하기 위해 현재 호텔기업의 종업원이 지니고 있는 능력과 태도의 차이를 규명하는 과정이다. 현재 종업원이 지니고 있는 능력과 태도를 가지고 호텔기업이 지향하는 목표를 달성할 수 없다고 판단될 때 교육 · 훈련이 필요한 것이다. 일반적으로 교육 · 훈련이 요구되는 시점은 기업이 시장점유율의 저하, 불량률의 증가, 이직률의 증가, 중요한 환경의 변화, 새로운 직무의 출현, 종업원의 사기 저하, 나태한 조직문화(organizational culture) 등과 같은 현상을 경험할 때라고 할 수 있다.

3) 교육 · 훈련 내용의 결정 · 실시

앞서 언급된 바와 같이 교육 · 훈련 프로그램의 내용은 교육 · 훈련의 구체적이고 개별적인 목적에 따라 달라질 수 있다. 그러나 [그림 12-8]에서 볼 수 있듯이 본질적으로 교육 · 훈련은 종업원의 능력개발과 의욕개발을 중심으로 이루어진다. 그 주요 이유는 종업원이 직무수행을 통해 창출하는 성과는 바로 종사원의 능력과 의욕에 따라 좌우되기 때문이다. 다시 말해서 교육 · 훈련의 궁극적인 목적이라고 할 수 있는 개인의 성과향상은 종업원 의욕과 능력이 향상될 때 가능하다는 것이다.

따라서 교육 · 훈련은 직무수행을 위한 기술이나 기능을 개발하는 능력개발과 직업의식, 책임의식 등을 개발하는 의욕개발로 구분된다. 하지만 현실적으로 하나의 교육 · 훈련 프로그램이 종업원의 능력개발만을 위

그림 12-8 교육 · 훈련의 내용에 따른 교육 · 훈련 프로그램의 구분

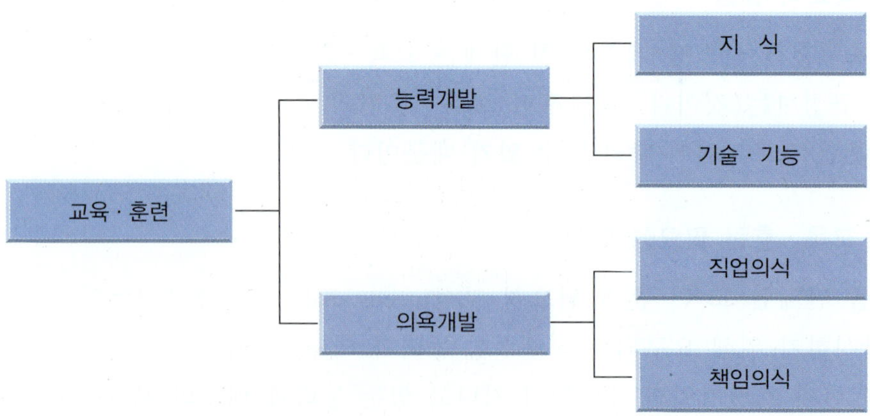

해 또는 의욕개발만을 위해 활용되기보다는 복합적으로 사용된다.

4) 교육 · 훈련의 평가

교육 · 훈련이 실시되고 나면 교육 · 훈련 활동에 대한 평가가 이루어져야 한다. 평가의 주 목적은 교육 · 훈련의 목적이 성공적으로 달성되었는지 혹은 그렇지 않은지, 교육 · 훈련의 목적이 달성되지 않았다면 그 이유는 무엇인지, 이를 수정 · 보완하기 위해서 어떤 후속적인 조치가 필요한지 등에 관한 유용한 정보를 얻기 위함에 있다. 또한 기업은 교육 · 훈련 평가활동을 통하여 교육 · 훈련의 결과를 교육 · 훈련 참가자에게 피드백 함으로써 교육 · 훈련의 효과를 제고시킬 수 있을 뿐 아니라 앞으로의 교육 · 훈련 활동을 위한 기반으로 활용할 수 있다.

제 5 절 인사고과

1. 인사고과의 개념

일반적으로 직무수행평가, 성과평가, 인사평정 등과 동일한 용어로 쓰이는 인사고과(performance appraisal)는 종업원이 기업의 목적달성에 얼마나 기여하고 있는지 혹은 기여할 수 있는지에 대한 기업의 평가활동을 의미한다. 따라서 앞서 언급된 직무평가(job evaluation)는 직무의 가치를 평가하는 것인 반면 인사고과는 직무수행자를 평가하는 것이다. 여기서 중요한 것은 인사고과란 자연인으로서의 직무수행자에 대한 평가가 아니라 직무와 관련한 직무수행자, 즉 직무수행자의 성과, 태도, 능력 등을 평가한다는 것이다.

일반적으로 인사고과는 [그림 12-9]에서 볼 수 있듯이 종업원이 기업의 목적달성에 얼마나 기여하고 있는지에 대한 평가인 성과고과와 종업원

그림 12-9 인사고과의 구분

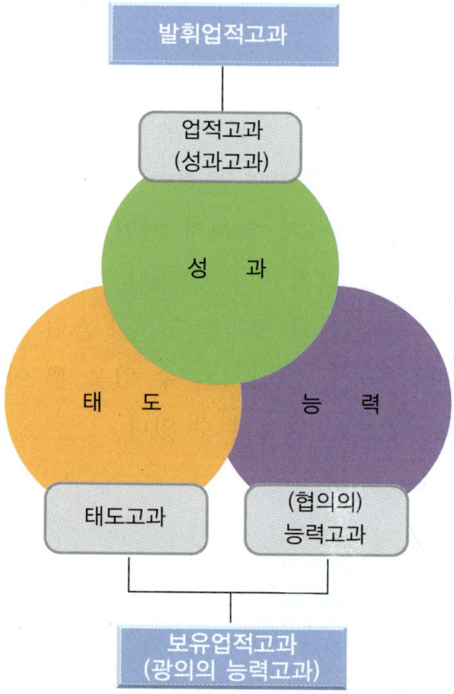

이 기업의 목적달성에 얼마나 기여할 수 있는지에 대한 평가인 능력고과로 구분된다. 능력고과는 다시 능력고과와 태도고과로 구분된다.

성과고과는 이미 발휘된 업적을 평가한다는 의미에서 업적고과 혹은 발휘업적고과라고도 불리며, 능력고과는 종업원이 보유·발휘할 수 있는 잠재적 업적을 평가한다는 의미에서 보유업적고과라고 한다.

인사고과는 [그림 12-10]에서 보는 바와 같이 인적자원관리의 모든 과정에 있어 중요한 기초가 된다. 예를 들어 인사고과는 인적자원 확보에 있어서 중요한 정보를 제공한다. 오랜 기간에 걸쳐 축적된 성과고과는 바람직한 종업원, 즉 성과를 창출하는 종업원에 대한 정보를 제공할 수 있다. 다시 말해서 인사고과는 직무수행자의 자격요건과 직무성과의 관계를 알려줌으로써 인적자원 확보의 중요한 기초자료가 된다. 또한 인사고과,

그림 12-10 인적자원관리와 인사고과

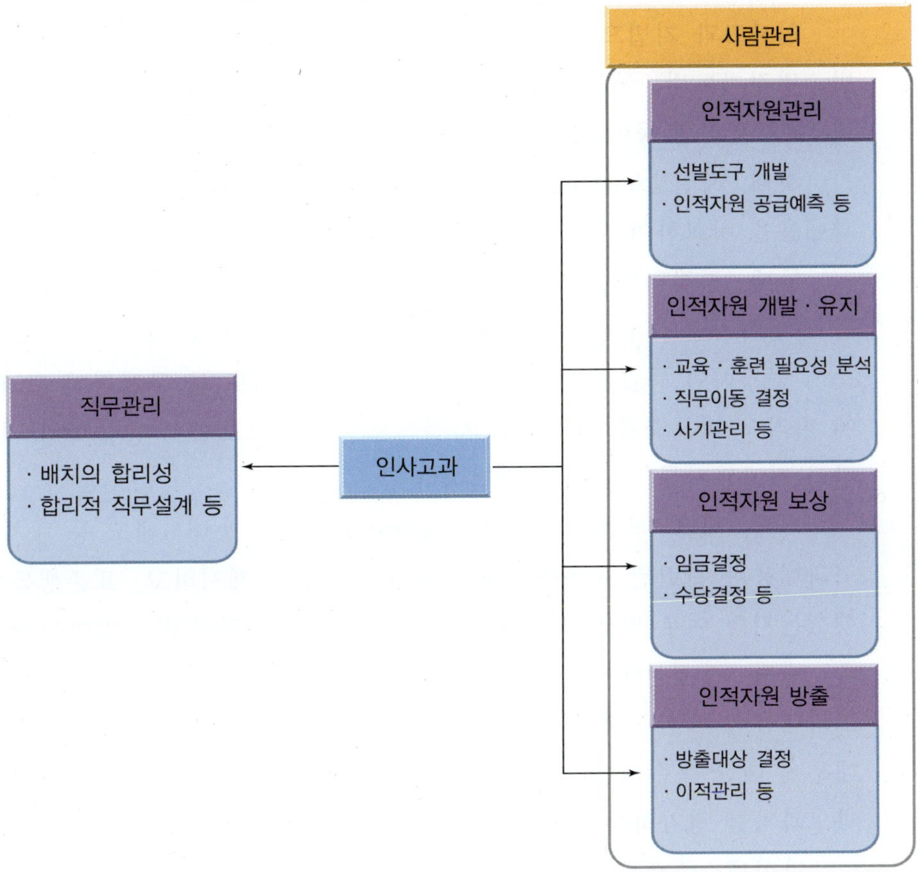

특히 성과고과는 인적자원 보상에 매우 중요한 기초자료를 제공한다. 성과고과의 본질적 목적은 종업원이 기업의 목적달성에 기여한 정도를 평가하여 이에 대한 보상을 결정하는 기초로 삼는 것이다. 목적달성에 기여한 정도가 큰 종업원들에게는 높은 임금과 승진 등의 보상을 제공하고, 그렇지 못한 종업원들에게는 낮은 임금과 징계 등을 결정한다.

2. 인사고과의 기법

인사고과 기법으로 활용되는 대표적인 기법으로는 다음과 같이 서열법, 평정척도법, 체크리스트법, 강제선택법, 중요사건법, 행동기준고과법, 목표관리법 등이 있다.

첫째, 서열법(ranking method)은 피고과자의 성과, 능력 및 태도 등 고과내용을 비교하여 상대적 순위를 부여하는 방법이다.

둘째, 평정척도법(rating scale method)은 서열법 중 대인비교법과 유사한 방법이지만 대인비교법이 서열을 매기는 반면 평정척도법은 사전적 기준에 근거하여 등급을 매긴다. 즉 성과, 능력, 태도 등 구체적인 고과내용에 따라 고과요소를 선정하고 사전적으로 고과요소별로 등급화된 기준에 따라 피고과자를 고과하는 방법이다.

셋째, 체크리스트법(checklist method)은 성과, 능력, 태도 등 구체적인 고과내용과 관련된 표준행동(standard behavior)을 제시하고, 표준행동을 이행했는지의 여부 및 어느 수준으로 이행했는지를 평가하는 방법이다.

넷째, 강제선택법(forced choice description)은 고과자로 하여금 동일한 고과내용에 대한 상반된 서술문 중 반드시 하나를 선택하게 하거나 고과내용에 대한 복수의 서술문 중 하나를 강제로 선택하게 하는 방법을 통해 피고과자를 평가하는 방법이다.

다섯째, 중요사건법(critical incident method)은 일상적인 직무수행과정에서 기업의 목적달성에 중요한 영향을 미치는 종업원의 행동, 능력 및 태도를 기록하였다가 고과 시점에서 이를 평가하는 고과방법이다.

이상과 같은 종래의 고과기법들은 공통적으로 창조력, 성실성 등 추상적인 고과내용을 기초로 인사고과를 실시한다는 문제점을 갖고 있다. 이러한 문제점을 극복하기 위해 최근 직무수행에 필요한 행동을 구체적으로 묘사한 서술문을 기준으로 피평가자를 고과하는 고과기법을 활용하기도 한다. 이를 행동기준에 의한 고과법(behavior-based rating scale)이라고 한다. 행동기준에 의한 고과법에 대표적인 것은 행동기준고과법(BARS; behaviorally anchored rating scale)이다. 이 기법은 중요사건법과 평정척도법을 혼용하여 보다 정교하게 보완함으로써 고과결과의 신뢰성과 타당성을 높이기 위한 인사고과기법으로 직무수행과정에서 나타나는 중요한 행동을 추출하여, 피고과자의 해당 행동을 추정함으로써 피고과자를 고과하는 기법이다.

또한 드러커(P. Drucker)에 의해 개발된 목표관리법(MBO; management by objective)은 스스로 목표를 세우고 이를 달성하려고 노력할 때, 보다 높은 수준의 성과를 창출할 수 있다는 전제에서 부하직원으로 하여금 스스로 목표를 세우게 하는 경영관리기법의 하나이다. 이러한 목표관리법은 스스로 세운 목표를 기준으로 종업원을 평가한다는 관점에서 인사고과 기법으로도 활용되고 있다.

제 6 절 인적자원 보상

1. 인적자원 보상의 개념

넓은 의미의 보상(reward)은 본질적으로 종업원이 호텔기업의 목적달성에 기여한 공헌(contribution)의 대가로 종업원에게 제공되는 경제적 및 비경제적 가치를 의미한다. 경우에 따라서는 보상이 종업원의 공헌을 자극할 목적으로 제공되기도 한다.

기업이 종업원에게 제공하는 보상의 종류는 매우 다양하다. 보상은 앞서 언급한 바와 같이 경제적 보상(economic reward)과 비경제적 보상(non-economic reward)으로 구분된다. 먼저 외재적 보상(extrinsic reward)이라고도 불리는 경제적 보상은 다시 임금, 수당 등 직접보상과 각종 복리후생의 간접보상으로 구성된다. 한편 내재적 보상(intrinsic reward)이라고도 불리는 비경제적 보상은 경력상의 보상과 사회 · 심리적 보상으로 이루어진다. 승진(promotion) 등 경력상의 보상과 인정, 교육 · 훈련의 기회제공 등 사회 · 심리적 보상과 같은 비경제적 보상에 관한 내용은 인적자원개발 · 유지에서 다루었으므로 여기서는 경제적 보상을 중점적으로 다루기로 한다.

인적자원 보상은 기업의 인적자원관리에 있어서 매우 중요한 활동이다. 왜냐하면 기업의 궁극적인 목적이랄 수 있는 성과창출에 중요한 영향을 미치기 때문이다. 기업이 적절한 보상시스템을 갖추면 이 보상시스템이 종업원의 노력 → 높은 성과창출 → 보상 → 만족을 통해 기업의 목적달성을 위한 선순환 고리 역할을 한다. 하지만 적절하지 못한 보상시스템은 생산성의 저하, 결근, 이직 등과 같은 부정적인 결과를 낳는다. 따라서 인적자원 보상은 종업원의 노력 → 높은 성과창출 → 보상 → 만족을 보장하기 위한 다양한 활동과 주제에 관심을 갖는다.

2. 직접보상: 임금과 수당

1) 임 금

임금이란 종업원의 정상적인 노동력 제공에 대한 직접적인 대가로 기업이 지급하는 경제적 보상의 한 형태라고 정의할 수 있다. 기업이 종업원에게 보상하는 임금수준(pay level)은 인적자원관리 전 분야에 매우 중요한 영향을 미친다. 적절한 임금수준은 1) 기업 외부로부터 유능한 인적자원을 유인하며, 2) 종업원들의 근로의욕 및 직무만족 등과 같은 인적자원개발 · 유지에 긍정적인 영향을 미치고, 3) 유능한 종업원을 기업에 머물게 하는 등 매우 바람직한 기능을 수행하는 반면에 적절치 못한 임금수준의 그 반대의 결과를 가져온다.

따라서 합리적인 임금수준을 결정하기 위해서는 여러 측면에서의 신중한 고려가 요구된다. 호텔기업 입장에서 임금수준은 기업의 경쟁력, 특히 가격경쟁력을 좌우하는 중요한 비용요인임과 동시에 종업원들을 동기부여하여 기업의 목적달성에 공헌하게 하는 성과창출요인이기도 하다. 한편 종업원 입장에서 임금수준은 생계의 원천이다. 사회적으로는 건전한 사회의 유지 및 발전을 위한 토대가 된다. 따라서 임금수준 결정에 있어서는 이상과 같은 요인들이 종합적으로 고려될 필요가 있다.

일반적으로 임금수준은 노동수요자인 호텔기업의 지불능력, 노동공급자인 종업원의 생계비 및 노동시장에서의 사회적 균형을 종합적으로 고려하여 결정된다. 이때 호텔기업의 지불능력은 임금수준의 상한선(upper limit)이 되고, 노동자의 생계비는 임금수준의 하한선(lower limit)이 된다. 이외에도 임금수준의 범위는 경쟁호텔의 임금수준, 노동의 수요 및 공급, 우세임금, 노동조합과의 협상 등을 고려하여 최종적으로 결정된다.

2) 수 당

수당이란 종업원이 정규노동 이외의 노동력을 제공한 경우 또는 종업원의 생활을 보장하기 위해 기업이 자발적으로 지급하는 직접보상의 한 형태이다.

일반적으로 수당은 크게 기준내 수당과 기준외 수당으로 구분된다. 대부분의 기준내 수당은 법적 구속력을 갖지 않는 임의수당, 즉 법정외 수당으로 임금의 공정성, 안정성, 유연성을 향상시켜 종업원 생활을 보호할 목적으로 실시된다. 대표적인 예로는 직무수당, 장려수당(모범근속수당, 정근수당 등) 및 생활보조수당이 있다. 한편 정규노동 이외의 노동력을 제공한 대가로 지급되는 기준외 수당은 법적 구속력을 지니는 강제수당, 즉 법정수당이 된다. 대표적인 예로는 초과근무수당, 특별근무수당, 생산업적수당 등이 있다.

3. 간접보상: 복리후생

복리후생은 일반적으로 임금이나 근로조건과 무관하게 종업원의 편익(benefit)을 제공하기 위하여 기업이 추가적으로 제공하는 보상으로 정의된다. 앞서 언급된 임금과 수당과는 달리 복리후생은 종업원의 노동력 제공과 직접적인 관계없이 종업원의 경제적 안정과 생활의 질을 향상시키기 위해 지급되는 일종의 간접보상의 형태를 띠고 있는 것이다. 따라서 직접보상은 성과주의 원칙에 근거하는 반면에 복리후생은 공동체 원칙에 근거한 것이라고 할 수 있다.

일반적으로 복리후생 프로그램은 법적인 강제성을 기준으로 하여 법정 복리후생과 법정외 복리후생으로 구분할 수 있다. 먼저 법정 복리후생은 국가가 사회적 약자인 종업원을 보호하고 국가기능의 일부분인 사회복지의 일부를 기업에 분담시키기 위하여 법률로 강제하는 복리후생을 말한다. 대표적인 프로그램으로는 의료, 연금, 산업재해 보상, 고용 등과 같은 다양한 보험료 지원, 법정퇴직금제도 등이 있다.

한편 기업이 자발적 의사결정에 따라 지급하는 법정외 복리후생은 국가가 법으로 강제하지 않는 복리후생이나 법이 정한 범위를 초과하여 기업이 종사원에게 제공하는 복리후생을 말한다. 호텔기업에서 많이 실시하고 있는 대표적인 프로그램으로는 주택시설 지원, 급식시설 지원, 다양한 금융제도, 공제제도, 구매시설 지원, 보건 위생시설 지원, 문화 · 체육 · 오락시설 지원 등을 들 수 있다.

제 7 절 인적자원 방출

1. 인적자원 방출의 개념

과거 IMF 금융위기 여파로 호텔기업은 물론 우리나라의 대부분 기업들이 명예퇴직 또는 정리해고 등의 이름으로 많은 종업원을 감축하였다. 이와 반대로 일부 종업원들은 호텔기업의 필요에 의해서가 아니라 보다 나은 근로조건을 찾아서 또는 다양한 개인적 이유로 기업을 떠나기도 한다. 이와 같이 기업과 종업원의 관계는 단절되게 되는데 이를 관리하는 인적자원관리 활동을 인적자원 방출 또는 이직관리(turnover management)라고 한다.

인적자원 방출은 기업과의 관계단절에 있어서 종업원의 자발적 의사의 유무에 따라 자발적 방출과 비자발적 방출로 구분할 수 있다. 자발적 방출은 종업원이 개인적인 이유로 호텔을 떠나는 전직 또는 사직을 의미한다. 자발적 방출은 종업원의 자발적 의사를 강조하여 자발적 이직(voluntary turnover)이라고 한다. 한편 비자발적 방출은 종업원의 의사와 관계없이 호텔의 필요에 따라서 이루어지는 인적자원 방출로서 호텔의 의사를 강조하여 인력감축이라고 한다.

기업에 있어서 합리적인 인적자원 방출은 필수적이다. 앞으로 구체적으로 언급되지만 기업은 합리적인 인적자원 방출을 통해 방출과 관련된 비용 및 노력을 절감할 수 있고, 기업의 이미지를 향상시킬 수 있는 있으며, 종업원들의 소속감과 애사심을 유발시켜 생산성 등의 경영효율을 향상시킬 수 있는 등 다양한 효과를 기대할 수 있다.

2. 인력감축

인력감축은 앞서 언급된 바와 같이 호텔기업의 필요에 의해서 이루어지는 비자발적 방출이다. 인력감축은 호텔기업이 보유하고 있는 인적자원의 양(quantity)과 질(quality)이 현재 또는 미래의 경영전략을 수행하는 데 있어서 필요한 인적자원의 양과 질보다 많은 상태, 즉 공급과잉에 따른 문제점을 극복하기 위해 호텔기업이 주도하는 인적자원의 방출활동이라고 할 수 있다.

어떤 형태의 인력감축 활동이라도 기업의 인력감축 활동은 떠나는 종업원, 남아있는 종사원 그리고 호텔에 부정적 영향을 미친다. 기업의 감축활동은 먼저 떠나는 종업원들에게 생계의 위협을 주는 것과 같은 경제적 측면은 물론 좌절감에 빠지게 하며, 사회적 욕구충족 기회를 빼앗는다. 한편 기업의 감축활동은 남아있는 종업원에게 과다한 직무부담으로 직무수행에 어려움을 줄 뿐 아니라 종업원의 안전욕구를 위협한다. 또한 호텔기업은 인력감축 활동의 결과로 회사 이미지와 조직문화에 심한 타격을 입을 뿐 아니라 추후 과잉수요가 발생되는 경우 신규채용에 소요되는 비용과 노력을 감수해야 한다.

호텔기업의 인력감축 활동은 이상과 같이 많은 부정적 영향을 미치기 때문에 인력감축을 시행하기 앞서 기업은 인력감축 이외의 대안을 먼저 고려할 필요가 있다. 예를 들어 기업의 경쟁력 약화에 따른 매출의 현격한 감소가 원인이라면 인력감축에 앞서 새로운 시장을 개척하려는 노력 또는 경쟁력 강화 노력이 선행되어야 한다는 것이다.

만약 다른 대안이 여의치 않을 경우에는 기업은 본격적으로 인력감축을 실시하게 된다. 기업이 채택할 수 있는 감축방법은 근무시간 단축, 휴업 및 휴직, 신규채용 억제, 보상조정, 조기퇴직, 해고 등이 있다. 조기퇴직과 해고는 종업원을 호텔 밖으로 방출하는 적극적 의미의 방출방법이다. 이 방법은 인력감축 효과가 큰 반면에 부작용 또한 크다. 근무시간 단축, 휴업 및 휴직 등과 같은 방법은 종업원의 외부 방출을 억제하면서 인력감축의 효과를 도모하는 내부 방출형 인력감축이다. 이 방법은 인력감축 효과는 작은 반면에 인력감축에 따른 부작용을 최소화할 수 있다.

3. 자발적 이직

자발적 이직이란 앞서 언급한 바와 같이 종업원의 자유의사에 의해 종업원이 호텔을 떠나는 것을 말한다. 따라서 자발적 이직은 본질적으로 종업원 개인의 선택문제이다. 하지만 호텔의 인적자원관리 활동에 직·간접적으로 영향을 미친다.

이직의 긍정적 측면을 보면 자발적 이직은 먼저 이직자에게 경력개발의 기회 및 소득을 향상시킬 수 있는 기회를 제공한다. 남아 있는 종업원에게는 승진과 같은 직무이동을 통한 경력개발 기회를 제공할 뿐 아니라 경력개발 욕구를 자극하는 자극제가 되기도 한다. 기업에게는 무능한 종업원이 이직하는 경우 경쟁력 제고의 기회를 제공할 뿐 아니라 조직활성화의 계기가 된다.

반면에 부정적인 측면을 보면 자발적 이직은 남아있는 종업원에게 대체 종업원이 확보되기 전까지 업무량을 증가시키며, 대체 종업원과의 새로운 인간관계와 의사소통 노력을 해야 하는 추가 부담을 주게 된다. 또한 능력있는 종업원의 이직은 다른 종업원의 좌절감을 야기시킬 수 있다. 한편 기업은 자발적인 이직으로 발생하는 비용, 즉 이직비용을 부담해야 한다. 대표적인 이직비용으로는 낮은 생산성 및 서비스 질 저하에 따른 비용, 대체 종업원 확보비용 및 인적자원 개발비용 등을 들 수 있다.

호텔은 앞서 언급한 자발적 이직에 따른 긍정적 측면을 최대한 부각시키고 부정적 측면은 최소화하기 위해 적극적으로 자발적 이직을 관리할 필요가 있다. 이를 위해서는 자발적 이직의 원인에 대한 분석이 필요하다.

일반적으로 이직의 원인은 외부환경요인, 기업환경요인, 직무환경요인, 직무내용요인, 개인적 요인으로 구분할 수 있다. 여기서 노동시장 변화, 경쟁의 심화, 경제적 환경의 변화 등과 같은 외부환경요인으로 인하여 기업을 떠나는 이직은 기업이 통제할 수 없는 이직이다. 연령, 근속연수, 교육 정도 등과 같은 개인적 요인도 기업이 통제할 수 없는 이직이라고 할 수 있다. 예를 들어 가족에 대한 부양책임이 상대적으로 적은 낮은 연령대에서 빈번히 보이는 이직이 바로 개인적 요인에 의한 이직이며, 기업이 통제하기 힘든 요인에 의한 이직인 것이다.

반면에 기업환경요인, 직무환경요인, 직무내용원인으로 인하여 기업을 떠나는 이직은 기업이 통제할 수 있는 이직이라고 할 수 있다. 왜냐하면 임금수준과 같은 기업환경요인으로 이직을 하거나, 상사의 리더십, 동료 종업원과의 관계, 근무환경 등과 같은 직무환경요인으로 이직하거나, 직무의 선호도, 직무 전문화 정도, 직무수행에 관련된 권한과 책임의 정도 등과 같은 직무내용요인으로 이직하는 경우 기업이 어떻게 하느냐에 따라 이직수준이 달라질 수 있기 때문이다.

이상과 같은 이직의 원인에 대한 정밀한 분석은 효율적인 이직관리의 첫 단계이다. 원인 분석 후 호텔기업이 수행해야 할 일은 바로 통제가능한 요인을 중심으로 적절한 관리방안을 수립하고 시행하는 것이다

CASE 15 모든 것이 말하는 대로. 노보텔 앰배서더 독산 송연순 대표이사/총지배인

송연순 대표이사/총지배인은 1986년 그랜드 하얏트 서울호텔 객실예약과 입사를 시작으로 객실예약팀장, Revenue Manager, 판촉부장 등 주요 호텔 실무경험을 쌓아온 실력파 호텔리어다.

2006년 아코르호텔 그룹의 총지배인 양성 과정을 거쳐 2009년 노보텔 앰배서더 독산 부총지배인으로 그룹 최초 여성 임원이 됐으며, 2011년 노보텔 앰배서더 부산의 총지배인이 되면서 국내 외국계체인호텔의 최초의 여성 총지배인이라는 타이틀을 달았다. 이후 이비스 앰배서더 서울, 인사동의 총지배인으로 호텔 오픈을 주도한데 이어 지난해 10월에는 노보텔 앰배서더 독산의 대표이사로 호텔업계 첫 여성 CEO가 됐다.

올해로 호텔리어에 입문한 지 30년째를 맞이한 송 대표이사/총지배인은 호텔업계의 수많은 여성 인재들에게 롤모델이 되고 있다.

Q 본지의 대표 코너로 지난 10월까지 60회를 진행해온 The GM의 첫 인터뷰이셨습니다. 그때가 2011년으로 노보텔 앰배서더 부산의 총지배인으로 계실 때인데 그로부터 5년이 지난 지금, 노보텔 앰배서더 독산의 대표가 되셨습니다. 총지배인과 대표이사는 그 역할이 좀 다를 것 같은데 어떠십니까?

A 총지배인이었을 때는 임기 동안의 영업이익에 주력했었는데 대표가 되니 호텔의 장기적인 성장에 주목하게 됐고 그렇다보니 책임감이 더 강해질 수밖에 없습니다. 그래서 스트레스가 많기도 하지만 대표로서 더 큰 그림에서 의미 있는 일들을 해낼 수 있어 보람도 큽니다.

예를 들어 올해 시무식에서 직원들에게 여러 키워드를 이야기했는데 그중 지역사회와의 '상생'을 강조한 바 있습니다. 구청과 함께 집을 고쳐주는 활동은 물론 경찰서와 MOU를 맺고 가정폭력 발생시 갈 곳 없는 이들에게 임시 휴식처를 제공하는 역할을 하며, 지역사회 발전에 공헌하는 일들을 만들고 있습니다.

Q 중심에서 떨어져 있지만 눈에 보이지 않는 숙박시설도 많고, 어려움이 많으실 것으로 보입니다. 이럴 때 많은 호텔들이 인력 부담에 대해 토로하곤 하는데 대표님은 이 문제를 어떻게 해결하고 계십니까?

A 서비스업에서 일하기 때문에 직원들에게 압력을 주기보다는 일을 해낼 수 있는 환경을 만들어 주면 잘할 수 있다고 생각합니다. 서비스는 찍어내는 것이 아니기 때문에 본인 마음이 편하면 마음에서 우러나는 서비스를 할 수 있기 때문입니다.

그리고 저는 교육에 투자를 많이 하는 편입니다. 여타 호텔들이 경기가 좋지 않으면 교육 비용을 줄이곤 하는데 오히려 저는 교육을 많이 시킴으로써 직원들을 멀티플레이어로 성장할 수 있도록 합니다. 일반 단위 호텔의 경우 입사한 부서에서 계속 한 가지 일만 하게 되는 경우가 많은데 전문적인 측면에서 좋을지 몰라도 호텔 각 분야에서 일해보고 호텔 전체를 알면서 한 부서에서 최고라고 하는 것과 전체를 알지 못하면서 일하는 것은 매우 다릅니다. 따라서 직원들에게 타 부서에서 일해 볼 수 있는 기회를 많이 제공하고 있습니다. 저 역시 그렇게 성장해왔기 때문에, 또 이것이 서로 빠르게 성장할 수 있고 호텔이 갖는 인력적 부담을 해소할 수 있는 방안이라고 생각합니다.

Q 아직은 미미하지만 그래도 최근 여성 총지배인이 눈에 띄게 많습니다. 최초의 여성 총지배인으로서 많이 뿌듯하실 것으로 보입니다.

A 사실 여성 최초라는 타이틀을 처음 가졌을 때는 매우 좋았지만 그것은 잠깐뿐이었습니다. 최초로 끝나는 게 아니라 '잘하는 사람으로 최고'라는 이야기를 들어야 후배들도 성장할 수 있는 기회가 생기기 때문입니다.

아코르그룹에서 총지배인 교육 후보자로 인터뷰를 했었는데 그때 "당신은 여성인데 한국사회에서 어떻게 살아남을 것인가?", "왜 우리가 당신을 총지배인 후보자로 뽑아야 하는가?"라는 질문을 받았습니다. 두 번째 질문의 답으로 "대한민국에는 훌륭한 여성 인력들이 많은데 나를 뽑으면 그 능력 있는 여성 인력을 아코르에서 확보할 수 있을 것이다. 나를 나 하나로만 보지 말고 나를 선택함으로써 가능성 있는 여성 인력들을 많이 확보할 수 있다고 생각하기 바란다."고 강조했습니다.

지금 다른 호텔들에 여성 총지배인들을 보면서 스스로 내 역할이 컸다고 생각하고 뿌듯합니다. 하지만 한편으론 아직도 여성 인력의 성장이 많이 부족한 상황입니다. 그래서 아코르본사에서도 여성 총지배인을 많이 배출하기 위해 노력하고 있습니다.

출처: 월간 호텔&레스토랑, 2016.11.

Bibliography

- 김대권(1999). 『관광인적자원관리』. 서울: 가산출판사.
- 김영규(2005). 『경영학원론』. 서울: 박영사.
- 박경규(2002). 『신인사관리』. 서울: 법문사.
- 신유근(1996). 『현대경영학』. 서울: 다산출판사.
- 이수광(2003). 『서비스산업의 인적자원관리』. 서울: 대왕사.
- 최종태(2001). 『현대인사관리론』. 서울: 박영사.
- 황규대(2008). 『에센스 인적자원관리』. 서울: 박영사.

- Anthony, W.(2002). *Human resources management: A strategic approach*. TX: Dryden.
- Baron, J., & Kreps, D.(1999). *Strategic human resources: frameworks for general managers*. NY: John Wiley & Sons.
- Boella, M. J., & Goss-Turner, S.(2005). *Human resource management in the hospitality: an introductory guide*. London: Butterworth-Heinemann.
- Byars, L., & Rue, L.(2010). *Human Resource Management*. NY: MaGraw-Hill/Irwin.
- Cascio, W.(1998). *Managing human resources: productivity, quality fof work life, profits*. NY: McGraw-Hill.
- Deal, T., & Allen, A.(1999). *The new corporate culture, reading*. MA: Perseus Books.
- Dittmer, P., & Griffin G.(1993). *The dimensions of the hospitality industry: an introduction*. NY: Van Nostrand Reinhold.
- Fleishman, E., & Reilly, M.(1992). *Handbook of human abilities*. CA: Consulting Psychologist Press.
- French, W.(1987). *The personnel management process: human resource administration and development*. MA: Houghton-Mifflin.
- Harrick, N.(1990). *Joint management and employee participation*. CA: Jossey-Bass.
- Hayes, D. K., & Ninemeier, J. D.(2008). *Human resources management in the hospitality industry*. NJ: John Wiley & sons.
- Henderson, R.(1989). *Compensation management, rewarding performance*. NJ:

Prentice−Hall.

- Kim, Hogue(2007). *Human resources management in the hotel industry.* London: Routhledge.
- Mathis, R. L., & Jackson, J. H.(2010). *Human Resource Management.* Ohio: South−Western College Publishing.
- Schler, R.(1998). *Managing human resources.* OH: South−Western Publishing.
- Scott, W.(1987). *Organization.* NJ: Prentice−Hall.
- Shermanm, A. Jr., & Bahlander, G.(1992). *Managing human relations.* OH: South−Western Publishing.
- Steers, R., & Black, S.(1994). *Organizational behavior.* NY: Harper Collins.
- Stone, T.(1982). *Understanding personnel management.* IL: Dryden Press.
- Straus, G., & Sayles, L.(1980). *Personnel: the human resource management.* NJ: Prentice-Hall.
- Wexley, K., & Latham, G.(1981). *Developing and training human resources in organizations.* IL: Scott Foresman.
- Wexley, K., & Yukl, G.(1984). *Organization behavior and personnel psychology.* IL: Richard D. Irwin.

Chapter 13

호 텔 회 계

제 1 절 호텔회계의 기초

1. 회계의 개념

미국공인회계사회에 의하면 회계란 거래를 기록 · 분류 · 요약하고 그 결과를 해석하는 기술이라고 정의하고 있다. 한편 미국회계학회는 회계란 정보이용자가 의사결정을 할 수 있도록 경제적 정보를 식별하고 측정하여 전달하는 과정이라고 정의하였다. 결국 회계는 일반적으로 회계정보 이용자들이 합리적인 경제적 의사결정을 하는 데 필요한 특정 경제실체에 관한 유용한 재무적 정보를 제공해 주는 기능이라고 정의할 수 있다.

여기서 경제실체는 회계정보를 필요로 하는 조직단위를 의미한다. 예를 들면 기업, 단체, 가정 등의 조직단위를 의미한다. 그러나 여기서는 여러 경제실체 중 기업에 한정하기로 한다.

또한 회계정보 이용자는 이러한 기업의 이해관계자들로써 다음과 같이 내부 이해관계자와 외부 이해관계자 두 가지 부류로 분류할 수 있다. 먼저 내부 이해관계자들이란 기업의 경영을 책임지고 있는 경영층을 의미한다. 호텔기업의 모든 경영자들은 호텔기업의 목적달성을 위하여 다양한 분야의 의사결정을 하는 데 회계정보를 필요로 한다.

실제 회계는 경영자들에게 어느 특정 분야에 국한된 정보를 제공하는 것이 아니라 기업 전체의 경영활동에 필요한 포괄적인 정보를 제공하고 있다. 예를 들어 회계는 경영자들에게 경영관리 분야의 의사결정에 필요한 재무제표나 예산서, 성과보고서와 같은 정보를 제공하고, 재무관리 분야의 의사결정에 필요한 현금흐름을 파악할 수 있는 정보를 제공한다. 또한 인사관리 분야에서는 급여정보, 마케팅 분야에서는 판매보고서나 원가보고서를, 생산관리 분야에서는 생산보고서와 원가보고서 그리고 연구개발 분야에서는 원가보고서를 제공한다.

한편 회계정보 이용자 중 두 번째 부류인 외부 이해관계자들에는 주

그림 13-1 회계정보시스템

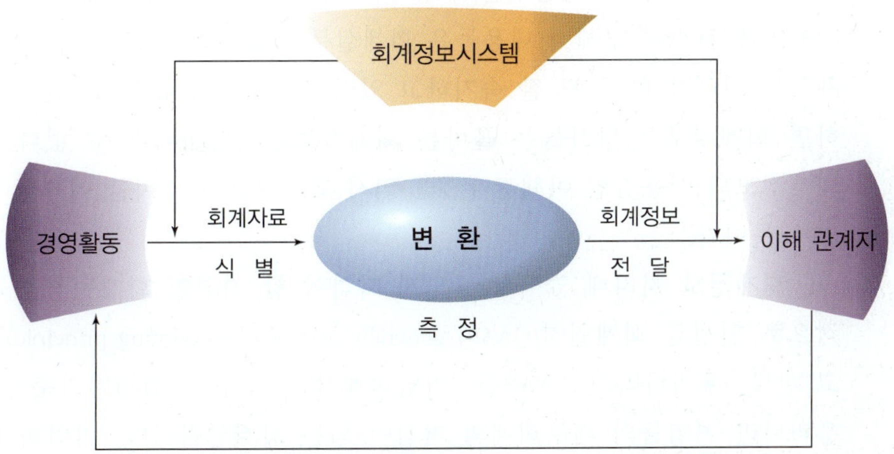

로 투자가, 신용기관, 정부, 종사원 등이 있다. 기업을 둘러싼 다양한 외부 이해관계자들은 내부 이해관계자들과 마찬가지로 자신의 의사결정에 있어 중요한 판단의 근거가 되는 회계정보를 필요로 하고 있다. 예를 들어 미래의 투자가들은 호텔기업에 투자하기 전에 기업의 경영성과나 안정성에 관련된 회계정보를 필요로 한다. 또한 호텔기업의 주 자금공급원이라 할 수 있는 금융기관의 경우 대출 및 신용 연장이라는 주요 의사결정에 앞서 역시 다양한 회계정보를 필요로 한다.

이상과 같이 회계는 영리를 목적으로 하는 기업의 이해 관계자들이 합리적으로 경제적 의사결정을 내리는 데 도움이 되는 정보를 제공하고자 하는 정보시스템(information system)이라고 할 수 있다. 좀 더 구체적으로 표현하면 회계는 [그림 13-1]에서 보는 바와 같이 기업의 경영활동으로부터 회계자료를 수집하여 회계정보로 변환하여 회계정보를 필요로 하는 다양한 이해관계자들에게 전달하는 역할을 수행하는 일종의 회계정보시스템(accounting information system)이라고 할 수 있다.

2. 회계원칙

회계원칙(accounting principles)이란 기업의 회계자료를 처리할 때 따라야 할 지침으로서 회계실무를 수행하는 데 있어서 지도원칙인 것이다. 회계원칙에 관련된 구체적 내용들은 회계실무 담당자는 물론 회계정보를 활용하는 이해관계자들도 잘 숙지하고 있어야 한다. 회계원칙을 잘 알지 못하면 회계실무 담당자들은 올바른 회계정보를 만들어 낼 수 없다. 또한 회계정보의 이용자인 이해관계자들 역시 회계정보의 의미를 이해할 수 없기 때문이다.

회계정보 처리에 있어서 반드시 따라야 할 지침인 회계원칙을 '일반적으로 인정된 회계원칙(GAAP; generally accepted accounting principle)' 이라고 한다. 우리나라의 GAAP은 '기업회계기준' 이다. 기업회계기준은 바로 우리나라 기업들의 재무회계의 지침이 되는 회계원칙이다. 기업회계기준은 여러 차례의 개정을 통해 현재 8장 92조와 부칙으로 구성되어 있다.

현재 우리나라의 기업회계기준은 주로 상업과 제조업을 중심으로 규정하고 있고, 너무 일반적인 사항만을 규정하고 있어서 경제의 다양한 현상을 모두 반영하는 회계기준으로 충분치 못하다는 한계를 가지고 있다. 이를 보완하기 위해서 '건설업 회계처리기준', '리스회계 처리기준'과 같은 업종별 실무의 특수성에 따라 업종별 회계 처리기준을 가지고 있다. 그러나 호텔기업의 특수성을 반영한 회계처리기준은 아직 존재하고 있지 못하여 호텔회계 실무자들이 회계처리의 어려움을 가지고 있다.

세계적으로는 호텔기업의 특수성을 반영한 호텔기업을 위한 회계기준이 존재한다. 세계의 많은 호텔기업들은 호텔회계실무를 수행하는 데 있어서 '숙박산업의 통일 회계제도(Uniform System of Accounts for the Lodging Industry)'를 활용한다. 이 회계기준은 처음 1926년 미국의 뉴욕시 호텔협회(the Hotel Association of New York City)가 제정하였다. 그 이후 미국 호텔/모텔협회(the American Hotel & Motel Association)가 채택하여 미국 전체 숙박산업이 활용하도록 하였다. 현재 이 기준은 1996년에 9차 개정을 마지막으로 오늘에 이르고 있다. 이 통일회계제도는 처음 미국 국내 숙박산업을 위해 제정되었으나 현재 세계의 주요 호텔그룹으로 확산되어 상당히 많은 세계 호텔기업들이 활용하고 있다.

3. 회계의 체계

1) 회계와 부기

많은 사람들은 회계(accounting)와 부기(book-keeping)를 같은 용어로 생각하는 사람이 많다. 그러나 엄밀히 이야기하면 회계와 부기는 같은 용어가 아니다. 결론적으로 이야기하면 부기란 회계 직무를 수행하는 데 있어서 필요한 단순한 계산기구라고 할 수 있다.

먼저 부기(簿記)는 장부(帳簿)와 기입(記入)이란 단어의 첫 글자를 조합한 용어로서 회계 장부에 기입하는 기술을 의미한다. 다시 말해서 부기는 회계의 정보전달 기능을 수행하는 데 있어서 주요 수단의 하나인 재무제표를 작성하는 데 필요한 정보의 기록·분류·요약하는 기술인 것이다.

반면에 회계란 회계에 대한 광범위한 지식을 체계적으로 구성해 놓은 학문분야라고 할 수 있다. 결국 부기는 회계 분야의 직무를 수행하는 데 있어 필요한 중요한 기술이라고 이야기할 수 있다.

2) 재무회계와 관리회계

일반회계(general accounting)라고도 하는 재무회계(financial accounting)를 간단히 표현하면 다음에 구체적으로 언급될 재무제표 중심의 회계이다. 특히 재무회계는 기업의 광범위한 이해관계자인 외부 이해관계자들의 경제적 의사결정에 반드시 필요한 재무정보를 측정 · 보고할 목적으로 이루어지는 외부보고목적(external reporting purpose)의 회계라고 할 수 있다.

한편 관리회계(management accounting, managerial accounting)란 기업의 경영자들이 합리적인 경영의사결정을 하는 데 필요한 회계정보를 제공하는 내부보고목적(internal reporting purpose)의 회계라고 할 수 있다. 따라서 관리회계란 경영자의 정보욕구를 충족시켜 주는 기능분야라고 할 수 있다.

회계에 대한 지식이 별로 없는 사람들은 재무회계와 관리회계는 전혀 동떨어진 분야라고 생각하기 쉽다. 그러나 이는 틀린 생각이다. 결론부터 이야기하면 재무회계와 관리회계는 상호 매우 밀접한 관련이 있는 분야이다. 특히 재무회계는 관리회계 직무를 수행하는 데 있어 기초가 된다. 만약 재무회계로부터 나온 결과가 없다면 관리회계 직무수행은 불가능하다는 것이다. 결국 재무회계라는 기초 위에 관리회계가 성립될 수 있다는 이야기이다.

3) 세무회계와 회계감사

회계를 주제별로 구분할 경우 재무회계와 관리회계로 구분하는 것 이외에 세무회계와 회계감사를 별도로 구분할 수 있다. 세무회계는 국가재정 조달 목적상 기업의 재무제표를 세법에 따라 적절히 조정하여 과세소득을 계산하고 세무신고 목적으로 조정하는 것과 관련된 분야이다. 한편 회계감사는 기업이 재무회계과정을 통하여 작성한 재무제표가 외부이용자가 신뢰하고 이용할 만한가를 회계 전문인인 공인회계사에 의해 검토케 하여 그 결과를 감사 의견 형식으로 표명하는 분야이다.

제 2 절 재무제표의 이해

1. 재무제표의 개념

일반적으로 회계 처리과정의 최종 결과물이라고 할 수 있는 재무제표(financial statement)는 기업의 모든 거래를 측정 · 기록 · 분류 · 요약하여 작성한 일종의 회계보고서이다. 따라서 기업의 재무제표는 기업활동의 전반을 잘 압축한 보고서라고 할 수 있다. 특히 재무제표는 외부 이해관계자들에게 회계정보를 전달하는 가장 주요한 수단이라고 할 수 있다.

주요 재무제표에는 기업의 재무상태를 밝혀주는 보고서인 대차대조표, 기업의 영업결과를 알려주는 보고서인 손익계산서, 이익을 어디에 지출했는지 알려주는 이익잉여금계산서, 마지막으로 현금의 흐름사정을 알려주는 보고서인 현금흐름표로 구성되어 있다.

이상과 같은 재무제표의 작성은 주로 기업의 회계 또는 재무부서의 몫이다. 기업 내 회계담당자는 회계기준에 의거하여 재무제표를 작성한다. 작성된 재무제표는 공인회계사(CPA; certified public accountant)의 감사를 받고 정식으로 외부에 공표된다. 이러한 복잡한 절차를 거치는 주요 이유는 재무제표의 생명은 정확성이기 때문이다. 만약 작성된 재무제표가 정확치 않는다면 특히 기업의 외부 이해관계자들이 상당한 피해를 볼 가능성이 높다. 왜냐하면 외부 이해관계자들은 기업이 공표하는 재무제표를 기초로 의사결정을 내리기 때문이다.

의도적으로 정확치 못한 재무제표를 작성하는 것을 이른바 분식회계라고 한다. 기업이 적자가 발생했음에도 불구하고 재무제표를 조작하여 흑자로 가장하는 사례가 분식회계의 대표적 사례라고 할 수 있다. 이러한 분식회계는 엄격히 법으로 금지하고 있다. 왜냐하면 이러한 거짓 정보를 기초로 의사결정을 내린 외부 이해관계자들이 피해를 입을 가능성이 높기 때문이다.

여기서는 재무제표 중에서 가장 중요하고 외부 및 내부 이해관계자들이 제일 관심을 갖고 있는 대차대조표와 손익계산서를 중심으로 논의하기로 한다.

2. 대차대조표

1) 대차대조표의 개념

일반적으로 사람들이 어떤 한 개인이 경제적으로 부유한 사람인가 아닌가, 즉 경제적 상태를 판단할 때 사용하는 기준은 두 가지이다. 그 첫 번째 기준은 소유 재산의 규모이다. 사람들은 어떤 한 개인의 소유 재산의 규모가 클 때 그 사람을 이른바 부자라고 한다. 여기서 소유 재산이 크다는 의미는 소유 부동산이 많다거나 은행의 저축 규모, 이른바 금융재산이 많다는 것이다.

개인의 경제적 상태를 판단할 때 사용하는 두 번째 기준은 연간 소득 또는 연봉이다. 사람들은 어떤 한 개인이 1년간 얼마의 소득을 얻었는가를 가지고 그 사람의 경제상태를 판단한다. 만약 어떤 사람의 연간 소득이 5억원이라고 한다면 사람들은 그 사람을 부자라고 이야기한다.

기업의 경제적 상태를 판단하는 데 사용하는 기준도 개인의 경제적 상태를 판단하는 기준과 개념적으로 동일하다고 할 수 있다. 외부 사람들 또는 기업 내부의 경영자들도 앞서 언급된 두 가지 기준, 즉 과연 기업의 소유 재산 규모가 어느 정도인지 또는 기업이 1년에 얼마를 버는지에 관한 정보를 가지고 그 기업의 현재 경영성과 또는 경제적 상태를 판단한다.

지금 논의할 대차대조표(balance sheet)는 앞서 언급된 경제적 상태 판단의 첫 번째 기준인 소유 재산의 규모 관점에서 기업의 경제적 상태를 알려주는 회계보고서라고 할 수 있다. 따라서 흔히 대차대조표를 일정 시점의 기업의 재무상태를 밝혀 줌으로써 기업의 부(wealth)를 나타내는 표라고 한다. 여기서 일정 시점이란 주로 매년 말, 즉 12월 31일을 의미한다.

한 개인의 재산목록을 보면 개인의 소유 재산들이 구체적으로 나타나 있는 관계로 그 사람의 경제적 상태를 쉽게 알 수 있듯이 기업의 대차대조표를 보면 그 기업의 재산목록이 일목요연하게 기술되어 있는 관계로 그 기업의 경제적 상태를 쉽게 알 수 있다. 따라서 대차대조표란 개인의 재산목록과 같은 개념이라고 할 수 있다.

하지만 기업의 대차대조표와 개인의 재산목록과의 차이는 크게 두 가지로 볼 수 있다. 먼저 재산의 범위를 어디까지 볼 것인가로 기업회계에서는 일반적으로 많은 사람들이 재산이라고 생각하지 않는 경제적 권리도 재산으로 간주한다. 예를 들어 화재보험료로 1억원을 지출했을 경우 일반적으로 지출된 돈으로 간주한다. 하지만 기업회계에서는 1년간 화재가 발생할 경우 손해분을 청구할 수 있는 소중한 권리로 본다. 이와 같은 이유로 해서 기업 회계에서는 재산이란 용어 대신에 자산이란 용어를 사용한다. 또한 개인의 재산목록에는 흔히 소유 재산의 종류 및 가치만을 수록

그림 13-2 대차대조표

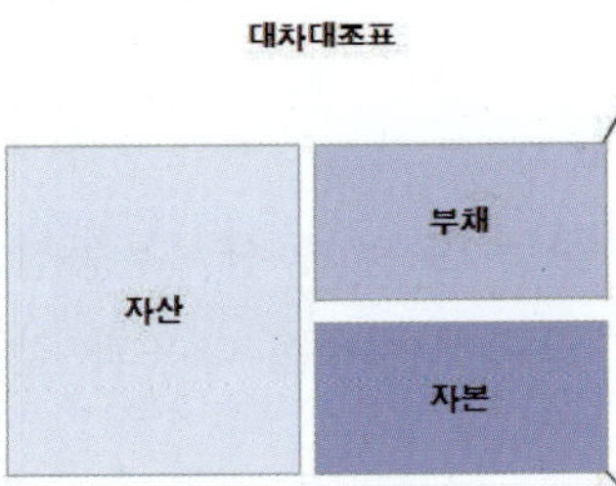

대차대조표(계정식)

00호텔　　2009년 12월 31일(단위:천원)

자산			부채와 자본		
유동자산			유동부채		
현금	₩ 800,000		외상매입금	₩190,000	
외상매출금	1,000,000		미지급금 법인세	50,000	
재고자산	860,000		유동부채계		240,000
유동자산계		2,600,000	고정부채		
			사 채		1,000,000
고정자산					
토 지	2,000,000		자기자본		
건 물	540,000		자본금	2,000,000	
고정자산계		2,540,000	자본 잉여금	300,000	
			이익 잉여금	1,660,000	
			자본계		3,960,000
자산 총계		5,200,000	부채 및 자본 총계		5,200,000

하고 있는 경우가 많다. 하지만 기업의 대차대조표에는 소유 재산의 출처에 대한 정보까지 소상히 기록되어 있다. 예를 들어 A라는 호텔기업의 자산 규모가 5,000억원이라고 했을 때 대차대조표에는 그 5,000억원의 자산이 기업 자체자본으로 조달되었는지 아니면 타인자본, 다시 말해서 외부에서 빌려서 조달되었는지 구체적으로 기술되어 있다. 따라서 기업의 대차대조표는 자산관점에서 본 기업의 경제적 상태를 정확히 알 수 있다. 예를 들어 2조원대의 자산을 소유한 대형 호텔이라 하더라도 1조 9,000억원을 타인자본에 의존하고 있다면 누구도 그 호텔의 경제적 상태가 좋다고 이야기할 수 없을 것이다. 이상과 같은 대차대조표의 기본 양식을 공식으로 나타내면 다음과 같다.

$$자산 = 부채 + 자본$$

위의 공식은 기업이 소유하고 있는 자원(자산)의 총 합계는 이들 자산에 대한 청구권(부채와 자본)의 총 합계와 같다는 사실을 보여주고 있다. 위의 공식을 일반적으로 대차대조표 등식(balance sheet equation) 또는 회계방정식(accounting equation)이라고 한다. 이 공식을 기초로 작성된 대차대조표의 예는 [그림 13-2]와 같다.

2) 대차대조표의 구성항목

대차대조표는 앞서 언급한 바와 같이 기본적으로 자산, 부채, 자본의 세 가지 항목으로 구성되어 있다. 각 항목은 정보의 유용성을 높이기 위해 다음과 같이 세부 항목으로 나뉘어진다.

자 산

자산(assets)이란 기업이 소유한 금전, 권리, 물품 또는 동산, 부동산 등과 같이 재산적 가치가 있는 것을 의미한다. 기업회계에서는 다음과 같이 크게 유동자산과 비유동자산으로 구분한다.

A. 유동자산

유동자산(current assets)이란 현금 및 그 외 자산 중에서 1년 이내에 현금화될 수 있거나 소멸될 것으로 기대할 수 있는 자산을 의미한다. 유동자산은 당좌자산(quick assets)과 재고자산(inventories)으로 세분된다.

당좌자산이란 유동자산 중에서 현금화가 가장 빠른 자산을 의미한다. 여기에는 현금, 금융기관의 예금, 자금의 운용수단으로 소유하고 있는 국채, 회사채, 주식 등이 포함된다. 한편 재고자산은 비화폐성 자산으로 서비스 생산을 위한 원재료, 상품 등이 포함된다.

B. 비유동자산

비유동자산(non-current assets)이란 1년 이내에 현금화할 계획이 없는 장기간 소유하고 있는 기업의 자산을 의미한다. 대표적인 항목으로는 유형고정자산, 무형고정자산, 투자자산 등이 있다.

먼저 고정자산(fixed assets)이란 기업의 목적달성을 위해 영업활동에 사용할 목적으로 장기간 보유하고 있는 영업용 자산을 의미한다. 고정자산은 물리적 실체의 여부에 따라 토지, 공장, 사무실, 설비 등과 같은 유형고정자산(tangible fixed assets)과 특허권, 의장권, 상표권 등과 같은 무형고정자산(intangible fixed assets)으로 나눈다.

또한 투자자산(investment)이란 기업이 장기적으로 소유하고 있는 자산으로서 영업활동에 사용할 목적이 아니라 투자 목적으로 소유하고 있는 자산을 의미한다. 대표적인 예로서 장기투자목적으로 소유하고 있는 유가증권, 보유 토지 등이 있다.

부 채

부채(liabilities)란 현금으로 갚거나 상품을 인도하거나 용역을 제공해 주어야 할 의무, 즉 빚을 의미한다. 기업회계에서는 다음과 같이 크게 유동부채와 고정부채로 구분한다.

A. 유동부채

유동부채(current liabilities)는 1년 이내에 상환기일이 도래하는 기업의 부채를 의미한다. 대표적인 세부 항목으로는 정상적인 영업활동에서 발생하는 채무인 외상매입금과 지급어음, 금융기관으로부터 빌린 단기차입금과 미지급이자, 현금지출이 이루어지기 전에 비용이 발생하는 미지급

비용, 재화나 서비스를 제공하기 전에 현금을 먼저 받은 선수수익 등이 있다

B. 고정부채

고정부채(fixed liabilities)는 1년 이후에 상환기일이 도래하는 기업의 부채를 의미한다. 대표적인 세부 항목으로는 기업이 장기자금을 조달하기 위하여 기업의 채무임을 표시한 회사채권을 발생하는 사채(bonds), 금융기관으로부터 차입하는 장기차입금, 종업원 퇴직 시 지급해야 하는 퇴직금을 예상하여 산정되는 준비액인 퇴직금 급여충당금, 그리고 이외의 부채성 충당금 등이 있다.

자 본

자본(capital)은 소유주가 기업에 출자한 금액과 영업활동을 통해 벌어들인 이익 중 소유주에게 돌려주지 않고 유보시킨 이익의 합계이다. 다른 용어로 소유주지분(owners' equity) 또는 주주지분(stockholders' equity)이라고도 한다. 기업회계에서는 다음과 같이 자본을 자본금, 자본잉여금, 이익잉여금으로 구분한다.

주식회사의 경우 자본금은 주식액면가×발행주식수가 바로 자본금이 된다. 자본잉여금이란 자본거래(capital transaction)에 의하여 나타난 잉여금을 말한다. 대표적인 예가 바로 주식 액면가액을 초과하여 나타나는 주식발행초과금이다. 우량기업의 기업공개 시 액면가액으로 매매되지 않고 프리미엄이 붙어 매매되는 것이 일반적이다. 바로 프리미엄 액수가 주식발행초과금이다. 마지막으로 이익잉여금이란 영업활동에서 발생된 이익을 주주에 대한 배당 등으로 기업 외부로 유출된 금액을 차감한 후 기업 내부에 축적된 이익금을 의미한다.

3. 손익계산서

1) 손익계산서의 개념

손익계산서(income statement, profit and loss statement, statement of earning)란 대차대조표와 더불어 기업의 대표적 재무제표의 하나로서 기업의 경제적 상태를 알려주는 보고서이다. 손익계산서와 대차대조표와의 차이점은 앞서 언급된 바와 같이 손익계산서는 소유 자산 관점에서 기업의 경제적 상태를 알려주는 대차대조표와는 달리 연간 소득 관점에서 기업의 경제적 상태를 알려주는 보고서이다.

손익계산서는 대학생들이 매 학기말 받는 성적표를 생각하면 이해하기 쉬울 것이다. 성적표를 보면 학생들이 한 학기 동안 얼마나 학습활동을 열심히 수행했는가에 대한 결과를 일목요연하게 알 수 있다. 기업의 손익계산서도 이와 마찬가지 개념이다. 기업이 공표하는 손익계산서에는

그림 13-3 손익계산서

손익계산서(다단계식)

00호텔 2009년 1월 1일~2009년 12월 31일(단위:천원)

매출		₩50,000,000
매출원가		2,075,000
매출 총이익		₩ 2,925,000
판매비와 일반관리비		
급 료	₩ 1,000,000	
임 차 료	900,000	
광 고 비	105,000	
감가 상각비	60,000	2,065,000
영업이익		₩ 860,000
영업외 수익		
수입 이자		200,000
영업외 비용		
지급이자		30,000
경상이익		₩1,030,000
특별이익		
고정자산 처분이익		800,000
법인세 차감 전 순이익		₩ 1,830,000
법인세		800,000
당기 순이익		₩ 1,030,000

일정기간 동안 기업이 경영활동을 얼마나 성실히 수행했는가에 대한 경영성과가 잘 나타나 있다. 이와 같이 손익계산서란 일정기간 동안 기업의 경영성과를 알려주는 회계보고서인 것이다. 여기서 일정기간이란 주로 1년을 의미한다. 하지만 경우에 따라서 월별, 분기별, 반기별 손익계산서가 작성되는 경우도 있다. 일반적으로 손익계산서는 다음과 같이 손익계산서 등식이라고 불리는 공식으로 표현할 수 있다.

수익 − 비용 = 이익

여기서 수익(revenue)은 기업이 일정기간 동안 벌어들인 총 금액을 의미한다. 한편 비용(expenses)은 수익을 내는 과정에서 기업이 소비 및 지출한 총 금액을 말한다. 결국 손익계산서란 기업이 이익을 창출할 수 있는 능력, 즉 수익력(earning power)를 알려주는 회계보고서인 것이다. 이상과 같은 손익계산서 등식을 기초로 작성된 대차대조표의 예는 [그림 13-3]과 같다.

2) 손익계산서의 구성항목

손익계산서의 주된 구성항목은 [그림 13-3]에서 볼 수 있듯이 크게 수익, 비용, 이익으로 구성된다. 수익, 비용, 이익의 항목은 정보의 유용성을 제고하기 위해 다음과 같이 나누어진다.

수 익

수익(revenue)이란 기업이 일정기간 동안 벌어들인 총 금액이라고 할 수 있다. 기업회계에서는 다음과 같이 수익을 영업수익(매출액), 영업외수익, 특별이익으로 구분한다.

A. 영업수익

영업수익이란 기업 본래의 주된 영업활동으로부터 나타난 순자산의 증가를 의미한다. 그 대표적인 예가 매출액(sales)이다. 호텔기업의 매출액의 대부분은 객실 매출, 식음료 매출에서 발생된다고 할 수 있다.

매출액에는 총매출액(total sales)과 순매출액(net sales)이 있다. 순매출액이란 총매출액에서 환입품액이나 에누리액(allowance)를 차감한 금액을 말한다. 손익계산서상에 나타나는 매출액은 순매출액을 의미한다.

B. 영업외수익

영업외수익(non-operating income)이란 기업 본래의 일반적 영업활동 이외에 경상적이고 반복적인 활동으로부터 나타나는 순자산의 증가를 의미한다. 대표적인 예로 예금 또는 대여금에 대하여 지급받는 이자를 의미하는 수입이자, 주식 또는 출자금 등의 장단기 투자자산에 투자해서 지급받는 배당금을 의미하는 수입배당금, 유가증권처분이익 등이 있다.

C. 특별이익

특별이익(special gains)이란 기업의 정상적 영업활동과 관계없이 비경상적이고 비반복적으로 발생하는 임시적 이익을 의미한다. 대표적인 예로는 투자자산처분이익과 고정자산처분이익이 있다.

비 용

비용(expenses)이란 기업이 일정기간 동안 수익을 벌어들이기 위하여 소비 및 지출한 원가 또는 비용을 의미한다. 기업회계에서는 다음과 같이 비용을 매출원가, 판매비및일반관리비, 영업외비용, 특별손실, 법인세로 구분한다.

A. 매출원가

매출원가(cost of sales)란 기업의 매출을 위해 직접적으로 지출되는 재화 또는 용역의 소비액을 의미한다. 대표적인 예로서는 호텔 객실매출에 직접적으로 사용한 객실부문 종업원의 급료 및 임금, 식음료 매출에 직접적으로 사용한 식재료비 등이 있다.

B. 판매비및일반관리비

판매비및일반관리비(selling & general administrative expenses)란 기업이 판매활동 및 일반관리활동을 위해 지출한 비용을 의미한다. 다시 말해서 호텔의 서비스 판매활동 및 호텔기업 전체의 유지를 위한 업무 수행에서 발생한 비용을 말한다. 대표적인 예로는 생산부서에서 서비스 또는 제품

생산에 참여한 종업원을 제외한 모든 부서 종사원의 급료 및 임금, 광고비용, 감가상각비(depreciation), 임대료(rent), 보험료(insurance) 등이 있다.

C. 영업외비용

영업외비용이란 경상적이고 반복적으로 발생되는 비용을 의미한다. 대표적인 예로는 지급이자, 이연자산상각, 유가증권처분손실 등이 있다.

D. 법인세

개인의 소득에 대하여 국가가 소득세를 부과하듯이 기업으로서의 법인이 획득한 소득에 대해 국가가 부과하는 조세를 법인세(income taxes)라고 한다.

이 익

기업회계에서 이익이란 기업 활동으로부터 발생한 수익과 그 수익을 얻기 위하여 지출한 비용 간의 차이를 의미한다. 기업회계에서는 이익을 다음과 같이 매출총이익, 영업이익, 경상이익, 법인세차감전순이익, 당기순이익으로 구분한다.

매출총이익(gross profit)이란 매출액에서 매출원가를 차감한 결과를 의미한다. 영업이익(operating income)이란 매출총이익에서 판매비및일반관리비를 차감한 결과를 의미한다. 영업이익이란 기업의 본래 영업활동으로부터 발생된 이익을 말하는 것이다. 경상이익(ordinary income)이란 영업이익에서 영업외 수익을 더하고 영업외 비용을 뺀 결과를 의미한다. 법인세차감전순이익(net income before income taxes)이란 경상이익에서 특별이익을 더하고 특별손실을 뺀 결과를 의미한다. 마지막으로 당기순이익(net income)이란 법인세차감전순이익에서 법인세를 차감한 결과를 의미한다.

CASE 16 서울 18개 특1급 호텔, 27개 특2급 호텔 법인 2015년 경영통계

파르나스 호텔(주)

대표_송홍섭: 인터컨티넨탈 서울 코엑스, 그랜드 인터컨티넨탈 서울 파르나스

삼성역 인근의 한국무역센터 부지 내 2개의 특1급 호텔, 그랜드 인터컨티넨탈 서울 파르나스와 인터컨티넨탈 서울 코엑스 및 중구 명동, 종로구 종로에 위치한 나인트리호텔 명동과 나인트리컨벤션 광화문을 운영하고 있다.

단위: 억원

구분		제31기	제30기	증감
호텔사업 등	매출액	1,993	1,989	4
	영업이익	145	166	-21
	비유동자산	12,992	12,256	736
	감가상각비	287	270	17

* 상기 수치는 한국채택국제회계기준(K-IFRS)의 연결 재무제표 기준이며, 감가상각비에는 무형자산 및 투자부동산에 대한 상각비가 포함돼 있음.

파르나스호텔은 그랜드 인터컨티넨탈 서울 파르나스와 인터컨티넨탈 서울 코엑스의 운영 및 영업을 총괄하는 호텔운영본부를 S&M부문, 객실사업, 식음사업, 연회사업으로 구분하고 사업별로 판매 전략을 수립해 판매촉진활동을 전개하고 있다. 또한 Revenue팀과 식음운영팀이 각 사업의 전략을 조율하고 실적을 관리, 호텔운영본부 전반을 지원하며, 마케팅&커뮤니케이션팀은 전사 상품개발, 프로모션 및 제휴기획, 조리운영팀은 식음료에 대한 R&D를 총괄한다.

파르나스호텔의 객실S&M팀은 IHG의 Global Network 및 Reward Program(Priorily Club Reward)을 적극 활용하는 등 객실사업의 매출 극대화를 위해 노력하고 있으며, 식음 및 연회사업은 식음운영팀 및 연회 S&M팀이 마케팅&커뮤니케이션팀과 함께 각종 프로모션의 기획, 지원, 분석을 하며 판촉업무를 담당한다.

2012년부터 급증한 중국 관광객의 영향 및 지속적인 한류 열풍으로 다양해지는 고객 Needs에 부합하기 위해 파르나스호텔은 지난 2012년 10월 ㈜피앤에쓰를 100% 출자해 설립하고, 명동 관광특구 내 나인트리호텔 명동점, 종로에 나인트리컨벤션 광화문점을 성공적으로 운영하고 있으며, 나인트리 호텔 2호점 개장을 준비하고 있다. 파르나스호텔의 28년 노하우를 바탕으로 차별화된 서비스를 제공해 새로운 비즈니스호텔 문화를 선도하고자 노력하고 있다.

매출실적_ 주요 상품 등의 현황

단위: 억원

사업부문	품목	매출액	비율	비고
호텔사업	객실, 식음, 연회	1,508	75.65%	객실, 식음, 연회

매출형태별 실적

단위: 억원

구분	제31기		제30기	
	금액	비율	금액	비율
객실	695	34.85%	789	39.65%
식음	370	18.58%	401	20.14%
연회	443	22.23%	398	20.02%
기타(봉사료 포함)	485	24.35%	401	20.19%
합계	1,993		1,989	

· 경영상의 주요 계약_ 호텔운영지원계약

–IHG(Intercontinental Hotels Group): 파르나스호텔이 그랜드 인터컨티넨탈 서울 파르나스 및 인터컨티넨탈 서울 코엑스를 운영하고, IHG는 운영 및 영업을 지원한다. 지원 내용은 총지배인 파견, Global Sales & Marketing 참여, 호텔 운영 Review 및 Quality Evaluation 등의 호텔 운영 지원이며 2010년 6월 계약 체결, 기간은 2011~2020년, 계약 금액은 매출액의 일정률이다.

–Starwood: 파르나스호텔이 Luxury Collection을 운영하고, Starwood는 운영 및 영업을 지원하며 2014년 1월 계약 체결, 기간은 운영 후 15년, 계약 금액은 매출액의 일정률이다.

· 파르나스호텔은 2016년 준공 예정인 파르나스 타워의 일부를 호텔로 하고자 했으나, 일반 오피스 빌딩으로 사용하기로 함에 따라 Starwood Asia Pacific Hotels & Resorts Pte, Ltd.와 체결한 호텔운영지원계약을 2015년 10월 15일자로 해지했다.

(주)호텔롯데

대표_송용덕: 특1급 롯데호텔월드, 롯데호텔서울 / 특2급 롯데시티호텔김포공항, 롯데시티호텔구로, 롯데시티호텔마포

현재 호텔, 면세점, 테마파크, 리조트, 골프장 사업 등을 영위하고 있다.

호텔사업부는 롯데호텔 서울, 롯데호텔 월드, 롯데호텔 제주, 울산호텔 울산, 롯데호텔 모스크바, 롯데레전드호텔 사이공, 롯데호텔 괌, 롯데호텔 하노이, 롯데호텔 팰리스, ㈜부산롯데호텔과 경영관리 계약을 체결해 국내 및 해외 10개의 특1급 호텔과 롯데시티호텔마포, 롯데시티호텔김포공항, 롯데시티호텔제주, 롯데시티호텔대전, 롯데시티호텔구로, 롯데시티호텔울산, 롯데시티호텔타슈켄트팰리스 등 7개 비즈니스호텔을 운영 중이다. 또한 지속적인 개보수 공사 진행을 통해 현재 업계 최고 수준의 시설을 보유하고 있다. 국내에 지속적인 체인망을 구축하기 위해 2009년 4월 롯데시티호텔 마포를 시작으로 '롯데시티호텔' 브랜드를 확장해나가는 중이다. 나아가 글로벌 호텔 체인의 입지를 강화하기 위해 2010년 9월 러시아에 롯데호텔 모스크바를, 2013년 4월 베트남 호치민에 롯데레전드호텔 사이공과 10월 우즈베키스탄에 롯데시티호텔 타슈켄트 팰리스를 리브랜딩 오픈했다. 2014년 6월에는 미국령 괌에 롯데호텔 괌을, 같은 해 9월에는 베트남에 롯데호텔 하노이를 열었고, 2015년 8월에는 미국 뉴욕에 롯데뉴욕팰리스를 리브랜딩 오픈하며 해외 체인망 구축에도 적극적으로 나서고 있다.

리조트 사업부는 2010년 9월 충남 부여의 백

제문화단지 내에 위치한 롯데리조트부여를 개장해 운영하고 있다. 총 322실의 객실과 아쿠아가든, 골프장, 아울렛 등 다양한 부대시설을 갖춘 롯데리조트부여는 역사, 레저, 쇼핑이 공존하는 복합 리조트이다. 또한 2012년 3월 세계 7대 경관으로 선정된 제주에 또 하나의 아름다운 예술작품인 아트빌라스를 개장했다.

성장 동력을 확보하기 위해서 다양한 신규 사업을 추진하고 있으며 비즈니스호텔 사업, 해외호텔 사업에 진출해 본격적으로 사업을 진행하고 있다. 특급호텔과 차별화되는 비즈니스 호텔 사업 진출의 일환으로 2009년 4월, 284실 규모의 롯데시티호텔 마포와 2011년 12월, 객실 190실 규모의 롯데시티호텔 김포공항을 시작으로, 2014년 2월 제주시에 객실 262실 규모의 롯데시티호텔 제주를, 같은 해 3월 객실 312실 규모의 롯데시티호텔 대전과 7월에 객실 283실 규모의 롯데시티호텔 구로를, 2015년 6월에는 객실 354실 규모의 롯데시티호텔 울산을 개관했으며, 현재도 지속적으로 시티호텔 브랜드의 확장을 진행 중에 있다. 모스크바 호텔 사업은 2007년에 이미 개점해 운영되고 있는 백화점과 복합된 프로젝트로서, 객실 300실과 부대시설을 갖춘 5성급 롯데호텔 모스크바를 2010년 9월에 전과 개관했다. 이를 시작으로, 2013년 4월 베트남 호치민에 283실 규모의 5성급 롯데레전드호텔 사이공과 같은 해 10월 우즈베키스탄 타슈켄트에 롯데시티호텔 타슈켄트팰리스를 리브랜딩 오픈했고, 2014년 6월 미국령 괌에 롯데호텔 괌을 비롯해, 9월에는 베트남 하노이에 318살 규모의 5성급 롯데호텔 하노이를 새롭게 오픈하는 등, 롯데호텔은 국내외적으로 활발히 신규사업을 확대해 왔다. 이러한 역량을 기반으로 국내 브랜드 호텔 최초로 미국 뉴욕에 진출해 2015년 8월 객실 909실 규모의 5성급 럭셔리 호텔인 롯데뉴욕팰리스를 리브랜딩 오픈했고, 서울의 랜드마크로 자리잡을 높이 123층, 235실 규모의 6성급 호텔 롯데월드타워(잠실, 롯데호텔월드 맞은편)을 비롯해 속초, 해운대, 인천과 일본 요코시 소재 스키 리조트, 미얀마 양곤, 러시아 상트페테르부르크와 사마라, 중국의 연태, 심양, 성도 등지에 2018년까지 국내외 약 40여 개의 체인호텔을 운영할 계획이며, 세계적인 호텔 브랜드로 발돋움하기 위한 인프라를 구축하고 있다.

단위: 백만원, %

제품명	제43기		제42기		제41기	
	매출액	비율	매출액	비율	매출액	비율
객실수입	180,221	3.52%	203,017	4.30%	179,825	4.70%
식음료수입	131,472	2.56%	137,963	2.93%	134,766	3.52%
사우나수입	1,955	0.04%	1,899	0.04%	1,987	0.05%
헬스수입	4,485	0.09%	4,750	0.10%	2,866	0.07%
봉사료수입	21,983	0.43%	25,211	0.53%	25,110	0.66%
기타수입	253,167	4.93%	161,381	3.42%	91,551	2.39%
연세사업수입	4,323,958	84.26%	3,949,446	83.74%	3,163,980	82.67%
World사업수입	214,706	4.18%	232,880	4.94%	227,341	5.94%
합계	5,131,947	100.00%	4,716,547	100.00%	3,827,426	100.00%.

주식회사 호텔신라(HOTEL SHILLA CO., LTD)

대표_이부진: 호텔신라

1973년 5월 9일에 설립됐으며, 1991년 3월 12일 한국거래소 유가증권 시장에 주식을 상장했다. 면세유통사업, 호텔사업 및 생활레저사업으로 크게 3개 사업부문을 영위하고 있다. 호텔 부문에서는 국내 최고 수준의 호텔로 인정받고 있는 서울신라호텔, 럭셔리 리조트 호텔인 제주신라호텔 운영을 통해 국내 호텔 산업을 선도하고 있으며, 최고의 브랜드 가치와 서비스 역량을 바탕으로 국내 호텔로는 처음으로 해외에 진출했다. 이 밖에 Smarter Stay를 콘셉트로 하는 프리미엄 비즈니스 호텔 신라스테이를 새롭게 선보이며 세계 최고의 업스케일 호텔 브랜드가 되기 위해 나아가고 있다.

출처: 월간 호텔&레스토랑, 2016.11.

주요 상품 등의 현황

단위: 백만원

사업부문	품목	제43기	제42기	제41기	비고
면세유통	수입, 토산 상품 등	2,931,111	2,612,187	2,086,391	–
호텔사업	객실, 연회, 식음료 등	277,707	247,714	165,028	–
생활레저 등	레포츠, BTM 등	71,062	60,687	50,985	–
연결조정	–	−28,200	−11,611	−5,406	–
합계		3,251,680	2,908,977	2,296,998	–

매출형태별 실적

단위: 백만원

구분	제43기	제42기	제41기	비고
상품(면세, 장비, 직판 등)	2,929,649	2,608,735	2,088,894	–
제품(식음료)	96,405	105,068	64,444	–
호텔객실	104,009	87,318	58,564	–
기타	121,617	107,856	85,096	–
합계	3,251,680	2,908,977	2,296,998	–

제 3 절 원가회계

1. 원가회계의 개념

기업이나 사람들이 경제적 행위를 수행하는 데는 반드시 그 대가를 치러야 한다. 호텔 레스토랑에서 맛있는 음식을 만들기 위해서는 필요한 식자재를 구입하여 최고의 주방장이 요리를 해야 한다. 이와 같이 맛있는 음식을 만들기 위해서는 식자재의 구입과 인력의 투입과 같은 대가를 치러야 한다. 특정한 재화나 용역을 얻기 위해 치르는 경제적 희생을 화폐액으로 평가한 것을 원가(cost)라고 한다. 이때 희생은 현금의 지출액, 수행한 서비스, 재산권의 이전, 이행할 의무의 발생이나 증가 등 다양한 형태로 이루어진다.

원가회계(cost accounting)란 앞서 언급된 바와 같이 생산되는 제품의 원가나 제공되는 서비스의 원가를 산정하는 것과 관련된 회계이다. 따라서 원가산정 또는 원가계산이란 제품 또는 서비스 생산에 소요되는 원가를 산정하는 절차를 의미한다.

원가회계정보의 주된 이용자는 재무제표의 외부 이해관계자 및 내부 이해관계자라고 할 수 있다. 먼저 원가회계는 재무회계에 필요한 원가정보를 제공함을 1차 목적으로 한다. 즉, 원가회계는 생산되는 제품의 원가 결정을 통하여 대차대조표의 재고자산금액을 평가하게 되고, 손익계산서의 매출원가를 결정한다. 또한 원가회계는 기업의 경영자의 합리적 의사결정을 위한 유용한 정보를 제공한다. 원가회계는 원가의 관리와 통제, 성과의 측정과 평가에 필요한 정보 등 관리회계를 위한 정보를 제공하고 있다.

2. 원가의 분류

1) 직접원가와 간접원가

직접원가와 간접원가를 구분하는 기준은 계산하고자 하는 원가가 추적가능한가의 여부이다. 먼저 직접원가(direct cost)란 계산하고자 하는 원가가 추적가능한 원가로서 직접재료비나 직접노무비가 이에 해당한다. 예를 들면 식자재, 생산부서 종업원의 임금, 객실용 린넨과 같이 호텔 서비스 원가에 포함될 뿐 아니라 그 계산이 가능한 원가를 직접원가라고 한다. 한편 간접원가(indirect cost)란 계산하고자 하는 원가가 추적할 수 없는 원가이거나, 추적할 수 있다 하더라도 추적에 따른 효익이 그리 크지 않는 원가를 의미한다. 예를 들어 판매비및일반관리비 등에 포함되는 원가들이 실제적으로 원가 계산에 적용하기 어려운 간접원가이다.

2) 통제가능 원가와 통제불가능 원가

두 원가의 차이는 경영자가 원가에 영향을 미칠 수 있는지 혹은 없는지에 달려있다. 통제가능 원가(controllable cost)는 경영자가 통제할 수 있는 원가이고 통제불가능 원가(uncontrollable cost)는 경영자가 통제할 수 없는 원가이다. 간혹 통제가능 원가와 직접원가, 통제불가능 원가와 간접원가를 혼동하여 사용하는데, 이는 아마도 직접원가는 간접원가에 비하여 통제가 용이하다는 이유에서일 것이다.

3) 고정원가와 변동원가

고정원가(fixed cost)는 단기간 판매량에 의해 변동되지 않는 고정된 원가이다. 예를 들면 경영자의 급료 및 임금, 보험료, 임대료, 광고선전료 등이 있다. 변동원가(variable cost)는 판매량의 증감과 선형관계에 있는 원가이다. 즉 판매량이 증가하면 변동원가도 증가하고, 반대로 감소하면 변동원가도 감소하는 원가이다. 판매량이 "0"이면 변동비도 "0"이 된다. 식자재원가가 대표적인 변동원가라고 할 수 있다.

3. 원가의 흐름과 계산

호텔 레스토랑에서 스파게티를 판매할 경우 스파게티의 가격은 어떻게 결정될까? 혹은 호텔의 부대시설 이용에 적용되는 가격은 어떻게 결정될 수 있을까? 가격을 결정하는 요인에는 경쟁이나 경제적 상황과 같은 외부적인 요인이 존재하고 동시에 경영전략이나 원가와 같은 내부적인 요인이 존재할 것이다. 이외에 수많은 요인이 가격결정에 작용하는 것은 부언의 여지가 없다. 그러나 여기서는 원가가 어떻게 가격의 결정에 작용하는지의 과정을 살펴봄으로써 원가의 흐름을 파악하고 결과적으로 다음 절에서 언급될 가격결정의 원리에 대한 이해를 돕고자 한다.

원가는 어떻게 구성될까? 이를 알아보기 위하여 제조원가의 흐름을 살펴보아야 한다. 원가는 제조원가와 비제조원가로 나누어 볼 수 있는데 제조원가(제품원가)는 직접재료원가와 직접노무원가 그리고 제조간접원가로 나누어 볼 수 있다. 직접재료원가와 직접노무원가는 실제적으로 추적가능한 비용으로 식음료에 직접 사용되는 원재료비, 객실, 주방, 식당, 서비스 등에 직접 종사하는 종업원의 급료 및 임금 그리고 제품 또는 서비스 생산에 직접 부과할 수 있는 경비 등이다. 이상을 기초원가 혹은 직접제조원가라고 한다.

기초원가 혹은 직접제조원가 이외에 모든 제조원가, 예를 들면, 간접재료원가, 간접노무원가, 소모품, 건물, 기계의 감가상각비와 같은 간접제조원가가 있다. 이에는 객실, 식음료의 생산판매에 직접 사용되지 않는 원재료비, 보조재료비를 의미한다. 혹은 호텔건물이나 시설, 주방용품의 감가상각비 등이 포함될 수 있다. 이상과 같은 간접제조원가와 직접제조원가를 합하면 제조원가 또는 제품제조원가를 계산할 수 있다.

제품이나 서비스 생산에 필요한 비용 이외에 호텔영업에 대하여 공통적으로 발생할 수 있는 비제조원가 혹은 기간원가가 존재한다. 여기에는 판매비및일반관리비가 포함된다. 예를 들면 호텔 전체의 광고선전비, 판매수수료와 같은 판매비와 호텔을 전반적으로 관리하는 활동에서 발생하는 원가로 관리직 사원의 급여, 여비, 교통비 등과 같은 일반관리비가 있다.

그림 13-4 원가의 흐름

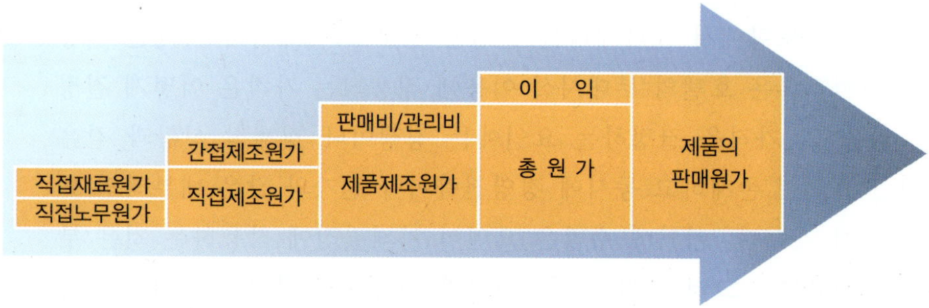

이러한 판매비 및 일반관리비와 제품제조원가를 합하면 총원가가 계산된다. 즉 총원가는 제품제조원가와 판매비및일반관리비의 합이다.

이렇게 계산된 총원가에 적정의 이익을 계산하여 제품이나 서비스의 판매원가가 계산되어진다. 이를 그림으로 표시하면 [그림 13-4]와 같다.

INTRODUCTION TO HOTEL ADMINISTRATION

제 4 절 호텔 가격결정

1. 호텔 가격결정의 개념

모든 기업에서 그러하듯이 호텔기업에서도 가격은 기업의 경영활동에 중요한 영향을 미친다. 높은 가격은 수요의 감소를 초래하고 너무 낮은 가격은 원가에 미치지 못하는 경우가 발생하기 때문이다. 또한 가격은 소비자가 서비스 또는 제품을 선택하는 데 중요한 결정요인이 되기도 한다. 이와 같이 가격은 기업의 경영활동에 중요한 영향을 미치는 관계로 기업의 경영자들은 자신이 생산하는 서비스 또는 제품의 가격결정에 있어 세심한 노력을 해야 한다.

현재 기업이 생산하는 제품 또는 서비스에 대한 가격결정 방법에 대하여 많은 방법들이 제시되고 있다. 마크업(mark up) 가격결정법, 목표수익률 가격결정법, 소비자의 가치기준 가격결정법, 경쟁자 모방 가격결정법, 심리적 가격결정법 등이 대표적인 예들이다. 이와 같은 여러 기법들이 소개되고 있음에도 불구하고 아직까지도 수익을 극대화시킬 수 있는 과학적인 가격결정 방법은 존재하지 않는다. 그러나 앞서 언급된 다양한 가격결정 방법들의 다수가 원가를 가격결정의 근간으로 활용하고 있다는 것이다. 그만큼 원가는 가격결정에 있어 중요한 요인인 것이다.

사실 원가를 무시한 가격결정은 생각할 수 없다. 왜냐하면 가격결정에 있어 시작점이 바로 원가에서 출발되기 때문이다. 예를 들어 원가를 근거로 하지 않는 소비자 가치기준, 경쟁자, 소비자심리 등을 기준으로 한 가격결정방법들 조차 최종 가격결정을 할 때에는 생산원가를 고려한다. 왜냐하면 원가를 무시한 가격결정은 최악의 경우 기업의 수익성에 심각한 영향을 미칠 수 있기 때문이다. 예를 들어 경쟁사의 가격을 기초로 해서 가격 의사결정을 내리는 경쟁자 모방 가격결정법도 자사의 생산원가를 무시한 채 무조건 경쟁사의 가격에 따라 가격결정에 임할 수는 없다는 것이다. 호텔기업 또한 예외가 아니며 호텔기업이 생산하는 서비스의 가

그림 13-5 가격결정 방법

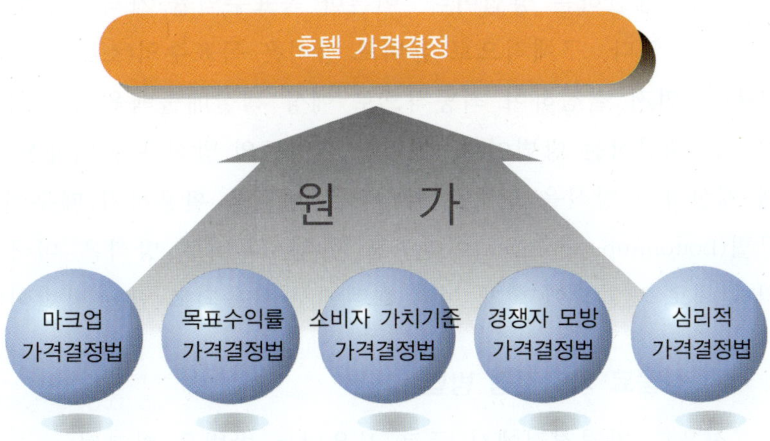

격결정은 [그림 13-5]에서 보는 바와 같이 원가를 기준으로 가격결정을 하게 된다.

2. 호텔 가격결정 방법

1) 객실 가결결정 방법

일반적으로 호텔의 객실 서비스에 대하여 가격을 결정하는 방법에는 다음과 같이 하워드(Horwath) 방식과 휴버트(Hubbart) 방식이 있다. 먼저 하워드(Horwath) 방식은 종래 미국의 호텔이나 모텔에서 전통적으로 오랜 기간 사용해온 이른바 경험의 법칙에 의존한 방법으로 1:1,000의 방법이라고 알려져 있다. 이 방법은 매우 간단하다. 객실건축비의 1,000분의 1을 객실료로 책정하는 방법이다. 이 방법은 일종의 원가를 기준으로 객실 가격을 결정하는 것이다. 예를 들면 객실 1개를 만드는 데 소요된 비용이 1억원이라면 객실가격은 그 1,000분의 1인 10만원이 되는 것이다. 여기서 1 : 1,000이란 비율은 과거 호텔경영자의 오랜 경험에 의하여 정해진 비율로 어떤 이론적 근거도 존재하지 않는다.

보다 진보되고 발전된 객실가격 결정방법으로 휴버트 방식이 있다. 이 공식은 이익을 미리 설정하고, 이 설정된 이익에 도달할 수 있는 평균 객실료에 대한 객실판매원가, 기타 부문이익, 영업비 및 자본을 추정하여 객실료를 계산하는 방법이다. 이른바 목표수익률 가격결정법의 일종이라고 할 수 있다. 구체적으로 휴버트 방식은 목표수익(소유주 투자액×목표수익률)을 먼저 결정하여 최종적으로 예상 객실매출액을 산정하여 평균 객실료를 계산하는 방법이다. 이러한 휴버트의 방식은 손익계산서를 작성할 때 계산하는 방식을 역으로 계산하는 방식을 활용하기 때문에 상향식 접근법(Bottom-up Approach)이라고도 한다. 휴버트 방식은 미국호텔협회에 의해 새로 개발되어 현재 여러 호텔에서 사용되고 있는 방법이다.

2) 식음료 가격결정 방법

식음료 가격결정에서 주로 사용되는 방법은 마크업(mark up) 가격결정법이다. 이 방법은 생산원가에 일정의 마크업(관습적 이윤)을 더하여 가격을 결정하는 방법이다. 이 방법은 다음과 같이 간단한 절차를 걸쳐 최종가격을 정한다.

1. 식음료 원가 결정
2. 마크업을 적용하기 위한 배수(multiplier) 결정
3. 희망 판매가격 = 원가 × 배수

예를 들어 파스타의 가격을 결정한다고 가정해 보자. 먼저 파스타의 원가를 파악해야 한다. 파스타 원가가 3,200원으로 파악되었다고 하자. 다음으로 배수를 결정해야 하는데 배수는 다음의 공식을 이용하여 결정한다.

$$\text{배수} = \frac{1}{\text{희망원가비율}}$$

여기서 희망원가비율이 결정되어야 한다. 이 비율은 경영자의 주관적인 판단에 근거한다. 가령 40%라고 할 수 있고 50% 혹은 70%로 결정할 수 있다. 만일 희망원가비율을 40%로 한다면 배수는 2.5가 된다. 그러면 가격은 원가에 배수를 곱한 값이므로 8,000원이 된다.

제 5 절 원가-조업도-이익분석

1. 원가-조업도-이익분석의 개념

원가-조업도-이익분석(CVP analysis; cost-volume-profit analysis)이란 기업의 조업도, 원가, 이익의 관계를 분석하는 기법으로 경영자들의 다양한 경영 의사결정에 활용되는 주요 분석수단의 하나이다. 여기서 조업도

란 생산량 또는 판매량을 의미한다. 이 분석은 주로 생산량 또는 판매량의 변화가 원가와 순이익에 어떤 영향을 미치는지를 분석하는 기법이다.

이상과 같은 CVP 분석은 특히 경영자의 이익계획(profit planning) 및 예산편성(budget)에 많이 활용된다. 좀 더 구체적으로 표현하면 CVP 분석을 통하여 경영자들이 얻을 수 있는 귀중한 정보는 1) 이익이 0일 때의 판매량(손익분기점상에서의 판매량), 2) 일정한 판매목표를 달성했을 때 얻을 수 있는 이익, 3) 일정한 목표이익을 얻는 데 달성해야 할 매출액, 4) 가격변화 및 원가의 변화가 이익과 손익분기점에 미치는 영향 등이 있다. 이외에도 CVP 분석은 제품 또는 서비스의 가격결정, 특정 생산부문의 확장 또는 폐지 여부의 결정 등의 분야에서도 많이 활용된다.

2. CVP 분석 방법

1) CVP 분석의 기초

CVP 분석을 이해하기 위해서 다음과 같은 몇 가지 기초지식에 대한 이해를 필요로 한다.

먼저 총수익은 제품이나 서비스가 판매된 총량을 금액으로 표시한 것으로 다음의 수식으로 표시된다.

총수익 = $P \times Q$

여기서 P= 단위당 판매가
Q= 판매량

예를 들어, 객실 단가가 30만원인 객실이 100개 팔렸다면 총수익은 3천만원이 된다.

둘째, 총원가는 제품이나 서비스를 판매하기 위해 투입된 비용으로 다음의 수식으로 표시될 수 있다.

총원가 = 변동원가 + 고정원가

여기서 변동원가는 단위당 변동원가와 수량의 곱이므로,

총원가 $= (V \times Q) - F$

여기서 $V=$단위당 변동원가
$Q=$수량
$F=$고정원가

셋째, 이익은 판매액에서 총원가를 뺀 값이므로 다음과 같이 표시될 수 있다.

이익 = 총수익 − 총원가

이를 다시 표시하면 다음과 같다.

$$이익 = (P \times Q) - (V \times Q + F)$$
$$= (P - V) \times Q - F$$

위 식에서 단위당 판매가격에서 제품당 변동원가를 차감한 금액 $(P-V)$을 단위당 공헌이익(unit contribution margin)이라고 한다. 단위당 공헌이익에 판매량을 곱하면 총공헌이익이라고 하고 단순히 줄여서 공헌이익(contribution margin)이라고 한다. 공헌이익이라는 표현은 고정원가를 회수$(-F)$한 후에는 이익창출에 공헌한다는 의미에서 붙여진 이름이다.

2) CVP 도표

CVP 도표는 [그림 13-6]에서 보여주듯이 원가와 판매량 그리고 이윤의 관계를 잘 나타내 주고 있다.

먼저 총수익은 원점을 통과하여 수량이 증가할수록 우상향하는 선형이다. 이는 총수익을 나타내는 공식에서 유추하여 생각할 수 있을 것이다. 총수익은 판매량과 가격의 곱이므로 수량이 증가하면 자연히 총수익이 증가하게 되고 판매량이 0인 경우 총수익도 0이 된다. 변동원가도 단위당 변동원가와 수량의 곱이므로 수량이 증가할수록 증가하고 수량이 0이면 변동원가도 0이 된다. 고정원가는 수량에 관계없이 일정하다.

총원가는 고정원가와 변동원가의 합이므로 변동원가를 고정원가만큼

그림 13-6 CVP 그래프

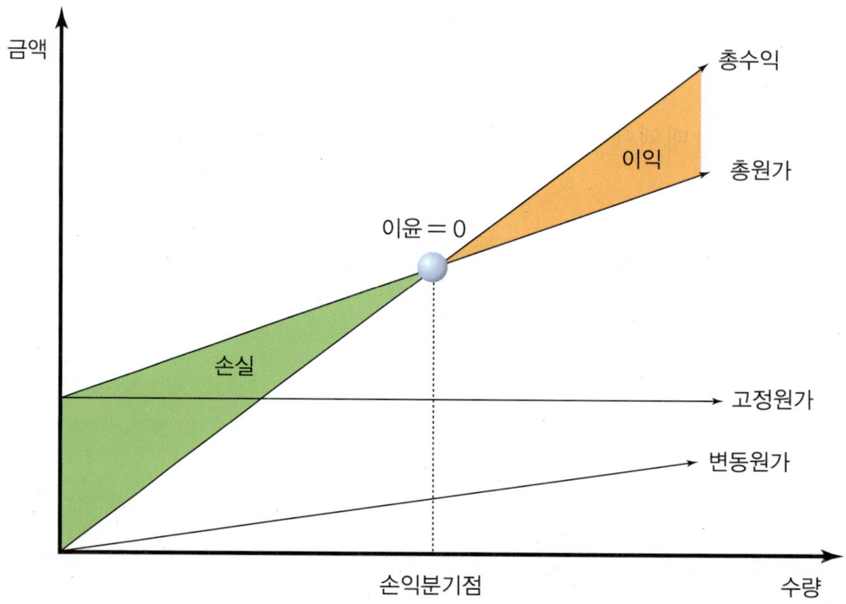

상향시킨 선이 된다.

여기서 총수익과 총원가가 만나는 점은 총수익과 총원가가 동일하다는 의미이고 이는 결국 이윤이 0이 되는 점을 의미한다. 이윤이 0이 되는 점을 손익분기점이라고 한다. 손익분기점을 넘어선 판매는 이윤으로 돌아오게 되고, 손익분기점에 미치지 못한 판매량의 경우 손실이 된다. 이와 같이 CVP 도표는 원가와 이윤과 판매량의 관계를 잘 나타내 준다. CVP 도표는 수량의 변화가 총수익, 총원가, 순손익에 미치는 영향을 총체적으로 가시화하고 있다는 점에서 유용성을 가진다.

3) CVP 등식

CVP 도표는 수량의 변화와 총수익과 원가와 손익의 관계를 보여주는 유용한 분석도구이지만 정확하지는 않다. 수량과 총수익 그리고 원가의 관계를 등식으로 표시하면 다음과 같다.

$$I = PQ - VQ - F$$

여기서 I=순이익(손실), P=가격, Q=수량
V=변동원가, F=고정원가
따라서 PQ=총수익, VQ=총변동원가, $(VQ+F)$=총원가

손익분기점에서는 총수익과 총원가가 만나는 점이므로 총수익과 총원가가 같아지는 점이다. 따라서 순이익은 0이 되고 CVP 등식은 다음과 같이 표시될 수 있다.

$$0 = PQ - VQ - F$$

이 등식을 정리하면 다음과 같은 등식을 구할 수 있다.

A. 손익분기점에서의 판매량

$$Q = \frac{F}{P - V}$$

이 판매량은 손실과 이익의 분기점인 손익분기점에서의 판매량을 의미한다. 결국 어느 재화의 판매가 손실을 보지 않기 위해서는 최소한 이 판매량 이상이 판매되어야 한다는 것이다.

B. 손익분기점에서의 고정비

$$F = PQ - VQ = (P - V)Q$$

여기서 $(P-V)$는 단위당 공헌이익을 의미한다. 따라서 손익분기점에서의 판매량에 따른 고정원가의 상쇄분을 의미한다.

C. 손익분기점에서의 판매가

$$P = \frac{F}{Q} + V$$

손익분기점에서의 가격은 단위당 고정원가와 변동원가를 합한 액수

를 의미한다.

D. 손익분기점에서의 단위당 변동비

$$V = P - \frac{F}{Q}$$

단위당 변동원가는 손익분기점에서의 판매가에서 단위당 고정원가를 제한 값이다.

4) CVP 분석의 예

30개의 객실을 보유한 K호텔은 다음과 같은 원가구조를 가지고 있다.

연간 고정비용: 100,000,000원
객실평균단가: 50,000원
객실판매 시 변동비용: 10,000원

그렇다면 앞서 설명한 CVP 분석을 통해 손익분기 판매량을 다음과 같이 구할 수 있다.

$$\begin{aligned} Q &= \frac{F}{P-V} \\ &= \frac{100{,}000{,}000}{50{,}000-10{,}000} \\ &= 2{,}500 \end{aligned}$$

이 결과는 K호텔의 손익분기점은 2,500객실이라는 것이고, 최소한 2,500객실을 판매해야 손실을 벗어날 수 있다는 것을 의미한다. 물론 분기점 이상의 판매는 이익으로 돌아온다. 손익분기점에서 수익과 총원가는 다음과 같다.

$$\text{총수익} = PQ = 50{,}000 \times 2{,}500 = 125{,}000{,}000$$

총원가는 손익분기점에서의 고정원가와 변동원가이므로 다음과 같이 계산될 수 있다.

$$F=(P-V)Q=(50{,}000-10{,}000)\times 2{,}500=100{,}000{,}000$$
$$V=10{,}000\times 2{,}500=25{,}000{,}000$$

따라서 손익분기점에서 총수익과 총원가는 동일하다.

그렇다면 손익분기점에서의 객실점유율은 얼마나 될까? 객실점유율은 다음과 같이 계산된다.

$$\text{객실점유율}=\frac{\text{판매객실수}}{\text{판매가능한 객실수}}$$
$$=\frac{2{,}500}{365\times 30}=22.8\%$$

따라서 손익분기를 맞추기 위해서 K호텔은 22.8%의 객실점유율을 유지해야 한다.

그러나 모든 영리기업이 그러하듯 호텔도 손익분기점의 판매가 중요한 것이 아니라 어느 정도의 이윤을 창출하려는 것이 목적이다. 만일 K호텔이 1억원의 이윤을 창출하려고 한다면 얼마의 객실을 판매하여야 할까? 이런 경우 다음과 같은 공식을 사용한다.

$$Q=\frac{F+I}{P-V}=\frac{100{,}000{,}000+100{,}000{,}000}{50{,}000-10{,}000}=5{,}000$$

여기서 I=희망이윤

따라서 1년에 1억원의 이윤을 창출하기 위해서 K호텔은 5,000개의 객실을 판매하여야 하고 이때 객실점유율은 45.6%가 된다. 즉, K호텔은 연간 1억원의 이윤을 얻기 위해서 연간 5,000개의 객실을 판매하여야 한다는 것이다. 이때 객실점유율은 45.6%가 된다.

여기서 공헌이익은 $(P-V)$이므로 40,000원이 된다. 공헌이익은 고정원가의 상쇄나 이윤의 창출에 공헌하는 이익이다.

제 6 절 운영비율분석

운영비율(operating ratios)은 경영자가 호텔시설에 대한 운영을 분석하는 데 정보를 제공한다. 물론 수익성 비율이나, 효율성 분석, 레버레지 비율분석 등도 유용한 정보를 제공한다. 그러나 이러한 비율분석은 재무관리에 자세히 설명되어 있으므로 여기서는 생략하기로 한다. 본 부문에서는 운영비율만을 다루기로 한다.

운영비율은 호텔기업의 부문별 판매액을 반영하고 이러한 판매액의 달성을 확인할 수 있는 유용한 정보를 제공한다. 또한 수익과 비용의 관계를 보여주고 이를 통제하는 기능을 제공하기도 한다. 예를 들면 식자재 원가비율이 산출되면 이를 식자재 원가비율의 예산과 비교하고 이를 통해 식자재 원가를 통제하게 되는 것이다. 계획된 목표와 실제결과 사이에 차이를 파악하고 이에 대한 원인을 파악하는 과정이다.

운영비율은 총수익과 부문별 수익의 비율(sales mix), 총수익과 비용의 비율, 부문별 수익과 부문별 비용의 비율, 판매객실당 수익, 식음료 판매당 수익, 객실당 연비용 등이 있다.

1. 객실 부문

다른 산업과 마찬가지로 호텔산업도 판매를 통해 이윤을 창출한다. 호텔에서 객실의 판매는 다른 부문과 비교해서 이윤을 많이 창출한다. 식음료의 경우도 마찬가지이다. 이와 같이 각 부문마다 판매액과 이윤에 대한 공헌이 다를 것이다. 따라서 부문별로 달성하고자 하는 판매액 또한 다를 것이다. 부문별 목표 판매액을 결정하기 위해서 부문별 수익을 합산하여 전체 수익의 비율로 나타내는 것이 중요하다.

1) 평균객실요금

평균객실요금(average room rate)은 평균일일요금(average daily rate)이라고 부르기도 하고 ADR이라고 줄여서 부르기도 한다. 대부분의 호텔관리자는 싱글룸에서 스위트까지, 개별고객에서 단체고객까지, 주중에서 주말까지, 성수기와 비수기까지 다양하게 ADR을 계산한다.

ADR을 구하는 공식은 다음과 같다.

$$ADR = \frac{\text{객실수익}}{\text{판매객실수}}$$

만일 2005년도에 객실이 총 20,000개 판매되었고 이로 인한 수익이 20억원이라면 ADR은 10만원이 될 것이다. ADR은 연도별로 계산하여 비교하기도 한다. 혹은 시장세분에 따라 각각의 ADR을 구하기도 한다. 예를 들면 단체고객과 개인고객의 구분으로 ADR을 구한다.

2) RevPAR

RevPAR는 revenue per available room을 줄여서 부르는 말로 판매가능한 객실당 수익을 의미한다. 전통적으로 호텔경영자는 객실점유율(occupancy rate)로 기업의 성과나 활동을 측정하려는 성향이 강했다. 혹은 ADR을 통해 운영의 질을 판단하기도 했다. 그러나 이러한 객실점유율이나 ADR은 어떤 의미에서 그 자체로는 무의미하다. 만일 A호텔이 객실점유율이 80%이고 ADR이 10만원이라고 가정해보자. 그리고 경쟁호텔인 B호텔의 경우 객실점유율이 70%이고 ADR이 15만원이라고 하자. 그렇다면 어느 호텔이 보다 좋은 성과를 내고 있을까? 객실점유율의 경우 A호텔이 유리하고 ADR의 경우 B호텔이 보다 유리하다. 따라서 객실점유율 혹은 ADR 자체로서는 판단하기 어려운 점이 발생한다.

이러한 객실점유율과 ADR을 합친 것이 RevPAR이다. 앞서의 예처럼 객실점유율이나 ADR의 자체만으로는 경영성과의 우위를 판단하기 어려운 경우에 객실점유율과 ADR을 동시에 측정할 수 있는 도구로서 RevPAR

가 이용된다. RevPAR는 다음과 같은 공식으로 측정된다.

$$RevPAR = \frac{\text{객실수익}}{\text{이용가능한 객실수}}$$

이 공식을 다시 정리하면 다음과 같이 된다.

$$RevPAR = \text{객실점유율} \times ADR$$

따라서 A호텔과 B호텔의 예의 경우 RevPAR를 이용해서 성과를 비교할 수 있다. A호텔의 경우 RevPAR는 8만원이고, B호텔의 경우 RevPAR는 8만 5천원이다. 따라서 객실점유율이 조금 낮지만 ADR이 높은 B호텔이 운영성과가 높다고 판단할 수 있다. RevPAR는 객실점유율과 ADR을 한꺼번에 관찰할 수 있는 유용한 측정도구이다.

2. 식음료 부문

1) 평균 판매가(Average Food Service Check)

이 비율은 일정기간 동안 총음식판매액을 판매된 음식수로 나누어서 계산한다. 공식은 다음과 같다.

$$\text{평균판매가} = \frac{\text{총음식판매액}}{\text{판매음식수}}$$

예를 들어, H호텔의 총음식판매액(total food revenue)이 연간 30억원이고 총판매음식수가 50,000개라면, 평균판매가는 6,000원이 된다. 이 비율은 일정기간 동안 음식당 평균판매액을 나타낸 것으로 다른 기간 동안의 평균판매액이나 산업 평균과의 비교를 할 수 있다. 이러한 비율은 음식에만 적용되는 것이 아니라 음료 부문도 적용될 수 있고 각기 다른 식음료 업장별로 계산할 수도 있다. 이를 통해 평균판매액을 구할 수 있다.

Bibliography

- 강경규, 윤주석(2004). 『재무회계기초』. 서울: 명경사.
- 고덕필(2008). 『기초 재무회계』. 서울: 무역경영사.
- 송성진, 김유희(1998). 『호텔회계』. 서울: 백산출판사.
- 신홍철, 이택수, 최웅용, 배병한(2004). 『신회계학원론』. 서울: 명경사..
- 육윤복, 유성용(2010). 『현대회계원리』. 서울: 경영과 회계.
- 윤금상, 진대현(2005). 『신회계원론』. 서울: 두남.

- Cote, R.(1997). *Understanding hospitality accounting I.* East Lansing, MI: Educational institute of the American Hotel & Motel Association.
- ________(1997). *Understanding hospitality accounting II.* East Lansing, MI: Educational institute of the American Hotel & Motel Association.
- Coltman, M.(1994). *Hospitality management accounting.* New York, NY: Van Nostrand Reinhold.
- Dopson, L. R., & Hayes, D. K.(2008). *Managerial accounting for the hospitality industry.* NJ: John Wiley & Sons.
- Educational institute of the American Hotel & Motel Association(1996). *Uniform system of accounts for the lodging industry.* MI: the Educational Institute of the American Hotel & Motel Association.
- Hales, J., & Van Hoof, H. B.(2010). *Accounting and financial analysis for the hospitality industry.* NJ: Prentice Hall.
- Hilton Hotels Corp.(1989). *Hilton hotels corporation 1988 annual report.* Beverly Hills, CA: Hilton Hotels Corp.
- Kotas, R.(1992). *Management accounting for hotels and restaurants.* London, UK: Blackie Academic & Professional.
- Owen, G.(1994). *Accounting for hospitality, tourism, and leisure.* London, UK: Pitman publishing.
- Schmidgall, R.(2006). *Hospitality industry managerial accounting.* FL: the Educational Institute of the American Hotel & Lodging Association.
- Weygandt, J. J., Kieso, D. E., Kimmel, P. D., & Defranco, A. L.(2008). *Hospitality financial accounting.* NJ: John Wiley & Sons.

Chapter 14

호텔재무관리

INTRODUCTION TO HOTEL ADMINISTRATION

제 1 절 호텔재무관리의 기초

1. 호텔재무관리의 개념

호텔기업은 다른 기업과 마찬가지로 필요한 자금을 금융시장 혹은 증권시장으로부터 조달받아 이를 생산과 영업활동 및 기타 영업외 활동에 투자하여 각 활동에서 수익을 창출하거나 유동성을 확보한다. 호텔재무관리란 이러한 자금과 관련된 일련의 흐름을 관리하고 통제하는 경영활동을 의미한다. 간략히 요약하면 호텔재무관리는 호텔 기업가치를 극대화하기 위해 기업이 필요로 하는 자본을 조달하고 운용하며 통제하는 경영활동이라고 정의할 수 있다. 이상과 같은 호텔재무관리의 주요 내용은 호텔경영활동을 위해서 필요로 하는 자금의 규모추정, 필요한 자금의 조달방법, 조달된 자금의 투자방법, 자금의 조달과 운용의 적절성 평가 등이 있다.

호텔재무관리는 호텔기업의 성공적인 운영과 관리를 위해서 반드시 수행해야 하는 호텔기업의 주요 기능분야의 하나이다. 최고급 서비스 제공 능력을 지닌 종업원, 훌륭한 식당, 세계적인 명성을 가지고 있는 주방장, 수천 개의 안락한 객실, 다양하고 첨단시설을 갖춘 회의시설은 모든 호텔이 꿈꾸고 지향하고 있는 호텔의 모습일 것이다. 그러나 이러한 호텔 시설과 인력을 보유하기 위한 자본의 조달과 운용을 통한 수익 창출의 과정이 없다면 호텔은 생존할 수 없는 것이다. 이처럼 호텔재무관리는 호텔 운영을 통한 자금의 조달과 운영, 그리고 이를 통한 수익의 창출과 연관되어 있으므로 호텔기업의 성공적인 운영과 관리를 위해서 매우 중요한 분야라고 할 수 있다.

이처럼 호텔재무관리는 다른 경영활동의 토대가 된다. 매출을 획기적으로 증대시킬 수 있는 훌륭한 마케팅 계획이 수립되어도 이를 실행하는

그림 14-1 호텔재무관리의 개념

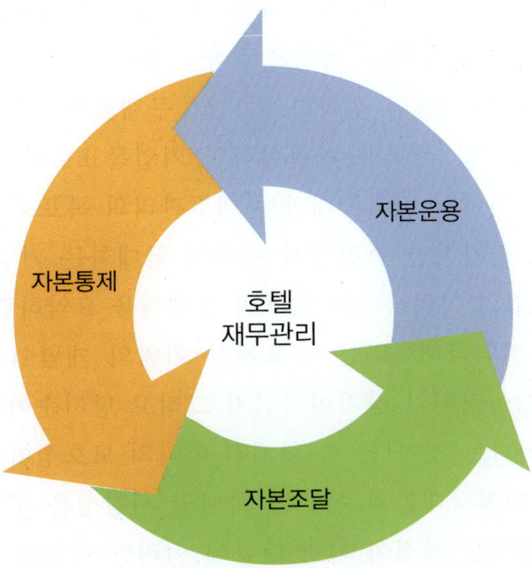

데 필요한 상품개발비용, 광고비용 등과 같은 충분한 자금이 확보되지 않는다면 계획은 실행되지 못하게 된다. 또 다른 예를 들어 최근 호텔 소비자들이 건강에 많은 관심을 보임에 따라 이에 적극 대응하기 위하여 호텔 내부의 헬스 센터를 확장할 계획을 수립했다고 하자. 이는 호텔 소비자의 최근 추세를 정확히 반영한, 다시 말해서 호텔 소비자의 만족도를 높일 뿐 아니라 매출 증대를 가져올 수 있는 좋은 계획이라 할 수 있다. 그러나 이 계획을 실행할 수 있는 자본의 문제, 즉 자본의 조달 문제가 해결되지 못한다면 이러한 좋은 사업안을 성사시킬 수 없게 되고 결과적으로는 아무 소용이 없게 되는 것이다.

또한 호텔 경영환경, 특히 금융환경의 불확실성이 증대함에 따라 자금의 조달과 투자에 관련된 활동이 기업의 성장은 물론 생존을 결정하게 되었다. 이와 같은 맥락에서 오늘날 재무관리에 관한 관심은 점차 증대되고 있다.

2. 호텔재무관리의 목표

전통적으로 재무관리의 목표는 이익을 극대화하는 것이다. 이익의 극대화는 기업의 본질적인 목적으로 인식되어 왔다. 그러나 재무관리의 대상은 추상적인 기업의 성과가 아니라 구체적인 현금의 흐름이고 이러한 측면에서 이익의 극대화는 현실적인 기업목표로서 적합하지 않다. 물론 단기적인 측면에서 이익극대화는 재무관리의 목표로 타당성을 가질 수 있다. 그러나 장기적인 측면에서 이익의 극대화는 기업의 목표가 될 수 없다. 호텔기업의 이익극대화 목표의 문제점을 요약하면 다음과 같다.

첫째, 이익극대화라는 목표에서 이익의 개념이 모호하다는 것이다. 이익이 단기이익인지 장기이익인지 그리고 당기순이익인지 주당순이익인지 불분명하다는 것이다. 즉 회계적 이익의 모호성이 있을 수 있다.

둘째, 이익극대화의 목표는 화폐의 시간성을 무시하고 있다. 기업의 이익이 발생하는 시점이 각기 다른데 이러한 이익을 적절히 평가할 수 없다는 것이다. 현재의 수익과 미래의 수익을 단순히 절대금액으로 산정하

그림 14-2 호텔재무관리의 목표

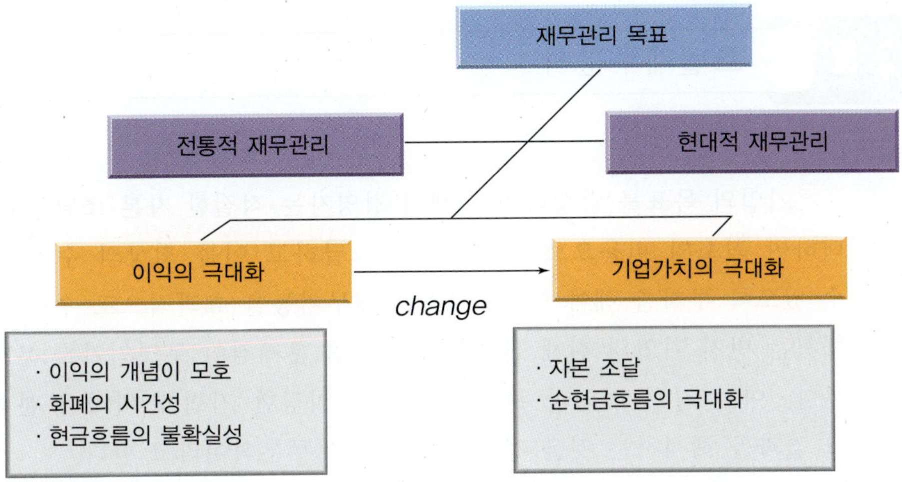

여 계산하는 이익의 극대화의 개념은 화폐의 시간적인 가치를 적절히 반영하지 못하는 문제점을 지니고 있다.

셋째, 현금흐름의 불확실성을 반영하지 못한다. 기업의 활동은 본질적으로 미래에 대한 것이고 미래는 불확실성이 내재되어 있기 마련이다. 따라서 미래의 불확실성(위험)을 반영하지 못한 개념이다.

이상과 같은 문제점으로 인하여 이익의 극대화라는 전통적인 재무관리의 목표는 더 이상 기업의 목표로서 적합하지 못하다. 따라서 현대적인 재무관리의 목표는 기업가치의 극대화에 많은 초점이 맞춰져 있다. 기업가치의 극대화는 자본조달과 자본운용이라는 두 축으로 설명될 수 있다. 즉 호텔기업의 재무관리 목표는 적은 비용으로 자본을 조달하고(자본조달) 현금유입액(cash inflow)과 현금유출액(cash outflow)의 차인 순현금흐름의 극대화(자본운용)를 통해서 기업가치를 극대화시키는 것이다.

제 2 절 호텔재무분석

기업의 목표를 달성하기 위해서 경영자는 적절한 자본 조달방법을 선택하여 최소의 비용으로 필요자금을 조달하고 이를 최상의 수익을 올릴 수 있도록 투자를 해야 한다. 이러한 재무기능을 효과적으로 수행하기 위해서는 먼저 기업의 현재 상태가 어떠하며 문제점이 무엇인가를 분석해야 한다. 이와 같이 기업과 관련된 자료를 일정한 기법에 따라서 분석하고 그 결과를 해석하는 것을 경영분석 또는 재무분석이라고 한다.

기업의 실체를 외부투자자에게 알려주는 자료로서 가장 대표적인 것이 재무제표이기 때문에 재무분석은 재무제표를 이용한 재무비율분석이 주된 내용을 이루게 된다.

1. 유동성 비율

유동성(liquid)이란 보통기업이 단기부채를 상환할 수 있는 능력으로 현금을 동원할 수 있는 능력이라 할 수 있다. 이러한 유동성을 보여주는 비율들을 유동성 비율이라고 하며, 기업에 돈을 빌려준 채권자들이 가장 중요하게 여기는 비율이기도 하다. 여기에는 유동비율과 당좌비율이 대표적이다.

1) 유동비율

유동비율이란 유동자산을 유동부채로 나눈 비율을 의미하는데 기업의 단기부채상환능력을 측정하는 지표이다. 유동비율은 기업의 유동성을 측정하는 데 가장 많이 사용되는 비율이며 비율분석에서 가장 중요시되며, 재무분석의 시발점으로 간주되고 있다.

$$유동비율(\%) = \frac{유동자산}{유동부채} \times 100$$

유동비율이 높다는 말은 유동자산이 유동부채에 비하여 높다는 의미로 예를 들어 M호텔의 2010년도 말의 유동자산이 130억원이고 유동부채가 100억원이라면 유동비율은 130%가 될 것이다. 이는 채권자의 입장에서는 매우 바람직한 것이다. 그러나 기업경영자의 입장에서는 다른 결론을 내릴 수 있다. 유동자산은 높은 수익을 가져오는 자산이 아니기 때문에 다른 기업에 비하여 유동자산이 많을 경우 수익성이 낮아질 염려가 있다. 예를 들어 유동자산 중의 하나인 현금을 너무 많이 가지고 있다는 것은 현금을 다른 곳에 투자하여 수익을 올릴 기회를 잃고 있다는 의미로 해석할 수 있다.

2) 당좌비율

유동자산 중에서 재고자산은 정상적인 영업활동을 거쳐야 현금화되는 것이다. 따라서 채무상환에 즉각적으로 이용되는 자산만을 대상으로 안전성을 파악하기 위해서 당좌비율을 산출하여 이용한다. 당좌비율(quick ratio)은 유동자산 중에서 재고자산을 뺀 현금, 예금, 유가증권, 매출채권 등 현금화가 가장 빠른 당좌자산을 유동부채로 나누어 계산한다.

$$당좌비율(\%) = \frac{당좌자산}{유동부채} \times 100$$

당좌비율은 100% 정도를 이상적인 기준으로 본다. 유동비율이나 당좌비율이 높으면 부채상환능력은 좋지만 앞서 언급한 대로 기업 전체의 수익성은 떨어지게 된다. M호텔의 2010년도 당좌자산이 105억원이고 유동부채가 100억원이라면 M호텔의 당좌비율은 105%로 단기부채상환능력은 양호하다고 볼 수 있다.

2. 효율성 비율

효율성 비율(efficiency ratio)은 기업이 보유하고 있는 자산을 얼마만큼 효율적으로 사용하고 있는가를 나타내 주는 비율로서 활동성 비율이라고도 부른다. 이 비율은 대부분 일정기간 동안의 영업활동수준을 나타내 주는 매출액과 자산과의 관련비율이다.

1) 매출채권 회전율

매출채권의 회수속도를 측정하는 척도로서 매출채권의 회수로부터 기대되는 현금흐름의 속도를 측정한다.

$$\text{매출채권 회전율(회)} = \frac{\text{연간신용매출액}}{\text{평균매출채권}}$$

회전율이 높을수록 매출채권의 회수속도가 빠르다는 것을 의미하므로 매출채권회전율이 높을수록 기업이 매출채권관리를 잘하고 있음을 시사한다.

2) 재고자산 회전율

재고자산투자와 매출액수준과의 관계비율로 표시되며 재고자산이 매출채권 또는 직접 현금화되는 속도를 측정한다. 이때 매출액은 매출원가가 많이 사용된다.

$$\text{재고자산 회전율(회)} = \frac{\text{매출원가}}{\text{평균재고자산}}$$

높은 재고자산회전율은 생산과 판매활동이 효율적으로 이루어지고 있음을 의미한다.

3) 고정자산 회전율

고정자산과 매출액을 비교함으로써 고정자산이 얼마만큼 효율적으로 이용되었는가를 측정하며, 이 비율이 높을수록 효율적인 고정자산의 활용을 의미하게 된다.

$$\text{고정자산 회전율(회)} = \frac{\text{매출액}}{\text{평균고정자산}}$$

4) 총자산 회전율

평균총자산과 매출액을 비교함으로써 총자산이 얼마만큼 효율적으로 이용되었는가를 측정하는 비율이다. 이 비율이 높을수록 총자산이 효율적으로 이용되었음을 의미한다.

$$\text{총자산 회전율(회)} = \frac{\text{매출액}}{\text{평균총자산}}$$

3. 레버리지비율

레버리지비율은 부채성 비율이라고 하며 기업이 타인자본에 의존하고 있는 정도를 나타내는 비율이며 특히 장기부채의 상환능력을 측정하는 것이다. 대표적인 것은 부채비율(debt ratio)과 이자보상률(times interest earned)이 있다.

1) 부채비율

부채비율은 총자본을 구성하고 있는 자기자본과 타인자본의 비율을 의미하는 것으로, 타인자본은 유동부채, 장기차입금, 사채 등을 포함하며, 자기자본에는 보통주, 유보이익, 자본준비금 등이 포함된다.

$$\text{부채비율(\%)} = \frac{\text{타인자본}}{\text{자기자본}} \times 100$$

여기서 타인자본 대신 장기부채와 리스금액을 더한 값을 타인자본으로 대체할 수 있다.

2) 이자보상비율

이자보상비율은 장기부채에 대한 이자지급의무의 수행 능력을 보기 위한 재무레버리지 척도로서 타인자본의 사용으로 발생하는 금융비용, 즉 이자가 기업에 어느 정도의 압박을 가져오는가를 보기 위한 것이다.

$$\text{이자보상비율}(\%) = \frac{\text{영업이익}}{\text{이자비용}} \times 100$$

이자보상비율이 낮다는 것은 영업이익에 비하여 이자비용이 높거나 이자비용에 비하여 영업이익이 낮다는 것을 의미하여 이자비용에 대한 압박이 크다는 것을 의미한다.

4. 수익성 비율

기업의 수익창출능력을 나타내 주는 수익성 비율은 기업의 유동성, 자산관리, 부채관리 등에 관한 의사결정이 영업성과에 미치는 종합적인 효과를 보여준다.

1) 매출액 총이익률(gross profit margin)

손익계산서상의 매출액에서 매출원가를 차감한 매출총이익을 매출액으로 나누어 계산한다.

$$\text{매출액 총이익률} = \frac{\text{매출총이익}}{\text{매출액}}$$

이 비율이 낮다는 것은 매출액에 비하여 매출총이익이 낮은 것을 의미하므로 수익성이 좋지 않다는 의미로 해석할 수 있다. 따라서 경영진은 원가의 절감과 같은 수익성을 높이는 의사결정을 할 수 있다.

2) 매출액 영업이익률(operation profit margin)

손익계산서의 영업이익을 매출액으로 나누어 계산한다.

$$\text{매출액 영업이익률} = \frac{\text{영업이익}}{\text{매출액}}$$

매출액 영업이익률이 낮다는 것은 영업이익이 매출액에 비하여 낮다는 것을 의미하고 영업활동성과가 낮다고 볼 수 있다.

3) 총자산 수익률(return on total asset ratio)

기업의 주어진 총자산을 수익창출활동에 얼마만큼 효율적으로 이용하였는가를 측정하는 중요한 척도이다.

$$\text{총자산 수익률} = \frac{\text{순이익}}{\text{총자산}}$$

총자산 수익률이 낮다는 것은 총자산에 비하여 순이익이 낮은 것을 의미하고 결과적으로 수익성이 낮다는 것을 의미한다.

5. 생산성 비율

생산성 비율은 기업활동의 능률을 측정, 평가하는 비율로 최근에는 부가가치에 의한 생산성 측정이 일반화되고 있다.

1) 노동생산성

노동생산성은 종업원 1인당 부가가치생산액을 의미하고, 이 수치가 높다는 것은 그만큼 노동력이 효율적으로 이용되어 부가가치를 보다 많이 창출하였다는 것을 의미한다.

$$\text{노동생산성} = \frac{\text{부가가치}}{\text{종업원수}}$$

2) 종업원 1인당 매출액

노동생산성과 함께 종업원 1인당 매출액도 그 기업의 능률을 측정할 수 있다.

$$1인당\ 매출액 = \frac{매출액}{종업원수}$$

1인당 매출액이 낮다는 것은 종업원의 수에 비하여 매출액이 낮다는 것을 의미한다. 이에 대한 원인 규명과 개선안이 필요하다. 원인으로는 과다한 고용, 종업원의 자질과 같은 종업원 자체에 대한 문제점과 서비스 상품의 품질, 환경의 질적 저하와 같은 외부적인 요인이 있을 수 있다.

3) 자본생산성

자본생산성은 기업에 투하된 자본을 운영한 결과로 얻어진 부가가치액이 얼마인가를 나타내는 비율이므로 자본이 부가가치생산에 어느 정도 이바지했는가를 알 수 있다.

$$자본생산성 = \frac{부가가치}{총자본}$$

자본생산성이 낮다는 것은 자본을 효율적으로 이용하지 못하고 있다는 것을 의미한다.

제 3 절 호텔 자본예산과 투자가치분석

투자결정은 기업의 재무관리자들에게는 가장 큰 관심사이다. 어떤 투자안에 얼마를 투자하느냐에 따라 기업의 성장과 가치가 결정되기 때문이다. 호텔의 경우 많은 투자결정에 직면하게 된다. 호텔의 새로운 브랜드에 대한 투자, 새로운 식음료매장에 대한 투자, 부대시설의 투자 등 많은 투자결정에 직면하게 된다. 수많은 투자 대안 중에서 최적의 투자안을 선택하거나 혹은 투자안의 채택 여부의 결정은 분석대상이 되는 투자안의 미래현금흐름과 경제성에 귀결된다. 따라서 다양한 경제성 분석방법을 살펴보는 것은 투자안의 평가에 중요한 일이다.

1. 자본예산의 개념

자본예산이라는 용어는 1951년 발간된 Dean의 저서명 'Capital Budgeting'에서 유래되었는데, 기업의 투자결정에 있어서 투자효과가 장기적으로 나타나는 투자의 총괄적인 계획을 의미한다. 장기적이라는 의미는 일반적으로 1년 이상을 의미한다. 이러한 자본예산은 재무관리에 있어서 큰 비중을 차지하고 있는데, 이는 재무환경의 특성을 통해 이해할 수 있다. 자본예산에 소요되는 투자금액은 대규모라는 특징을 지니고 있다. 대규모의 자금을 투자함에 따라 기업이 직면하는 위험은 크다. 자본예산의 효과가 장기간에 걸쳐 기업활동에 영향을 미치므로 미래의 투자환경을 정확하게 예측하여 신중하게 이루어져야 한다. 즉, 투자안의 결정이 확정되었다고 해도 이러한 투자가 실행되기까지는 많은 시간이 필요하고 투자안의 실행 기간도 단기간이 아닌 장기간에 걸쳐 발생하므로 기업의 활동에 미치는 영향은 크다고 볼 수 있다. 경쟁환경에서 잘못 계획되고 실행

그림 14-3 자본예산의 결정과 방법

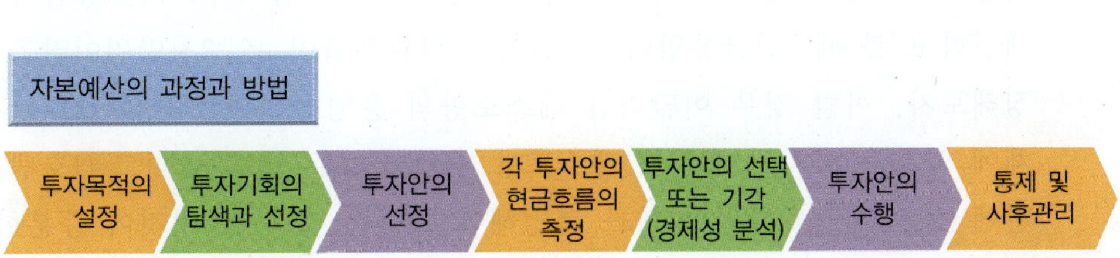

된 자본예산은 기업의 생존과 직결될 수 있다. 결과적으로 투자안의 규모와 기간 그리고 경쟁에서의 생존의 문제에 있어서 재무환경은 기업에게 정확하고 신중한 자본예산의 수립을 요구하게 된다.

자본예산의 과정과 방법은 기업이 처해있는 상황에 따라서 약간씩 다르지만 대체로 다음 [그림 14-3]과 같이 정리할 수 있다.

2. 현금흐름의 측정

자본예산과정에서 무엇보다 중요한 것은 분석대상인 투자안으로부터 발생하는 현금흐름을 측정하는 것이다. 현금흐름이란 투자에 의해 들어오는 현금과 나가는 현금의 차이를 말하는 것으로 순현금흐름(net cash flow)이라고 한다. 이러한 현금흐름은 각 기간의 현금유입에서 현금유출을 차감하여 구한다.

현금흐름 = 현금유입 − 현금유출

일반적으로 현금흐름의 추정시 이용되는 회계이익(수익 − 비용)은 실제로 현금유입이나 현금유출이 이루어진 시점과 관계없이 당해 회계연도 말에 가서 실현된 것으로 계상되기 때문에 정확한 현금흐름의 추정치로 볼 수 없다.

투자안평가를 위한 현금흐름의 추정은 증분현금흐름(incremental cash flow)을 구하는 것을 원칙으로 해야 한다. 증분현금흐름이란 어떤 투자안을 선택할 경우, 기업 전체적으로 보아 증가하거나 감소한 현금흐름을 말한다. 예를 들면 H호텔에서 이탈리안 레스토랑을 운영하는 방안이 모색된다고 볼 때, 현금유입이 4억원이고 현금유출이 4억 2천만원이라고 가정해보자. 이럴 경우 이탈리안 레스토랑의 운영은 H호텔의 현금흐름 자체에 영향을 미치기 때문에 레스토랑 자체만 보는 것이 아니고 H호텔 전반에 걸친 현금흐름의 변화를 측정해야 한다는 것이다. 이것이 증분현금흐름(incremental cash flow) 측정이라고 한다. 이 예를 좀 더 발전시켜 보면 이탈리안 레스토랑의 운영으로 호텔의 현금유입이 기존의 100억원에서 110억원으로 증가했고 현금유출이 80억원에서 86억원으로 증가했다고 가정해 보자. 이럴 경우 이탈리안 레스토랑의 현금흐름은 2천만원의 감소이지만 증분현금흐름을 이용하면 4억원의 현금의 증가[1)]라는 결과가 나온다. 이 예에서도 보았듯이 현금흐름만을 고려하는 것보다는 투자안이 호텔전반의 현금흐름에 미치는 영향을 고려해 보아야 한다는 것이다.

3. 투자안의 경제성 평가

분석의 대상이 되는 투자안의 현금흐름이 측정되었다면, 그 다음 단계로 측정된 현금흐름이 기업가치에 어느 정도 공헌할 수 있는가를 분석하여야 한다. 즉, 투자안이 경제성이 있는가? 있다면 얼마나 가치가 있는가를 분석하게 된다. 이를 투자안의 경제성 분석이라고 한다. 경제성 분석에는 자본회수기간법(payback period method), 평균이익률법(average rate of return method), 순현재가치법(net present value method), 내부수익률법(internal rate of return method)이 있다.

1) 자본회수기간법(payback period method)

자본회수기간이란 투자안을 수행하기 위해서 지출된 투자비용을 회수하는 데 걸리는 기간을 말한다. 자본회수기간법은 이러한 자본회수기간을 비교하여 투자안을 평가하는 방법으로 자본회수기간이 가장 짧은 투자안이 우선순위를 갖는다. 예를 들면 1,000억원의 투자액이 필요한 투자안 A와 B가 있다고 치자, 이때 투자안 A의 경우 2년 안에 투자액을 회수할 수 있는 반면 B안의 경우 3년 이상 걸린다고 한다면 우선 투자안은 A가 될 것이다. 이러한 자본회수기간법은 투자에 따르는 위험을 어느 정도 줄일 수 있다는 장점이 있다. 즉 회수기간이 짧을수록 미래의 현금흐름에 대한 불확실성은 줄어들므로 투자에 따르는 위험도 그만큼 줄어든다. 또

---

1) 현금유입의 증가분 = 110 − 100 = 10억원, 현금유출의 증가분 = 86 − 80 = 6억원, 따라서 4억원의 현금유입이 증가.

한 회수기간이 짧을수록 자금이 빨리 회수되므로 유동성이 향상될 수 있다. 그러나 자본회수기간법은 회수기간 이후의 현금흐름을 무시하기 때문에 투자의 수익성을 정확하게 알 수 없다는 단점이 있다.

2) 평균이익률법(ARR: average rate of return method)

평균이익률을 기준으로 투자안을 평가하는 방법이다. 여기서 평균이익률은

$$평균이익률 = \frac{연평균순이익}{연평균투자액(가치)}$$

이러한 평균이익률을 회계자료를 이용하여 산출하기 때문에 회계이익률이라고도 하며 이를 이용한 경제성 분석법을 회계적 이익률법이라고 한다. 이를 통해 여러 투자안 중에서 평균이익률이 가장 높은 1개의 투자안을 선택할 수 있고 혹은 목표이익률과 비교해서 타당한 투자안을 선별할 수도 있다.

이러한 평균이익률법은 현금의 시간가치를 고려하지 않았기 때문에 진정한 이익률이라고 보기 어렵고 목표이익률의 산정이 주관적이라는 단점이 있다. 또한 평균이익률법은 연평균투자액 혹은 가치를 시장의 가치로 평가하는 것이 아니라 회계장부상의 가치이므로 진정한 의미에서의 이익률이라고 보기 어렵다.

3) 순현재가치법(NPV: net present value method)

일반적으로 투자결정을 비롯한 모든 의사결정은 현재시점을 기준으로 이루어지지만 투자로부터 얻어지는 대가는 미래에 실현되는 것이 보통이므로 이러한 투자안을 평가하기 위해서는 화폐의 시간가치를 고려해야 한다. 순현재가치법 혹은 줄여서 순현가법은 투자로 인하여 발생할 미래의 모든 현금흐름을 적절한 할인율로 할인한 현가로 나타내어서 투자결정에 이용하는 기법이다. 다음과 같은 식으로 산출된다.

$$NPV = \frac{C_1}{(1+r)} + \frac{C_2}{(1+r)^2} + \cdots + \frac{C_n}{(1+r)^n} - C_0$$

$$= \sum_{t=1}^{n} \frac{C_t}{(1+r)^t} - C_0$$

여기서 C_t: t시점의 현금흐름
C_0: 투자비용
r: 할인율

여기서 $\sum_{t=1}^{n} \frac{C_t}{(1+r)^t}$은 투자안에서 유입될 것으로 예상되는 미래현금흐름의 현재가치이다. 따라서 순현가법에서 의사결정기준은 순현재가치가 0보다 클 경우 채택하고 0보다 작으면 기각한다. 즉 미래의 현금흐름의 현재가치가 투자안보다 클 경우에 투자안을 채택하는 방법이다.

4) 내부수익률법(IRR: internal rate of return method)

내부수익률은 투자안의 순현재가치를 0으로 하는 할인율을 말한다. 따라서 순현가법의 공식을 이용하여 내부수익률을 구할 수 있다.

$$NPV = \frac{C_1}{(1+irr)} + \frac{C_2}{(1+irr)^2} + \cdots + \frac{C_n}{(1+irr)^n} - C_0 = 0$$

$$= \sum_{t=1}^{n} \frac{C_t}{(1+irr)^t} - C_0 = 0$$

여기서 C_t: t시점의 현금흐름
C_0: 투자비용
irr: 내부수익률

이때에 할인율로 사용한 내부수익률은 어떤 투자안을 수행하기 위해서 지출한 투자비용과 앞으로 벌어들이는 현금흐름과의 관계에서 구한 평균이익률로 투자수익률의 확장된 개념이다.

4. 경제성 분석방법의 비교

지금까지 다양한 경제성 분석방법을 살펴보았다. 어떤 분석방법을 채택하였느냐에 따라 선택될 투자안도 다를 것이다. 여기서 중요한 것은 분석방법이 갖추어야 할 조건들을 고려하는 것이다. 분석방법이 의미 있는 도구가 되기 위해서는 먼저 측정된 모든 현금흐름이 고려되어야 하고, 적절한 할인율을 사용하여 화폐의 시간적 가치를 반영하여야 한다. 또한 기업의 가치를 극대화할 수 있는 투자안을 선택하여야 한다. 이런 조건을 중심으로 상기의 분석방법을 비교하여 보면 [표 14-1]과 같다.

결론적으로 다양한 경제성 분석의 방법 중에서 가장 분석의 조건을 만족시키는 방법은 순현가법이다.

표 14-1 경제성 분석방법

	모든 현금흐름 고려	화폐의 시간적 가치	기업가치의 극대화
회수기간법	×	×	×
평균이익률법	×	×	×
내부수익률법	○	○	×
순현가법	○	○	○

INTRODUCTION TO HOTEL ADMINISTRATION

제 4 절 자본조달

1. 자본의 조달 방법

기업에 있어서 가장 건전하고 바람직한 재무상태란 지속적인 이익창출의 결과로 필요한 자금을 충분히 보유하고 이를 운용하는 경우라고 할 수 있다. 그러나 현실적으로 기업의 자금은 부족하기 마련이며 더욱이 기업의 자체 자금만으로 경영활동을 영위하는 것이 언제나 바람직한 것만은 아닐 수 있다. 따라서 대부분의 기업들은 필요 자금을 기업 외부로부터 조달받거나 여유자금을 외부에 투자하는데, 이렇게 기업의 자금 수요와 공급을 연결해주는 시장을 자본시장(capital market)이라고 한다. 자본시장은 크게 증권시장, 금융시장, 보험시장으로 구분된다. 기업이 활용하는 가장 일반적인 자본조달 방법은 증권시장에서 주식을 발행하여 자금을 조달하거나,[2] 사채를 발행하여 자금을 조달하거나, 금융/보험시장에서 단기 혹은 장기 차입을 통해 자금을 조달하는 것이다. 금융/보험시장으로부터 기업이 자금 조달하는 방법은 이해하기 쉬우므로 여기서 생략하기로 하고 증권시장에서의 자금조달 방식에 대해서 언급하기로 한다.

기업은 기업자금의 수요와 공급을 위해 만들어진 하나의 형태의 시장인 증권시장에서 다음과 같이 주식이나 사채를 발행하여 자금을 조달할 수 있다. 이 때 주식에 의한 자금조달을 자기자본이라고 하며 사채에 의한 자본조달을 타인자본이라고 한다.

1) 주식 발행을 통한 자금조달

주식 발행은 증권시장에 주식을 판매하는 방식을 통해 자금을 조달받는 방법이다. 이러한 주식 발행을 통한 자본조달은 대규모 자금을 단기간에 조달할 수 있으며,[3] 이렇게 조달된 자금은 기업의 입장에서 원금을 갚아야 할 필요가 없는 상대적으로 안정적인 자금이다. 투자자의 입장에서는

주식 발행을 통한 자금조달

2) 기업은 그 형태에 따라 개인회사, 합자회사, 합명회사, 유한회사, 주식회사 등으로 구분된다. 이 중 증권시장에서 자금을 조달할 수 있는 기업의 형태는 주식시장에서 주식을 발행하여 성립하는 기업인 주식회사뿐이다.

3) 물론 기업의 성장가능성 등 긍정적으로 평가받는 경우에 한한다.

배당수익, 주식매매차익 등을 기대할 수 있다는 장점을 지닌다. 그러나 기업의 입장에서는 기업이 존속하는 한 주주들에게 회기(fiscal year)가 끝나는 시점에 배당(dividend)을 지급하여야 하는 부담이 있을 뿐 아니라 주식 소유는 곧 기업의 일정 부분을 소유하는 것을 의미하므로 주식발행을 통한 자본의 조달은 기업의 소유권과 경영권에 영향을 미칠 수 있다.

2) 사채 발행을 통한 자금조달

사채 발행을 통한 자금조달

사채(bond)란 기업이 일반대중으로부터 자금을 조달받고 만기일에 채권자에게 지급하여야 할 원금과 이자를 정한 차용증서를 제공하는 것을 말한다. 따라서 사채를 통한 자금조달은 일종의 차입금처럼 일정 기간이 경과한 후 원금과 이자를 변제할 것을 약속하고 자금을 조달받는 것을 의미한다. 이러한 사채를 통한 자금조달은 기업의 입장에서 기업주나 주주의 소유 및 경영권에 영향을 주지 않으면서 거액의 자본을 단기간에 마련할 수 있으며, 주식발행에 비해 상대적으로 그 절차가 간단하여 자금조달과정에 소요되는 비용이 적게 소요된다는 장점이 있다. 투자자의 입장에서도 원금과 이자가 확실하게 변제되는 안정성을 지니는 장점이 있다. 그러나 기업의 입장에서 반드시 변제하여야 하는 부담이 있고 투자자의 입장에서는 경영이 잘되어도 확정이자만을 받을 뿐 주식과 달리 추가적인 수익을 얻지 못하는 등의 단점도 존재한다.

2. 자본비용

1) 자본비용의 개념

앞서 살펴본 바와 같이 기업은 투자를 위해 자본을 여러 가지 방법으로 조달한다. 당연히 기업은 자본을 제공한 사람들에게 적절한 대가를 지급해야 한다. 여기서 자본을 제공한 사람들에게 지급하는 대가를 자본비용이라고 한다.

자본비용은 기업의 가치를 측정하는 데 중요한 요인이 된다. 예를 들면 H호텔의 경우 매년 확실하게 10억원씩 현금흐름이 발생한다고 가정해보자. 만일 자본비용이 10%라면 H호텔의 가치는 얼마일까? 만일 자본비용이 20%로 상승하면 H호텔의 가치는 어떻게 변할까? 10%인 경우 H호텔의 가치는 100억원이다.[4]

만일 자본비용이 20%로 상승하면 H호텔의 가치는 50억으로 하락하게 된다. 따라서 기업가치를 극대화하기 위해서는 분자에 나타난 현금흐름을 크게 하고 분모에 있는 자본비용을 작게 해야 할 것이다. 현금흐름은 투자에 의해 그 크기가 결정되며 자본비용이란 자본조달에 따라 그 크기가 결정된다. 따라서 자본비용은 기업의 가치와 직접적으로 연관되는 중요한 문제이다. 재무관리의 기능이 투자의사결정과 자본조달결정으로 구분되는 것도 바로 이러한 이유에 기인한다.

2) 자본비용의 계산

앞서 언급한 바와 같이 자본은 여러 형태로 조달될 수 있다. 따라서 자본조달의 방법에 따라 자본비용이 차이가 날 수 있다. 부채로 자금을 제공해준 투자자는 비교적 안전하게 이자와 원금을 받을 수 있기 때문에 낮은 자본비용으로 자금을 제공할 것이다. 그러나 주식을 매입하여 자기자본의 형태로 자금을 제공해준 투자자는 자신이 앞으로 얻게 될 배당이나 자본이득이 기업의 수익과 연계되므로 그 투자수익이 불확실할 수밖에 없다. 따라서 자기자본으로 자금을 제공해준 투자자는 비교적 높은 자본비용(투자자의 입장에서는 기대수익률)을 요구할 것이다.

---

4) $V=\frac{C}{(1+k_0)}+\frac{C}{(1+k_0)}+\cdots=\frac{C}{k_0}=\frac{10}{0.1}=100$

여기서 V=기업의 가치
C=현금흐름
k=자본비용

그림 14-4 재무관리의 2가지 기능과 기업가치

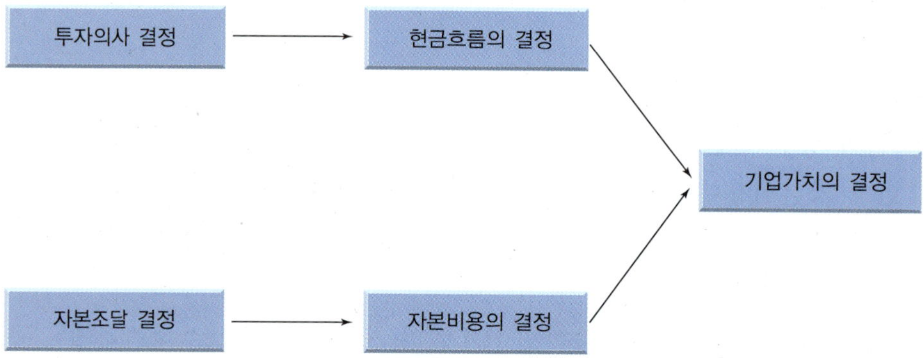

결과적으로 자본조달의 형태에 따라 자본비용은 차이가 발생할 수밖에 없다.

부채의 경우가 타인자본의 경우라면, 주식의 경우는 자기자본의 경우이다. 먼저 타인자본에 대한 자본비용은 타인자본(부채)에 대한 이자율의 비율로 계산된다. 예를 들면 H호텔에서 10억원의 부채를 사용하여 매년 1억원의 이자를 지급하고 있다면 H호텔의 타인자본에 대한 자본비용은 10%[5)]가 된다.

자기자본비용의 경우는 타인자본비용의 계산보다 약간 복잡하다. 다양한 방법이 있지만 자본자산가격결정모형(CAPM)을 이용한 방법과 배당평가모형을 이용하는 방법이 대표적이다.

주식을 통한 자본의 조달은 부채라는 타인자본의 개념이 아니라 주식의 매입을 통한 자기자본의 형태가 된다. 이런 경우 자본비용은 투자자의 입장에서 기대수익률과 같게 된다. 이런 경우 CAPM의 증권시장선을 이용하여 계산할 수 있다.[6)]

---

5) $\text{자본비용} = \dfrac{\text{지급해야 할 이자}}{\text{타인자본}} = \dfrac{1}{10} = 10\%$

6) *CAPM*을 이용한 공식은 $k_e = R_f + [E(R_m) - R_f]\beta_i$

여기서 k_e = 자기자본비용

$E(R_m)$ = 주식의 기대수익률

주식의 가치는 주식을 갖고 있을 때 얻을 수 있는 현금흐름을 적당한 할인율, 즉 주식에 대한 기대수익률로 할인한 금액이다. 그런데 주식으로부터 얻을 수 있는 현금흐름은 배당이라고 할 수 있으며 주식에 대한 기대수익률은 자기자본비용과 동일하다. 따라서 자본비용은 배당액과 주가를 기준으로 계산한다.[7)]

앞서의 예는 타인자본이나 자기자본과 같이 한번의 자본조달의 경우에 한정하여 살펴보았다. 그러나 실제로 기업이 자금을 조달할 수 있는 방법은 다양하다. 따라서 각 자금조달 방법에 따른 자본비용도 각기 다를 것이다. 이럴 경우 기업의 자본비용과 기업의 가치는 어떻게 계산될 수 있을까? 이럴 경우에는 가중평균을 이용한 계산방법이 사용되고 있다. 만일 H호텔이 총 100억원의 자본을 조달했는데 이 중 50억원은 10%의 이자율로 조달하고 나머지 50억원은 20%로 조달하였다. 이럴 경우 H호텔의 자본비용은 얼마나 될까? H호텔은 10%로 조달한 50억원에 대해서는 매년 5억원의 이자를 지급해야 하고 10%로 조달한 50억원에 대해서는 매년 10억원의 이자를 지급해야 한다. 따라서 부담하는 총 이자비용은 15억원이므로 부채 100억원에 대한 이자비용 15억원을 계산하면 자본비용은 15%이다, 이러한 방법을 가중평균자본비용(WACC; weighted average cost of capital)이라고 한다.[8)]

R_f = 무위험수익률(정기예금 등)
β_i= 주식 i의 베타

7) 배당평가모형을 이용한 공식은 $k_e = \frac{D_1}{P_0} + g$

여기서 k_e= 자본비용
D_1= 연말배당액
P_0= 주가
g= 배당성장률

8) 가중평균을 구하는 공식은 $k_0 = \frac{S}{S+B}k_e + \frac{S}{S+B}k_i$

여기서 k_0= 가중평균자기지본비용
S= 자기자본금액
B= 타인자본금액
k_e= 자기자본비용
k_i= 타인자본비용

제 5 절 호텔재무정책 결정

재무정책은 현금흐름과 자본조달의 효율적인 통제를 통해 재무관리의 목표인 최적의 자산구조를 갖게 하는 데 그 목적이 있다. 재무정책으로 고려해 볼 수 있는 정책으로는 다음과 같이 배당, 리스, 합병 등과 같은 정책이 있다.

1. 배당정책

기업의 영업활동의 결과로 수익이 발생하고, 여기서 제반 경비를 제하게 되면 순이익이 발생한다. 이럴 경우 기업의 경영자들은 기업의 순이익을 다시 투자할 것인지 아니면 주주에게 배당할 것인지 결정하여야 한다. 모든 순이익을 재투자하거나 혹은 주주에게 모두 배당하는 경우는 흔

그림 14-5 호텔재무정책 결정방법

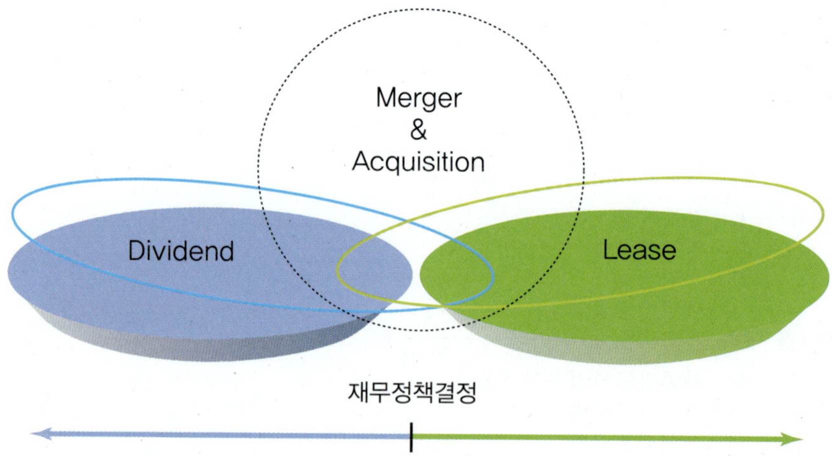

치 않다. 어느 적정한 수준에서 배당액을 결정한다. 배당액의 결정은 사실상 유보이익의 수준을 결정하는 것과 동일하다. 유보이익의 수준이 결정된다는 것은 내부자본의 충당과 연관되므로 배당정책을 자본조달의 결정의 측면에서 바라보기도 한다.

그렇다면 배당을 어느 수준에서 지급할 것인가? 기업이 배당액을 결정하는 데 활용하는 척도로서는 주당배당금, 배당성향, 배당수익률, 배당률이 있다. 주당배당금(DPS; dividend per share)은 1주당 지급되는 현금배당금으로 배당금을 총발행주식으로 나눈 값이다. 배당비율(dividend payout ratio)은 순이익 중에서 배당금으로 지급되는 수준을 의미하고 배당금을 순이익으로 나눈 값이다. 배당수익률(dividend yield)은 배당소득에 대한 수익률을 의미하며 배당지급액을 주가수준으로 나눈 값이다. 배당률(dividend ratio)은 1주당 배당액을 1주당 액면금액으로 나눈 값이다.

이와 같은 배당척도 이외에 배당수준을 결정하는 몇 가지 요인이 있다. 먼저 당기순이익은 배당의 근본 원천이므로 배당의 수준을 결정짓는 중요한 요인이 된다. 일반적으로 당기순이익이 크면 주주들은 보다 많은 배당을 기대한다. 다음으로는 유동성인데 기업의 자금사정이나 유동성이 좋은 경우에는 보다 많은 배당을 기대할 수 있다. 미래의 투자기회에 따라 배당의 수준이 결정되기도 한다. 수익성이 좋은 미래의 투자안은 보다 많은 자금이 필요하게 되고 결과적으로 배당보다는 유보이익을 증가시킨다. 결국 배당수준은 낮아지게 된다. 또한 부채의 상환만기가 도래한 경우에는 배당의 수준이 낮아질 수 있다. 배당을 많이 하면 내부 유보이익이 줄어들고 따라서 외부금융에 의존하게 된다. 이럴 경우 기업의 지배권의 약화를 가져올 수 있다. 따라서 지배권을 유지하려면 배당을 줄이고 내부 유보이익을 늘려서 외부금융에 대한 의존율을 낮추어야 한다.

2. 리스금융

호텔이 새로운 사업에 투자하는 경우에 자본조달의 방법은 다양하다. 가장 일반적인 방법이 주식발행과 회사채의 발행 혹은 차입금을 통한 조달이다. 그러나 최근에는 금융기법의 전문화로 자본조달의 형태가 다양해지고 있다. 이러한 유형 중의 하나가 리스금융이다. 리스(lease)란 임차자(leasee)가 필요로 하는 특정 자산, 예를 들면 기계설비 등을 일정한 기간 동안 임대자(leasor)에게 빌려주고 그 대가로 사용료를 받는 계약을 말한다. 예를 들면 주방기기나 사무실 집기와 같은 것을 리스를 통해 임대할 수 있다.

리스는 분류기준에 따라 다양한 형태가 있지만 일반적으로 운용리스와 금융리스로 구분될 수 있을 것이다. 먼저 운용리스(operating lease)는 임차자가 필요로 하는 자산을 1~5년의 비교적 단기간 동안 임차하는 형태의 리스로서 서비스 리스라고 하기도 한다. 대표적인 경우가 컴퓨터나 복사기와 같은 집기로서 성격상 기술의 발전속도가 빨라서 소유하는 경우보다는 임대하는 경우가 효율적인 자산운영이 되는 경우가 있을 수 있다. 또한 항공기나 선박과 같이 고가의 자산은 직접 소유하는 것보다 필요한 비용을 줄이는 효과가 있기 때문에 운용리스를 이용한다.

금융리스(financial lease)는 임차자가 필요로 하는 자산을 장기적으로 확보하기 위해 임대자와 장기사용계약을 맺는 형태의 리스이다. 금융리스는 그 성격상 자산구입을 위한 자금을 조달하는 대체적인 수단으로 이용되는 리스로서 자본리스(capital lease)라고도 한다.

앞서 설명한 바와 같이 기업이 새로운 투자를 할 경우에는 그 투자가 경제성이 있는지의 여부를 판단하게 되는데, 리스의 경우에도 마찬가지이다. 리스를 통해 자산을 이용하고자 할 때 리스가 경제성이 있는가를 평가하게 된다.

이상과 같이 리스는 자본조달 수단의 한 형태로 볼 수 있는데 기업의 경영자들은 다른 형태의 자본을 조달하는 경우와 리스를 이용하는 경우를 비교하여야 한다. 리스 이외의 자본조달의 방법은 주식이나 회사채의 발행과 차입금조달의 두 가지 형태를 생각할 수 있다. 리스의 경제성을 평가하는 방법은 투자안의 경제성을 평가하는 방법과 동일하다. 대체로 현금흐름평가방법이 이용된다. 직접구입하는 경우의 현금흐름과 리스를 이용하는 경우의 현금흐름을 비교하여 직접구입보다는 리스 이용의 현재가치를 비교하여 현재가치가 큰 대안을 선택한다. 이외에도 내부수익률을 이용하여 리스와 직접구매를 비교할 수 있다. 이 경우에는 내부수익률이 낮은 것이 보다 효과적인 대안이 될 수 있다.

리스의 경우 고가의 시설을 큰 자금 부담 없이 이용할 수 있으므로 자금 부담이 경감되고 기술진보가 빠른 설비의 경우 운용리스를 이용하여 효율적인 자산운용이 가능하다. 또한 직접 구매하는 경우와 비교하면 사고파는 데 필요한 거래비용을 줄일 수 있다는 장점이 있다. 또한 리스료는 세법상 손금으로 인정되므로 법인세 감세의 효과를 얻을 수 있다.

반면 리스를 이용할 경우 리스료가 높고 리스계약이 만료되는 순간 잔존가치가 0이므로 단기 리스를 이용할 경우 부담이 증가될 수 있다. 또한 리스에 있어서의 자산관리는 직접 소유하고 있는 경우보다 불편하다. 왜냐하면 소유권이 임대인에게 귀속되어 있으므로 설비의 용도나 구조를 변경할 수 없기 때문이다.

3. 호텔의 합병 및 인수

기업의 성장은 크게 외적 성장과 내적 성장으로 구분하는데, 내적 성장은 기업 내부의 투자결정과 자본조달 결정 등을 효율적으로 수행하여 기업을 성장시키는 형태를 의미한다. 한편 외적 성장은 다른 기업과의 결합을 통하여 성장하는 것으로 일반적으로 합병과 인수(M&A; merger & acquisition) 방식으로 성장하는 것을 말한다.

합병과 인수는 일정한 법률적 절차에 따라 둘 이상의 기업이 하나의 기업으로 결합하는 전략을 의미한다. 여기서 합병의 경우는 합병 후 하나의 독립된 기업만 남게 되지만 인수의 경우에는 주식의 공개매수제의 등을 통해 인수대상기업이 주식의 일부 또는 전부를 매수하기 때문에 제의에 응하지 않는 주주들은 그대로 기업의 소유권을 보유하게 된다.

기업의 인수합병의 유형은 일반적으로 수평적, 수직적, 콘글로메리트 합병이 있다. 수평적 합병은 거래상 관련이 깊은 업종의 기업이 기업 간의 경쟁을 줄여 안정성을 증대시켜 영업비용의 절감, 판매활동의 합리화,

시장경쟁력 강화 등을 목적으로 합병하는 것이다. 대형 체인호텔 간의 합병이 대표적인 예이다.

수직적 합병은 생산과정상 서로 전후단계에 있는 기업 간의 합병을 의미한다. 예를 들면 호텔과 호텔에 납품하는 기업과의 합병을 의미한다. 이는 수평적 합병의 경우처럼 규모의 경제를 위한 합병이 아니라 품질관리와 지배를 위해 합병하는 경우이다. 예를 들어 호텔에 식자재를 납품하는 기업의 품질관리 상태가 탐탁하지 않을 때 자신이 직접 식자재의 품질을 관리하고 지배하기 위해 합병할 수 있다. 이를 통해 중복된 기능의 축소, 기업 간의 거래의 단축, 품질의 향상이 가능하고 결과적으로 대외적인 경쟁력이 강화될 수 있다.

최근의 합병추세는 경제활동에 특별한 관계가 없는 콘글로메리트 합병이다. 콘글로메리트 합병이란 특별한 관계가 없는 기업 간의 다각적인 합병으로 합병당사기업 중 어느 기업도 다른 기업의 영업에 관한 잠재적 공급자가 아닌 경우이다.

Bibliography

- 박정식, 박종원, 이장우(2010). 『재무관리』. 서울: 다산출판사.

- Andrew, P., & Schmidgall R.(1993). *Financial management for the hospitality industry*. East Lansing, MI: Educational Institute of the American Hotel & Motel Association.
- Bierman, H., & Smidt, S.(1992). *The capital budgeting decisions*. Englewood Cliffs, NJ: Prentice-Hall.
- Bodie, Z., Kane, A., & Marcus, A.(2008). *Investments*. New York, NY: McGraw-Hill/Irwin.
- Breadly, R., & Myers, S.(1988). *Principles of corporate finance*. New York, NY: McGraw-Hill.
- Chatfield, R. E., & Dalbor, M. C.(2004). *Hospitality financial management*. NJ: Prentice Hall.
- DeFranco, A. L., Lattin, T. W.(2006). *Hospitality financial management*. NJ: John Wiley & Sons.
- Ehrhardt, M. C., & Brigham, E. F.(2008). *Corporate finance: a focused approach*. Ohio: South-Western College Publishing.
- Guilding, C.(2002). *Financial management for hospitality decision makers*. London: Butterworth-Heinemann.
- Ross, S. A., Westerfield, R., & Jaffe, J.(2008). *Fundamentals of corporate finance*. New York, NY: McGraw-Hill.
- Sharpe, W., Alexander, G., & Bailey, V.(1999). *Investments*. Englewood Cliffs, NJ: Prentice-Hall.

- http://www.old-stocks-bonds.com/otis.jpg

Chapter 15

호텔경영정보 시스템관리

제 1 절 호텔경영정보시스템의 기초

1. 호텔경영정보시스템의 개념

일반적으로 정보시스템(information system)이란 정보를 획득하고, 처리하고, 저장하고, 전달하는 시스템을 의미한다. 경영정보시스템(MIS: management information system)이란 경영관리자가 자신의 직무를 효율적으로 수행하는 데 필요한 특정 정보를 획득하기 위하여 계획하고 설계한 정보시스템을 의미한다. 다시 말해서 기업경영에 필요한 다양한 정보를 제공해주는 정보시스템이 경영정보시스템인 것이다.

일반적으로 사람들은 기업의 경영정보시스템이 컴퓨터의 발전과 함께 시작했다고 생각하는 경우가 많다. 하지만 기업의 정보시스템은 컴퓨터 출현 이전에도 나름대로 존재하고 있었다. 예를 들어 회계 담당자들은 재무제표를 작성하기 위해 장부에 기록하는 시스템을 가지고 있었다. 생산 및 마케팅 담당자들도 다양한 의사결정을 위해 생산이나 마케팅 관련 자료를 관리하는 서류화 시스템을 가지고 있었다. 또한 경영관리자들도 기업의 진로에 관한 의사결정을 하기 위해 나름대로 기업 외부 환경에 관한 정보를 수집하는 체계적인 시스템을 가지고 있었다. 이와 같은 기업의 활동들은 일종의 정보시스템에 해당된다고 할 수 있다. 단지 이러한 활동들을 모두 수작업에 의존했다는 특성을 가지고 있다.

최근 정보기술의 급격한 발전은 현대 기업의 경영정보시스템을 획기적으로 변화시키는 계기가 되었다. 현재 컴퓨터, 응용프로그램, 데이터베이스, 네트워크 등의 발전된 정보기술은 전통적 정보시스템의 정보 수집, 처리, 저장, 전달 기능을 훨씬 가속화시킬 수 있기 때문에 현대 기업경영에 있어서 반드시 필요한 핵심요소가 되고 있다. 실제 정보기술의 발전은 너무나 중요한 관계로 새로운 정보기술을 제대로 활용하지 않거나 비효율적으로 활용하는 기업들은 정보기술을 효과적으로 활용하는 기업과 경쟁상대가 되지 못한다고 할 정도이다.

컴퓨터를 근간으로 한 현대 경영정보시스템은 기업이 급변하는 경영환경 속에서 경쟁우위를 창출하는 데 중요한 역할을 하고 있다. 경영정보시스템의 활용은 직무 수행시간을 단축시키고 직무 수행의 능률을 향상시킬 수 있다. 대표적인 예가 전자결재시스템이다. 또한 현대 경영정보시스템의 활용은 서비스 질 개선에 일익을 담당한다. 예를 들어 세계 택배산업을 선도하는 페덱스(FedEx)는 정보기술을 적극 활용하여 소포추적시스템을 구축한 결과 소비자들이 자신이 보낸 소포의 현재 위치를 쉽게 알 수 있는 뛰어난 서비스를 제공할 수 있었다. 이와 같이 기업의 경영정보시스템은 비용 및 시간 절감과 같은 생산성 향상의 수준을 넘어 서비스 질 향상을 통하여 경쟁기업보다 앞서나가게 하는 역할도 담당한다.

이상과 같은 현대 경영정보시스템의 긍정적 성과에도 불구하고 과거 호텔산업은 발전된 정보기술의 수용에 매우 수동적인 태도를 보였다. 주

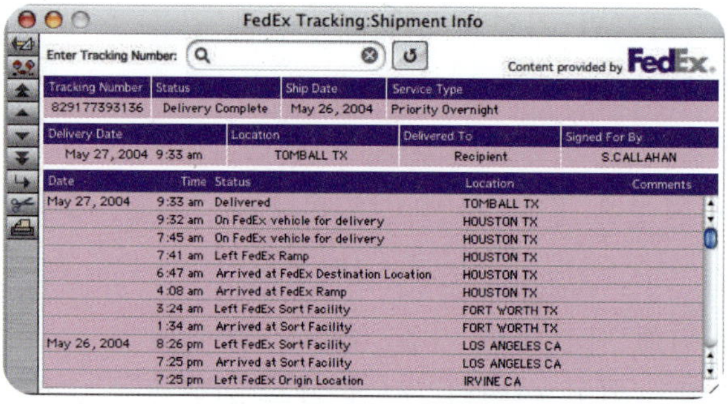

페덱스(FedEx) 소포추적시스템

요 이유는 대부분의 호텔경영자들이 호텔 서비스의 핵심은 바로 양질의 인적 서비스에 있다고 생각했기 때문이다. 당시 호텔경영자들은 호텔산업에 정보기술을 적용하게 되면 차갑고, 비인간적이며, 기계적인 환경이 조성되기 때문에 서비스 종사자들이 인적 서비스를 제공하는 데 방해가 될 것으로 생각하였다. 이와 같이 정보기술은 호텔 서비스 제공에 저해요소라는 경영자의 평소 생각이 호텔산업에 있어서 정보기술의 확산을 매우 더디게 만들었던 것이다.

그러나 현대 호텔경영자들은 이러한 믿음에서 벗어나 정보기술에 대하여 매우 적극적인 태도를 보이고 있다. 과거 호텔경영자들은 정보기술과 인적 서비스는 서로 병존할 수 없다고 생각했던 반면에 현대 호텔경영자들은 두 가지 요소들이 충분히 서로 병존할 수 있다고 생각하고 있다. 다시 말해서 호텔과 같이 인적 서비스를 생산하는 기업에 있어서도 정보기술을 접목하게 되면 효율성 확보 및 비용 절감이 가능함과 동시에 인적 서비스의 향상도 가능하다고 생각하기 시작했다는 것이다.

이러한 믿음을 기초로 현대 호텔산업의 출발은 타산업에 비해서 매우 늦었다고 볼 수 있지만 기업의 경영활동에 대한 정보기술 적용에 적극적인 관심과 활발한 투자를 아끼지 않고 있다. 앞으로 구체적으로 언급되지만 현대 호텔기업들은 일반 경영활동 이외에도 호텔 서비스 생산의 전반적인 과정에 정보기술을 많이 적용할 정도로 높은 수준의 정보기술 활용도를 유지하고 있다.

2. 경영정보시스템의 유형

현대 경영정보시스템은 다양한 관점에서 분류될 수 있다. 그러나 가장 일반적인 분류는 정보시스템의 활용 목적과 기업의 주요 기능에 따른 분류체계이다. 먼저 활용 목적에 따른 분류체계에 의하면 다음과 같다.

1) 활용 목적에 따른 분류

거래처리정보시스템

거래(transaction)란 기업의 일상적인 사업상 거래를 의미한다. 모든 기업들은 하루에도 수많은 거래행위를 하고 있다. 예를 들어 기업에 있어서 거래란 소매점의 제품 판매, 호텔 및 항공사 예약 및 판매, 통신 판매회사에서의 고객 주문, 은행에서의 입출금 거래 등을 들 수 있다. 이외에도 기업은 구매, 급여, 재고 등과 같은 분야에서 방대한 양의 거래 자료를 빈번하게 발생시킨다. 이와 같이 일상적으로 발생하는 거래관련 자료들을 정확히 처리하는 일은 기업활동에 있어서 중요한 부분을 차지한다.

거래처리정보시스템(TPS; transaction processing system)이란 기업의 사업상 기본적으로 발생하는 모든 거래자료를 신속하고 정확히 처리하는 정보시스템이다. 과거 기업들은 이러한 거래자료 처리업무를 수작업 또는 단순 기계장치에 의존하였다. 그러나 컴퓨터에 근간을 둔 거래처리정보시스템은 거래자료 처리에 있어서 새로운 계기를 만들어 주었다.

정보보고시스템

정보보고시스템(IRS; information reporting system)이란 경영자들의 관리활동에 필요한 정보를 제공해주는 정보시스템을 의미한다. 기업은 거래처리정보시스템을 통해 기업 거래활동에 관련된 많은 기초자료를 확보하고 있다. 기업은 이러한 기초자료를 활용하여 경영활동에 도움을 줄 수 있는 다양한 경영정보를 제공하는 정보보고시스템을 구축하게 된 것이다.

기업의 거래처리정보시스템에 연결되어 있는 정보보고시스템은 판매, 급여, 구매, 재고 등과 같은 직무별 거래처리정보시스템에 저장되어 있는 다양한 자료를 검색하여 기업의 관리 및 통제활동에 필요한 정보를 추출하고, 이를 관련 분야의 보고서 형태로 경영자들에게 제공한다. 예를 들어 정보보고시스템은 거래처리정보시스템으로부터 판매 관련 자료를 추출하여 정보보고시스템에 필요한 매출자료 파일(file)을 만들어 내고, 이를 기초로 하여 경영자를 위한 매출 보고서를 생산한다.

정보보고시스템의 구축으로 경영자들은 비로소 정보시스템에서 생산된 정보를 실질적인 기업의 관리활동에 직접 활용할 수 있게 되었다. 이를 계기로 경영자들은 가공되지 않은 자료(data)보다는 정보(information)에 더 많은 관심을 갖게 되었을 뿐 아니라 정보시스템에 대한 가치를 새롭게 인식하게 된 것이다.

의사결정지원시스템

기업의 성공 여부는 경영자들이 수시로 내리는 의사결정의 질에 좌우된다고 할 정도로 경영자들의 합리적인 의사결정은 매우 중요하다. 특히 많은 양의 정보 및 정보처리를 필요로 하는 의사결정을 내려야 하는 상황에서 경영자들이 컴퓨터에 기초한 정보시스템을 활용한다면 그 의사결정 절차가 매우 효과적일 것이다. 이와 같이 의사결정에 소요되는 시간과 노력을 절약하기 위해 경영자들은 컴퓨터를 근간으로 한 의사결정지원시스템(DSS: decision support system)을 활용하고 있다. 이는 기업경영에 있어서 컴퓨터의 활용을 단순한 거래처리 업무의 자동화나 필요한 정보제공이라는 차원을 넘어서 경영관리자의 의사결정을 도와주는 영역으로까지 확대시킨 것이다.

의사결정지원시스템은 기업에 어떤 문제가 발생하였을 때 경영자가 선택할 수 있는 여러 대안 중에서 하나를 선택하는 데 도움을 줄 수 있도록 설계되어 있다. 의사결정지원시스템은 기업의 시장점유 확대, 비용 절감, 수익 증대, 품질 향상 등과 같은 문제를 해결하는 데 도움을 준다. 이와 같이 의사결정지원시스템은 의사결정 절차의 일부를 자동화함으로써 과거 경영자들이 매우 힘들게 얻었던 분석결과들을 신속히 제공하고 있다. 과거 이러한 분석은 경영자들이 직접 수행하였다. 그러나 너무 시간이 많이 소요되는 관계로 분석 후에 의사결정을 내리게 되면 그 시기가 늦어 그릇된 의사결정이 되는 경우가 많았다.

여기서 유념해야 할 사실은 의사결정지원시스템은 경영자들의 의사결정을 단지 지원해준다는 사실이다. 절대로 의사결정지원시스템이 경영자들을 대치할 수 없다. 의사결정지원시스템은 다양한 분석과 의사결정 모델을 제공함으로써 경영자들의 의사결정 과정을 촉진시킬 뿐이라는 것이다. 특정 문제에 대하여 지혜 및 통찰력을 활용하여 최종 의사결정을 내리는 것은 바로 경영관리자의 고유 업무라고 할 수 있다.

중역정보시스템

기업에서 중역은 기업의 고위경영자들로서 다른 용어로 임원, 이사 또는 간부라고도 한다. 급변하는 기업 환경에 적절히 대응하기 위해서 기업의 최고책임계층으로서 기업의 진로를 결정하고, 목표 및 전략을 수립하는 중역의 역할은 매우 중요하다고 할 수 있다. 중역정보시스템(EIS; executive information system)이란 바로 고위경영자들의 직무수행을 지원하기 위해 특별히 설계된 정보시스템이다. 앞서 언급된 정보시스템들과는 달리 중역정보시스템은 최고경영자들이 당면하는 문제들에 초점을 맞추고 이러한 문제들을 해결하는 데 필요한 정보를 제공한다.

일반적으로 중역정보시스템은 최고경영계층의 효과적인 직무 수행을 지원하기 위해서 다음과 같은 기능을 가지고 있다.

첫째, 최신 정보를 유지하는 기능이다. 중역정보시스템은 변화하는 환경에 관한 정보를 즉각 입수하여 최고경영자들에게 실시간에 제공함으로써 최고경영자들이 신속한 의사결정을 내리는 데 도움을 준다.

둘째, 기업의 내부 및 외부 환경에 관한 정보제공 기능이다. 중역이 올바른 의사결정을 위해서는 기업 내부정보는 물론 기업의 외부 환경에 관련된 정보에 밝아야 한다. 따라서 중역정보시스템은 기업 내부의 전반적인 운영상황에 관한 정보는 물론 외부의 경쟁기업 동향, 경제, 정치, 사회 변화에 관련된 다양한 내용의 정보를 제공하고 있다.

셋째, 전략분석에 관련된 정보제공 기능이다. 기업 목표를 달성하기 위한 전략결정은 중역의 주요 직무 중의 하나이다. 중역이 미래 추세를 예측하고 조직의 장단점 분석을 통해 장기목표를 수립할 수 있도록 중역정보시스템은 필요한 정보를 제공하고 있다.

넷째, 정보부하(information overload) 제거 및 자료 요약기능이다. 중역정보시스템은 중역들에게 기업경영에 가장 필수적인 정보만을 제공하도록 설계되어 있다. 대부분의 중역들은 항상 너무 많은 정보, 즉 정보부하 속에서 힘겨워 하고 있다. 이들에게 추가 정보를 제공하는 것은 문제를 해결하거나 의사결정을 내리는 데 도움이 되기보다는 또 다른 부담을 주는 것이나 마찬가지이다. 따라서 다른 정보시스템과는 달리 중역정보시스템은 기업 내·외부에서 제공받은 자료들은 정리하고 요약하여 중역들의 합리적 의사결정을 도와준다.

2) 기업의 기능에 따른 분류

전통적으로 기업들은 다음과 같이 조직의 기능별로 정보시스템을 개발하여 직무 수행능률 향상을 위해 노력해왔다. 생산에서부터 마케팅, 인적자원관리, 회계에 이르기까지 다양한 분야에 걸쳐 개발된 시스템들은 주로 부서 단위에 그 이용이 국한되었으며 대부분 서로 독립적으로 이용

그림 15-1 기업의 기능에 따른 분류

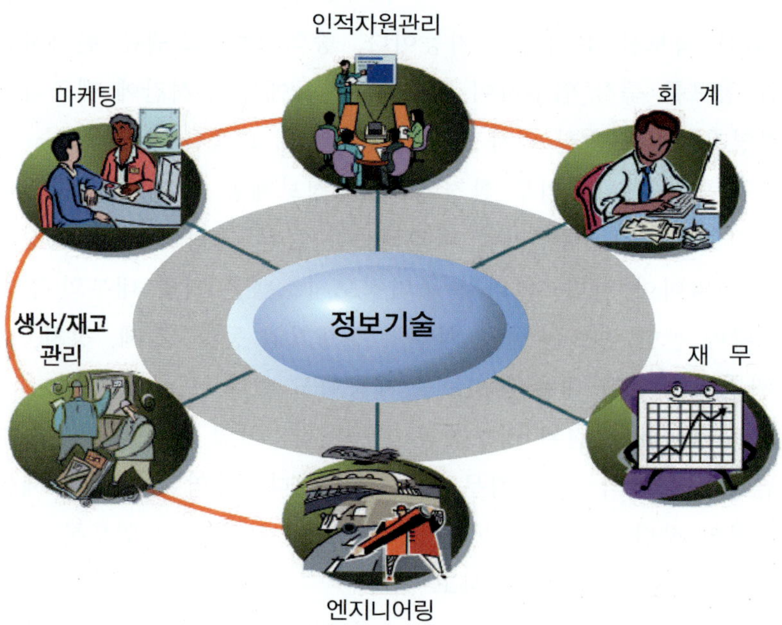

되어 왔다. 그러나 최근 들어서는 이들 조직기능 정보시스템들이 ERP (enterprise resource planning)와 같은 기술을 통해 통합되고 있는 추세에 있으며, 이를 통해 조직 내 기능부서 간의 데이터를 통합적으로 관리하는 전사적 시스템이 구축되고 있다.

생산정보시스템

생산부서의 기본적인 직무는 제품 또는 서비스의 생산활동을 수행하는 것이다. 기업의 생산부서는 이를 위해 생산시스템을 설계 및 구축하고 운용한다. 호텔기업의 경우도 객실 및 식음료 서비스 생산을 위한 고유의 생산시스템을 운영하고 있다. 생산정보시스템은 생산부서의 이러한 활동들을 지원한다.

일반적으로 제조업에서는 생산활동에 정보기술을 활발히 적용하고 있다. 대표적인 예가 바로 컴퓨터 통합생산(CIM; computer-integrated manufacturing)의 개념이다. 이는 공장자동화를 위한 여러 종류의 컴퓨터 시스템을 통합하기 위한 방법으로서 생산공정의 단순화, 자동화 및 통합화를 추구한다. 호텔기업의 경우 생산시스템 내에 소비자가 존재하는 관계로 제조업 수준에 이를 수 없다는 한계를 지니고 있지만 작업의 생산성을 높이고, 생산원가를 절감하기 위해 그리고 서비스 질 향상을 위하여 서비스 생산시스템에 활발히 정보기술을 적용하고 있다.

마케팅정보시스템

기업의 마케팅 관리자들은 자사의 상품을 구매할 가능성이 가장 높은 소비자 집단을 찾아내어, 그들이 구매에 이를 수 있도록 하는 다양한 마케팅활동을 수행한다. 정보기술에 근간을 둔 마케팅정보시스템은 현대 마케팅 관리자들이 마케팅전략을 효과적으로 계획하고 수행하는 데 필수적 수단이 되어가고 있다. 기업의 마케팅활동에 있어서 마케팅정보시스템을 적극적으로 활용하고 있는 대표적인 분야를 열거하면 마케팅활동의 가장 기초가 되는 시장조사(market research), 기업이 구매 가능성이 높은 소비자 집단을 판별하는 표적마케팅(target marketing), 마케팅 부서의 판매활동을 직접 담당하는 판매부서의 자동화(sales force automation), 소비자와의 유대

관계를 강화하기 위한 활동인 소비자관계관리(CRM; customer relationship management) 등이 있다.

회계정보시스템

기업회계의 가장 기본적 목적은 기업 내에서 발생하는 모든 재무정보를 일일이 기록하여 기업의 다양한 이해 관계자들에게 유용한 정보로 변환시켜 제공하는 것이다. 만약 회계 기능이 존재하지 않는다면 현대 경영자들은 제대로 경영활동을 수행하기 힘들 것이다. 회계정보시스템이란 기업의 다양한 회계업무를 정보기술을 활용하여 처리해 주는 정보시스템으로, 기업의 이해관계자들이 신속한 의사결정을 할 수 있도록 도와주고 있다. 현대 회계정보시스템은 재무보고서를 제공할 뿐 아니라 원가, 예산작성 및 통제, 세무, 고정자산 관리, 자금관리에 관련된 중요한 정보를 제공해준다.

인사정보시스템

인사정보시스템은 기업의 인적자원관리 업무를 지원하기 위하여 개발된 정보시스템이다. 일반적으로 인사정보시스템이 기업의 인적자원관리 업무수행에 있어서 지원해주는 분야는 주로 1) 종사원 기록관리, 2) 충원, 3) 교육훈련, 4) 인사고과, 5) 보상관리 등의 분야이다. 인사정보시스템의 지원활동에 관한 예로 충원을 온라인상에서 하는, 즉 온라인 모집을 들 수 있다. 온라인 모집이란 바로 웹상에서 지원자를 모집하는 것을 말한다. 기업의 인사 담당자들은 특화된 검색엔진의 도움을 받아 웹상에서 적절한 인재를 발굴하기도 하며, 웹상에서 구인광고를 하기도 한다.

제 2 절 호텔기업의 주요 경영정보시스템

1. 거래처리정보시스템

거래처리정보시스템(TPS; transaction processing system)이란 앞서 언급한 바와 같이 기업의 사업상 판매, 구매, 급여, 재고 등의 분야에서 발생하는 방대한 양의 거래를 신속하고 정확히 처리하는 정보시스템이다. 호텔기업도 예외는 아니다. 대부분의 호텔기업들은 호텔기업의 특성에 적합한 거래처리정보시스템을 구축하여 운용하고 있다. 호텔기업이 활용하고 있는 대표적인 거래처리정보시스템은 PMS(property management system)와 판매시점정보관리(POS; point of sale)시스템이다. PMS는 객실부문과 관련된 거래자료를, 판매시점정보관리는 식음료 및 부대시설과 관련된 거래자료를 처리한다.

PMS와 POS시스템은 공히 호텔기업의 거래자료들을 처리하는 것을 주요 기능으로 하고 있다. 이러한 관점에서 본서에서는 PMS와 POS시스템을 거래처리정보시스템으로 분류하여 설명하고 있다. 그러나 실제 호텔이 구축하고 있는 PMS와 POS시스템을 보면 거래자료 처리 이외에도 호텔경영자들에게 필요한 다양한 정보도 제공하고 있다. 다음에 구체적으로 언급하지만 예를 들어 PMS에는 야간감사(night audit) 기능이 있으며 POS시스템에는 매출분석, 예측, 사전원가계산 등의 기능이 있다. 이러한 기능들은 경영자에게 유용한 정보를 제공해 주는 기능인 것이다. 이러한 관점에서 본다면 PMS와 POS시스템 공히 단순히 거래처리정보시스템 기능만을 수행하는 것이 아니라 정보보고시스템 및 의사결정지원시스템 기능도 수행하는 것이다. 이러한 점을 염두에 두면서 다음의 PMS와 POS시스템에 대한 설명을 이해하는 것이 호텔 전체 경영정보시스템의 구조를 파악하는 데 유용할 것이다.

2. PMS

PMS(property management system)란 호텔의 거래처리정보시스템의 대표적 형태로서 주로 객실 부문의 거래처리를 담당하고 있는 정보시스템에 붙여진 명칭이다. PMS와 밀접한 관계를 맺고 있는 분야는 다음과 같이 호텔 객실 부문의 객실 예약, 객실 판매 및 회계, 객실 재고관리 등이 있다. 일반적으로 PMS는 정보의 효용성을 높이기 위해 호텔의 다른 정보시스템과 서로 인터페이스되어 있다.

1) 객실 예약

PMS의 중요한 기능 중에 하나는 소비자들로부터의 객실 예약을 처리하는 것이다. 일반적으로 소비자들의 호텔 예약은 아주 다양한 매체를 경유하여 개별 호텔에 접수된다. 가장 대표적인 매체로서는 편지, 전화, 팩스, e-mail, 호텔 홈페이지, 국제유통시스템(GDS; global distribution system), 중앙전산예약시스템(CRS; central computerized reservation system) 등을 들 수 있다. 소비자들이 의뢰한 모든 예약은 경유 매체와 상관없이 PMS로 입력된다.

과거 예약의 경우 편지, 전화, 팩스, e-mail을 통한 예약이 많아서 예약 부서의 담당자가 소비자와 접촉하여 예약 세부내용을 확인하고, 최종 확정내용을 PMS에 직접 입력하는 다소 복잡한 절차를 걸쳤다. 그러나 최근 정보기술의 발전에 따라 대부분의 예약이 호텔 PMS와 직·간접적으로 인터페이스되어 있는 인터넷 홈페이지, 국제유통시스템(GDS), 중앙전산예약시스템(CRS) 등과 같은 경로를 거쳐 온라인상에서 실시간으로 처리되고 있다.

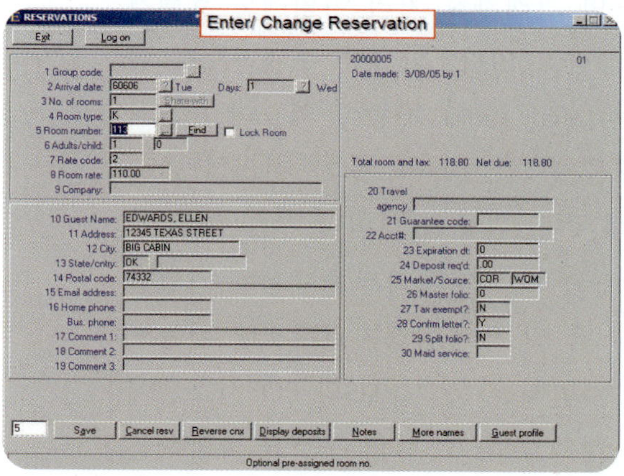

예약업무(http://www.execu-tech.com/screenviews)

예를 들어 어떤 호텔이 체인호

텔의 산하 호텔이거나 Utell Internatio-nal 또는 Leading Hotels of the World 등과 같은 대형 호텔마케팅 회사와 제휴하고 있는 경우, 이들 체인 본부 또는 대형 호텔마케팅 회사들이 운영하고 있는 중앙전산예약시스템과 개별 호텔의 PMS는 서로 인터페이스되어 있어 호텔 예약이 온라인상으로 직접 접수된다. 호텔 PMS를 통한 예약에서는 소비자 인적사항, 선호하는 객실 형태 및 특별 요구, 예약 대행업체의 세부사항 등이 자동적으로 PMS 내에 기록되어 저장될 뿐 아니라 자동적으로 소비자들에게 예약 확인서를 발급한다. PMS에 저장된 예약관련 정보는 객실점유율 및 매출 예측에 중요한 기초자료로도 활용된다. 이상과 같이 PMS의 예약 기능은 과거와는 달리 예약을 실시간에 정확히 처리해 준다는 점에서 호텔 서비스의 질 향상에 기여하고 있을 뿐 아니라 사람의 수작업에서 벗어나게 해줌으로써 원가절감에 상당히 기여하고 있다고 볼 수 있다.

2) 객실 판매 및 회계

서비스 상품으로서의 객실 서비스 판매는 제품 판매와 다른 성격을 띠고 있다. 제품의 경우 제품과 돈을 교환되는 간단한 절차인 반면에 호텔 서비스의 경우 판매와 소비가 동시에 발생되는 특성으로 인하여 객실 서비스의 판매는 체크인(check-in)-체재-체크아웃(check-out)이란 일련의 객실 서비스 소비과정이 종료되어야 판매도 비로소 종료되는 것이다.

과거 대부분의 호텔들은 이러한 일련의 객실 판매절차를 수작업에 의존하였다. 하지만 호텔 기업은 PMS의 도입을 통하여 다음과 같이 거의 모든 판매업무를 자동화시켰다.

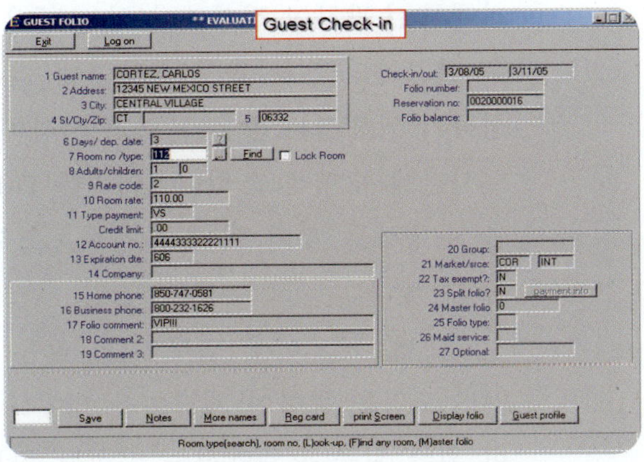

▍체크인(check-in) 업무
(http://www.execu-tech.com/screenviews)

첫째, 체크인 업무이다. 체크인이란 호텔 소비자의 정보를 확인하고, 객실을 배정하고, 지불수단 확인 및 후속조치를 수행하고,

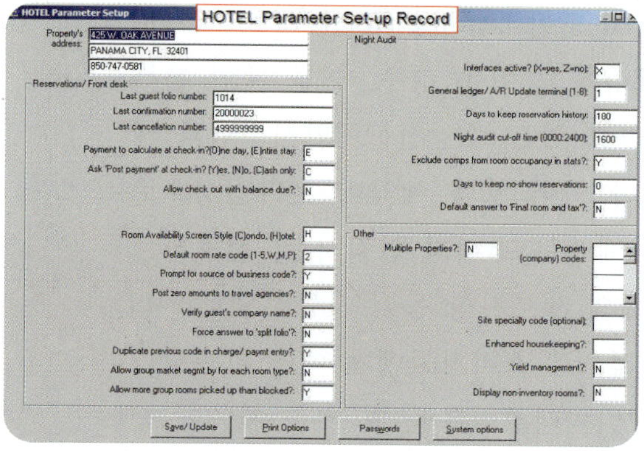

야간감사(night audit) 업무
(http://www.execu-tech.com/screenviews)

호텔 체류중 개별 소비자의 서비스 제공에 따른 매출을 기록하기 위한 개별 소비자 계정(account)을 개설하는 등 객실 서비스의 본격적 소비를 위한 준비단계라고 할 수 있다. 이러한 다양하고 복잡한 체크인 절차는 PMS의 도입으로 인하여 과거보다 훨씬 빠르고 효과적으로 수행될 수 있다.

둘째, 소비자들의 체재 단계에서 객실 소비, 식당 및 기타 부대 서비스 소비로부터 발생되는 매출기록의 유지 업무이다. 과거에는 사람이 일일이 개별 소비자 매출기록을 개별 소비자 계정에 기록하였다. 그러나 객실 부문의 PMS와 PMS에 인터페이스되어 있는 식음료 부문의 판매시점정보관리시스템은 소비자들의 수많은 매출기록을 실시간에 PMS 내에 존재하는 개별 소비자 계정으로 자동적으로 이관되어 총괄한다. 과거 사람에 의해 수작업에 의존했던 상황에서 흔히 발생할 수 있는 매출 누락, 시간 지연 등과 같은 문제들이 PMS의 도입을 통하여 최소화될 수 있다.

셋째, 야간감사(night audit) 업무이다. 매일 호텔에서 발생하는 모든 거래를 총괄하여 결산해야 하는 매우 복잡한 이 업무 역시 PMS 덕분에 매우 간소화되었다. 과거 수작업에 의존했던 시절에 일일 결산보고서를 작성하기 위해서는 많은 노력과 시간이 소요되었으나 PMS는 이러한 업무를 실시간에 수행하고 있다. 이러한 PMS의 야간감사 기능은 거래처리 업무를 수행하는 것이 아니라 정보보고시스템의 한 기능을 수행하는 것이라 할 수 있다.

넷째, 체크아웃 업무이다. 많은 호텔들은 체크인 업무와 마찬가지로 PMS 도입을 통하여 체크아웃 업무도 매우 효율적으로 수행하고 있다. 특히 최근 일부 호텔에서는 발전된 정보기술을 적극 활용하여 체크아웃 시 소비자들이 프런트 데스크를 경유하지 않고 간편히 객실 내에서 체크아웃

할 수 있는 편리한 서비스를 제공하고 있다. 예를 들어 호텔의 PMS와 객실 TV 시스템을 인터페이스시켜 소비자의 체크아웃 업무를 매우 간소화하고 있다.

이상과 같이 객실 판매업무를 주로 수행하는 프런트 데스크는 PMS의 도입으로 담당 업무가 과거보다 훨씬 경감되었을 뿐 아니라 업무의 효율적 수행이 가능하게 되어 상당한 원가절감이 가능하게 되었다. 동시에 소비자 입장에서 보면 과거보다 훨씬 신속하고 편리할 뿐 아니라 정확한 서비스를 제공받을 수 있게 된 것이다.

3) 객실 재고관리

소비자들에게 효과적인 객실배정을 위해서 프런트 데스크 담당자는 보유 객실에 대한 재고현황을 정확히 알고 있어야 한다. 만약 이러한 정보를 잘 모른다면 이미 소비자가 체재중인 객실을 새로 도착한 소비자들에게 이중으로 배정하거나, 청소되지 않아 판매할 수 없는 객실을 배정하는 등 큰 문제를 야기할 수 있다.

보유 객실에 대한 정확한 재고현황 파악은 100~200실 규모의 중소 호텔에서는 별 문제가 되지 않는다. 그러나 우리나라 특급 대형호텔이나 수천 실 규모를 자랑하는 해외 대형호텔의 경우 프런트 데스크에서 어떤 객실이 체재중인 객실인지(Occupied), 비어 있는 객실이지만 청소가 필요한지, 청소되어 판매 가능한 객실인지, 고장난 객실인지에 대한 객실 재고의 현황을 정확히 파악한다는 그리 쉬운 일이 아니다.

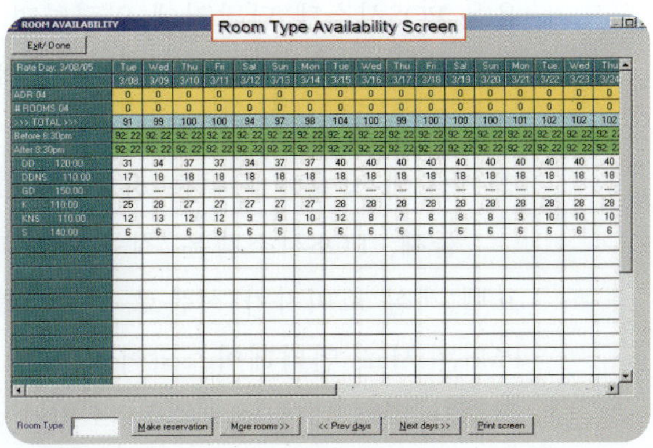

▎객실 재고관리 업무(http://www.execu-tech.com/screenviews)

PMS의 객실 재고관리 기능은 호텔이 보유한 수많은 객실 재고현황을 매우 효과적으로 파악하게 해준다. 또한 객실 재고에 관한 최신 정보를 항상 실시간으로 유지하게 해준다. 이러한 PMS 기능 덕분에 프런트 데스크 담당자는 소비자의 체크인 시 효율적인 객실배정을 할 수 있다.

3. 판매시점정보관리시스템

대부분의 호텔들은 호텔기업의 대표적 상품 중에 하나인 식음료 서비스의 생산 및 판매를 위하여 다수의 식음료 부대시설을 보유하고 있다. 이들 부서에서는 하루에도 수많은 거래가 발생되고 있다. 이러한 거래들을 효율적으로 처리하기 위해서는 정보기술의 활용이 절대적이라고 할 수 있다.

판매시점정보관리(POS; point of sales)시스템은 이러한 거래자료들을 효과적으로 처리하기 위한 거래처리정보시스템이다. 이 시스템은 다음과 같이 주로 소비자 식음료 주문 및 생산 단계와 최종정산 단계에서의 업무수행 효율성을 개선할 뿐 아니라 경영자들의 메뉴 항목들에 대한 매출 분석에 도움을 준다.

첫째, POS시스템은 소비자 식음료 주문 및 생산단계의 효율성을 높여준다. 과거 이 절차는 주로 사람의 수작업에 의한 전표시스템에 의존하였다. 이 시스템은 기록과정에서의 부정확성, 전표의 전달 및 보관과정에서의 분실 가능성, 전달과정의 시간 지연 등 여러 문제를 야기할 가능성이 높은 시스템이었다. POS시스템은 이러한 문제를 최소화하여 서비스 질 향상에 기여를 하고 있다. 서비스 담당자는 소비자로부터 주문받은 내용을 POS시스템 단말기에 입력하면 자동적으로 그 정보가 최종정산을 위한 테이블별 계정에 기록됨과 동시에 주방에 전달된다. 이는 과거 시스템보다 식음료 주문 및 생산 단계의 업무효율성을 높일 뿐 아니라 서비스 질 향상에 상당한 기여를 하고 있다고 평가받고 있다.

둘째, POS시스템은 최종정산 과정의 업무효율성을 높여준다. 특히 호텔 객실 소비자가 식음료 서비스를 구매하는 경우 POS시스템과 객실의 PMS는 서로 인터페이스되어 있어서 실시간에 객실 소비자의 식음료 매출 정보가 PMS 내에 존재하는 소비자 개별 계정으로 자동적으로 입력된다. 따라서 이 시스템은 과거 정보 전달과정에서 발생할 수 있는 매출 기록누

락 또는 정보전달 지연의 문제점을 원천적으로 봉쇄하고 있다.

셋째, POS시스템은 경영자들의 경영활동에 도움을 주는 매출분석, 예측, 사전원가계산 등 유용한 정보를 제공한다. 이 시스템이 가지고 있는 메뉴분석 기능은 시스템 내에 존재하는 매출정보를 활용하여 식음료 관리자들이 메뉴상의 특정 항목에 대한 삭제 여부, 식음료 원가 및 매출 분석을 기초로 한 각 항목의 적정 가격 등을 결정하는 데 도움을 준다. 이러한 관점에서 본다면 POS시스템은 PMS와 마찬가지로 단순 거래처리정보시스템의 역할만을 수행하는 것이 아니라 정보보고시스템 및 의사결정 지원시스템의 기능도 수행한다고 볼 수 있다.

제 3 절 호텔기업의 전자상거래

1. 전자상거래의 기초

전자상거래(electronic commerce)란 컴퓨터와 통신 네트워크, 대개는 인터넷을 통하여 정보, 제품과 서비스를 사고파는 것을 의미한다. 아주 완벽한 전자상거래 대상이 될 수 있는 상품을 생각해보기로 하자. 먼저 그 대상은 소비자들이 잘 인지하고 있고 신뢰할 수 있는 브랜드 이름을 지니고 있어야 할 것이다. 온라인에서는 소비자들이 원하는 상품을 직접 평가하는 것이 아니라 가상공간에서 평가하는 것이다. 따라서 높은 브랜드 이미지를 가지고 있는 상품일수록 구매 가능성이 높아질 것이다. 또한 그 대상은 가능한 크기가 작아서 보관 및 저장 공간이 거의 또는 전혀 필요치 않으면 좋을 것이다. 전자상거래의 대상이 크기가 작으면 작을수록 상품의 보관 및 저장에 필요한 유통창고 구축에 적은 비용이 소요될 것이며, 결국 유통비용의 감소를 가져올 것이다. 그리고 그 대상이 실제 물류 배송망을 경유하지 않고 전자적으로 소비자에게 전달될 수 있다면 아주 이상적일 것이다. 예를 들어 정보와 같은 상품은 물리적 실체가 없어 온라인상으로 배달될 수 있기 때문에 최적의 전자상거래 대상이 될 수 있다.

현재 온라인상에서 호텔을 위시한 여행관련 상품들의 매출이 다른 어떤 대상보다 앞서 상위 그룹에 속한다는 사실은 바로 호텔상품이 바로 앞서 언급된 3가지의 조건을 무난히 충족시킬 수 있는 전자상거래의 적절한 대상임을 직접적으로 입증하는 것이다. 호텔상품의 전자상거래란 소비자들이 호텔기업이 제공하는 온라인상의 상품정보를 기초로 온라인상에서 예약을 하는 것을 의미한다. 일단 소비자 입장에서는 자신의 예약번호가 사무실 내 서류보관함에 기록되어 있건, 데이터베이스 내에 전자적으로 기록되어 있건 호텔 객실을 원하는 날짜에 이용가능하기만 한다면 별 차이가 없는 것이다.

그러나 호텔의 입장에서는 상당한 차이가 있다. 인터넷, 정보기술 등을 기반으로 한 호텔상품의 전자상거래는 실질적으로 비용을 절감하고, 거래를 신속화하고, 효율을 개선하고 있다. 이러한 사실로 인하여 호텔상품의 전자상거래는 확대일로에 있다고 해도 과언이 아니다.

2. 전자소매

전자상거래의 등장으로 소비자들은 집에서 하루 24시간, 1년 365일 내내 제품 또는 서비스를 온라인상에서 구매할 수 있다. 온라인상에서는 거의 모든 제품과 서비스를 보통 저렴한 가격으로 제공한다. 이외에도 소비자들은 상품에 대한 상세한 정보를 수초 안에 얻을 수 있으며, 쉽게 상품을 탐색하고, 가격을 비교할 수 있다. 또한 소비자들은 생산자뿐 아니라 다른 소비자들과 쉽게 상호작용하고 의사소통할 수 있다. B2C 전자상거래 활성화는 호텔기업의 전통적 유통구조에 혁신적인 변화를 가져왔다. 호텔기업의 전자소매를 제대로 이해하기 위해서는 먼저 호텔 상품의 전통적 유통구조에 대하여 이해할 필요가 있다.

1) 호텔상품의 전통적 유통구조

호텔산업의 전통적 유통구조는 [그림 15-2]에서 보는 바와 같이 다른 산업과 비슷한 중간자들(intermediaries)에 의존한 간접 채널(indirect channel) 형태를 띠고 있다.

먼저 호텔시장에는 다양하고 수많은 호텔 상품 생산자들이 존재한다. 이러한 생산자들과 최종소비자들 사이에는 GDS라는 전자 진열공간(electronic shelf space)과 여행사와 같은 대표적 중간자들이 존재하며, 이들 중간자들은 호텔 상품의 효율적 유통을 위하여 다양한 서비스를 제공하고 있다. 구체적으로 살펴보면 먼저 다양한 호텔 상품들을 생산하는 생산자들은 GDS라는 전자 진열공간(electronic shelf space)인 중간자와 연결되어 있는데, GDS는 다양한 생산자의 상품정보를 보관하고 있는 장소이다. 여행사들은 일일이 개별 생산자들과 접촉하는 것이 아니라 GDS에서 제공하는 정보를 기초로 하여 최종적으로 소비자들에게 다양한 호텔상품에 관한 정보를 제공하고, GDS를 통하여 소비자 정보를 공급자에게 제공한다. 이른바 전통적 유통구조는 선형적 유통구조인 것이다.

GDS란 국제유통시스템(Global Distribution System)의 약자로 원래 항공사를 위한 컴퓨터예약시스템으로 약 30여 년 전인 1970년도 초반에 주로 항공좌석을 위한 예약시스템으로 출발했다. 이후 GDS는 1970년도 말부터 호텔 예약 및 기타 여행 관련 상품으로 그 영역을 확대하기 시작하였다. GDS란 다양한 여행 관련 상품들의 효과적 유통을 위하여 전자적 특정 영

그림 15-2 호텔산업의 전통적 유통구조

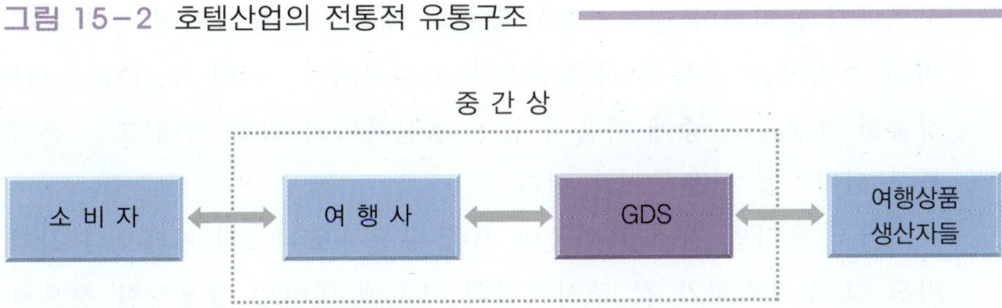

Global Distribution System—Sabre

역에 다양한 정보를 체계적으로 모아두는 공간을 의미하며, 그 대표적 공급자들로는 매출액 기준 선두인 Sabre를 위시하여 Galileo, Amadeus, Worldspan 등이 있다.

GDS는 여행사가 요구하는 정보들을 효과적으로 유통시키기 위하여 생산자들로부터 제공받은 방대한 양의 정보를 전자적 진열 공간(electronic shelf space)에 잘 분류한다. GDS가 지니고 있는 방대한 양의 정보는 직접 최종소비자에게 유통되는 것이 아니라 여행사의 데스크탑 단말기에 거의 독점적으로 연결되어 있다. 여행사는 이러한 정보를 근거로 하여 최종소비자가 요구하는 다양한 호텔정보를 유통시키고 있다.

전통적으로 소비자들은 자신의 여행을 위하여 단일 또는 소수의 여행사를 이용한다. 이들은 자신이 소비하고자 하는 호텔 상품에 대한 정보가 부족하다. 또한 생산자들이 제공하는 상품정보들을 일일이 비교하고 구매결정을 하는 데 시간과 노력이 많이 소요되기 때문에 대부분의 소비자들은 호텔 상품 유통의 중간자인 여행사에 의존하는 것이다.

2) 호텔 전자상거래

현재 호텔 상품의 소비자들은 이상과 같은 호텔 상품의 전통적 유통구조에서 탈피하여 정보기술이 조성한 새로운 유통환경에 적응하고 있다. 어떤 소비자는 전통적 유통구조를 고수하거나, 어떤 소비자는 인터넷이 창출한 유통구조 중에 다음과 같이 생산자와의 직접 거래 또는 온라인 여행사 서비스를 이용하기도 한다.

아직 온라인 거래의 비중이 기존 유통구조에서의 거래보다 작다 하더라도 그 성장속도가 각 조사기관의 보고에 의하면 급성장할 것으로 예측되고 있다. 이는 분명히 호텔 소비자들의 중심축이 온라인시장으로 이동하는 추세에 있다는 것을 알려 주는 것이다.

직접 판매

인터넷의 출현과 전자상거래의 확대는 기존의 호텔기업들에게 커다란 기회를 제공하고 있다. 앞서 언급되었지만 대부분의 호텔 상품의 유통은 호텔-GDS-여행사-소비자로 이르는 간접 채널(indirect channel)이 주류를 이루고 있었다. 그러나 인터넷은 전통적 유통구조에 있어서 중간자 배제(disintermediation)를 가능케 하여 대부분의 호텔기업들은 수백만 명의 개별 소비자들과 직접 접촉을 시도하기 시작하였다. 이것은 기존 호텔에게 있어 과거에 거의 가져 볼 수 없었던 소중한 기회이다. 왜냐하면 소비자와의 직접 판매는 다음과 같이 생산자에게 여러 가지 유리한 점이 있기 때문이다.

첫째, 직접 판매, 즉 중간자 배제는 생산자들에게 중간자들에게 지불하는 커미션(commission)의 상당 부문을 절약할 수 있게 해준다. 실제 커미션은 호텔 객실상품의 생산원가에 상당 부분을 차지하기 때문에 이 부분의 절감은 호텔경영 성과에 매우 긍정적인 영향을 미친다.

둘째, 과거 여행자와의 직접 접촉 수단으로 운용되었던 대형 체인호텔의 중앙예약콜센터(reservation call center)의 역할을 상당히 감소시킨다. 대형 체인호텔들은 소비자와의 직접 접촉 수단으로 상당한 비용이 수반되는 콜센터를 대부분 운영하고 있다. 그러나 인터넷이 소비자와의 효과적인 직접 접촉 수단으로 등장함에 따라 중앙예약콜센터의 역할은 축소될 수밖에 없다. 그 결과 콜센터를 운용하는 데 소요되는 비용이 상당히 절감될 수 있다.

셋째, 인터넷의 활용은 생산자에게 단지 이상과 같은 거래비용 감축이라는 혜택만을 제공하는 것은 아니다. 정보가 풍부하고 이해하기 쉬운 내용을 담고 있을 뿐 아니라 효율적으로 잘 설계된 웹사이트는 여행 상품 생산자들에게 있어서 강력한 마케팅 도구가 될 수 있다.

이상과 같이 호텔 상품의 생산자인 호텔기업들은 인터넷 시대의 최대 수혜자로서 현재 개별 웹사이트 구축을 통하여 가능한 소비자들과의 직접 접촉을 극대화하기 위한 다양한 노력을 펼치고 있다.

전자중개상 — 온라인 여행사

인터넷과 전자상거래의 출현은 호텔 상품의 새로운 형태의 중개자인 온라인 여행사의 탄생을 가능케 하였다. 온라인 여행사란 앞서 언급한 바와 같이 소비자들에게 온라인상에서 기존 여행사가 제공하는 것보다 더 편리하고 경제적이며 높은 질의 서비스를 제공하겠다는 목표 아래 설립된 가상공간 내의 여행사들이다. 실제 온라인 여행사들은 GDS가 제공하는 다양한 생산자 정보를 근거로 하여 가상공간 내에서 저렴한 가격의 여행 상품을 제공할 뿐 아니라 여행계획을 손쉽게 수립할 수 있게 하여 다수의 소비자들에게 호응을 얻고 있는 중이다.

현재 주요 온라인 여행사들은 전통적 여행사들과 비교할 때 상당한 편의성을 제공하고 있다. 지역 여행사들이 아무리 많이 존재한다 하더라도 일정한 영업시간 내에서만 근무를 한다. 그러나 그 시간 외에도 여행을 계획하고 예약을 하려는 소비자는 많다. 온라인 여행사는 24시간 접근이 가능하므로 소비자들이 자신이 원하는 시간대에 정보를 탐색하거나 예약을 할 수 있다는 장점을 가지고 있다.

소비자들이 온라인상으로 구매를 전환하는 이유는 편의성뿐 아니라 경제적인 측면도 있다. 다수의 소비자들이 온라인 여행사를 이용하는 주요 이유가 온라인 여행사에서는 소비자들이 각 여행상품들의 가격을 비교하고 싼 가격대로 여행상품을 구매할 수 있다는 것이다. Travelocity.com의 최저가격을 탐색해 주는 기능인 Best Fare Finder가 대표적인 예라고 할 수 있다.

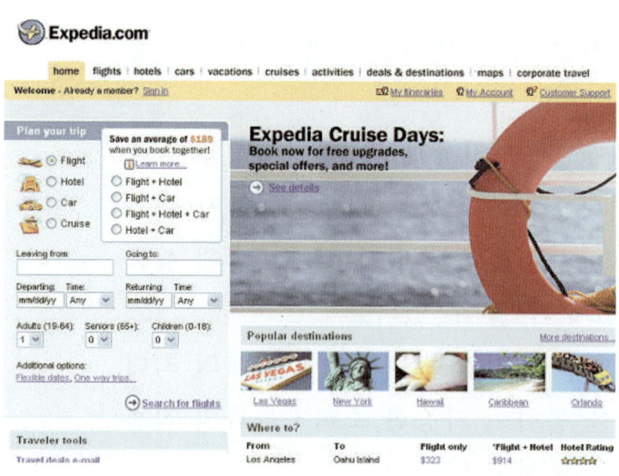

온라인 여행사—Expedia

이상과 같은 장점에도 불구하고 온라인 여행사들은 나름대로 어려움을 겪고 있다. 가장 큰 어려움이 소비자들의 자사 사이트 방문이 구매로 잘 이어지지 않는다는 점이다. 대부분의 소비자들은 온라인 여행사를 방문하여 가격과 여행 조건만을 무료로 검색하고 호텔과 직접 접촉 또는 여행사와 접촉하는 것을 더 선호한다는 것이다.

3) 전자상거래 등장에 따른 현대 유통구조

인터넷의 출현으로 인한 전자상거래의 등장은 먼저 호텔기업들의 중간자 배제, 즉 전통적 유통구조의 주요 구성원인 GDS 및 여행사들을 배제시키고 최종소비자와 직접 거래를 가능하게 하고 있다. 또한 기존의 오프라인 여행사 이외에도 온라인 여행사라는 새로운 유통경로를 탄생시켰다. 이상과 같은 변화된 호텔산업의 유통구조를 간략히 표현하면 [그림 15-3]과 같다.

현재의 유통구조는 호텔기업들이 인터넷을 통하여 소비자들에게 매우 효과적으로 직접 접촉을 할 수 있는 환경을 만들어 주고 있다. 호텔기업들은 기존의 GDS 및 전통적 여행사는 물론 온라인 여행사들까지 우회할 수 있게 되었다. 이러한 호텔기업의 중간자 배제 현상은 앞으로도 지속될 것으로 예측된다. 왜냐하면 호텔기업에게 상당한 규모의 비용 절감 이외에도 다양한 혜택을 제공하고 있기 때문이다. 이러한 호텔기업들의 중간자 배제 전략은 현재 유통경로 구성원들 간의 긴장을 한층 고조시키고 있으며, 유통경로의 다양한 구성원들은 서로 주도권을 잡기 위해 치열

그림 15-3 호텔산업의 새로운 유통구조

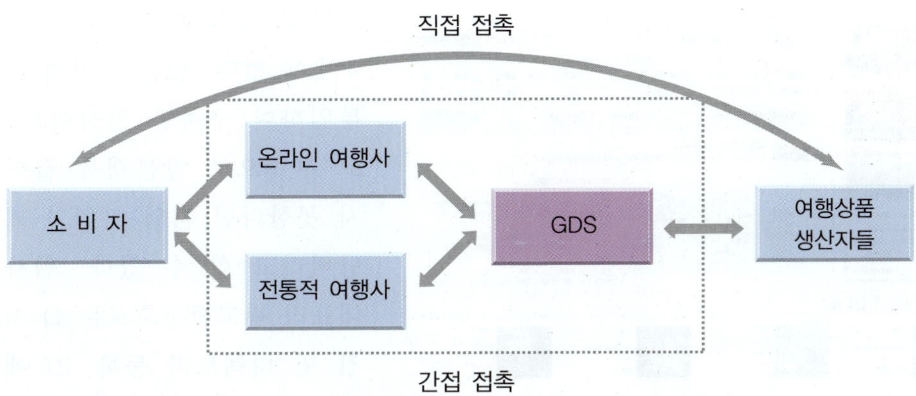

한 경쟁을 벌이고 있는 현실이다.

3. 온라인 광고

온라인 광고란 기본적으로 웹사이트의 방문객 수를 증가시키기 위하여 웹사이트를 알리는 활동을 말한다. 일반적으로 가게를 찾았을 때 가게 안에 사람이 북적대고 있으면 가게가 잘된다고 생각한다. 사람이 북적대면 많은 사람들 중에 물건을 사는 사람이 있을 것이며, 결국 가게는 매출을 많이 올릴 수 있을 것이다. 웹사이트도 마찬가지다. 웹사이트 방문하는 사람들이 많으면 그만큼 거래가 발생할 여지가 크며, 결국 웹사이트의 수입 증대로 이어질 것이기 때문이다.

웹사이트의 방문객이 많게 하려면 어떻게 해야 할까? 우선 무엇보다 중요한 것은 웹사이트의 콘텐츠, 즉 내용이 좋아야 할 것이고, 사용하기가 편해야 할 것이며, 다운로드 속도가 빨라야 할 것이다. 다음으로 추진해야 할 것이 바로 웹사이트 광고이다.

물론 컨텐츠가 좋다면 사람들의 구전에 의하여 다소 시간이 걸리더라도 사람들 사이에 알려지고 방문객수가 점진적으로 증가하게 될 것이다. 하지만 웹사이트가 하루에 수만 개씩 늘어나고 온라인상에 셀 수 없을 정도로 많은 웹사이트가 존재하는 상황에서 어떻게 기다릴 수 있겠는가?

이러한 상황에서 기업의 사이트를 효과적으로 알리기 위해서는 웹사이트의 적극적인 광고가 필요할 수밖에 없다. 많은 시간과 비용을 투입하여 구축한 웹사이트가 광고 부족으로 방문객을 끌어들이지 못한다면 기업 자원의 커다란 낭비라고 할 수 있다. 웹사이트 대표적 광고활동으로는 1) 서치엔진 및 디렉토리 등록, 2) 배너광고, 3) 스폰서십, 4) 이메일 활용,

온라인 광고

5) 온라인 커뮤니티 활용, 6) 경품 활용 등 여러 가지가 있다.

4. 소비자 서비스

기업은 경쟁이 심한 시장 환경에서 뛰어난 소비자 서비스를 제공함으로써 경쟁 우위를 얻을 수 있다. 특히 전자상거래에서는 소비자와 생산자가 직접 만나지 않는 관계로 소비자 서비스의 중요성이 더욱 커질 수밖에 없다. 온라인에서 소비자 서비스를 활성화하는 데 이용될 수 있는 도구는 1) 개별화된 웹페이지 제공, 2) 채팅방, 3) 이메일, 4) FAQs(frequently asked questions), 5) 웹기반 콜센터 등이 있다.

CASE 17 호텔, 무한한 상상력을 발휘하다

"향후 10년 내로, 호텔을 예약해 객실에 들어서는 순간부터 체크아웃을 할 때까지 단 한 명도 거칠 필요가 없는 시스템이 구현될 것이다." 전 세계 항공, 호텔 비교 검색사이트 스카이스캐너의 호텔부문 디렉터 닉 굽타(Nik Gupta)의 말이다. 기술의 발달은 인간의 편의성을 극대화한다. 우리는 이미 손 안의 작은 단말기 하나로 정보 습득은 물론 쇼핑, 오락, 업무, 일정관리 등 모든 것을 통제하고 처리할 수 있는 시대를 맞이했다. 유비쿼터스(Ubiquitous)라는 용어조차 진부해졌을 정도로 고도화를 거듭하는 정보통신기술이 이제 호텔산업에서도 역량을 뽐내기 시작했다.

호텔은 '진화 중'

전통적인 호텔이나 숙박업소를 떠올려 보자. 문을 열고 들어서면 객실을 안내할 사람이 눈에 띈다. 어떤 크기와 조건의 방을 찾는지, 몇 박 묵을 예정인지에 따른 비용을 지불하고 열쇠를 건네받는다. 안내받은 방에 묵다가 온도가 많이 낮거나 높은 경우, 혹은 조명에 문제가 있는 등 기타 애로와 요구사항이 생기면 직원을 찾아 직접 불만사항을 전달한다. 머물기로 한 기간이 지나면 '내가 방을 비운다'는 사실을 알리고 열쇠를 반납하기 위해 체크아웃이 반드시 필요하다.

위와 같은 전통적 숙박 형태는 여전히 많다.

오랜 시간 익숙해진 탓에, 큰 불편을 느끼는 사람도 많지 않을 것이다. 그러나 변화는 이미 시작됐다. 호텔 및 숙박산업의 스마트화는 막을 수 없는 흐름이다. 말을 타고 다니던 시절, 차(車)가 등장한 것과 같다. 당시 사람들은 굳이 휘발유라는 비싸고 유한한 에너지를 사용해 무거운 쇳덩어리를 타고 다녀야 할 이유를 알지 못했고, 그 실용성에 의문을 품었다. 계속해서 말이나 마차를 타는 게 편한 사람도 있었을 것이다. 시간이 흐른 뒤, 현대 사회에서 결과적으로 차가 교통수단으로서 어떤 지위를 갖게 됐는지를 보면 모든 게 분명해진다. 정보통신기술 발전으로 인한 호텔업, 숙박업, 나아가 서비스업의 획기적인 변화 역시 필연이다. 호텔 숙박에 관해 한층 기술적으로 진보된 패러다임은 우리 삶과 인식에 깊이 스며들게 될 것이다.

모바일로 움직이는 호텔

호텔을 이용하는 데 모든 것이 간소화될 것이라는 닉 굽타의 말은 사실 이미 실현된 상태다. 10년까지 기다릴 것도 없었다. 자본력이 상당한

세계 유수의 호텔체인그룹들이 지난 수 년 간 많은 투자와 개발을 통해 상용화 가능한 하이테크놀로지 서비스를 자사 호텔에서 선보이고 있다. 스마트폰이나 태블릿 등 모바일 기기는 향후 호텔산업에서 절대로 빠질 수 없는 중요 제품이다. 여러 호텔들이 자사 어플리케이션(Application)(이하 앱)을 통해 다양한 컨디션 조절을 가능하게 만들고 있다. 힐튼호텔 & 리조트(Hilton Hotels & Resorts)는 2014년부터 자사 앱을 통해 프런트 데스크에서만 해야 했던 대부분의 용건을 쉽고 빠르게 처리할 플랫폼을 만들었다. 호텔 체크인과 체크아웃도 편한 장소 어디에서나 진행할 수 있다. 포시즌스 호텔 & 리조트(Four Seasons Hotels & Resorts)도 마찬가지로 앱을 통한 서비스를 제공한다. 전화로 구구절절 설명할 필요 없이 손가락만 몇 번 움직이면 내가 원하는 스타일의 침구 지정, 호텔 부대시설 예약 등이 가능하다. 앱을 통한 체크인 체크아웃은 기본이다.

스타우드 호텔 & 리조트(Starwood Hotels & Resorts)는 조금 더 많은 시도를 하고 있다. 스타우드는 본격적인 '스마트 호텔 만들기'에 총력을 다하는 중이다. 스타우드는 특급호텔로는 거의 선도적으로 호텔에 키리스 시스템(Keyless System)을 도입했다. 키리스 시스템은 보편적인 호텔 카드키를 없애고 고객의 스마트폰만으로 객실의 출입을 가능하게 하는 시스템이다. 완벽하게 새로운 시스템은 아니지만, 구상과 시범운영에 그치지 않고 자사인 알로프트, 엘레먼트(Element), W호텔에 안정적으로 상용화를 마쳤다는 점에 주목할 만하다.

미래의 호텔 지배인은 로봇?

로봇기술 역시 호텔산업에 접목되고 있다. 먼 미래의 일이라고 생각이 들 수 있지만, 인간의 시중을 드는 로봇은 이미 개발돼 당당하게 호텔 '직원' 으로 상주해 있다. 스타우드는 현재 알로프트 호텔 등에서 로봇 도우미 '보틀러(Botlr)' 를 시범운영중이다. 고객이 룸서비스나 위생용품 등을 요청하면 직원이 보틀러 디스플레이에 객실 정보 등을 입력하고 서비스 물품을 건네(?)면 입력된 데이터에 따라 객실 앞까지 물건을 배달해 준다.

조금 더 본격적으로 로봇을 활용하는 호텔들도 있다. 2011년 문을 연 뉴욕의 무인화 호텔 요텔(Yotel)은 자사의 마스코트 로봇인 '요봇(Yobot)' 을 구동중이다. 요봇은 호텔의 벨 보이 역할을 하는 로봇으로, 이용객이 개인정보를 입력하면 신속하게 짐을 보관해준다. 요텔은 요봇의 활용으로 인건비를 대폭 줄였다. 일본 나가사키현에 위치한 헨나 호텔(Henn-Na Hotel)은 이보다 더 독특하다. 보안요원 외에 모든 직원이 로봇인 것이다. 리셉션, 벨 보이 직원도 다 로봇이며 객실에는 앙증맞은 접객 로봇도 있다. 간단한 대화와 객실 조명 조절 명령이 가능하다.

어쩌면 '사람 냄새' 가 없다면서 로봇을 사용한 무인화 호텔을 곱지 못한 시선으로 볼 이가 있을지 모른다. 무조건 틀린 말은 아니다. 그러나 사람에 치이고 지쳐 감정 소모를 피하고 싶은 휴양객들이 고르기엔 최적의 공간이 아닐까. 그리 멀지 않은 미래에, 수트를 입고 한껏 멋을 낸 지배인 로봇이 손님을 맞는 모습이 그려진다.

국내 호텔의 사례

앞선 사례와 같이 해외 호텔, 숙박업계는 정보통신기술의 날개를 달고 급속도로 변화와 발전을 거듭하고 있다. 국내 호텔업계의 정보산업기술 수용 현황은 어떨까. 우선, 국내에 들어와 있는 글로벌 체인 브랜드 호텔들은 비교적 트렌드에 맞춰 변해가는 중이다. 모기업의 축적된 노하우와 지시가 있기 때문에 해외와 크게 다르지 않게 모습을 바꿔가고 있다. 그러나 몇몇 로컬 브랜드 호텔들은 정보통신기술에 비용을 투자하는데 주저하는 경우가 많다. 초기 설비에 들어가는 비용 이상의 수익을 낼 만큼 국내 호텔 이용객들이 ICT(Information Communication Technology, 정보통신기술)나 IoT(Internet of Things, 사물인터넷)기술을 접목한 호텔 서비스에 큰 관심이 있는지 아직 확신할 수 없기 때문이다.

국내 호텔, 숙박업체 가운데 새롭고 편리한 서비스를 제공하는 스마트호텔은 유명 해외 브랜드 호텔을 제외한 특1급 호텔에선 찾아보기 어렵다. 여러 호텔 중에서도 비교적 도시의 젊은 층이나 IT기계에 능숙한 직장인을 공략한 비즈니스 호텔들이 ICT를 접목한 경우가 많다. 롯데시티호텔은 스마트 리모컨을 통해 방의 컨디션을 조절할 수 있다. '스마트 솔루션' 이라 명명된 이 시스템은, 객실 조명 관리, 온도 제어 등을 가능하게 한다. 스마트 리모컨과 TV, 혹은 사용자의 스마트폰을 이용해 다양한 요구사항을 전달할 수도 있다. 입실 전에 제공받았던 간단한 고객 정보를 분석해 사용 언어 자동설정 등 맞춤형 서비스를 제공하기도 한다. 신라스테이 역시 스마트폰으로 체크인부터 체크아웃 관리까지 가능하며, 신라스테이 광화문의 경우 키리스 시스템을 구축했다. 가입회원에 한하기는 하지만 스마트페이 기능도 지원해 스마트폰 하나로 열쇠, 지도, 바우처, 결제수단까지 컨트롤할 수 있다.

호텔 스카이파크 센트럴 명동점은 지난 2012년, 세계 최초로 상용화된 스마트 객실 시스템을 도입했다. 최상층인 15, 16층 객실에 구현한 스마트 시스템은, 체크인 때 받는 스마트폰으로 객실의 모든 환경을 조절할 수 있게 만들었다. 스마트폰으로 문을 여닫고 실내 온도, 조명 조절은 물론 TV까지 제어한다. 서비스 요청도 스마트폰으로 간단하게 이뤄진다.

출처: 월간 호텔&레스토랑, 2016.11.

Bibliography

- 김성근, 양경훈(2005). 『경영정보관리』. 서울: 문영사.
- 노경호(2009). 『디지털비즈니스 시대의 경영정보시스템』. 서울: 글로벌.
- 송영일 역(2000). 『e-비즈니스@혁명』. 서울: 정보문화사.
- 신건권(2004). 『현대회계정보시스템』. 서울: 무역경영사.
- 아이비스넷(주)(2000). 『인터넷비스니스』. 서울: 21세기북스.
- 오세조(1996). 『유통관리』. 서울: 박영사.
- 임규건 외 역(2003). 『e-Business 시대를 위한 경영정보시스템』. 서울: 사이텍미디어.
- 홍일유(2008). 『디지털 기업을 위한 경영정보시스템』. 서울: 법문사.

- Bush, Melinda(2000). Study Predicts Where Internet Booking is Heading, *Hotel and Motel Management*, 215(15), 17.
- Castleberry, J. A., Hempell, C., & Kaufman, G.(1998). *The battle for electronic shelf space on the global distribution network.* NY; Arthur Anderson Hospitality and Leisure Executive Report, Spring.
- Elias, Eric(1999). *Internet commerce: transforming the travel industry.* SRI Consulting.
- Emmer, R. M., Tauck, C., Wilkinson, S., & Moore, R. G.(1993). Marketing hotels using global distribution systems, *Cornell Hotel and Restaurant Administration Quarterly*, 34(6), 105-114.
- Laudon, K., & Laudon, J.(2009). *Management information systems: managing the digital firm.* NJ: Prentice Hall.
- Lewis, I., Semeijn, J., & Talalayevsky, A.(1998). The impact of information technology on travel agents, *Transportation Journal*, 37(4), 20-25.
- Nyheim, P. D., McFadden, F. M., & Connolly, D. J.(2004). *Technology strategies for the hospitality industry.* NJ: Prentice Hall.
- O›Brien, J. A., & Marakas, G. M.(2008). *Management information systems.* NY: McGraw-Hill/Irwin.
- Olsen, M. D., & Connolly, D. J.(2000). Experience-based Travel: How Technology is

Changing the Hospitality Industry, *Cornell Hotel and Restaurant Administration Quarterly,* 41(1), 30–41.

- Oz, Effy(2002). *Management information systems.* Canada: Course Technology
- Proll, B., & Retschitzegger, W.(2000). Discovering next generation tourism information systems: a tour on TIScover, *Journal of Travel Research*, 39(2), 182–191.
- Sheldon, P. J.(1997). *Tourism information technology.* UK: CABI Publishing.
- Stair, R. M., & Reynolds, G. W.(2003). *Principles of information systems.* Canada: Course Technology.
- Stern, L. W., El–Ansary, A. I., & Brown, J. R.(1989). *Management in marketing channels.* NJ: Printice-Hall Inc.
- Sweendy, Susan(2000). *Internet marketing for your tourism business.* FL: Maximum Press.
- Tesone, D. V.(2006). *Hospitality information systems and E-commerce.* NJ: John Wiley & Sons.
- Werthner, H., & Klein, S.(1999). *Information technology and tourism–a challenging relationship.* NY; Springer.
- Zhou, Z.(2003). *E-commerce and information technology in hospitality and tourism.* NY: Delmar.

찾 | 아 | 보 | 기

ㄱ

ㄴ

ㄷ

ㅂ

ㅅ

ㅇ

ㅈ

ㅊ

ㅋ

ㅌ

ㅍ

ㅎ

기타

공저자 약력

차길수 (e-mail: gscha@kgu.ac.kr)

경기대학교 관광경영학과 졸업(경영학 학사)
미 University of Nevada, Las vegas 호텔경영대학 졸업(호텔경영학 학사)
미 University of New Haven 경영대학원 호텔경영전공 졸업(경영학 석사)
경기대학교 대학원 경영학과 졸업(경영학 박사)
서울시 관광호텔 경영평가위원
미 Michigan State University 객원연구원
전 한국서비스산업학회 회장
현 경기대학교 관광대학 호텔경영학과 교수
주관심분야: 호텔경영, 서비스경영, 서비스생산관리

윤세목 (e-mail: smyoon@kgu.ac.kr)

서강대학교 경영학과 졸업(경영학 학사)
미 Michigan State University 대학원 경제학과 졸업(경제학 석사)
미 Michigan State University 대학원 관광학과 졸업(관광학 박사)
미 Michigan State University 관광연구소 연구원
전 한국컨벤션학회 회장
한국관광학회 편집이사
한국서비스산업학회 편집위원장
현 경기대학교 관광대학 호텔경영학과 교수
주관심분야: 서비스경제, 호텔재무관리, 컨벤션

제4판
호텔경영학원론

2006년 2월 25일 초판 6쇄 발행
2014년 9월 15일 제2판 4쇄 발행
2020년 2월 28일 제3판 2쇄 발행
2023년 2월 20일 제4판 인쇄
2023년 2월 28일 제4판 발행

공저자 차길수 윤세목
발행인 이원일
발행처 學林
서울시 도봉구 마들로 859-19, 105-705
등 록 2009년 8월 17일 / 제25100-2009-000026호
전 화 02)941-7898 FAX 02)931-7868

ISBN 979-11-86422-41-0
정 가 30,000원